El Testamento "Nueva Vida"

El Nuevo Testamento de las Sagradas Escrituras en un estilo y lenguaje fáciles de leer y entender. Las características especiales de esta edición han sido diseñadas por la Convención Bautista de Texas.

EDITORIAL MUNDO HISPANO

EDITORIAL MUNDO HISPANO

Apartado 4256, El Paso, Tx. 79914 EE.UU de A.

Agencias de Distribución

ARGENTINA: Rivadavia 3464, 1203 Buenos Aires
BELICE: Box 952, Belice
BRASIL: Rua Silva Vale 781, Rio de Janeiro
BOLIVIA: Cajón 736, Cochabamba
Casilla 2516, Santa Cruz
COLOMBIA: Apartado Aéreo 55294, Bogotá 2 D. F.
COSTA RICA: Apartado 285, San Pedro
CHILE: Casilla 1253, Santiago
ECUADOR: Casilla 3236, Guayaquil
EL SALVADOR: 10 Calle Pte. 124 San Salvador
ESPAÑA: Arimón 22, Barcelona 22
ESTADOS UNIDOS: Holman Bible Publishers,
127 Ninth Ave, N.,
Nashville, Tenn. 37234
GUATEMALA: 12 Calle 9-54, Zona 1, Guatemala
HONDURAS: 4 Calle 9 Avenida, Tegucigalpa
MEXICO: José Rivera No. 148
Col. Moctezuma 1ª Sección
15500, México, D. F.
NICARAGUA: Apartado 5776, Managua
PANAMA: Apartado 5363, Panamá 5
PARAGUAY: Pettirossi 595, Asunción
PERU: Apartado 3177, Lima
REPUBLICA DOMINICANA: Apartado 880, Santo Domingo
URUGUAY: Casilla 14052, Montevideo
VENEZUELA: Apartado 152, Valencia 2001-A

Edición original: 1980
Edición especial: 1983
Edición económica: 1984
ISBN 0-311-48747-5
Edición la Gran Comisión: 1984
ISBN 0-311-48503-0

Edición Buenas Nuevas América: 1985

PRINTED IN THE UNITED STATES OF AMERICA

INTRODUCCION

Con gusto y amor cristianos, le presentamos este ejemplar del Nuevo Testamento con ciertos pasajes subrayados. Por supuesto, para que le sea de algún valor, usted tiene que aceptarlo y luego recibir su mensaje.

En un sentido, cada acto de dar y recibir es una demostración de cómo le llega a uno la gran salvación que Dios ofrece. En primer lugar, Dios ama a usted y quiere que tenga vida eterna. Jesucristo dijo: "Porque Dios amó tanto al mundo que dio a su único Hijo, para que quien confía en el Hijo de Dios no se pierda sino que tenga una vida que dura para siempre", Juan 3:16 (página 119).

En segundo lugar, Dios ofrece la salvación como un regalo gratuito. El dice en su Palabra: ". . . el regalo de Dios es la vida que dura para siempre, la cual nos da nuestro Señor Jesucristo", Romanos 6:23 (página 194).

En tercer lugar, usted debe recibir el gran regalo que Dios ofrece. La Biblia dice: "Pero a aquellos que le recibieron les dio el derecho y el poder de llegar a ser hijos de Dios. Dio esto a aquellos que creyeron en su nombre", Juan 1:12 (página 116).

Entonces, ¿cómo puede usted aceptar y recibir este regalo gratuito de la salvación eterna? La respuesta se encuentra en los siguientes textos subrayados. Léalos todos, por favor.

Comience en la página 191.

DONDE ENCONTRARLO

PREFACIO

Este es el libro de la vida. Desde el principio hasta el fin estos escritos hablan de la vida de Jesús. El dijo: "Yo soy el camino, la verdad y la vida." Muchas, pero muchas personas después de leer o escuchar la Palabra de Dios han llegado a confiar en Jesucristo como su Salvador personal. Han recibido una nueva vida.

La Palabra de Dios escrita tiene tanta vida hoy como cuando fue escrita por primera vez hace muchos siglos. A través de los años, hombres malos han procurado destruirla, pero este libro viviente no puede ser destruido. "El cielo y la tierra pasarán, pero mis palabras no pasarán" (Mateo 24:35).

Los hombres de Dios en la antigüedad no escribieron en el idioma que nosotros usamos hoy; era otro. Cuando se hace una traducción de un idioma a otro, es difícil hacer que el segundo idioma diga exactamente lo que se dijo en el original. Cada parte del Nuevo Testamento es importante y debe decir lo que el Espíritu Santo dijo a aquellos hombres de Dios que lo escribieron originalmente.

Siglos atrás, el pueblo en general no podía tener una Biblia propia porque todavía no se había inventado la imprenta. Aún después de esta invención, las Biblias impresas costaban mucho dinero. Solamente personas ricas podían comprar una. Pero poco a poco, el costo ha venido rebajándose a tal grado que ahora, todos podemos tener nuestra Biblia.

La traducción más conocida de la Biblia en español es la versión de Casiodoro de Reina y Cipriano de Valera, comúnmente llamada la Reina-Valera. Estos hombres publicaron sus trabajos originales en 1569 y 1602. Su versión ha sido sometida a varias revisiones. Y desde 1900, muchas otras traducciones de la Biblia en español han sido publicadas, entre ellas, ésta: EL TESTAMENTO "NUEVA VIDA".

Es una versión del Nuevo Testamento de las Sagradas Escrituras fácil de leer y fácil de entender. Su título nos hace recordar las palabras de Juan 20:30, 31: "Jesús hizo muchas obras poderosas delante de sus seguidores que no están escritas en este libro. Pero éstas se han escrito para que ustedes crean que Jesús es el Cristo, el Hijo de Dios. Y cuando ustedes crean en él, tendrán, por su nombre, vida que dura para siempre." En efecto, los que creen en él tendrán y vivirán una NUEVA VIDA.

Está claro, entonces, que el Nuevo Testamento no sólo habla de la vida de Jesús. También nos dice cómo ser salvos del castigo de nuestros pecados. Señala el camino hacia el cielo. Nos demuestra cómo vivir en paz y con felicidad. Nos declara las promesas que Dios ha hecho para todos. La Palabra de Dios escrita es el libro de los libros, el mayor de todos ellos.

El Nuevo Testamento tiene muchas citas tomadas del Antiguo Testamento. Hemos colocado referencias para muchas de estas citas, entre paréntesis, dentro del texto bíblico. Cuando usted encuentre estas referencias, tome nota. Entenderá mejor el pasaje que está leyendo, si busca y lee estos pasajes afines en el Antiguo Testamento. También, hemos colocado semejantes referencias en los Evangelios a pasajes afines o paralelos. Estas referencias se encuentran entre paréntesis, después de los títulos que hemos dado a párrafos y secciones.

La razón para esta traducción del Nuevo Testamento es comunicar el mensaje de Dios sencilla y claramente. Hemos tomado las palabras o frases difíciles que se hallan en la mayoría de las traducciones de la Biblia, y las hemos puesto en palabras o frases mucho más fáciles de comprender. Al final del libro, publicamos una lista de estas palabras y frases que da (en orden alfabético, por supuesto) las palabras tradicionales tomadas de la versión Reina-Valera, y luego, como equivalencia, la palabra o frase usada en esta traducción. Queremos que usted, como lector, por lo menos sepa que esta lista existe y dónde está. Algunos lectores harán poco uso de la lista. Realmente, una de las ventajas de esta versión es que no requiere el uso de diccionarios, glosarios y otros libros auxiliares para ser entendida en su primera lectura. Pero otros lectores, desde el principio o poco a poco, harán más uso de la lista

de palabras al final del tomo. La irán consultando con cierta frecuencia. Así aprenderán cómo relacionar el vocabulario de esta versión con el de otras traducciones. Esto también les servirá como base para mejor entender y usar otras traducciones del Nuevo Testamento cuando se lee de ellas en los cultos, en clases de estudio bíblico, o en otras oportunidades.

Algunos llamarán a esta versión "una traducción libre". Otros querrán llamarle "una traducción simplificada". Un pastor que leyó parte del manuscrito la llamó "una versión explicativa de las versiones anteriores". Puede que usted encuentre otro término para mejor describirla. Llámese como quiera, aclaramos aquí que se basa en los principios elaborados por el doctor Gleason H. Ledyard cuando él realizó una traducción semejante en inglés para su labor misionera entre los esquimales, residentes en el norte de Canadá. La versión inglesa, conocida como **The New Life Testament,** ha llegado a circular en todas partes del mundo donde hay gente que habla o lee el inglés. Una versión china, basada en los mismos principios, está por aparecer.

Quiera Dios bendecir la lectura de este tomo para que, leyéndolo, muchos —tal vez entre ellos, usted— alcancen a tener verdaderamente la NUEVA VIDA que solamente Cristo Jesús, el Hijo de Dios, puede dar.

LAS BUENAS NUEVAS ESCRITAS POR MATEO

Familias de las que vino Jesús (Lucas 3:23-38)

1 Estas son las familias de las que vino Jesucristo. El vino de las familias de David y de Abraham. ²Abraham fue padre de Isaac. Isaac fue padre de Jacob. Jacob fue padre de Judá y de sus hermanos. ³Judá fue padre de Fares y Zara, y su madre fue Tamar. Fares fue padre de Esrom. Esrom fue padre de Aram. ⁴Aram fue padre de Aminadab. Aminadab fue padre de Naasón. Naasón fue padre de Salmón. ⁵Salmón fue padre de Booz, y su madre fue Rahab. Booz fue padre de Obed, y su madre fue Rut. Obed fue padre de Isaí. ⁶Isaí fue padre del rey David. El rey David fue padre de Salomón. (Su madre había sido mujer de Urías.)

⁷Salomón fue padre de Roboam. Roboam fue padre de Abías. Abías fue padre de Asa. ⁸Asa fue padre de Josafat. Josafat fue padre de Joram. Joram fue padre de Uzías. ⁹Uzías fue padre de Jotam. Jotam fue padre de Acaz. Acaz fue padre de Ezequías. ¹⁰Ezequías fue padre de Manasés. Manasés fue padre de Amón. Amón fue padre de Josías. ¹¹Josías fue padre de Jeconías y sus hermanos, cuando los israelitas fueron llevados prisioneros al país de Babilonia.

¹²Después de que fueron llevados a Babilonia, Jeconías fue padre de Salatiel. Salatiel fue padre de Zorobabel. ¹³Zorobabel fue padre de Abiud. Abiud fue padre de Eliaquim. Eliaquim fue padre de Azor. ¹⁴Azor fue padre de Sadoc. Sadoc fue padre de Aquim. Aquim fue padre de Eliud. ¹⁵Eliud fue padre de Eleazar. Eleazar fue padre de Matán.

Matán fue padre de Jacob. ¹⁶Jacob fue padre de José. José fue esposo de María, la madre de Jesús que es llamado Cristo. ¹⁷Así que el número de familias desde Abraham hasta David fue catorce. El número de familias desde David hasta cuando la gente fue llevada al país de Babilonia fue catorce. El número de familias después de que fueron llevados a Babilonia hasta el nacimiento de Jesucristo fue catorce.

El nacimiento de Jesús (Lucas 2:1-7)

¹⁸El nacimiento de Jesucristo fue así: María, su madre, se había comprometido para casarse con José. Antes de que se casaran, se supo que ella iba a tener un niño, por el poder del Espíritu Santo. ¹⁹José, su prometido, era un hombre bueno y no quiso causar dificultades a María ante la gente. Pensó que sería mejor romper el compromiso sin que nadie lo supiera. ²⁰Mientras pensaba en esto, un ángel del Señor vino a José en un sueño. El ángel le dijo: "José, hijo de David, no tengas miedo de tomar a María como tu mujer. Ella va ser madre por el poder del Espíritu Santo. ²¹Tendrá un hijo, y tú le pondrás el nombre de Jesús, porque él salvará a su pueblo del castigo de sus pecados."

²²Esto pasó tal como el Señor había dicho que iba a pasar, por medio del antiguo predicador, ²³que dijo: "Una virgen dará a luz un hijo. Le llamarán Emanuel, que quiere decir: 'Dios está con nosotros'" *(Isaías 7:14).*

²⁴José se despertó del sueño e hizo lo que el ángel del Señor le dijo. Se casó con María, ²⁵pero no vivieron como es-

posos hasta que nació ese primer hijo, y le puso el nombre Jesús.

Visita de los hombres sabios que estudiaban las estrellas

2 Jesús nació en la ciudad de Belén, en el país de Judea, cuando Herodes era el rey de ese país. Poco tiempo después de nacer Jesús, unos hombres sabios que estudiaban las estrellas vinieron del oriente a Jerusalén, ²preguntando: —"¿Dónde está el rey de los judíos que ha nacido? Hemos visto su estrella en el oriente y venimos a adorarle."

³El rey Herodes al oír esto se inquietó, y toda la gente de Jerusalén también. ⁴Llamó a todos los dirigentes de los judíos y a los maestros de la ley para preguntarles dónde debía de nacer el Cristo. ⁵Ellos le dijeron: "En la ciudad de Belén, en la tierra de Judá, porque así escribieron los antiguos predicadores: ⁶'Y tú, Belén, de la tierra de Judá, no eres la más pequeña entre las principales ciudades de ese país. De ti saldrá un rey que gobernará a mi pueblo, Israel' " *(Miqueas 5:2).*

⁷Entonces Herodes se reunió en secreto con los hombres sabios que estudiaban las estrellas y les preguntó acerca del tiempo cuando habían visto la estrella. ⁸Les envió a la ciudad de Belén y les dijo: "Vayan allá y busquen al niño. Cuando lo hayan encontrado, díganme para que yo también vaya a adorarle."

⁹Después que el Rey habló con ellos, siguieron su camino, y la estrella que habían visto en el oriente iba delante de ellos, hasta que se detuvo en el lugar donde estaba el niño. ¹⁰Cuando los hombres sabios vieron la estrella, se llenaron de alegría.

¹¹Al entrar en la casa, encontraron al niño con su madre María. Se arrodillaron ante él y le adoraron. Abrieron sus bolsas de tesoros y le dieron regalos de oro, perfumes y aromas especiales. ¹²Después Dios les habló por medio de un sueño y les dijo que no regresaran a avisarle a Herodes. Entonces se fueron a su país por otro camino.

¹³Cuando se fueron, un ángel del Señor vino a José en sueños y le dijo: "Levántate, toma al niño y a su madre y llévalos al país de Egipto pronto. Quédense hasta que yo les diga, pues Herodes buscará al niño para matarlo." ¹⁴Durante la noche, José se levantó y se fue con el niño y su madre para el país de Egipto. ¹⁵Ellos quedaron allí hasta que murió Herodes. Esto pasó tal como el Señor había dicho por medio de un antiguo predicador: "De Egipto llamé a mi hijo" *(Oseas 11:1).*

Herodes manda matar a todos los niños

¹⁶Cuando Herodes se dio cuenta que los hombres sabios no le habían obedecido, se enojó mucho. Entonces mandó matar a todos los niños menores de dos años que se encontraban en la ciudad de Belén y sus alrededores. Calculó la edad según lo que le habían dicho los hombres sabios. ¹⁷Entonces pasó tal como el antiguo predicador Jeremías dijo que iba a pasar: ¹⁸"Llantos y muchos lamentos fueron oídos en Ramá. Era Raquel que lloraba por sus hijos. No podía ser consolada porque ellos habían muerto" *(Jeremías 31:15).*

José sale de Egipto y va a Nazaret (Lucas 2:39, 40)

¹⁹Después que murió Herodes, un ángel del Señor vino a José en un sueño, cuando aún estaba en el país de Egipto y le dijo: ²⁰"Levántate, toma al niño y a su madre y vuelve a la tierra de los judíos, porque los que querían matar al niño ya han muerto." ²¹José se levantó, tomó al niño y a su madre y vino a la tierra de los judíos. ²²Cuando José oyó que Arquelao reinaba en el país de Judea, porque Herodes, su padre, había muerto, tuvo miedo de ir. Dios le dijo en un sueño que se fuera al país de Galilea, ²³y allá fue. José se quedó a vivir en una ciudad llamada Nazaret. Pasó tal como habían predicho los antiguos predicadores: Que Jesús sería llamado nazareno.

Juan el bautista prepara el camino para Jesús (Marcos 1:1-8; Lucas 3:1-18; Juan 1:15-28)

3 En esos días vino Juan el bautista, predicando en el desierto del país de Judea, ²diciendo: "Sientan dolor por sus pecados y déjenlos, porque el reino de Dios está cerca." ³El antiguo predicador Isaías habló de este hombre cuando dijo: "¡Escuchen, su voz llama en el desierto: 'Preparen el camino del Señor; ábranle un camino derecho'!" *(Isaías 40:3).*

⁴Juan vestía ropa hecha de pelo de camello, y su cinturón era de cuero. Comía langostas y miel del campo.

⁵La gente de Jerusalén y de todo el país de Judea y los que vivían cerca del río Jordán venían a ver a Juan. ⁶Cuando confesaron sus pecados, fueron bautizados por él en el río Jordán. ⁷Luego, Juan vio que muchos celosos religiosos y otros de un grupo que no creía que los muertos podían volver a vivir venían a él para ser bautizados. A éstos les dijo Juan: "¡Raza de víboras! ¿Quién les enseñó a escapar del gran castigo que vendrá? ⁸Hagan algo para demostrar que sus corazones han cambiado. ⁹No piensen que pueden decir: 'Nosotros tenemos a nuestro padre Abraham.' Yo les digo que Dios puede hacer hijos de Abraham aun de estas piedras. ¹⁰Ahora el hacha está puesta sobre la raíz de los árboles; cualquier árbol que no da buen fruto es cortado y echado al fuego. ¹¹En verdad, yo bautizo con agua a los que cambian de actitud y dejan sus pecados. El que viene después de mí les bautizará con el Espíritu Santo y con fuego. El es mucho más importante que yo, pues yo no sirvo siquiera para quitarle los zapatos. ¹²El viene listo para limpiar el trigo; lo recogerá y lo limpiará. Al buen trigo lo pondrá en un granero, y lo que no sirve lo quemará en el fuego que nunca se apaga."

El bautismo de Jesús (Marcos 1:9-11; Lucas 3:21, 22; Juan 1:29-34)

¹³Entonces Jesús vino del país de Galilea. Fue a ver a Juan al río Jordán, para que lo bautizara. ¹⁴Juan no quería, y le dijo:

—Yo necesito ser bautizado por ti, y ¿tú quieres que yo te bautice?

¹⁵Jesús le dijo:

—Así sea, porque tenemos que hacer lo que Dios manda.

Juan aceptó estas palabras y bautizó a Jesús. ¹⁶Cuando Jesús salió del agua, se abrieron los cielos y se vio al Espíritu Santo de Dios que bajaba en forma de paloma que se detuvo sobre él. ¹⁷Luego se oyó una voz del cielo que dijo: "Este es mi hijo amado, de quien estoy muy contento."

La tentación de Jesús (Marcos 1:12, 13; Lucas 4:1-13)

4 Después, Jesús fue llevado por el Espíritu Santo al desierto. Allí el diablo quiso hacerlo pecar. ²Estuvo sin comer cuarenta días y cuarenta noches. Después tuvo hambre. ³El diablo vino para tratar de hacerlo pecar y le dijo:

—Si tú eres el Hijo de Dios, di a estas piedras que se hagan pan.

⁴Pero Jesús le contestó:

—Está escrito que el hombre no vive sólo de pan, sino de toda palabra dicha por Dios *(Deuteronomio 8:3).*

⁵Entonces el diablo llevó a Jesús a la ciudad santa de Jerusalén. Le condujo a la parte más alta del templo ⁶y le dijo:

—Si tú eres el Hijo de Dios, échate abajo, porque está escrito: "Dios ha mandado a los ángeles que te cuiden. Ellos te llevarán en sus manos para que tu pie no se lastime contra la piedra" *(Salmo 91:11, 12).*

⁷Jesús le dijo al diablo:

—También está escrito: "No debes poner a prueba al Señor, tu Dios" *(Deuteronomio 6:16).*

⁸Luego, el diablo llevó a Jesús a una montaña alta y le mostró desde allí todas las naciones del mundo, para que viera la grandeza de ellas. ⁹Le dijo:

—Yo te daré todas estas naciones si te pones de rodillas a mis pies y me adoras.

¹⁰Jesús le dijo:

—Vete, diablo, porque está escrito: "Debes adorar y obedecer sólo a Dios" *(Deuteronomio 6:13)*.

[11]Entonces el diablo se fue y vinieron ángeles a cuidar a Jesús.

Jesús predica en Galilea *(Marcos 1:14, 15; Lucas 4:14, 15)*

[12]Cuando Jesús oyó que habían puesto en la cárcel a Juan el bautista, él se fue al país de Galilea. [13]Dejó la ciudad de Nazaret y fue a vivir en la ciudad de Capernaum, que estaba cerca del lago, en la región de Zabulón y Neftalí.

[14]Pasó tal como el antiguo predicador Isaías había dicho: [15]"La región de Zabulón y Neftalí está en el camino que va al lago, al otro lado del río Jordán, en el país de Galilea, donde viven los que no son judíos. [16]Los que vivían en la oscuridad vieron una gran luz, y a los que vivían en la región de la sombra de muerte, les alumbró la luz" *(Isaías 9:1, 2)*.

[17]Desde ese momento, Jesús empezó a predicar. Les decía: "Cambien de actitud y dejen sus pecados porque el reino de Dios está cerca."

Jesús llama a Pedro y a Andrés *(Marcos 1:16-20; Lucas 5:1-11)*

[18]Jesús iba caminando por la orilla del lago de Galilea y vio a dos hermanos. Eran Simón, llamado también Pedro, y Andrés, su hermano. Estaban echando su red al mar porque eran pescadores. [19]Jesús les dijo: "Síganme, y yo los haré pescadores de hombres." [20]De inmediato dejaron sus redes y le siguieron.

[21]Un poco más adelante, Jesús vio a otros dos hermanos. Eran Jacobo y Juan, los hijos de Zebedeo. Estaban sentados en un barco con su padre, arreglando sus redes. Jesús los llamó, [22]y de inmediato dejaron el barco y a su padre para seguir a Jesús.

Jesús sigue predicando en Galilea *(Marcos 1:35-39; Lucas 4:42-44)*

[23]Jesús recorrió todo el país de Galilea enseñando en los templos locales y predicando las buenas nuevas del reino de Dios. Sanó toda clase de enfermedades y dolencias del pueblo. [24]Su fama se extendió por todo el país de Siria, y le trajeron enfermos con muchas clases de males y dolencias. Algunos tenían espíritus malos, otros estaban locos, y todavía otros no podían usar ni las manos ni las piernas. Y Jesús los sanó a todos. [25]Mucha gente le seguía. Venían de los países de Galilea y Judea, de las ciudades de Decápolis y Jerusalén, del país de Perea al otro lado del río Jordán.

Jesús enseña en el monte *(Lucas 6:20-49)*

5 Al ver Jesús mucha gente, subió al monte y se sentó allí. Sus discípulos se acercaron, [2]y él comenzó a enseñarles, diciendo: [3]"Felices son los que saben que tienen necesidad espiritual, porque el reino de los cielos es de ellos. [4]Felices son los tristes, porque Dios les dará consuelo. [5]Felices son los humildes de corazón, porque Dios les dará la tierra. [6]Felices son los que tienen hambre y sed de hacer lo bueno delante de Dios, porque van a poder hacerlo. [7]Felices son los que sienten compasión, porque de ellos también se tendrá compasión. [8]Felices son los que tienen corazón limpio, porque ellos verán a Dios. [9]Felices son los que buscan la paz, porque se les llamará hijos de Dios. [10]Felices son los que sufren dificultades por hacer lo que es bueno, porque el reino de Dios es de ellos. [11]Felices serán cuando la gente los maltrate y diga cosas malas y falsas en su contra con el fin de hacerles daño porque creen en mí. [12]Alégrense y estén contentos, porque el premio que recibirán en el cielo es grande. Pues así también persiguieron a los antiguos predicadores que vivieron antes que ustedes.

Jesús enseña sobre la sal y la luz

[13]"Ustedes son la sal para el mundo. Pero si la sal pierde su sabor, ¿de qué sirve? No sirve para nada, sino para ser tirada y pisada por la gente. [14]Ustedes son la luz para el mundo. No se puede esconder una ciudad que está sobre un

cerro. ¹⁵Tampoco se prende una lámpara para ponerla debajo de una caja; más bien, se pone en un lugar alto para que dé luz a todos los que están en la casa. ¹⁶Así también ustedes hagan que su luz brille delante de los hombres, para que vean las buenas cosas que ustedes hacen y alaben al Padre de ustedes que está en el cielo.

Jesús enseña sobre la ley

¹⁷"No crean que yo vine para eliminar la ley de Moisés o las escrituras de los antiguos predicadores. No vine para eliminarlas sino para cumplirlas. ¹⁸En verdad les digo que mientras duren el cielo y la tierra, ningún punto o letra de la ley de Moisés será quitada hasta que haya sido cumplida totalmente. ¹⁹Cualquiera que hace a un lado aunque sea una pequeña parte de la ley de Moisés y enseña a la gente a hacer lo mismo será llamado el menor de todos en el reino de Dios. El que obedece y enseña a otros a obedecer lo que manda la ley de Moisés será llamado grande en el reino de Dios. ²⁰Yo les digo que si ustedes no son mejores que los maestros y los celosos religiosos, no podrán entrar en el reino de Dios.

Jesús enseña sobre el enojo y el homicidio

²¹"Ustedes han oído que hace mucho tiempo se enseñaba a la gente: 'No matarás, porque si alguien mata a otra persona, será culpable y se le castigará por su maldad.' ²²Pero yo les digo que cualquiera que se enoja con su hermano será culpable y también tendrá que sufrir por su maldad. Cualquiera que insulta a su hermano tendrá que ser castigado. Cualquiera que le maldiga diciendo, '¡Tú eres un idiota!' irá al fuego del infierno. ²³Si tomas tu ofrenda para ir al altar y te acuerdas que tu hermano tiene algo contra ti, ²⁴deja la ofrenda en el altar, ve y arregla cualquier cosa que no esté bien entre él y tú. Entonces vuelve y entrega tu ofrenda. ²⁵Si alguien está contra ti, ponte de acuerdo con él mientras hablan, para que no te lleve ante el juez; pues el juez te entregará a la policía, y te pondrán en la cárcel. ²⁶Te digo que no vas a salir de la cárcel hasta que hayas pagado el último centavo de la multa.

Jesús enseña sobre el marido y la mujer

²⁷"Ustedes han oído que se decía: 'No cometerás pecados sexuales.' ²⁸Pero yo les digo que cualquiera que mira a una mujer con deseo ya pecó con ella en su corazón. ²⁹Si tu ojo derecho te hace pecar, sácalo y échalo fuera, pues es mejor ir al cielo sin un ojo que ir al infierno con todo el cuerpo. ³⁰Si la mano derecha te hace pecar, córtala y échala fuera, porque es mejor ir al cielo sin una mano, que ir al infierno con todo el cuerpo.

Jesús enseña sobre el divorcio

³¹"Se ha dicho: 'Cualquiera que se divorcia de su mujer debe hacerlo por medio de un escrito que diga que él la abandona.' ³²Pero yo les digo que cualquiera que se divorcia de su mujer, a no ser por motivo de pecado sexual, la hace culpable de pecado sexual con otro hombre. Y cualquiera que se case con una mujer divorciada también es culpable de pecado sexual.

Jesús enseña sobre lo que se debe decir

³³"Ustedes han oído que antes se decía: 'No hagas una promesa que no puedas cumplir.' Y: 'Cumple tus promesas al Señor.' Pero ³⁴yo les digo, no usen palabras fuertes cuando hagan una promesa. No prometan por el cielo, porque éste es el lugar donde está Dios. ³⁵No prometan por la tierra, pues allí es donde Dios descansa sus pies. No prometan por Jerusalén, porque ésta es la ciudad del gran Rey. ³⁶No prometan por la cabeza, pues uno no puede hacer blanco o negro ni un solo cabello. ³⁷Que el 'sí' de ustedes sea 'sí' y que el 'no' sea 'no'. Cualquiera otra cosa más que esto viene del diablo.

Jesús enseña sobre los pleitos

³⁸"Ustedes han oído que fue dicho: 'Ojo, por ojo, y diente por diente.' ³⁹Pero yo les digo que no peleen con el que

quiera pelear. Si alguien te pega en el lado derecho de la cara, ofrécele también el otro lado. 40A cualquiera que te lleve ante la corte para quitarte la camisa, dale también el saco. 41A cualquiera que te haga caminar un tramo corto, camina con él el doble. 42A cualquiera que te pida algo, dáselo y no le digas no al que te pida prestado.

Jesús enseña a amar al que odia

43"Ustedes han oído que fue dicho: 'Ama a tu amigo y odia a tu enemigo.' 44Pero yo les digo: Amen a los que les odian. (*Respeten y bendigan a los que hablen mal de ustedes. Hagan el bien a los que sientan odio por ustedes), oren por los que hacen maldades contra ustedes y por los que les causan dificultades. 45Entonces podrán llamarse hijos de su Padre que está en el cielo, que hace que el sol brille sobre los malos y sobre los buenos, que envía la lluvia sobre los justos y los injustos. 46Si ustedes aman solamente a los que les aman, ¿qué pueden esperar? ¿No hacen lo mismo los cobradores de impuestos? 47Si ustedes saludan solamente a los que les aman, ¿han hecho algo más que los otros? La gente que no conoce a Dios hace lo mismo. 48Ustedes deben ser perfectos como su Padre que está en cielo es perfecto.

Jesús enseña sobre cómo ayudar a otros

6 "No hagan buenas cosas solamente para que otros los vean. Si así lo hacen, no tendrán ningún premio del Padre que está en el cielo. 2Cuando den a los pobres, no sean como los hipócritas que se lo dicen a todos en los templos locales y en las calles, para que la gente hable bien de ellos. En verdad les digo, ellos ya tienen el pago que merecen. 3Cuando den, no dejen que la mano izquierda sepa lo que da la mano derecha. 4Lo que den debe ser en secreto, y su Padre que ve en secreto les dará su premio.

Jesús enseña a orar

5"Cuando oren, no sean como los fal-

sos. A ellos les gusta pararse a orar en los templos locales o en las calles, para que la gente los vea. En verdad les digo, ellos ya tienen todo el premio que merecen recibir. 6Cuando ustedes oren, entren solos en el cuarto y después de haber cerrado la puerta, oren al Padre que está allí con ustedes. Entonces el Padre que ve lo que hacen en secreto, les dará su premio. 7Cuando oren no repitan la misma cosa una y otra vez, haciendo oraciones largas como la gente que no conoce a Dios. Ellos creen que son escuchados por sus largas oraciones. 8No sean como ellos, pues el Padre sabe lo que necesitan, aun antes de que se lo pidan.

9"Ustedes deben orar así: 'Padre nuestro que estás en el cielo, santificado sea tu nombre. 10Que venga tu reino, que se haga en la tierra lo que tú quieres, así como se hace en el cielo. 11Danos el pan que necesitamos cada día 12y perdónanos el mal que hemos hecho, como nosotros perdonamos a los que nos hacen mal. 13No nos dejes caer en tentación, sino líbranos del mal. *Porque tuyo es el reino y el poder y la gloria por siempre. Así sea.'

Jesús enseña sobre el perdón

14"Si ustedes perdonan a otros el mal que les hacen, su Padre que está en los cielos les perdonará también a ustedes. 15Pero si no perdonan a otros, su Padre no les perdonará a ustedes.

Jesús enseña a no comer para poder orar mejor

16"Cuando ustedes dejen de comer para poder orar mejor, no sean como los falsos. Ellos ponen cara triste para que la gente vea que están sin comer. En verdad les digo, que con eso ya tienen su premio. 17Cuando ustedes dejen de comer para poder orar mejor, péinense bien y lávense la cara. 18Así nadie sabrá que están sin comer, pero el Padre que ve lo secreto les pagará.

Jesús enseña sobre las riquezas

19"No junten riquezas aquí en la tierra, donde tales riquezas pueden ser comidas por la polilla y destruidas, o donde los ladrones podrán meterse a robarlas. ²⁰Junten riquezas en el cielo, donde no serán comidas por la polilla ni destruidas, donde tampoco los ladrones podrán meterse a robarlas. ²¹Porque donde estén las riquezas de ustedes, allí también estará su corazón. ²²El ojo es la luz del cuerpo. Si el ojo es bueno, todo el cuerpo estará lleno de luz. ²³Pero si el ojo es malo, todo el cuerpo estará en la oscuridad; y si la luz que hay en ustedes es oscuridad, ¡qué negra será esa oscuridad! ²⁴Nadie puede tener dos patrones. Porque odiará al uno y amará al otro, o escuchará al uno y estará en contra del otro. Ustedes tampoco pueden tener como patrones: a Dios y al dinero al mismo tiempo.

Jesús enseña sobre el afán por la vida

²⁵"Yo les digo esto: No se preocupen por su vida, ni por lo que van a comer o beber, ni por lo que van a vestir. ¿No es la vida más importante que la comida? ¿No es el cuerpo más importante que la ropa? ²⁶Miren los pájaros del cielo. Ellos no siembran semillas ni recogen el grano. No guardan el trigo en graneros. Sin embargo, su Padre que está en el cielo los alimenta. ¿No son ustedes más importantes que los pájaros? ²⁷¿Cuál de ustedes podrá hacer que su cuerpo crezca más alto, por más que lo ansíe? ²⁸¿Y por qué tienen ustedes que preocuparse por la ropa? Fíjense cómo crecen las flores. Ellas no trabajan ni hacen su ropa. ²⁹Sin embargo, yo les digo que ni Salomón, con toda su grandeza, se vistió tan bien como una de esas flores. ³⁰Y si Dios viste así a la hierba que hoy está en el campo y mañana es quemada en el horno, ¡cuánto más se las dará a ustedes, hombres de poca fe! ³¹No estén preocupados, ni digan: ¿Qué vamos a comer? o '¿qué vamos a beber?' o '¿con qué vamos a vestirnos?' ³²La gente que no conoce a Dios busca todas estas cosas. El Padre que está en los cielos sabe que ustedes necesitan todo eso. ³³Busquen primero el reino de Dios y la vida

correcta que a él le gusta. Luego recibirán también todas estas cosas. ³⁴No se preocupen del mañana, pues para mañana vendrán otras preocupaciones. Las de un día bastan para ese día.

Jesús enseña a no fijarse en lo malo que hay en otros

7 "No se fijen en lo malo que hay en la vida de otras personas, para que otros no se fijen en lo que hay de malo en la vida de ustedes. ²Pues ustedes serán mirados por la forma como miran a otros. Cuando ustedes digan lo que hay de malo en otros, esas mismas palabras servirán para decirles lo que ustedes tengan de malo. ³¿Por qué miras la paja en el ojo de tu hermano y no ves el tronco que hay en tu propio ojo? ⁴¿Cómo puedes decir a tu hermano, 'Deja que yo te quite la paja de tu ojo,' cuando hay un tronco en tu propio ojo? ⁵Falso, quita primero el tronco de tu ojo. Entonces podrás ver mejor para quitar la paja del ojo de tu hermano.

⁶"No den a los perros lo que le pertenece a Dios ni arrojen las perlas delante de los puercos, porque éstos las romperán con sus patas y luego se volverán contra ustedes.

Jesús enseña acerca de la oración

⁷"Pidan, y lo que pidan, les será dado. Busquen, y lo que buscan, encontrarán. Llamen a la puerta, y se les abrirá. ⁸Porque el que pide, recibe lo que está pidiendo; el que busca, encuentra lo que está buscando; al que llama a la puerta, se le abre. ⁹¿Quién de ustedes daría a su hijo una piedra cuando le pide pan? ¹⁰Cuando le pide un pescado, ¿le da una culebra? ¹¹Pues si ustedes, que son malos, saben dar buenas cosas a sus hijos, ¿cuánto más su Padre que está en el cielo les dará buenas cosas a aquellos que le pidan?

Jesús enseña sobre los demás

¹²"Hagan siempre a otros lo que quieran que ellos hagan por ustedes. Esto es lo que la ley de los judíos y los antiguos predicadores mandan.

Jesús enseña sobre los dos caminos

[13]"Entren por la puerta angosta, porque la puerta y el camino que llevan al infierno son anchos y grandes; mucha gente pasa por esa puerta. [14]Pero la puerta y el camino que llevan a la vida que dura para siempre son angostos y difíciles; poca gente los encuentra.

Jesús enseña sobre los falsos maestros

[15]"Cuídense de los falsos maestros, porque éstos vienen a ustedes disfrazados de ovejas; pero por dentro son lobos hambrientos. [16]Ustedes los conocerán por lo que hacen. Pues no se cosechan uvas de los espinos, ni higos de los cardos. [17]En verdad, el árbol bueno tiene frutos buenos, y el árbol malo tiene frutos malos. [18]Un buen árbol no puede tener malos frutos, ni un árbol malo puede tener buenos frutos. [19]Y el árbol que no tiene buenos frutos es cortado y echado al fuego. [20]De la misma manera, ustedes los conocerán por sus frutos. [21]No todo el que me dice, 'Señor, Señor', entrará en el reino de los cielos, sino sólo el que hace las cosas que mi Padre que está en el cielo quiere que se hagan. [22]Mucha gente me preguntará en ese día: 'Señor, Señor, ¿no predicamos en tu nombre? ¿No sacamos espíritus malos en tu nombre? ¿No hicimos muchas obras poderosas en tu nombre?' [23]Entonces yo les diré: 'Nunca los conocí; aléjense de mí ustedes que han hecho mal.'

Jesús enseña sobre las casas construidas en la roca y en la arena

[24]"El que oye mis palabras y las hace será como el hombre sabio que construyó su casa sobre la roca. [25]Cayó la lluvia, subió el agua, sopló el viento y golpeó la casa, pero la casa no se cayó porque estaba construida sobre la roca. [26]Cualquiera que oye mis palabras y no las hace será como un hombre tonto que construyó su casa sobre la arena. [27]Cayó la lluvia, subió el agua, sopló el viento, golpeó la casa, y la casa se cayó y se destruyó." [28]Jesús terminó de hablar, y la gente se quedó muy sorprendida y admirada acerca de sus enseñanzas. [29]El les enseñaba como quien tiene el derecho y el poder de enseñar, y no como los maestros de la ley.

Jesús sana a un hombre que tenía una enfermedad muy mala en la piel (Marcos 1:40-45; Lucas 5:12-16)

8 Jesús bajó del monte y mucha gente le siguió. [2]Un hombre que tenía una enfermedad muy mala en la piel vino y se puso delante de él, adorándole y diciendo:

—¡Señor, si tú quieres, puedes sanarme!

[3]Entonces Jesús le tocó con la mano, diciendo:

—Quiero. Te hago sano.

En cuanto dijo esto, el hombre fue sano. [4]Y Jesús le dijo:

—Mira, no se lo digas a nadie. Pero ve, preséntate al dirigente religioso, y da la ofrenda que Moisés mandó para que la gente vea que ya estás sano (Levítico 13:49).

Curación del criado de un capitán romano (Lucas 7:1-10)

[5]Jesús vino a la ciudad de Capernaum. Allí un capitán del ejército romano se acercó a él y le pidió su ayuda, [6]diciéndole:

—Señor, mi criado está enfermo, en cama. No puede mover su cuerpo y tiene mucho dolor.

[7]Jesús le dijo al capitán:

—Yo iré y lo sanaré.

[8]El capitán contestó:

—Señor, yo no soy tan bueno como para que tú vengas a mi casa. Solamente di la palabra, y mi muchacho quedará sano. [9]Yo soy hombre que trabaja para otro y también tengo hombres que trabajan a mi mando. Cuando le digo a uno que vaya, él va; cuando le digo a otro que venga, viene; y cuando le mando a mi criado que haga algo, lo hace.

[10]Cuando Jesús oyó esto, se sorprendió y quedó admirado de él. Dijo a los que le seguían:

—En verdad les digo que no he encontrado tanta fe en la nación judía. ¹¹Yo les digo que muchos vendrán del Oriente y del Occidente y se sentarán con Abraham, con Isaac y con Jacob en el reino de los cielos; ¹²pero los que debieran estar en el reino serán echados a la oscuridad de afuera, donde llorarán y harán crujir los dientes.

¹³Entonces Jesús le dijo al capitán:

—Vete a tu casa, y te pasará como creíste.

Y el criado fue sanado en ese mismo momento.

La suegra de Pedro es sanada (Marcos 1:29-31; Lucas 4:38, 39)

¹⁴Jesús fue a la casa de Pedro y allí encontró a la suegra de Pedro en cama, porque estaba muy enferma. ¹⁵Le tocó la mano, y la enfermedad se fue. Ella se levantó al instante para servir a Jesús.

Mucha gente es sanada (Marcos 1:32-34; Lucas 4:40, 41)

¹⁶Esa noche, trajeron a Jesús mucha gente con espíritus malos. Estos eran echados fuera por la palabra de Jesús, y todos los enfermos fueron curados. ¹⁷Pasó como el antiguo predicador Isaías dijo que pasaría: "El tomó nuestras debilidades y llevó nuestras enfermedades" (Isaías 53:4).

Pruebas para los seguidores (Lucas 9:57-62)

¹⁸Jesús vio venir a mucha gente y le dijo que pasaran al otro lado del lago. ¹⁹Un maestro de la ley vino a Jesús y le dijo:

—Señor, yo te seguiré a dondequiera que vayas.

²⁰Jesús le dijo:

—Las zorras tienen cuevas, las aves tienen nidos, pero el Hijo del Hombre no tiene dónde recostar su cabeza.

²¹Otro de sus seguidores le dijo:

—Señor, déjame ir primeramente a enterrar a mi padre.

²²Jesús le dijo:

—Sígueme; deja que los que están muertos entierren a sus propios muertos.

El viento y las olas obedecen a Jesús (Marcos 4:35-41; Lucas 8:22-25)

²³Jesús y sus discípulos entraron en un barco. ²⁴De pronto una tormenta fuerte cayó sobre el lago, y las olas cubrían el barco. Pero Jesús estaba durmiendo. ²⁵Sus discípulos fueron a él y le dijeron:

—¡Ayúdanos, Señor, o moriremos!

²⁶Y él les dijo:

—¿Por qué temen? ¡Hombres de poca fe!

Entonces se levantó y regañó al viento y al mar. Todo se calmó, y hubo gran quietud.

²⁷Todos quedaron muy sorprendidos y admirados de esto, diciendo entre sí: "¿Qué clase de hombre es éste que hasta el viento y las olas le obedecen?"

Los espíritus malos piden a Jesús que les permita entrar en unos puercos (Marcos 5:1-20; Lucas 8:26-39)

²⁸Y cuando cruzó el lago, llegó al país de Gadara. Dos hombres salieron de entre los sepulcros y se acercaron a él. Los dos tenían espíritus malos y eran tan feroces que nadie podía acercárseles. ²⁹Estos entonces gritaron:

—¿Qué quieres tú con nosotros, Hijo de Dios? ¿Has venido aquí para hacernos sufrir antes de tiempo?

³⁰Por allí estaban muchos puercos comiendo, ³¹y los espíritus malos le rogaron a Jesús:

—Si nos echas fuera, déjanos en esos puercos.

³²El les contestó:

—¡Váyanse!

Entonces ellos salieron de los hombres y se fueron a los puercos. En ese momento los puercos rodaron por un lado de la montaña, cayeron al agua y se ahogaron.

³³Los hombres que cuidaban a los puercos corrieron rápidamente a la ciudad y contaron todas estas cosas y lo que les había pasado a los hombres que tenían espíritus malos. ³⁴Toda la gente

de la ciudad vino a conocer a Jesús. Cuando llegaron a dónde él estaba, le pidieron que saliera de su país.

La curación de un hombre que no se podía mover (Marcos 2:1-12; Lucas 5:17-26)

9 Jesús entró en un barco, cruzó al otro lado del lago y fue a su propia ciudad. ²Trajeron allí a un hombre acostado en su cama, porque no podía mover el cuerpo. Jesús vio la fe de ellos y le dijo al hombre:

—Hijo, ten fe, tus pecados te son perdonados.

³Algunos de los maestros de la ley dijeron entre sí: "¡Este hombre habla como si él fuera Dios, pero no lo es!"

⁴Jesús sabía lo que estaban pensando y les dijo:

—¿Por qué tienen tan malos pensamientos? ⁵¿Qué es más fácil decir: "Tus pecados te son perdonados" o decir: "Levántate y camina"? ⁶Pero esto servirá para mostrarles que el Hijo del Hombre tiene poder en la tierra para perdonar pecados.

Entonces le dijo al hombre enfermo:

—Levántate, toma tu cama y vete a tu casa.

⁷El se levantó y se fue a su casa. ⁸Todos los que lo vieron se quedaron muy sorprendidos y admirados. Entonces dieron gracias a Dios porque le había dado tal poder a los hombres.

Jesús llama a Mateo (Marcos 2:13-17; Lucas 5:27-32)

⁹Cuando Jesús salió de allí, vio a un hombre llamado Mateo. Estaba sentado en el lugar donde cobraba los impuestos. Jesús le dijo:

—Sígueme.

Luego Mateo se levantó y lo siguió. ¹⁰Jesús comió en la casa de Mateo. Mucha gente que cobraba impuestos y otros pecadores también vinieron a la casa de Mateo y se sentaron con Jesús y sus discípulos. ¹¹Los celosos religiosos vieron esto y les dijeron a los discípulos de Jesús:

—¿Por qué el Maestro de ustedes come con los cobradores de impuestos y con los pecadores?

¹²Jesús oyó esto y les dijo:

—La gente que está sana no necesita de médico. ¹³Váyanse y traten de comprender estas palabras: "Yo quiero que tengan compasión y no que ofrezcan sacrificios de animales" *(Oseas 6:6)*. Porque no he venido a llamar a los buenos, sino a los pecadores.

Jesús enseña a no comer para poder orar mejor (Marcos 2:18-22; Lucas 5:33-39)

¹⁴Los discípulos de Juan el bautista vinieron a Jesús preguntándole:

—¿Por qué nosotros y los celosos religiosos muchas veces dejamos de comer para poder orar mejor a Dios, mientras que tus discípulos no lo hacen?

¹⁵Jesús les dijo:

—¿Pueden los amigos en una boda estar tristes cuando el esposo está con ellos? Pero van a venir días cuando el esposo ya no estará entre ellos. Entonces sí, dejarán de comer para poder orar mejor.

¹⁶—Nadie remienda un vestido viejo con un pedazo de tela nueva, porque el remiendo nuevo se encoge, rompe la tela vieja y hace más grande la rotura. ¹⁷Nadie pone el vino nuevo en bolsa de cuero viejo. Si así lo hacen, el cuero podrá romperse, y el vino con las bolsas se perderán. Por eso, ponen el vino nuevo en bolsas de cuero nuevo, para que ambos puedan usarse.

La curación por fe (Marcos 5:21-43; Lucas 8:40-56)

¹⁸Cuando Jesús estaba hablando con ellos, un jefe del templo local vino y se arrodilló delante de él. Adorándole, le dijo:

—Mi hija acaba de morir, pero ven, pon tu mano sobre ella y vivirá.

¹⁹Jesús se levantó, le siguió y sus discípulos también fueron con él.

²⁰Entonces una mujer, que había estado enferma con derrame de sangre durante doce años, vino por detrás, tocó el borde del vestido de Jesús y ²¹se dijo a sí misma: "Si solamente toco el

borde de su vestido, quedaré sana."
²²Entonces Jesús se dio vuelta, la vio y dijo:

—Hija, anímate; tu fe te ha sanado. En ese momento la mujer quedó sana.

²³Jesús vino a casa del jefe del pueblo y vio a la gente que tocaba instrumentos musicales y hacía mucha bulla para hacer duelo. ²⁴Les dijo:

—¡Váyanse ya! La muchacha no está muerta, sino dormida.

La gente se rio de él, ²⁵pero él les mandó salir de allí. Entonces entró y tomó la mano de la muchacha. Ella se levantó al instante. ²⁶La noticia de esto corrió por todo el país.

La curación de dos hombres ciegos

²⁷Jesús se fue de allí, y dos hombres ciegos le siguieron, gritando:

—Ten piedad de nosotros, Hijo de David.

²⁸Jesús entró en la casa, y los dos hombres ciegos también entraron con él. Entonces Jesús les preguntó:

—¿Creen ustedes que yo puedo hacer esto?

Ellos le contestaron:

—¡Sí, Señor!

²⁹Entonces Jesús puso sus manos sobre los ojos de ellos y les dijo:

—Ustedes recibirán lo que piden, porque tienen fe.

³⁰Al instante, sus ojos fueron abiertos. Jesús les pidió que no lo dijeran a nadie, ³¹pero cuando ellos se fueron, dijeron por toda esa región lo que Jesús había hecho.

Jesús sana a un mudo

³²Después, siguiendo ellos su camino, un hombre fue traído a Jesús porque tenía un espíritu malo y no podía hablar. ³³Cuando el espíritu malo fue echado fuera, el hombre pudo hablar. Mucha gente quedó muy sorprendida y admirada de esto. Todos decían: "Nunca hemos visto cosa semejante en la nación de los judíos." ³⁴Pero los celosos religiosos dijeron: "Este hombre saca los espíritus malos con la ayuda del jefe de los mismos espíritus malos."

Jesús predica y sana en Galilea

³⁵Jesús pasó por todos los pueblos y ciudades del país de Galilea, enseñando en los templos locales, predicando las buenas nuevas del reino de Dios y sanando toda enfermedad y dolencia de la gente. ³⁶Viéndolas, sintió compasión por las personas porque estaban desesperadas. Iban y venían como ovejas sin pastor. ³⁷Entonces dijo a sus discípulos: "La cosecha es mucha, pero los obreros son pocos. ³⁸Oren al Señor, que es dueño de los campos, para que envíe obreros a su cosecha."

Jesús llama a sus doce seguidores y los manda a predicar (Marcos 6:7-13; Lucas 9:1-6)

10 Jesús llamó a sus doce seguidores y les dio poder para sacar espíritus malos y curar toda clase de enfermedades y dolencias. ²Estos son los nombres de ellos: Simón, llamado Pedro; y Andrés su hermano; Jacobo y Juan, que eran hijos de Zebedeo; ³Felipe; Bartolomé y Tomás; Mateo, el cobrador de impuestos; Jacobo, hijo de Alfeo; Lebeo, que también se llamaba Tadeo; ⁴Simón, el Cananita y Judas Iscariote, el hombre que después traicionó a Jesús.

⁵Al mandarles, Jesús les dijo: "No vayan a ver a la gente que no sea judía; no vayan a ningún pueblo del país de Samaria. ⁶Vayan únicamente a los judíos que se encuentran perdidos. ⁷Prediquenles. Díganles: 'El reino de los cielos está cerca.' ⁸Sanen a los enfermos y a los que tengan males en la piel; levanten a los muertos y saquen a los espíritus malos. Ustedes han recibido mucho; ahora deben dar mucho. ⁹No lleven ustedes oro, ni plata, ni cobre, ¹⁰ni bolsa con cosas para el viaje. No lleven dos sacos, ni zapatos, ni bastón, porque el trabajador merece recibir su alimento y todo lo que necesite.

¹¹"Cuando entren en una ciudad o

pueblo, busquen una casa de confianza y quédense allí hasta irse de la ciudad o aldea. ¹²Cuando entren a una casa, saluden; ¹³y si la gente de esa casa lo merece, preséntenle sus mejores deseos. Si no lo merece, que esos buenos deseos se vuelvan a ustedes. ¹⁴Y si no les reciben ni les quieren oír, entonces salgan de esa casa y sacudan el polvo de sus pies. ¹⁵Les aseguro que en el día del juicio, cuando Dios examine a los hombres, el castigo para esa ciudad será peor que para la gente de las antiguas ciudades de Sodoma y Gomorra *(Génesis 19:24, 25).*

¹⁶"Yo les envío a ustedes como ovejas en medio de lobos. Sean listos como serpientes, pero inofensivos y suaves como palomas. ¹⁷Cuídense de los hombres, porque ellos los llevarán a sus cortes de justicia y los golpearán en los templos locales. ¹⁸Los llevarán delante de los jefes del pueblo y a los reyes, por causa de mí. Así podrán hablarles de mí a ellos y a los que no son judíos. ¹⁹Cuando ustedes sean entregados en sus manos, no se preocupen por lo que tendrán que decir, o cómo lo deberán decir, porque Dios les dará las palabras cuando llegue el momento. ²⁰No serán ustedes los que digan las palabras, pues el Espíritu del Padre hablará por medio de ustedes.

²¹"Un hermano entregará al otro hermano a la muerte; un padre entregará a su hijo a la muerte; los hijos entregarán a sus padres a la muerte. ²²Ustedes serán odiados por toda la gente por causa de mí, pero el que siga firme hasta el fin será salvo. ²³Cuando los persigan en una ciudad, váyanse a otra. Les aseguro que antes de que ustedes hayan entrado en todas las ciudades de los judíos, vendrá el Hijo del Hombre.

²⁴"Un discípulo no es más importante que su maestro, ni un obrero, más importante que su patrón. ²⁵El alumno debe alegrarse de ser como su maestro, y el obrero debe alegrarse de ser como su patrón. Si al jefe de la casa le llaman diablo, ¿cuánto más dirán de su familia?

²⁶Por lo mismo, no le tengan miedo a la gente, porque nada hay secreto que no se sabrá después. Nada hay escondido que no se descubrirá. ²⁷Repitan ustedes a la luz del día lo que les digo en la oscuridad. Digan en voz alta, desde los techos de las casas, lo que ustedes han oído en voz baja. ²⁸No tengan miedo de los que matan el cuerpo, porque ellos no pueden matar el alma. Ténganle miedo al que puede destruir en el infierno tanto el alma como el cuerpo. ²⁹¿No se venden dos pajaritos por unos centavos? Sin embargo, ninguno de esos pajaritos cae a la tierra sin que su Padre Dios lo sepa. ³⁰Dios sabe cuántos cabellos hay en la cabeza de ustedes. ³¹Así que, no tengan miedo, porque ustedes son más importantes que muchos pajaritos.

³²"A cualquiera que me presenta frente a los hombres y muestra con su vida que me conoce, yo le presentaré a mi Padre que está en el cielo. ³³Pero, a cualquiera que me niega ante los hombres y vive como si no me conociera, también yo lo negaré ante mi Padre que está en el cielo.

³⁴"No piensen que he venido a traer paz al mundo. No vine para traer paz, sino lucha. ³⁵He venido para poner al hombre contra su padre, para poner a la hija contra su madre, para poner a la nuera contra su suegra. ³⁶De manera que el hombre será odiado por los de su propia familia.

Dejando las cosas terrenales (Lucas 14:25-35)

³⁷"El que ama a su padre y a su madre más que a mí no merece ser mío. El que ama a su hijo o a su hija más que a mí no merece ser mío. ³⁸El que no toma su cruz y me sigue no merece ser mío. ³⁹El que quiera guardar su vida la perderá, y el que pierda su vida por mi causa la salvará.

⁴⁰"Cualquiera que les reciba a ustedes me recibe a mí. Cualquiera que me recibe a mí recibe a Aquel que me envió. ⁴¹Cualquiera que recibe a un predicador que habla de Dios, por ser predi-

cador, recibirá el mismo pago que se da a un predicador que habla de Dios. Cualquiera que recibe a un hombre bueno, porque es bueno, recibirá el mismo premio que se da a un hombre bueno. ⁴²Les aseguro que cualquiera que le da un vaso de agua fría a uno de estos pequeñitos, porque me sigue a mí, tendrá su premio."

Juan el bautista pregunta acerca de Jesús (Lucas 7:18-23)

11 Cuando Jesús terminó de decir a sus doce seguidores lo que debían hacer, se fue de allí a enseñar y a predicar en las ciudades de ellos. ²Mientras Juan el bautista estaba en la cárcel, oyó de las cosas que Jesús estaba haciendo y le envió a dos de sus seguidores. ³Estos le preguntaron:

—¿Eres tú el que debía venir, o debemos esperar a otro?

⁴Jesús les dijo:

—Vayan a decirle a Juan lo que ustedes han visto y oído: ⁵que los ciegos ven; que los que no caminaban ahora pueden hacerlo; que los que tenían enfermedades en la piel están curados; que los que no oían ahora oyen; que los muertos son levantados a la vida y las buenas nuevas son predicadas a los pobres. ⁶Feliz el que no se avergüenza de mí.

Jesús habla de Juan el bautista (Lucas 7:24-35)

⁷Cuando los seguidores de Juan el bautista se fueron, Jesús comenzó a hablar a la gente acerca de Juan. Les dijo: "¿Qué salieron a ver en el desierto? ¿Una caña movida por el viento? ⁸¿Qué salieron a ver? ¿Un hombre vestido de ropa fina? Los que llevan ropa fina están en las casas de los reyes. ⁹Pero, ¿qué salieron a ver? ¿A alguien que habla de Dios? Sí, y les digo que él es más que eso. ¹⁰Juan es aquel de quien las sagradas escrituras dicen: 'Yo enviaré a mi ayudante a que lleve las noticias delante de ti. El preparará tu camino' (Malaquías 3:1). ¹¹De veras les digo que entre los nacidos de mujer, no hay otro

más importante que Juan el bautista, pero también les digo que aun el menos importante en el reino de los cielos es más importante que él. ¹²Desde que vino Juan el bautista hasta ahora, el reino de los cielos ha sufrido mucho, y los hombres guerreros procuran conquistarlo. ¹³Todos los antiguos predicadores y la ley hablaron acerca de esto, hasta que vino Juan. ¹⁴Y si ustedes quieren creerlo, él es aquel Elías que debía venir. (Malaquías 4:5). ¹⁵Ustedes tienen oídos; entonces oigan.

Jesús habla contra las ciudades de Galilea

¹⁶"¿A qué puedo comparar la gente de hoy? Son como los niños que juegan en las plazas y gritan a sus amigos: ¹⁷¡Les tocamos música, pero ustedes no bailaron. Les cantamos canciones tristes, y no lloraron!' ¹⁸Vino Juan, que no comía ni bebía, y ustedes dijeron: 'Tiene un espíritu malo.' ¹⁹Luego vine yo, el Hijo del Hombre, que como y bebo, y dicen: '¡Mírenlo! Come demasiado y le gusta el vino. ¡Es amigo de los cobradores de impuestos y de los pecadores!' Pero la misma sabiduría nos demuestra que es bueno por las cosas que hace"

²⁰Entonces Jesús comenzó a reprender a las ciudades donde hizo la mayor parte de sus obras poderosas porque no sentían ningún dolor por sus pecados, ni los dejaban. ²¹'¡Ay de ti, ciudad de Corazín! ¡Ay de ti; ciudad de Betsaida! Porque si las obras poderosas que fueron hechas en ustedes se hubieran hecho en las ciudades de Tiro y Sidón, ellas habrían dejado sus pecados desde hace tiempo; se habrían entristecido, vistiéndose de luto y sentándose en ceniza. ²²Yo les digo, que será más fácil para las ciudades de Tiro y Sidón el día cuando Dios examine a los hombres que para ustedes.

²³"¿Y tú, ciudad de Capernaum, crees que vas a ser levantada hasta el cielo? No, tú serás bajada hasta el infierno, porque si las obras poderosas que fueron hechas en ti se hubieran hecho en la ciudad de Sodoma, aquí estaría hasta el día de hoy. ²⁴Pero yo les digo, que

será más fácil para la ciudad de Sodoma el día cuando Dios examine a los hombres, que para ti."

Jesús ora a su Padre

²⁵En ese tiempo Jesús dijo: "Gracias, Padre, Señor del cielo y de la tierra, porque tú escondiste estas cosas de los sabios y de los que tienen mucho entendimiento y las enseñaste a los niños. ²⁶Sí, Padre, porque así lo quisiste tú.

²⁷"Mi Padre me dio todas las cosas. Nadie conoce al Hijo, sino el Padre. Nadie conoce al Padre, sino el Hijo, y aquellos a quienes el Hijo quiera darlo a conocer.

Jesús llama a la gente para que le siga

²⁸"Vengan a mí, todos los que están cansados y que llevan cargas pesadas. Yo les daré descanso. ²⁹Sigan mis enseñanzas y aprendan de mí. Soy humilde y no orgulloso. Ustedes encontrarán descanso para sus almas, ³⁰porque mi manera de llevar una carga es fácil, y mi carga no es pesada."

Jesús enseña acerca del día de descanso (Marcos 2:23-28; Lucas 6:1-5)

12 En aquel tiempo Jesús caminaba por los campos de trigo el día de descanso. Como sus seguidores tuvieron hambre, comenzaron a arrancar el grano y a comerlo. ²Los celosos religiosos vieron esto y le dijeron a Jesús:

—¡Mira, tus seguidores hacen lo que la ley dice que no se debe hacer en el día de descanso!

³El les contestó:

—¿No han leído ustedes lo que hizo David, cuando él y sus hombres tuvieron hambre? ⁴¿Que entró en la casa de Dios y comió del pan especial preparado para la adoración, lo cual era contra la ley, tanto para él como para los que comieron con él? Solamente los líderes religiosos de los judíos podían comer de ese pan especial. ⁵¿No han leído ustedes en la ley que los jefes religiosos no descansan en el día de descanso y, sin embargo, no son culpables? ⁶En ver-

dad les digo que Uno más importante que el gran templo de Dios está aquí. ⁷Ustedes no han entendido el significado de las palabras: "Yo quiero que tengan compasión y no que me ofrenden animales" *(Oseas 6:6)*. No digan que una persona es culpable cuando en realidad no ha hecho nada malo, ⁸porque el Hijo del Hombre es Señor del día de descanso.

Jesús sana en el día de descanso (Marcos 3:1-6; Lucas 6:6-11)

⁹De allí Jesús se fue al templo local. ¹⁰Un hombre con una mano seca se encontraba allí, y los celosos religiosos preguntaron a Jesús:

—¿Dice la ley que es correcto sanar en el día de descanso?

¹¹El les dijo:

—¿Si uno de ustedes tuviera una oveja que se cayera en un pozo en el día de descanso, no iría a sacarla? ¹²¡Cuánto más valioso es un hombre que una oveja! De manera que, sí, es correcto hacer el bien en el día de descanso.

¹³Entonces le dijo al hombre:

—Extiende tu mano.

Y cuando la extendió, quedó tan sana como la otra. ¹⁴Luego los celosos religiosos se fueron e hicieron planes contra Jesús, buscando la manera de matarlo.

Jesús sana a mucha gente (Marcos 3:7-12; Lucas 6:17-19)

¹⁵Jesús sabía esto y se fue de allí. Mucha gente lo siguió, y él los sanó. ¹⁶Pero les pidió que no dijeran nada a nadie, acerca de él. ¹⁷Pasó tal como el antiguo predicador Isaías dijo que pasaría: ¹⁸"Este es mi siervo, al que yo escogí, a quien yo amo y del cual estoy contento. Yo pondré mi espíritu sobre él, y él dirá a las naciones lo que es correcto y lo que es incorrecto. ¹⁹No peleará ni hablará en voz alta; nadie oirá su voz en las calles. ²⁰No cortará la caña torcida, ni apagará el fuego que comienza a arder, hasta que enderece todas las cosas. ²¹Las naciones tendrán esperanza en su nombre" *(Isaías 42:1-4)*.

La nación que no puede permanecer
(Marcos 3:22-30; Lucas 11:14-23)

²²Entonces le trajeron un hombre que tenía un espíritu malo. Era ciego y no podía ver y hablar. Jesús lo sanó, y luego él pudo ver y hablar. ²³Toda la gente estaba sorprendida y decía:

—¿No será este hombre el hijo de David?

²⁴Pero cuando los celosos religiosos oyeron esto, dijeron:

—Este hombre echa fuera a los espíritus malos por el poder del diablo, el jefe de los espíritus malos.

²⁵Jesús sabía lo que pensaban y les dijo:

—Cualquier nación dividida en grupos que pelean unos contra otros se destruirá sola. Cualquier ciudad o familia dividida en grupos que pelean unos contra otros tampoco podrá permanecer. ²⁶Si el diablo sacara al diablo, estaría dividido contra sí mismo. ¿Cómo podría permanecer su reino? ²⁷Si yo saco a los espíritus malos por el poder del diablo, ¿cómo lo hacen los seguidores de ustedes? Así que, los seguidores de ustedes les dirán si son culpables o no. ²⁸Pero si yo saco espíritus malos por el Espíritu de Dios, entonces el reino de Dios ha venido a ustedes. ²⁹¿Cómo podría alguien entrar en la casa del hombre fuerte y llevarse sus cosas, si primero no lo atara? Solamente así podría llevarse las cosas de su casa.

El pecado que no puede ser perdonado

³⁰—Cualquiera que no está conmigo está contra mí. Cualquiera que no recoge conmigo desparrama. ³¹Yo les digo que todo pecado y toda mala palabra que diga el hombre contra Dios serán perdonados; pero las malas palabras dichas contra el Espíritu Santo no serán perdonadas. ³²Cualquiera que diga una mala palabra contra el Hijo del Hombre será perdonado, pero cualquiera que hable contra el Espíritu Santo no será perdonado, ni en este mundo ni en el otro.

El pecado de decir cosas malas

³³—Un buen árbol da buenos frutos y un árbol malo da frutos malos, y al árbol se le conoce por sus frutos. ³⁴¡Raza de víboras! ¿Cómo podrían decir cosas buenas, si ustedes mismos son malos? La boca habla de lo que está en el corazón. ³⁵Un hombre bueno hablará cosas buenas, porque hay bondad en él. Un hombre malo hablará cosas malas, porque hay pecado en él. ³⁶Yo les digo que el día en que los hombres estén ante Dios, tendrán que responder por cada palabra descuidada que hayan dicho. ³⁷Porque por tus mismas palabras se sabrá si eres culpable o inocente.

Jesús habla de Jonás *(Lucas 11:29-32)*

³⁸Entonces algunos de los maestros de la ley y los celosos religiosos le dijeron a Jesús:

—Maestro, nosotros quisiéramos que hicieras una obra poderosa para poder verla.

³⁹El les dijo:

—Los pecadores de hoy buscan una señal para poder creer, pero no se les dará más señal que la del antiguo predicador Jonás. ⁴⁰Jonás estuvo tres días y tres noches en el estómago de un gran pez. Así también, el Hijo del Hombre estará tres días y tres noches en el sepulcro. ⁴¹Los hombres de la ciudad de Nínive se levantarán con la gente de ahora en el día cuando Dios examine a los hombres. Dirán que esta gente es culpable, porque los de Nínive sintieron dolor por sus pecados y los dejaron cuando Jonás predicaba. Pero miren: Alguien más importante que Jonás está aquí. ⁴²—La reina del Sur se levantará con la gente de ahora en el día cuando los hombres estén delante de Dios y dirá que esta gente es culpable, porque ella vino desde lo más lejos de la tierra para escuchar la sabiduría de Salomón. Y miren: ¡Alguien más importante que Salomón está aquí!

Una persona puede estar llena del mal o del bien (Lucas 11:24-26)

⁴³—Cuando un espíritu malo sale de un hombre, se va a lugares secos para encontrar descanso. Cuando no lo encuentra, ⁴⁴dice: "¡Volveré a mi casa, de donde salí!" Regresando, la encuentra vacía, pero ve que la casa ha sido limpiada y que se ve bien. ⁴⁵Entonces sale y trae otros siete espíritus más malos que él, y todos se meten a vivir allí. Al fin, aquel hombre será peor que al principio. Asimismo será con los pecadores de hoy en día.

La nueva clase de familia (Marcos 3:31-35; Lucas 8:19-21)

⁴⁶Mientras Jesús hablaba a la gente, su madre y sus hermanos vinieron y esperaban afuera porque querían hablar con él. ⁴⁷Alguien le dijo:

—Tu madre y tus hermanos están afuera y quieren hablar contigo.

⁴⁸Jesús dijo:

—¿Quién es mi madre? ¿Y quiénes son mis hermanos?

⁴⁹Extendiendo la mano hacia sus seguidores dijo:

—¡Miren! ¡Estos son mi madre y mis hermanos! ⁵⁰Cualquiera que hace lo que mi Padre que está en el cielo quiere que se haga, ése es mi hermano y mi hermana y mi madre.

Jesús enseña con historias (Marcos 4:1-34; Lucas 8:4-18)

13 Ese mismo día Jesús salió de la casa y se sentó a la orilla del lago. ²Como se juntó mucha gente, se subió a un barco y se sentó.

La historia del sembrador

³Jesús les enseñó muchas cosas, pero usando solamente historias. Les dijo: "Un hombre salió a sembrar. ⁴Cuando iba sembrando, parte de la semilla cayó al lado del camino. Las aves vinieron y se la comieron. ⁵Una parte cayó entre las piedras y creció enseguida, porque había muy poca tierra, ⁶pero salido el sol se secó, porque no tenía raíces. ⁷Al-

gunas semillas cayeron entre espinos; los espinos crecieron y no dejaron lugar para las semillas. ⁸Algunas semillas cayeron en buena tierra y dieron mucho grano. Unas dieron hasta cien granos por cada semilla, otras dieron hasta sesenta granos, y otras dieron hasta treinta. ⁹Ustedes tienen oídos; entonces oigan.

Por qué Jesús usaba historias

¹⁰Los discípulos de Jesús vinieron a él y le dijeron:

—¿Por qué les hablas a ellos con historias?

¹¹El les contestó:

—A ustedes les he dado los secretos del reino de Dios, pero a otros no se los he dado. ¹²Al que tiene, se le dará más y tendrá mucho más, pero al que tiene poco, se le quitará aun lo poco que tiene.

¹³—Por eso a ellos les hablo con historias: porque tienen ojos, pero no ven; tienen oídos, pero no oyen ni comprenden. ¹⁴Les pasa a ellos como dijo el antiguo predicador Isaías: "Ustedes oyen, pero no entienden. Ustedes miran, pero no ven. ¹⁵Los corazones de esta gente se han puesto duros y oyen muy poco; han cerrado sus ojos, para que ni vean con sus ojos, ni oigan con sus oídos, ni entiendan con el corazón, ni se vuelvan a mí para que yo los sane" (Isaías 6:9, 10). ¹⁶Pero felices ustedes que ven con sus ojos y oyen con sus oídos. ¹⁷En verdad les digo que muchos antiguos predicadores y hombres buenos para con Dios quisieron ver las cosas que ustedes ven, pero no las vieron; quisieron oír las cosas que ustedes oyen, pero no las oyeron.

Jesús les explica la historia del sembrador

¹⁸"Escuchen el ejemplo del sembrador. ¹⁹Cuando las personas oyen la palabra del reino de Dios y no la entienden, el diablo viene y se lleva lo que ha sido puesto en su corazón. Estas personas son como la semilla que cayó junto al camino. ²⁰La semilla que cayó entre las piedras es como la persona que reci-

be la palabra con alegría tan pronto como la escucha ²¹pero no tiene suficiente raíz. Cuando vienen los problemas y los sufrimientos por causa de la palabra, se desanima y cae. ²²La semilla que cayó entre espinos es como la persona que oye la palabra, pero los cuidados de esta vida y el amor por el dinero dejan que los espinos la cubran y no queda espacio para que la semilla crezca y dé grano. ²³La semilla que cayó en buen terreno es como el que oye la palabra, la entiende y da mucho fruto. Algunos son como las semillas que dieron cien granos, o como las que dieron sesenta, o como las que dieron treinta."

La historia de la buena semilla y la mala hierba

²⁴Jesús les contó otra historia: "El reino de Dios es como el hombre que sembró buena semilla en su campo, ²⁵pero durante la noche vino un enemigo, sembró mala hierba entre la buena semilla del campo y se fue. ²⁶Cuando la buena semilla comenzó a crecer y dar grano, también creció la mala hierba.

²⁷"Luego vinieron los hombres que trabajan para el que sembró la semilla y le dijeron: '¿Señor, no sembraste solamente buena semilla en tu campo? ¿Por qué tiene también mala hierba?' ²⁸El hombre que sembró buena semilla dijo: 'Alguien que me odia ha hecho esto.' Los trabajadores le preguntaron: 'Entonces, ¿debemos ir a arrancar la mala hierba de en medio del buen grano?' ²⁹El les dijo: 'No, porque si arrancan la mala hierba, también arrancarán el buen grano. ³⁰Dejen que crezcan juntos, hasta el tiempo de recoger el grano. Entonces diré a los trabajadores: Recojan la mala hierba primero y júntenla para ser quemada; luego recojan el buen grano y pónganlo en mi granero.' "

La historia de la semilla de mostaza

³¹Jesús les contó otra historia. Les dijo: "El reino de Dios es como la semilla de mostaza que un hombre sembró en su campo. ³²Es la más pequeña de las se-

millas, pero cuando ha crecido, es más grande que cualquier planta del campo. Se hace árbol, y los pájaros del cielo vienen y hacen nidos en sus ramas."

La historia de la levadura

³³Jesús les contó otra historia: "El reino de Dios es como la levadura que una mujer puso en tres medidas de harina. Creció hasta fermentar toda la masa."

³⁴Jesús dijo todas estas cosas a mucha gente usando historias. No les hablaba sin ellas. ³⁵Pasó tal como el antiguo predicador dijo que pasaría: "Hablaré por medio de historias; diré cosas que han estado secretas desde el principio del mundo" (Salmo 78:2).

Jesús explica acerca de la mala hierba

³⁶Después de que Jesús despidió a la gente, entró en la casa, y sus seguidores vinieron a decirle:

—Explícanos la historia de la hierba mala sembrada en el campo.

³⁷Jesús les dijo:

—El que siembra la buena semilla es el Hijo del Hombre. ³⁸El campo es el mundo, y la buena semilla son los hijos del reino. La mala hierba son los hijos del diablo. ³⁹El diablo es el mismo que entra y siembra la mala hierba. El momento de recoger el grano es el fin del mundo. Los que recogen son los ángeles. ⁴⁰Tal como la mala hierba se recoge y se echa en el fuego, así será en el fin del mundo. ⁴¹El Hijo del Hombre enviará a sus ángeles a sacar de su reino a los que hacen mal y a todas las cosas que hacen pecar a la gente. ⁴²Los echarán al horno de fuego, y allí llorarán y rechinarán los dientes. ⁴³Entonces los que hacen la voluntad de Dios brillarán como el sol en el reino de su Padre. ¡Ustedes tienen oídos, entonces oigan!

La historia del oro enterrado en el campo y la compra de la perla

⁴⁴"El reino de Dios es como una caja de joyas enterrada en el campo, que un hombre encuentra y luego la vuelve a

esconder. Muy feliz por lo que encontró, va y vende todo lo que tiene para comprar el terreno.

⁴⁵"El reino de Dios es también como el hombre que compra y vende, y siempre está buscando buenas perlas. ⁴⁶Cuando encuentra una perla buena, aunque cueste mucho dinero, va, vende todo lo que tiene y la compra.

La historia de la red de pescar

⁴⁷"El reino de Dios es como una gran red que es echada al mar, y que recoge peces de todas clases. ⁴⁸Cuando se llena, la llevan a la orilla, se sientan y ponen en canastas el pescado bueno. El pescado malo, lo echan fuera. ⁴⁹Así será el fin del mundo, cuando los ángeles vendrán a sacar a los malos de entre los buenos. ⁵⁰Echarán a los malos en un horno de fuego en donde llorarán y rechinarán los dientes."

⁵¹Jesús les preguntó:

—¿Entienden ustedes todas estas historias?

Ellos dijeron:

—¡Sí, Señor!

⁵²El les dijo:

—Todo maestro de la ley, que ha llegado a ser seguidor del reino de Dios, es como el dueño de una casa que recoge todo lo que encuentra de valor en su casa, sea nuevo o viejo.

En la ciudad de Nazaret no creyeron en Jesús (Marcos 6:1-6)

⁵³Cuando Jesús terminó estas historias, se fue de allí. ⁵⁴Vino a su propia ciudad y enseñaba en los templos locales. La gente se quedaba muy admirada y sorprendida, diciendo:

—¿De dónde recibió este hombre tanta sabiduría? ¿Cómo puede hacer todas estas obras poderosas?

⁵⁵—¿No es éste el hijo del carpintero?

—¿No es su madre María?

—¿No son sus hermanos Jacobo, José, Simón y Judas?

⁵⁶—¿Y no están todas sus hermanas aquí?

—Entonces, ¿de dónde tiene él todas estas cosas?

⁵⁷Y pensaban mal de él. Pero Jesús les dijo:

—Todos aprecian al predicador que habla de Dios, menos los de su propio pueblo, y los de su casa.

⁵⁸Y no hizo muchas obras poderosas allí, porque no creían en él.

Juan el bautista es encarcelado (Marcos 6:14-20; Lucas 3:18-20)

14 En ese tiempo, el rey Herodes había oído muchas cosas acerca de Jesús ²y dijo a sus ayudantes: "Este debe ser Juan el bautista que ha vuelto a vivir. Por eso hace estas cosas." ³Herodes había puesto a Juan en la cárcel, por causa de Herodías, la mujer de su hermano Felipe ⁴porque Juan le había dicho: "Es contra la ley que tú la tengas." ⁵El hubiera querido matar a Juan, pero temía a la gente, pues todos pensaban que Juan era alguien que hablaba de parte de Dios.

Muerte de Juan el bautista (Marcos 6:21-29; Lucas 9:7-9)

⁶En el cumpleaños de Herodes, la hija de Herodías bailó delante de todos y alegró mucho a Herodes. ⁷Este prometió darle cualquier cosa que pidiera. ⁸Aconsejada por su madre, le dijo: "Dame en un plato la cabeza de Juan el bautista." ⁹El Rey se puso triste, pero mandó que se la dieran, porque había prometido delante de los que estaban allí. ¹⁰Entonces mandó que le cortaran la cabeza a Juan en la cárcel; ¹¹luego la trajeron en un plato y se la dieron a la muchacha. Ella se la entregó a su madre. ¹²Luego los seguidores de Juan vinieron a llevar su cuerpo para enterrarlo y después fueron a avisarle a Jesús.

Jesús da de comer a cinco mil hombres (Marcos 6:30-44; Lucas 9:10-17; Juan 6:1-14)

¹³Cuando Jesús oyó que habían matado a Juan, se fue de allí en un barco a un lugar apartado. Pero cuando la gente lo supo, lo siguió por tierra desde las ciudades. ¹⁴Al salir del barco, vio mucha

gente y, sintiendo compasión, sanó a los enfermos.

¹⁵Cuando llegó la noche, sus seguidores vinieron a él y le dijeron:

—Este es un lugar despoblado. Ya es tarde; envía a la gente a que vaya a los pueblos y se compren algo para comer.

¹⁶Jesús les dijo:

—No necesitan irse. Denles ustedes de comer.

¹⁷Ellos le dijeron:

—Sólo tenemos cinco panes y dos pescados.

¹⁸Jesús les dijo:

—Tráiganmelos aquí.

¹⁹Entonces le dijo a la gente que se sentara sobre la hierba. Luego tomó los cinco panes y los dos pescados y, mirando al cielo, dio gracias. Partió los panes en pedazos y se los dio a sus seguidores. Ellos los repartieron entre la gente. ²⁰Así todos comieron y quedaron satisfechos. Después recogieron doce canastos llenos de pedazos de pan y de pescados que sobraron, después que la gente había comido. ²¹Comieron unos cinco mil hombres, sin contar a las mujeres y a los niños.

Jesús anda sobre el agua (Marcos 6:45-52; Juan 6:15-21)

²²Luego Jesús hizo entrar a sus seguidores en el barco y les dijo que se fueran al otro lado, mientras él despedía a la gente. ²³Después de despedir a la gente, subió al cerro para orar a solas. Cuando vino la noche, se encontraba solo. ²⁴En ese momento, el barco estaba lejos de tierra pues había sido llevado por las olas, porque el viento soplaba fuerte contra ellos.

²⁵Un poco antes del amanecer, Jesús se dirigió a ellos andando sobre el agua. ²⁶Ellos se asustaron y gritaron llenos de miedo:

—¡Miren; es un fantasma!

²⁷Pero Jesús les habló y les dijo:

—Tengan confianza. ¡Soy yo, no tengan miedo!

²⁸Entonces Pedro le dijo:

—Si eres tú, Señor, mándame ir a ti sobre el agua.

²⁹Jesús le dijo:

—¡Ven!

Pedro salió del barco y anduvo sobre las aguas hacia Jesús. ³⁰Pero cuando vio que el viento era fuerte, tuvo miedo y comenzó a hundirse. Entonces gritó:

—¡Señor sálvame!

³¹Jesús extendió su mano y lo tomó, diciéndole:

—¡Tú tienes muy poca fe! ¿Por qué dudaste?

³²Cuando Jesús y Pedro subieron al barco, el viento dejó de soplar. ³³Los que estaban en el barco adoraron a Jesús y le dijeron:

—¡De veras, tú eres el Hijo de Dios!

Los enfermos son sanados en Genesaret (Marcos 6:53-56)

³⁴Cuando pasaron al otro lado, llegaron a la tierra de Genesaret. ³⁵En cuanto los hombres de esa tierra vieron que era Jesús, dieron la noticia por todo el país. Y le trajeron a Jesús todos los enfermos. ³⁶Le rogaban que les dejara tocar el borde de su vestido, porque los que tocaban el borde de su vestido eran sanados.

Jesús reprende a los dirigentes religiosos (Marcos 7:1-23)

15 Algunos de los maestros de la ley y de los celosos religiosos vinieron a Jesús, preguntándole:

²—¿Por qué tus seguidores no obedecen las enseñanzas de nuestros padres y no se lavan las manos antes de comer?

³Jesús les dijo:

—¿Por qué rompen ustedes la ley de Dios, tratando de conservar las enseñanzas de los hombres? ⁴Porque Dios dice: "Respeta a tu madre y a tu padre" (Exodo 20:12). También dice: "El que insulte a su padre o a su madre debe morir" (Exodo 21:17). ⁵Pero ustedes enseñan que si un hombre dice a sus padres que todo lo que tiene, aunque pueda ser de ayuda para ellos, ya lo ha entregado a Dios, ⁶no está obligado a guardar respeto a su padre o a su madre, prestándoles ayuda. Ustedes están poniendo a un lado la palabra de Dios, para conservar sus propias enseñanzas. ⁷¡Falsos! Bien dijo de ustedes el antiguo predicador Isaías: ⁸"Esta gente me honra con su boca, pero su corazón está lejos de mí. ⁹De nada sirve que me rindan culto, porque enseñan lo que los hombres han dicho" *(Isaías 29:13)*.

¹⁰Jesús llamó a la gente y le dijo:
—¡Escuchen y entiendan esto: ¹¹No es lo que entra en la boca del hombre lo que le hace mal a su mente y a su corazón. Lo que sale de la boca del hombre es lo que le hace mal.

¹²Sus seguidores vinieron a él y le dijeron:
—¿Sabes que los celosos religiosos se ofendieron al oír lo que dijiste?

¹³Jesús contestó:
—Cualquier planta que mi Padre que está en el cielo no sembró será arrancada de raíz. ¹⁴Déjenlos, porque son ciegos que guían a otros ciegos; y si un ciego guía a otro ciego, los dos caerán en el pozo.

¹⁵Entonces Pedro le dijo a Jesús:
—Explícanos esta historia.

¹⁶Jesús les dijo:
—¿Tampoco entendieron ustedes? ¹⁷¿No entienden ustedes que lo que entra por la boca va al estómago y después sale del cuerpo? ¹⁸Pero cualquier cosa que sale de la boca viene del corazón. Estas cosas contaminan al hombre por dentro, ¹⁹porque del corazón salen los malos pensamientos, el matar a otras personas, los pecados sexuales, los robos, las mentiras, las malas palabras contra Dios. ²⁰Estas son las cosas que hacen malo al hombre, pero el comer sin lavarse las manos no hace malo al hombre.

Jesús saca un espíritu malo de una muchacha (Marcos 7:24-30)

²¹Jesús se fue de allí hacia las ciudades de Tiro y Sidón. ²²Una mujer vino desde la tierra de Canaán y gritó, diciéndole a Jesús:
—¡Ten compasión de mí, Señor, hijo de David! Mi hija tiene un espíritu malo y sufre mucho.

²³Pero Jesús no le dijo a ella ni una sola palabra. Entonces sus seguidores le rogaron:
—¡Mándale que se retire, porque viene gritando detrás de nosotros!

²⁴Entonces Jesús dijo:
—Yo fui enviado solamente a los judíos que están perdidos.

²⁵Pero la mujer vino, se arrodilló delante de Jesús y le adoró, diciendo:
—¡Señor, ayúdame!

²⁶Pero él le dijo:
—No está bien quitarles el pan a los hijos para echarlo a los perros.

²⁷Pero ella dijo:
—Sí, Señor, pero hasta los perros comen de los pedazos que caen de las mesas de sus dueños.

²⁸Jesús le dijo:
—Mujer, tienes mucha fe. Recibirás lo que pides.

Y su hija fue sanada en ese mismo momento.

Jesús sana a todos los que vienen a él

²⁹Jesús se fue de entre ellos y vino al lago de Galilea. Entonces subió al cerro y se sentó allí. ³⁰Mucha gente vino a él, trayendo a los que no podían caminar, a los que no podían ver, a los que no podían oír o hablar y a muchos otros enfermos. Entonces los ponían a los pies de Jesús, y él los sanaba. ³¹Toda la gente se asombraba, porque veía que los que no podían hablar, ahora hablaban, los que no podían andar ahora andaban, los que no podían ver ahora veían. Todos daban gracias al Dios de los judíos.

Alimentación de los cuatro mil (Marcos 8:1-9)

³²Entonces Jesús llamó a sus seguidores y les dijo:
—Siento dolor por esta gente que ha estado conmigo tres días y no tiene comida. No quiero mandarlos a sus casas sin comer. Pueden desmayarse en el camino.

³³Los seguidores le dijeron:
—¿Dónde podremos conseguir comida para tanta gente en este lugar despoblado?

[34]Jesús les preguntó:
—¿Cuántos panes tienen?
Y ellos le dijeron:
—Siete panes y unos pescaditos.
[35]Entonces pidió a la gente que se sentara en el suelo. [36]Luego tomó los siete panes y los pescados, dio gracias, los partió y se los dio a sus discípulos para que los repartieran entre la gente. [37]Todos comieron y quedaron satisfechos. Después recogieron siete canastas con los pedazos que sobraron. [38]Comieron cuatro mil hombres aparte de las mujeres y los niños. [39]Después, Jesús despidió a la gente, entró en un barco y vino a un lugar llamado Magdala.

Jesús reprende a los celosos religiosos (Marcos 8:10-13)

16 Vinieron a Jesús ciertos celosos religiosos y representantes del grupo que no creía que los muertos vuelven a vivir. Le pidieron:
—Muéstranos algo especial del cielo.
Ellos querían ponerle una trampa, *[2](pero Jesús les dijo:
—De noche ustedes dicen: "Mañana tendremos buen tiempo, porque el cielo está rojo." [3]En la mañana dicen: "Hoy tendremos tormenta, porque el cielo está rojo y las nubes están bajas." ¡Ustedes entienden las cosas que ven en el cielo, pero no pueden entender las cosas especiales que ven en estos días!) [4]Los pecadores de hoy buscan alguna señal que ver, pero no hay ninguna señal que ellos puedan ver sino la señal del antiguo predicador Jonás.
· Entonces se fue de allí.

Jesús prueba que la enseñanza de los celosos religiosos es un error

[5]Sus seguidores pasaron al otro lado del lago. Luego se acordaron que no habían traído pan. [6]Jesús les dijo:
—¡Escuchen! No tengan nada que ver con la levadura de los celosos religiosos, ni con el grupo que no cree que los muertos vuelven a vivir.
[7]Ellos comenzaron a pensar entre sí: "El dice esto porque nos olvidamos de traer pan." [8]Jesús sabía esto, y les dijo:

—¡Ustedes tienen muy poca fe! ¿Por qué piensan en que no trajeron pan? [9]¿No comprenden o no recuerdan los cinco panes que alimentaron a cinco mil hombres y cuántos canastos llenos fueron recogidos? [10]O, ¿no recuerdan los siete panes que alimentaron a los cuatro mil hombres, y cuántos canastos fueron recogidos? [11]¿Por qué no entienden que yo no estaba hablándoles acerca del pan? Yo estaba hablándoles de cuidarse de la levadura de los celosos religiosos y del grupo que no cree que los muertos volverán a vivir.
[12]Entonces entendieron que no se refería a la levadura del pan cuando hablaba, sino que estaba refiriéndose a la enseñanza de los celosos religiosos y del otro grupo que no cree que los muertos volverán a vivir.

Pedro dice que Jesús es el Cristo (Marcos 8:27-30; Lucas 9:18-20)

[13]Jesús vino al país de Cesarea de Filipo y preguntó a sus seguidores:
—¿Quién dice la gente que soy yo, el Hijo del Hombre?
[14]Ellos dijeron:
—Algunos dicen que eres Juan el bautista. Otros dicen que eres Elías; otros que eres Jeremías o uno de los otros antiguos predicadores.
[15]El les dijo:
—Pero, ¿quién dicen ustedes que soy yo?
[16]Simón Pedro dijo:
—Tú eres el Cristo, el Hijo del Dios viviente.
[17]Entonces Jesús dijo:
—Simón, hijo de Jonás, tú eres dichoso porque no has aprendido esto de ningún hombre, sino de mi Padre que está en el cielo. El te lo ha enseñado. [18]Y yo te digo que tú eres Pedro, y sobre esta roca levantaré mi iglesia. Y las potencias del infierno no podrán vencer a mi iglesia. [19]Yo te daré a ti las llaves del reino, y lo que tú no permitas en la tierra, no ha de haber sido permitido en el cielo, y lo que permitas en la tierra, ha de haber sido permitido en el cielo.

²⁰Entonces Jesús mandó a sus discípulos que no dijeran a nadie que él era el Cristo.

Jesús por primera vez anuncia su muerte (Marcos 8:31-38; Lucas 9:21-27)

²¹Desde entonces, Jesús comenzó a decir a sus seguidores que tenía que ir a Jerusalén a sufrir muchas cosas. Estas dificultades vendrían de los dirigentes de los judíos y de los maestros de la ley. ²²Pedro llevó a Jesús aparte y le habló con palabras fuertes, diciéndole:

—¡Nunca, Señor! Esto no debe pasarte a ti.

²³Entonces Jesús se volvió hacia Pedro y le dijo:

—¡Apártate de mí, diablo, porque tú me molestas y no entiendes las cosas de Dios sino las de los hombres!

Abandono de las riquezas

²⁴Jesús dijo a sus seguidores: "Si alguno quiere ser mi seguidor, deberá olvidarse de sí mismo, tomar su cruz y seguirme. ²⁵Si alguno quiere salvar su vida, la perderá; pero si alguno pone su vida por mi causa, la salvará. ²⁶Porque ¿qué aprovechará al hombre, si gana todo el mundo y pierde su propia alma? ²⁷El Hijo del Hombre vendrá en la grandeza de su Padre y con sus ángeles. Entonces él dará a cada hombre su pago, de acuerdo con lo que haya trabajado. ²⁸En verdad les digo, hay algunos que están presentes aquí que no morirán hasta que vean al Hijo del Hombre venir como rey."

Cómo será Jesús (Marcos 9:1-13; Lucas 9:28-36)

17 Seis días después, Jesús tomó consigo a Pedro, a Jacobo, y a su hermano Juan, y se fueron solos a un monte alto. ²Allí cambió delante de ellos. Su cara se puso brillante como el sol, y su ropa parecía blanca como la luz. ³De pronto aparecieron Moisés y Elías, hablando con Jesús. ⁴Entonces Pedro le dijo: "¡Qué bueno sería quedarnos aquí! Si tú nos permites, construiremos tres enramadas: una para ti, otra para Moisés y otra para Elías." ⁵Mientras Pedro hablaba, una nube brillante vino sobre ellos, y una voz que vino de la nube dijo: "Este es mi Hijo amado, con él me siento feliz. A él oigan." ⁶Cuando los seguidores escucharon esto, se pusieron de rodillas en el suelo y se cubrieron las caras porque tuvieron mucho miedo. ⁷Jesús vino, puso su mano sobre ellos y les dijo:

—¡Levántense! No tengan miedo.

⁸Cuando levantaron la vista, no vieron a nadie allí, sino sólo a Jesús. ⁹Cuando iban bajando de la montaña, Jesús les dijo:

—No digan a nadie lo que han visto, hasta que el Hijo del Hombre sea levantado de entre los muertos.

Los seguidores preguntan acerca de Elías

¹⁰Los seguidores preguntaron a Jesús:

—Entonces ¿por qué los maestros de la ley dicen que Elías deberá venir primero?

¹¹El les dijo:

—En verdad Elías vendrá primero y tendrá todas las cosas listas. ¹²Pero yo les digo que Elías ya vino, y ellos no lo reconocieron. Hicieron con él lo que querían, y en la misma manera el Hijo del Hombre tendrá que sufrir a manos de ellos.

¹³Entonces los seguidores entendieron que él hablaba de Juan el bautista.

Un muchacho que tenía espíritu malo (Marcos 9:14-29; Lucas 9:37-42)

¹⁴Cuando se acercaron a donde había mucha gente, un hombre vino a Jesús, se puso de rodillas y le dijo:

¹⁵—Señor, ten piedad de mi hijo, porque está epiléptico y a veces pierde el uso de la razón. Muchas veces cae en el fuego, otras veces en el agua. ¹⁶Ya le llevé a tus seguidores, pero ellos no pudieron sanarlo.

¹⁷Entonces Jesús dijo:

—Ustedes son gente sin ninguna fe. Están siguiendo un camino equivocado. ¿Hasta cuándo tengo que estar con ustedes? ¿Hasta cuándo tengo que soportarlos? Tráiganme al muchacho.

[18]Jesús reprendió al espíritu malo, y éste salió del muchacho. En ese mismo momento fue sanado.

[19]Los discípulos vinieron a Jesús, cuando estuvo solo, y le preguntaron:

—¿Por qué no pudimos nosotros sacar al espíritu malo?

[20]Jesús les dijo:

—Porque ustedes tienen muy poca fe. Les aseguro que si tuvieran fe como una semilla de mostaza, podrían decir a este monte, "Muévete de aquí para allá", y se movería. Ustedes podrían hacer cualquier cosa. [21]Pero esta clase de espíritu malo no sale si no oran, dejando de comer para orar mejor.

Jesús, por segunda vez, anuncia su muerte
(Marcos 9:30-32; Lucas 9:43-45)

[22]Mientras estaban en el país de Galilea, Jesús dijo a sus seguidores: "El Hijo del Hombre será entregado a los hombres. [23]Ellos lo matarán, pero él volverá a vivir tres días después." Entonces los seguidores se pusieron muy tristes.

El dinero de los impuestos para el templo

[24]Cuando Jesús y sus seguidores llegaron a la ciudad de Capernaum, los cobradores de impuestos para el gran templo se acercaron a Pedro y le dijeron:

—¿No paga el maestro de ustedes el impuesto para el templo?

[25]Pedro dijo:

—Sí.

Cuando Pedro entró en la casa, Jesús habló con él primero y le dijo:

—¿Qué crees tú, Simón? Los reyes de este mundo, ¿de quiénes cobran el dinero de los impuestos? ¿De su propia gente, o de los extranjeros?

[26]Pedro le dijo:

—De los extranjeros.

Entonces Jesús le dijo:

—Entonces los suyos no tienen que pagar. [27]Pero aun así, nosotros no debemos causarles molestias. Baja al lago y echa el anzuelo. Toma el primer pez que saques y en su boca encontrarás una moneda. Tómala y paga mi impuesto y el tuyo.

Jesús enseña sobre la fe de un niño
(Marcos 9:33-50; Lucas 9:46-50)

18 En ese entonces los seguidores vinieron a Jesús y le dijeron:

—¿Quién es el más grande en el reino?

[2]Jesús tomó a un niño, lo puso en medio de ellos y dijo:

[3]—Les aseguro que si ustedes no se convierten, si no se vuelven como niños, no entrarán en el reino de los cielos. [4]Cualquiera que se hace humilde es el mayor en el reino de los cielos. [5]Cualquiera que reciba a un pequeñito por mi causa me recibe a mí, [6]pero a cualquiera que sea culpable de que uno de estos niños que creen en mí caiga en pecado, le sería mejor ser echado al mar con una piedra amarrada al cuello. [7]¡Qué malo es para el mundo que existan cosas que hacen pecar a la gente! Porque así los hombres se ven tentados a pecar. Pero, es peor todavía para el que hace que otro peque. [8]Si tu mano o tu pie son la causa de tu pecado, córtalos y tíralos, porque para ti es mejor ir al cielo sin mano o sin pie, que tener dos manos o dos pies y ser echado al fuego del infierno. [9]Si tu ojo es la causa de tu pecado, sácalo y tíralo. Es mejor para ti ir al cielo con un ojo, que tener dos ojos y ser echado al fuego del infierno. [10]No odien a ninguno de estos pequeñitos, porque yo les digo que ellos tienen ángeles que están mirando siempre el rostro de mi Padre que está en el cielo.

La oveja perdida

*[11]Porque el Hijo del Hombre ha venido a salvar lo que estaba perdido. [12]¿Qué les parece? Un hombre tiene cien ovejas y una de ellas se pierde. ¿No dejará las noventa y nueve e irá a las montañas para buscar a la oveja perdida? [13]Si la encuentra, les digo que tendrá más alegría por ésta que por las noventa y nueve que no se perdieron. [14]Yo les digo que mi Padre que está en el cielo no quiere que ninguno de estos pequeñitos se pierda.

Cómo se debe perdonar al hermano que peca

¹⁵Si tu hermano te hace algún mal, anda y dile lo que ha hecho, sin que nadie les oiga. Si él te hace caso, has ganado a tu hermano de nuevo. ¹⁶Pero si no te hace caso, lleva contigo a una o dos personas, para que toda palabra que se diga sea recordada por ellas. ¹⁷Si él no les hace caso, lleva el asunto a la iglesia; y si no hace caso a la iglesia, considérale como una persona que no conoce a Dios o como el que abusa al cobrar los impuestos.

¹⁸En verdad les digo que cualquier cosa que ustedes no permitan en la tierra no será permitida en el cielo; y cualquier cosa que permitan en la tierra será permitida en el cielo. ¹⁹De nuevo les digo esto: Si dos de ustedes se ponen de acuerdo en la tierra sobre cualquier cosa que quieran pedir, mi Padre que está en el cielo se la dará. ²⁰Porque donde dos o tres están reunidos en mi nombre, allí estoy yo con ellos.

El verdadero perdón

²¹Entonces Pedro vino a Jesús y le dijo.

—Señor, ¿cuántas veces podrá mi hermano pecar contra mí y yo perdonarle? ¿Hasta siete veces?

²²Jesús le dijo:

—No te digo siete veces, sino aun hasta setenta veces siete. ²³El reino de los cielos es como un rey que quiso saber cuánto dinero le debían sus trabajadores. ²⁴Entonces le trajeron a uno de sus obreros. Este le debía muchísimo dinero. ²⁵Puesto que no pudo pagarle nada, el rey mandó que él, su mujer, sus hijos y todo lo que tenía fuera vendido para pagar lo que debía. ²⁶El obrero se arrodilló y, cubriendo su cara ante el rey, le dijo: "Dame tiempo y yo te pagaré todo el dinero." ²⁷Entonces el rey se compadeció del obrero y lo dejó ir, perdonándole la deuda. ²⁸Pero el obrero perdonado salió y encontró a otro de los obreros que le debía un poco de dinero. Le tomó por el cuello y le dijo: "Págame lo que me debes." ²⁹El

otro se arrodilló y, cubriéndose la cara le dijo: "Dame tiempo, y te pagaré todo el dinero." ³⁰No quiso y le mandó a la cárcel hasta que le pagara todo. ³¹Cuando los otros obreros vieron lo que había pasado, se pusieron tristes y fueron a decirle al rey todo lo que había pasado. ³²Entonces el rey llamó al primero y le dijo: "¡Mal obrero! ³³Porque me rogaste, yo te perdoné y te dije que no tendrías que pagarme nada de tu deuda. ¿No debías tener compasión del otro obrero?" ³⁴El rey se enojó mucho y lo entregó para que lo castigaran hasta que pagara todo el dinero que debía. ³⁵Así hará mi Padre que está en el cielo con cada uno de ustedes, si no perdonan a su hermano de todo corazón.

Enseñanza de Jesús acerca del matrimonio y del divorcio (Marcos 10:1-12)

19 Cuando Jesús terminó de hablar, se fue del país de Galilea, al país de Judea y a la región que está al este del río Jordán. ²Le siguió mucha gente. Allí sanó a los enfermos. ³Los celosos religiosos vinieron a Jesús, tratando de ponerle una trampa, y le preguntaron:

—¿No enseña la ley que un hombre puede divorciarse de su mujer por cualquier cosa?

⁴El les dijo:

—¿No han leído ustedes que quien al principio los hizo, los hizo hombre y mujer? ⁵Las escrituras dicen: "Por esta razón, el hombre dejará a su padre y a su madre y vivirá con su mujer, y los dos serán uno, ⁶de manera que ya no serán dos, sino uno" (Génesis 2:24). ¡Que ningún hombre separe lo que Dios ha unido!

⁷Los celosos religiosos dijeron a Jesús:

—Entonces, ¿por qué permite la ley de Moisés a un hombre dar carta de divorcio a su mujer y desecharla?

⁸Jesús les dijo:

—Por causa de la dureza de los corazones de ustedes, Moisés les permitió divorciarse de sus mujeres, pero esto no fue así al principio. ⁹Yo les digo: Cualquier hombre que se divorcie de su mujer, si no es por causa de pecado sexual, y que se casa con otra es culpable de pecado sexual en el matrimonio. Cualquier hombre que se case con la divorciada también es culpable del mismo pecado.

¹⁰Sus seguidores le dijeron:

—Si este es el caso de un hombre con su mujer, es mejor no casarse.

¹¹Jesús les dijo:

—Pero no todos los hombres pueden hacer esto, sino solamente aquellos a quienes es dado. ¹²Hay algunos hombres que nacen impotentes y nunca pueden tener hijos. Hay otros hombres que han sido castrados por los hombres. Pero hay otros que se abstienen de casarse por causa del reino de los cielos. Al que pueda hacer esto, déjenlo que lo haga.

Jesús da gracias por los niños (Marcos 10:13-16; Lucas 18:15-17)

¹³Entonces le trajeron unos niños para que pusiera sus manos sobre ellos y orara por ellos. Los seguidores regañaron a los que trajeron a los niños, pero Jesús les dijo: ¹⁴"Dejen que los niños vengan a mí, y no los detengan. El reino de los cielos es de aquellos que son como niños." ¹⁵Puso sus manos sobre ellos y después se fue.

Jesús enseña a guardar la ley (Marcos 10:17-31; Lucas 18:18-30)

¹⁶Un joven vino a Jesús y le preguntó:

—Maestro bueno, ¿qué obra buena debo hacer para tener la vida que dura para siempre?

¹⁷Jesús le dijo:

—¿Por qué me llamas bueno? Dios es el único bueno. Si quieres tener la vida que dura para siempre, debes obedecer las leyes y los mandamientos.

¹⁸El joven dijo:

—¿Qué clase de mandamientos?

Jesús le dijo:

—No matarás a nadie; no cometerás pecados sexuales; no robarás; no mentirás. ¹⁹Respeta a tu padre y a tu madre, y ama a tu vecino como a ti mismo.

²⁰El joven le dijo a Jesús:

—Yo he obedecido todas las leyes. ¿Qué más debo hacer?

²¹Jesús le dijo:

—Si quieres ser perfecto, anda, vende todo lo que tienes y entrega el dinero a los pobres; entonces tendrás riquezas en el cielo. Luego, ven y sígueme.

²²Cuando el joven oyó estas palabras, se fue triste, porque era muy rico.

El peligro de las riquezas

²³Jesús dijo a sus seguidores:

—En verdad les digo que al rico le será difícil entrar en el reino de los cielos. ²⁴De nuevo les digo que es más fácil que un camello pase por el ojo de una aguja que un rico entre en el reino de los cielos.

²⁵Cuando sus seguidores oyeron esto, no pudieron comprender y dijeron:

—Entonces, ¿quién podrá salvarse del castigo del pecado?

²⁶Jesús les miró y les dijo:

—Esto es imposible para los hombres, pero para Dios todas las cosas son posibles.

²⁷Entonces Pedro le dijo:

—Nosotros hemos dejado todo y te hemos seguido; ¿qué, pues, recibiremos?

²⁸Jesús les dijo:

—En verdad les digo que cuando todo se vuelva nuevo y el Hijo del Hombre se siente en su lugar como Rey en gloria y esplendor, ustedes que me han seguido tendrán también doce lugares para sentarse conmigo. Ustedes dirán entonces quiénes son culpables o inocentes de entre las doce familias de la nación judía. ²⁹Cualquiera que haya dejado casas, o hermanos, o hermanas, o padre, o madre, o tierras por mi causa recibirá cien veces más; también recibirá la vida que dura para siempre. ³⁰Muchos de los primeros serán últimos, y muchos de los últimos serán primeros.

La historia del trabajador en el campo de uvas

20 —El reino de los cielos es como el dueño de un campo de uvas que salió temprano en la mañana a contratar obreros para su viña. ²Prometió pagarles el jornal de un día y luego les mandó a la viña. ³Más tarde, en la mañana, fue a la plaza y allí vio a los hombres que no tenían nada que hacer. ⁴Les dijo: "Ustedes también vayan a mi viña y trabajen allí, que yo les pagaré lo que sea justo." Y ellos fueron. ⁵De nuevo salió al mediodía y después a las tres de la tarde e hizo lo mismo. ⁶Como a las cinco de la tarde, salió otra vez y encontró todavía a otros que no tenían trabajo. Les preguntó: "¿Por qué están parados aquí todo el día, sin hacer nada?" ⁷Ellos le dijeron: "Porque nadie nos ha contratado." El les dijo: "Vayan a trabajar en mi viña, que yo les pagaré lo que sea justo."

⁸—Cuando llegó la noche, el dueño dijo al principal de los obreros: "Llama a todos los obreros y dales su paga. Comienza con los últimos contratados y sigue hasta los primeros." ⁹Los obreros que habían sido contratados a las cinco de la tarde vinieron primero, y cada uno recibió su paga. ¹⁰Cuando vinieron los primeros obreros que habían sido contratados en la mañana, pensaron que recibirían más, pero cada uno recibió el mismo jornal de un día. ¹¹Después que recibieron el pago, hablaron entre sí contra el dueño, ¹²y le dijeron: "Los últimos obreros contratados han trabajado solamente una hora, y tú les has dado lo mismo que a nosotros, que hemos trabajado durante el calor del día." ¹³Pero él le dijo a uno de los obreros: "Amigo, no estoy haciendo nada malo contra ti. ¿No aceptaste cuando te prometí pagar el jornal de un día? ¹⁴Tómalo y vete. Yo quiero darles a los últimos contratados lo mismo que te he dado a ti. ¹⁵¿No tengo derecho a hacer lo que quiero con mi dinero? ¿Te da envidia porque yo soy bueno?" ¹⁶Así que, los últimos serán primeros y los primeros serán los últimos.

Jesús, por tercera vez, anuncia su muerte (Marcos 10:32-34; Lucas 18:31-34)

¹⁷Cuando Jesús estaba por subir a Jerusalén, se separó con sus doce seguidores, y junto al camino, les dijo: ¹⁸"Oigan ustedes. Estamos en camino de Jerusalén donde el Hijo del Hombre será entregado a los dirigentes religiosos y a los maestros de la ley. Estos pedirán que él sea condenado a muerte. ¹⁹Le entregarán a gente mala. Se burlarán de él y lo azotarán. Lo clavarán en una cruz. Tres días después él será levantado de entre los muertos."

La madre de Jacobo y Juan pide a Jesús algo difícil (Marcos 10:35-45)

²⁰La madre de Jacobo y Juan, hijos de Zebedeo, vino a Jesús con sus hijos. Se puso de rodillas delante de él para pedirle algo. ²¹Jesús le dijo:

—¿Qué quieres?

Ella contestó:

—Manda que mis dos hijos se sienten, el uno a tu derecha y el otro a tu izquierda, cuando seas Rey.

²²Jesús le dijo:

—Ustedes no saben lo que piden. ¿Pueden ustedes soportar el sufrimiento que pronto voy a sufrir? *(¿Pueden ser bautizados con el bautismo con que yo soy bautizado?)

Ellos dijeron:

—Sí, podemos.

²³El les dijo:

—Ustedes sufrirán como yo. Serán bautizados con el bautismo con que yo soy bautizado. Pero los lugares a mi derecha y a mi izquierda, a mí no me corresponde darlos, sino que serán de aquellos que indique mi Padre.

²⁴Los otros diez seguidores oyeron esto y se enojaron contra los dos hermanos. ²⁵Jesús les llamó y les dijo:

—Ustedes saben cómo los reyes de las naciones muestran su poder ante la gente. Los jefes importantes también usan su poder sobre la gente. ²⁶No será así con ustedes. Cualquiera que desee ser importante entre ustedes debe ser ayudante de otros. ²⁷Y el que quiera ser primero entre ustedes debe ser como un siervo de todos. ²⁸Porque el Hijo del Hombre no vino para ser servido, sino para servir a los demás. Vino a dar su vida para que muchos fueran comprados por su sangre y librados del castigo del pecado.

La curación de los ciegos (Marcos 10:45-52; Lucas 18:35-43)

²⁹Cuando salieron de la ciudad de Jericó, les siguió mucha gente. ³⁰Dos ciegos estaban sentados al lado del camino. Estos gritaron cuando oyeron que Jesús pasaba por allí. Dijeron:

—¡Señor, ten compasión de nosotros, Hijo de David!

³¹Muchos hablaron con palabras fuertes a los ciegos, para que no gritaran. ³²Jesús se detuvo, les llamó y les preguntó:

—¿Qué quieren que haga por ustedes?

³³Los ciegos le dijeron:

—Señor, queremos que nuestros ojos sean abiertos.

³⁴Jesús tuvo compasión y puso sus manos sobre los ojos de ellos. Al momento, pudieron ver. Y siguieron a Jesús.

La última vez que Jesús va a Jerusalén (Marcos 11:1-11; Lucas 19:29-44; Juan 12:12-19)

21 Ya estaban cerca de Jerusalén. Llegaron a la ciudad de Betfagé en el monte de los Olivos. Jesús mandó primero a dos de sus seguidores, ²diciéndoles: "Vayan a la ciudad de enfrente y allí encontrarán una burra atada, con su cría. Desátenlas y tráiganlas acá. ³Si alguien les dice algo, ustedes le responderán: 'El Señor las necesita.' Y él las enviará en seguida."

⁴Pasó tal como el antiguo predicador lo anunció: ⁵"Digan a la gente de Jerusalén: 'Aquí viene tu Rey, manso, montado en una burra' " *(Zacarías 9:9; Isaías 62:11)*. ⁶Los discípulos fueron e hicieron tal como Jesús les mandó. ⁷Trajeron la burra con su cría. Pusieron su ropa sobre la burra para que Jesús se sentara encima. ⁸Mucha gente tendía su ropa a lo largo del camino. Otros cortaban ramas de los árboles y las ponían en el camino. ⁹La gente que iba delante y la que iba detrás de Jesús gritaba: "¡Bendito el Hijo de David! ¡Gloria y honor para el que viene en nombre del Señor! ¡Gloria en lo alto del cielo!" ¹⁰Cuando Jesús entró en Jerusalén, toda la gente de la ciudad se alborotó. Unos dijeron:

—¿Quién es éste?

¹¹Otros respondieron:

—Este es Jesús, el que habla en nombre de Dios; es de la ciudad de Nazaret, del país de Galilea.

Jesús acaba con la compra y venta en el templo (Marcos 11:15-19; Lucas 19:45-48; Juan 2:13-17)

¹²Entonces Jesús fue al gran templo de Dios e hizo salir a todos los que estaban comprando y vendiendo. Volteó las mesas de los que cambiaban monedas y las sillas de los que vendían palomas. ¹³Les dijo: "Escrito está: 'Mi casa será llamada casa de oración', pero ustedes la han hecho un lugar para ladrones" *(Isaías 56:7; Jeremías 7:11)*.

¹⁴Los ciegos y los que no podían andar vinieron a Jesús en el templo, y él los sanó. ¹⁵Los dirigentes religiosos y los maestros de la ley vieron las obras poderosas que él hacía y oyeron a los niños que gritaban en el templo diciendo:

—¡Bendito el Hijo de David!

¹⁶Los jefes del pueblo estaban muy enojados, y dijeron a Jesús:

—¿Oyes lo que estos niños están diciendo?

Jesús les dijo:

—Sí. ¿No han leído ustedes las escrituras? "Aun los niños y los recién nacidos le alabarán a él" *(Salmo 8:2)*.

¹⁷Jesús los dejó y salió de la ciudad al pueblo de Betania, donde pasó esa noche.

La higuera que se secó (Marcos 11:20-26)

¹⁸En la mañana, cuando él volvía a la

ciudad, tuvo hambre. [19]Vio una higuera al lado del camino y se acercó a ella. La higuera sólo tenía hojas. Jesús le dijo:
—Nunca más vuelvas a dar fruto.

En seguida se secó la higuera. [20]Al ver eso sus discípulos se admiraron y le dijeron:
—¿Cómo es que se secó enseguida la higuera?

[21]Jesús les dijo:
—En verdad les digo, si ustedes tienen fe y no dudan, no sólo harán esto con la higuera, sino que también podrán decir a este monte, "Muévete de aquí y échate al mar", y lo hará. [22]Todas las cosas que ustedes pidan en oración las recibirán, si tienen fe.

Preguntan a Jesús quién le dio el poder de hacer estas cosas (Marcos 11:27-33; Lucas 20:1-8)

[23]Jesús vino al gran templo y los dirigentes religiosos junto con los principales del pueblo vinieron a él, cuando estaba enseñando, y le preguntaron:
—¿Con qué derecho y poder haces estas cosas? ¿Quién te dio el poder para hacerlas?

[24]Jesús les contestó:
—Yo también les preguntaré a ustedes una cosa. Si ustedes me responden, entonces yo les diré con qué derecho y poder hago estas cosas. [25]El bautismo de Juan: ¿Era del cielo o de los hombres?

Ellos pensaron entre sí: "Si decimos 'del cielo', él nos dirá: 'Entonces ¿por qué no creyeron en él?' [26]Pero si decimos, 'de los hombres', tememos al pueblo; porque todos creen que Juan era uno de los que hablaba en nombre de Dios." [27]Le dijeron a Jesús:
—No sabemos.

El les dijo:
—Entonces, yo tampoco les diré con qué derecho y poder hago estas cosas.

La historia de los dos hijos

[28]—¿Qué piensan ustedes de esta historia? Había un hombre que tenía dos hijos. Fue al primero de los hijos y le dijo: "Hijo mío, anda a mi viña y trabaja allí un día." [29]El hijo le contestó: "No,

no iré." Después, cambió y fue. [30]El padre fue al segundo hijo y le pidió la misma cosa. Este le dijo: "Sí, yo iré." Pero no fue. [31]¿Cuál de los dos hijos hizo lo que el padre quería?

Ellos le dijeron:
—El primer hijo.

Jesús les dijo:
—En verdad, les digo que los cobradores de impuestos y las mujeres que entregan su cuerpo por dinero entrarán en el reino de los cielos antes que ustedes. [32]Porque Juan vino predicándoles la manera de estar bien con Dios. Ustedes no lo creyeron, pero los cobradores de impuestos y las mujeres que entregan su cuerpo por dinero, sí, lo creyeron. Cuando ustedes vieron esto, no cambiaron su actitud acerca de sus pecados ni los dejaron, ni le creyeron a él.

La historia del campo de uvas (Marcos 12:1-12; Lucas 20:9-18)

[33]—Oigan otra historia: Un hombre tenía un terreno. Puso una cerca alrededor de su campo y sembró en él. Hizo un lugar para hacer vino, construyó una torre para mirar todo el campo de uvas, lo alquiló a unos labradores y marchó luego a otro país. [34]Vino el tiempo de cosechar las uvas y mandó a unos de sus ayudantes a recoger las uvas con los labradores. [35]Estos tomaron a los ayudantes y azotaron a uno, mataron a otro y apedrearon a otro. [36]De nuevo, mandó a otros ayudantes. Pero ahora los mandó en mayor número que en la primera vez. Los labradores hicieron lo mismo con estos ayudantes del dueño. [37]Después el dueño mandó a su hijo y se dijo a sí mismo: "Respetarán a mi hijo." [38]Cuando los labradores vieron al hijo, se dijeron entre sí: "Este es el que recibirá todo cuando el dueño muera. Matémosle y nos quedaremos con todo." [39]Lo llevaron fuera del campo de uvas y lo mataron. [40]Cuando venga el dueño de la viña, ¿qué creen que hará con estos malos labradores?

[41]Ellos le dijeron:
—Los entregará a la muerte y luego

alquilará el campo de uvas a otros labradores que le pagarán la cosecha a su tiempo.

42Jesús les respondió:

—¿Nunca han leído ustedes en las sagradas escrituras: "La piedra que los edificadores pusieron a un lado ha llegado a ser la piedra más importante del edificio. ¡El Señor es quien ha hecho esto, y nos parece maravilloso!"? *(Salmo 118:22, 23).* 43Yo les digo que por esto el reino de Dios les será quitado a ustedes y será dado a una nación que produzca fruto. 44Cualquiera que caiga sobre esta piedra se hará pedazos; y sobre el que ésta caiga, lo hará polvo.

45Cuando los dirigentes y los celosos religiosos oyeron estas historias, se dieron cuenta de que él hablaba de ellos. 46Trataron de tomarlo, pero tuvieron miedo al pueblo que sabía que hablaba la palabra de Dios.

La historia del banquete de bodas

22 Otra vez Jesús les habló en historias diciendo: 2"El reino de los cielos es como un rey que ofreció un banquete en la boda de su hijo. 3Mandó a sus siervos a llamar a los invitados, pero no quisieron venir. 4Mandó a otros siervos, diciéndoles: 'Digan a los invitados que vengan. El banquete está listo; he mandado matar mis animales gordos, y todo está listo. ¡Vengan al banquete de la boda!' 5Pero los invitados no hicieron caso y se fueron a trabajar. Uno se fue a su hacienda; otro se fue a su tienda. 6Los otros tomaron a los siervos del rey, los hirieron y los mataron. 7Cuando el rey oyó esto, se enojó mucho. Mandó a sus soldados para que mataran a los que habían matado a sus siervos y luego quemó la ciudad de ellos. 8Entonces dijo a sus siervos: 'El banquete de la boda está listo, pero aquellos invitados no lo merecían. 9Salgan a los caminos y a cuantos encuentren invítenles a que vengan al banquete de bodas.'

10"Sus siervos salieron a los caminos y trajeron a todos cuantos pudieron encontrar, tanto malos como buenos. El comedor de la boda estaba lleno de gente. 11El rey entró a ver a los que habían venido. Vio a uno que no tenía la ropa apropiada para el banquete de bodas. 12Le dijo: 'Amigo, ¿cómo entraste aquí sin la ropa apropiada para el banquete de bodas?' El hombre no le contestó. 13Entonces el rey dijo a sus siervos: 'Atenle de pies y manos y échenlo a la oscuridad de afuera, donde llorará y rechinará los dientes.' 14Porque muchos son llamados pero pocos los escogidos."

Los celosos religiosos tratan de ponerle una trampa a Jesús *(Marcos 12:13-17; Lucas 20:19-26)*

15Entonces los celosos religiosos se reunieron para pensar cómo podrían ponerle una trampa a Jesús cuando hablaba. 16Mandaron a unos de sus seguidores, en compañía con algunos de los hombres del rey Herodes, que fueran a Jesús.

Le preguntaron:

—Maestro, sabemos que dices la verdad y que enseñas la verdad acerca de Dios. Sabemos también que no tienes miedo de lo que los hombres piensen o digan de ti. 17Dinos lo que piensas de esto: ¿Es correcto pagar los impuestos a César, o no?

18Jesús sabía lo que pensaban y les dijo:

—Ustedes son falsos; se dan por lo que no son. ¿Por qué tratan de ponerme una trampa? 19Muéstrenme una moneda.

Ellos le trajeron una, 20y Jesús les dijo:

—¿De quién es esta imagen? ¿De quién es el nombre escrito aquí?

21Ellos le contestaron:

—De César.

Entonces él les dijo:

—Paguen a César lo que es de César y paguen a Dios lo que es de Dios.

22Cuando oyeron esto, se quedaron sorprendidos y admirados. Entonces se fueron y lo dejaron solo.

Preguntan acerca de volver a vivir *(Marcos 12:18-27; Lucas 20:27-40)*

23El mismo día vinieron a Jesús algunas personas del grupo religioso que no creía en que los muertos vuelven a vivir. Estos le dijeron:

—²⁴Maestro, Moisés dijo: "Si un hombre muere sin haber tenido hijos, el hermano debe casarse con su mujer y tener hijos en lugar del hermano" *(Deuteronomio 25:5).* ²⁵Hubo entre nosotros siete hermanos. El primero se casó. Pero murió antes de tener hijos. Entonces el segundo hermano se casó con la misma mujer. ²⁶El segundo hermano también murió, y lo mismo pasó con el tercero y todos los demás, hasta el séptimo inclusive. ²⁷Luego también murió la mujer. ²⁸Cuando los muertos vuelvan a vivir, ¿mujer de cuál de estos siete hermanos será ella? Fue, sucesivamente, esposa de todos.

²⁹Jesús les dijo:

—Ustedes se equivocan; no conocen las sagradas escrituras ni el poder de Dios. ³⁰Después de que los muertos vuelvan a vivir, no se casarán, sino que serán como los ángeles del cielo. ³¹¿No han leído lo que Dios dice sobre esto? El dice: ³²"Yo soy el Dios de Abraham, y el Dios de Isaac y el Dios de Jacob" *(Exodo 3:6).* ¡El no es Dios de muertos, sino Dios de vivos!

³³Cuando la gente oyó esto, se quedó muy sorprendida y admirada de sus enseñanzas.

El gran mandamiento (Marcos 12:28-34)

³⁴Cuando los celosos religiosos supieron que Jesús había hecho callar al grupo que decía que los muertos no vuelven a vivir, se reunieron. ³⁵Uno de ellos que conocía la ley trató de ponerle una trampa a Jesús. Le dijo:

³⁶—Maestro, ¿cuál es el más grande mandamiento?

³⁷Jesús le dijo:

—"Amarás al Señor tu Dios, con todo tu corazón y con toda tu alma y con toda tu mente" *(Deuteronomio 6:5).* ³⁸Este es el primero y más grande mandamiento. ³⁹El segundo es semejante: "Amarás a tu vecino como a ti mismo" *(Levítico 19:18).* ⁴⁰Todos los mandamientos y todas las escrituras de los antiguos predicadores están basados en estos dos importantes mandamientos.

Jesús pregunta a los celosos religiosos acerca del Cristo (Marcos 12:35-37; Lucas 20:41-44)

⁴¹Mientras los celosos religiosos estaban reunidos Jesús les preguntó:

⁴²—¿Qué piensan ustedes del Cristo? ¿De quién es Hijo?

Ellos le respondieron:

—Es Hijo de David.

⁴³Jesús les dijo:

—Entonces ¿por qué es que David, dirigido por el Espíritu Santo, le llama "Señor"? Porque David dice: ⁴⁴"El Señor dijo a mi Señor, 'Siéntate a mi derecha hasta que haga de todos los que te odian un sitio donde descansar tus pies' " *(Salmo 110:1).* ⁴⁵Si David lo llama "Señor", entonces ¿cómo puede ser hijo de David?

⁴⁶Ninguno pudo contestar ni una sola palabra. Y después de ese día, nadie le volvió a preguntar nada.

Los maestros de la ley y los celosos religiosos (Marcos 12:38-40; Lucas 20:45-47)

23 Entonces Jesús habló a la gente y a sus seguidores. ²Les dijo: "Los maestros de la ley y los celosos religiosos se han puesto en lugar de Moisés como maestros. ³Hagan ustedes lo que ellos dicen que se debe hacer. Háganlo siempre, pero no sigan su ejemplo, porque ellos dicen una cosa y hacen otra. ⁴Preparan cargas pesadas y las ponen en los hombros de la gente, pero no ayudan a levantarlas ni siquiera con un dedo. ⁵Todo lo que hacen, lo hacen para que los hombres los vean. Llevan en el brazo izquierdo y en la frente palabras de las sagradas escrituras escritas con letras grandes. En sus vestidos, ponen flecos largos. ⁶Les gusta ocupar los puestos más importantes en los banquetes y los mejores asientos en los templos locales. ⁷También les gusta que la gente les salude, cuando se paran en la plaza del pueblo, donde se reúne la gente. Les gusta ser llamados maestros.

⁸"Pero ustedes no serán llamados maestros, porque hay un solo maestro y todos ustedes son hermanos. ⁹A nadie llamen padre aquí en la tierra. Hay un solo Padre y es el que está en el cielo. ¹⁰Ustedes no serán llamados jefes, porque hay un solo jefe, que es Cristo. ¹¹El más grande entre ustedes será el que les sirva a todos. ¹²La persona que crea ser importante se dará cuenta que vale muy poco, pero la persona que no trate de alabarse a sí misma llegará a ser importante.

Jesús dirige palabras fuertes a los celosos religiosos

¹³"¡Ay de ustedes, maestros de la ley y ustedes celosos religiosos, que fingen ser lo que no son! Ustedes no permiten que los hombres entren en el reino de los cielos. No entran ustedes, ni dejan entrar a los que están por entrar. ¹⁴¡Ay de ustedes, maestros de la ley y celosos religiosos, que fingen ser lo que no son! *(Ustedes roban las casas de las viudas pobres, y entonces para disimularlo, hacen largas oraciones, por lo cual serán castigados duramente.) ¹⁵¡Ay de ustedes, maestros de la ley y ustedes celosos religiosos, que fingen ser lo que no son! Ustedes recorren tierra y mar para ganar un seguidor, pero cuando lo consiguen, lo hacen dos veces más hijo del infierno que ustedes mismos.

¹⁶"¡Ay de ustedes, guías ciegos! Porque dicen: 'La promesa hecha jurando por el templo no vale nada. Pero la promesa hecha jurando por el oro del templo, sí, tiene que cumplirse.' ¹⁷¡Hombres torpes y ciegos! ¿Qué vale más, el oro o el templo que santifica el oro? ¹⁸También ustedes dicen: 'Cualquiera que promete jurando por el altar no está obligado a cumplir su promesa. Pero cualquiera que promete jurando por la ofrenda que está sobre el altar; entonces, sí, tiene que cumplir su promesa.' ¹⁹¡Hombres torpes y ciegos! ¿Qué es mayor, la ofrenda o el altar que santifica la ofrenda? ²⁰Cualquiera que jure por el altar está jurando por el altar y todo lo que hay encima. ²¹Cualquiera

que jure por el templo de Dios no jura sólo por el templo sino también por Dios que vive allí. ²²Cualquiera que jure por el cielo jura al mismo tiempo por el trono de Dios. ²³¡Ay de ustedes, maestros de la ley, y ustedes celosos religiosos, que se hacen pasar por lo que no son! Ustedes dan para Dios una décima parte de las especies, pero no han cumplido con las partes más importantes de la ley, que son: la rectitud, la compasión y la fe. Estas cosas deben hacerse sin dejar de hacer las otras. ²⁴¡Ustedes son guías ciegos que sacan el mosquito de la taza, pero se tragan el camello!

²⁵"¡Ay de ustedes, maestros de la ley y ustedes celosos religiosos, que fingen ser lo que no son! Ustedes son los que limpian la taza y el plato por fuera, pero por dentro los dejan llenos de los peores deseos y no pueden dejar el pecado. ²⁶¡Ciegos, celosos religiosos! Limpien ustedes el interior de la taza y del plato, para que también lo de afuera quede limpio.

²⁷"¡Ay de ustedes, maestros de la ley y ustedes celosos religiosos, que fingen ser lo que no son! Ustedes son como sepulcros blanqueados que se ven hermosos por fuera, pero por dentro están llenos de huesos de muertos y de toda suciedad. ²⁸Cuando los hombres los miran, aparentan ser buenos y rectos, pero por dentro son falsos y malos. Ustedes fingen ser lo que no son.

²⁹¡Ay de ustedes, maestros de la ley y ustedes, celosos religiosos, que fingen ser lo que no son! Ustedes hacen lápidas para los sepulcros de los antiguos predicadores y adornan las tumbas de los que fueron buenos ante Dios. Ustedes dicen: ³⁰'Si hubiéramos vivido en los días de nuestros padres, no habríamos ayudado a matar a los antiguos predicadores.' ³¹Ustedes, en realidad, están demostrando ser hijos de aquellos que mataron a los antiguos predicadores. ³²Bien pueden terminar lo que sus padres comenzaron. ³³¡Serpientes! ¡Raza de víboras! ¿Cómo podrán ustedes librarse del infierno?

La gente culpable

³⁴"Por esto seguiré mandándoles hombres que les hablen de Dios, sabios y maestros de la ley, pero ustedes matarán a unos, clavarán en la cruz a otros y azotarán en los templos a algunos. Les causarán muchas dificultades cuando ellos vayan de ciudad en ciudad. ³⁵Por esto, ustedes serán culpables ante Dios de la sangre de todos los hombres buenos que ha sido derramada sobre la tierra. Desde la sangre de Abel, que fue hombre bueno ante Dios, hasta la sangre de Zacarías, hijo de Berequías, a quien ustedes mataron entre el templo y el altar. ³⁶En verdad les digo que el castigo caerá sobre la gente de hoy.

Lamento de Jesús por Jerusalén

³⁷"¡Jerusalén, Jerusalén! Tú que matas a los hombres que hablan en nombre de Dios y tiras piedras a los que son enviados a ti. ¡Cuántas veces quise reunir a tus hijos alrededor de mí, como la gallina junta a sus pollitos debajo de sus alas, pero tú no me dejaste! ³⁸¡Mira, ahora! Tu casa está vacía. ³⁹Yo les digo que no me volverán a ver hasta que digan: 'Grande y poderoso es el que viene en el nombre del Señor.' "

Jesús habla del templo (Marcos 13:1-37; Lucas 21:5-36)

24 Jesús salió del gran templo y cuando se iba sus seguidores le llamaron la atención a los edificios del templo. ²Jesús les dijo: "¿Ven ustedes todo esto? En verdad les digo que todas estas piedras serán echadas abajo. No quedará una piedra sobre otra."

Jesús enseña en el monte de los Olivos

³Jesús se sentó en el monte de los Olivos y, cuando estaba solo, sus seguidores vinieron a él y le dijeron:

—Dinos, ¿cuándo pasará esto? ¿Qué señal debemos esperar que nos muestre tu venida y el fin del mundo?

⁴Jesús les dijo:

—Cuidado, que nadie les lleve por el mal camino, ⁵porque muchos vendrán usando mi nombre y diciendo:

"Yo soy el Cristo." Engañarán, y muchos volverán al mal camino. ⁶Ustedes oirán de guerras y se hablará de guerras, pero no tengan miedo. Estas cosas tienen que pasar, pero todavía no será el fin. ⁷Los pueblos pelearán con otros y países contra otros países. Habrá hambre y la tierra temblará en muchos lugares. ⁸Estas cosas serán el principio de dolores. ⁹Entonces los llevarán a ustedes para herirlos y matarlos, porque serán odiados por todo el mundo por causa de mi nombre. ¹⁰En ese tiempo muchos se darán por vencidos y se volverán atrás. Entregarán sus hermanos a sus enemigos y por eso se odiarán unos a otros. ¹¹Entonces vendrán muchos falsos maestros religiosos que engañarán a la gente y la llevará al mal camino. ¹²Y porque el pecado abunda en todas partes, el amor que está en el corazón de muchos se enfriará. ¹³Pero el que permanezca firme hasta el fin será salvo. ¹⁴Estas buenas nuevas del reino de Dios serán predicadas en toda la tierra, y dichas a todas las naciones, y entonces vendrá el fin.

Días de problemas, dolor y aflicción

¹⁵—Ustedes verán un dios muy malo, hecho de hombres, levantado en el templo en Jerusalén, tal como dijo el antiguo predicador Daniel *(Daniel 9:27–12:11)*. El que lea esto, que lo entienda. ¹⁶Entonces los que están en el país de Judea deben correr a las montañas. ¹⁷El que se encuentre en el techo de su casa no debe bajar a sacar nada de la casa. ¹⁸El que esté en el campo no debe regresar a buscar su saco. ¹⁹¡Pobres mujeres, las que están encinta y las que tengan niños de pecho! ²⁰Pidan a Dios que no tengan que salir en invierno o en el día de descanso. ²¹En esos días habrá mucho dolor y aflicción, como nunca los hubo desde el principio del mundo ni nunca los habrá después. ²²Si esos días no fueran acortados, ninguna vida podría salvarse; pero, por amor al pueblo de Dios, esos días serán acortados.

Los falsos maestros religiosos

²³—Si alguien les dijera a ustedes,

"¡Miren! ¡Aquí está el Cristo!" o "¡Allá está él!", no lo crean. ²⁴Porque vendrán personas haciéndose pasar por cristos y por hombres que hablan de parte de Dios. Harán cosas maravillosas para que las vea la gente. Con esas cosas especiales tratarán de engañar al pueblo de Dios para que caiga en el error. ²⁵¡Escuchen! Les he dicho esto antes de que pasen estas cosas. ²⁶Si les dicen, "¡Miren! El está en el desierto", no vayan a verlo. O si les dijeran, "¡Miren! El está en el cuarto interior", no lo crean. ²⁷El Hijo del Hombre vendrá con la rapidez con que el relámpago cruza el cielo de este a oeste. ²⁸Donde hay un cuerpo muerto, allí se juntan los buitres.

Jesús volverá otra vez en su gloriosa majestad

²⁹—Tan pronto como pasen esos días de dolor y aflicción, el sol se pondrá oscuro, la luna no dará su luz, las estrellas caerán del cielo, anunciando al Hijo del Hombre. ³⁰Todas las naciones de la tierra llorarán y verán al Hijo del Hombre viniendo en las nubes del cielo con poder y gran gloria. ³¹Mandará a sus ángeles con fuerte sonido de trompeta, y el pueblo de Dios se reunirá de los cuatro vientos. Vendrán del uno al otro extremo del cielo.

La historia de la higuera

³²—Ahora aprendan algo de la higuera. Cuando las ramas comienzan a crecer y brotan las hojas, ustedes saben que el verano está cerca. ³³En la misma manera, cuando ustedes vean todas estas cosas, sabrán que el Hijo del Hombre está cerca, a la puerta. ³⁴En verdad les digo que la gente de ese tiempo no morirá hasta que todas estas cosas hayan pasado.

Nadie sabe cuándo volverá Jesús

³⁵—El cielo y la tierra pasarán, pero mis palabras no pasarán. ³⁶Sin embargo, nadie sabe el día ni la hora, ni siquiera los ángeles del cielo, sino solamente mi Padre. ³⁷Cuando el Hijo del Hombre venga, será como cuando vivió Noé.

³⁸En esos días, antes del diluvio, la gente comía y bebía; se casaban y casaban a sus hijos. Esto siguió hasta el día en que Noé entró en el barco. ³⁹Pero ellos no supieron lo que estaba pasando, hasta que vino el diluvio y las aguas los llevaron a todos. Así será cuando el Hijo del Hombre venga.

⁴⁰—Dos hombres estarán trabajando en el campo, uno será llevado y el otro dejado. ⁴¹Así también dos mujeres estarán moliendo grano; una será llevada y la otra dejada. ⁴²Por esto, ¡tengan cuidado! Ustedes no saben qué día vendrá su Señor. ⁴³Pero quiero que comprendan esto: Si el dueño de la casa supiera cuándo iba a venir el ladrón, estaría vigilando y no dejaría que su casa fuera robada. ⁴⁴Ustedes deben estar listos, porque el Hijo del Hombre vendrá en el momento que menos piensen.

Trabajadores fieles y trabajadores infieles

⁴⁵—¿Quién es el siervo sabio y fiel, a quien su patrón le ha puesto por mayordomo sobre los demás siervos? Este les dará de comer a la hora debida ⁴⁶y se sentirá feliz, haciendo lo que su patrón quiere que haga para cuando él venga. ⁴⁷En verdad les digo que él le pondrá como mayordomo de todo lo que él tiene. ⁴⁸Pero si el siervo es malo, pensará que el patrón no volverá pronto y golpeará a los otros, ⁴⁹comerá y beberá con los borrachos. ⁵⁰El patrón volverá el día y a la hora en que el siervo no le espere. ⁵¹El patrón lo castigará y lo pondrá con los falsos. Allí habrá llanto y rechinar de dientes.

La historia de las vírgenes

25 —Entonces el reino de los cielos será como diez vírgenes que tomaron sus lámparas y salieron a recibir al novio. ²Cinco de ellas eran sabias, pero cinco eran tontas. ³Las tontas tomaron sus lámparas, pero no llevaron más aceite. ⁴Las mujeres sabias llevaron un frasco de aceite junto con sus lámparas. ⁵Esperando, todas se durmieron, porque el novio tardó mucho en llegar.

⁶—A las doce de la noche, se oyó un fuerte grito: "¡Miren, ya viene el novio! ¡Salgan a recibirle!" ⁷Entonces todas las vírgenes se levantaron y arreglaron sus lámparas. ⁸Las vírgenes tontas dijeron a las sabias: "Dennos algo de aceite, porque nuestras lámparas se apagan." ⁹Pero las sabias les respondieron: "¡No! Porque no alcanzaría para nosotras y para ustedes también. Corran a la tienda y compren el aceite que les falta." ¹⁰Mientras ellas fueron a comprar aceite, el novio vino, y las que estaban listas entraron con él a la boda. Y se cerró la puerta.

¹¹—Más tarde regresaron las vírgenes tontas diciendo: "Señor, Señor ábrenos la puerta." ¹²Pero el novio respondió: "¡En verdad les digo que no las conozco!" ¹³Así que, tengan cuidado, porque ustedes no saben ni el día ni la hora en que el Hijo del Hombre va a venir.

La historia de los empleados y el dinero

¹⁴—El reino de los cielos es como un hombre que se fue a un país muy distante. Llamó a todos los empleados y les dio dinero para usar. ¹⁵A un empleado le dio cinco monedas de mucho valor; a otro le dio dos monedas de mucho valor; a otro empleado le dio una moneda de mucho valor. Dio a cada uno según sus capacidades. Luego el hombre se fue de viaje. ¹⁶El empleado que recibió las cinco monedas salió a los almacenes y negoció, hasta que ganó otras cinco monedas. ¹⁷El que recibió dos monedas hizo la misma cosa y ganó dos monedas más. ¹⁸El empleado que recibió una sola moneda fue y la puso en un hoyo en la tierra, escondiendo el dinero que le había dado su patrón.

¹⁹—Después de mucho tiempo, el patrón de esos empleados regresó y quiso saber lo que habían hecho con su dinero. ²⁰El que había recibido las cinco monedas de mucho valor, vino y le entregó cinco monedas más, diciéndole: "Señor, tú me diste cinco monedas. ¡Mira! Las he negociado y he ganado cinco monedas más." ²¹Su patrón le dijo: "Has hecho bien; eres un buen empleado. Ya que has sido fiel en lo poco, yo pondré muchas cosas a tu cuidado. Entra y participa de mi alegría." ²²El que recibió dos monedas de mucho valor también vino, diciendo: "Señor, tú me diste dos monedas; pero ¡mira! Las he negociado y he ganado otras dos monedas." ²³Su patrón le dijo: "Has hecho bien; eres un buen empleado. Has sido fiel en lo poco, yo pondré muchas cosas a tu cuidado. Entra y participa de mi alegría." ²⁴El que recibió una moneda de mucho valor vino diciéndole: "Señor, yo sé que tú eres hombre duro, que cosechas grano donde no sembraste y que recoges donde no esparciste. ²⁵Tuve miedo, y escondí tu dinero en la tierra. ¡Mira! Aquí tienes tu dinero." ²⁶Su patrón le dijo: "Tú eres un empleado malo y flojo. Si pensabas que yo cosechò donde no sembré y recojo donde no esparcí, ²⁷por lo menos debías haber puesto mi dinero en el banco, para que a mi regreso pudiera haber retirado mi dinero con los intereses. ²⁸Quítenle la moneda que recibió y denla al que tiene diez monedas. ²⁹Porque al que tiene, se le dará más; y tendrá más que suficiente. Al que no tiene, se le quitará aun lo que tenga. ³⁰Echen al mal empleado a las tinieblas de afuera, donde habrá llanto y rechinar de dientes."

Las ovejas y las cabras

³¹—Cuando el Hijo del Hombre venga en su gloria, se sentará en su trono. Todos los ángeles estarán con él. ³²Todas las naciones de la tierra se reunirán ante él. Entonces las separará, como el pastor separa a las ovejas de las cabras. ³³A las ovejas, las pondrá a su lado derecho y a las cabras, a su lado izquierdo.

³⁴—Entonces el Rey dirá a los que están a su lado derecho: "Vengan los que han sido llamados por mi Padre. Entren en el reino de los cielos que ha sido preparado para ustedes desde antes de que el mundo fuera hecho. ³⁵Porque tuve hambre, y ustedes me dieron de comer. Tuve sed, y me dieron de beber. Fui forastero, y me hos-

pedaron. ³⁶Estuve desnudo, y me dieron ropa. Estuve enfermo, y me atendieron. Estuve en la cárcel, y me visitaron."

³⁷—Entonces los fieles ante Dios dirán: "Señor, ¿cuándo te vimos con hambre y te dimos de comer? ¿Cuándo te vimos con sed y te dimos de beber? ³⁸¿Cuándo fuiste forastero y te dimos hospedaje? ¿Cuándo estuviste desnudo y te dimos ropa? ³⁹¿Y cuándo te vimos enfermo o en la cárcel y te visitamos?" ⁴⁰Entonces el Rey dirá: "En verdad les digo que por haber hecho esto a uno de mis hermanos pequeñitos, me lo han hecho a mí."

⁴¹—Entonces el Rey dirá a los de su lado izquierdo: "Apártense de mí, porque ustedes son culpables. Váyanse al fuego que dura para siempre y que ha sido preparado para el diablo y sus ángeles. ⁴²Porque yo tuve hambre, y no me dieron de comer. Tuve sed, y no me dieron agua para beber. ⁴³Fui forastero, y no me dieron hospedaje. Estuve desnudo, y no me dieron ropa. Estuve enfermo, y en la cárcel, y no me visitaron." ⁴⁴Entonces ellos le preguntarán: "Señor, ¿cuándo te vimos con hambre o con sed, o forastero, o desnudo, o enfermo, o en la cárcel y no te atendimos?" ⁴⁵Entonces él les dirá: "En verdad les digo que por no haber hecho todo esto con uno de mis hermanos pequeñitos, no me lo hicieron a mí." ⁴⁶Estos irán al lugar donde serán castigados para siempre, pero los aceptados ante Dios tendrán la vida que dura para siempre.

Jesús, por cuarta vez, anuncia su muerte (Marcos 14:1, 2; Lucas 22:1-6)

26 Cuando Jesús había terminado de enseñarles todas estas cosas, les dijo a sus seguidores: ²"Ustedes saben que dentro de dos días es la fiesta religiosa que recuerda cuando los judíos salieron de Egipto. Entonces el Hijo del Hombre será entregado para que lo claven en una cruz."

³Los jefes religiosos y los principales del pueblo se reunieron en la casa del principal dirigente, que se llamaba Caitás. ⁴Se pusieron de acuerdo para ponerle una trampa a Jesús y así matarlo. ⁵Pero ellos dijeron: "Esto no debe hacerse el día de la fiesta, porque la gente podría estar en contra y causar muchas molestias."

María de Betania pone un perfume especial sobre Jesús (Marcos 14:3-9; Juan 12:1-11)

⁶Jesús estaba en el pueblo de Betania, en la casa de Simón, el que había tenido una enfermedad mala en la piel. ⁷Una mujer vino con un frasco de perfume por el cual había pagado mucho dinero. Cuando Jesús comía recostado, ella derramó el frasco del perfume sobre su cabeza. ⁸Cuando los seguidores de Jesús vieron esto, se enojaron y dijeron:

—¿Por qué se ha malgastado esto? ⁹Este perfume podría haberse vendido por mucho dinero para ayudar a los pobres.

¹⁰Jesús sabía lo que ellos estaban diciendo y les dijo:

—¿Por qué molestan a esta mujer? Ella me ha hecho algo bueno. ¹¹A los pobres, los tendrán siempre con ustedes; pero a mí, no siempre me tendrán. ¹²Ella derramó este perfume sobre mi cuerpo, preparándolo para la tumba. ¹³En verdad les digo que donde quiera que estas buenas nuevas sean predicadas en todo el mundo, esta mujer será recordada por lo que acaba de hacer.

Judas entrega a Jesús a la muerte (Marcos 14:10, 11)

¹⁴Judas Iscariote era uno de los seguidores de Jesús. Fue a los dirigentes religiosos de los judíos ¹⁵y les preguntó: "¿Cuánto me pagarán ustedes por entregarles a Jesús?" Ellos prometieron pagarle treinta monedas. ¹⁶Desde ese momento Judas buscaba la manera de entregar a Jesús en manos de ellos.

Preparativos para la fiesta (Marcos 14:12-16; Lucas 22:7-13)

¹⁷El primer día de la fiesta en que se comía el pan sin levadura, los seguido-

res de Jesús vinieron a él y le dijeron:

—¿Qué lugar quieres que preparemos para la cena especial de la celebración religiosa que recuerda cuando los judíos salieron de Egipto? [18]El les dijo:

—Vayan a la ciudad, a la casa de cierto hombre y díganle: "El maestro dice: 'Mi hora está cerca, y en tu casa celebraré la fiesta, con mis seguidores.' "

[19]Los seguidores hicieron tal como Jesús les mandó, preparando todo para la fiesta.

La última cena especial (Marcos 14:17-21; Lucas 22:14-18; Juan 13:21-35)

[20]Cuando llegó la noche, Jesús se sentó a la mesa con sus doce seguidores. [21]Mientras comían, Jesús les dijo:

—En verdad les digo que uno de ustedes me va a traicionar.

[22]Ellos se pusieron muy tristes y le dijeron uno después de otro:

—Señor, ¿soy yo?

[23]El respondió:

—El que me va a entregar es el que acaba de meter su mano con la mía en el plato. [24]El Hijo del Hombre va, tal como las escrituras lo dicen, pero ¡ay de aquél que entregue al Hijo del Hombre! ¡Le hubiera sido mejor no haber nacido!

[25]Judas era el que le entregaría y le dijo:

—Maestro, ¿soy yo?

Jesús le contestó:

—Tú lo has dicho.

La primera cena del Señor (Marcos 14:22-26; Lucas 22:19, 20)

[26]Mientras comían, Jesús tomó el pan, dio gracias, lo partió en pedazos y lo entregó a sus seguidores, diciendo: "Tomen; coman; esto es mi cuerpo." [27]Entonces tomó la copa, dio gracias y se la dio, diciendo: "Todos ustedes deben tomar de ella. [28]Esta es mi sangre, que confirma el nuevo acuerdo con Dios; es derramada para muchos, para perdón de los pecados. [29]Les digo que no volveré a tomar del fruto de la vid hasta aquel día cuando lo tomaré de nuevo, junto con ustedes, en el reino

de mi Padre." [30]Después de cantar un himno, salieron al monte de los Olivos.

Jesús declara cómo le negará Pedro (Marcos 14:27-31; Lucas 22:31-34; Juan 13:36-38)

[31]Jesús les dijo:

—Todos ustedes se avergonzarán de mí y me abandonarán esta noche, porque así está escrito: "Mataré al pastor y las ovejas del rebaño serán esparcidas" (Zacarías 13:7). [32]Después de que sea levantado de la muerte, iré delante de ustedes al país de Galilea.

[33]Pedro dijo a Jesús:

—Aunque todos te nieguen, yo no lo haré.

[34]Jesús le dijo:

—En verdad te digo, que antes de que el gallo cante esta noche, tú dirás tres veces que no me conoces.

[35]Pedro le dijo:

—Aunque tuviera que morir contigo, jamás diría que no te conozco.

Todos los demás seguidores de Jesús dijeron lo mismo.

Oración de Jesús en Getsemaní (Marcos 14:32-42; Lucas 22:39-46)

[36]Jesús vino con ellos a un lugar llamado Getsemaní y les dijo: "Siéntense ustedes aquí, mientras voy a orar allá." [37]Llevó con él a Pedro y a los dos hijos de Zebedeo. Comenzó a sentir angustia y mucha tristeza. [38]Entonces les dijo: "Mi alma está muy triste y con agonía de muerte; quédense ustedes despiertos conmigo." [39]El se fue un poco más adelante y se arrodilló con su cara en tierra, orando así: "Padre mío, si es posible, quítame lo que tengo delante de mí, pero no lo que yo quiera, sino lo que tú quieras."

[40]Entonces vino a sus seguidores y los encontró durmiendo. A Pedro le dijo: "¿No han podido permanecer despiertos conmigo una hora? [41]Quédense despiertos y oren, para que no sean tentados, porque el espíritu está listo, pero el cuerpo es débil."

[42]De nuevo se alejó Jesús la segunda

vez y oró diciendo: "Padre mío, si no es posible evitar que sufra yo esta prueba, entonces que se haga tu voluntad." ⁴³Vino y encontró a sus seguidores durmiendo otra vez, porque sus ojos estaban pesados. ⁴⁴Se alejó de ellos por tercera vez, y oró de la misma manera.

⁴⁵Entonces vino a sus seguidores y les preguntó: "¿Todavía están durmiendo y descansando? Tal como yo les dije, la hora ha llegado en que el Hijo del Hombre será entregado a los pecadores. ⁴⁶Levántense y vámonos ya. ¡Miren: el que me va a entregar está cerca!"

Jesús es entregado a los pecadores (Marcos 14:43-52; Lucas 22:47-51; Juan 18:1-11)

⁴⁷Judas, uno de los doce seguidores de Jesús, vino cuando él estaba hablando, acompañado de muchos otros que traían espadas y palos. Estos vinieron enviados por los dirigentes de los judíos y por los principales del pueblo. ⁴⁸El que lo entregaba les había dado una señal, diciendo: "Al que yo bese, es el que ustedes buscan, ¡tómenlo!"

⁴⁹En seguida Judas se dirigió a Jesús y le dijo:

—Buenas noches, Maestro.

Y lo besó. ⁵⁰Jesús le dijo:

—Amigo, haz lo que has venido a hacer.

Y entonces ellos vinieron y llevaron preso a Jesús.

⁵¹Uno de los que estaba con Jesús sacó su espada e hirió al siervo del dirigente religioso principal, cortándole la oreja. ⁵²Jesús le dijo:

—Guarda la espada, porque cualquiera que usa la espada morirá por la espada. ⁵³¿No crees que si yo orara a mi Padre, él me enviaría al momento más de setenta mil ángeles? ⁵⁴Pero si así lo hiciera, ¿cómo podría pasar lo que las escrituras dijeron que pasaría? Esto tiene que ser así.

⁵⁵Entonces Jesús dijo a la gente:

—¿Han venido ustedes con espadas y palos a llevarme como si fuera ladrón?

He estado con ustedes todos los días enseñando en el templo, y nunca me llevaron preso. ⁵⁶Esto ha pasado como el antiguo predicador dijo en las sagradas escrituras.

Entonces todos los seguidores de Jesús lo abandonaron y se fueron.

Jesús ante los dirigentes religiosos (Marcos 14:53, 54; Lucas 22:52-54; Juan 18:19-24)

⁵⁷Los que prendieron a Jesús le llevaron ante Caifás, el principal dirigente religioso. Con él se habían reunido los maestros de la ley y otros dirigentes religiosos. ⁵⁸Pedro les seguía de lejos, camino a la casa del principal dirigente religioso. Llegando, entró y se sentó con los ayudantes del dirigente religioso principal para ver qué pasaba.

Jesús se presenta a la corte (Marcos 14:55-65)

⁵⁹Los jefes religiosos, junto con todos los de la corte, buscaban falsas acusaciones contra Jesús, para tener alguna razón de matarlo. ⁶⁰No encontraron ninguna, aunque muchos vinieron a decir mentiras en contra de él. Al fin, dos pasaron al frente y dijeron: ⁶¹"Este hombre dijo: 'Yo puedo destruir el gran templo y volverlo a construir en tres días.'"

⁶²Entonces el principal dirigente se puso en pie y le dijo a Jesús:

—¿No tienes nada que decir? ¿Qué responses a todo lo que estos hombres dicen contra ti?

⁶³Jesús le dijo:

—Nada.

Entonces el principal dirigente le dijo:

—En el nombre del Dios vivo te mando que digas la verdad. Dinos si tú eres el Cristo, el Hijo de Dios.

⁶⁴Jesús le dijo:

—Lo que tú has dicho es la verdad; y yo les digo desde ahora que ustedes verán al Hijo del Hombre sentado a la derecha del Dios Todopoderoso. Lo verán viniendo en las nubes del cielo.

⁶⁵Entonces el principal dirigente religioso rasgó sus vestidos y dijo:

—¡Ha hablado como si fuera Dios! ¿Acaso necesitamos todavía más testigos? Ustedes han oído que él habla como si fuera Dios. ⁶⁶¿Qué les parece?

Ellos contestaron:

—Que es culpable y debe morir.

⁶⁷Entonces le escupieron la cara, le azotaron, le golpearon ⁶⁸y le dijeron:

—Adivina, Cristo, tú que puedes decir lo que va a pasar; ¿quién te golpeó?

Pedro dice que no conoce a Jesús (Marcos 14:66-72; Lucas 22:55-62; Juan 18:15-18, 25-27)

⁶⁹Pedro se sentó afuera en el patio. Una joven sirvienta se acercó a él, diciendo:

—Tú también estabas con Jesús, el del país de Galilea.

⁷⁰Pedro mintió ante todos ellos, diciendo:

—No sé de lo que estás hablando.

⁷¹Después él salió a la puerta. Allí otra joven sirvienta lo vio y dijo a los que estaban cerca:

—Este hombre estaba con Jesús de Nazaret.

⁷²De nuevo mintió Pedro y juró:

—¡Yo no conozco a ese hombre!

⁷³Después de un momento, algunos de los que estaban parados cerca vinieron a Pedro y le dijeron:

—Seguro que tú eres uno de ellos, porque tu manera de hablar es igual.

⁷⁴Entonces Pedro comenzó a decir malas palabras y a jurar diciendo:

—¡Yo no conozco a ese hombre!

En ese momento cantó el gallo.

⁷⁵Pedro se acordó de las palabras que Jesús le había dicho: "Antes de que el gallo cante, tú dirás tres veces que no me conoces." Entonces Pedro salió y lloró amargamente.

Jesús ante Pilato (Marcos 15:1-5; Lucas 23:1-5; Juan 18:28-37)

27 Temprano por la mañana, todos los principales dirigentes religiosos y otros líderes del pueblo se reunie-

ron para buscar la manera de matar a Jesús. ²Lo ataron y lo llevaron para entregarlo a Pilato, que era el gobernador del país.

Judas se mata

³Judas se puso muy triste por haber entregado a Jesús, cuando vio que lo iban a matar. Llevó las treinta monedas de plata y se las devolvió a los principales dirigentes y a los otros líderes. ⁴Les dijo:

—Yo he pecado, porque entregué a un hombre que no ha hecho nada malo.

Ellos le contestaron:

—¿Qué nos importa a nosotros? Ese es asunto tuyo.

⁵Entonces Judas tiró el dinero en el templo. Se fue y se ahorcó.

⁶Los principales dirigentes religiosos recogieron el dinero pero dijeron: "Es contrario a la ley poner este dinero en la ofrenda, porque es precio de sangre." ⁷Hablaron de lo que debían hacer con el dinero. Decidieron comprar un terreno para enterrar en él a los extranjeros. ⁸Por esta razón, ese terreno es llamado hasta ahora el Campo de Sangre. ⁹Pasó tal como el antiguo predicador Jeremías anunció que pasaría cuando dijo: "Y ellos tomaron las treinta monedas de plata, precio que los judíos dijeron que pagarían por él, ¹⁰y con ellas compraron un terreno en el cual enterrarían a los extranjeros, tal como el Señor me dijo"*(Zacarías 11:12, 13).*

¹¹Entonces Jesús fue llevado ante Pilato el gobernador del país. Este le preguntó:

—¿Eres tú el Rey de los judíos?

Jesús le contestó:

—Lo que tú dices es la verdad.

¹²Cuando el principal dirigente religioso y los otros líderes hablaron en contra de Jesús, Jesús no contestó nada.

¹³Entonces Pilato le dijo:

—¿No oyes todas estas cosas que dicen contra ti?

¹⁴Jesús no contestó ni una palabra, y el gobernador se admiró mucho.

Jesús o Barrabás (Marcos 15:6-14; Lucas 23:17-25; Juan 18:38-48)

15Cuando celebraban la cena especial cada año, el gobernador soltaba a uno de los presos, a cualquiera que pidiera la gente. 16Tenían preso a un hombre llamado Barrabás, bien conocido de todos. 17Cuando todos estaban reunidos, Pilato dijo a la gente: "¿A quién quieren que suelte? ¿A Barrabás, o a Jesús, que se llama el Cristo?" 18Porque el gobernador sabía que le habían entregado a Jesús por envidia.

19Pilato estaba sentado en el lugar donde acostumbraba sentarse cuando declaraba culpable o no culpable a la gente. Su mujer le envió un aviso: "No tengas nada que ver con ese buen hombre, porque hoy he sufrido mucho en un sueño que tuve acerca de él."

20Los principales dirigentes religiosos y los otros líderes del pueblo hablaron a la gente para que pidiera la libertad de Barrabás y que a Jesús se le matara. 21El gobernador les dijo:

—¿A cuál de los dos quieren que suelte?

Ellos dijeron:

—A Barrabás.

22Pilato les dijo:

—Entonces ¿qué debo hacer con Jesús que se llama el Cristo?

Todos ellos contestaron:

—¡Clávalo en una cruz!

23Entonces Pilato dijo:

—Pero ¿por qué?, ¿qué mal ha hecho?

Ellos gritaron más todavía:

—¡Clávalo en una cruz!

24Pilato vio que no podía hacer nada, pues la gente gritaba y se hacía más alboroto. Entonces pidió agua y se lavó las manos delante de la gente, diciendo:

—Yo no soy culpable de la sangre de este buen hombre. Este es asunto de ustedes.

25Entonces toda la gente dijo:

—Deja que su sangre sea sobre nosotros y sobre nuestros hijos.

26Pilato dejó en libertad a Barrabás y mandó que azotaran a Jesús. Luego lo entregó para ser clavado en una cruz.

La corona de espinas (Marcos 15:15-21; Juan 19:1-5)

27Entonces los soldados de Pilato llevaron a Jesús a un salón grande, donde se reunieron muchos soldados alrededor de él. 28Le quitaron la ropa y le pusieron en el cuerpo un vestido color rojizo, 29una corona de espinas en la cabeza y una vara en la mano derecha. Se arrodillaron ante él y se burlaron diciéndole: "¡Viva el Rey de los judíos!" 30También le escupían y con la vara le azotaron en la cabeza. 31Después de que se burlaron de él, le quitaron el vestido, le pusieron su propia ropa y le sacaron para clavarlo en una cruz. 32Mientras iban caminando, encontraron a un hombre llamado Simón, del país de Cirene, a quien hicieron cargar la cruz de Jesús.

Jesús es clavado en la cruz (Marcos 15:22-26; Lucas 23:26-38; Juan 19:17-22)

33Entonces llegaron a un lugar llamado Gólgota, que quiere decir el lugar de la Calavera. 34Le dieron a Jesús un vino mezclado con hiel, pero después de probarlo, no lo quiso tomar.

35Cuando ya lo habían clavado en la cruz, los soldados echaron suertes para repartirse entre ellos la ropa de Jesús. Pasó tal como el antiguo predicador dijo que pasaría: "Se dividieron mis vestidos entre ellos, echando suertes, para ver quién se llevaría mi ropa" (Salmo 22:18). 36Entonces se sentaron a vigilarlo. 37Encima de su cabeza pusieron un escrito, con la acusación que tenían contra él: ESTE ES JESUS, EL REY DE LOS JUDIOS.

Los dos ladrones (Marcos 15:27-32; Lucas 23:39-43)

38Con él, clavaron en cruces a dos ladrones, uno a su derecha y otro a su izquierda. 39Los que pasaban por allí movían las cabezas y se reían de él, 40diciendo: "Tú que ibas a destruir el gran templo y edificarlo en tres días, ahora sálvate a ti mismo. Si eres Hijo de Dios, bájate de la cruz."

⁴¹Los principales dirigentes religiosos, los maestros de la ley y los otros líderes del pueblo también se burlaban de él. Decían: ⁴²"Salvó a otros, pero no puede salvarse a sí mismo. Si es el rey de los judíos, que se baje de la cruz y entonces creeremos en él. ⁴³Confió en Dios; que él lo salve ahora, si es que Dios le hace caso, ya que dijo: 'Yo soy el Hijo de Dios.' " ⁴⁴Y los ladrones que estaban clavados en las cruces junto a él también se burlaban de la misma manera.

La muerte de Jesús (Marcos 15:33-36; Lucas 23:44-49; Juan 19:28-37)

⁴⁵Desde el mediodía hasta las tres de la tarde, se oscureció toda la tierra. ⁴⁶Como a las tres de la tarde, Jesús gritó diciendo: "Dios mío, Dios mío, ¿por qué me has abandonado?" ⁴⁷Cuando algunos de los que estaban cerca oyeron el grito, dijeron:

—Este hombre está llamando a Elías.

⁴⁸En seguida uno de ellos corrió a traer una esponja mojada con vinagre, la puso en una vara y se la dio para que bebiera. ⁴⁹Los otros le dijeron:

—Déjalo solo. Veamos si Elías viene a salvarlo.

⁵⁰Entonces Jesús volvió a dar un fuerte grito y murió.

Las cosas poderosas que pasaron cuando Jesús murió (Marcos 15:37-39)

⁵¹En ese momento, se rompió en dos la cortina del gran templo. La tierra tembló. Las rocas se rajaron. ⁵²Las tumbas se abrieron, y los cuerpos de muchos hombres de Dios que habían muerto se levantaron. ⁵³Después de que Jesús se levantó de la tumba, éstos que también se habían levantado de sus tumbas fueron a Jerusalén, la ciudad santa, y mucha gente los vio.

⁵⁴El capitán de los soldados y los que estaban con él, vigilando a Jesús, vieron el temblor de tierra y lo que estaba pasando. Tuvieron mucho miedo y dije-

ron: "De veras, este hombre era el Hijo de Dios."

Las mujeres miraban la cruz (Marcos 15:40, 41; Juan 19:25-27)

⁵⁵Muchas mujeres estaban mirando frente a la cruz, desde lejos. Habían seguido a Jesús desde Galilea y eran las mujeres que le habían ayudado. ⁵⁶Entre ellas estaban María Magdalena, María la madre de Jacobo y de José y María la madre de los hijos de Zebedeo.

La tumba de Jesús (Marcos 15:42-47; Lucas 23:50-56; Juan 19:38-42)

⁵⁷Cuando llegó la noche vino un hombre rico de la ciudad de Arimatea. Se llamaba José. El también había sido seguidor de Jesús. ⁵⁸Fue a Pilato y pidió el cuerpo de Jesús. Pilato dijo que se le entregara el cuerpo. ⁵⁹José lo tomó y lo envolvió en una tela limpia. ⁶⁰Lo puso en una tumba nueva, que era de él, la cual había sido labrada en el lado de una roca. Hizo rodar una piedra grande a la puerta de la tumba y se fue. ⁶¹María Magdalena y la otra María estaban sentadas allí, cerca de la tumba.

⁶²Al día siguiente, después de que Jesús fue muerto, los principales dirigentes y los celosos religiosos se reunieron delante de Pilato. ⁶³Estos le dijeron:

—Señor, nosotros recordamos que este hombre que engañaba a la gente dijo cuando estaba vivo: "Después de tres días me levantaré de entre los muertos." ⁶⁴Por esto, manda que se vigile la tumba durante tres días, para que sus seguidores no vengan de noche, se lo lleven y digan a la gente: "Se ha levantado de entre los muertos." Así, esta última mentira sería peor que la primera.

⁶⁵Pilato les dijo:

—Tomen a los soldados y vayan a cuidar la tumba.

⁶⁶Entonces fueron y dejaron a los soldados cuidando la tumba, después de hacer segura la puerta de piedra y sellarla.

Jesús se levanta de la muerte (Marcos 16:1-8; Lucas 24:1-12; Juan 20:1-19)

28 Cuando el día de descanso había terminado y el sol estaba saliendo el primer día de la semana, María Magdalena y la otra María vinieron a ver la tumba. ²De repente la tierra tembló. Un ángel del Señor bajó del cielo, empujó la piedra de la puerta y se sentó sobre ella. ³Su rostro era brillante como un relámpago; su ropa blanca, como la nieve. ⁴Los soldados temblaron de miedo y se quedaron como muertos.

⁵El ángel les dijo a las mujeres: "No tengan miedo. Yo sé que ustedes buscan a Jesús que fue clavado en una cruz. ⁶No está aquí. Se ha levantado de la muerte tal como dijo que haría. Vengan a ver el lugar donde el Señor fue puesto. ⁷Y corran a decir a sus seguidores que Jesús se ha levantado de la muerte y que va delante de ustedes al país de Galilea. Allí le verán, como yo les he dicho." ⁸Las mujeres salieron de la tumba rápidamente. Aunque asustadas, estaban llenas de felicidad. Corrieron a contar las nuevas a los seguidores de Jesús.

Jesús habla con las mujeres

⁹Cuando iban a contar las nuevas a sus seguidores, Jesús las encontró y las saludó. Las mujeres se arrodillaron, abrazándole los pies y le adoraron. ¹⁰Entonces Jesús les dijo: "No tengan miedo. Corran a decir a mis seguidores que vayan al país de Galilea, que me verán allá."

Los judíos inventan una historia

¹¹Mientras ellas iban en camino, algunos de los soldados que cuidaban la tumba fueron a la ciudad. Dijeron a los principales dirigentes religiosos todo lo que había pasado. ¹²Los soldados se reunieron con los otros líderes del pueblo para ver qué podían hacer. Estos dieron mucho dinero a los soldados ¹³y les dijeron: "Digan ustedes que durante la noche, mientras ustedes estaban durmiendo, los seguidores de Jesús vinieron y se llevaron su cuerpo. ¹⁴Nosotros cuidaremos de que ustedes no tengan ningún problema en el caso de que Pilato sepa de ello." ¹⁵Entonces los soldados recibieron el dinero e hicieron tal como les habían mandado. Esta historia es contada entre los judíos hasta el día de hoy.

Jesús manda a sus seguidores a enseñar (Marcos 16:15-18; Lucas 24:44-49; Juan 20:21-23)

¹⁶Entonces los once seguidores de Jesús fueron al país de Galilea, al monte donde Jesús les había dicho que fueran. ¹⁷Cuando le vieron, le adoraron aunque algunos dudaban. ¹⁸Jesús vino y les dijo: "Todo poder me es dado en el cielo y en la tierra. ¹⁹Vayan a hacer seguidores en todas las naciones, bautizándoles en el nombre del Padre, y del Hijo y del Espíritu Santo, ²⁰enseñándoles que hagan todas las cosas que les he mandado, y yo estaré con ustedes siempre, hasta el fin del mundo."

LAS BUENAS NUEVAS ESCRITAS POR MARCOS

Juan el bautista prepara el camino para la venida de Jesús (Mateo 3:1-12; Lucas 3:1-18; Juan 1:15-28)

1 Las buenas nuevas de Jesús, el Hijo de Dios, ²comienzan con los anti-guos predicadores: "¡Escuchen! Yo mandaré a mi ayudante para que lleve las noticias delante de ti. El preparará el camino. ³Su voz llama en el desierto: ¡Preparen el camino para el Señor! ¡Enderécenle el camino!" (Isaías 40:3).

⁴Juan el bautista predicaba en el desierto. Decía que la gente debía bautizarse, cambiando de actitud y dejando sus pecados para recibir perdón. ⁵La gente de todas partes del país de Judea y de Jerusalén venía a oírlo. Confesaban sus pecados, y Juan los bautizaba en el río Jordán.

⁶Juan vestía ropa hecha de camello y usaba un cinturón de cuero. Comía langostas y miel del campo. ⁷Predicaba, diciendo: "Detrás de mí, viene uno que tiene más poder que yo. Yo no soy lo suficientemente bueno ni para agacharme y ayudarle a quitarse los zapatos. ⁸Yo les he bautizado con agua, pero él les bautizará con el Espíritu Santo."

El bautismo de Jesús (Mateo 3:13-17; Lucas 3:21, 22; Juan 1:29-34)

⁹Jesús vino al río Jordán desde el pueblo de Nazaret, en el país de Galilea. Juan le bautizó. ¹⁰Tan pronto como subió del agua, vio que se abrió el cielo, y el Espíritu Santo bajó en forma de paloma y se posó en él. ¹¹Se oyó del cielo una voz que dijo: "Tú eres mi hijo amado, y de ti estoy muy contento."

Tentación de Jesús (Mateo 4:1-11; Lucas 4:1-13)

¹²Entonces el Espíritu Santo llevó a Jesús al desierto. ¹³Allí el diablo le tentó durante cuarenta días. Estuvo con los animales del campo, pero los ángeles le cuidaban.

Jesús predica en el país de Galilea (Mateo 4:12-17; Lucas 4:14, 15)

¹⁴Después de que Juan el bautista fue puesto en la cárcel, Jesús vino al país de Galilea. Predicaba las buenas nuevas de Dios, ¹⁵y decía: "La hora ha llegado; el reino de Dios está cerca. Cambien de actitud, dejen sus pecados y crean en las buenas nuevas."

Jesús llama a Simón y a Andrés (Mateo 4:18-22; Lucas 5:1-11)

¹⁶Jesús iba caminando por la orilla del lago de Galilea cuando vio a Simón y a su hermano Andrés, echando su red en el lago, porque eran pescadores. ¹⁷Entonces Jesús les dijo: "¡Síganme! ¡Yo les haré pescadores de hombres!" ¹⁸Ellos dejaron sus redes y lo siguieron.

Jesús llama a Jacobo y a Juan

¹⁹Jesús siguió un poco más adelante y vio a Jacobo y a su hermano Juan, los hijos de Zebedeo. Estaban en un barco, remendando sus redes. ²⁰Jesús los llamó. Y ellos dejaron a su padre Zebedeo, quien estaba en el barco con sus ayudantes, y fueron con Jesús.

Jesús sana a un hombre que tenía un espíritu malo (Lucas 4:31-37)

²¹Jesús y sus seguidores estaban en la ciudad de Capernaum, en el día de descanso, y fueron al templo local donde Jesús enseñó a la gente. ²²Todos se admiraban de sus enseñanzas, porque les enseñaba como quien tenía el derecho y el poder de enseñar, y no como los maestros de la ley.

²³Había allí un hombre que tenía un espíritu malo, el cual gritó:

²⁴—¿Qué quieres de nosotros, Jesús de Nazaret? ¿Has venido a destruirnos? Yo sé quién eres; tú eres el Santo de Dios.

²⁵Jesús reprendió al espíritu malo y le dijo:

—¡No hables, y sal del hombre!

²⁶El espíritu malo echó al hombre al suelo, dio un fuerte grito y luego salió de él. ²⁷La gente se asombró. Se preguntaban unos a otros: "¿Qué es esto? ¿Es ésta una nueva enseñanza? ¡Habla con poder aun a los espíritus malos, y éstos le obedecen!" ²⁸Entonces las noticias acerca de Jesús se extendieron por todo el país de Galilea.

La suegra de Pedro es sanada (Mateo 8:14, 15; Lucas 4:38, 39)

²⁹Jesús y sus seguidores salieron del templo local y fueron a la casa de Simón y de Andrés. Jacobo y Juan fueron con ellos. ³⁰Le dijeron a Jesús que la suegra de Simón estaba enferma en cama. ³¹El fue, la tomó de la mano y la le-

vantó. Luego la fiebre desapareció, y ella se levantó para servirles.

Jesús sana en Galilea (Mateo 8:16, 17; Lucas 4:40, 41)

32De noche, después que el sol se puso, la gente llevó todos sus enfermos a Jesús. 33Todo el pueblo se juntó a la puerta. 34Y Jesús sanó a los que tenían diversas enfermedades y echó fuera a muchos espíritus malos. A éstos, no les permitió hablar, porque ellos sabían quién era él.

Jesús sigue predicando en Galilea (Mateo 4:23-25; Lucas 4:42-44)

35Por la mañana, antes de salir el sol, Jesús fue a un lugar donde podía estar solo, y allí oró. 36Simón y los otros seguidores buscaron a Jesús. 37Cuando le hallaron, le dijeron:

—Toda la gente te busca.

38Jesús dijo a sus seguidores:

—Vamos a los pueblos vecinos para predicarles a ellos, porque para esto he venido.

39Pasó por todo el país de Galilea, predicó en los templos locales y echó fuera espíritus malos.

Jesús sana a un hombre que tenía una enfermedad en la piel (Mateo 8:1-4; Lucas 5:12-16)

40Un hombre vino a Jesús con una mala enfermedad en la piel. Se puso de rodillas y le rogó diciendo:

—Si tú quieres, puedes sanarme.

41Jesús puso su mano sobre él con compasión y le dijo:

—Quiero, ya estás sano.

42En ese momento, la enfermedad se fue de él, y él quedó sano. 43Jesús le encargó algo a este hombre antes de dejarlo ir, 44diciéndole:

—No digas esto a nadie. Anda y deja que los dirigentes religiosos te vean. Entrega las ofrendas que Moisés manda dar cuando un hombre es sanado de su enfermedad. Deja que los dirigentes religiosos sepan que tú has sido sanado.

45Pero el hombre salió y lo contó en todas partes. Por eso, Jesús no podía entrar en ninguna ciudad cuando la gente sabía que estaba allí. Se quedaba fuera en lugares desiertos, y la gente de todas partes venía a él.

Jesús sana a un hombre que fue bajado por el techo de la casa (Mateo 9:1-8; Lucas 5:17-26)

2 Después de algunos días, Jesús regresó a la ciudad de Capernaum. Las noticias de que estaba en casa se corrieron. 2Pronto se juntó allí mucha gente. No había más espacio, ni siquiera en la puerta; y él les habló de la palabra de Dios. 3Después, cuatro hombres vinieron a Jesús, trayendo a un hombre que no podía mover el cuerpo. 4Como no podían acercarse a Jesús, por causa de la mucha gente, hicieron una abertura en el techo de la casa, sobre el lugar donde estaba Jesús, y bajaron la camilla, con el enfermo en ella.

5Cuando Jesús vio la fe de ellos, le dijo al enfermo: "Hijo, tus pecados te son perdonados." 6Algunos maestros de la ley estaban sentados allí, y pensaban entre sí: 7"¿Por qué habla este hombre de esta manera? ¡Está hablando como si él fuera Dios! ¿Quién puede perdonar pecados? ¡Solamente uno puede perdonar pecados, Dios!"

8Jesús sabía lo que pensaban los maestros de la ley y les dijo: "¿Por qué piensan esto en sus corazones? 9¿Qué es más fácil decirle al enfermo: 'Tus pecados te son perdonados', o decirle: 'Levántate, toma tu camilla y anda'? 10Hago esto para que ustedes sepan que el Hijo del Hombre tiene poder en la tierra para perdonar pecados." Luego le dijo al enfermo: 11"A ti te digo, levántate, toma tu camilla y vete a tu casa." 12En seguida el enfermo se levantó, tomó su camilla y se fue. Todos lo vieron y se asombraron. Dieron gracias a Dios, diciendo: "¡Nunca hemos visto tal cosa!"

Jesús llama a Mateo (Mateo 9:9-13; Lucas 5:27-32)

13Jesús volvió a caminar por la orilla

del lago. Mucha gente se juntó allí y él le enseñó. ¹⁴Caminó un poco más adelante y vio a Leví (Mateo), el hijo de Alfeo, que estaba sentado, cobrando impuestos. Jesús le dijo: "Sígueme." Leví (Mateo) se levantó y le siguió.

¹⁵Jesús comió en casa de Leví (Mateo). Muchos cobradores de impuestos y otros que eran pecadores vinieron y se sentaron con Jesús y sus seguidores. (Había muchos que le seguían.) ¹⁶Los maestros de la ley y los celosos religiosos vieron a Jesús que comía con los cobradores de impuestos, y dijeron a sus seguidores:

—¿Por qué come y bebe él con los cobradores de impuestos y con los pecadores?

¹⁷Jesús oyó esto y les dijo:

—La gente sana no necesita médico. Yo no he venido a llamar a los buenos, sino a los pecadores.

Jesús enseña a no comer para poder orar mejor (Mateo 9:14-17; Lucas 5:33-35)

¹⁸Los seguidores de Juan y los celosos religiosos no comían para poder orar mejor. Algunos vinieron a Jesús y le dijeron:

—¿Por qué ellos se quedan sin comer para poder orar mejor, pero tus seguidores no?

¹⁹Jesús les dijo:

—¿Pueden los amigos en una boda quedarse sin comer, cuando el novio está con ellos? Mientras esté con ellos, no se quedarán sin comer. ²⁰Pero vendrán días cuando el novio no estará más con ellos. Entonces no comerán para poder orar mejor. ²¹Nadie cose un pedazo de tela nueva en saco viejo, porque el remiendo nuevo se encoge y rompe la tela vieja. ²²Nadie pone vino nuevo en bolsas de cuero viejo. El cuero se rompe, y el vino se derrama. Las bolsas no servirían para nada. El vino nuevo debe ponerse en bolsas de cuero nuevo.

Enseñanza de Jesús del día de descanso (Mateo 12:1-8; Lucas 6:1-5)

²³En otra ocasión, Jesús caminaba por los campos de trigo el día de descanso. Mientras caminaban, sus seguidores comenzaron a arrancar el grano. ²⁴Los celosos religiosos le dijeron a Jesús:

—¡Mira! ¿Por qué están haciendo ellos lo que la ley dice que no debe hacerse en el día de descanso?

²⁵El les dijo:

—¿No han leído ustedes lo que hizo el rey David cuando él y sus compañeros tuvieron hambre? ²⁶Entró en el templo cuando Abiatar era el dirigente religioso principal y comió del pan especial que se usa en la adoración religiosa. La ley dice que solamente los dirigentes religiosos podían comerlo. Además David dio parte de este pan a los que venían con él.

²⁷Luego Jesús les declaró:

—El día de descanso fue hecho para el bien del hombre, no el hombre para el día de descanso. ²⁸El Hijo del Hombre es Señor del día de descanso.

Jesús sana en el día de descanso (Mateo 12:9-14; Lucas 6:6-11)

3 Jesús fue de nuevo al templo local y encontró un hombre que tenía una mano seca. ²Los celosos religiosos observaban a Jesús para ver si sanaría a ese hombre en el día de descanso. Buscaban algo que decir en contra de Jesús. ³Entonces Jesús le dijo al hombre de la mano seca: "Levántate." ⁴Entonces les preguntó a los celosos religiosos: "¿Dice la ley que se debe hacer el bien en el día de descanso, o hacer el mal?, ¿salvar la vida, o quitarla?" Pero ellos no respondieron nada. ⁵Jesús miró alrededor con enojo. Estaba triste por la dureza de sus corazones. Entonces le dijo al hombre: "Estira tu mano." La estiró, y su mano fue sana. Quedó tan buena como la otra. ⁶Los celosos religiosos se fueron e hicieron planes con los seguidores del rey Herodes para matar a Jesús.

Jesús sana a orillas del lago (Mateo 12:15-21; Lucas 6:17-19)

⁷Jesús fue al lago con sus seguidores.

Mucha gente lo siguió de los países de Galilea y de Judea. ⁸Lo siguieron también desde la ciudad de Jerusalén y del país de Idumea. Vinieron del otro lado del río Jordán y de las ciudades de Tiro y Sidón. Muchas personas oyeron de todo lo que Jesús estaba haciendo y vinieron a él. ⁹Les dijo a sus seguidores que le tuvieran listo un pequeño barco, porque la gente lo apretaba. ¹⁰Había sanado a tantos que los enfermos lo apretaban, tratando de tocarlo. ¹¹Cuando los espíritus malos lo vieron, se hincaron ante él y gritaron: "¡Tú eres el Hijo de Dios!" ¹²Pero él les reprendió, para que no dijeran a nadie quién era.

Jesús llama a sus doce seguidores íntimos (Mateo 10:1-4; Lucas 6:12-16)

¹³Jesús subió a un monte, llamó a los que él quiso, y ellos vinieron a él. ¹⁴Así escogió a doce seguidores para que estuvieran con él y para enviarlos a predicar. ¹⁵Jesús les dio el derecho y el poder de sanar enfermedades y echar fuera a los espíritus malos. ¹⁶A Simón Jesús le puso otro nombre: Pedro. ¹⁷A Jacobo y Juan, quienes eran hermanos e hijos de Zebedeo, los llamó "Boanerges", que quiere decir "los hijos del trueno". ¹⁸Los otros fueron: Andrés; Felipe; Bartolomé; Mateo; Tomás; Jacobo el hijo de Alfeo; Tadeo; Simón, el miembro del partido cananita; ¹⁹y Judas Iscariote, quien entregó a Jesús a la muerte.

Jesús es detenido por su familia

²⁰Cuando Jesús entró en una casa, tantas personas se reunieron alrededor de él que ni siquiera él ni sus seguidores podían comer. ²¹Al saber esto, sus familiares fueron a traerlo, pues dijeron: "Estará loco."

Una nación que no puede permanecer (Mateo 12:22-37; Lucas 11:14-23)

²²Unos maestros de la ley vinieron de Jerusalén. Estos dijeron que Jesús estaba poseído por el diablo y que sacaba a los espíritus malos por poder del rey de los mismos espíritus malos. ²³Jesús les llamó y les habló en historias. Les dijo: "¿Cómo puede el espíritu malo echar fuera al espíritu malo? ²⁴Una nación no puede permanecer si está dividida contra sí misma. ²⁵Una familia tampoco podrá permanecer si está dividida contra sí misma. ²⁶Si el diablo pelea contra sí mismo y está dividido, no puede permanecer, pues pronto hallará su fin. ²⁷Nadie puede entrar en la casa del hombre fuerte y robar sus cosas sin que primero lo haya atado. Solamente entonces podrá llevarse las cosas de su casa. ²⁸En verdad les digo que todo pecado será perdonado, aun las cosas malas que el hombre diga contra Dios. ²⁹Pero si alguien habla cosas malas contra el Espíritu Santo, nunca le será perdonado, pues será culpable de un pecado que dura para siempre." ³⁰Jesús les dijo esto porque ellos decían: "El tiene un espíritu malo."

La nueva clase de familia (Mateo 12:46-50; Lucas 8:19-21)

³¹Entonces llegaron su madre y sus hermanos. Se quedaron afuera y mandaron llamar a Jesús. ³²La gente que estaba sentada alrededor de él le dijo:

—¡Mira! Tu madre y tus hermanos te buscan.

³³El les dijo:

—¿Quién es mi madre y mis hermanos?

³⁴Se volvió a los que estaban sentados alrededor de él y les dijo:

—¡Miren! ¡Estos son mi madre y mis hermanos! ³⁵Cualquiera que hace lo que mi Padre desea es mi hermano, mi hermana y mi madre.

La historia del hombre que sembró semilla (Mateo 13:1-52; Lucas 8:4-18)

4 Jesús comenzó a enseñar de nuevo a orillas del lago. Mucha gente se reunió alrededor de él. Había tantas personas que tuvo que entrar en un barco y sentarse allí. La gente estaba en la orilla. ²Les enseñó muchas cosas, usando historias. Les dijo: ³"¡Oigan ustedes! Un hombre salió a sembrar. ⁴Mientras sembraba, una parte cayó al

lado del camino. Los pájaros vinieron y se la comieron. [5]Parte cayó entre las piedras. Creció pronto porque había poca tierra. [6]Pero cuando salió el sol, se quemó, porque no tenía raíces. [7]Parte de la semilla cayó entre espinos. Crecieron los espinos y no dejaron espacio para que creciera la semilla. Esta semilla no dio fruto. [8]Parte cayó en buena tierra, nació y dio mucho fruto. Algunas semillas dieron treinta granos por semilla; otras dieron sesenta granos; otras dieron cien." [9]El les dijo: "Ustedes tienen oídos, pues oigan." [10]Cuando estuvo solo, los que estaban con Jesús y los doce le preguntaron acerca de la historia del sembrador. [11]El les dijo: "A ustedes, se les han dado los secretos del reino de Dios. A los que están fuera del reino de Dios, todo se les dice en historias. [12]Ellos ven pero no entienden el significado. Ellos oyen pero no comprenden. Si entendieran, podrían volverse a Dios y sus pecados les serían perdonados" *(Isaías 6:9, 10).*

Jesús explica acerca del hombre que sembró semilla

[13]Jesús les preguntó: "¿Ustedes no entienden esta historia? Entonces, ¿cómo podrán entender otras? [14]Lo que el hombre siembra es la palabra de Dios. [15]Las semillas que cayeron cerca del camino son los que oyen la palabra. Pero tan pronto como la oyen, el diablo viene y se lleva la palabra que fue sembrada en sus corazones. [16]La semilla que cayó entre piedras es como la gente que recibe la palabra con alegría cuando la oye. [17]Pero sus raíces no son profundas y, por eso, vive sólo poco tiempo; entonces viene la aflicción y los problemas por causa de la palabra, se cansan y la dejan. [18]La semilla plantada entre espinos es como algunos que oyen la palabra, [19]pero los problemas de esta vida permiten que nazcan los espinos. El amor por las riquezas y el querer otras cosas permiten que crezcan los espinos. Estas cosas no dejan lugar para que crezca la palabra. Por eso, no dan ningún fruto. [20]La semilla que cayó en buena tierra es como la gente que oye la palabra y la comprende. Esta da mucho fruto: una de treinta granos por cada semilla, otra de sesenta y otra de cien."

La historia de la lámpara

[21]Jesús les dijo: "¿Usan la lámpara para ponerla debajo de una caja o de una cama? ¿No debe ser puesta sobre una mesa? [22]No hay nada oculto que no será descubierto. Y todo lo que está escondido saldrá a luz. [23]Ustedes tienen oídos, ¡pues oigan!"

[24]Jesús les dijo: "Presten atención a lo que oyen. La misma cantidad que den se les volverá a dar, y aún más. [25]Al que tiene, se le dará, y al que no tiene, aun lo poco que tiene se le quitará."

La historia del grano

[26]Jesús dijo: "El reino de Dios es como un hombre que planta semillas en la tierra. [27]Se duerme cada noche y se levanta cada mañana. La semilla crece, pero él no sabe cómo. El terreno da su fruto por sí solo; primero sale la hoja y luego se ve el grano tierno. Al final, el grano está listo para ser recogido. [29]En cuanto el grano está listo, él lo recoge, porque el tiempo de la cosecha ha llegado."

La historia de la semilla de mostaza

[30]Jesús les dijo: "¿A qué se parece el reino de Dios? o ¿qué historia podemos contar para ayudarles a comprender? [31]Es como una semilla de mostaza que es sembrada en la tierra. Es la más pequeña de todas las semillas. [32]Después de sembrada, crece y llega a ser la más grande de todas las plantas. Da ramas tan grandes que hasta los pájaros del cielo pueden vivir en ellas." [33]Hasta donde podían ellos entender, Jesús les hablaba de la palabra usando muchas historias. [34]Les ayudaba a comprenderlas cuando estaba solo con ellos.

El viento y las olas obedecen a Jesús
(Mateo 8:23-27; Lucas 8:22-25)

[35]Fue la noche de ese mismo día, cuando Jesús les dijo: "Pasemos al otro

lado." ³⁶Después de despedir a la gente, llevaron a Jesús, como estaba, en un barco. Era el mismo barco que usó Jesús cuando les enseñaba. Otros barcos pequeños les siguieron. ³⁷Vino una fuerte tempestad y echaba las olas en el barco, llenándolo de agua. ³⁸Jesús estaba durmiendo sobre una almohada, en la parte de atrás del barco. Le despertaron gritando:

—Maestro, ¿no te importa que nos estemos hundiendo?

³⁹El se levantó, reprendió al viento, y dijo al mar:

—¡Calla! ¡Quédate quieto!

En seguida el viento dejó de soplar, y calmaron las olas. ⁴⁰Jesús les dijo a sus seguidores:

—¿Por qué tienen tanto miedo? ¿No tienen ustedes fe?

⁴¹Estaban muy temerosos y se decían unos a otros:

—¿Quién es éste que aun el viento y las olas le obedecen?

Los espíritus malos piden a Jesús que les permita vivir en los puercos (Mateo 8:28-34; Lucas 8:26-39)

5 Jesús y sus seguidores vinieron al otro lado del lago, al país de los gadarenos. ²Jesús salió del barco. En seguida se le acercó un hombre que vivía entre las tumbas y que tenía un espíritu malo. ³Nadie podía dominarlo, ni siquiera con cadenas. ⁴Muchas veces había sido encadenado pero rompía las cadenas y los fierros que le ponían en las manos y las piernas. Nadie lo podía dominar. ⁵De noche y de día, andaba entre las tumbas y en los cerros. Gritaba y se lastimaba con piedras.

⁶Cuando este hombre vio a Jesús de lejos, corrió a adorarlo ⁷y, gritando, dijo:

—¿Qué quieres conmigo, Jesús, Hijo del Dios altísimo? ¡Te pido en nombre de Dios que no me hagas daño!

⁸Al mismo tiempo, Jesús le estaba diciendo:

—¡Sal de ese hombre, espíritu malo!

⁹Y le preguntó:

—¿Cómo te llamas?

Este respondió:

—Mi nombre es Muchos porque somos muchos.

¹⁰Los espíritus malos le pidieron que no los echara de esa región. ¹¹Había muchos puercos comiendo a un lado del cerro, ¹²y los espíritus malos le rogaron que los dejara entrar en los puercos. ¹³Jesús se lo permitió, y entraron a los puercos. Estos se arrojaron por una barranca y cayeron al lago. Allí murieron. Había como dos mil. ¹⁴El hombre que cuidaba los puercos corrió a la ciudad y al campo a contar a todos lo que había pasado. Muchos vinieron a ver. ¹⁵Cuando se acercaban a Jesús, encontraron al hombre que había tenido los espíritus malos, sentado y vestido, con su mente clara. Tuvieron miedo. ¹⁶Los que habían visto todo, contaron lo que le había pasado a aquel hombre y lo que pasó con los puercos. ¹⁷Entonces pidieron a Jesús que se fuera de allí.

¹⁸Jesús entró en el barco, y el hombre que había tenido los espíritus malos le pidió que lo dejara ir con él. ¹⁹Jesús no se lo permitió pero le dijo: "Vé a tu casa, a tu familia, y diles las grandes cosas que el Señor ha hecho y la compasión que tuvo por ti." ²⁰El hombre fue y contó a toda la gente de la tierra de Decápolis las grandes cosas que Jesús había hecho por él. Todos los que le oían se admiraban.

Los dos sanados por la fe (Mateo 9:18-26; Lucas 8:40-56)

²¹Entonces Jesús pasó al otro lado del lago en el barco, y mucha gente se juntó alrededor de él, a la orilla del lago. ²²Jairo era uno de los jefes en el templo local. Cuando Jairo se acercó a Jesús, se arrodilló delante de él, ²³y le suplicó: "Mi hija está casi muerta. ¡Ven y pon tu mano sobre ella para que sane y viva!" ²⁴Jesús fue con él y mucha gente le siguió, apretándolo por todos lados.

²⁵Entre la gente que lo apretaba, había una mujer enferma, con un derrame de sangre durante doce años. ²⁶Había sufrido mucho y había gastado todo

el dinero que tenía con los médicos. No sentía ningún alivio; por el contrario, se sentía peor. ²⁷Cuando oyó de Jesús, fue a verlo, abriéndose paso entre la gente que lo seguía. Tocó el vestido de Jesús, ²⁸pensando: "Si tan sólo puedo tocar su vestido, quedaré sana." ²⁹Al momento, se detuvo el derrame y ella sintió en su cuerpo que estaba sana.

³⁰Al mismo tiempo, Jesús supo que su poder había sanado a alguien. Se volvió y dijo a la gente que lo seguía:

—¿Quién tocó mi vestido?

³¹Sus seguidores le contestaron:

—¿No ves que la multitud aprieta por todos lados? ¿Por qué preguntas, "¿Quién tocó mi vestido?"

³²Miró entonces alrededor, para ver quién había sido. ³³La mujer tenía mucho miedo, porque se daba cuenta de lo que había pasado. Vino, se arrodilló ante Jesús y le dijo la verdad. ³⁴El le dijo:

—Hija, tu fe te ha sanado. Vete en paz. Ya estás libre de tu enfermedad.

³⁵Mientras Jesús hablaba, unos hombres vinieron de la casa de Jairo y le dijeron a éste:

—Tu hija está muerta. ¿Por qué sigues molestando al Maestro?

³⁶Jesús oyó esto y le dijo a Jairo:

—No tengas miedo; solamente cree.

³⁷No permitió Jesús que nadie fuera con él, sólo Pedro, Jacobo y Juan, el hermano de Jacobo. ³⁸Llegaron a la casa de Jairo y encontraron allí a mucha gente haciendo confusión y llorando. ³⁹Se acercó Jesús y les preguntó: "¿Por qué hacen tanto ruido y hay tanta tristeza? La muchacha no ha muerto; está dormida."

⁴⁰La gente se rio de Jesús, pero él les mandó a todos salir del cuarto. Luego trajo a los padres de la muchacha y a los que estaban con él. Ellos entraron en el cuarto donde estaba ella. ⁴¹Tomó a la muchacha por la mano y le dijo: "Muchacha, a ti te digo, ¡levántate!" ⁴²Al momento, la muchacha, que tenía doce años de edad, se levantó y comenzó a andar. Todos se admiraron de esto. ⁴³Jesús les mandó que no dijeran nada a

nadie. También les pidió que dieran de comer a la muchacha.

Jesús visita Nazaret, su propia ciudad (Mateo 13:53-58)

6 Jesús salió de allí a su propia ciudad de Nazaret. Sus seguidores fueron con él. ²El día de descanso, comenzó a enseñar en el templo local, y mucha gente se acercó a oírlo. Muchos, asombrados, decían:

—¿Dónde aprendió este hombre todas estas cosas? ¿Qué clase de sabiduría tiene? ¿Cómo puede hacer todas estas obras poderosas? ³¿No es el carpintero, hijo de María y hermano de Jacobo (Santiago), de José, de Judas y de Simón? ¿No viven sus hermanas aquí con nosotros?

La gente se ofendió de él y lo abandonó. ⁴Jesús les dijo:

—El que habla en nombre de Dios es respetado en todas partes, menos en su propio país, entre sus familiares y en su propia casa.

⁵Por esto, Jesús no pudo hacer allí muchas obras poderosas. Solamente puso sus manos sobre unos pocos enfermos y los sanó. ⁶Estaba asombrado por la falta de fe entre esa gente. Y se fue a los pueblos vecinos a enseñar allí.

Jesús llama a doce seguidores y los manda a predicar (Mateo 10:1-42; Lucas 9:1-6)

⁷Jesús llamó a sus doce seguidores y los mandó de dos en dos. Les dio poder sobre los espíritus malos ⁸y les dijo que no llevaran nada con ellos, sino sólo un bastón. No debían llevar ni bolsa, ni comida, ni dinero. ⁹Podían llevar zapatos, pero no dos sacos. ¹⁰Les dijo: "En cualquier casa que entren, quédense allí hasta que salgan del pueblo. ¹¹Si alguien no los recibe o no los escucha, al momento de salir de ese lugar, sacudan el polvo de sus pies. Esto será como una palabra en contra de ellos. Les aseguro que será más fácil para las ciudades de Sodoma y Gomorra el día cuando los hombres vendrán ante Dios para ser examinados, que para esas ciudades."

¹²Entonces fueron y predicaron que

todos los hombres deben cambiar su actitud acerca de sus pecados y dejarlos. ¹³Sacaron muchos espíritus malos, pusieron aceite sobre muchos enfermos y los sanaron.

Juan el bautista es llevado a la cárcel (Mateo 14:1-5; Lucas 3:18-20)

¹⁴El rey Herodes había oído de Jesús porque todos hablaban de él. Algunos decían que Juan el bautista se había levantado de entre los muertos y que por eso hacía todas esas cosas poderosas. ¹⁵Otros decían: "Es el profeta Elías." Todavía otros decían que era uno de los que hablaban en nombre de Dios como uno de los antiguos predicadores. ¹⁶Cuando Herodes oyó esto dijo: "Este es Juan el bautista, a quien mandé cortar la cabeza. Se ha levantado de entre los muertos." ¹⁷Herodes había mandado apresar a Juan, por causa de Herodías, la esposa de su hermano Felipe. ¹⁸Juan el bautista le había dicho a Herodes: "No te es permitido tener la mujer de tu hermano." ¹⁹Herodías se enojó con Juan el bautista y quería mandarlo matar; pero no hallaba cómo hacerlo. ²⁰Herodes tenía miedo de Juan porque sabía que era un buen hombre, aceptado ante Dios. Le cuidaba para que nadie le hiciera daño o lo matara. A Herodes, le gustaba escuchar a Juan predicar; pero cada vez que lo escuchaba, quedaba muy perturbado.

Muerte de Juan el bautista (Mateo 14:1-12; Lucas 9:7-9)

²¹Al fin, Herodías halló una manera de matar a Juan. Herodes ofreció un gran banquete en su cumpleaños. Invitó a los gobernadores del país, a los capitanes del ejército y a los dirigentes de Galilea que vinieran al banquete. ²²La hija de Herodías vino y bailó delante de ellos. Complació a Herodes y a sus invitados. Entonces el Rey dijo a la muchacha:

—Pídeme lo que tú quieras y te lo daré.

²³Le hizo una promesa a ella:

—Lo que tú me pidas, te lo daré hasta la mitad de lo que tengo.

²⁴Ella fue a preguntar a su madre qué debía pedirle. La madre le respondió:

—Yo quiero la cabeza de Juan el bautista.

²⁵En seguida la muchacha fue a Herodes y le dijo:

—Quiero que me des ahora mismo, en un plato, la cabeza de Juan el bautista.

²⁶Herodes se puso muy triste pero tenía que cumplir su promesa por causa de los que estaban sentados a la mesa con él. ²⁷En seguida, envió a uno de sus soldados y le mandó traer la cabeza de Juan el bautista. El soldado fue a la cárcel y le cortó la cabeza a Juan. ²⁸La llevó en un plato y la entregó a la muchacha. La muchacha se la dio a su madre. ²⁹Cuando los seguidores de Juan oyeron esto, fueron a pedir el cuerpo para enterrarlo.

Jesús da de comer a los cinco mil (Mateo 14:13-21; Lucas 9:10-17; Juan 6:1-14)

³⁰Los misioneros de Jesús volvieron a él para decirle todo lo que habían hecho y enseñado. ³¹El les dijo: "Alejémonos de la gente para estar solos y descansar." ³²Se fueron en un barco a un lugar apartado. ³³Mucha gente los vio salir. La gente sabía quiénes eran; así que muchas personas corrieron, atravesando rápidamente todas las ciudades, y llegaron allí primero. ³⁴Cuando Jesús salió del barco, vio que había mucha gente reunida. Tuvo compasión por ellos, porque eran como ovejas que no tenían pastor. Comenzó a enseñarles muchas cosas.

³⁵Cuando era tarde, los seguidores de Jesús vinieron a él y le dijeron:

—Este es un desierto, y se está haciendo tarde. ³⁶Di a la gente que se vaya a los campos y a las ciudades para comprar de comer.

³⁷El les dijo:

—Denles ustedes de comer.

Ellos le contestaron:

—¿Quieres que vayamos a comprar suficiente pan para que les demos a todos?

³⁸El les preguntó:

—¿Cuántos panes tienen aquí? Vayan a ver.

Cuando lo supieron, le dijeron:

—Tenemos cinco panes y dos pescados.

39Entonces Jesús los mandó hacer sentar a la gente en grupos, sobre la hierba. 40Se sentaron en grupos de cincuenta y de cien. 41Jesús tomó los cinco panes y los dos pescados, miró hacia el cielo y dio gracias. Partió el pan en pedazos y los dio a sus seguidores para que se los dieran a la gente. También dividió los dos pescados entre toda la gente. 42Todos comieron y estaban satisfechos. 43Luego, sus seguidores recogieron doce canastas llenas de pedazos de pan y pescado. 44Comieron unos cinco mil hombres.

Jesús camina sobre el agua (Mateo 14: 22-23; Juan 6:15-21)

45En seguida, Jesús mandó a sus seguidores que entraran en el barco y que se fueran delante de él al otro lado, a la ciudad de Betsaida. Despidió a la gente, 46y cuando todos se habían ido, subió al cerro para orar. 47Al venir la noche, el barco estaba en medio del lago, y Jesús solo en la orilla. 48Vio que sus seguidores estaban cansados porque tenían el viento en contra y, aunque remaban con fuerza, no avanzaban. Como a las tres de la mañana, Jesús fue caminando sobre el agua. Quería pasarlos. 49Cuando sus seguidores lo vieron, creyeron que era un fantasma y gritaron de miedo, 50pues todos lo vieron y se asustaron. En seguida, Jesús les habló y dijo: "Tengan valor; soy yo; no tengan miedo." 51Se acercó a ellos y entró en el barco. El viento se calmó. Ellos se asombraron y admiraron mucho. 52No habían aprendido lo que debían aprender de los panes, porque sus corazones estaban duros.

La gente es sanada en Genesaret (Mateo 14:34-36)

53Entonces cruzaron el lago y vinieron a la tierra de Genesaret. Se acercaron a la orilla. 54Cuando Jesús salió del barco, la gente lo reconoció al momento. 55Corrieron por toda la región, trayendo hacia Jesús a los enfermos en sus camas. 56Recostaban a los enfermos en las calles y en las plazas centrales, por donde Jesús iba a pasar. Le rogaban a Jesús que les permitiera tocar el borde de su vestido, porque cualquiera que lo hacía era sanado. Esto pasó en los pueblos, en las ciudades y en los países a donde él iba.

Jesús reprende a los dirigentes (Mateo 15:1-20)

7 Los celosos religiosos y algunos de los maestros de la ley vinieron de Jerusalén y se reunieron alrededor de Jesús. 2Habían visto a algunos de los seguidores de Jesús comer sin lavarse las manos. 3Los celosos religiosos y todos los judíos siempre se lavaban las manos en una manera especial antes de comer, para así cumplir las enseñanzas que habían recibido. 4Cuando volvían de la plaza, si no se lavaban las manos, no comían. Otras muchas enseñanzas semejantes cumplían, tales como lavar las tazas, los platos y las ollas en una manera especial.

5Entonces los celosos religiosos y los maestros de la ley preguntaron a Jesús:

—¿Por qué tus seguidores no obedecen las enseñanzas dadas por nuestros antiguos padres? ¿Por qué comen sin lavarse las manos?

6El les dijo:

—Isaías habló de ustedes, los que pretenden ser lo que no son, cuando escribió: "Esta gente me honra con la boca, pero su corazón está lejos de mí. 7De nada sirve su adoración. Enseñan lo que los hombres mandan que se haga" (Isaías 29:13). 8Ustedes ponen a un lado la ley de Dios y obedecen las leyes de los hombres.

9Jesús les dijo:

—Ustedes ponen a un lado las leyes de Dios, pero cumplen sus propias enseñanzas. 10Moisés dijo: "Respeta a tu padre y a tu madre" (Exodo 20:12). También dijo: "El que hable mal de su padre o su madre debe morir" (Exodo

21:17). ¹¹Pero ustedes dicen que está bien si una persona no ayuda a su padre o a su madre con tal que diga que ha dado a Dios lo que podría haberles dado a ellos. ¹²Así ustedes no permiten que esa persona haga algo en favor de su padre o de su madre. ¹³Están haciendo a un lado la palabra de Dios para cumplir sus propias enseñanzas. Hacen otras cosas semejantes a éstas también.

¹⁴Jesús llamó de nuevo a la gente y le dijo:

—Escúchenme todos y entiendan estas palabras. ¹⁵No es lo que de afuera entra por la boca del hombre que hace mal a su mente y a su corazón. Es, más bien, lo que sale de adentro que hace mal. ¹⁶Ustedes tienen oídos, pues oigan.

¹⁷Cuando Jesús entró en la casa, después de irse la gente, sus seguidores comenzaron a preguntarle acerca de la historia. ¹⁸Les dijo:

—¿Todavía no han entendido? ¿No entienden que lo que entra en el hombre no le hace mal? ¹⁹Porque no entra en su corazón, sino en su estómago; luego sale de su cuerpo.

De esta manera, les estaba diciendo que todo alimento es limpio. ²⁰También dijo:

—Lo que sale del hombre es lo que le hace mal. ²¹De dentro del corazón del hombre salen los malos pensamientos, los pecados sexuales de los casados y de los solteros, los asesinatos, ²²los robos, los deseos de obtener lo ajeno, las maldades, las mentiras, los deseos sexuales, las mentes que quieren pecar, el hablar contra Dios, el creerse mejor de lo que uno es y el hacer tonterías. ²³Todas estas cosas malas salen de adentro y hacen malo al hombre.

Jesús saca un espíritu malo de una muchacha (Mateo 15:21-28)

²⁴Jesús fue a los lugares en la región de las ciudades de Tiro y Sidón. Entró en una casa y quería quedarse allí, sin que lo supiera nadie; pero no pudo esconderse de la gente. ²⁵Una mujer que tenía una hija con un espíritu malo oyó

hablar de Jesús. Llegó a él y se arrodilló a sus pies. ²⁶Esta mujer no era judía, sino del país de Sirofenicia. Pidió a Jesús que sacara el espíritu malo de su hija. ²⁷Jesús le dijo:

—Deja que los hijos coman primero, porque no está bien dar alimento de los hijos a los perros.

²⁸Ella le dijo:

—Sí, Señor, pero también los perros comen los pedazos que caen de la mesa de los hijos.

²⁹El le dijo:

—Por lo que tú has dicho, sigue tu camino; el espíritu malo ha salido de tu hija.

³⁰Se fue a su casa y encontró a su hija acostada en la cama, y el espíritu malo había salido de ella.

Jesús sana al hombre que no podía oír ni hablar bien

³¹Entonces Jesús salió de las tierras cerca de las ciudades de Tiro y Sidón y, pasando por la tierra de Decápolis (Diez Ciudades), volvió al lago de Galilea. ³²Le trajeron a un hombre que no podía oír ni hablar bien. Le pidieron que pusiera su mano sobre él. ³³Jesús lo llevó lejos de la gente, puso sus dedos en los oídos del hombre, escupió y le puso sus dedos en la lengua. ³⁴Entonces, mirando al cielo, Jesús suspiró y dijo: "¡Abranse!" ³⁵En seguida, sus oídos se abrieron, su lengua fue sanada y hablaba bien. ³⁶Luego, Jesús les mandó que no lo dijeran a nadie, pero cuanto más recomendaba esto, tanto más lo contaban. ³⁷Todos se admiraban de lo que pasó, y decían: "Todas las cosas ha hecho bien; a los sordos, les ha hecho oír; y a los mudos, les ha hecho hablar."

Jesús da de comer a cuatro mil (Mateo 15:32-39)

8 En esos días se juntó mucha gente, y no tenían suficiente para come Jesús llamó a sus seguidores y les di

²—Tengo compasión por esta g Han estado conmigo tres días y nen nada que comer. ³Si les e

comer, puede que se desmayen en el camino, puesto que muchos de ellos han venido de muy lejos.

⁴Sus seguidores le dijeron:

—Nadie puede conseguir aquí en este desierto pan suficiente para ellos. ⁵Jesús les preguntó:

—¿Cuántos panes tienen?

Ellos dijeron:

—Siete.

⁶Entonces le dijo a la gente que se sentara en el suelo. Tomó los siete panes y dio gracias a Dios. Los partió y los entregó a sus seguidores para dar a la gente. Así lo hicieron, sirviendo el pan a todos ellos. ⁷También tenían algunos pescados. Jesús dio gracias a Dios pidiendo que sus seguidores los repartieran entre todos. ⁸Después de comer todos hasta estar satisfechos, recogieron siete canastas de pedazos de pan y pescado. ⁹Comieron como cuatro mil. Después de esto, Jesús los despidió.

Los celosos religiosos le piden a Jesús que les muestre una obra poderosa (Mateo 16:1-4)

¹⁰Después, Jesús subió al barco con sus seguidores, y llegaron al país de Dalmanuta. ¹¹Los celosos religiosos se le acercaron y comenzaron a pedirle que les mostrara alguna obra poderosa del cielo. Ellos querían ponerle una trampa. ¹²Suspirando profundamente, Jesús les dijo: "¿Por qué busca la gente alguna obra poderosa? En verdad les digo que la gente de ahora no tendrá ninguna señal del cielo." ¹³Entonces los dejó, subió al barco y pasó al otro lado del lago.

Jesús demuestra que la enseñanza de los celosos religiosos es equivocada (Mateo 16:5-12)

¹⁴Los seguidores de Jesús se habían olvidado de traer pan. Solamente había un pan en el barco. ¹⁵El les dijo:

—Cuídense de no tener nada que ver con la levadura de los celosos religiosos y de Herodes.

¹⁶Y se discutían entre sí, diciendo:

—El dice esto, porque nos olvidamos de traer pan.

¹⁷Jesús sabía lo que estaban pensando y les dijo:

—¿Por qué hablan entre ustedes de haberse olvidado de traer pan? ¿No comprenden? ¿No está claro? ¿Su corazón sigue endurecido? ¹⁸¿Tienen ojos y no pueden ver? ¿Tienen oídos y no pueden oír? ¹⁹¿No recuerdan cuando repartí los cinco panes entre los cinco mil? ¿Cuántas canastas llenas de pedazos recogieron?

Ellos le contestaron:

—Doce.

²⁰—Y cuando repartí los siete panes entre los cuatro mil, ¿cuántas canastas llenas de pedazos recogieron?

Le contestaron:

—Siete.

²¹Entonces les preguntó:

—¿Por qué no entienden todavía?

Jesús sana a un ciego

²²Entonces vinieron a la ciudad de Betsaida, y le trajeron a un hombre ciego. Pidieron a Jesús que lo tocara. ²³Jesús le tomó de la mano y le sacó del pueblo. Luego, usó saliva para mojar los ojos del ciego, puso sus manos sobre él, y le preguntó:

—¿Ves algo?

²⁴El ciego miró y dijo:

—Veo algunos hombres que parecen árboles, caminando.

²⁵Jesús volvió a poner sus manos sobre el ciego y le mandó mirar. Después quedó sano y vio todas las cosas perfectamente. ²⁶Jesús lo envió a su casa y le dijo:

—No entres en el pueblo, *ni digas a nadie nada de esto.

Pedro declara que Jesús es el Cristo (Mateo 16:13-20; Lucas 9:18-20)

²⁷De allí, Jesús y sus seguidores se fueron a las aldeas del país de Cesarea de Filipo. Mientras caminaban les preguntó:

—¿Quién dicen los hombres que soy?

²⁸Ellos le contestaron:

—Algunos dicen que eres Juan el bautista; otros dicen que eres Elías, u otro de los antiguos predicadores.

²⁹El les dijo:

—Pero ¿quién dicen ustedes que soy?

Pedro respondió:

—Tú eres el Cristo.

³⁰Jesús les mandó que no dijeran esto a nadie.

Por primera vez Jesús habla de su muerte (Mateo 16:21-28; Lucas 9:21-27)

³¹Comenzó a enseñarles que el Hijo del Hombre debía sufrir muchas cosas y que sería rechazado por los dirigentes religiosos y los maestros de la ley. También les dijo que lo iban a matar, pero que tres días más tarde se levantaría de entre los muertos.

³²Esto lo dijo claramente. Pedro le llevó aparte de los demás y comenzó a hablarle severamente. ³³Jesús se volvió, miró a sus seguidores y retó a Pedro, diciéndole: "¡Apártate de mí, diablo! Tus pensamientos no son los de Dios, sino de los hombres."

Abandono de intereses y deseos personales

³⁴Jesús llamó a la gente y a sus seguidores hacia él y les dijo: "Si alguien quiere ser mi seguidor, debe abandonar sus intereses personales y sus propios deseos. Debe tomar su cruz y seguirme. ³⁵Si alguien quiere salvar su vida, la perderá; pero si alguien pierde su vida por mí y por las buenas nuevas, la salvará. ³⁶Porque ¿de qué le sirve al hombre si gana todo el mundo y pierde su propia alma? ³⁷¿Qué puede dar un hombre por su alma? ³⁸Cualquiera que se avergüenza de mí y de mis palabras ante la gente pecadora de hoy en día, el Hijo del Hombre se avergonzará de él, cuando vuelva en la gloria resplandeciente de su Padre y de sus santos ángeles."

Jesús cambia su apariencia (Mateo 17:1-13; Lucas 9:28-36)

9 Jesús les dijo: "¡En verdad les digo que algunos de los que están aquí

no morirán hasta que vean venir con poder el reino de los cielos!"

²Seis días después, Jesús tomó a Pedro, a Jacobo y a Juan y los llevó a un cerro alto. Allí su aspecto cambió mientras ellos lo miraban. ³Sus ropas se volvieron brillantes, blancas como la nieve, tanto que nadie en la tierra hubiera podido hacerlas tan blancas. ⁴Vieron allí a Moisés y a Elías hablando con Jesús.

⁵Pedro dijo a Jesús: "Maestro, qué bueno que estemos aquí. Hagamos tres enramadas, una para ti, otra para Moisés y otra para Elías." ⁶Pedro no sabía qué decir, porque estaban muy asustados.

⁷Una nube vino sobre ellos, y una voz de la nube dijo: "Este es mi hijo amado; escúchenle a él." ⁸Enseguida ellos miraron alrededor y no vieron a nadie, sino sólo a Jesús.

⁹Cuando bajaron del monte, Jesús les mandó que no dijeran a nadie lo que habían visto, pero que debían esperar hasta que el Hijo del Hombre se levantara de entre los muertos. ¹⁰Y guardaron estas palabras, hablando entre sí sobre qué sería esto de ser levantado de entre los muertos. ¹¹Le preguntaron a Jesús:

—¿Por qué los maestros de la ley dicen que Elías vendrá primero?

¹²El les respondió:

—En verdad, Elías vendrá primero y tendrá todas las cosas listas. ¿No está escrito que el Hijo del Hombre sufrirá muchas cosas y los hombres no querrán tener nada que ver con él? (Isaías 53:3). ¹³Pero yo les digo que Elías ya vino y que ellos hicieron con él lo que quisieron, como estaba escrito que lo harían.

Un muchacho con espíritu malo es sanado (Mateo 17:14-21; Lucas 9:37-42)

¹⁴Cuando Jesús regresó donde estaban sus seguidores, vio mucha gente alrededor de ellos. Los maestros de la ley estaban discutiendo con ellos. ¹⁵La gente vio a Jesús y se sorprendió. Corrieron

hacia él para saludarlo. ¹⁶Jesús preguntó a los maestros de la ley.

—¿Qué están discutiendo con mis seguidores?

¹⁷Uno de la multitud dijo:

—Maestro, te traje a mi hijo porque tiene un espíritu malo y no puede hablar. ¹⁸A dondequiera que le lleva, el espíritu malo lo arroja al suelo, echa espuma por la boca y rechina los dientes. Se ha debilitado mucho. Pedí a tus seguidores que sacaran al espíritu malo y no pudieron.

¹⁹El les dijo:

—¡Ay! ¡Gente sin fe! ¿Hasta cuándo estaré entre ustedes? ¿Hasta cuándo tendré que soportarlos? Traigan aquí al muchacho.

²⁰Llevaron al muchacho a Jesús. En cuanto el espíritu malo lo vio, puso al muchacho bajo su poder. El muchacho cayó al suelo, echando espuma por la boca. ²¹Jesús le preguntó al padre del muchacho:

—¿Cuánto tiempo ha estado así?

El padre le contestó:

—Desde que era niño. ²²Muchas veces, le hace caer al fuego; otras veces, en el agua, queriendo matarle. Si tú puedes ayudarnos, ¡ten compasión de nosotros!

²³Jesús le dijo:

—¿Por qué me pides eso? Para el que tiene fe todo es posible.

²⁴En seguida gritó el padre y con lágrimas en los ojos dijo:

—Señor, yo tengo fe; ¡ayúdame para que mi débil fe se haga fuerte!

²⁵Viendo Jesús que se juntaba mucha gente, entonces le mandó al espíritu malo:

—¡A ti te digo, espíritu malo, sordo y mudo, sal de él!

²⁶El espíritu malo gritó, echó al muchacho en el suelo y salió de él. El muchacho parecía muerto. Y la gente dijo:

—¡El muchacho está muerto!

²⁷Pero Jesús le tomó de la mano y le ayudó a ponerse de pie.

²⁸Cuando Jesús entró en la casa a solas con sus seguidores, éstos le preguntaron:

—¿Por qué no pudimos nosotros sacar el espíritu malo?

²⁹El les dijo:

—La única manera de sacar esta clase de espíritu malo, es por medio de la oración — dejando de comer, para poder orar mejor.

Jesús por segunda vez habla de su muerte (Mateo 17:22, 23; Lucas 9:43-45)

³⁰De allí, Jesús y sus seguidores fueron al país de Galilea. No quería que nadie supiera dónde estaba. ³¹Les dijo a sus seguidores: "El Hijo del Hombre será entregado a los hombres y lo matarán, pero tres días después que lo maten, se levantará de entre los muertos." ³²Ellos no entendieron lo que les decía y tuvieron miedo de preguntarle.

Jesús enseña acerca de la fe de un niño (Mateo 18:1-35; Lucas 9:46-50)

³³Vinieron a la ciudad de Capernaum. Estando ya en la casa, Jesús preguntó a sus seguidores: "¿Qué estaban discutiendo en el camino?" ³⁴Ellos no respondieron nada, pero lo que habían estado discutiendo en el camino era sobre quién de ellos era el mejor. ³⁵Jesús se sentó y llamó a sus discípulos y les dijo: "Si alguno quiere ser el primero, tendrá que ser el último de todos, el que sirve a los demás."

³⁶Jesús tomó a un niño y le puso en medio de ellos; luego lo levantó en sus brazos y les dijo: ³⁷"Cualquiera que reciba a uno de estos pequeñitos, en mi nombre, me recibe a mí. Cualquiera que me recibe no me recibe a mí, sino a Aquel que me envió."

Jesús reprende a sus seguidores

³⁸Juan dijo a Jesús:

—Maestro, vimos a alguien que sacaba espíritus malos en tu nombre y le dijimos que no lo hiciera, porque él no nos seguía.

³⁹Jesús dijo:

—No lo impidan, porque ninguno de los que hacen estas obras poderosas en mi nombre podrá hablar luego en contra de mí. ⁴⁰El que no está contra nosotros, con nosotros está. [41]En verdad les digo, cualquiera que les dé un vaso de agua en mi nombre, porque son de Cristo, no perderá su premio. [42]Cualquiera que sea culpable de que uno de estos pequeñitos que creen en mí peque, mejor le sería colgarse una piedra grande al cuello y dejarse echar al mar. [43]Si tu mano es la causa de que caigas en pecado, córtala; porque es mejor entrar en la vida sin una mano que, teniendo dos manos, ir al fuego del infierno, que no puede ser apagado. [44]*Allí es donde el gusano nunca muere, y el fuego nunca se apaga. [45]Si tu pie es la causa de que caigas en pecado, córtalo. Es mejor entrar en la vida con un solo pie que, teniendo dos pies, ir al fuego del infierno que no puede ser apagado, [46]*donde el gusano nunca muere y el fuego nunca se apaga. [47]Si tu ojo es la causa de que caigas en pecado, sácalo, porque es mejor entrar al reino de Dios con un solo ojo que, teniendo dos ojos, ser echado en el fuego del infierno. [48]Allí es donde el gusano nunca muere y el fuego nunca se apaga.

[49]—Cada uno de ustedes tendrá que ser "salado" o sazonado con el fuego de la disciplina. [50]Hablando de sal, recordemos que es buena y útil, pero si pierde su sabor, ¿cómo podrá usarse como sal? Tengan sal en ustedes mismos y vivan en paz los unos con los otros.

Jesús enseña acerca del divorcio (Mateo 19:1-12)

10 Jesús se alejó de la ciudad de Capernaum. Fue al país de Judea y al otro lado del río Jordán. La gente volvió a juntarse a su alrededor, y él comenzó a enseñarles, como siempre.

[2]Los celosos religiosos vinieron a él, tratando de hacerle caer en trampa. Le preguntaron:

—¿Es correcto que un hombre se divorcie de su esposa?

[3]El les respondió:

—¿Qué dice la ley de Moisés?

[4]Le dijeron:

—Moisés permitió al hombre divor-

ciar y dejar a su mujer, si le daba carta de divorcio.

[5]Jesús les dijo:

—Por la dureza del corazón de ustedes, Moisés les dio esta ley; [6]pero desde el comienzo del mundo, Dios los hizo hombre y mujer. [7]Por esto, el hombre dejará a su padre y a su madre y vivirá con su esposa. [8]Los dos se harán uno. Ya no serán dos, sino uno. [9]Que ningún hombre separe lo que Dios ha unido.

[10]En la casa, los seguidores le preguntaron otra vez acerca de esto. [11]El les dijo:

—Cualquiera que se divorcia de su esposa y se casa con otra no es fiel a ella. Es culpable de pecado sexual. [12]Si una mujer se divorcia de su esposo y se casa con otro no es fiel a su esposo. Es culpable de pecado sexual.

Jesús da gracias por los niños (Mateo 19:13-15; Lucas 18:15-17)

[13]Trajeron niños a Jesús para que pusiera sus manos sobre ellos, pero los seguidores retaban a los que los traían. [14]Jesús vio esto y se enojó con los seguidores. Les dijo: "Dejen que los niños vengan a mí; no los detengan. El reino de Dios es de seres como ellos. [15]En verdad les digo, cualquiera que no recibe el reino de Dios como un niño pequeño no entrará en él." [16]Jesús tomó a los niños en sus brazos y los bendijo, poniendo sus manos sobre ellos.

Jesús enseña que se debe respetar la ley (Mateo 19:16-30; Lucas 18:18-30)

[17]Jesús seguía su camino, cuando un hombre corrió hacia él y se arrodilló diciéndole:

—Maestro bueno, ¿qué debo hacer para tener la vida que dura para siempre?

[18]Jesús le dijo:

—¿Por qué me llamas bueno? Hay solamente uno que es bueno, Dios. [19]Tú debes conocer los mandamientos: No cometas pecados sexuales; no mates a ninguna persona; no tomes lo ajeno, engañando o robando; no mientas; respeta a tu padre y a tu madre.

²⁰El hombre le dijo:

—Maestro, he obedecido todas esas leyes desde que era muchacho.

²¹Jesús lo miró con amor y le dijo:

—Todavía hay algo que te falta hacer. Ve, vende todo lo que tienes y da el dinero a los pobres; pues así tendrás riquezas en el cielo. Luego ven y sígueme.

²²Cuando el hombre oyó esto, se fue muy triste, porque era muy rico.

El peligro de las riquezas

²³Jesús miró a su alrededor y dijo a sus seguidores:

—¡Qué difícil es para los ricos entrar en el reino de Dios!

²⁴Sus seguidores se asombraron de sus palabras, pero Jesús les dijo de nuevo:

—Hijos, ¡qué difícil es para los que creen en las riquezas entrar en el reino de Dios! ²⁵Es más fácil que un camello pase por el ojo de una aguja que un rico entre en el cielo.

²⁶Ellos se asombraron más diciendo entre sí:

—Entonces, ¿quién puede salvarse del castigo del pecado?

²⁷Jesús los miró y dijo:

—El hombre no puede, pero Dios todo lo puede.

²⁸Entonces, Pedro comenzó a decirle a Jesús:

—Nosotros hemos dejado todo lo que teníamos para seguirte.

²⁹Jesús le dijo:

—En verdad les digo que todos los que hayan dejado casas, o hermanos, o padre, o madre, o esposa, o hijos, o terrenos por causa mía y de las buenas nuevas ³⁰recibirán ahora cien veces más casas, hermanos y hermanas, madres e hijos y terrenos —aunque junto con esto, tendrán muchas dificultades. También recibirán, en el mundo que viene, la vida que dura para siempre. ³¹Muchos primeros serán los últimos, y muchos últimos serán los primeros.

Jesús habla por tercera vez de su muerte
(Mateo 20:17-19; Lucas 18:31-34)

³²Seguían su camino para Jerusalén, y Jesús iba delante. Los que le seguían se asombraron y sentían miedo. Entonces Jesús llevó aparte a sus doce seguidores y les dijo lo que iba a pasar. ³³Les dijo: "Escuchen; vamos hacia Jerusalén, en donde el Hijo del Hombre será entregado a los dirigentes de los judíos y a los maestros de la ley. Estos le condenarán a muerte y le entregarán a gente que no es judía. ³⁴Se burlarán de él, le pegarán, le escupirán y le matarán. Pero después de tres días, se levantará de entre los muertos."

Jacobo y Juan piden a Jesús algo difícil
(Mateo 20:20-28)

³⁵Jacobo y Juan, los hijos de Zebedeo, vinieron a Jesús y le dijeron:

—Maestro, queremos que nos hagas lo que te pidamos.

³⁶El les respondió:

—¿Qué quieren?

³⁷Ellos le dijeron:

—Permite que uno de nosotros se siente a tu derecha y el otro a tu izquierda, cuando recibas tu gran honor.

³⁸Jesús les contestó:

—Ustedes no saben lo que piden. ¿Acaso pueden soportar el sufrimiento que pronto he de llevar? ¿Pueden ustedes ser bautizados con el bautismo con que yo soy bautizado?

³⁹Ellos le dijeron:

—Sí, podemos.

Jesús contestó:

—En verdad, ustedes sufrirán en la manera como yo sufriré. Serán bautizados con el bautismo con que yo soy bautizado. ⁴⁰Pero decirles que se sienten a mi izquierda o a mi derecha no me toca a mí. Esto será dado a aquellos para quienes se ha preparado.

⁴¹Los otros diez seguidores oyeron esto y se enojaron con Jacobo y Juan. ⁴²Jesús los llamó y les dijo:

—Ustedes saben que los que se hacen gobernantes de las naciones usan su poder sobre la gente. Los jefes más importantes son los que usan más su poder sobre la gente. ⁴³Pero entre ustedes, no será así. El que quiera ser grande entre ustedes tendrá que ser el siervo de todos. ⁴⁴El que quiera ser primero entre ustedes tendrá que cuidar a todos. ⁴⁵Porque el Hijo del Hombre no vino para ser servido, sino para servir a los demás y para dar su vida, comprando así a muchos con su sangre y librándolos del pecado.

Curación del ciego (Mateo 20:29-34; Lucas 18:35-43)

⁴⁶Entonces vinieron Jesús y sus seguidores a la ciudad de Jericó. Cuando salieron de allí, Jesús estaba acompañado de sus seguidores y de mucha gente. Y en el camino estaba sentado un ciego que pedía a la gente que le diera comida y dinero cuando pasaba por allí. Su nombre era Bartimeo, el hijo de Timeo. ⁴⁷Oyó que Jesús de Nazaret pasaba por allí y comenzó a gritar:

—¡Jesús, Hijo de David, ten compasión de mí!

⁴⁸Algunas personas retaban al ciego para que no gritara en esa manera, pero él gritó aun más. Le dijo:

—¡Hijo de David ten compasión de mí!

⁴⁹Jesús se detuvo y les pidió que le llamaran. Fueron y le llamaron, diciéndole:

—¡Ten fe; levántate, que Jesús te llama!

⁵⁰El ciego se levantó de un solo brinco, echó su saco a un lado y se acercó a Jesús. ⁵¹Jesús le dijo:

—¿Qué quieres que te haga?

El ciego le dijo:

—Señor, ¡yo quiero ver!

⁵²Jesús le contestó:

—¡Vete! Tu fe te ha sanado.

En seguida pudo ver y siguió a Jesús por el camino.

La gran entrada de Jesús a Jerusalén (Mateo 21:1-11; Lucas 19:29-44; Juan 12:12-19)

11 Cuando se acercaban a Jerusalén, pasando por las ciudades de Betfagé y Betania, frente al monte de los Olivos, Jesús envió a dos de sus seguidores, ²diciéndoles:

"Vayan a la ciudad que está delante y tan pronto como entren en ella, encontrarán un burro atado en el cual nadie ha montado. Desátenlo y tráiganlo acá. ³Si alguien les pregunta por qué hacen esto, contéstenle que el Señor lo necesita y que pronto se lo devolverá."

⁴Los dos seguidores se fueron y encontraron al burro atado a la puerta, en el cruce de dos calles. Lo desataron. ⁵Algunos de los que estaban parados allí les dijeron: "¿Por qué desatan al burro?" ⁶Los dos seguidores de Jesús contestaron lo que él les había indicado, y les dejaron llevar al burro. ⁷Lo trajeron a Jesús y pusieron sus sacos sobre el animal. Jesús se sentó sobre el burro. ⁸Mucha gente ponía sobre el camino su ropa y ramas cortadas de los árboles. ⁹Los que iban delante y los que iban atrás gritaban: "¡Bendito es el que viene en nombre del Señor! ¹⁰¡Bendito es el reino de nuestro padre David! ¡Bendito en los altos cielos!"

¹¹Jesús llegó a Jerusalén y entró en el gran templo. Miró alrededor y luego se fue, con sus doce seguidores, a la ciudad de Betania, porque ya era tarde.

La higuera sin fruto

¹²Al día siguiente, cuando salieron de la ciudad de Betania, Jesús tuvo hambre. ¹³En el camino, vio una higuera que tenía hojas. Se acercó para ver si tenía fruto. No encontró nada, solamente hojas, porque no era tiempo de higos. ¹⁴Jesús le dijo al árbol: "Que nadie vuelva a comer jamás fruto de ti", y sus seguidores le oyeron decir esto.

Jesús detiene compras y ventas en el templo (Mateo 21:12-17; Lucas 19:45-48; Juan 2:13-17)

¹⁵Entonces vinieron a Jerusalén, y Jesús fue al gran templo. Allí comenzó a sacar a los compradores y vendedores. Volteó las mesas de los cambiadores de monedas. Volteó los asientos de los que vendían palomas. ¹⁶No permitió a nadie llevar utensilio alguno por el templo. ¹⁷Les enseñó diciendo: "¿No está escrito, 'Mi casa será llamada casa

de oración para todas las naciones'?
Pero ustedes la han hecho una cueva
de ladrones."

¹⁸Los maestros de la ley y los dirigentes religiosos oyeron esto y trataban de
encontrar alguna manera de matarle;
pero tenían miedo de él, porque toda
la gente se admiraba de sus enseñanzas.
¹⁹Al llegar la noche, Jesús y sus seguidores salieron de la ciudad.

La higuera se había secado (Mateo 21:18-22)

²⁰Por la mañana, pasaron cerca de la
higuera y vieron que estaba seca desde
las raíces. ²¹Pedro se acordó de lo que
había pasado el día anterior y le dijo a
Jesús:
—¡Mira, Maestro! ¡La higuera a la
cual hablaste se ha secado!
²²Jesús les dijo:
—Tengan fe en Dios. ²³En verdad les
digo que una persona puede decir a
este monte, "Muévete de aquí y échate
al mar", y si no duda, sino que cree que
lo que dice se hará, así será. ²⁴Por esto,
les digo que lo que ustedes pidan, teniendo fe que lo van a recibir, se les
dará. ²⁵Cuando estén orando, si tienen
algo contra alguien, perdónenselo,
para que su Padre que está en el cielo
también les perdone a ustedes sus pecados. ²⁶*Si ustedes no perdonan los
pecados de ellos, su Padre que está en
el cielo tampoco perdonará los pecados de ustedes.

Preguntan a Jesús quién le dio el derecho y el poder para hacer estas cosas (Mateo 21:23-32; Lucas 20:1-8)

²⁷De nuevo, volvieron a Jerusalén.
Jesús caminaba por el templo, cuando
los dirigentes, junto con los maestros
de la ley y otros jefes, vinieron a él. ²⁸Le
preguntaron:
—¿Qué derecho y qué poder tienes
tú para hacer estas cosas? ¿Quién te dio
el derecho y el poder para hacerlas?
²⁹Jesús les respondió:
—Yo también les preguntaré algo. Si
me responden, entonces yo les diré

con qué derecho y poder hago estas
cosas. ³⁰El bautismo de Juan, ¿era del
cielo o de los hombres? Contéstenme.
³¹Ellos hablaron entre sí y dijeron:
—Si decimos del cielo, nos dirá:
"¿Por qué no creyeron en él?" ³²Pero,
¿cómo podemos decir que era "de los
hombres"?
Tenían miedo a la gente, pues todos
creían que Juan era uno de los que hablaba en nombre de Dios como los antiguos predicadores. ³³Así que dijeron:
—No sabemos.
Entonces Jesús les dijo:
—Tampoco yo les diré con qué derecho y poder hago estas cosas.

La historia del campo de uvas (Mateo 21:33-46; Lucas 20:9-18)

12 Jesús comenzó a enseñarles,
usando historias. Les dijo: "Había
un hombre que sembró uvas en su
campo. Le puso una cerca y construyó
un lugar para hacer vino. Hizo también
una torre alta para mirar todo el campo.
Luego lo rentó a unos viñadores y se
fue a otro país.

²"Llegó el tiempo de cosechar y envió a uno de sus siervos para recoger las
uvas. ³Los viñadores lo agarraron y lo
golpearon, haciéndole volver sin nada.
⁴El dueño envió otro siervo, y los viñadores lo apedrearon, le golpearon en la
cabeza y le hicieron otros males a éste
también. ⁵De nuevo el dueño envió a
otro siervo, y los viñadores lo mataron.
Envió a muchos otros siervos, y ellos
golpearon a unos y mataron a otros.

⁶"Todavía le quedaba por enviar a su
hijo muy amado. Al fin, lo envió a ellos,
pensando: 'Por ser mi hijo, lo respetarán.' ⁷Los viñadores se dijeron: 'Este
es el que recibirá todo cuando el
dueño muera. ¡Matémosle y nos quedaremos con todo!' ⁸Lo tomaron y lo
mataron, echando su cuerpo fuera del
campo. ⁹¿Qué creen ustedes que hará
el dueño del campo? Vendrá y matará a
los viñadores. Luego dará el campo a
otros viñadores.

¹⁰"¿No han leído ustedes lo que di-

cen las sagradas escrituras? 'La piedra que los edificadores pusieron a un lado ha venido a ser la piedra más importante de la esquina del edificio. ¹¹El Señor ha hecho esto y es maravilloso a nuestros ojos.' " (Salmo 118:22, 23).

¹²Los dirigentes quisieron tomarlo, pero temían a la gente. Sabían que él había dicho la historia ilustrativa contra ellos. Y lo dejaron y se fueron.

Tratan de ponerle una trampa a Jesús
(Mateo 22:15-22; Lucas 20:19-26)

¹³Varios de los celosos religiosos y algunos hombres de Herodes fueron enviados a ponerle una trampa a Jesús mientras hablaba. ¹⁴Vinieron a él y le dijeron:

—Maestro, sabemos que tú dices la verdad, que no tienes miedo de lo que los hombres piensen o digan de ti y que enseñas el camino de Dios con verdad. Dinos, ¿es correcto pagar los impuestos a César o no? ¹⁵¿Debemos pagar, o no?

Jesús sabía cómo ellos fingían ser lo que no eran y les dijo:

—¿Por qué quieren ponerme una trampa? Tráiganme una moneda.

¹⁶Le llevaron una, y él les preguntó:

—¿De quién es esta imagen y este hombre que está en ella?

Le contestaron:

—De César.

¹⁷Entonces Jesús les dijo:

—Paguen a César lo que es de César, y a Dios lo que es de Dios.

Y ellos se admiraban de él.

Preguntaron a Jesús cómo se levantarán los muertos (Mateo 22:23-33; Lucas 20:27-40)

¹⁸Algunos del grupo religioso que no creía que nadie se levantaría de los muertos vinieron a Jesús y le preguntaron:

¹⁹—Maestro, Moisés nos dio una ley que dice que si el hermano de un hombre muere y deja a su esposa sin hijos, entonces el hermano debe casarse con la mujer para tener hijos y así continuar la familia del hermano muerto (Deuteronomio 25:5).²⁰Bien, había siete

hermanos. El primero era casado, pero murió sin tener hijos. ²¹El segundo se casó con ella y murió sin tener hijos. Lo mismo pasó con el tercero. ²²Los siete la tuvieron por esposa, muriendo sin tener hijos. Al fin murió también la mujer. ²³Cuando se levanten de la muerte, ¿esposa de cuál será ella? Fue esposa de los siete.

²⁴Jesús les dijo:

—¿Saben por qué se equivocan? Es porque no conocen las sagradas escrituras y el poder de Dios. ²⁵Los que se levantan de la muerte ni se casan, ni son dados en casamiento, pues son como los ángeles del cielo. ²⁶Y en cuanto a que los muertos se levantan, ¿no han leído ustedes, en el libro de Moisés, cómo Dios le habló en la zarza que ardía? El le dijo: "Yo soy el Dios de Abraham, y el Dios de Isaac, y el Dios de Jacob" (Exodo 3:2-6).²⁷El no es Dios de muertos, sino Dios de vivos; así que ustedes están muy equivocados.

El gran mandamiento (Mateo 22:34-40)

²⁸Entonces uno de los maestros de la ley les oyó discutiendo y pensó que Jesús había hablado bien. Le preguntó a Jesús:

—¿Cuál es el primer mandamiento?

²⁹Jesús le contestó:

—El primero de los mandamientos es este: "Oye, pueblo judío, el Señor nuestro Dios, ¡es uno solo! ³⁰Amarás al Señor, tu Dios, con todo tu corazón, con toda tu alma, con toda tu mente y con toda tu fuerza" (Deuteronomio 6:4, 5). Este es el primero de los mandamientos.

³¹—El segundo de los mandamientos es este: "Amarás a tu vecino como a ti mismo" (Levítico 19:18). Ningún otro mandamiento es más importante que éstos.

³²Entonces otro de los maestros de la ley dijo:

—Maestro, tú has dicho la verdad. Hay un solo Dios, y no hay otro fuera de él. ³³Hay que amarlo con todo el corazón, con todo el entendimiento, con toda el alma y con todas las fuerzas, y amar al vecino como a sí mismo. Esto es más importante que traer animales para quemarlos en el altar, como ofrenda, o presentar a Dios otras ofrendas en el altar, como adoración. [34]Jesús vio que había hablado con sabiduría y le dijo:

—No estás lejos del reino de Dios.

Después de esto, nadie pensó en preguntarle nada.

Jesús pregunta a los celosos religiosos acerca del Cristo (Mateo 22:41-46; Lucas 20:41-44)

[35]Jesús estaba en el templo enseñando y les preguntó: "¿Por qué es que los maestros de la ley dicen que el Cristo es el hijo de David? [36]El mismo David, guiado por el Espíritu Santo, dijo: 'El Señor dijo a mi Señor, siéntate a mi derecha, hasta que haga de todos los que te odian un asiento para descansar tus pies' *(Salmo 110:1).* [37]David mismo le llama Señor; entonces, ¿cómo puede ser su hijo?"

Mucha gente recibía las palabras de Jesús con gozo.

Falsos maestros (Mateo 23:1-36; Lucas 20:45-47)

[38]Jesús les enseñó diciendo: "Cuídense de los maestros de la ley. A ellos les gusta andar con ropas largas; les gusta que los hombres les muestren respeto cuando se paran en la plaza del pueblo; [39]les gusta ocupar los asientos importantes en los templos y los principales lugares en los grandes banquetes. [40]Pero quitan las casas a las pobres viudas. Esconden todo lo malo que hacen, diciendo largas oraciones. Recibirán el mayor castigo.

La viuda dio todo lo que tenía (Lucas 21: 1-4)

[41]Jesús se sentó cerca de la caja de las ofrendas en el templo para mirar a la gente que ponía su dinero. [42]Una viuda pobre pasó por allí y dio dos monedas pequeñas. [43]Jesús llamó a sus seguidores y les dijo: "En verdad les digo que esta pobre mujer, cuyo esposo ha muerto, dio más que todos los otros. [44]Ellos dieron de lo que sobraba. Ella es pobre y dio todo lo que tenía, aun lo que tenía para vivir."

Jesús se refiere al templo (Mateo 24:1-51; Lucas 21:5-36)

13 Cuando Jesús salió del templo, uno de sus seguidores le dijo:

—¡Maestro, mira estas enormes piedras y estos grandes edificios!

[2]Jesús le contestó:

—¿Ves estos grandes edificios? Todas estas piedras serán echadas abajo. No quedará una sobre otra.

Jesús enseña en el monte de los Olivos

[3]Jesús se sentó en el monte de los Olivos, en un lugar desde donde podía ver el templo. Pedro, Jacobo, Juan y Andrés vinieron a él. Le preguntaron, sin oírles nadie:

—[4]Dinos, ¿cuándo será esto? ¿qué cosas debemos esperar ver como señales para cuando estas cosas estén por pasar?

[5]Jesús comenzó a decirles:

—Cuídense de que nadie les lleve por mal camino. [6]Muchos vendrán usando mi nombre, diciendo: "Yo soy el Cristo." Y muchos se irán por mal camino. [7]Cuando ustedes oigan de guerras y más guerras, no se sorprendan. Estas cosas tienen que pasar, pero todavía no será el fin. [8]Las naciones tendrán guerras contra otras naciones, y los países pelearán contra otros países. La tierra temblará y se abrirá en diferentes lugares. No habrá alimentos para la gente. Vendrán muchas dificultades. Estas cosas serán el principio de mucha aflicción y dolor.

Dificultades para los creyentes

[9]—Cuídense ustedes mismos, porque les llevarán a las cortes, y en los templos los golpearán. Los llevarán ante los jefes del pueblo y ante los reyes por mi causa y para que ellos les escuchen a ustedes hablar de mí. [10]Las buenas nue-

vas serán predicadas primeramente a todas las naciones.

11—Cuando estén ustedes en las manos de ellos, no tengan miedo de lo que van a decir o cómo lo van a decir. Lo que les sea dado para decir en ese momento, díganlo, porque no serán ustedes los que estarán hablando, sino el Espíritu Santo. 12El hermano entregará a su hermano a la muerte; el padre entregará a su hijo; los hijos se volverán contra los padres y los entregarán a la muerte. 13Les odiarán a ustedes por causa mía, pero el que sea firme hasta el fin, será salvo.

Días de problemas, dolor y aflicción

14—Ustedes verán un dios muy pecaminoso hecho por los hombres, de pie en el templo, en donde no debe estar. Entonces, los que estén en el país de Judea deben correr a las montañas, tal como lo dijo el antiguo predicador Daniel *(Daniel 9:27; 12:11)*. El que lee esto debe comprenderlo. 15El que está en la azotea de la casa no pierda el tiempo bajando a sacar alguna cosa. 16El que esté en el campo no debe volverse a tomar su saco. 17¡Para la mujer que esté encinta, le será muy difícil, lo mismo para las que tengan en esos días niños de pecho! 18Oren, pues, que no pase esto en invierno, 19porque en esos días habrá muchas dificultades. Habrá dolor y aflicción, como nunca ha habido desde el principio de los tiempos, ni volverá a haber. 20Si el Señor no acortara esos días, ninguna vida podría salvarse; pero por causa del pueblo de Dios, al cual Dios escogió, él acortará esos días.

Los falsos maestros religiosos

21—Si alguien les dice, "¡Miren! Aquí está el Cristo!" o "Allá está él", no lo crean. 22Algunos vendrán diciendo que ellos son cristos, y aparecerán falsos predicadores. Estos harán cosas raras para que la gente las note, y lo que harán será tan sorprendente, que posiblemente engañará al pueblo de Dios. 23¡Escuchen! Yo ya les he dicho todo antes.

Jesús volverá de nuevo en su gloria

—24Después que hayan pasado estos días de muchas dificultades, dolores y sufrimientos, el sol se oscurecerá y la luna no dará su luz. 25Las estrellas caerán del cielo, y los poderes en los cielos temblarán. 26Entonces verán al Hijo del Hombre, viniendo en las nubes con gran poder y brillante gloria. 27Enviará a sus ángeles a reunir al pueblo de Dios de los cuatro vientos. Vendrán desde el fin de la tierra hasta el otro extremo del cielo.

La historia ilustrativa de la higuera

28—Ahora, aprendan algo de la higuera. Cuando las ramas comienzan a crecer y aparecen las hojas, ustedes saben que el verano está cerca. 29De igual manera, cuando vean que todas estas cosas pasan, sepan que el Hijo del Hombre está muy cerca, a las puertas. 30En verdad les digo, la gente de este tiempo no morirá antes de que estas cosas hayan pasado.

Nadie sabe cuándo volverá Jesús

31—El cielo y la tierra desaparecerán, pero mis palabras permanecerán para siempre. 32Pero nadie sabe ni el día ni la hora, ni siquiera los ángeles del cielo. Tampoco lo sabe el Hijo; solamente el Padre lo sabe.

33—¡Tengan cuidado! Vigilen y oren, porque ustedes no saben cuándo pasará esto. 34La venida del Hijo del Hombre será como el hombre que se fue de su casa a un país lejano. A cada uno de sus siervos le dio un trabajo que hacer. Al que estaba parado en la puerta, le mandó vigilar. 35De la misma manera, vigilen ustedes también, pues no saben cuándo vendrá el dueño de la casa. Puede que sea de noche, en la madrugada, a la salida del sol, o en la mañana. 36Tal vez venga cuando ustedes menos lo esperen y los encuentre durmiendo. 37Lo que les digo a ustedes, lo digo a todos: ¡Vigilen!

Buscan la manera de matar a Jesús (Mateo 26:1-5; Lucas 22:1-6)

14 Faltaban dos días para la cena especial de la fiesta religiosa que conmemoraba la salida de los judíos de Egipto y la comida con panes sin levadura. Los dirigentes religiosos y los maestros de la ley buscaban la manera de atrapar a Jesús para condenarlo a la muerte. ²Pero dijeron: "Esto no debe pasar en el día de la cena especial, para que la gente no se alborote."

María de Betania derrama un perfume especial en Jesús (Mateo 26:6-13; Juan 12:1-11)

³Cuando Jesús estaba en la ciudad de Betania, comiendo en casa de Simón (un hombre que había tenido una enfermedad en la piel), vino una mujer con un frasco de perfume especial, por el cual había pagado mucho dinero. Rompió el frasco y derramó el perfume especial sobre la cabeza de Jesús. ⁴Algunos de ellos se disgustaron y dijeron:

—¿Por qué se ha desperdiciado este perfume especial? ⁵Este perfume podía haberse vendido por mucho dinero para dar a los pobres.

Y hablaron en contra de ella. ⁶Jesús dijo:

—Déjenla. ¿Por qué la molestan? Ella me ha hecho una buena obra. ⁷Ustedes tendrán siempre a los pobres y cuando quieran, podrán hacerles el bien; pero a mí, no me tendrán siempre. ⁸Ella hizo lo que pudo, al poner este perfume en mi cuerpo y prepararme para la sepultura. ⁹En verdad les digo, que donde quiera que las buenas nuevas sean predicadas en todo el mundo, recordarán a esta mujer por lo que ella acaba de hacer.

Judas entrega a Jesús a la muerte (Mateo 26:14-16)

¹⁰Judas Iscariote era uno de los doce seguidores. Fue a ver al principal dirigente de los judíos para arreglar la manera de entregar a Jesús. ¹¹Cuando los dirigentes oyeron esto, se alegraron y le prometieron a Judas dinero. Entonces Judas buscaba cómo entregar a Jesús.

Preparativos para la cena especial (Mateo 26:17-19; Lucas 22:7-13)

¹²El primer día de la cena con panes sin levadura era cuando se mataba un cordero para la fiesta especial religiosa que recordaba la salida de los judíos de Egipto. Sus seguidores dijeron a Jesús:

—¿Qué lugar quieres que preparemos para comer la cena especial?

¹³Jesús envió adelante a dos de sus seguidores y les dijo:

—Vayan a la ciudad, donde encontrarán a un hombre que lleva un cántaro con agua. Síganlo, ¹⁴porque entrará en una casa. Ustedes le dirán al dueño de esa casa: "El Maestro pregunta, '¿Dónde está el cuarto reservado para los amigos donde comeré la cena especial junto con mis seguidores?' " ¹⁵El les llevará a un cuarto grande en el segundo piso, donde encontrarán todo lo necesario. Prepárenlo para nosotros.

¹⁶Los seguidores fueron de allí a la ciudad, encontraron todo tal como Jesús les había dicho, e hicieron los preparativos para la cena especial.

La última cena especial (Mateo 26:20-25; Lucas 22:14-18; Juan 13:21-35)

¹⁷De noche, vino Jesús con sus seguidores. ¹⁸Se sentaron a la mesa y comieron. El les dijo:

—En verdad les digo que uno de ustedes me entregará a la muerte, uno que está comiendo conmigo.

¹⁹Todos se pusieron tristes y le preguntaron, uno tras otro:

—¿Seré yo?

²⁰El les dijo:

—Es uno de los doce seguidores, el que come conmigo en el mismo plato. ²¹El Hijo del Hombre se va, tal como lo dicen las escrituras; pero ¡pobre del que entregue al Hijo del Hombre a la muerte! ¡Mejor le hubiera sido no nacer!

La primera cena del Señor (Mateo 26:26-30; Lucas 22:19, 20)

²²Mientras comían, Jesús tomó pan,

dio gracias y lo partió en pedazos. Se lo dio a sus seguidores y les dijo: "Tomen, coman, esto es mi cuerpo." ²³Entonces tomó la copa y dio gracias. Se la dio a ellos, y todos bebieron de ella. ²⁴Les dijo: "Esta es mi sangre del nuevo acuerdo con Dios. Es dada por muchos. ²⁵En verdad les digo que no volveré a beber del fruto de la viña, hasta aquel día en que lo beberé de nuevo en el reino de Dios." ²⁶Después de cantar un himno, salieron al monte de los Olivos.

Jesús dice que Pedro mentirá diciendo que no lo conoce (Mateo 26:31-35; Lucas 22:31-34; Juan 13:36-38)

²⁷Jesús les dijo:

—Todos ustedes se avergonzarán de mí y me abandonarán esta noche, porque está escrito: "Mataré al pastor y las ovejas del rebaño se irán por todas partes" *(Zacarías 13:7)*. ²⁸Después de que sea levantado de la muerte, iré delante de ustedes al país de Galilea.

²⁹Pedro le dijo:

—Aunque todos los hombres se avergüencen de ti y te abandonen, yo no lo haré nunca.

³⁰Jesús le dijo:

—En verdad te digo, que esta misma noche, antes de que el gallo cante dos veces, tú dirás tres veces que no me conoces.

³¹Pedro habló entonces con palabras más fuertes:

—Aunque tenga que morir contigo, nunca diré que no te conozco.

Todos sus seguidores dijeron lo mismo.

Jesús ora en Getsemaní (Mateo 26:36-46 Lucas 22:39-46)

³²Vinieron a un lugar llamado Getsemaní. Jesús dijo a sus seguidores: "Siéntense aquí, mientras oro." ³³Jesús llevó consigo a Pedro, a Jacobo y a Juan y comenzó a entristecerse mucho y a afligirse. ³⁴Les dijo: "Mi alma está triste; mi alma sufre mucho porque estoy próximo a la muerte. Quédense aquí y vigilen."

³⁵Se fue un poco más adelante y se postró en el suelo. Oró que, si fuera posible, no tuviera que pasar este sufrimiento. ³⁶Jesús dijo: "Padre, tú puedes hacer todas las cosas. Líbrame de este trago amargo. Sin embargo, no lo que yo quiera, sino lo que tú quieras."

³⁷Entonces Jesús vino a sus seguidores y los encontró durmiendo. Le dijo a Pedro: "Simón, ¿estás durmiendo?, ¿no pudiste vigilar ni una hora? ³⁸Vigilen y oren para que no sean tentados. El espíritu del hombre quiere hacer esto, pero el cuerpo es débil."

³⁹De nuevo Jesús se apartó y oró diciendo las mismas palabras. ⁴⁰Volvió y los encontró de nuevo durmiendo, porque sus ojos estaban pesados y no sabían qué decirle. ⁴¹Volvió la tercera vez, y les dijo: "¿Todavía están durmiendo y descansando? ¡Basta! Escuchen, el momento ha llegado en que el Hijo del Hombre será entregado a los pecadores. ⁴²Levántense y vayamos. ¡Miren! El hombre que me entregará a los dirigentes está cerca."

Jesús es entregado a los pecadores (Mateo 26:47-56; Lucas 22:47-51; Juan 18:1-11)

⁴³El mismo momento en que Jesús estaba hablando, vino Judas, uno de los doce seguidores. Vino con muchos hombres armados de espadas y palos. Venían de parte de los dirigentes religiosos de los judíos, de los maestros de la ley y de los jefes del pueblo. ⁴⁴El hombre que entregaba a Jesús les había dado a los hombres armados una señal que debían esperar. Les había dicho: "El hombre a quien yo bese es él. Tómenlo preso y llévenlo."

⁴⁵En seguida Judas fue directamente a Jesús. Le dijo: "¡Maestro!" Y lo besó. ⁴⁶Entonces lo tomaron preso y lo llevaron. ⁴⁷Uno de los seguidores de Jesús que estaba mirando sacó su espada e hirió al siervo del jefe, cortándole la oreja. ⁴⁸Jesús les dijo: "¿Han venido a tomarme preso con espadas y palos como si fuera ladrón? ⁴⁹Yo he estado con ustedes todos los días en el templo, y nunca me tomaron preso. Pero esto

ha pasado tal como las escrituras dijeron que pasaría." ⁵⁰Entonces todos sus seguidores le dejaron y se fueron.

⁵¹Un joven les seguía, cubierto sólo con una sábana, y lo tomaron preso; ⁵²pero, dejando la sábana, huyó desnudo.

Jesús es llevado ante el principal dirigente (Mateo 26:57, 58; Lucas 22:52-54; Juan 18:19-24)

⁵³Llevaron a Jesús al principal dirigente, al lugar donde se encontraban reunidos todos los dirigentes religiosos, junto con otros jefes y con los maestros de la ley. ⁵⁴Y Pedro siguió de lejos, hasta dentro del patio de la casa del principal dirigente. Se sentó con los ayudantes para calentarse cerca del fuego.

Jesús ante la corte (Mateo 26:59-68)

⁵⁵Los dirigentes y toda la corte buscaban algo contra Jesús, pues querían encontrar algún pretexto para matarlo. Pero no encontraron nada. ⁵⁶Muchos vinieron y dijeron mentiras en contra de él, pero se contradecían unos a otros.

⁵⁷Algunos se pararon y mintieron contra él, diciendo: ⁵⁸"Nosotros le oímos decir: 'Yo destruiré el templo que fue hecho con manos, y en tres días haré otro no hecho con manos.'" ⁵⁹Aun éstos que hablaron contra él se contradecían. ⁶⁰El principal dirigente se paró delante de la gente y preguntó a Jesús:

—¿No tienes nada que decir? ¿Qué respondes a las cosas que estos hombres dicen contra ti?

⁶¹Jesús no respondió nada. De nuevo el principal dirigente le preguntó:

—¿Eres tú el Cristo, el Hijo del santo Dios?

⁶²Jesús dijo:

—¡Sí, yo soy! Y ustedes verán al Hijo del Hombre sentado a la derecha del Dios altísimo. Lo verán viniendo otra vez en las nubes del cielo.

⁶³Entonces el principal dirigente rasgó sus vestidos y dijo:

—¿Necesitamos a otros para hablar en su contra? ⁶⁴¡Ustedes lo han oído hablar como si fuera Dios! ¿Qué piensan de esto?

Todos respondieron:

—Es culpable de muerte.

⁶⁵Algunos comenzaron a escupirle. Le taparon la cara. Le pegaban y le decían:

—Dinos qué va a pasar.

Los soldados lo golpearon con sus manos.

Pedro dice que no conoce a Jesús (Mateo 26:69-75; Lucas 22:55-62; Juan 18:15-18, 25-27)

⁶⁶Pedro estaba afuera en el patio cuando vino una de las criadas del principal dirigente. ⁶⁷Vio a Pedro que se calentaba, lo miró y dijo:

—Tú estabas con Jesús de Nazaret.

⁶⁸Pedro mintió y dijo:

—Yo no conozco a Jesús y no sé de qué me hablas.

Cuando salió, cantó el gallo.

⁶⁹La muchacha lo vio de nuevo y dijo:

—Este hombre es uno de ellos.

⁷⁰El mintió de nuevo, diciendo que no conocía a Jesús. Más tarde, los que estaban alrededor, dijeron de nuevo a Pedro:

—En verdad, tú eres uno de ellos, porque tú eres del país de Galilea y hablas como ellos.

⁷¹Comenzó a maldecir y a jurar diciendo:

—¡Yo no conozco al hombre de quien están hablando!

⁷²En seguida cantó el gallo por segunda vez. Pedro se acordó de lo que Jesús le había dicho: "Antes de que el gallo cante dos veces, tú dirás tres veces que no me conoces." Cuando Pedro se acordó de esto, lloró.

Jesús ante Pilato (Mateo 27:1, 2, 11-14; Lucas 23:1-5; Juan 18:28-37)

15 Temprano por la mañana, los principales dirigentes de los judíos y otros jefes junto con los maestros de la ley y toda la corte se reunieron para hablar acerca de Jesús. Después, lo ataron y lo entregaron a Pilato. [2]Pilato le preguntó:

—¿Eres tú el Rey de los judíos?

El le respondió:

—Lo que tú dices es verdad.

[3]Los dirigentes hablaban muchas cosas contra él, pero Jesús no dijo ni una sola palabra. [4]Pilato le volvió a preguntar:

—¿No tienes nada que decir? ¡Escucha todas las cosas que dicen contra ti!

[5]Jesús se quedó callado. Pilato se admiraba de esto.

Jesús o Barrabás debía quedar libre (Mateo 27:15-26; Lucas 23:17-25; Juan 18:38-40)

[6]Cada año, al celebrarse la cena especial, Pilato dejaba a uno de los presos en libertad, a cualquiera que la gente le pidiera. [7]El nombre de uno de los presos era Barrabás. Este junto con otros había matado a personas durante una revuelta contra los gobernantes del país. [8]Toda la gente fue a Pilato y le pidió que hiciera lo mismo que en otras ocasiones. [9]Pilato les dijo:

—¿Quieren ustedes que deje en libertad al Rey de los judíos?

[10]El sabía que los dirigentes habían entregado a Jesús porque tenían celos. [11]Ellos aconsejaron a la gente que pidiera que Pilato dejara en libertad a Barrabás. [12]Pilato les preguntó otra vez:

—¿Qué quieren que haga con el hombre que ustedes llaman Rey de los judíos?

[13]Ellos respondieron otra vez con gritos:

—¡Clávalo en una cruz!

[14]Entonces Pilato les dijo:

—¿Por qué? ¿Qué cosa mala ha hecho?

Volvieron a gritarle todavía más fuerte:

—¡Clávalo en una cruz!

La corona de espinas (Mateo 27:27-32; Juan 19:1-5)

[15]Pilato quiso complacer a la gente. Les entregó a Barrabás y a Jesús lo mandó azotar. Entonces lo entregó para que fuera clavado en una cruz. [16]Los soldados llevaron a Jesús a un salón grande de la corte y llamaron a todos los soldados. [17]Le pusieron un vestido rojizo y una corona de espinas sobre su cabeza. [18]Le saludaban diciéndole: "¡Hola, Rey de los judíos!" [19]Le golpeaban en la cabeza con un palo y le escupían. Se arrodillaban y le adoraban. [20]Después de burlarse de él, le quitaron el vestido rojizo y le pusieron de nuevo sus vestidos. Después, lo llevaron para clavarlo en una cruz.

[21]Obligaron a un hombre llamado Simón que venía del país de Cirene (Simón era padre de Alejandro y Rufo) que cargara la cruz de Jesús.

Jesús en la cruz (Mateo 27:33-37; Lucas 23:26-38; Juan 19:17-22)

[22]Llevaron a Jesús a un lugar llamado Gólgota, que quiere decir lugar de la calavera. [23]Le dieron vino mezclado con mirra, pero no lo bebió. [24]Cuando clavaron a Jesús en la cruz, dividieron sus vestidos y los repartieron por suertes, para ver qué se llevaría cada uno de los soldados. [25]Eran como las nueve de la mañana cuando lo clavaron en la cruz. [26]Sobre la cabeza de Jesús pusieron un escrito con la acusación que ellos tenían contra él: "EL REY DE LOS JUDIOS."

Los dos ladrones (Mateo 27:38-44; Lucas 23:39-43)

[27]Clavaron a dos ladrones en cruces cerca de Jesús. Uno estaba a su lado derecho, y el otro estaba a su lado izquierdo. [28]Pasó tal como dijeron las sagradas escrituras que pasaría: "Ellos lo consideraron como un malhechor" (Isaías 53:12).

[29]Los que pasaban por allí meneaban la cabeza y se reían de Jesús. Decían: "Tú eres el que podía destruir el templo y volverlo a construir en tres días. [30]Ahora, sálvate a ti mismo y baja de la cruz." [31]Los principales dirigentes y los maestros de la ley también se burlaban de él. Se decían unos a otros: "A otros

los salvó pero no puede salvarse a sí mismo. ³²Que baje 'el Cristo', 'el Rey de los judíos', de la cruz para que lo veamos. Entonces creeremos." Los que estaban en las cruces junto a Jesús le insultaban también.

La muerte de Jesús (Mateo 27:45-50; Lucas 23:44-49; Juan 19:28-37)

³³Desde el mediodía, hasta las tres de la tarde, hubo oscuridad sobre toda la tierra. ³⁴A las tres, Jesús gritó con gran voz: "Dios mío, Dios mío, ¿por qué me has dejado solo?"

³⁵Cuando algunos de los que estaban allí oyeron esto, dijeron:

—¡Oigan! Está llamando a Elías.

³⁶Uno de ellos corrió y tomó una esponja, la mojó con vinagre, la puso en un palo y se la dio a beber. Luego dijo:

—Déjenlo, veamos si Elías viene a bajarlo.

Obras poderosas que pasaron en el momento de su muerte (Mateo 27:51-54)

³⁷Entonces Jesús gritó muy fuerte, entregó su espíritu y murió. ³⁸La cortina del templo se partió en dos, de arriba hacia abajo.

³⁹El capitán de los soldados estaba mirando a Jesús cuando gritó. Lo vio morir y dijo: "Verdaderamente este hombre era el Hijo de Dios."

Las mujeres que estaban al pie de la cruz (Mateo 27:55, 56; Juan 19:25-27)

⁴⁰Algunas mujeres estaban allí, mirando de lejos. Entre ellas estaba María Magdalena, María la madre de Jacobo el menor y de José, y Salomé. ⁴¹Cuando estaba en Galilea, estas mujeres seguían y cuidaban a Jesús. Estaban allí otras muchas mujeres que lo habían seguido a Jerusalén.

La tumba de Jesús (Mateo 27:57-66; Lucas 23:50-56; Juan 19:38-42)

⁴²Era el día de preparación para el día de descanso, y ya era de noche. ⁴³José, de la ciudad de Arimatea, era un hombre importante de la corte y buscaba el reino de Dios. Sin ningún miedo fue a Pilato y le pidió el cuerpo de Jesús. ⁴⁴Pilato se sorprendió de que Jesús había muerto tan pronto. Llamó al capitán de los soldados y le preguntó si ya estaba muerto Jesús.

⁴⁵Después que el capitán le dijo que sí, Pilato le permitió a José llevarse el cuerpo. ⁴⁶José bajó de la cruz el cuerpo de Jesús y lo envolvió en una tela de lino que para esto había comprado. Entonces puso el cuerpo de Jesús en una tumba que había sido labrada en la roca y con una piedra tapó la entrada de la tumba. ⁴⁷María Magdalena y María, la madre de José, vieron dónde enterraron a Jesús.

Jesús se levanta de la muerte (Mateo 28:1 10; Lucas 24:1-12; Juan 20:1-18)

16 El día de descanso había pasado. María Magdalena, María la madre de Jacobo, y Salomé compraron especias para ponerlas sobre el cuerpo de Jesús. ²Muy temprano, por la mañana, el primer día de la semana, vinieron a la tumba, cuando salió el sol. ³Ellas dijeron entre sí: "¿Quién nos quitará la piedra que está en la entrada de la tumba?" ⁴Pero cuando miraron, se dieron cuenta de que la enorme piedra estaba quitada.

⁵Ellas entraron en la tumba y vieron a un joven con vestidos blancos y largos, sentado al lado derecho, y tuvieron miedo. ⁶El les dijo: "No tengan miedo. Ustedes buscan a Jesús de Nazaret, que fue clavado a una cruz, pero ¡él se ha levantado! ¡No está aquí! Miren, aquí está el lugar donde lo pusieron. ⁷Vayan y digan a sus seguidores y a Pedro que él va delante de ustedes al país de Galilea, y que allí lo verán, tal como él les dijo." ⁸Corrieron de la tumba, temblando, y se fueron asustadas. No dijeron nada a nadie porque tenían miedo.

Los seguidores de Jesús no creyeron que se había levantado de la muerte (Lucas 24:13-43; Juan 20:24-29)

⁹*(Era muy temprano, el primer día

de la semana, cuando Jesús se levantó de la muerte. Lo vio primero María Magdalena, la mujer de quien había sacado siete espíritus malos. [10]Ella fue y les contó a los seguidores de Jesús, quienes estaban muy tristes y llorando. [11]Pero ellos no le creyeron cuando les contó que lo había visto vivo.

[12]Después de esto, Jesús fue visto de otra forma por dos de sus seguidores mientras caminaban por el campo. [13]Fueron y contaron a los demás, pero tampoco les creyeron.

[14]Más tarde, Jesús fue visto por sus once seguidores cuando estaban comiendo. Les habló con palabras fuertes porque no habían creído. Sus corazones estaban endurecidos, pues no habían aceptado las palabras de los otros que lo habían visto después de levantarse de la muerte.

Jesús manda a sus seguidores a predicar (Mateo 28:16-20; Lucas 24:44-49; Juan 20:21-23)

[15]El les dijo: "Vayan ustedes a todo el mundo a predicar las buenas nuevas a toda persona. [16]El que crea en mí y se bautice será salvo del castigo del pecado. Pero, el que no crea en mí es culpable y será castigado para siempre. [17]Estas obras poderosas especiales, las harán aquellos que creen en mí. En mi nombre sacarán espíritus malos y hablarán lenguas que nunca aprendieron. [18]Tomarán en sus manos serpientes; y si tomaran veneno, no les hará ningún daño. Pondrán sus manos sobre los enfermos y éstos serán sanados.''

Jesús se va al lado de su Padre (Lucas 24:50-53)

[19]Después que Jesús habló a sus seguidores, fue llevado al cielo y se sentó a la derecha de Dios.

[20]Los seguidores de Jesús se fueron y predicaron en todas partes. El Señor trabajaba con ellos y les mostraba que la palabra de Dios es verdad, por las grandes obras que ellos hacían con el poder que habían recibido.)

LAS BUENAS NUEVAS ESCRITAS POR LUCAS

Lucas escribe a Teófilo

1 Muchas personas han escrito sobre las cosas que han pasado entre nosotros. [2]Los que vieron todo desde el principio y ayudaron a enseñar las buenas nuevas las han dado a nosotros. [3]Querido Teófilo, he visto con mucho cuidado estas cosas desde el principio y he decidido que sería bueno escribírtelas una tras otra, en la manera en que pasaron. [4]Así puedes estar seguro de la verdad de las cosas que te han enseñado.

Un ángel habla del nacimiento de Juan el bautista

[5]Cuando Herodes era el rey del país de Judea, había un dirigente religioso entre los judíos que se llamaba Zacarías. Pertenecía al grupo de Abías. Su esposa era de la familia de Aarón y su nombre era Elisabet. [6]Ellos estaban bien con Dios. Obedecían la ley judía y hacían lo que el Señor les mandaba. [7]No tenían niños, porque Elisabet no podía tener hijos. Los dos eran personas ya ancianas.

[8]Zacarías estaba haciendo su trabajo como dirigente religioso de Dios. [9]Los dirigentes religiosos tenían que hacer cierta clase de trabajos, y Zacarías fue escogido para ir al gran templo de Dios a quemar un perfume especial.

[10]Mucha gente se quedaba de pie

afuera, orando mientras el perfume se quemaba.

[11]Zacarías vio a un ángel del Señor, de pie, al lado derecho del altar donde se quemaba el perfume. [12]Cuando vio al ángel, Zacarías se puso nervioso y tuvo miedo. [13]El ángel le dijo:

—Zacarías, no tengas miedo. Tu oración se ha oído y tu esposa Elisabet va a tener un hijo. Le vas a poner por nombre Juan. [14]Vas a estar contento y tendrás mucho gozo. Muchas personas estarán felices por su nacimiento. [15]Será grande delante del Señor y nunca beberá vino ni ninguna bebida fuerte. Desde su nacimiento, estará lleno del Espíritu Santo. [16]Por él, muchos de los judíos seguirán al Señor, su Dios. [17]El será quien predique en el espíritu y en el poder de Elías, antes de que Cristo venga. El volverá los corazones de los padres hacia sus hijos. A aquellos que no obedecen, les enseñará a estar bien con Dios. El preparará a la gente para recibir al Señor *(Malaquías 4:5, 6).*

Zacarías no le cree al ángel

[18]Zacarías dijo al ángel:

—¿Cómo puedo estar seguro de esto? Yo ya soy viejo y mi esposa también. [19]El ángel le dijo:

—Mi nombre es Gabriel y estoy cerca de Dios. El me envió a hablarte y a traerte estas buenas nuevas. [20]¡Escucha! No podrás hablar sino hasta el día que esto pase, porque no creíste mis palabras. Lo que te dije pasará a su debido tiempo.

[21]La gente estaba esperando afuera. Estaban sorprendidos y se preguntaban por qué Zacarías se había quedado tanto tiempo en el templo. [22]Cuando él salió, no podía hablar. Ellos se dieron cuenta que había visto algo especial de parte de Dios mientras estaba en el templo. Trató de hablarles por medio de señas, pero no podía decir nada. [23]Cuando terminaron los días de su trabajo en el templo, regresó a su hogar.

El Señor cumplió lo prometido

[24]Un poco después, Elisabet supo que iba a ser madre. Se quedó escondida durante cinco meses. Ella dijo: [25]"Esto es lo qué el Señor ha hecho por mí. Me ha estimado y ha quitado mi vergüenza de entre los hombres."

Gabriel habla a María

[26]Seis meses después de que Elisabet supo que iba a ser madre, Gabriel fue enviado por Dios a Nazaret, a un pueblo en el país de Galilea. [27]El fue a ver a una mujer que nunca había tenido esposo. Su nombre era María. Ella estaba comprometida en matrimonio con un hombre llamado José que era de la familia de David. [28]El ángel vino a ella y le dijo:

—Has sido muy honrada y eres una mujer muy favorecida. El Señor está contigo. *Has sido escogida entre todas las mujeres.

[29]Cuando ella vio al ángel, se turbó por sus palabras. Pensó en lo que le había dicho. [30]El ángel le dijo:

—María, no tengas miedo. Has hallado favor con Dios. [31]¡Escucha! Vas a ser madre. Tendrás un hijo y lo debes llamar Jesús. [32]El será grande. Será llamado Hijo del Altísimo. El Señor Dios le dará el trono donde se sentó David. [33]Será rey sobre toda la familia de Jacob para siempre y su reino no tendrá fin.

[34]María le dijo al ángel:

—¿Cómo puede pasar esto? Yo nunca he tenido esposo.

[35]El ángel le dijo:

—El Espíritu Santo vendrá sobre ti y el poder del Altísimo te cubrirá como una nube. El santo niño que darás a luz será llamado Hijo de Dios. [36]Escucha: Tu prima Elisabet, anciana como es, va a tener un niño. Ella no podía tener hijos antes, pero ahora está en su sexto mes. [37]Porque Dios puede hacer todas las cosas.

[38]Entonces María dijo:

—Estoy dispuesta a ser usada por el Señor. Que pase conmigo como has dicho.

Entonces el ángel se retiró de ella.

María visita a Elisabet

[39]De inmediato, María salió para un pueblo en las montañas del país de Ju-

dea. ⁴⁰Fue a la casa de Zacarías a ver a Elisabet. ⁴¹Cuando Elisabet oyó hablar a María, el niño se movió dentro de su cuerpo. Al mismo tiempo, Elisabet fue llena del Espíritu Santo.

⁴²Elisabet habló en voz alta:

—¡Alabada eres tú entre las mujeres! ¡Tu hijo también es alabado! ⁴³¿Por qué me ha pasado esto? ¿Por qué la madre de mi Señor ha venido a mí? ⁴⁴Tan pronto escuché tu voz, el niño se movió de gozo dentro de mi cuerpo. ⁴⁵Eres feliz porque creíste. Te pasará todo lo que el Señor te dijo que pasaría.

El canto de gratitud de María

⁴⁶Luego María dijo:

—Mi corazón canta de gratitud a mi Señor. ⁴⁷Mi espíritu está alegre en Dios, el único que me salva del castigo del pecado. ⁴⁸El Señor me ha estimado a mí. Le pertenezco a él y no soy importante. Pero desde ahora toda la gente me dirá dichosa. ⁴⁹El que es poderoso ha hecho grandes cosas conmigo. Su nombre es santo. ⁵⁰El Señor siempre está lleno de amor para todos los pueblos que le honran. ⁵¹El ha hecho obras poderosas con su brazo. Ha separado uno de otro a aquellos que tienen orgullo en sus corazones. ⁵²Ha quitado a reyes de sus tronos. A los que estaban en un lugar muy humilde, los ha puesto en un lugar importante. ⁵³Ha llenado a los que tienen hambre de cosas buenas. Ha enviado sin nada a la gente rica. ⁵⁴Ha ayudado a los judíos. Ellos son el pueblo que es de él. Esto fue hecho para que recordaran su gran amor. ⁵⁵El les prometió esto a nuestros antiguos padres, a Abraham y a su familia, para siempre.

⁵⁶María se quedó con Elisabet unos tres meses. Luego volvió a su propia casa.

El nacimiento de Juan el bautista

⁵⁷Cuando llegó el tiempo, Elisabet dio a luz un hijo. ⁵⁸Sus vecinos y su familia oyeron cómo el Señor había mostrado su amor para con ella. Se sintieron muy contentos por ella. ⁵⁹Al octavo día, hicieron con el niño según la costumbre de los judíos. Le pusieron por nombre Zacarías, como su padre. ⁶⁰Pero su madre dijo:

—¡No! Su nombre es Juan.

⁶¹Ellos le dijeron:

—Nadie en tu familia tiene ese nombre.

⁶²Luego hablaron con su padre, haciendo señas con las manos, para averiguar cómo le llamaría al niño. ⁶³El pidió algo en qué escribir y escribió: "Su nombre es Juan." Todos se sorprendieron. ⁶⁴De repente, Zacarías pudo hablar otra vez. Y dio gracias a Dios.

⁶⁵Todos los que vivían cerca de ellos tuvieron miedo. La noticia de lo que había pasado se contó en todas las montañas del país de Judea. ⁶⁶Y todos los que escuchaban aquellas palabras las recordaban y decían: "¿Qué va a ser este niño? Porque la mano del Señor ha estado sobre él."

El canto de gratitud de Zacarías a Dios

⁶⁷Zacarías, el padre de Juan, fue lleno del Espíritu Santo. Dijo lo que iba a pasar: ⁶⁸"Damos gracias al Señor, Dios de los judíos. El ha comprado a su pueblo y lo ha hecho libre. ⁶⁹Ha levantado a uno de la familia de David que salva a su pueblo del castigo de sus pecados. ⁷⁰Sus antiguos predicadores nos dijeron esto hace tiempo. ⁷¹Dios nos dijo que seríamos salvos de aquellos que nos odian y de todos los que están contra nosotros. ⁷²Que mostraría su amor a nuestros primeros padres y que recordaría su santa promesa. ⁷³Dios prometió esto a nuestro padre Abraham. ⁷⁴El prometió que nos salvaría de quienes nos odian y que podríamos adorarlo sin tener miedo. ⁷⁵Podemos ser buenos y estar bien con Dios, todos los días de nuestra vida.

⁷⁶"Y tú, hijo mío, serás quien hable por el Altísimo, porque irás delante del Señor para prepararle el camino. ⁷⁷Tú dirás a su pueblo cómo ser salvo del castigo del pecado, al ser perdonados sus pecados. ⁷⁸El corazón de nuestro Dios está lleno de amor, y una luz del cielo brillará sobre nosotros. ⁷⁹Alumbrará a aquellos que viven en la oscuri-

dad y que están bajo la sombra de la muerte. Guiará nuestros pies en el camino de la paz."

80El niño creció y llegó a ser fuerte en espíritu. Vivió en el desierto hasta el día que empezó a predicar a los judíos.

El nacimiento de Jesús (Mateo 1:18-25)

2 En aquellos días, Augusto César envió una orden de que el nombre de toda persona en el imperio romano debía ser escrito en los libros de la nación. 2Esto se hizo por primera vez cuando Cirenio era dirigente de Siria.

3Así que toda la gente iba a sus ciudades de origen para escribir sus nombres en los libros de la nación. 4José subió del pueblo de Nazaret, en el país de Galilea, al pueblo de Belén que se conocía como "la ciudad de David". Fue allí porque él era de la familia de David. 5José fue para que se escribiera su nombre y el de María en los libros de la nación. María era su prometida y pronto iba a tener un niño.

6Mientras se encontraban en el pueblo de Belén, llegó el tiempo de que María diera a luz a su niño. 7Nació su primer hijo. Ella lo envolvió en pañales y lo acostó en un lugar donde comía el ganado, porque no había lugar para ellos en la posada.

Los pastores llegan a saber del nacimiento de Jesús

8Cerca de allí, había pastores en los campos. Estaban cuidando sus rebaños de ovejas en la noche. 9El ángel del Señor vino a ellos. El brillo de la grandeza del Señor los alumbró. Tuvieron mucho miedo.

10El ángel les dijo: "No tengan miedo. ¡Escuchen! Les traigo buenas nuevas de gran gozo que son para todos los pueblos. 11Hoy ha nacido en la ciudad de David el que salva del castigo del pecado. 12Hay algo especial que ustedes verán. Esta es la manera en que lo van a conocer: Encontrarán al niño envuelto en sus pañales, acostado en el lugar donde se da de comer al ganado."

13Inmediatamente se vieron muchos otros ángeles del cielo, junto con el primero, dando gracias a Dios. Ellos decían: 14"Gloria y honor a nuestro Dios en el alto cielo y paz en la tierra entre los hombres que hacen lo que a él le agrada."

Los pastores van a Belén

15Los ángeles dejaron a los pastores y volvieron al cielo. Los pastores se decían unos con otros: "Vayamos al pueblo de Belén para ver lo que ha pasado. El Señor nos lo ha contado."

16Fueron de prisa y encontraron a María y a José. Encontraron al niño, acostado en el lugar donde se alimenta al ganado. 17Cuando vieron al niño, contaron lo que el ángel les había dicho acerca de él. 18Todos los que escucharon a los pastores se sorprendieron de sus palabras. 19Pero María guardó todas estas palabras en su corazón y pensó mucho en ellas. 20Los pastores regresaron, llenos de gozo. Dieron gracias a Dios por todo lo que habían visto y oído, tal como el ángel les había dicho.

Jesús es llevado al gran templo de Dios

21Cuando pasaron ocho días, hicieron en el niño según la costumbre de los judíos. Le llamaron Jesús. Este nombre le fue dado por el ángel cuando le anunció a María que iba a nacer. 22Cuando pasaron los días para que ella fuera purificada, como estaba escrito en la ley de Moisés, llevaron a Jesús a Jerusalén para ofrecerlo al Señor. 23Está escrito en la ley del Señor: "El primer hijo varón nacido de una mujer será llamado santo al Señor." 24Ellos debían dar una ofrenda de dos palomas o dos tortolitas y presentarla en el altar en adoración al Señor. Esto estaba escrito en la ley del Señor.

Canto de gratitud de Simeón

25Había en Jerusalén un hombre llamado Simeón. Era un hombre bueno y muy religioso. El estaba esperando el tiempo cuando la nación judía sería salva. El Espíritu Santo estaba en él. ²⁶El Espíritu Santo le había hecho saber a Simeón que no moriría sin haber visto al Escogido de Dios. ²⁷El, guiado por el Espíritu Santo, fue al gran templo de Dios. José y María llevaron al niño Jesús al mismo templo. Fueron para hacer lo que la ley judía decía que debían hacer. ²⁸Entonces Simeón tomó a Jesús en brazos y dio gracias a Dios, diciendo: ²⁹"Señor, ahora puedo morir en paz, como tú lo has dicho. ³⁰Mis ojos han visto a quien salvará a los hombres del castigo de sus pecados. ³¹Lo has preparado a la vista de todas las naciones. ³²El será una luz que brille sobre toda la gente que no es judía. El será el brillo grandioso de tu pueblo, los judíos." ³³José y la madre de Jesús se sorprendieron de las palabras que se decían sobre Jesús. ³⁴Simeón oró para que les fuera bien y dijo a María, la madre de Jesús: "¡Escuchad! Este niño hará caer y hará levantarse a mucha gente en la nación judía. Hablarán en contra de él. ³⁵Esto será como una espada que entrará en tu alma. Por esto los pensamientos de muchos corazones podrán comprenderse."

Ana da gracias por Jesús

³⁶Ana era una mujer que hablaba la palabra de Dios. Era hija de Fanuel, de la familia de Aser. Ana era muy anciana. Había vivido con su esposo siete años de matrimonio. ³⁷Su esposo había muerto, y ella había vivido sola, por ochenta y cuatro años. Aunque anciana, ella no se había alejado del gran templo de Dios. Trabajaba para Dios día y noche, orando y quedándose sin comer para poder orar mejor. ³⁸En ese momento, llegó y dio gracias a Dios. Habló a la gente de Jerusalén sobre Jesús. Ellos estaban esperando a Aquel que los salvaría del castigo de sus pecados y los haría libres.

Regresan a Nazaret (Mateo 2:19-23)

³⁹Cuando José y María habían hecho todo lo que la ley mandaba, regresaron a su propio pueblo de Nazaret en el país de Galilea. ⁴⁰El niño crecía y se hacía fuerte en espíritu. Estaba lleno de sabiduría, y el favor de Dios era con él.

Jesús en el gran templo de Dios

⁴¹Sus padres iban a Jerusalén cada año para una fiesta religiosa especial, que recordaba cómo los judíos habían salido de Egipto. ⁴²Cuando el niño tenía doce años, fueron a Jerusalén, como habían hecho antes. ⁴³Después de terminar los días de la fiesta especial, comenzaron el viaje de regreso a su pueblo. Pero el niño Jesús se quedó en Jerusalén, y sus padres no se dieron cuenta. ⁴⁴Creyeron que Jesús estaba con las otras personas del grupo. Caminaron todo un día. Luego lo buscaron entre su familia y sus amigos. ⁴⁵Cuando no pudieron encontrar a Jesús, volvieron a Jerusalén a buscarlo. ⁴⁶Tres días después, lo hallaron en el gran templo de Dios. Estaba sentado en medio de los maestros, escuchando lo que le decían y haciéndoles preguntas. ⁴⁷Todos los que lo oían estaban sorprendidos y maravillados de su entendimiento y de lo que decía. ⁴⁸Cuando sus padres lo vieron, se quedaron sorprendidos. Su madre le dijo:

—Hijo mío, ¿por qué nos has hecho esto? Tu padre y yo hemos estado muy afligidos buscándote.

⁴⁹El les dijo:

—¿Por qué me buscaban? ¿No saben ustedes que yo debo estar en la casa de mi Padre?

⁵⁰Pero ellos no entendieron las cosas que les decía.

⁵¹Jesús fue con ellos al pueblo de Nazaret y les obedecía. Su madre guardaba todas estas cosas en su corazón. ⁵²Jesús crecía fuerte de mente, de cuerpo y en el favor de Dios y de los hombres.

Juan el bautista prepara el camino para Jesús (Mateo 3:1-12; Marcos 1:1-8; Juan 1:15-28)

3 Hacía quince años Tiberio César era emperador. Poncio Pilato era el gobernador del país de Judea. Herodes era gobernador del país de Galilea. Su hermano Felipe era gobernador de los países de Iturea y Traconite. Lisanias era gobernador del país de Abilinia. ²Anás y Caifás eran los principales dirigentes religiosos.

Llegó la palabra de Dios a Juan, el hijo de Zacarías. Juan se encontraba en el desierto. ³Recorría todo el país, cerca del río Jordán, predicando que la gente debía ser bautizada al sentirse tristes por sus pecados y dejarlos. Que así serían perdonados. ⁴El antiguo predicador Isaías escribió estas palabras: "Su voz llama desde el desierto. 'Preparen el camino del Señor. ¡Enderecen el camino para él! ⁵Todo valle será llenado, y toda montaña y toda colina serán hechas planas. Lo torcido del camino se hará recto, y los lugares duros serán llanos. ⁶Todos los hombres verán a Dios, salvando a su pueblo del castigo de sus pecados' " *(Isaías 40:3-5).*

⁷Juan le decía a la gente que llegaba a ser bautizada por él:

—¡Familia de víboras! ¿Quién les dijo cómo librarse de la ira que viene de Dios? ⁸Hagan algo que me muestre que están tristes por sus pecados y que los han dejado. No se digan a sí mismos: "Tenemos a Abraham como nuestro padre." Les digo que Dios puede hacer nacer hijos a Abraham aun de estas piedras. ⁹Ahora mismo, el hacha está en la raíz de los árboles, y cada árbol que no dé buen fruto se cortará y será echado al fuego.

¹⁰La gente le preguntó:

—Entonces, ¿qué podemos hacer?

¹¹El les contestó:

—Si tienen dos sacos, den uno al que no tiene. Si tienen comida, compartan algo de ella.

¹²También venían a ser bautizados los que cobraban impuestos. Le preguntaron:

—Maestro, ¿qué debemos hacer nosotros?

¹³El les dijo:

—No le quiten a la gente más dinero de lo que deben.

¹⁴Vinieron también soldados a preguntarle:

—¿Qué debemos hacer nosotros?

El les contestó:

—No tomen dinero por la fuerza. No mientan a nadie. Estén contentos con su paga.

¹⁵La gente estaba esperando que algo pasara. Pensaban en sus corazones sobre Juan el bautista. Se preguntaban si sería él el Cristo. ¹⁶Pero Juan les dijo a todos ellos: "Yo los bautizo con agua. Pero viene uno que es mayor que yo. Yo no soy bastante bueno ni siquiera para inclinarme y ayudarle a quitarse los zapatos. El los bautizará con el Espíritu Santo y con fuego. ¹⁷El viene listo para limpiar el grano. Juntará todo el grano y lo limpiará totalmente. Pondrá el grano limpio en su lugar, pero quemará la paja en el fuego que no se puede apagar.

Juan el bautista es puesto en la cárcel
(Mateo 14:1-5; Marcos 6:14-20)

¹⁸Juan habló muchas cosas al predicar las buenas nuevas a la gente. ¹⁹Habló también palabras severas a Herodes, el gobernador, por causa de Herodías, quien era la esposa de su hermano Felipe. Juan le habló a Herodes sobre todas las cosas malas que había hecho. ²⁰A todas estas cosas, Herodes añadió otro pecado: puso a Juan en la cárcel.

El bautismo de Jesús *(Mateo 3:13-17; Marcos 1:9-11; Juan 1:29-34)*

²¹Cuando toda la gente se estaba bautizando, Jesús también fue bautizado. Cuando él oró, se abrió el cielo. ²²El Espíritu Santo bajó sobre él en un cuerpo parecido al de una paloma. Llegó una voz desde el cielo y dijo: "Tú eres mi Hijo amado. Estoy muy feliz contigo."

La familia de Jesús por parte de María *(Mateo 1:1-17)*

²³Jesús tenía unos treinta años cuando comenzó su trabajo. La gente pensaba que Jesús era el hijo de José, el hijo de Elí. ²⁴Elí era hijo de Matat. Matat era

hijo de Leví. Leví era hijo de Melqui. Melqui era hijo de Jana. Jana era hijo de José. ²⁵José era hijo de Matatías. Matatías era hijo de Amós. Amós era hijo de Nahum. Nahum era hijo de Esli. Esli era hijo de Nagai. ²⁶Nagai era hijo de Maat. Maat era hijo de Matatías. Matatías era hijo de Semei. Semei era hijo de José. José era hijo de Judá. ²⁷Judá era hijo de Joana. Joana era hijo de Resa. Resa era hijo de Zorobabel. Zorobabel era hijo de Salatiel. Salatiel era hijo de Neri. ²⁸Neri era hijo de Melqui. Melqui era hijo de Adi. Adi era hijo de Cosam. Cosam era hijo de Elmodam. Elmodam era hijo de Er. ²⁹Er era hijo de Josué. Josué era hijo de Eliezer. Eliezer era hijo de Jorim. Jorim era hijo de Matat. Matat era hijo de Leví. ³⁰Leví era hijo de Simeón. Simeón era hijo de Judá. Judá era hijo de José. José era hijo de Jonán. Jonán era hijo de Eliaquim. ³¹Eliaquim era hijo de Melea. Melea era hijo de Mainán. Mainán era hijo de Matata. Matata era hijo de Natán. Natán era hijo de David. ³²David era hijo de Isaí. Isaí era hijo de Obed. Obed era hijo de Booz. Booz era hijo de Salmón. Salmón era hijo de Naasón. ³³Naasón era hijo de Aminadab. Aminadab era hijo de Aram. Aram era hijo de Esrom. Esrom era hijo de Fares. Fares era hijo de Judá. ³⁴Judá era hijo de Jacob. Jacob era hijo de Isaac. Isaac era hijo de Abraham. Abraham era hijo de Taré. Taré era hijo de Nacor. ³⁵Nacor era hijo de Serug. Serug era hijo de Ragau. Ragau era hijo de Peleg. Peleg era hijo de Heber. Heber era hijo de Sala. ³⁶Sala era hijo de Caínán. Caínán era hijo de Arfaxad. Arfaxad era hijo de Sem. Sem era hijo de Noé. Noé era hijo de Lamec. ³⁷Lamec era hijo de Matusalén. Matusalén era hijo de Enoc. Enoc era hijo de Jared. Jared era hijo de Mahalaleel. Mahalaleel era hijo de Caínán. ³⁸Caínán era hijo de Enós. Enós era hijo de Set. Set era hijo de Adán. Adán era hijo de Dios.

Jesús fue tentado (Mateo 4:1-11; Marcos 1:12, 13)

4 Jesús estaba lleno del Espíritu Santo cuando regresó del río Jordán. Luego fue conducido por el Espíritu Santo al desierto. ²Fue tentado por el diablo durante cuarenta días. No comió nada durante ese tiempo. Después tuvo hambre. ³El diablo le dijo:

—Si tú eres el Hijo de Dios, dile a esta piedra que se haga pan.

⁴Jesús le dijo:

—Está escrito: "El hombre no vive solamente de pan" *(Deuteronomio 8:3)*.

⁵El diablo llevó a Jesús a una montaña alta, y le enseñó todas las naciones del mundo en un momento. ⁶El diablo le dijo a Jesús:

—Todo este poder y esta grandeza son míos. Si quiero, puedo darlos a cualquier persona. ⁷Si me adoras, todo esto será tuyo.

⁸Jesús le dijo al diablo:

—¡Apártate de mí, diablo! Escrito está: "Debes adorar al Señor tu Dios y obedecerle solamente a él" *(Deuteronomio 6:13)*.

⁹Luego el diablo llevó a Jesús a Jerusalén. Subieron a la parte más alta del gran templo de Dios. El diablo le dijo a Jesús:

—Si tú eres el Hijo de Dios, échate abajo. ¹⁰Porque está escrito: "El ha dicho a sus ángeles que te cuiden y que te guarden. ¹¹Ellos te van a sostener con sus manos para que tu pie no tropiece con piedra" *(Salmo 91:11, 12)*.

¹²Jesús le dijo al diablo:

—Está escrito: "No debes tentar al Señor tu Dios" *(Deuteronomio 6:16)*.

¹³Cuando el diablo terminó de tentar a Jesús en todas estas maneras, se alejó de él por algún tiempo.

Jesús predica en Galilea (Mateo 4:12-17; Marcos 1:14, 15)

¹⁴Jesús regresó al país de Galilea en el poder del Espíritu Santo. La gente hablaba tanto de él que era muy bien conocido en todo el país. ¹⁵Jesús enseñaba en los templos locales y era alabado de toda la gente.

En Nazaret, no creen en Jesús

¹⁶Jesús llegó al pueblo de Nazaret

donde se había criado. Como lo había hecho antes, fue al templo local en el día de descanso. Luego se puso en pie para leer. ¹⁷Alguien le dio el libro del antiguo predicador Isaías. Jesús lo abrió y encontró el lugar donde estaba escrito: ¹⁸"El Espíritu del Señor está sobre mí. Ha puesto su mano sobre mí para predicar las buenas nuevas a la gente pobre. Me ha enviado para curar a los tristes de corazón. Me ha enviado para decirles a los que están cautivos que pueden ser libres. Me ha enviado para sanar a los ciegos y para libertar a los que tienen dificultades. ¹⁹Me envió para anunciar que los hombres podrán recibir el favor del Señor" *(Isaías 61:1, 2).*

²⁰Jesús cerró el libro. Lo devolvió al dirigente y se sentó. Todos los que estaban en la reunión lo miraron. ²¹Luego, principió a decirles: "Las sagradas escrituras que acaban de escuchar se han cumplido hoy."

²²Las personas presentes hablaron bien de Jesús y se asombraron de las palabras que él decía. Preguntaban:
—¿No es éste el hijo de José?
²³El les dijo:
—Tal vez ustedes me dirán este viejo refrán: "Médico, ¡cúrate a ti mismo!" "Lo que hiciste en la ciudad de Capernaum, ¡hazlo aquí en tu propio país!"
²⁴Siguió diciendo:
—Un hombre que habla en nombre de Dios no es respetado en su propio país. ²⁵Es cierto que había muchas mujeres cuyos maridos habían muerto en la tierra de los judíos cuando vivía Elías. Durante tres años y medio no hubo lluvia, y había muy poca comida en la tierra. ²⁶Pero Elías no fue enviado a ninguna de ellas, sino a una mujer en la ciudad de Sarepta, en el país de Sidón. El esposo de esta mujer había muerto. ²⁷Había mucha gente en la tierra de los judíos que tenía una enfermedad muy mala de la piel cuando vivió el predicador Eliseo. Pero ninguno de ellos, sino Naamán, fue sanado. Y él era del país de Siria.

²⁸Todos los que estaban congregados en la reunión se enojaron mucho cuando oyeron sus palabras. ²⁹Se levantaron y llevaron a Jesús del pueblo hasta lo alto de un cerro. Querían tirarlo desde allí. ³⁰Pero Jesús pasó por en medio de ellos y se fue por su propio camino.

Jesús sana a un hombre que tenía un demonio (Marcos 1:21-28)

³¹Jesús descendió a la ciudad de Capernaum en el país de Galilea. Enseñaba en los días de descanso. ³²La gente estaba sorprendida. Entre los presentes, se hacían preguntas sobre su enseñanza. Sus palabras tenían poder. ³³Un hombre que estaba en el templo local tenía un espíritu malo. Gritaba con voz muy fuerte:

³⁴—¿Qué quieres de nosotros, Jesús de Nazaret? Yo sé quién eres tú. Tú eres el Santo de Dios.

³⁵Jesús habló con palabras fuertes al espíritu malo y le dijo:
—¡No hables! ¡Sal fuera de este hombre!

Cuando el espíritu malo tiró al hombre al suelo, salió de él sin hacerle daño.

³⁶Toda la gente estaba sorprendida. Se preguntaban unos a otros: "¿Qué clase de palabra es ésta? El habla a los espíritus malos con poder, y ellos salen." ³⁷Por todo el país corrían las noticias sobre Jesús.

La suegra de Pedro sanada (Mateo 8:14, 15; Marcos 1:29-31)

³⁸Jesús salió del templo local y fue a casa de Simón. La suegra de Simón estaba en cama, muy enferma. Le pidieron a Jesús que la ayudara. ³⁹El se puso junto a ella y mandó a la enfermedad que la dejara. La enfermedad salió, y de inmediato ella se levantó y los atendió.

Jesús sana en Galilea (Mateo 8:16, 17; Marcos 1:32-34)

⁴⁰Al ponerse el sol, la gente llevó a

Jesús a todos los que estaban enfermos de muchas clases de enfermedades. El puso sus manos sobre ellos, y sanaron. ⁴¹También los espíritus malos salieron de mucha gente. Los espíritus malos gritaban y decían: "Tú eres Cristo, el Hijo de Dios." Jesús les habló duramente y no les permitió hablar. Ellos sabían que él era el Cristo.

Jesús sigue predicando en Galilea (Mateo 4:23-25; Marcos 1:35-39)

⁴²Por la mañana, salió al desierto. Pero la gente lo buscaba y cuando lo encontraron, trataron de detenerlo para que no se fuera. ⁴³Les dijo: "Debo predicar sobre el reino de Dios en otras ciudades también. Para esto, fui enviado." ⁴⁴Y siguió predicando en los templos locales en todo el país de Galilea.

Jesús llama a Simón, a Andrés y a Juan (Mateo 4:18-22; Marcos 1:16-20)

5 Estando Jesús parado cerca del lago de Genesaret, mucha gente se juntó. Querían oír la palabra de Dios. ²Jesús vio dos barcos en la orilla. Los pescadores no estaban allí, porque estaban lavando sus redes. ³Jesús subió a uno de estos barcos que era de Simón y le pidió que se apartase un poco de la orilla. Sentándose, él enseñó a la gente desde el barco.

⁴Cuando terminó de hablar, le dijo a Simón:

—Vamos a la parte honda del lago. Allí echen sus redes para pescar.

⁵Simón le respondió:

—Maestro, hemos trabajado toda la noche y no hemos pescado nada. Pero, porque tú me lo pides, lo haré.

⁶Cuando echaron las redes, sacaron muchos peces. Sus redes se rompían. ⁷Entonces, por señas, llamaron a sus amigos que estaban en el otro barco para que vinieran a ayudarles. Vinieron y llenaron los dos barcos tanto que casi se hundían. ⁸Cuando Simón Pedro vio esto, se arrodilló a los pies de Jesús y le dijo:

—Vete de mí, Señor, porque soy un hombre pecador.

⁹El y todos los demás estaban sorprendidos y asustados por la pesca que habían hecho. ¹⁰También Jacobo y Juan, los hijos de Zebedeo que trabajaban con Simón, estaban admirados. Entonces Jesús le dijo a Simón:

No tengas miedo, desde hoy tú serás pescador de hombres.

¹¹Al regresar a tierra con sus barcos, dejaron todo y siguieron a Jesús.

Jesús sana a un hombre que tenía una mala enfermedad en la piel (Mateo 8:1-4; Marcos 1:40-45)

¹²Cuando Jesús estaba en un pueblo, un hombre con una enfermedad mala en la piel se le acercó y, al verlo, se arrodilló, poniendo su cara en el suelo. Dijo:

—Señor, si tú quieres, puedes curarme.

¹³Jesús entonces puso sus manos sobre él y dijo:

—Sí, quiero que tu piel se limpie.

E inmediatamente la enfermedad le dejó y su piel quedó limpia. ¹⁴Entonces Jesús le mandó que no dijera nada a nadie. Le mandó que fuera al dirigente religioso para que lo viera. También debía llevar la ofrenda que Moisés mandó que se diera cuando un enfermo de la piel se curara.

—Esto les mostrará a los sacerdotes que tú has sido curado —le dijo Jesús.

¹⁵La fama de Jesús se extendió más y más. Mucha gente se reunía para oírle y para que él los curara de sus enfermedades. ¹⁶Jesús, sin embargo, se apartaba a orar en lugares donde no había gente.

Jesús sana a un hombre que no podía andar (Mateo 9:1-8; Marcos 2:1-12)

¹⁷Un día que Jesús estaba enseñando, algunos maestros de la ley estaban sentados delante de él. Habían venido de todos los pueblos de los países de Galilea y Judea y de la ciudad de Jerusalén. Jesús tenía el poder de Dios para curar. ¹⁸Unos hombres trajeron a otro que no podía andar. Lo cargaban en cama. Al llegar, miraron dentro de la casa, buscando la manera de llevarlo hasta Jesús.

¹⁹No pudieron entrar porque había mucha gente. Entonces hicieron un hoyo en el tejado y por allí bajaron la cama con el enfermo hasta donde estaba Jesús. ²⁰Cuando Jesús vio su fe, dijo al enfermo: "Amigo, tus pecados te son perdonados."

²¹Los maestros de la ley y los celosos religiosos pensaron entre sí. "¿Quién es este hombre que habla como si fuera Dios?"

²²Jesús supo lo que ellos pensaban y les dijo: "¿Por qué piensan de ese modo en sus corazones? ²³¿Qué es más fácil decir, 'Tus pecados te son perdonados' o decir, 'Levántate y anda'? ²⁴Pues para que sepan que el Hijo del Hombre tiene poder en la tierra para perdonar pecados", dijo al hombre enfermo, "A ti te digo, levántate, toma tu cama y vete a tu casa." ²⁵Al momento, el hombre que no podía caminar se paró enfrente de él, tomó su cama y se fue a su casa dando gracias a Dios. ²⁶Y todos los que allí estaban quedaron sorprendidos y daban gracias a Dios diciendo: "Hoy hemos visto grandes cosas."

Jesús llama a Mateo (Mateo 9:9-13; Marcos 2:13-17)

²⁷Después de estas cosas, Jesús salió y vio a un hombre que cobraba los impuestos. Su nombre era Leví (Mateo). El estaba sentado, trabajando, cuando Jesús le dijo: "Sígueme." ²⁸Leví se levantó, dejó todo allí y lo siguió. ²⁹Después, Leví hizo una gran comida en su casa para Jesús. Muchas personas, entre ellas varios otros cobradores de impuestos fueron invitadas y estaban presentes para la cena. ³⁰Los maestros de la ley y los celosos religiosos hablaban en contra de los seguidores de Jesús, diciendo:

—¿Por qué comen y beben con los que cobran impuestos y con los pecadores?

³¹Fue Jesús quien les respondió:

—La gente que está sana no necesita de un médico. Sólo aquellos que están enfermos lo necesitan. ³²No he venido a llamar a los que se creen buenos ante Dios; he venido a llamar a los pecadores para que cambien de actitud y dejen sus pecados.

Jesús les enseña que sin comer se puede orar mejor. (Mateo 9:14-17; Marcos 2:18-22)

³³Ellos preguntaron a Jesús:

—¿Por qué los seguidores de Juan y los seguidores de los celosos religiosos no comen para orar mejor, pero tus seguidores comen y beben?

³⁴Jesús les respondió:

—¿Pueden los amigos en una boda estar tristes cuando el novio está con ellos? ³⁵Días vendrán cuando el novio les será quitado. Entonces, no comerán ni beberán y así podrán orar mejor.

La historia del remiendo y de las bolsas de cuero

³⁶Entonces Jesús les contó una historia, y les dijo: "Nadie corta un pedazo de vestido nuevo y lo cose en un vestido viejo. Si lo hace, el vestido nuevo tendrá un agujero, y el pedazo de vestido nuevo y el vestido viejo no serán iguales. ³⁷Ningún hombre pone vino nuevo en bolsas de cuero viejas. Si lo hace, el cuero se rompe, el vino se tira, y las bolsas se echan a perder. ³⁸El vino nuevo debe ponerse en bolsas nuevas, y las dos cosas estarán seguras. ³⁹Nadie quiere tomar vino nuevo, después de beber vino viejo; pues dice: 'El vino viejo es mejor'."

Jesús enseña sobre el día de descanso (Mateo 12:1-8; Marcos 2:23-28)

6 Un día de descanso, Jesús caminaba entre los sembrados de trigo. Sus seguidores recogían espigas, las frotaban con las manos y comían el grano. ²Algunos de los celosos religiosos les preguntaron:

—¿Por qué están haciendo lo que la ley prohíbe hacer en el día de descanso?

³Jesús les respondió:

—¿No han leído lo que David hizo cuando él y sus hombres tuvieron hambre? ⁴David entró en el gran templo de Dios y comió del pan especial que es usado para la adoración religiosa. También les dio de comer a los que con él estaban. La ley dice que sólo los dirigentes religiosos pueden comer de ese pan. ⁵Sepan, pues, que el Hijo del Hombre es Señor del día de descanso.

Jesús sana en el día de descanso (Mateo 12:9-14; Marcos 3:1-6)

⁶Otro día de descanso, Jesús entró en un templo local y les enseñó. Un hombre con una mano seca estaba allí. ⁷Los maestros de la ley y los celosos religiosos estaban atentos para ver si Jesús lo sanaría en el día de descanso. Ellos querían tener algo que decir en contra de Jesús. ⁸El sabía lo que estaban pensando y le dijo al hombre que tenía la mano seca: "Párate y ven." El hombre se paró y se acercó a Jesús. ⁹Entonces Jesús les dijo: "Les voy a preguntar algo. ¿Dice la ley que debemos hacer bien o mal en el día de descanso? ¿Salvar la vida o matar?" ¹⁰Jesús miró a todos y le dijo al hombre: "Levanta la mano." El la levantó y su mano fue sanada. Estaba tan sana como la otra mano. ¹¹Los maestros de la ley y los celosos religiosos de la ley estaban muy enojados y hablaban entre sí para ver qué podrían hacer contra Jesús.

Jesús llama a sus doce seguidores (Mateo 10:1-4; Marcos 3:13-19)

¹²Un día, Jesús subió a un monte para orar y estuvo orando toda la noche a Dios. ¹³En la mañana, llamó al grupo de sus seguidores. Escogió a doce de entre todos y les llamó misioneros. ¹⁴Eran estos: Simón, a quien le llamó Pedro; Andrés, hermano de Pedro; Jacobo; Juan; Felipe; Bartolomé; ¹⁵Mateo; Tomás; Jacobo, hijo de Alfeo; Simón, llamado Zelote; ¹⁶Judas, quien era hermano de Jacobo; y Judas Iscariote, quien entregaría a Jesús para que lo mataran.

Jesús sana a mucha gente (Mateo 12:15-21; Marcos 3:7-12)

¹⁷Entonces Jesús bajó y se paró en un lugar plano con sus seguidores y muchas otras personas. Mucha gente venía de todo el país de Judea y de las ciudades de Jerusalén, Tiro y Sidón para oírle y para ser sanados de sus enfermedades. ¹⁸Aquellos que habían sufrido con espíritus malos vinieron y fueron sanados. ¹⁹Toda la gente trataba de tocar a Jesús. Salía poder de él, y todos sanaban.

Jesús enseña en la montaña (Mateo 5:1— 7:29)

²⁰Jesús miró a sus seguidores y les dijo: "Los de ustedes que ahora son pobres, alégrense, porque el reino de Dios es de ustedes. ²¹Ustedes que tienen hambre, alégrense, porque serán llenados. Aquellos de ustedes que ahora sufren, alégrense, porque reirán. ²²Sean felices cuando los hombres les odien o no les quieran o hablen mal de ustedes porque ustedes confían y creen en mí. ²³Alégrense en aquel día y gócense, porque su pago será mucho en el cielo. Los padres de los hombres malos hicieron las mismas cosas con los antiguos predicadores. ²⁴Será malo para los que ahora son ricos. Están recibiendo todo lo que merecen. ²⁵Será malo para los que están satisfechos. Estarán hambrientos. Será malo para los que ahora ríen. Estarán tristes y llorarán. ²⁶Será malo para aquellos de quienes todos hablan bien. En la misma manera, sus padres hablaron bien de los falsos maestros.

Jesús enseña acerca del amor

²⁷"Yo digo a quien me oye: ama a aquellos que trabajan en tu contra. Haz bien a aquellos que te odian. ²⁸Respeta y da gracias por aquellos que tratan de hacerte mal. Ora por aquellos que te molestan. ²⁹A quien alguna vez tome tu abrigo, dale también tu camisa. ³⁰Dale a quien te pide. Si una persona toma algo de ti, no pidas que te lo devuelva. ³¹Haz a otros lo que te gustaría que ellos hicieran contigo.

³²"Si aman a los que los aman, ¿qué pago pueden esperar de eso? Los peca-

dores también aman a quienes les aman. ³³Si hacen el bien a aquellos de quienes reciben el bien, ¿qué pago pueden esperar de esto? Los pecadores también hacen el bien a quienes les dan bien. ³⁴Si dejan a la gente usar sus cosas y esperan recibir algo a cambio, ¿qué pago pueden esperar de esto? Aun los pecadores prestan a los pecadores, y esperan recibir el doble. ³⁵Pero amen a aquellos que los odian. Háganles el bien. Presten sus cosas y no esperen recibir nada. Su pago será mayor. Ustedes serán hijos del Altísimo. El es bueno aun con aquellos que no le dan gracias y que están llenos de pecado.

Jesús enseña sobre el hallar culpables a los demás

³⁶"Deben ser buenos y amables como su Padre es bueno y tiene amor. ³⁷No digan lo que está mal en la vida de otras personas. Así otros no hablarán mal de ustedes. No digan que alguien es culpable. Así nadie los culpará. Perdonen a otros, y así serán perdonados. ³⁸Den, y se les dará. Tendrán más que suficiente; medida apretada, más que llena, les será dada. De la misma manera que ustedes den a otros será como ustedes recibirán." ³⁹Jesús les habló, dándoles como ejemplo una historia. Les dijo: "¿Puede un hombre ciego guiar a otro ciego? ¿No caerán los dos en el hoyo? ⁴⁰El seguidor no es más importante que su maestro, pero cualquiera que aprende bien puede ser como su maestro.

Jesús les enseña sobre el hablar mal de otros

⁴¹"¿Por qué ves la pequeña paja en el ojo de tu hermano, y no ves la viga que hay en el tuyo? ⁴²¿Cómo es que dices a tu hermano déjame quitar la paja de tu ojo, cuando no miras el gran trozo de madera que hay en tu propio ojo? Pretendes ser quien no eres. Primero, quita la viga de tu ojo; entonces podrás ver mejor para quitar la paja del ojo de tu hermano.

Jesús les enseña sobre los falsos maestros (Mateo 7:15-23)

⁴³"Un buen árbol no puede dar mal fruto, y un mal árbol no puede dar buen fruto. ⁴⁴Porque cada árbol es conocido por su fruto. El hombre no cosecha higos de los espinos. No se recogen uvas de las zarzas. ⁴⁵El bien viene del hombre bueno, por la riqueza que hay en su corazón. El mal sale del hombre pecador, por el mal que hay en su corazón. La boca habla según lo que hay en el corazón.

Jesús enseña sobre las casas construidas en roca o sobre arena (Mateo 7:24-27)

⁴⁶"¿Por qué me llaman, 'Señor, Señor', pero no hacen lo que yo digo? ⁴⁷Cualquiera que viene a mí y oye mis palabras y hace lo que digo, les diré a quién se parece. ⁴⁸Es como un hombre que construyó su casa. El cavó hondo y edificó sobre roca. Cuando hubo una inundación y el río golpeó contra la casa ésta no se cayó, porque estaba construida sobre roca. ⁴⁹Pero, aquel que oye mis palabras y no hace lo que digo es como un hombre que construyó su casa sobre arena. El agua golpeó contra la casa, y al momento, ésta se cayó y quedó destruida."

Jesús sana al ayudante de un capitán (Mateo 8:5-13)

7 Cuando Jesús terminó de enseñar a la gente, regresó a Capernaum. ²Un capitán del ejército tenía un ayudante a quien quería mucho y que estaba muy enfermo, casi muriendo. ³Cuando el capitán oyó de Jesús, le envió a algunos líderes judíos. ⁴Llegaron a Jesús y le rogaron diciendo: "Este hombre es bueno y merece que le concedas esto. ⁵El ama nuestra nación y ha edificado un templo local."

⁶Jesús fue con ellos. Cuando estaban cerca de la casa, el capitán mandó a algunos amigos a decirle: "Señor, no te molestes en llegar hasta la casa porque no soy lo suficientemente bueno para que entres en mi casa. ⁷Ni soy bueno

para ir a ti; pero sólo di tú la palabra, y mi ayudante sanará. ⁸Porque yo soy un hombre que trabajo y tengo soldados bajo mis órdenes. Si le digo a alguno 'Ve', va; si a otro le digo 'Ven', viene; y si le digo a mi ayudante, 'Haz esto', lo hace.''

⁹Jesús se sorprendió cuando oyó esto. Se volteó hacia la gente que le seguía y les dijo: "Les digo, que ni aun en Israel he encontrado tanta fe.'' ¹⁰Y aquellos que habían sido enviados regresaron a la casa del capitán y encontraron al ayudante sano.

Jesús levanta de la muerte al hijo de una viuda

¹¹Al día siguiente Jesús fue a la ciudad llamada Naín. Sus seguidores y mucha gente iban con él. ¹²Cuando llegó cerca de la puerta de la ciudad, vieron que cargaban un muerto que iban a enterrar. Era el único hijo de una viuda. Mucha gente de la ciudad estaba con ella. ¹³Cuando el Señor la vio, se sintió triste con ella y le dijo: "¡No llores!'' ¹⁴Entonces fue y tocó la caja donde lo cargaban. Los hombres que cargaban la caja se pararon y Jesús dijo: "Muchacho, a ti te digo, ¡levántate!'' ¹⁵El muchacho se levantó y empezó a hablar. Entonces Jesús lo dio de nuevo a su madre. ¹⁶Todos tenían miedo y daban gracias a Dios. Decían: "Un gran hombre que habla por Dios está con nosotros.'' "Dios ha visitado a su pueblo.''

¹⁷Las noticias acerca de Jesús se extendieron por todo el país de Judea y por toda la región.

Juan el bautista pregunta sobre Jesús (Mateo 11:1-6)

¹⁸Los seguidores de Juan el bautista le dijeron de todas estas cosas. ¹⁹Llamó Juan a dos de sus seguidores y los mandó a Jesús para preguntarle: "¿Eres tú el que ha de venir o debemos esperar a otro?'' ²⁰Los hombres llegaron con Jesús y le dijeron:

—Juan el bautista nos manda a preguntarte, "¿Eres tú el que ha de venir, o debemos esperar a otro?''

²¹En ese tiempo Jesús sanaba a mucha gente de toda clase de enfermedades y echaba fuera espíritus malos. Muchos que eran ciegos ahora veían. ²²Jesús les dijo a los seguidores de Juan:

—Regresen a Juan el bautista y díganlo lo que han visto y oído. Díganle que los ciegos ven, que aquellos que no podían andar ahora andan; que aquellos que tenían enfermedades en la piel ahora son sanos; aquellos que no oían ahora oyen. Los muertos han sido levantados, y viven. Los pobres han escuchado las buenas nuevas. ²³La gente que no se avergüenza de mí y no me da la espalda es feliz.

Jesús habla sobre Juan el bautista (Mateo 11:7-19)

²⁴Cuando los seguidores de Juan se habían ido, Jesús les habló de Juan. Dijo: "¿Qué salieron a ver al desierto? ¿Salieron a ver un pequeño árbol moviéndose en el viento? ²⁵¿Qué salieron a ver? ¿A un hombre bien vestido? Los que se visten de ropa elegante están en casas de reyes. ²⁶Pero ¿qué salieron a ver? ¿A uno que habla por Dios? Sí, en verdad les digo que él es más que uno que habla por Dios. ²⁷Este es el hombre del que está escrito en las sagradas escrituras. '¡Miren! Envío mi mensajero a llevar noticias. El me preparará el camino' (Malaquías 3:1; Isaías 40:3).

²⁸"En verdad les digo que entre los nacidos de mujer no hay otro mayor que Juan el bautista. Pero el más pequeño en el reino de Dios es mayor que él.''

²⁹Toda la gente que oyó a Jesús y aquellos que cobraban impuestos obedecieron a Dios. Tales personas fueron bautizadas por Juan. ³⁰Pero los celosos religiosos y los intérpretes de la ley no escucharon, no fueron bautizados por Juan y no recibieron lo que Dios tenía para ellos.

Jesús habla contra la gente necia

³¹Entonces el Señor dijo: "¿A quién se parecen los hombres de hoy? ³²Son

como niños jugando en la plaza. Llaman a sus amigos y les dicen: 'Hemos tocado música para ustedes, pero no bailaron. Hemos estado tristes por ustedes, pero ustedes no lo están.' [33]Juan el bautista no ha venido comiendo pan o bebiendo vino y ustedes dicen: 'Tiene un espíritu malo'. [34]El Hijo del Hombre vino comiendo y bebiendo, y ustedes dicen: '¡Mira!, le gusta la comida y el vino. Es amigo de los que cobran impuestos y de pecadores.' [35]La sabiduría es mostrada claramente por aquellos que son sabios."

Una mujer pone perfume en los pies de Jesús

[36]Uno de los celosos religiosos quiso que Jesús comiera con él. Jesús entró en su casa y se sentó a la mesa. [37]Había una mujer de la ciudad, que era pecadora. Supo que Jesús comía en la casa del celoso religioso y trajo un perfume especial. [38]Entonces estando detrás de él empezó a llorar. Sus lágrimas mojaban los pies del Señor. Los secaba con sus cabellos. Los besaba y ponía el perfume especial en ellos. [39]El celoso religioso, que había invitado a Jesús a comer con él, vio esto y pensó: "Si este hombre en verdad hablara por Dios, él sabría quién y qué clase de mujer es la que lo toca, pues ella es pecadora."
[40]Jesús le dijo:
—Tengo algo que decirte, Simón.
Simón le respondió:
—Di, Maestro.
[41]—Había dos hombres que debían a un hombre algo de dinero. Uno le debía quinientas monedas de plata; el otro le debía cincuenta monedas de plata. [42]Ninguno de los dos tenía dinero, así que a los dos les dijo que no tenían que pagarle lo que le debían. Dime, ¿cuál de los dos le amará más?
[43]Simón le dijo:
—Yo creo que debe ser el que más le debía.
Jesús le dijo:
—Has dicho bien.
[44]Y, mirando a la mujer, le dijo a Simón:
—¿Ves a esta mujer? Yo llegué a tu casa, y no me diste agua para lavar mis pies. Ella los lavó con sus lágrimas y los secó con sus cabellos. [45]Tú no me besaste, pero esta mujer ha besado mis pies desde que llegué. [46]Tú no me pusiste aceite en mi cabeza, pero esta mujer me ha echado un perfume especial en mis pies. [47]De verdad, te digo, sus muchos pecados le son perdonados porque ella ama mucho. Pero al que se le perdona poco, ama poco.

[48]Entonces le dijo a la mujer:
—Tus pecados te son perdonados.

[49]Aquellos que estaban comiendo con él, empezaron a decir:
—¿Quién es este hombre que aun perdona pecados?
[50]El le dijo a la mujer:
—Tu fe te ha salvado del castigo del pecado. ¡Ve en paz!

Jesús enseña en el país de Galilea

8 Después de esto, Jesús fue a todas las ciudades y pueblos predicando y hablando de las buenas nuevas sobre el reino de Dios. Sus doce seguidores iban con él. [2]Algunas mujeres que él había sanado de enfermedades y de espíritus malos también iban con él. María Magdalena, de quien habían salido siete demonios, era una de ellas. [3]Otras eran Juana, esposa de Chuza que era ayudante de Herodes, y Susana. Ellas y muchas otras también sostenían a Jesús con sus bienes.

La historia sobre el sembrador (Mateo 13:1-23; Marcos 4:1-20)

[4]Mucha gente se reunió de todos los pueblos, y Jesús les contó una historia:

[5]"Un hombre salió a sembrar su semilla. Mientras la sembraba, alguna parte cayó junto al camino y fue pisada muchas veces por caminantes. Los pájaros vinieron y se la comieron. [6]Otras semillas cayeron entre rocas. Cuando empezaron a crecer, se secaron porque no tenían agua. [7]Otras semillas cayeron entre espinos. Los espinos crecieron y no dejaron crecer a las semillas. [8]Algunas semillas cayeron en tierra buena.

Esas semillas crecieron y dieron cien veces más grano." Cuando Jesús terminó de decir esto, les gritó: "¡Si tienen oídos, entonces oigan!"

[9]Sus seguidores le preguntaron qué significaba esta historia. [10]Jesús les dijo: "A ustedes les son dados los secretos del reino de Dios. A otros se les dice por historias, para que viendo, no vean y oyendo, no entiendan.

Jesús les habla sobre el sembrador

[11]"Esto es lo que la historia significa: La semilla es la palabra de Dios. [12]Aquellos junto al camino son los que oyen la palabra, pero el diablo viene y se lleva la semilla de sus corazones. El no quiere que crean y se salven del castigo. [13]Aquellos sobre la piedra son los que reciben la palabra con gozo, pero no tienen raíces. Por un tiempo creen, pero cuando son tentados, se apartan. [14]La que cayó entre espinos son los que oyen la palabra pero siguen por su camino. Los cuidados de la vida dejan crecer a los espinos. El amor por el dinero deja crecer a los espinos, y los placeres de la vida dejan crecer a los espinos. La semilla nunca puede crecer. [15]Pero la semilla que cayó en buena tierra son los que han oído la Palabra, la guardaron en su corazón y dan mucho fruto.

La historia de la lámpara (Marcos 4:21-25)

[16]"Ningún hombre enciende una lámpara y la pone debajo de un mueble, sino sobre una mesa; así todos que entren al cuarto la verán. [17]Nada hay secreto que no se vaya a conocer. Nada oculto que no salga a la luz. [18]Tengan cuidado cuando oyen. Porque al que tenga, se le dará; y al que no tenga, aun lo poco que tenga, se le quitará."

La nueva familia (Mateo 12:46-50; Marcos 3:31-35)

[19]La madre de Jesús y sus hermanos vinieron a él y no pudieron llegar cerca de él porque había mucha gente. [20]Alguien le dijo a Jesús:

—Tu madre y tus hermanos están afuera y quieren verte.

[21]Jesús les dijo:

—Mi madre y mis hermanos son los que oyen la palabra de Dios y la obedecen.

El viento y las olas obedecen a Jesús (Mateo 8:23-27; Marcos 4:35-41)

[22]Un día, Jesús y sus seguidores subieron a un barco. Jesús les dijo: "Vamos al otro lado del lago." Entonces empujaron el barco y partieron. [23]Mientras navegaban, Jesús se durmió. De repente, una tempestad de viento vino sobre el lago. El barco se llenaba de agua y estaba en peligro. [24]Sus seguidores vinieron a despertar a Jesús y le dijeron: "¡Maestro, Maestro! ¡Vamos a morir!" Entonces Jesús se levantó y habló fuertemente a las olas y al viento. El viento dejó de soplar, y todo se calmó. [25]El les dijo: "¿Dónde está su fe?" Sus seguidores estaban muy sorprendidos y tenían miedo. Se decían unos a otros: "¿Qué clase de hombre es él? Habla, y aun el viento y las olas lo obedecen."

Los demonios piden a Jesús que los deje vivir en unos cerdos (Mateo 8:28-34; Marcos 5:1-20)

[26]Llegaron a la tierra de los gadarenos que está al otro lado del lago de Galilea. [27]En cuanto Jesús llegó a la tierra, un hombre, que venía de la ciudad, se acercó a él. Este hombre tenía espíritus malos en él. Por mucho tiempo, no había usado ropa, ni vivía en una casa, sino en los cementerios. [28]Cuando vio a Jesús, se arrodilló delante de él, y gritando, le dijo: "¿Qué quieres conmigo, Jesús, Hijo del Altísimo? Te pido que no me hagas mal." [29]Pues Jesús había mandado al espíritu malo que saliera del hombre. Desde hacía mucho tiempo, el espíritu malo se había apoderado de él. La gente a veces lo ataba con cadenas, pero él las rompía y era llevado por el espíritu malo al desierto. [30]Jesús le preguntó:

—¿Cómo te llamas?

Y el espíritu malo respondió:

—Muchos.

Porque muchos espíritus malos habían entrado en él. ³¹Ellos le pidieron a Jesús que no los mandara al pozo sin fondo. ³²Había allí muchos puercos, comiendo cerca de una montaña. Los espíritus pidieron a Jesús que los dejara entrar en los puercos, y Jesús les dio permiso. ³³Los espíritus malos salieron del hombre y entraron en los cerdos. Los cerdos corrieron, se cayeron de la montaña al lago y murieron. ³⁴Los hombres que cuidaban de los puercos corrieron y dijeron a todos lo que habían visto, tanto en la ciudad como en los campos. ³⁵La gente salió a ver lo que había pasado. Vinieron a Jesús y vieron al hombre de quien habían salido los espíritus. Estaba sentado a los pies de Jesús, con ropa, y sano. La gente se asustó. ³⁶Aquellos que lo habían visto les dijeron cómo el hombre había sido sanado. ³⁷Entonces toda la gente del país de los gadarenos le pidió a Jesús que se fuera. Tenían mucho miedo. Y Jesús, subiendo al barco, regresó al otro lado del lago. ³⁸El hombre de quien habían salido los espíritus le rogó que le dejara ir con él, pero Jesús le dijo: ³⁹"Vuelve a tu casa, y dile a todos lo que Dios ha hecho por ti." Y el hombre se fue, diciendo por toda la ciudad las grandes cosas que Jesús había hecho por él.

Dos fueron sanados por fe (Mateo 9:18-26; Marcos 5:21-43)

⁴⁰Mucha gente estaba feliz de ver a Jesús de regreso, pues todos le esperaban. ⁴¹Un hombre llamado Jairo, y que era líder de los judíos, vino a Jesús y arrodillándose delante de él, le rogó que fuera a su casa. ⁴²El tenía sólo una hija, y ella estaba muriéndose. La muchacha tenía como doce años. Mientras iba Jesús, la multitud lo apretaba.

⁴³Una mujer había estado enferma por doce años con derrames de sangre. Había gastado todo su dinero en médicos, pero no había sido sanada por ninguno. ⁴⁴Vino cerca de Jesús y tocó el borde de su manto. Al instante, el derrame de sangre se secó. ⁴⁵Jesús dijo:

—¿Quién me ha tocado?

Todos dijeron que ellos no le habían tocado, y Pedro le dijo:

—Maestro, mucha gente te aprieta y empuja de todos lados, y tú dices, "¿Quién me ha tocado?"

⁴⁶Entonces Jesús le dijo:

—Alguien me ha tocado, porque salió poder de mí.

⁴⁷Cuando la mujer vio que no podía esconderse, vino temblando. Se arrodilló delante de Jesús y le dijo delante de toda la gente por qué lo había tocado. Le dijo también cómo había sanado al instante. ⁴⁸Jesús le dijo:

—Hija, tu fe te ha sanado; ve en paz.

⁴⁹Estando Jesús hablando, un ayudante de Jairo, el dirigente del templo local, vino y le dijo a Jairo:

—Tu hija ha muerto; no hagas perder tiempo al maestro.

⁵⁰Jesús, al oír esto, dijo a Jairo:

—No tengas miedo. Ten fe, y ella se pondrá bien.

⁵¹Jesús llegó a la casa y sólo dejó que Pedro, Jacobo y Juan, y el padre y la madre de la niña entraran con él. ⁵²Todos lloraban y estaban muy tristes porque la hija había muerto. Jesús les dijo: "No lloren. Ella no ha muerto, sino que está dormida." ⁵³Entonces se rieron de Jesús porque sabían que había muerto. ⁵⁴Jesús mandó a todos salir. Luego tomó la mano de la muchacha y le dijo: "Niña, levántate." ⁵⁵Su espíritu regresó a ella, y se levantó al instante. Jesús les mandó que le trajeran a ella algo que comer. ⁵⁶Sus padres estaban sorprendidos y admirados de esto. Entonces Jesús les mandó que no dijeran a nadie lo que había pasado.

Jesús envía a sus doce seguidores a predicar (Mateo 10:1-42; Marcos 6:7-13)

9 Jesús reunió a sus doce seguidores y les dio derecho y poder sobre los espíritus malos y para curar enfermedades. ²Los envió a predicar sobre el reino de Dios y a curar a los enfermos. ³Y les dijo: "No lleven nada para el camino,

ni palo, ni saco, ni pan, ni dinero. No lleven tampoco cambio de ropa. ⁴Quédense en cualquier casa en que entren, hasta que estén listos para irse. ⁵Si alguien no les permite entrar, límpiense hasta el polvo de los pies, al salir de la ciudad. Eso irá en contra de ellos."

⁶Salieron y fueron de ciudad en ciudad, predicando las buenas nuevas y curando a los enfermos en todas partes.

Muerte de Juan el bautista (Mateo 14:6-12; Marcos 6:21-29)

⁷Entonces, el rey Herodes oyó hablar de todo lo que había hecho Jesús. Se inquietó mucho, porque mucha gente decía que Juan el bautista se había levantado de entre los muertos. ⁸Había personas que decían que Elías había vuelto. Otros creían que uno de los antiguos predicadores había salido de entre los muertos. ⁹Entonces, Herodes dijo: "Yo mandé que le cortaran la cabeza a Juan. ¿Quién es, pues, este hombre del que se dicen todas esas cosas?" Y quería ver a Jesús.

Alimentación de los cinco mil (Mateo 14:13-21; Marcos 6:30-44; Juan 6:1-14)

¹⁰Los doce misioneros volvieron y le dijeron a Jesús lo que habían hecho. Entonces, Jesús los llevó a un desierto, cerca de la ciudad de Betsaida, donde podían estar solos. ¹¹Cuando la gente supo dónde estaba Jesús, lo siguió. Jesús se sintió feliz al verlos. Les habló del reino de Dios y curó a todos los que estaban enfermos.

¹²Cuando el día terminaba, los doce seguidores se acercaron a Jesús y le dijeron:

—Envía a esa gente, para que pueda ir a las ciudades y los pueblos cercanos y encontrar lugares para dormir y alimentos, pues estamos en un desierto.

¹³Pero Jesús les dijo:

—Denles algo para comer.

Ellos respondieron:

—Sólo tenemos cinco panes y dos peces. ¿Tenemos que ir a comprar comida para toda esta gente?

¹⁴Estaban reunidos casi cinco mil hombres, y Jesús les dijo a sus seguidores:

—Hagan que se sienten en grupos de cincuenta personas.

¹⁵Sus seguidores hicieron lo que les había dicho, y toda la gente se sentó. ¹⁶Jesús tomó los cinco panes y los dos peces; miró al cielo y dio gracias; luego, los partió en pedazos y se los dio a sus seguidores para repartir entre la gente. ¹⁷Todos comieron hasta llenarse, y se recogieron doce cestos llenos de pedazos de pan y peces, después que todos terminaron de comer.

Pedro dice que Jesús es el Cristo (Mateo 16:13-20; Marcos 8:27-30)

¹⁸Mientras Jesús estaba orando solo, sus seguidores estaban con él. Jesús les preguntó:

—¿Quién dice la gente que soy yo?

¹⁹Ellos le respondieron:

—Juan el bautista; pero algunos dicen que Elías. Otros dicen que eres uno de los antiguos predicadores que ha vuelto de entre los muertos.

²⁰Entonces, Jesús les preguntó:

—Y ustedes, ¿quién creen que soy?

Pedro le dijo:

—Eres el Cristo de Dios.

Jesús habla por primera vez de su muerte (Mateo 16:21-28; Marcos 8:31-38)

²¹Jesús les habló, entonces, pidiéndoles que no se lo dijeran a nadie: ²²"El Hijo del Hombre tiene que sufrir muchas cosas y ser despreciado por los jefes del pueblo, los dirigentes religiosos y los maestros de la ley. Tiene que morir, pero será levantado de entre los muertos tres días después."

Olvídese de sí mismo y de los deseos personales

²³Luego, Jesús les dijo a todos: "Si alguien quiere seguirme, debe olvidarse de sí mismo y de sus deseos personales, tomar su cruz todos los días y seguirme. ²⁴Si alguien desea salvar su vida, primero deberá perderla. Si alguien da su vida por mí, la salvará. ²⁵Porque, ¿qué gana un hombre si tiene todo el mundo

y pierde su vida? 26Si alguien se avergüenza de mí y de mis palabras, de él se avergonzará el Hijo del Hombre cuando venga en gloria, la del Padre y la de los santos ángeles. 27Y les digo en verdad que algunos de los que están aquí no morirán hasta ver el reino de Dios."

Un aspecto de lo que será Jesús (Mateo 17:1-13; Marcos 9:1-13)

28Unos ocho días después de que Jesús dijo esas cosas, llevó con él a Pedro, Jacobo y Juan. Subieron al monte a orar. 29Mientras Jesús oraba, su aspecto cambió ante ellos y su ropa se volvió blanca y brillante. 30Dos hombres hablaban con Jesús. Eran Moisés y Elías. 31Mientras hablaban sobre su muerte en Jerusalén, que sería ya pronto, el aspecto de Jesús era el de la gloriosa grandeza del cielo.

32Pero Pedro y los que estaban con él habían dormido. Al despertar, vieron su grandeza brillante y a los dos hombres que estaban con él. 33Cuando los dos hombres se alejaron de Jesús, Pedro le dijo: "Maestro, es bueno que nos quedemos aquí. Hagamos tres lugares especiales, uno para ti, otro para Moisés y otro para Elías." No sabía lo que estaba diciendo. 34Mientras hablaba, una nube los cubrió y se asustaron. 35De la nube, salió una voz que decía: "Este es mi Hijo, mi escogido. ¡Escúchenlo!" 36Cuando la voz cesó, Jesús estaba en pie solo. A partir de entonces, se guardaron esas cosas para ellos, y no le dijeron a nadie lo que habían visto.

Jesús cura a un niño con un espíritu malo (Mateo 17:14-21; Marcos 9:14-29)

37Al día siguiente, bajaron de la montaña, y mucha gente salió para ver a Jesús. 38Un hombre de entre la gente gritó:

—Maestro, te ruego que veas a mi hijo, mi único hijo. 39Un espíritu malo lo toma, lo hace gritar, se apodera de él y lo sacude. Su boca se llena de espuma y tiene heridas en el cuerpo. El espíritu malo no quiere salir de él. 40Les pedí a tus seguidores que sacaran al espíritu malo, pero no pudieron hacerlo.

41Entonces, Jesús dijo:

—La gente de estos días no tiene fe. ¡Se apartan de lo que es bueno! ¿Cuánto tiempo debo estar con ustedes? ¿Hasta cuándo los soportaré? Tráeme a tu hijo.

42Mientras el niño se acercaba, el espíritu malo le hizo sufrir un ataque. Jesús le dirigió palabras duras al espíritu malo, curó al niño y se lo devolvió a su padre.

Jesús habla por segunda vez de su muerte (Mateo 17:22, 23; Marcos 9:30-32)

43Todos se sorprendieron del gran poder de Dios y pensaban en las cosas especiales que había hecho Jesús. Entonces, Jesús les dijo a sus seguidores: 44"Recuerden estas palabras, porque el Hijo del Hombre será entregado en manos de hombres." 45No entendieron esas palabras, porque eran difíciles para ellos. No sabían lo que Jesús quería decir y tenían miedo de preguntárselo.

Jesús enseña sobre la fe de un niño (Mateo 18:1-5; Marcos 9:33-50)

46Los seguidores discutían entre sí sobre quién de ellos sería el más grande. 47Jesús sabía lo que estaban pensando. Tomó a un niño y lo puso a su lado. 48Luego, les dijo a sus seguidores: "Quien reciba a este niño en mi nombre me recibe a mí. El que me recibe a mí, recibe al que me ha enviado. El menor de entre ustedes es el más grande."

Palabras duras contra sus seguidores (Marcos 9:38-40)

49Juan dijo:

—Maestro, vimos a alguien que echaba espíritus malos en tu nombre. Le dijimos que dejara de hacerlo, porque no nos estaba siguiendo.

50Jesús le respondió:

—No se lo impidan. El que no está contra nosotros está con nosotros.

Jesús y sus seguidores salen del país de Galilea

51Era ya tiempo para que Jesús fuera recibido en el cielo, de modo que se volvió hacia Jerusalén. Estaba seguro de que nadie le impediría ir. ⁵²Mandó hombres delante de él que llegaron a una ciudad de Samaria y prepararon todas las cosas para Jesús. ⁵³Pero la gente no quería que estuviera allí, porque ellos sabían que Jesús iba en camino a Jerusalén. ⁵⁴Jacobo y Juan, sus seguidores, dijeron:

—Señor, ¿quieres que pidamos que venga fuego del cielo y los queme, como lo hizo Elías?

⁵⁵Jesús se volvió hacia ellos y les dirigió palabras duras.

*(Dijo:

—Ustedes no saben qué clase de espíritu tienen. ⁵⁶El Hijo del Hombre no vino a destruir vidas humanas. Vino a salvar a los hombres del castigo del pecado.

Ellos se fueron a otra aldea.)

Prueba de algunos seguidores (Mateo 8:18-22)

⁵⁷Mientras iban en camino, un hombre le dijo a Jesús:

—Señor, te seguiré a dondequiera que vayas.

⁵⁸Jesús le dijo:

—Las zorras tienen cuevas, y los pájaros, sus nidos; pero el Hijo del Hombre no tiene dónde descansar su cabeza.

⁵⁹A otro le dijo:

—Sígueme.

Pero el hombre respondió:

—Señor, déjame que vaya antes a enterrar a mi padre.

⁶⁰Jesús le dijo:

—Deja que los que están muertos entierren a sus propios muertos; vete tú a predicar sobre el reino de Dios.

⁶¹Y otro le dijo:

—Señor, voy a seguirte; pero, antes, déjame ir a despedirme de los que están en mi casa.

Jesús le dijo:

⁶²—El que pone la mano en el arado y mira hacia las cosas que ha dejado atrás no es útil en el reino de Dios.

Jesús envía los setenta

10 Después de esto, el Señor escogió a otros setenta y los mandó, de dos en dos, a todas las ciudades y a los lugares donde él iría más tarde. ²Jesús les dijo: "Hay mucho grano para cosechar, pero los trabajadores son pocos. Así pues, pídanle al Señor que es el propietario de los campos de grano, que envíe hombres para que recojan su cosecha. ³Vayan, pero, ¡escuchen! Los envío como corderos entre lobos. ⁴No lleven dinero, ni bolsa, ni zapatos. No hablen a nadie en el camino. ⁵Cuando entren a una casa, digan que esperan que en ella haya paz. ⁶Si vive allí un hombre que ama la paz, sus buenos deseos irán a él. Si sus buenos deseos no son recibidos, volverán a ustedes. ⁷Quédense en la misma casa. Coman y beban lo que les den. Los obreros deben recibir su pago. No vayan de casa en casa.

⁸"Siempre que los reciban en una ciudad, coman las cosas que les presenten, ⁹curen a los enfermos y díganles: 'El reino de Dios está cerca.' ¹⁰Si en alguna ciudad no los reciben, vayan a sus calles y digan: ¹¹'Aun el polvo de su ciudad que tenemos en los pies, nos lo limpiamos. Se tendrá en cuenta contra ustedes. ¡Entiendan que el reino de Dios se ha acercado a ustedes!' ¹²Les aseguro que el día en que los hombres se encuentren delante de Dios, la ciudad de Sodoma sufrirá menos que esa ciudad.

¹³"¡Ay de ti, ciudad de Corazín! ¡Ay de ti, ciudad de Betsaida! Porque si las grandes cosas que se han hecho en ustedes se hubieran hecho en Tiro y Sidón, estas ciudades hubieran abandonado hace mucho tiempo sus pecados y hubieran mostrado su dolor, vistiéndose de luto. ¹⁴Será mejor para Tiro y Sidón que para ustedes en el día que los hombres se presenten ante Dios para ser declarados culpables. ¹⁵Y tú, ciudad de Capernaum, ¿vas a levantarte hasta el cielo? Hasta los infiernos serás bajada. ¹⁶El que los oye a ustedes me oye a mí; quien los desprecia a ustedes me desprecia a mí; y el que me desprecia a mí desprecia al que me envió."

Vuelven los setenta

17Los setenta volvieron llenos de alegría y dijeron:

—Señor, hasta los espíritus malos nos obedecieron cuando usamos tu nombre.

18Jesús les dijo:

—Vi al diablo caer del cielo como un rayo. **19**¡Escuchen! Les doy poder para pisotear serpientes y alacranes. Les doy poder sobre todo el poder del que trabaja contra ustedes. Nada les hará daño. **20**De todos modos, no estén contentos porque los demonios los obedecen, sino que deben estar felices porque sus nombres están escritos en el cielo.

La alegría del Espíritu Santo (Mateo 11:25-27)

21En esos momentos, Jesús estaba lleno de alegría del Espíritu Santo y dijo: "Gracias te doy, Padre, Señor del cielo y de la tierra porque no hablaste estas cosas a los sabios y los entendidos, pero las has mostrado a los pequeños. Sí, Padre, eso es lo que tú quisiste.

22"Mi Padre me lo ha dado todo. Sólo el Padre conoce al Hijo. Sólo el Hijo conoce al Padre, y el Hijo presenta al Padre a los que él quiere."

23Luego, se volvió hacia sus seguidores y les dijo, sin que nadie más lo oyera: "¡Felices son los que ven lo que ustedes ven! **24**Les aseguro que muchos predicadores y reyes antiguos desearon ver las cosas que ustedes ven pero no pudieron verlas. Quisieron escuchar lo que ustedes escuchan, pero no lo escucharon."

Jesús les habla a los maestros de la ley

25Se levantó un hombre que conocía la ley, tratando de ponerle una trampa a Jesús, y le dijo:

—Maestro, ¿qué debo hacer para tener la vida que dura para siempre?

26Jesús le respondió:

—¿Qué está escrito en la ley? ¿Qué dice la ley?

27El hombre dijo:

—Debes amar al Señor tu Dios con todo tu corazón, con toda tu alma, con todas tus fuerzas y con todo tu entendimiento, y a tu vecino como a ti mismo.

28Jesús le dijo:

—Lo que has dicho es correcto. Hazlo y tendrás vida.

29El hombre, queriendo quedar bien ante todos, le preguntó a Jesús:

—¿Quién es mi vecino?

La historia del buen samaritano

30Jesús dijo:

—Un hombre iba de Jerusalén a la ciudad de Jericó y fue atacado por ladrones. Lo robaron, lo golpearon y se fueron, dejándolo casi muerto. **31**Un dirigente religioso pasaba por el camino y vio al hombre pero siguió por el otro lado. **32**En la misma manera, un hombre de la familia de Leví iba por ese camino. Cuando vio al hombre herido, se acercó a él; pero siguió adelante, también por el otro lado del camino. **33**Luego, pasó un hombre del país de Samaria, vio al herido y sintió amor por él. **34**Se acercó a él, le lavó las heridas con vino y aceite y las vendó con ropa. Luego, el hombre de Samaria puso al herido sobre su propio burro, lo llevó a una posada y lo cuidó. **35**Al día siguiente, el hombre de Samaria decidió seguir su camino pero le dio al dueño de la posada dos monedas para que cuidara al herido, diciéndole: "Cuida a este hombre, y si gastas más dinero que éste, te lo pagaré cuando regrese."

36—¿Cuál de los tres hombres fue buen vecino para el herido?

37El hombre que conocía la ley dijo:

—El que sintió amor y que lo cuidó. Entonces, Jesús le dijo:

—Ve tú y haz lo mismo.

María y Marta cuidan a Jesús

38Siguieron adelante y llegaron a una ciudad en la que vivía una mujer llamada Marta, que recibió a Jesús en su casa y lo cuidó. **39**Marta tenía una hermana llamada María, que se sentó a los pies de Jesús, escuchando todo lo que decía. **40**Marta estaba trabajando mucho, preparando la comida. Ella se acercó a Jesús y le dijo:

—¿Ves que mi hermana no me ayuda? Dile que lo haga.

⁴¹Entonces, Jesús le dijo:

—Marta, Marta, estás preocupada e inquieta por muchas cosas. ⁴²Sólo unas pocas cosas son importantes, o, más bien, sólo una. María ha escogido lo mejor, y no le será quitado.

Jesús enseña a orar a sus seguidores

11 Jesús estaba orando y uno de sus seguidores le dijo:

—Señor, enséñanos a orar, como Juan el bautista enseñó a sus seguidores.

²Jesús les dijo:

—Cuando oren, digan: "Padre nuestro que estás en los cielos, tu nombre es santo. Venga tu reino. *Sea hecha tu voluntad en la tierra como en el cielo. ³Danos hoy nuestro pan de cada día. ⁴Perdónanos nuestros pecados así como también nosotros perdonamos a todos los que pecan contra nosotros. Y no nos dejes caer en tentación, sino líbranos del mal."

Ejemplo de cómo pedir

⁵Jesús les dijo: "Si uno de ustedes tiene un amigo que va a verle durante la noche y le dice: 'Amigo mío, dame tres panes. ⁶Un amigo mío está de viaje y se ha detenido en mi casa. No tengo alimentos qué darle.' ⁷El hombre de dentro de la casa le dirá: 'No me molestes. La puerta está cerrada. Mis hijos y yo estamos acostados, y no puedo levantarme para darte pan.' ⁸Les digo que es posible que no se levante para darle el pan meramente porque se trata de un amigo. Sin embargo, si sigue pidiéndole, el hombre se levantará y le dará al amigo todo lo que necesite. ⁹Y yo les digo: 'Pidan, y se les dará; busquen, y encontrarán; llamen, y la puerta les será abierta. ¹⁰Porque todo el que pide, recibe; el que busca, encuentra; y al que llama, se le abre la puerta'.

¹¹"¿Y qué padre de ustedes, si su hijo le pide pan, le dará una piedra? ¿O si pide pescado le dará una serpiente? ¹²¿O si pide un huevo, le dará un insecto? ¹³Ustedes son pecadores, pero saben darles buenas cosas a sus hijos. ¿Cuánto más su Padre que está en los cielos les dará el Espíritu Santo a los que se lo pidan?''

Una nación que no durará (Mateo 12:22-37; Marcos 3:22-30)

¹⁴Jesús estaba sacando a un espíritu malo de un hombre que no podía hablar. Cuando el espíritu malo se fue, el hombre pudo hablar, y toda la gente se sorprendió y se maravilló de ello. ¹⁵Hubo algunos que dijeron: "Saca a los espíritus malos en nombre del diablo, quien es el rey de tales espíritus." ¹⁶Otros trataron de hacer caer a Jesús en una trampa y le pedían que les mostrara algo visible del cielo.

¹⁷Pero él conocía sus pensamientos y les dijo: "Toda nación, dividida en grupos que luchan unos con otros, será destruida. Toda familia dividida en grupos que pelean unos con otros, no durará. ¹⁸Si el diablo está dividido contra sí mismo, ¿cómo puede durar? ¡Y, sin embargo, dicen que saco a los espíritus malos en nombre del diablo! ¹⁹Si echo a los espíritus malos en nombre del diablo, ¿en nombre de quién los echan los hijos de ustedes? Sus propios hijos dirán si ustedes son culpables o no. ²⁰Pero si echo los espíritus malos por el poder de Dios, entonces, el reino de Dios ha llegado hasta ustedes.

²¹"Cuando un hombre fuerte vigila su casa y está dispuesto a luchar, sus cosas estarán a salvo. ²²Cuando aparezca un hombre más fuerte, lo vence en la pelea, le quitará todas las armas en que confiaba el hombre de la casa y, luego, se llevará todas las cosas que quiera. ²³El que no está conmigo está contra mí; y el que no recoge conmigo desparrama.

Una persona llena del mal o del bien (Mateo 12:43-45)

²⁴"Cuando un espíritu malo sale de un hombre, va a lugares secos, buscan-

do descanso. Si no lo encuentra, dice: 'Volveré a mi casa, de la que salí.' ²⁵Cuando el espíritu malo vuelve, encuentra la casa limpia y en buena condición. ²⁶Entonces, el espíritu malo se va y vuelve con otros siete espíritus malos, peores que él. Entran y viven allí. Al fin, ese hombre será peor que al principio."

²⁷Mientras Jesús hablaba, una mujer del grupo dijo, en voz alta:

—¡Feliz la madre que te trajo al mundo y te alimentó!

²⁸Pero Jesús dijo:

—Sí, pero aquellos que escuchan la palabra de Dios y le obedecen son más felices.

Jesús habla de Jonás (Mateo 12:38-42)

²⁹Cuando la gente se reunió junto a él, le dijo: "La gente de estos días es pecadora. Busca algo especial que ver. Pero no podrá ver nada especial, sino lo que mostró Jonás, el antiguo predicador. ³⁰Como Jonás era especial para la gente de la ciudad de Nínive, lo será también el Hijo del Hombre para la gente de su tiempo. ³¹La reina del sur se levantará en el día cuando los hombres se presenten delante de Dios, y dirá que la gente de hoy en día es culpable, porque ella vino del otro extremo de la tierra a escuchar la sabiduría de Salomón. Pero ¡alguien mayor que Salomón está en este lugar! ³²Los hombres de Nínive se levantarán en el día cuando los hombres se presenten delante de Dios, y dirán que la gente de hoy en día es culpable, porque los hombres de Nínive sintieron dolor por sus pecados y los abandonaron cuando les predicó Jonás. ¡Y en este lugar hay alguien mayor que Jonás!

Jesús enseña sobre la luz

³³"Ningún hombre enciende una lámpara y la esconde bajo una caja, sino que la pone sobre una mesa, para que todos los que lleguen la vean. ³⁴El ojo es la luz del cuerpo. Cuando los ojos están sanos, todo el cuerpo está lleno de luz. Cuando los ojos están malos, todo el cuerpo estará lleno de oscuridad. ³⁵Tengan cuidado de que la luz que hay en ustedes no sea oscuridad. ³⁶Si sus cuerpos están llenos de luz, sin partes oscuras, brillarán y serán como lámparas que dan luz."

Jesús dirige palabras duras a los celosos religiosos

³⁷Mientras Jesús hablaba, un celoso religioso le pidió que comiera con él. Jesús fue a la casa del hombre y se sentó a la mesa. ³⁸El celoso religioso se sorprendió de que Jesús no se lavara antes de comer; ³⁹pero el Señor le dijo: "Ustedes los celosos religiosos limpian el exterior de la copa y el plato; pero tienen el interior lleno de robo y maldad. ⁴⁰Tontos, el que hizo lo de fuera, ¿no hizo también lo de dentro? ⁴¹Dense a sí mismos como ofrenda a los pobres, y todo les será limpio.

⁴²"¡Ay de ustedes, celosos religiosos! Dan la décima parte de sus especias; pero no piensan en lo que es justo y en el amor de Dios. Deberían hacer las dos cosas.

⁴³"¡Ay de ustedes, celosos religiosos! Porque les gustan los primeros lugares en los lugares de cultos y que la gente les dirija palabras de respeto en las plazas de las ciudades. ⁴⁴¡Ay de ustedes, maestros de la ley y celosos religiosos que dicen ser lo que no son! Porque son como tumbas ocultas, y los hombres que pasan sobre ellas no saben que están allí."

Jesús dirige palabras duras a los hombres que conocen la ley

⁴⁵Uno de los hombres que conocía la ley le dijo a Jesús:

—Maestro, nos haces quedar mal cuando hablas así.

⁴⁶Jesús le dijo:

—¡Ay de ustedes también, hombres que conocen la ley! Porque ponen cargas pesadas en las espaldas de los hombres; pero ustedes ni quieren ni poner un dedo en esas cargas para ayudarlos. ⁴⁷¡Ay de ustedes! Porque hacen edificios hermosos para tumbas de los antiguos predicadores, a los que mataron sus padres. [48]Dicen que lo que hicieron sus padres fue bueno, porque mataron a los antiguos predicadores. Y ustedes construyen sus tumbas.

[49]—Por esta razón, la sabiduría de Dios dijo: "Les enviaré predicadores y misioneros. A algunos de ellos matarán y a otros causarán dificultades." [50]La sangre de todos los predicadores antiguos, desde los comienzos del mundo, está sobre la gente de hoy: [51]Desde la sangre de Abel hasta la de Zacarías, el que murió entre el altar y el gran templo de Dios. Os digo que la gente de ahora será culpable por ello.

[52]—¡Ay de ustedes, hombres que conocen la ley! Porque han cerrado la puerta de la casa de la enseñanza. Ni entran ustedes ni dejan entrar a los que quieren hacerlo.

[53]Al apartarse Jesús de ellos, los maestros de la ley y los celosos religiosos estaban muy enojados y trataban de hacerle hablar de muchas cosas. [54]Hacían planes contra Jesús. Trataban de sorprenderlo en algo que diría.

Jesús enseña a sus seguidores y a miles de otras personas

12 En esos días, se reunieron miles de personas. Eran tantas que se pisoteaban unas a otras. Jesús se dirigió primeramente a sus doce seguidores y les dijo:

"No actúen según la manera de ser de los celosos religiosos, que fingen ser lo que no son. [2]Pues nada hay cubierto que no haya de verse, ni oculto que no haya de saberse. [3]Lo que digan en la oscuridad se oirá en la claridad. Lo que digan en voz baja en una habitación cerrada se gritará desde los tejados de las casas.

[4]"Y les digo, amigos, que no teman a los que matan el cuerpo y después no pueden hacer nada más. [5]Les enseñaré a quién deben temer: teman a quien pueda quitarles la vida y echarlos al infierno. ¡Les digo que le teman a él!

[6]"¿No se venden cinco pajaritos por dos monedas pequeñas? Pues Dios no se olvida ni de uno solo de los pájaros. [7]Dios sabe cuántos cabellos tienen en sus cabezas. No teman, pues, porque ustedes valen más que muchos pajaritos.

[8]"Además, les digo que todo aquel que me dé a conocer a los hombres, el Hijo del Hombre lo dará a conocer a los ángeles de Dios. [9]Pero el que me negare con sus actos y no me dé a conocer a los hombres, no será presentado a los ángeles de Dios.

[10]"Si alguien habla contra el Hijo del Hombre, será perdonado; pero si alguien habla contra el Espíritu Santo, no será perdonado. [11]Cuando los inconversos les lleven a los templos locales de los judíos, o a las cortes o ante los gobernantes de los países, no se preocupen por lo que deben decir o cómo deben decirlo. [12]El Espíritu Santo les indicará lo que deben decir en esos momentos."

[13]Uno de entre la gente le dijo a Jesús:

—Maestro, dile a mi hermano que reparta las riquezas que nos dejó mi padre.

[14]Jesús le respondió:

—Amigo, ¿quién me ha puesto a mí para que diga qué debe recibir cada uno?

[15]Luego, Jesús se dirigió a todos y les dijo:

—¡Tengan cuidado! No deseen cosas que no deben tener; porque la vida de un hombre no consiste en las muchas cosas que posee.

Historia del rico necio

[16]Entonces, les contó una historia, diciendo: "Los campos de un hombre rico daban gran cosecha. [17]Y pensaba: '¿Qué haré? ¡No tengo dónde guardar la cosecha!' [18]Después, dijo: 'Ya sé lo que voy a hacer. Destruiré mi granero y construiré otro más grande. Luego, pondré en él la cosecha y otras cosas que tengo. [19]Le diré a mi alma: Alma, tienes muchas cosas buenas guardadas en tu edificio. Será todo lo que necesi-

tarás todavía durante muchos años. Ahora, descansa, bebe, come y alégrate.' [20]Pero Dios le dijo: '¡Necio! Esta noche te quitarán tu alma, y, ¿quién recibirá todas las cosas que has guardado?' [21]Lo mismo pasa con cualquier hombre que guarda riquezas para sí mismo y no tiene las riquezas de Dios.''

Jesús enseña sobre los cuidados de esta vida

[22]Jesús les dijo a sus seguidores: "Por esto, les digo que no se preocupen por su vida o lo que tienen que comer. Ni se preocupen por sus cuerpos o lo que vayan a vestir. [23]La vida es más que la comida, y el cuerpo más que el vestido. [24]Miren a los pájaros. No siembran, ni cosechan, ni tienen graneros. Sin embargo, Dios los alimenta. ¿No valen ustedes más que los pájaros?

[25]"¿Quién de ustedes puede hacerse más alto con preocuparse? [26]Si no pueden hacer eso, que es tan pequeño, ¿por qué se preocupan por otras cosas? [27]Piensen cómo crecen las flores. No trabajan ni hacen su ropa; pero les aseguro que ni el rey Salomón, con toda su grandeza, se vistió tan bien como cualquiera de esas flores. [28]Dios puso esos vestidos en las hierbas del campo, que hoy están en el campo y mañana se echarán al fuego. ¿Cuánto más querrá vestirlos a ustedes, hombres de poca fe? [29]No piensen tanto en lo que comerán o beberán, ni se preocupen por ello, [30]porque todas las naciones del mundo buscan esas cosas. Su Padre sabe que las necesitan. [31]En lugar de eso, busquen el reino de Dios; entonces, se les darán, además, todas esas otras cosas. [32]No teman, pequeño rebaño, porque su Padre desea darles el reino de Dios. [33]Vendan lo que tengan y denles el dinero a los pobres. Tengan bolsas que nunca se desgasten, llenas de riquezas en el cielo. Esas riquezas nunca se acaban. Ningún ladrón se las puede llevar, ni pueden comérselas los insectos. [34]Recuerden: su corazón estará donde estén sus riquezas.

Jesús manda estar vigilantes y listos para su segunda venida

[35]"Estén listos y vestidos, con las luces encendidas. [36]Sean como hombres que esperan que su amo llegue a su casa para su fiesta de bodas. Cuando llega y llama a la puerta, se le abrirá inmediatamente. [37]Esos obreros estarán felices cuando llegue su amo y los encuentre vigilantes. Les aseguro que estarán vestidos y listos para atenderlo. [38]El amo puede llegar tarde, en la noche, o temprano, por la mañana. Los trabajadores se verán contentos de que su amo los encuentre despiertos cuando llegue. [39]Pero entiendan que si el dueño de una casa supiera cuándo llegará el ladrón, se mantendría despierto. No permitiría al ladrón robar su casa. [40]Ustedes también deben estar listos. El Hijo del Hombre llegará en el momento que menos lo esperan.''

Trabajadores fieles e infieles (Mateo 24:45-51)

[41]Pedro dijo:

—Señor, ¿has contado esa historia para nosotros solamente, o para toda la gente?

[42]El Señor le dijo:

—¿Quién es el obrero fiel y prudente al que su amo le pondrá por encargado de los demás? Es el que tendrá lista la comida en el momento oportuno. [43]Será feliz el obrero al que su Señor, cuando llegue, encontrará trabajando. [44]Les aseguro que lo pondrá sobre todos sus bienes.

[45]—Pero, ¿qué pasará si ese obrero se dice, "El amo tardará en llegar" y si golpea a los demás obreros, come, bebe y se emborracha? [46]El amo de ese obrero llegará un día y a una hora en que no lo estará esperando, destruirá al obrero y lo pondrá con los infieles.

[47]—El obrero que sabía lo que el amo quería que hiciera; pero no se preparó a recibirlo, o no hizo lo que quería, será castigado muchas veces. [48]Pero el que no sabía lo que su amo deseaba que hiciera, pero hizo cosas que merecen castigo, será castigado menos. El hombre

que recibe mucho debe dar mucho. Al que se le dé a cuidar mucho, se le pedirá más.

Los hombres se dividen cuando siguen a Cristo (Mateo 10:34-36)

49—He venido a traer fuego a la tierra. ¡Desearía que ya estuviera encendido! 50Tengo que ser bautizado y ¡qué inquieto me siento hasta que todo pase! 51¿Creen que vine a traer paz a la tierra? Pues no es así; vine a dividir. 52Tres estarán contra dos, y dos contra tres. 53El padre se enfrentará al hijo, y el hijo al padre. La madre estará contra su hija, y la hija contra su madre. La suegra se opondrá a su nuera, y la nuera a su suegra.

54—Cuando ven una nube que se acerca del oeste, dicen inmediatamente: "Va a llover." Y así es. 55Cuando ven que el viento sopla del sur, dicen: "Será un día caluroso." Y lo es. 56Los que fingen ser lo que no son dicen saberlo todo sobre el cielo y la tierra; pero, ¿por qué no saben qué es lo que está pasando en estos días? 57¿Por qué no saben lo que es bueno para sí mismos? 58Cuando una persona dice que estás equivocado y te lleva ante los tribunales, trata de llegar a un acuerdo con él en el camino, o te presentará ante el juez, el cual te entregará a la policía, que te meterá a la cárcel. 59Y te aseguro que no saldrás de allí hasta que hayas pagado hasta la última moneda de la multa.

Todos deben cambiar su actitud acerca de sus pecados y dejarlos

13 En aquel tiempo unas personas vinieron a ver a Jesús y le dijeron que Pilato había matado a algunos habitantes del país de Galilea. Esto pasó mientras ofrecían animales en un altar como sacrificio a Dios. Pilato mezcló la sangre de ellos con la de los animales. 2Jesús les dijo: "¿Cómo eran estos galileos? ¿Eran más pecadores que los otros habitantes del país de Galilea porque sufrieron estas cosas? 3Les digo que no. Pero a menos que ustedes cambien su

actitud acerca de sus pecados y los dejen, también morirán. 4¿Qué les pasó a aquellos dieciocho hombres que murieron cuando les cayó encima la torre de Siloé? ¿Creen que eran los peores pecadores de Jerusalén? 5Les repito que no. Pero a menos que ustedes cambien de actitud acerca de sus pecados y dejen de practicarlos, también morirán."

La historia de la higuera que no tenía fruto

6Entonces Jesús les relató esta historia ilustrativa: "Un hombre tenía una higuera en su campo de uvas. 7Y le dijo a su labrador: 'Mira, durante tres años he venido a buscar higos en esta planta y nunca he encontrado ninguno. Córtala ya, para que no se ocupe terreno en vano.' 8El labrador le dijo: 'Amo, déjala un año más. Limpiaré la tierra a su alrededor y le pondré abono. 9Es posible que el próximo año tenga fruto, pero si no tiene, entonces la cortaré.' "

Jesús sana en el día de descanso

10Jesús enseñaba el día de descanso en un templo local. 11Allí había una mujer que por dieciocho años había sido atormentada por un espíritu malo. No podía andar recta. 12Jesús la vio y le dijo: "Mujer, estás libre de tu mal." 13Entonces él puso sus manos sobre ella; y en seguida, la mujer se puso de pie y dio gracias a Dios.

14El dirigente del templo local se enojó porque Jesús sanó a la mujer en el día de descanso. Dijo a la gente:

—Hay seis días de la semana en que debe trabajarse y hacer otras cosas. Vengan durante esos días para ser curados, pero no en el día de descanso.

15Entonces Jesús le dijo:

—Finges ser lo que no eres. ¿No les dan todos ustedes de beber a sus animales, su vaca o su burro, en el día de descanso? 16Y ¿esta mujer judía no podía ser librada de su mal en el día de descanso? Estuvo encadenada por el diablo durante dieciocho años.

17Cuando dijo esto, todos los que estaban en contra de él se avergonzaron.

La mayoría de la gente se alegró por las cosas maravillosas que Jesús hacía.

La historia de la semilla de mostaza y la levadura (Mateo 13:31-33; Marcos 4:30-32)

¹⁸Entonces Jesús les preguntó: "¿A qué se parece el reino de Dios? ¿Con qué lo comparo? ¹⁹Es como una semilla de mostaza que un hombre sembró en su campo. Creció y llegó a ser un árbol. Los pájaros hasta hicieron nidos en las ramas."

²⁰Otra vez dijo Jesús: "¿Qué puedo usar para enseñarles a qué se parece el reino de Dios? ²¹Es como la levadura que una mujer puso en tres medidas de harina hasta que todo se fermentó."

Jesús enseña en el camino a Jerusalén (Mateo 7:13, 14, 21-23)

²²En el camino a Jerusalén, Jesús enseñaba a la gente que se encontraba en las ciudades y pueblos por donde iba pasando. ²³Algunos le preguntaron:

—Señor, ¿son pocas las personas que se salvan del castigo que viene por el pecado?

El les contestó:

²⁴—Procuren entrar por la puerta angosta, porque les digo que muchos tratarán de entrar pero no podrán. ²⁵El dueño de la casa se levantará y cerrará la puerta; y ustedes, que van a estar afuera de la casa, tocarán la puerta y dirán: "Señor, permítenos entrar." Entonces él les dirá: "No los conozco." ²⁶Entonces ustedes dirán: "Nosotros comimos y bebimos contigo cuando enseñabas en nuestras calles." ²⁷Pero él les dirá: "Les digo que no los conozco. Apártense de mí, ustedes que son pecadores."

²⁸—Habrá fuerte gritería y rechinar de dientes cuando vean a Abraham, a Isaac y a Jacob y todos los antiguos predicadores entrar en el reino de Dios, y ustedes se quedarán afuera. ²⁹Aquellos que se sienten a la mesa en el reino de Dios vendrán del este y del oeste y del norte y del sur. ³⁰Escuchen: algunos que son los últimos serán los primeros,

y algunos que son los primeros serán los últimos.

³¹Ese mismo día algunos de los celosos religiosos vinieron a Jesús y le dijeron:

—Vete de aquí porque Herodes quiere matarte.

³²Jesús les contestó:

—Vayan y díganle a ese zorro: "Mira, yo saco espíritus malos y curo a los enfermos; haré estas cosas hoy y mañana. Y al tercer día, estaré terminado de mi trabajo." ³³Pero tengo que seguir mi camino el día de hoy, mañana y pasado mañana. Uno que ha bla enviado por Dios no puede morir sino en Jerusalén.

Jesús llora sobre Jerusalén (Mateo 23:37-39)

³⁴—Jerusalén, Jerusalén, tú has matado a los predicadores antiguos y apedreado a los que son enviados a ti. Cuántas veces quise juntar a tus hijos alrededor de mí, como las gallinas juntan sus pollitos bajo sus alas, pero tú no me dejaste. ³⁵Mira cómo se ha quedado vacía tu casa. Te digo que no me verás otra vez hasta que venga el tiempo en que digas: "Grande y honorable es el que viene de parte del Señor."

Otro hombre es sanado en el día de descanso

14 El día de descanso, Jesús fue a la casa de uno de los dirigentes religiosos para comer. Todos miraban a Jesús para ver qué haría. ²Pusieron ante Jesús a un hombre que estaba enfermo de una hinchazón. ³Jesús les preguntó a los dirigentes y a los celosos religiosos: "¿Dice la ley que es correcto curar en el día de descanso o no?" ⁴Cuando ellos no contestaron, Jesús tomó al hombre y lo curó. Luego lo despidió. ⁵Entonces Jesús les dijo a los dirigentes: "Si uno de ustedes tuviera una vaca, o un burro y se cayera en un pozo no lo sacaría en el día de descanso?" ⁶Ellos no pudieron contestar.

Jesús enseña acerca de cómo vivir con otros

⁷Jesús estaba mirando a los que ha-

bían sido invitados a la cena. Todos trataban de conseguir los principales lugares. El les contó una historia diciendo: 8"Cuando te inviten a una cena de boda, no te sientes en los lugares importantes, porque puede venir alguien más importante que tú, 9y el que los invitó puede decirte: 'Este lugar importante es para esta otra persona.' Tú pasarás vergüenza mientras te diriges al asiento de atrás. 10Pero cuando te inviten a venir a la mesa, siéntate en el lugar de atrás. Entonces el que te invitó puede venir a donde estás tú a decirte: 'Amigo, pásate a un lugar principal.' Entonces serás respetado delante de todos los que te acompañan a la mesa. 11Cualquiera que desee aparecer más importante de lo que es encontrará que vale muy poco; pero cualquiera que no se siente importante será hecho importante."

12Entonces Jesús le dijo al hombre que lo invitó a comer en su casa: "Cuando hagas una comida, no invites a tus amigos, o a tus hermanos, o a tu familia o a tus vecinos ricos. Ellos te invitarán a sus casas a cenar, en pago por la invitación que les hiciste. 13Cuando hagas cena invita a los pobres, a los cojos que no pueden caminar y a los ciegos. 14Vas a recibir tu paga cuando la gente que está bien con Dios se levante de los muertos."

15Cuando uno de los que estaban comiendo en la mesa con Jesús oyó esto, dijo: "Felices todos los que coman en el reino de Dios."

La historia de la gran cena (Mateo 22:1-14)

16Entonces Jesús dijo al jefe de los celosos religiosos: "Hubo un hombre que dio una gran cena e invitó a mucha gente a cenar. 17Cuando se acercaba el día de la cena, envió a uno de sus siervos a decirles a los que había invitado: 'Vengan, que todo está listo ya.' 18Pero todos los invitados dieron diferentes disculpas para no ir. El primero dijo: 'Compré un terreno y debo ir a verlo. No me esperen.' 19Otro dijo: 'He com-

prado diez bueyes para usarlos en mis tierras y debo ir a probarlos. No me esperen.' 20Y otro dijo: 'Me acabo de casar y no puedo ir.' "

21"El siervo volvió a su dueño y le dijo estas cosas. El dueño se enojó y le dijo a su siervo: 'Vete a las calles y a las veredas de la ciudad y trae aquí a los pobres; trae a los enfermos, a los cojos y a los ciegos.' 22El siervo regresó y dijo: 'Señor, hice lo que me mandó, pero todavía hay lugares vacíos.' 23Entonces el señor dijo a su criado: 'Vete a los caminos que van de la ciudad hacia los campos y diles que tienen que venir. Haz esto para que se llene mi casa. 24Te digo que ninguno de los que yo antes invité comerá de mi cena.' "

Dejando las cosas de este mundo (Mateo 10:37-39)

25Mucha gente seguía a Jesús, y él, volteándose, les dijo: 26"Si alguno viene a mí y no me ama más que a su padre y a su madre, esposa e hijos, hermanos y hermanas, y aun su propia vida, no puede seguirme. 27Si no carga su cruz y viene atrás de mí, no puede ser mi seguidor.

28"Si alguno de ustedes quiere construir un edificio grande, primero se sienta y piensa cuánto le costará construirlo; debe ver si tiene suficiente dinero para terminarlo. 29Si no, al terminar los cimientos que van a sostener el edificio, se le acaba el dinero; y todos se reirán. 30Entonces se dirá: 'Este hombre empezó a construir y no pudo terminar.'

31"¿Qué sucede si un gobernante hace la guerra a otro? ¿No se sentará primero y decidirá si es capaz de ir con diez mil hombres contra el otro rey que viene con veinte mil hombres? 32O enviará un soldado al otro rey mientras está lejos y preguntará qué puede hacerse para tener paz. 33De la misma manera, cualquiera que no renuncia a todo lo que tiene no puede ser mi seguidor.

34"La sal es buena, pero si pierde su

sabor, ¿qué puede hacerse para que otra vez sepa a sal? ³⁵No sirve para nada; se arroja fuera. El que tiene oídos para oír, que oiga."

La historia de la oveja perdida (Mateo 18:11-14)

15 Todos los cobradores de impuestos y los pecadores se acercaban para oír a Jesús. ²Los celosos religiosos y los maestros de la ley empezaron a hablar de él, diciendo: "Este recibe a los pecadores y come con ellos."

³Entonces Jesús les contó una historia, diciendo: ⁴"¿Qué pasa si uno de ustedes tiene cien ovejas y pierde una? ¿No deja las noventa y nueve en el campo para buscar a la que se perdió hasta encontrarla? ⁵Cuando la encuentra, se pone feliz y se la echa sobre los hombros. ⁶Se va a casa y reúne a sus amigos y vecinos y les dice: '¡Pónganse contentos junto conmigo porque encontré la oveja que se había perdido!' ⁷Les digo que habrá más gozo en el cielo por un pecador que sienta tristeza de sus pecados y los abandone, que por noventa y nueve personas que están en paz con Dios y no necesitan cambiarse.

La historia de la moneda perdida

⁸"¿Qué sucede si una mujer tiene diez monedas de plata y pierde una? ¿No enciende una lámpara para barrer el piso hasta que la encuentra? ⁹Cuando la encuentra, llama a sus amigas y vecinas y les dice: 'Alégrense conmigo porque encontré la moneda de plata que perdí.' ¹⁰Les digo que pasa lo mismo entre los ángeles de Dios, si un pecador cambia su actitud acerca de sus pecados y los abandona."

La historia del hijo necio que perdió todo su dinero

¹¹También les dijo: "Había un hombre que tenía dos hijos. ¹²El menor dijo a su padre: 'Padre, dame la parte de la herencia que me toca.' Entonces el padre dividió entre sus dos hijos todo lo que tenía. ¹³Al poco tiempo el hijo menor tomó todo lo que se le había dado, y se fue lejos a otro país. Ahí gastó todo lo que tenía, viviendo una vida mala. ¹⁴Cuando se le acabó el dinero, tuvo hambre porque vino una escasez de alimentos en aquel país. ¹⁵Entonces fue a trabajar con uno de los habitantes de aquella tierra. Su tarea era la de alimentar a los cerdos. ¹⁶Tenía tanta hambre que quería comerse las bellotas que comían los puercos, pero nadie se la daba de comer. ¹⁷Entonces empezó a pensar en lo que había hecho y se dijo a sí mismo: 'Mi padre les paga a los hombres que trabajan para él. Tienen toda la comida que quieran y aun más. Yo estoy a punto de morir de hambre. ¹⁸Me levantaré, iré a ver a mi padre y le diré: Padre, he pecado contra el cielo y contra ti. ¹⁹No merezco ser llamado tu hijo. ¿Podría ser como uno de los hombres que trabajan para ti?'

²⁰"El hijo se levantó y fue a ver a su padre. Todavía no llegaba a la casa cuando lo vio su padre; estaba lleno de amor hacia él. Corrió, lo abrazó y lo besó. ²¹El hijo le dijo: 'Padre, he pecado contra el cielo y contra ti, no merezco ser llamado hijo tuyo . . .' ²²Pero el padre les dijo a sus trabajadores: '¡Apresúrense! Consigan el mejor traje y pónganselo. Pónganle un anillo en la mano y zapatos en los pies. ²³Traigan el becerro gordo y mátenlo. Comamos y alegrémonos. ²⁴Mi hijo estaba muerto y ahora está vivo otra vez. Se había perdido y ha aparecido. Comamos y alegrémonos.'

²⁵"El hijo mayor estaba en el campo. Y mientras se acercaba a la casa, oyó la música y el baile. ²⁶Llamó a uno de los mozos y le preguntó qué pasaba. ²⁷El mozo contestó: 'Tu hermano ya regresó. Tu padre ha matado el becerro gordo. Tu hermano está en la casa y está bien.' ²⁸El hermano mayor se enojó y no quería ir a la casa. Su padre salió y pidió que entrara, ²⁹pero el hijo mayor le dijo: 'Todos estos años he trabajado para ti, pero tú nunca me diste ni un cabrito para que pudiera cenar y divertirme con mis amigos. ³⁰Pero en cuanto

vino este hijo que malgastó tu dinero con mujeres de la calle, mataste el becerro gordo.'

31"Entonces el padre le dijo: 'Hijo mío, tú siempre estás conmigo, y todo lo que tengo es tuyo. 32Ahora es bueno que nos divirtamos y estemos alegres, porque tu hermano estaba muerto y ahora está vivo. Se había perdido pero se ha hallado.' "

La historia del jefe que robaba

16 Jesús dijo a sus seguidores: "Había un hombre rico que puso un jefe sobre sus casas y terrenos. Alguien le dijo que éste no estaba usando bien las riquezas. 2El hombre rico mandó traer al jefe y le dijo: '¿Qué es esto que oigo acerca de ti? Dime, ¿qué has hecho con mis cosas? Ya no serás el jefe de mis casas y terrenos.'

3"El jefe pensó: '¿Qué voy a hacer, si el dueño me quita el trabajo? No puedo trabajar en el campo para vivir, y me da vergüenza pedir ayuda. 4Ya sé qué haré. Lo haré de tal manera que cuando pierda este trabajo pueda ir a la casa de mis amigos.'

5"Mandó traer a la gente que le debía al rico y le preguntó al primero: '¿Cuánto le debes al amo?' 6El dijo: 'Cien barriles de aceite.' Entonces el jefe le dijo: 'Toma tu cuenta y cámbialo a cincuenta.' 7Luego le preguntó a otro: ¿Cuánto debes?' Este respondió: 'Cien bolsas de trigo.' Entonces el jefe le dijo: 'Toma tu cuenta y cámbialo a ochenta.' 8Cuando lo supo el rico dijo que este malo había sabio al planear así para el futuro. Porque la gente del mundo es más sabia que los hijos de luz.

9"Yo les digo, usen bien las riquezas del mundo, las cuales a menudo se usan equivocadamente, de tal manera que cuando se acaben, los amigos puedan recibirlos en una casa que será eterna. 10El que es fiel con las cosas pequeñas también es fiel con las cosas grandes, y el que no es honrado con las cosas pequeñas tampoco es honrado

con las cosas grandes. 11Si no son fieles con las riquezas de este mundo, ¿quién les confiará las riquezas verdaderas? 12Y si no son fieles con lo de otras personas, ¿quién les dará las cosas de ustedes? 13Ningún trabajador puede tener dos amos. Odiará a uno y amará al otro, o será fiel a uno e infiel al otro. Ustedes no pueden ser fieles a Dios y a las riquezas al mismo tiempo."

Jesús enseña que la ley no se ha terminado

14Los celosos religiosos oían estas cosas. Se burlaron de Jesús porque amaban al dinero. 15Entonces Jesús les dijo: "Ustedes son la clase de personas que se hacen aparecer buenas delante de otros, pero Dios conoce sus corazones. Lo que el hombre piensa que es bueno es odiado por Dios.

16"Hasta la venida de Juan, ustedes tenían los escritos de la ley y de los antiguos predicadores de Dios. Desde entonces hasta ahora se han proclamado las buenas nuevas del reino de Dios y todos tratan de entrar en él. 17Pero es más fácil que el cielo y la tierra dejen de existir que una pequeña parte de una palabra de la ley quede sin cumplirse.

Jesús enseña sobre el divorcio

18"Cualquiera que se divorcia y se casa con otra es infiel al matrimonio y culpable de pecado sexual.

El hombre rico y Lázaro

19"Había un hombre rico que se vestía con ropa fina diariamente. Vivía como un rey con las mejores comidas. 20También había un mendigo llamado Lázaro que estaba cubierto de llagas malignas y se sentaba a la puerta del rico. 21Deseaba los pedazos de comida que caían de la mesa del rico. Los perros venían y le lamían las llagas.

22"El mendigo murió y fue llevado por los ángeles a los brazos de Abraham. El rico también murió y lo enterraron. 23Estando en el infierno con muchos dolores, el rico alzó la vista y vio a Abraham a lo lejos, y a Lázaro junto a él. 24Entonces gritando dijo: 'Padre Abraham, ten lástima de mí. Mándame a Lázaro para que moje la punta de su dedo en agua y refresque mi lengua, porque tengo mucho dolor en este fuego.' 25Abraham le dijo: 'Hijo mío, no olvides que durante tu vida tuviste muchas cosas buenas. Lázaro sólo tuvo males, pero ahora él es bien atendido y tú estás en tormento. 26Además de esto, hay una gran distancia entre nosotros. Nadie de aquí puede ir allá aunque quiera, y nadie puede venir de allá.'

27"Entonces el rico dijo: 'Padre, te ruego que envíes a Lázaro a la casa de mi padre 28donde tengo cinco hermanos. Permítele que les diga de esto: de otro modo ellos también vendrán a este lugar de dolor.' 29Abraham le dijo: 'Tienen los escritos de Moisés y de los antiguos predicadores de Dios; que oigan lo que ellos les dicen.' 30Pero el rico le dijo: 'No, Padre Abraham, si alguien va a ellos de los muertos, cambiarán de actitud acerca de sus pecados y los dejarán.' 31Abraham le dijo: 'Si no escuchan a Moisés y a los antiguos predicadores de Dios, tampoco escucharán a alguien que se levanta de los muertos.' "

Jesús habla sobre el perdón (Mateo 18:6, 7, 21, 22; Marcos 9:42)

17 Jesús les dice a los que le siguen: "Es cierto que sucederán cosas que harán que la gente peque; pero pobre del que haga algo para que otro peque. 2Sería mejor que se amarrara una piedra pesada al cuello y se tirara al mar, que hacer que peque uno de mis pequeñitos.

3"¡Tengan cuidado! Si tu hermano peca, háblale claro. Si lo siente y no lo vuelve a hacer, perdónalo. 4 Y si peca siete veces contra ti , si siete veces en el día, y vuelve para decirte que lo siente, perdónalo."

5Sus misioneros le dijeron al Señor:
—Danos más fe.
6El Señor les dijo:
—Si su fe fuera como una semilla de mostaza, podrían decirle a este árbol: "Arranca tus raíces y plántate en el mar", y el árbol les obedecería.

Jesús enseña lo que es ser fiel

7"Si alguno de ustedes tuviera un obrero que trabajara el campo o cuidara las ovejas, al regresar de su trabajo, ¿le diría: 'Siéntate y come'? 8No, le dirá: 'Prepárame la cena; vístete y atiéndeme hasta que termine de comer y beber; después, come y bebe tú.' 9¿Se le dan las gracias al obrero porque hizo lo que se le mandó? Creo que no. 10Con ustedes es lo mismo. Cuando hayan terminado de hacer lo que les dijeron, deben decir: 'No somos obreros especiales, porque sólo hicimos lo que debíamos hacer.' "

Jesús cura a diez enfermos de la piel

11Cuando Jesús iba a Jerusalén, pasaba por los países de Samaria y Galilea. 12Y al entrar en un pueblo, se acercaron a él diez hombres muy enfermos de la piel. Se quedaron un poco lejos. 13Y le gritaron:
—¡Jesús! ¡Maestro! ¡Ten lástima de nosotros!
14Cuando Jesús los vio, les dijo:
—Vayan y preséntense a los dirigentes religiosos.
Y cuando se iban, quedaron sanados. 15Uno de ellos regresó, al ver que estaba curado, y dio gracias a Dios a gritos. 16Se puso de rodillas, inclinó la cabeza ante Jesús y le dio gracias. Era un hombre de Samaria. 17Jesús le preguntó:
—¿No eran diez los que sanaron? ¿En dónde están los otros nueve? 18¿Es este extranjero el único que regresó a dar gracias a Dios?
19Luego, Jesús le dijo:
—Levántate y sigue tu camino; tu fe te ha curado.

Jesús enseña sobre el reino de Dios (Mateo 24:23-28, 36-41)

20Los celosos religiosos le preguntaron cuándo vendría el reino de Dios. Jesús les dijo: "Cuando el reino de Dios venga, no lo verán con los ojos. 21No dirán, '¡Miren! ¡Aquí está!' ni, '¡Allí está!', porque el reino de Dios está en ustedes."

Jesús habla sobre su segunda venida

22Jesús les dijo a sus seguidores:

—Vendrá el tiempo en que desearán ver uno de los días del Hijo del Hombre y no lo verán. **23**Ellos les dirán, "¡Está aquí!" o "¡Está allá!", pero no les sigan. **24**Cuando venga el Hijo del Hombre, será como un relámpago que brilla de una parte del cielo a otra. **25**Pero, antes de eso, él tiene que sufrir muchas cosas, y la gente de este tiempo lo rechazará.

26—Como fue en los tiempos de Noé, así será cuando regrese el Hijo del Hombre. **27**La gente comía y bebía. Se casaban y se daban en casamiento. Hicieron todo esto hasta el día que Noé entró en el arca. Luego vinieron las lluvias y toda la gente del mundo murió. **28**Lo mismo pasó cuando Lot vivió. La gente comía y bebía, compraba y vendía, sembraba y construía. **29**Pero el día que Lot salió de la ciudad de Sodoma, cayó fuego y azufre del cielo, como si fuera lluvia, y mató a todos los que vivían en Sodoma.

30—Lo mismo pasará cuando regrese el Hijo del Hombre. **31**En ese día, el hombre que esté en el techo de una casa no debe bajar para sacar sus cosas de la casa. Tampoco el hombre que esté en el campo debe regresar a su casa. **32**¡Acuérdense de la esposa de Lot!

33—El que quiera salvar su vida la perderá, y el que la pierda se la devolverán. **34**Les aseguro que en esa noche habrá dos en la misma cama; se llevará a uno y dejará el otro. **35**Dos mujeres estarán moliendo juntas; se llevará a una y se dejará a la otra. **36***Estarán dos hombres trabajando en el campo; se llevará a uno y se dejará el otro.

37Luego, le preguntaron a Jesús:

—¿Dónde pasará esto?

Y él les dijo:

—También los buitres se juntarán en donde esté un cuerpo muerto.

La historia de la viuda

18 Jesús les dijo una historia, para enseñarles que los hombres deben orar siempre y no darse por vencidos. **2**Les dijo: "Había un juez en una ciudad, encargado de decidir si una persona era culpable o no. Este hombre no obedecía a Dios ni respetaba a los hombres. **3**En la misma ciudad, vivía una viuda que no dejaba de ir a él para decirle: '¡Ayúdeme! ¡Hay alguien que trata de hacerme mal!' **4**Pero el juez no la ayudaba, hasta que comenzó a pensar: 'No obedezco a Dios ni respeto a los hombres; **5**pero le ayudaré a esta viuda, porque estoy cansado de oírla.' " **6**Luego, dijo el Señor: "Escuchen las palabras del juez malo. **7**¿No ayudará Dios a los de su pueblo que le piden de día y de noche? ¿Tardará mucho en ayudarles? **8**Yo les digo que les ayudará sin tardar; pero, cuando venga el Hijo del Hombre, ¿encontrará fe en la tierra?"

La historia de los celosos religiosos y los cobradores de impuestos

9Jesús les contó otra historia a unas personas que se creían buenas pero que despreciaban a los demás. **10**Jesús dijo: "Dos hombres fueron al gran templo de Dios a orar. Uno de ellos era un celoso religioso y el otro un cobrador de impuestos. **11**El celoso religioso se puso de pie y oró a Dios así: 'Dios, te doy gracias porque no soy como otros hombres; no soy ladrón, soy justo, no tengo otras mujeres, ni siquiera soy como ese cobrador de impuestos. **12**Para orar mejor, no como nada dos veces por semana; y doy la décima parte de lo que gano.' **13**El cobrador de impuestos se había quedado lejos; ni siquiera levantaba los ojos al cielo, pero se golpeaba el pecho, diciendo: '¡Dios, ten compasión de mí, porque soy pecador!' **14**Les digo que este hombre volvió a su casa perdonado y el otro no. Porque el que se dé más importancia de la que tiene verá lo poco que vale; y el que no trate de pasarse por importante recibirá más honor."

Jesús da gracias por los niños (Mateo 19:13-15; Marcos 10:13-16)

15La gente le llevaba sus niños a Jesús, para que pusiera sus manos sobre ellos. Cuando los que lo seguían vieron esto, comenzaron a regañarlos. 16Jesús llamó a sus seguidores y les dijo: "Dejen que los niños se acerquen a mí; no los estorben, porque el reino de Dios es de ellos. 17Yo les aseguro que el que no recibe el reino de Dios como un niño, no entrará en él."

Jesús y el jefe rico (Mateo 19:16-30; Marcos 10:17-31)

18Uno de los jefes le preguntó a Jesús:

—Maestro bueno, ¿qué debo hacer para tener la vida sin fin?

19Jesús le dijo:

—¿Por qué me llamas bueno? Sólo hay uno que es bueno, Dios. 20Conoces las leyes: no cometerás pecados sexuales, no matarás, no robarás, no dirás mentiras acerca de los demás. Respeta a tu padre y a tu madre.

21El jefe dijo:

—He obedecido estas leyes desde que era niño.

22Cuando Jesús oyó esto, le dijo:

—Hay algo que te falta hacer: vende todo lo que tienes y da el dinero a los pobres. Así tendrás riquezas en el cielo. Luego, ven, sígueme.

23Cuando el jefe oyó esto, se sintió muy triste, porque era muy rico. 24Jesús se dio cuenta de su tristeza y dijo:

—¡Es muy difícil que los ricos entren en el reino de Dios. 25Es más fácil que un camello pase por el ojo de una aguja que un rico entre al reino de Dios.

26Los que lo oyeron dijeron:

—Entonces, ¿quién puede salvarse del castigo del pecado?

27Jesús dijo:

—Dios hace lo que los hombres no pueden hacer.

28Entonces, Pedro dijo:

—Pues nosotros lo hemos dejado todo para seguirte.

29Jesús les dijo:

—Y yo les digo, cualquiera que deja su casa o sus padres o hermanos o esposa o hijos por el reino de Dios, 30recibirá mucho más ahora y, en el futuro, tendrá la vida sin fin.

Jesús habla por tercera vez de su muerte (Mateo 20:17-19; Marcos 10:32-34)

31Luego, Jesús llevó aparte a sus doce seguidores y les dijo: "Escuchen, vamos a ir a Jerusalén y pasarán todas las cosas que dijeron los antiguos predicadores sobre el Hijo del Hombre. 32Será entregado a la gente. Se burlarán de él, lo herirán y lo escupirán. 33Y después de azotarlo, lo matarán; pero él volverá a la vida al tercer día.

34Sus seguidores no le entendieron; no comprendieron sus palabras; no sabían de qué les hablaba.

Jesús cura al ciego (Mateo 20:29-34; Marcos 10:46-52)

35Cuando Jesús iba llegando a la ciudad de Jericó, vio a un hombre sentado al lado del camino, pidiendo ayuda. 36El ciego oyó ruido de mucha gente y preguntó qué pasaba. 37Le dijeron que Jesús de Nazaret iba pasando por allí. 38Entonces, el ciego gritó:

—¡Jesús, Hijo de David, ten lástima de mí!

39Entonces, la gente le regañó y le dijo que se callara; pero él gritó más fuerte todavía:

—¡Hijo de David, ten lástima de mí!

40Jesús se detuvo y les dijo que le trajeran al ciego. Cuando llegó a su lado, le preguntó:

41—¿Qué quieres que te haga?

El ciego contestó:

—Señor, quiero ver.

42Jesús le dijo:

—¡Entonces ve, tu fe te ha curado!

43Y el ciego vio desde ese momento y siguió a Jesús dando gracias a Dios. Cuando el pueblo vio esto, también dio gracias a Dios.

La nueva vida de Zaqueo

19 Jesús siguió su camino y entró en la ciudad de Jericó. 2Allí había un hombre rico, llamado Zaqueo, que era el jefe de los cobradores de impuestos. ³Zaqueo quería ver a Jesús; pero no podía, porque había mucha gente y él era muy bajo. ⁴Entonces, se adelantó y se subió a un árbol sicómoro, para verlo cuando pasara por allí.

⁵Cuando Jesús llegó a ese lugar, miró hacia arriba y dijo:

—Zaqueo, baja en seguida, porque necesito quedarme en tu casa hoy.

⁶El bajó rápidamente y se sintió feliz de poder recibir a Jesús en su casa. ⁷Cuando la gente vio esto, todos comenzaron a quejarse. Dijeron:

—Va con un hombre que todos saben es pecador.

⁸Zaqueo se puso en pie y le dijo al Señor:

—Mira, Señor, doy a los pobres la mitad de todo lo que es mío; y si a alguien le he quitado de más, le devolveré cuatro veces.

⁹Jesús le dijo:

—Hoy la salvación ha llegado a esta casa. Tú has mostrado ser de la familia de Abraham. ¹⁰Porque el Hijo del Hombre vino a buscar y salvar a los que estaban perdidos.

La historia de los diez trabajadores y el dinero

¹¹Cuando oyeron estas cosas, Jesús les contó una historia, porque, como estaban cerca de Jerusalén, pensaban que el reino de Dios estaba por llegar. ¹²Y Jesús les dijo: "Un hombre rico e importante se fue a un lugar lejano, en donde iba a recibir un reino y luego volver a casa. ¹³Llamó a diez de sus trabajadores. Les dio a cada uno diez monedas y les dijo: 'Usen este dinero hasta que yo vuelva.' ¹⁴Pero había en ese lugar otros hombres que lo odiaban y enviaron hombres detrás de él, para decirle que no querían tenerlo como su rey. ¹⁵Pero cuando recibió el otro reino, volvió y llamó a los trabajadores que habían recibido el dinero, porque quería saber cómo lo habían usado. ¹⁶El primero llegó y dijo: 'Señor, con la moneda que me diste, gané otras diez monedas más.' ¹⁷El Señor le dijo: 'Muy bien, como supiste cuidar lo poco que te di, ahora mandarás en diez ciudades.'

¹⁸"El segundo hombre llegó y le dijo: 'Señor, con la moneda que me diste, gané otras cinco monedas.' ¹⁹Y él le dijo: 'Tú gobernarás cinco ciudades.'

²⁰"Otro llegó y dijo: 'Mira, Señor, aquí está la moneda que me diste. La tuve escondida en un pañuelo. ²¹Te temía, porque sé que eres un hombre duro; tomas lo que no pusiste y siegas lo que no sembraste.' ²²El rey le dijo: 'Por tus propias palabras te condeno, hombre malo e inútil. Sabías que tomo de donde no puse y que siego donde no sembré. ²³¿Por qué no pusiste mi dinero en el banco? Así, al volver, por lo menos habría recibido mi dinero y lo que el banco paga por usarlo.'

²⁴"Entonces, el señor dijo a los que estaban con él: 'Quítenle la moneda y dénsela al que tiene diez.' ²⁵Ellos le dijeron: 'Señor, él ya tiene diez monedas.' "

²⁶" 'Les digo: El que tiene recibirá más; y el que no tiene, hasta lo poco que tiene, se le quitará. ²⁷Traigan a los que no me querían tener como rey y mátenlos delante de mí.' "

²⁸Cuando terminó de contar la historia, se fue delante de ellos a Jerusalén.

La última vez que Jesús entra en Jerusalén (Mateo 21:1-11; Marcos 11:1-11; Juan 12:12-19)

²⁹Cuando Jesús se acercaba a los pueblos de Betfagé y Betania, cerca del monte de los Olivos, envió adelante a dos de sus seguidores, ³⁰y les dijo: "Vayan al pueblo que está cerca y encontrarán un burro atado en que nadie se ha sentado jamás. Desátenlo y tráiganmelo. ³¹Si alguien les pregunta, '¿Por qué lo desatan?', díganle, 'Porque el Señor lo necesita.' "

³²Los enviados encontraron todo como Jesús les había dicho.

³³Cuando desataban al burro, el dueño les preguntó:

—¿Por qué están desatando al burro?
³⁴Ellos contestaron:

—El Señor lo necesita.

³⁵Luego, se lo llevaron a Jesús. Le pusieron sus ropas encima, y el Señor se montó en él.

³⁶Al ir pasando Jesús, la gente ponía su ropa en el camino. ³⁷Y cuando se acercaron a la bajada del monte de los Olivos, la multitud que lo seguía comenzó a cantar con fuerza y a dar gracias a Dios por las obras poderosas que habían visto. ³⁸Y decían: "¡Bendito es el Rey que viene en el nombre del Señor. Paz en el cielo y gloria al Altísimo!"

³⁹Algunos de los celosos religiosos, que estaban entre la gente, le dijeron a Jesús:

—Maestro, regaña a los que te siguen.

⁴⁰Pero Jesús les dijo:

—Pues yo les digo que si éstos callaran hablarían las mismas piedras.

Jesús llora al ver a Jerusalén

⁴¹Cuando Jesús llegó cerca de Jerusalén, lloró al ver la ciudad. ⁴²Y dijo: "¡Oh, si tú supieras en este tu gran día, cosas que podrían darte la paz! Pero ahora quedan escondidas a tus ojos. ⁴³Se acercan los días en que tus enemigos harán guerra contra ti. Te encerrarán por todos lados. ⁴⁴Te destruirán y a tus hijos contigo. No quedará piedra sobre piedra, porque no reconociste la visita de tu Dios."

Jesús no permite que hagan negocios en el gran templo de Dios (Mateo 21:12-17; Marcos 11:15-19; Juan 2:13-17)

⁴⁵Jesús entró en el gran templo de Dios y comenzó a echar fuera a los que compraban y vendían adentro. ⁴⁶Les dijo: "Está escrito que mi casa es casa de oración; pero ustedes la han hecho cueva de ladrones" *(Isaías 56:7; Jeremías 7:11)*.

⁴⁷Jesús comenzó a enseñar cada día en el templo, y los celosos religiosos, los maestros de la ley, y los jefes del pueblo buscaban la manera de matarlo;

⁴⁸pero no encontraban cómo, porque la gente le seguía siempre para oír lo que enseñaba.

Le preguntaron a Jesús quién le daba el poder para hacer estas cosas (Mateo 21:23-32; Marcos 11:27-33)

20 Cuando predicaba y enseñaba las buenas nuevas, se acercaron a él los dirigentes religiosos, los maestros de la ley y los jefes del pueblo judío ²para preguntarle:

—Dinos, ¿con qué derecho y poder haces estas cosas? Y, ¿quién te dio ese derecho y ese poder?

³Jesús les dijo:

—Yo también les preguntaré algo, para que me contesten:

—⁴El bautismo de Juan, ¿era del cielo o de los hombres?

⁵Ellos se dijeron entre sí: "Si decimos 'Del cielo', nos dirá, 'Entonces, ¿por qué no creyeron en él?' ⁶Pero, si decimos, 'De los hombres', entonces la gente nos apedreará, porque creen que Juan era uno que hablaba en nombre de Dios." ⁷Entonces, dijeron que no sabían de dónde era el bautismo de Juan. ⁸Jesús les dijo:

—Yo no les diré tampoco con qué derecho y poder hago estas cosas.

La historia del campo de uvas (Mateo 21:33-46; Marcos 12:1-12)

⁹Jesús le contó a la gente una historia que decía: "Había una vez un hombre que plantó un campo de uvas. Lo alquiló a unos agricultores y, luego, se fue a un país lejano, quedando allí mucho tiempo. ¹⁰Cuando llegó la hora de recoger la cosecha, mandó a uno de sus ayudantes, para que le trajera algo del fruto que le tocaba. Pero los agricultores lo golpearon y le enviaron sin nada. ¹¹El dueño envió a otro hombre, y los agricultores lo golpearon y lo humillaron a él también. Lo hicieron regresar sin nada. ¹²Luego, el dueño envió a un tercer hombre. Los agricultores lo vieron y lo echaron del campo.

¹³" 'Entonces', el dueño dijo, '¿qué

puedo hacer? Enviaré a mi amado hijo; quizá a él lo respeten.' ¹⁴Cuando los agricultores vieron al hijo, dijeron: 'Este es el que va a ser dueño de todo cuando su padre muera. Vamos a matarlo, para que el campo sea nuestro.' ¹⁵Entonces, lo sacaron del campo y lo mataron. Ahora, ¿qué les hará el dueño del campo? ¹⁶Vendrá y matará a los agricultores y, luego, alquilará el campo de uvas a otros hombres.''

Cuando ellos oyeron esto, dijeron: "¡Dios nos libre!" Pero ¹⁷Jesús los miró y dijo: "¿Qué significa lo que está escrito: 'La piedra que los edificadores pasaron por alto es ahora la más importante de la construcción'? *(Salmo 118:22)*. ¹⁸El que caiga en esta piedra será quebrantado; y si la piedra cae sobre alguien, lo hará polvo''*(Isaías 8:14, 15)*

Tratan de ponerle trampa a Jesús (Mateo 22:15-22; Marcos 12:13-17)

¹⁹Los dirigentes religiosos y los maestros de la ley trataban de tomar a Jesús pero tenían miedo a la gente. Ellos sabían que Jesús había dicho esa historia en contra suya. ²⁰Vigilaban al Señor y, para observarlo, mandaban a hombres que se hacían pasar por seguidores suyos, para tomarlo en un error y poder entregarlo a los dirigentes del pueblo, que podían castigarlo.

²¹Estos hombres le dijeron a Jesús:
—Maestro, sabemos que lo que dices y enseñas es correcto, que eres justo con todos por igual y que enseñas con verdad el camino de Dios. ²²¿Debemos pagar, o no, los impuestos al César?

²³Jesús sabía que trataban de engañarlo y les dijo:
²⁴—Enséñenme una moneda. ¿De quién es esta imagen? ¿De quién es el nombre que está escrito aquí?

Y ellos contestaron:
—Es de César.
²⁵Entonces Jesús les dijo:
—Den a César lo que es de César y a Dios lo que es de Dios.

²⁶No pudieron encontrar nada malo en lo que enseñaba y al oír su contestación se sorprendieron mucho y se callaron.

Le preguntan a Jesús sobre los muertos que vuelven a la vida (Mateo 22:23-33; Marcos 12:18-27)

²⁷Algunas personas del grupo religioso que no creía que los muertos volverán a vivir se acercaron a Jesús para preguntarle:

²⁸—Maestro, Moisés, en su ley, dice: "Si el hermano de un hombre muere y deja a su esposa sin hijos, su hermano debe casarse con ella y tener hijos por su hermano muerto" *(Deuteronomio 25:5)*. ²⁹Había una vez siete hermanos. El primero tenía esposa pero murió sin hijos. ³⁰El segundo hermano se casó con ella; pero también murió sin hijos. ³¹Luego, el tercero se casó con ella y así, los siete hermanos. Todos murieron sin hijos. ³²Más tarde, la mujer murió también. ³³Cuando los muertos vuelvan a la vida, ¿de quién va a ser esposa esa mujer, si los siete hermanos se casaron con ella?

³⁴Jesús les dijo:
—La gente de este mundo se casa y se dan en casamiento; ³⁵pero los que vuelven a vivir después de morir ni se casan ni se dan en casamiento. ³⁶Ya no pueden morir otra vez: son como los ángeles, hijos de Dios que han vuelto a vivir. ³⁷Y hablando de que los muertos volverán a la vida, es algo que aun Moisés enseñó, cuando habló de la planta que ardía, al llamar al Señor el "Dios de Abraham, Dios de Isaac y Dios de Jacob." ³⁸Porque él no es Dios de muertos, sino de vivos, ya que todos viven por él.

³⁹Uno de los maestros de la ley le dijo:
—Maestro, has hablado bien.
⁴⁰Y después de esto, tenían miedo de preguntarle más.

Jesús les pregunta a los maestros de la ley sobre el Cristo (Mateo 22:41-46; Marcos 12:35-37)

⁴¹Jesús les dijo:
—¿Cómo dicen que el Cristo es el

hijo de David? ⁴²Porque David mismo dijo en el libro de los salmos: "El Señor le dijo a mi Señor: 'Siéntate a mi derecha ⁴³mientras pongo a tus enemigos como mueble en qué descansar tus pies' " (Salmo 110:1) ⁴⁴David le llama 'Señor'. ¿Cómo, entonces, puede ser su hijo?

Falsos maestros (Mateo 23:1-36; Marcos 12:38-40)

⁴⁵Toda la gente oía con atención. Les dijo a sus seguidores: ⁴⁶"Tengan cuidado con los maestros de la ley, a quienes les gusta andar con ropas largas y quieren que la gente los salude en las plazas. Son personas que buscan las primeras sillas en los lugares de culto y los mejores asientos en las cenas. ⁴⁷Sin embargo, quitan las casas a las viudas, con el pretexto de hacer largas oraciones. Estos recibirán un castigo más grande."

Una viuda da todo lo que tiene (Marcos 12:41-44)

21 Jesús levantó la vista y vio a los ricos poniendo su dinero en la caja de las ofrendas en el templo. ²Vio también a una pobre viuda. Ella echó dos monedas de muy poco valor. ³El dijo: "Yo digo en verdad, que esta pobre mujer ha echado más que todos ellos. ⁴Porque aquéllos han dado un poco del dinero que no necesitaban. Ella es muy pobre y ha dado todo lo que tenía. Ha dado aun lo que necesitaba para vivir."

Jesús habla acerca del templo (Mateo 24:1-51; Marcos 13:1-37)

⁵Algunas personas, estaban hablando sobre el gran templo de Dios. Decían que las piedras eran hermosas y que se habían dado muchas ofrendas para construirlo. Jesús dijo:

⁶—Por lo que toca a las cosas que ven, todas estas piedras serán destruidas. Ni una sola piedra quedará sobre otra.

⁷Le preguntaron a Jesús:

—Maestro, ¿cuándo pasará esto?

⁸Jesús dijo:

—Tengan cuidado que nadie les diga mentiras. Porque muchos vendrán usando mi nombre. Dirán: "Yo soy el Cristo." El tiempo está cerca; no los sigan a ellos. ⁹Cuando oigan de guerras y peleas en diferentes lugares, no tengan miedo. Estas cosas tienen que pasar primero, pero todavía no es el fin.

¹⁰Entonces Jesús les dijo:

—Las naciones se pelearán con otras naciones— países contra países. ¹¹La tierra temblará y se romperá en diferentes lugares. Faltará la comida. Habrá enfermedades entre mucha gente. Muchas cosas raras se verán en el cielo, y por eso la gente tendrá mucho miedo.

¹²—Pero antes de que todo esto pase, los hombres los tomarán a ustedes y los harán sufrir mucho. Los llevarán a los lugares de culto de ellos y a las prisiones. Los traerán delante de reyes y delante de los jefes del pueblo. Todo esto les harán por causa mía. ¹³Este será el tiempo en que ustedes deben hablar de mí. ¹⁴No piensen ahora en qué deberán decir entonces. ¹⁵Yo les daré sabiduría para que sepan qué decir; yo les ayudaré a que lo digan. Los que están contra ustedes no los podrán detener, ni decir que están equivocados.

¹⁶—Sus mismos padres, sus hermanos, su familia y amigos los traicionarán. Matarán a algunos de ustedes. ¹⁷Todos los hombres los odiarán por causa mía. ¹⁸Pero ni un solo cabello de su cabeza se perderá. ¹⁹Si se mantienen firmes, ganarán sus almas.

Días de dificultad, dolor y aflicción

²⁰—Cuando vean los ejércitos alrededor de Jerusalén, entonces sepan que pronto será destruida. ²¹Aquellos que estén en el país de Judea deben huir a las montañas. Los que estén en la ciudad deben huir cuanto antes. Los que estén en el campo no deben acercarse a la ciudad. ²²La gente será castigada en aquellos duros días. Todas las cosas pasarán tal como está escrito.

²³—Será difícil para las mujeres que estén encinta. Será difícil para las que estén alimentando a los recién nacidos. Será muy difícil para la gente en toda la

tierra. El enojo vendrá sobre todos ellos. [24]La gente será muerta con espada. Serán puestos en las cárceles por todas las naciones. Jerusalén será dominada por la gente que no es judía, hasta que su tiempo se cumpla.

Jesús vendrá otra vez con gran esplendor

[25]—Habrá algunas cosas raras que ver en el sol, en la luna y en las estrellas. Las naciones de la tierra tendrán dificultades y no sabrán qué hacer. Tendrán miedo de las ondas furiosas del mar. [26]Los hombres desmayarán por el miedo de lo que está por suceder en la tierra. Los poderes de los cielos serán sacudidos. [27]Entonces, verán al Hijo de Dios que viene en las nubes con poder y mucha grandeza. [28]Cuando estas cosas empiecen a suceder, pónganse de pie y levanten sus cabezas, porque pronto serán libres.

La historia de la higuera

[29]Jesús les contó una historia. Les dijo: "Fíjense en la higuera y todos los otros árboles. [30]Cuando vean que sus hojas empiezan a salir, saben que se acerca el verano. [31]De la misma manera, cuando vean que estas cosas están sucediendo, sabrán que el reino de Dios está cerca. [32]Yo les digo en verdad, que la gente de ahora no morirá antes de que estas cosas sucedan.

Nadie sabe cuándo vendrá Jesús otra vez

[33]"El cielo y la tierra pasarán, pero mis palabras no pasarán. [34]¡Cuídense ustedes mismos! No se dejen llevar por los vicios del mucho comer o beber. No dejen que los problemas de esta vida les afecten. Si lo hacen, ese día vendrá sin que estén listos. [35]Vendrá sobre toda la gente en todo el mundo. [36]No se olviden de estar preparados. Oren todo el tiempo para que no tengan que sufrir todas estas cosas que sucederán. Oren que puedan estar de pie ante el Hijo del Hombre.

[37]Jesús enseñaba todos los días en el gran templo de Dios. Por la noche fue al monte de los Olivos y se quedó allí. [38]Temprano en la mañana toda la gente vino al templo para oírle.

Buscan la manera de matar a Jesús (Mateo 26:1-5, 14-16; Marcos 14:1, 2, 10, 11)

22 Se acercaba el tiempo para la cena de los panes sin levadura. Era una fiesta religiosa especial para recordar cómo habían salido los judíos de Egipto. [2]Los dirigentes religiosos principales y los maestros de la ley buscaban la manera de matar a Jesús. Pero tenían miedo a la gente.

[3]Entonces el diablo entró en el corazón de Judas, al que le decían Iscariote. Era uno de los doce seguidores. [4]Judas se fue y habló con los dirigentes religiosos y los jefes del pueblo. Habló de cómo entregarles a Jesús. [5]Estaban contentos y prometieron darle dinero. [6]Judas prometió entregárselo a ellos, buscando la forma de hacerlo cuando no hubiera mucha gente.

Preparándose para la cena especial (Mateo 26:17-19; Marcos 14:12-16)

[7]Llegó el día de los panes sin levadura. Era el día cuando debía matarse el cordero y llevarlo como ofrenda al altar de adoración en el gran templo de Dios. La fiesta religiosa especial recordaba cómo habían salido los judíos de Egipto. [8]Jesús mandó a Pedro y a Juan, diciéndoles:

—Vayan y preparen la cena para que podamos ir a comer.

[9]Ellos le dijeron:

—¿Dónde quieres que la preparemos?

[10]El les contestó:

—Miren, cuando lleguen a la ciudad, se van a encontrar a un hombre que lleva una jarra con agua. Síganlo hasta su casa. [11]Pídanle al dueño de la casa que les enseñe dónde está el cuarto para los visitantes, donde el Maestro puede tener la cena especial con sus seguidores. [12]Entonces él los llevará a un cuarto grande en el segundo piso, donde hay todo. Alístenlo para nosotros.

¹³Se fueron entonces y encontraron todo como Jesús les había dicho. Tuvieron todo listo para la cena especial.

La última cena especial (Mateo 26:20-25; Marcos 14:17-21; Juan 13:21-35)

¹⁴Cuando llegó la hora, Jesús se sentó con sus doce misioneros. ¹⁵Les dijo: "Yo deseaba mucho tener con ustedes esta cena especial para recordar cómo salieron los judíos de Egipto. Quería comerla con ustedes antes de sufrir. ¹⁶Yo les digo, que no volveré a comer esta cena especial, hasta que sea cumplido su verdadero significado en el reino de Dios."

¹⁷Entonces Jesús tomó la copa y dio gracias. El dijo: "Tómenla y pásenla a cada uno. ¹⁸Les digo que no beberé jugo del fruto de uvas hasta que venga el reino de Dios."

La primera cena del Señor (Mateo 26:26-30; Marcos 14:22-26)

¹⁹Entonces Jesús tomó el pan y dio gracias y lo partió en pedazos. Se los dio y les dijo: "Este es mi cuerpo que es dado por ustedes. Hagan esto para acordarse de mí." ²⁰Del mismo modo, después de terminarse el pan, él tomó la copa. Dijo: "Esta copa es mi sangre del nuevo acuerdo con Dios. Mi sangre es dada por ustedes."

Jesús les dice que uno de ellos le va a traicionar

²¹"Miren, la mano del que me va a traicionar con los jefes está conmigo en la mesa. ²²El Hijo del Hombre será llevado en esta manera porque así ha sido el plan de Dios. Pero, ¡pobre de ese hombre que me va a traicionar!" ²³Ellos empezaron a preguntarse entre sí quién iba a hacer esto.

Discuten sobre quién es el más grande

²⁴Empezaron a discutir entre ellos mismos para ver quién era el más grande. ²⁵Jesús les dijo: "Los reyes de las naciones muestran su poder a la gente. A los que tienen el poder sobre la gente, se les dan nombres honorables. ²⁶Pero con ustedes, no será así. Dejen que el más grande entre ustedes sea el último. Dejen que el jefe se preocupe por los demás. ²⁷¿Quién es más grande? ¿El que está sentado en la mesa o el que le sirve? ¿No es más grande el que está en la mesa? Pero yo estoy aquí como el que les sirve.

²⁸"Ustedes han estado conmigo a través de todas las pruebas que yo he pasado. ²⁹Como mi Padre me ha dado el reino, yo les daré el derecho de ³⁰comer y beber en mi mesa en mi reino. Se sentarán en el lugar donde se sientan los reyes y dirán quién es el culpable de los doce grupos de familias de la nación judía."

Jesús les anuncia lo que Pedro va a hacer (Mateo 26:31-35; Marcos 14:27-31; Juan 13:36-38)

³¹El Señor dijo:

—¡Simón, escucha! El diablo ha querido apoderarse de ti para dividirte así como el trigo es dividido de la paja. ³²Pero he orado por ti. He orado para que tu fe sea fuerte y que no te des por vencido. Cuando regreses, debes ayudar a tus hermanos para que ellos sean fuertes.

³³Pedro le dijo a Jesús:

—¡Señor, estoy listo a ir a la cárcel y hasta morir por ti!

³⁴Jesús dijo:

—Yo te digo, Pedro, que hoy no cantará el gallo antes de que tú digas tres veces que no me conoces.

Las pruebas que habrán de venir

³⁵Jesús les dijo:

—Yo los envié sin dinero, ni bolsa, ni zapatos. ¿Alguna vez necesitaron algo? Ellos dijeron:

—Nada.

³⁶Entonces les dijo:

—Pero ahora cualquiera que tenga un monedero y una bolsa para comida, debe llevarla. Cualquiera que no tenga espada debe vender su saco y comprar una. ³⁷Yo les digo, lo que se ha escrito de mí tiene que suceder. Dice: "Fue llevado entre malvados." Aquello que se dice de mí ha de suceder *(Isaías 53:12).*

³⁸Ellos dijeron:

—Señor aquí tenemos dos espadas.

El contestó:

—Eso es suficiente.

Jesús ora en el huerto *(Mateo 26:36-46; Marcos 14:32-42)*

³⁹Jesús salió del cuarto. Entonces se fue al monte de los Olivos, como hacía antes. Sus seguidores fueron con él. ⁴⁰Cuando llegó ahí, él les dijo: "Oren para que no sean tentados." ⁴¹Se retiró de ellos como la distancia que uno tira una piedra. Ahí inclinó su cara hasta el suelo y oró. ⁴²Dijo: "Padre, si se puede, quita lo que me va a suceder. Pero que se haga lo que tú quieres, y no lo que yo quiero."

⁴³Un ángel del cielo vino y le dio fuerzas. ⁴⁴Entre más oraba, su corazón estaba más afligido. Le corrían gotas de sudor por la cara como si fuera sangre.

⁴⁵Cuando Jesús se levantó después de orar, regresó donde estaban sus seguidores y los encontró durmiendo por tanta tristeza. ⁴⁶Les dijo: "¿Por qué están durmiendo? Levántense y oren, para que no sean tentados."

Jesús es entregado a los pecadores *(Mateo 26:47-56; Marcos 14:43-52; Juan 18:1-11)*

⁴⁷Mientras Jesús estaba hablando, Judas (uno de los doce seguidores) venía delante de mucha gente. Se acercó a Jesús para besarle. ⁴⁸Pero Jesús le dijo:

—Judas, ¿entregas al Hijo del Hombre con un beso?

⁴⁹Los que estaban junto a Jesús vieron lo que iba a pasar y preguntaron:

—Señor, ¿debemos pelear con nuestras espadas?

⁵⁰Uno de ellos hirió a uno de los soldados y le cortó la oreja derecha. Este soldado era siervo del principal dirigente religioso. ⁵¹Jesús dijo:

—¡Alto, basta!

Y puso su mano sobre la oreja y la sanó.

Jesús ante los dirigentes religiosos *(Mateo 26:57, 58; Marcos 14:53, 54; Juan 18:19-24)*

⁵²Jesús dijo a los dirigentes religiosos, a los jefes del templo, y a otras personas que se le acercaron: "¿Han venido con espadas y palos para apresarme como si fuera un ladrón? ⁵³Mientras estuve con ustedes en el templo nunca me tocaron. Pero ahora es el tiempo para que ustedes vengan, y han venido en la oscuridad."

⁵⁴Entonces llevaron a Jesús a la casa del dirigente religioso principal. Pedro lo siguió desde muy lejos.

Pedro dice que no conoce a Jesús *(Mateo 26:69-75; Marcos 14:66-72; Juan 18:15-18, 25-27)*

⁵⁵Hicieron un fuego en el patio y se sentaron. Pedro se sentó con ellos. ⁵⁶Una sirvienta vio a Pedro sentarse junto al fuego y viéndolo dijo:

—Este hombre también estaba con Jesús.

⁵⁷Pedro mintió y dijo:

—Mujer, no lo conozco.

⁵⁸Poco después otra persona lo vio y dijo:

—Tú también eres uno de ellos.

Pedro dijo:

—No, señor, no lo soy.

⁵⁹Como una hora después, otra persona dijo lo mismo:

—De seguro este hombre estuvo con Jesús, porque es galileo.

⁶⁰Pero Pedro dijo:

—No sé lo que estás diciendo.

Y en ese momento, mientras hablaba, un gallo cantó. ⁶¹El Señor volteó y vio a Pedro. Este recordó que Jesús había dicho: "Antes de que el gallo cante, tres veces dirás que no me conoces." ⁶²Pedro salió y lloró con el corazón hecho pedazos.

⁶³Los que vigilaban a Jesús para ver que no escapara se burlaban de él y le golpearon. ⁶⁴Le taparon los ojos con un trapo y le dijeron: "Adivina quién te

golpeó." 65Dijeron en contra de Jesús muchas otras cosas malas.

66Por la mañana, los jefes del pueblo, los dirigentes religiosos principales y los maestros de la ley se reunieron y llevaron a Jesús a la corte del dirigente religioso principal. Dijeron:
67—Dinos si tú eres el Cristo.
El les dijo:
—Si les digo, no me van a creer. 68Si les pregunto algo, no me lo dirán. 69De aquí en adelante el Hijo del Hombre estará sentado a la mano derecha del Dios Todopoderoso.
70Todos dijeron:
—Entonces, ¿tú eres el Hijo de Dios?
El dijo:
—Ustedes dicen que yo lo soy.
71Entonces dijeron:
—¿Qué otra palabra necesitamos contra él? Le hemos escuchado decir esto con sus propios labios.

Jesús ante Pilato (Mateo 27:1, 2, 11-14; Marcos 15:1-5; Juan 18:28-37)

23 Entonces toda la gente se levantó y llevó a Jesús ante Pilato. 2Empezaron a decir cosas contra él, como:
—Hemos encontrado a este hombre guiando a la gente de nuestra nación en errores. Les ha dicho que no paguen impuestos a César. Ha dicho que él es el Cristo, un rey.

3Pilato le preguntó a Jesús:
—¿Eres tú el Rey de los judíos?
El dijo:
—Lo que tú dices es verdad.

4Entonces Pilato les dijo a los dirigentes religiosos principales y a la gente:
—No encuentro nada malo en este hombre.
5Ellos se enojaron mucho y dijeron:
—Alborota entre la gente. Habiendo empezado en el país de Galilea, ha enseñado por todo el país de Judea, y ahora aquí.

Jesús es enviado a Herodes

6Cuando Pilato oyó la palabra "Galilea", preguntó: "¿Es del país de Galilea este hombre?" 7Tan pronto como Pilato supo que Jesús era del país donde Herodes era rey, lo mandó a él. En esos días, Herodes estaba en Jerusalén.

8Herodes se puso muy contento cuando vio a Jesús, porque había querido verlo desde hacía mucho tiempo. Había oído muchas cosas acerca de él y tenía esperanzas de verlo hacer alguna obra poderosa. 9Herodes le habló a Jesús, preguntándole muchas cosas. Pero Jesús no le dijo nada. 10Los dirigentes religiosos y los maestros de la ley estaban allí. Ellos dijeron muchas cosas contra Jesús.

11Entonces Herodes y sus soldados maltrataron a Jesús y se burlaron de él. Pusieron un hermoso manto sobre él y lo llevaron de nuevo a Pilato. 12Ese día, Pilato y Herodes se hicieron amigos, porque antes eran enemigos.

13Pilato llamó a los jefes religiosos y a los jefes de la gente y a todo el pueblo para que se reunieran. 14Les dijo: "Me trajeron a este hombre por estar confundiendo a la gente. Le he preguntado sobre estas cosas delante de ustedes. No lo encuentro culpable de las cosas que ustedes dicen contra él. 15Herodes no encontró nada malo en Jesús y lo mandó a nosotros de nuevo. No hay razón para matarlo. 16Lo castigaré y lo dejaré libre."

Jesús o Barrabás debe ser librado (Mateo 27:15-26; Marcos 15:6-14; Juan 18:38-40)

17Cada año en la fecha de la cena especial, Pilato soltaba un prisionero. 18Todos gritaron muy fuerte:
—¡Llévate a este hombre! ¡Suelta a Barrabás!
19Barrabás había matado a algunas personas y había hecho rebelión contra el gobernador del país. Por eso lo habían puesto en la cárcel.

20Pilato quería soltar a Jesús. Así que habló otra vez con ellos. 21Pero volvieron a gritar:
—¡Clávale en una cruz! ¡Clávale en una cruz!

22Pilato les dijo por tercera vez:
—¿Por qué?, ¿qué ha hecho de malo?

No he encontrado razón para matarlo. Lo castigaré y lo dejaré ir.

²³Pero seguían gritando muy fuerte, diciendo que debería ser clavado en una cruz. Sus gritos ganaron lo que querían, ²⁴y Pilato dijo que debía hacerse lo que ellos pedían. ²⁵Pilato dejó que saliera libre el hombre que había causado las dificultades a los oficiales del país y que había matado gente. Y les entregó a Jesús para hacer con él lo que pedían.

Jesús en la cruz (Mateo 27:33-37; Marcos 15:22-26; Juan 19:17-22)

²⁶Llevaron a Jesús. Un hombre que se llamaba Simón venía llegando del país de Cirene. A él lo obligaron a cargar la cruz, siguiendo a Jesús.

²⁷Muchas personas siguieron a Jesús. Había mujeres que lloraban y se dolían de él. ²⁸Jesús se volteó y les dijo: "Hijas de Jerusalén, no lloren por mí. Lloren por ustedes y por sus niños. ²⁹¡Oigan! Los días vienen cuando dirán: 'Felices los que nunca han tenido hijos. Felices aquellos que no saben lo que es tener hijos. Felices los que nunca han dado de comer a los recién nacidos.' ³⁰Empezarán a decir a las montañas, 'Caigan sobre nosotros.' Les dirán a los cerros, 'cúbrannos'. ³¹Si ellos hacen estas cosas a un árbol verde, ¿qué le harán a un árbol seco?"

³²Otros dos hombres fueron llevados con Jesús para matarlos también. Estos hombres merecían la muerte por lo que habían hecho. ³³Cuando llegaron al lugar llamado Calvario, clavaron a Jesús en una cruz. También los otros dos hombres fueron clavados en cruces. Uno estaba a la derecha de Jesús, y el otro, a su izquierda. ³⁴Entonces Jesús dijo: "Padre perdónalos. No saben lo que están haciendo." Dividieron su ropa por sorteo.

³⁵La gente estaba parada alrededor mirando. Los jefes estaban con ellos riéndose de Jesús y diciendo: "Salvó a otros; que se salve a sí mismo si es el Cristo, el Escogido de Dios." ³⁶También

los soldados se burlaban de él. Pusieron vino agrio delante de él. ³⁷Dijeron: "Si eres el Rey de los judíos, sálvate." ³⁸Estas palabras estaban escritas en los idiomas griego, latín y hebreo sobre su cabeza: "ESTE ES EL REY DE LOS JUDIOS".

³⁹Uno de los hombres que era culpable de muerte y que estaba en la cruz junto a Jesús lo insultaba diciendo:

—Si tú eres el Cristo, sálvate tú mismo, y también a nosotros.

⁴⁰Pero el hombre en la otra cruz usó palabras duras para el que se burlaba de Jesús, le dijo:

—¿Que no le tienes miedo a Dios? Tú también eres culpable y serás castigado. ⁴¹Nosotros sufrimos como merecemos, por lo malo que hemos hecho, pero este Hombre no ha hecho nada malo.

⁴²Y le dijo a Jesús:

—Señor, acuérdate de mí cuando llegues a tu reino.

⁴³Jesús le dijo:

—En verdad te digo, que hoy estarás conmigo en el paraíso.

La muerte de Jesús (Mateo 27:45-50; Marcos 15:33-36; Juan 19:28-37)

⁴⁴Se oscureció toda la tierra, desde el mediodía hasta las tres de la tarde. ⁴⁵El sol no brilló. En el gran templo de Dios, la cortina se rompió en dos.

⁴⁶Entonces Jesús gritó: "Padre, en tus manos entrego mi espíritu." Al decir esto, murió.

⁴⁷Cuando el capitán romano vio lo que había pasado, le dio gracias a Dios. Dijo: "Seguramente éste era un buen hombre." ⁴⁸Toda la gente que vino para ver las cosas que estaban pasando se alejó golpeándose el pecho. ⁴⁹Todos sus amigos y las mujeres que habían venido con él de Galilea estaban parados a lo lejos viendo estas cosas.

La tumba de Jesús (Mateo 27:57-66; Marcos 15:42-47; Juan 19:38-42)

⁵⁰Había un buen hombre que se llamaba José y que era miembro de la corte. ⁵¹El no estaba de acuerdo con lo que

la corte había hecho. Era de Arimatea, una ciudad de los judíos. Buscaba el reino de Dios que había de venir. [52]José fue a Pilato y le pidió el cuerpo de Jesús.

[53]Entonces lo bajó y lo envolvió en una sábana de lino. Lo puso en una tumba que había sido cavada en una roca. No habían usado esta tumba antes.

[54]Ahora era el tiempo de prepararse para el día de descanso, el cual estaba por empezar. [55]Las mujeres que habían venido con Jesús de Galilea, le seguían. Vieron la tumba y cómo ponían el cuerpo. [56]Se fueron y prepararon algunos perfumes y especias. Reposaron el día de descanso, como la ley decía que debían hacer.

Jesús es levantado de los muertos (Mateo 28:1-10; Marcos 16:1-8; Juan 20:1-18)

24 Temprano en la mañana el primer día de la semana, las mujeres fueron a la tumba llevando las especias que habían preparado. [2]Encontraron que la piedra había sido quitada de la tumba. [3]Entraron pero no encontraron el cuerpo del Señor Jesús.

[4]Mientras se preguntaban qué había pasado, vieron a dos hombres parados junto a ellas con vestidos brillantes. [5]Les dio mucho miedo y se inclinaron al suelo. Los hombres les dijeron: "¿Por qué buscan entre los muertos al que vive? [6]No está aquí, ya volvió a vivir. ¿No recuerdan lo que les dijo cuando estaba todavía en el país de Galilea? [7]Les dijo: 'El Hijo del Hombre será entregado en las manos de hombres pecadores. Lo pondrán en una cruz. Se levantará tres días después.' " [8]Entonces se acordaron de lo que él les había dicho.

[9]Cuando regresaron de la tumba, les contaron todas estas cosas a los once misioneros y a todos los demás. [10]Ellas eran María Magdalena, Juana, y María, la madre de Jacobo. Otras mujeres que estaban allí contaron estas cosas también a los once misioneros. [11]A ellos, les

parecieron locuras lo que decían y no les creyeron.

[12]Pero Pedro se levantó y corrió a la tumba. Se inclinó y vio sólo la ropa de lino. Entonces se fue sorprendido de lo que había pasado.

Los seguidores de Jesús no creen que él ha vuelto a vivir (Marcos 16:9-14; Juan 20:24-29)

[13]Ese mismo día dos de sus seguidores iban al pueblo de Emaús. Tenían que caminar como dos horas desde Jerusalén. [14]Iban hablando de todas estas cosas que habían pasado. [15]Mientras hablaban, Jesús mismo llegó y empezó a caminar junto a ellos. [16]Algo no les permitía darse cuenta de quién era él.

[17]Entonces les dijo:
—¿De qué hablan?

Se detuvieron con tristeza. [18]Uno de ellos, que se llamaba Cleofas, le dijo:
—¿Estás de visita en Jerusalén y no has oído las cosas que han pasado en estos días?

[19]Jesús les preguntó:
—¿Qué cosas?

Contestaron:
—Las cosas sobre Jesús de Nazaret, quien fue hombre importante que hablaba de Dios. Hizo obras poderosas y habló poderosas palabras ante Dios y la gente. [20]Y los dirigentes religiosos y los jefes del pueblo lo llevaron y lo mataron en una cruz. [21]Nosotros teníamos la esperanza que él fuera a darle libertad al pueblo judío; pero desde que estas cosas pasaron, ya son tres días.

[22]—Algunas mujeres de nuestro grupo nos han sorprendido y nos han puesto a pensar. Fueron a la tumba temprano esta mañana. [23]Pero no encontraron su cuerpo. Regresaron, diciendo que habían visto ángeles en sueño especial quienes habían dicho que él estaba vivo. [24]Algunos de los que estaban con nosotros fueron a la tumba y encontraron lo que las mujeres habían dicho, pero no lo encontraron a él.

[25]Entonces Jesús les dijo:

—Hombres necios. Qué lentos son ustedes para creer lo que los antiguos predicadores dijeron. 26¿No tuvo que pasar Cristo por todas estas dificultades para venir con gran resplandor?

27Jesús les contó entonces lo que Moisés y todos los antiguos predicadores habían dicho sobre él en las sagradas escrituras.

28Cuando llegaron al pueblo a donde iban, Jesús hizo como que iba a seguir más adelante. 29Pero le dijeron:
—Quédate con nosotros, pronto va a ser de noche. Ya se acabó el día.
Entonces él se quedó con ellos. 30Al sentarse a la mesa con ellos, tomó el pan y dio gracias y lo partió. Entonces se los dio a ellos. 31Y se abrieron los ojos de ellos y lo pudieron reconocer. Entonces se fue y no lo pudieron ver más. 32Y se decían uno a otro:
—¿No se llenaron nuestros corazones de gozo cuando hablaba con nosotros en el camino sobre lo que dicen las sagradas escrituras?

33Entonces pronto se pusieron en pie para regresar a Jerusalén. Encontraron a los once seguidores juntos y a otros con ellos. 34Les dijeron: "Seguramente el Señor ha vuelto a vivir y Simón lo ha visto." 35Entonces les contaron lo que había pasado en el camino y cómo lo habían reconocido cuando partió el pan.

Otros diez seguidores ven a Jesús

36Mientras ellos platicaban, Jesús mismo se paró entre ellos. Les dijo: "La paz sea con ustedes." 37Pero ellos tenían mucho miedo, y pensaron que estaban viendo a un espíritu. 38Jesús les dijo: "¿Por qué tienen miedo, por qué tienen dudas en sus corazones? 39Miren mis manos y mis pies. ¡Miren! ¡Soy yo mismo! Tóquenme y vean por sí mismos. Un espíritu no tiene carne ni huesos, como yo los tengo." 40Cuando

Jesús dijo esto, les mostró sus manos y pies.

41Aun después de esto, ellos todavía dudaban. Les era difícil creerlo y a la vez les hacía sentirse muy contentos. Entonces él les dijo: "¿Tienen algo que comer?" 42Le dieron a Jesús un pedazo de pescado cocido y un poco de miel de abeja. 43Y él comió delante de ellos.

Jesús manda a sus seguidores a enseñar
(Mateo 28:16-20; Marcos 16:15-18; Juan 20:21-23)

44Jesús les dijo: "Estas son las cosas que yo les dije cuando estuve con ustedes. Todas las cosas escritas acerca de mí en la ley de Moisés y en los libros de los antiguos predicadores y en los salmos necesitan pasar como ellos dijeron que pasarían." 45Entonces les abrió sus mentes para que entendieran las sagradas escrituras. 46Les dijo: "Está escrito que el Cristo sufrirá y se levantará de los muertos después de los tres días. 47Será predicado que los hombres cambien su actitud acerca de sus pecados y se aparten de ellos. Entonces serán perdonados. Esto tendrá que predicarse en su nombre a todas las naciones comenzando con Jerusalén. 48Ustedes deben contar lo que han visto y aprendido.

49"¡Oigan! Les mandaré lo que mi Padre ha prometido. Pero ustedes deben quedarse en Jerusalén hasta que hayan recibido el poder de arriba."

Jesús se va para estar junto a su Padre
(Marcos 16:19, 20)

50Jesús se los llevó fuera hasta la ciudad de Betania. Entonces levantó sus manos y oró para que ellos recibieran bendiciones. 51Mientras oraba para que recibieran bendiciones, se elevó sobre ellos. *(El cielo lo recibió y 52ellos lo adoraron.) Entonces se regresaron a Jerusalén llenos de gozo 53y pasaban todo su tiempo en el templo alabando a Dios y dándole gracias.

LAS BUENAS NUEVAS ESCRITAS POR JUAN

Cristo vivía antes de que el mundo fuera hecho

1 La Palabra (Cristo) era en el principio. La Palabra estaba con Dios. La Palabra era Dios. [2]El estaba con Dios en el principio. [3]El hizo existir todas las cosas. Nada fue hecho sin él. [4]La vida empezó con él. Su vida fue la luz para los hombres. [5]La Luz brilla en la oscuridad, y la oscuridad no ha podido apagarla.

Juan el bautista habla de la venida de Cristo

[6]Había un hombre enviado de Dios cuyo nombre era Juan. [7]Vino a decir lo que él sabía acerca de la Luz para que todos los hombres pudieran creer por medio de él. [8]Juan no era la Luz, pero él fue enviado para hablar acerca de la Luz.

[9]Esta Luz verdadera, al venir al mundo, da luz a todo hombre. [10]El vino al mundo. El mundo fue hecho por él, pero el mundo no lo conoció. [11]Vino a los suyos, pero los suyos no lo recibieron. [12]Pero a aquellos que le recibieron les dio el derecho y el poder de llegar a ser hijos de Dios. Dio esto a aquellos que creyeron en su nombre. [13]Estos hijos de Dios no nacieron de sangre y de carne ni de los deseos del hombre, sino que nacieron de Dios. [14]Cristo vino en cuerpo humano y vivió entre nosotros. Vimos su brillante grandeza. Esta grandeza es dada solamente al único Hijo muy amado por el Padre. Cristo estaba lleno de favor y verdad.

Juan el bautista prepara el camino para Jesucristo (Mateo 3:1-12; Marcos 1:1-8; Lucas 3:1-18)

[15]Juan habló acerca de Cristo. Dijo: "He hablado acerca de éste, cuando dije, 'El que viene después de mí es más importante que yo, porque vivía antes que yo.' " [16]De quien tiene tanto hemos recibido grandes favores, beneficio tras beneficio. [17]La ley fue dada por medio de Moisés, pero el favor y la verdad divinos vinieron por medio de Jesucristo. [18]El Hijo amado está cerca del Padre. Ningún hombre ha visto a Dios, pero Cristo nos ha hecho conocer a Dios.

[19]Los judíos enviaron sus líderes religiosos y hombres de la familia de Leví a preguntar a Juan:

—¿Quién eres tú?

[20]Les dijo solamente estas palabras:

—¡No soy el Cristo!

[21]Ellos le preguntaron:

—¿Eres alguien especial que vino a hablar de Dios?

Juan dijo:

—No.

[22]Entonces le preguntaron:

—¿Quién eres? Debemos decírselo a quienes nos enviaron. ¿Qué puedes decir de ti mismo?

[23]Juan dijo:

—Yo soy la voz del que clama en el desierto. "Preparen el camino para el Señor", como dijo Isaías, el antiguo predicador *(Isaías 40:3).*

[24]Aquellos que fueron enviados por los celosos religiosos [25]le preguntaron a Juan otra vez:

—Entonces, ¿por qué bautizas si no eres el Cristo o Elías o el enviado especial que se esperaba para hablarnos de Dios?

[26]Juan contestó:

—Yo bautizo con agua. Pero hay otro entre ustedes, a quien no conocen. [27]El viene después de mí. Y no soy suficientemente bueno para hincarme y ayudarle a quitarse los zapatos.

[28]Todo esto pasó cuando Juan bautizaba en el pueblo de Betania. Estaba en el otro lado del río Jordán.

El bautismo de Jesús (Mateo 3:13-17; Marcos 1:9-11; Lucas 3:21, 22)

[29]Al día siguiente, Juan el bautista vio a Jesús viniendo hacia él. Y les dijo:

"¡Miren! ¡El Cordero de Dios que quita el pecado del mundo! [30]He hablado acerca de él, cuando dije, 'Alguien viene después de mí, que es más importante que yo, porque vivía antes que yo naciera. [31]Yo no le conocí, pero vine a bautizar con agua para que los judíos puedan conocerlo." [32]Entonces Juan dijo: "Vi al Espíritu Santo bajar del cielo en forma de paloma y posar sobre Jesús. [33]Todavía no le conocía. Pero Dios me había enviado a bautizar con agua y me dijo: 'El Espíritu Santo vendrá y se parará en el Cristo. El es quien bautizará con el Espíritu Santo.' [34]Vi que esto pasó. Ahora digo que Jesús es el Hijo de Dios."

Jesús llama a Andrés y a Pedro

[35]Al día siguiente, Juan el bautista estaba parado con dos de sus seguidores. [36]Jesús pasó por allí. Juan lo vio y dijo: "¡Miren! El Cordero de Dios." [37]Los dos seguidores de Juan lo oyeron decir esto y siguieron a Jesús.

[38]Jesús se volteó, los vio siguiéndolo y les dijo:

—¿A quién buscan?

Ellos contestaron:

—Maestro ¿dónde vives?

[39]Y él les dijo:

—Vengan y vean.

Ellos lo siguieron y vieron dónde vivía él y se quedaron con él todo el día. Eran cerca de las cuatro de la tarde.

[40]Andrés, el hermano de Simón Pedro, fue uno de los dos que había oído las palabras de Juan y había seguido a Jesús. [41]Lo primero que hizo fue buscar a su hermano Simón y decirle: "¡Hemos encontrado al Cristo!" [42]Andrés llevó a Simón a Jesús. Cuando Jesús vio a Simón, le dijo: "Tú eres Simón, hijo de Jonás. Tu nombre será Cefas." El nombre Cefas quiere decir "Pedro", o "piedra".

Jesús llama a Felipe y a Natanael

[43]Al día siguiente, Jesús quiso ir a la región de Galilea. Allí encontró a Felipe y le dijo: "Sígueme." [44]Felipe era de la aldea de Betsaida. Andrés y Pedro eran también de esa aldea. [45]Felipe encontró a Natanael y le dijo:

—Hemos encontrado al hombre de quien Moisés habló en el libro de la ley. Es el hombre de quien los antiguos predicadores escribieron. Es Jesús de Nazaret, el hijo de José.

[46]Natanael dijo:

—¿Puede alguna cosa buena venir de la ciudad de Nazaret?

Y Felipe dijo:

—Ven y ve.

[47]Jesús vio a Natanael venir hacia él y le dijo:

—Mira, él es un verdadero judío, un hombre honrado.

[48]Entonces Natanael le preguntó:

—¿Cómo me conoces?

Jesús le contestó:

—Antes que Felipe hablara contigo yo te vi debajo de la higuera.

[49]Natanael le dijo:

—Maestro, tú eres el Hijo de Dios. Tú eres el rey de los judíos.

[50]Y Jesús le dijo:

—¿Acaso crees eso sólo porque te dije que te vi debajo de la higuera? Verás cosas más grandes que estas. [51]En verdad, te digo que verás el cielo abierto y a los ángeles de Dios subiendo y bajando sobre el Hijo del Hombre.

La obra poderosa en la boda de la aldea de Caná

2 Tres días más tarde hubo una boda en la aldea de Caná, en el país de Galilea. La madre de Jesús estaba allí. [2]Jesús y sus seguidores fueron invitados a la boda. [3]Cuando se acabó el vino, su madre le dijo:

—No tienen más vino.

[4]Jesús le contestó:

—Mujer, ¿qué tiene que ver esto contigo y conmigo? Todavía no ha llegado mi tiempo de trabajar.

[5]Su madre le dijo a los criados:

—Hagan todo lo que él les diga.

[6]Había allí seis tinajas para agua. El contenido de cada una era de medio barril. Los judíos usaban estas tinajas en

ceremonias para limpiar. [7]Jesús les dijo entonces a los criados:

—Llenen las tinajas con agua.

Ellos las llenaron. [8]Entonces él les dijo:

—Tomen un poco y llévenselo al jefe que está atendiendo a los invitados.

Y le llevaron un poco. [9]El jefe probó el agua que había sido convertida en vino. El no sabía de dónde venía, pero los criados que la llevaron sí lo sabían. El jefe llamó entonces al hombre que se acababa de casar. [10]Le dijo:

—Todo el mundo sirve primero el mejor vino. Después cuando la gente ha bebido mucho, se sirve el vino que no es tan bueno. Pero tú has guardado el mejor vino hasta ahora.

[11]Esta fue la primera obra poderosa que Jesús hizo. Fue hecha en la aldea de Caná en el país de Galilea. Demostró su poder. Sus seguidores pusieron su fe en él. [12]Después de esto, bajó a la ciudad de Capernaum. Su madre, sus hermanos y sus seguidores fueron con él y se quedaron allí por unos días.

Jesús pone fin a las ventas en el gran templo de Dios (Mateo 21:12-17; Marcos 11:15-19; Lucas 19:45-48)

[13]Había llegado el tiempo para la fiesta religiosa que recordaba cómo los judíos habían salido de Egipto. Jesús subió a Jerusalén. [14]Entró en el gran templo de Dios y encontró que vendían allí vacas, ovejas y palomas. También había hombres allí que cambiaban dinero. [15]Jesús hizo un látigo de cuerdas y los echó fuera del templo junto con sus ovejas y vacas. Tiró el dinero que estaba en las mesas, volteando las mesas mismas. [16]Dijo a los que vendían palomas. "¡Lleven estas cosas fuera de aquí. No deben hacer de la casa de mi Padre un lugar de compra y venta!" [17]Entonces sus seguidores recordaron que eso estaba escrito en las sagradas escrituras: "Siento celo por el honor de tu casa" *(Salmo 69:9).*

Los judíos piden algo especial para ver

[18]Entonces los judíos le preguntaron:

—¿Qué puedes hacer para mostrarnos que tú tienes derecho y poder para hacer estas cosas?

[19]Y Jesús les contestó:

—Destruyan este gran templo de Dios y en tres días lo construiré otra vez.

[20]Entonces los judíos le dijeron:

—Tomó cuarenta y seis años el construir este templo. ¿Lo puedes construir tú en tres días?

[21]Jesús estaba diciendo que su cuerpo es el templo. [22]Y después que Jesús fue levantado de los muertos, sus seguidores recordaron que él había dicho esto. Así creyeron en las sagradas escrituras y en lo que él había dicho.

[23]Jesús estuvo en Jerusalén en el tiempo de la fiesta religiosa que tenían los judíos para recordar su salida de Egipto. Mucha gente creyó en él, al ver las obras poderosas que él hacía. [24]Pero Jesús no se confiaba en ellos, porque él conocía a todos los hombres. [25]No necesitó que alguien le hablara acerca de la gente. El sabía lo que había en el corazón del hombre.

Nicodemo le pregunta a Jesús acerca de la vida

3 Había un hombre llamado Nicodemo. Era un celoso religioso y jefe de los judíos. [2]Vino a Jesús de noche y le dijo:

—Sabemos que tú has venido de Dios para enseñarnos. Nadie puede hacer esas obras poderosas que tú haces, sin que Dios sea con él.

Jesús les habla de la nueva clase de nacimiento

[3]Jesús le dijo:

—En verdad te digo, a menos que un hombre nazca de nuevo, no puede ver el reino de Dios.

[4]Nicodemo le preguntó:

—¿Cómo puede un hombre nacer de nuevo cuando ya es grande? ¿Cómo puede entrar al cuerpo de su madre y nacer por segunda vez?

[5]Jesús le contestó:

—En verdad te digo, a menos que un

hombre nazca de agua y del Espíritu de Dios, no podrá entrar en el reino de Dios. [6]El que es nacido de la carne, carne es. El que es nacido del Espíritu, espíritu es. [7]No te sorprendas de lo que te digo, "Tú tienes que nacer otra vez." [8]El viento sopla de donde quiere. Tú puedes oír su sonido pero no sabes de dónde viene ni a dónde va. Es lo mismo con cada uno que nace del Espíritu de Dios.

[9]Nicodemo le dijo:

—¿Cómo puede ser esto?

[10]Jesús le contestó:

—¿Eres maestro entre los judíos y no sabes estas cosas? [11]En verdad, te digo, que estamos hablando de cosas que nosotros sabemos. Hablamos de lo que hemos visto. Sin embargo, ustedes no toman nuestras palabras como verdaderas. [12]Te digo cosas de la tierra, y no crees en ellas. ¿Cómo podrías creer si yo te dijera cosas acerca del cielo?

[13]—Nadie ha subido al cielo, sino Aquel que vino del cielo. Ese es el Hijo del Hombre *que está en el cielo. [14]Y como Moisés levantó la serpiente en el desierto, así el Hijo del Hombre será levantado. [15]Entonces quien ponga su fe en él tendrá vida que durará para siempre. [16]Porque Dios amó tanto al mundo que dio a su único Hijo, para que quien confía en el Hijo de Dios no se pierda sino que tenga una vida que dura para siempre. [17]Porque Dios no envió a su Hijo para declarar culpable al mundo, sino para que por él, el mundo sea salvo del castigo del pecado. [18]Toda persona que cree en el Hijo de Dios no es culpable, pero la persona que no cree en él ya es culpable, porque no cree en el nombre del Hijo de Dios.

[19]—La luz vino al mundo. Y la luz es la prueba por la cual los hombres pueden ser considerados culpables o no. La gente ama la oscuridad más que la luz, porque las cosas que hacen están llenas de pecado. [20]Todo aquel que peca, odia la luz. Y se aparta de la luz para que su pecado no sea descubierto. [21]El hombre que hace lo recto viene a la luz. Y lo que él haga será visto, porque ha hecho lo que Dios quiso que hiciera.

Jesús predica en el país de Judea

[22]Después de esto, Jesús y sus seguidores fueron al país de Judea. Estuvo con la gente allí y bautizó a muchos.

Juan el bautista les habla más acerca de Jesús

[23]Juan estaba bautizando en el pueblo de Enón cerca de Salim. Allí había mucha agua, y la gente venía a él para ser bautizada. [24]Juan todavía no había sido puesto en la cárcel.

[25]Entonces algunos de los seguidores de Juan empezaron a discutir con un judío acerca del lavamiento religioso, rito de la adoración judía. [26]Y viniendo a Juan le dijeron:

—Maestro, aquel que estaba contigo al otro lado del río Jordán también está bautizando. Es aquél de quien tú nos hablaste. Todos van hacia él.

[27]Y Juan les dijo:

—Un hombre no recibe nada a no ser que le sea dado del cielo. [28]Ustedes oyeron las palabras que dije· "No soy el Cristo, pero fui enviado antes que él." [29]El hombre recién casado tiene la novia. El amigo del recién casado se para a su lado y le escucha. Y se goza cuando oye la voz del recién casado. Yo también me lleno de este gozo. [30]El debe ser más importante. Y yo debo ser menos importante.

[31]—Aquel que viene de arriba está sobre todos. Y el que viene de la tierra es de la tierra y habla de la tierra. Pero el que viene del cielo está sobre todos. [32]Y habla de lo que ha visto y oído. Pero nadie cree lo que él dice. [33]Y la persona que recibe sus palabras prueba que Dios dice la verdad. [34]El fue enviado por Dios y habla la palabra de Dios. Y Dios le da todo su espíritu. [35]El Padre ama al Hijo y pone todas las cosas en su mano. [36]Aquel que confía en el Hijo tiene vida que durará para siempre. Y aquel que no cree en el Hijo no tendrá vida. El enojo de Dios está sobre él.

Una mujer samaritana en el pozo

4 Jesús supo que los celosos religiosos habían oído que él estaba bautizando y que tenía más seguidores que Juan. ²(Jesús no bautizó a ninguno, pero sus seguidores sí lo hicieron.) ³Entonces Jesús fue del país de Judea al de Galilea. ⁴Tenía que pasar por el país de Samaria. ⁵Llegó a un pueblo de Samaria llamado Sicar. Estaba cerca de un terreno que Jacob dio a su hijo José. ⁶Allí se encontraba el pozo de Jacob. Jesús estaba cansado de viajar. Así, se sentó junto al pozo. Era cerca de mediodía.

⁷Una mujer de Samaria vino a llevar agua. Jesús le dijo:

—Dame de beber.

⁸Sus seguidores se habían ido al pueblo a comprar comida. ⁹Y la mujer de Samaria le contestó:

—Tú eres judío y yo soy samaritana. ¿Por qué me pides de beber, cuando los judíos no se tratan con la gente de Samaria?

¹⁰Jesús le dijo:

—Tú no sabes lo que Dios da. Y no sabes quién te lo dice. Si lo supieras, entonces le pedirías a él, "Dame de beber", y él te daría agua viva.

¹¹La mujer le dijo:

—Señor, el pozo está hondo. Y ni siquiera tienes con qué sacar agua. ¿De dónde podrás sacar el agua viva? ¹²¿Acaso eres más grande que nuestro padre Jacob? El nos dio el pozo, y él, sus hijos y su ganado bebieron de él.

Jesús habla del agua viva

¹³Jesús le dijo:

—El que beba de esta agua tendrá sed otra vez. ¹⁴Pero el que bebe del agua que yo le doy jamás tendrá sed. El agua que yo le doy vendrá a ser en él como una fuente de vida que durará para siempre.

¹⁵Y la mujer le dijo:

—Señor, dame de esta agua para que nunca vuelva a tener sed. Y entonces no tendré que venir hasta aquí por el agua

La verdadera clase de adoración

¹⁶Jesús le dijo:

—Ve, llama a tu marido y regresa.

¹⁷Y la mujer le contestó:

—No tengo marido.

Jesús le dijo:

—Has dicho la verdad cuando dijiste, "No tengo marido." ¹⁸Porque has tenido cinco maridos y el que ahora tienes no es tu marido. Has dicho la verdad.

¹⁹Y la mujer le dijo:

—Señor, creo que tú eres una persona que habla por Dios. ²⁰Nuestros primeros padres adoraron aquí en este monte. Y ustedes los judíos dicen que Jerusalén es el lugar donde los hombres deben adorar.

²¹Jesús le contestó:

—Mujer, créeme. El tiempo viene cuando tú no tendrás que adorar al Padre ni en este monte ni en Jerusalén. ²²Ustedes no saben qué adoran. Y nosotros los judíos sí sabemos lo que adoramos. Y es a través de los judíos que los hombres están salvos del castigo de sus pecados. ²³El tiempo viene y está aquí ahora, cuando los verdaderos adoradores adorarán al Padre en espíritu y en verdad. El Padre quiere esa clase de adoradores. ²⁴Dios es espíritu. Y los que le adoran a él deben adorarle en espíritu y en verdad.

Jesús es aquel a quien los judíos están esperando

²⁵La mujer le dijo:

—Yo sé que los judíos están esperando a aquel que ha de venir. Es llamado el Cristo. Cuando él venga, nos dirá todas las cosas.

²⁶Jesús le dijo:

—¡Yo soy el Cristo, el que habla contigo!

²⁷En ese momento sus seguidores regresaron y estaban sorprendidos y maravillados de encontrarle hablando con una mujer. Pero nadie dijo: "¿Qué quieres?" o "¿Por qué estás hablando con ella?"

²⁸La mujer dejó su jarro de agua, co-

rrió al pueblo, y les dijo a los hombres: [29]"Vengan y vean a un hombre que me dijo todo lo que yo he hecho. ¿Podría ser éste el Cristo?" [30]Salieron entonces del pueblo y fueron a él.

Jesús les habla de una nueva clase de comida

[31]En este tiempo sus seguidores le dijeron:

—Maestro, come algo.

[32]El les dijo:

—Tengo comida que ustedes no conocen.

[33]Sus seguidores se dijeron unos a otros:

—¿Alguien le ha traído comida?

[34]Jesús les dijo:

—Mi comida es hacer lo que Dios quiere que haga y terminar su trabajo. [35]¿No dicen ustedes, "Faltan cuatro meses para la cosecha"? ¡Escuchen! Yo les digo que abran los ojos y vean los campos. Ya están blancos, esperando que el grano sea recogido. [36]Aquel que recoge recibe su pago y recoge fruto que durará para siempre. El que planta y el que recoge se gozarán juntos. [37]Estas palabras son verdaderas: "Un hombre planta y otro recoge." [38]Yo les envío a recoger donde no han sembrado. Otros han plantado y ustedes han venido a recoger su fruto.

La gente del país de Samaria creyó en Jesús

[39]Mucha gente del país de Samaria creyó en Jesús por lo que la mujer había hablado de él. Ella decía: "Me dijo todo lo que yo había hecho." [40]De modo que la gente de Samaria vino a él y le pidió que se quedara con ellos. Jesús se quedó por dos días. [41]Mucha gente más creyó por lo que él decía. [42]Entonces dijeron a la mujer: "Ahora creemos, y no por lo que tú nos has dicho sino por lo que hemos oído personalmente. Ahora estamos seguros de que él es el Cristo, el que salva al mundo del castigo de sus pecados."

Jesús va a Galilea

[43]Dos días más tarde, Jesús salió de allí y vino al país de Galilea. [44]Porque como dijo Jesús: "Nadie que habla de Dios es respetado en su propia tierra." [45]Cuando llegó al país de Galilea, la gente se alegró de verlo. Pues habían visto todas las cosas que había hecho en Jerusalén, durante la fiesta religiosa especial que hacían los judíos para recordar su salida de Egipto. (Muchos de ellos también habían estado allí.)

Jesús sana en la ciudad de Capernaum a un muchacho que se estaba muriendo

[46]Jesús regresó a la aldea de Caná en el país de Galilea donde había cambiado el agua en vino. Un hombre que trabajaba para el rey tenía un hijo enfermo en la ciudad de Capernaum. [47]Este hombre fue a Jesús. Había oído que Jesús había llegado del país de Judea al de Galilea. El hombre le pidió a Jesús que fuera a la ciudad de Capernaum y sanara a su hijo que se estaba muriendo. [48]Entonces Jesús le dijo:

—A menos que se vean cosas especiales y obras poderosas, la gente no cree.

[49]Pero el hombre le dijo:

—Señor, ven pronto, antes que mi hijo muera.

[50]Jesús entonces le dijo:

—Vuelve a tu casa; tu hijo vivirá.

El hombre creyó a Jesús y salió.

[51]Cuando iba camino a su casa, sus siervos le encontraron. Dijeron:

—¡Tu hijo vive!

[52]El les preguntó a qué hora empezó a sentirse bien. Ellos le contestaron:

—Ayer a la una, la enfermedad lo dejó.

[53]El padre se dio cuenta que a esa hora Jesús le había dicho: "Tu hijo vivirá." Y él y toda su casa creyeron en Jesús. [54]Esta fue la segunda obra poderosa que Jesús hizo, después que él vino del país de Judea al de Galilea.

Jesús sana al hombre del estanque de Betesda

5 Un poco después, había una fiesta religiosa de los judíos, y Jesús subió a Jerusalén. ²En Jerusalén había un estanque con cinco portales llamado Betesda. Estaba cerca de la puerta de la ciudad llamada la de las ovejas. ³Dentro de los portales se hallaba recostada mucha gente enferma. Algunos estaban ciegos; otros no podían andar; algunos no podían mover sus cuerpos. ⁴*Se decía que algunas veces el ángel del Señor venía y movía el agua. Todos esperaban ese tiempo. Y quien fuera el primero en entrar al agua, después de removerse el agua, era sanado de cualquier enfermedad que tenía.

⁵Había allí un hombre que había estado enfermo por treinta y ocho años. ⁶Cuando Jesús lo vio recostado, se dio cuenta de que el hombre había estado enfermo por todo ese tiempo y le preguntó:

—¿Te gustaría ser sano?

⁷El hombre enfermo le contestó:

—Señor, no tengo a nadie que me meta en el agua cuando es removida. Y cuando trato de entrar, otro entra primero y me gana.

⁸Jesús le dijo:

—¡Levántate! Recoge tu cama y anda.

⁹Al momento el hombre estuvo sano. Recogió su cama y anduvo. Esto pasó en el día de descanso. ¹⁰Los judíos le dijeron al que había sido sanado:

—Hoy es día de descanso; no está permitido cargar tu camilla.

¹¹El hombre les contestó:

—El que me sanó me dijo: "Recoge tu camilla y anda." ¹²Entonces le preguntaron:

¿Quién es el que te dijo, "recoge tu camilla y anda"?

¹³Pero el hombre no sabía quién lo había sanado, porque había mucha gente allí y Jesús ya se había ido.

¹⁴Más tarde Jesús, en el gran templo, encontró al hombre a quien él había sanado. Le dijo: "Escucha; ahora que has sido sanado, deja de pecar, o algo peor podrá pasarte." ¹⁵El hombre se fue y les contó a los judíos que Jesús lo había sanado.

Los judíos quieren matar a Jesús

¹⁶Porque Jesús había hecho estas cosas en el día de descanso, los judíos querían matarlo. ¹⁷Jesús les dijo: "Mi padre trabaja todo el tiempo; así que yo también trabajo." ¹⁸Entonces los judíos aun más trataron de matarlo, no sólo porque había trabajado en el día de descanso, sino porque había llamado a Dios su propio padre, haciéndose igual a Dios.

Jesús les dice cómo él trabaja

¹⁹Entonces Jesús les dijo: "En verdad les digo, que el Hijo no puede hacer nada solo. El hace sólo lo que ve a su Padre hacer. Todo lo que el Padre hace, el Hijo lo hace también. ²⁰El Padre ama a su Hijo y le enseña todo lo que él hace. Le enseñará trabajos más grandes que éstos, y ustedes quedarán sorprendidos. ²¹Y como el Padre levanta a los muertos y los hace vivir, también el Hijo da vida a quien él escoge. ²²El Padre no dice quién es culpable. El deja que su Hijo lo haga. ²³Hace esto para que todos los hombres le den el honor al Hijo así como también ellos honran al Padre. El que no honra al Hijo no honra al Padre que lo envió.

²⁴"En verdad, les digo, cualquiera que oye mi palabra y cree en el que me envió tiene vida que durará para siempre; no será culpable, pues ya ha pasado de la muerte a la vida.

La gente buena y la gente pecadora son levantadas de entre los muertos

²⁵"En verdad les digo, que el tiempo viene. Sí, el tiempo ha llegado cuando los muertos oirán la voz del Hijo de Dios. Aquellos que oyen vivirán. ²⁶El Padre tiene vida en sí mismo; y él le ha dado el poder a su hijo para tener vida en sí mismo también. ²⁷Dios le ha dado al Hijo el derecho y poder de decir si la gente es culpable, porque él es el Hijo del Hombre. ²⁸No se sorprendan de esto. El tiempo viene cuando todos los que están en sus tumbas oirán su voz, ²⁹y ¡saldrán fuera! Los que han estado

bien con Dios se levantarán y tendrán vida sin fin; los que han sido pecadores se levantarán para oír que son culpables y ser castigados.

Jesús les habla de él y de Juan

30"Yo no puedo hacer nada por mi propia cuenta. Y digo quién es culpable, como mi Padre me lo dice. Yo digo lo que es correcto, porque no estoy tratando de hacer lo que yo quiero. Hago lo que el Padre, que me envió, quiere que haga. 31Si les hablo de mí mismo, mis palabras no valen. 32Hay otro que habla de mí. Y sé que las palabras que él dice de mí son verdad.

33"Ustedes mandaron a preguntarle a Juan el bautista, y lo que él dijo es verdad. 34Yo no necesito palabras de hombres para probar quién soy y qué hago. Digo esto para que ustedes puedan ser salvos del castigo del pecado. 35Juan era una luz que ardía y brillaba. Ustedes estuvieron dispuestos a gozarse en su luz. 36Pero yo tengo algo más grande que Juan para dar testimonio de mí. Estoy haciendo obras que el Padre me encargó que hiciera. Ellas prueban que el Padre me ha enviado. 37El Padre ha hablado de mí. Me ha enviado. Y ustedes nunca han oído su voz; nunca lo han visto. 38No tienen la palabra de él viviendo en sus corazones, porque no ponen su fe en aquel a quien él envió.

39"Leen las sagradas escrituras y piensan que tienen vida sin fin nada más porque las leen. Ellas hablan de mí. 40Pero ustedes no quieren venir a mí para que así puedan tener vida. 41Yo no acepto ningún honor de los hombres. 42Los conozco; sé que ustedes no tienen el amor de Dios en sus corazones. 43Yo he venido en el nombre de mi Padre, y ustedes no me han aceptado. Si otra persona viene en su propio nombre, ustedes sí la aceptan. 44¿Cómo pueden creer cuando siempre quieren el honor de unos y de otros? Y todavía ustedes no buscan el honor que viene del Padre.

45"No crean que le voy a decir al Padre que son culpables. El que dice que son culpables es Moisés, y ¡es en él que ustedes han puesto su esperanza! 46Si ustedes creyeran en él, creerían en mí, porque Moisés escribió acerca de mí. 47Y si ustedes no creen lo que él escribió, ¿cómo podrán creer en mis palabras?"

La alimentación de los cinco mil (Mateo 14:13-21; Marcos 6:39-44; Lucas 9:10-17)

6 Después de esto, Jesús fue al otro lado del lago de Galilea (llamado también, a veces, el lago de Tiberias). 2Mucha gente lo siguió. Ellos vieron las obras poderosas que él hacía con los enfermos. 3Entonces Jesús subió a un monte y se sentó con sus seguidores. 4Ya estaba cerca la fiesta religiosa que los judíos hacían para recordar su salida de Egipto.

5Jesús vio que mucha gente venía hacia él y le dijo a Felipe:

—¿Dónde podremos comprar pan para alimentar a esta gente?

6El dijo esto para ver qué diría Felipe. Jesús mismo sabía lo que él iba a hacer. 7Entonces Felipe le contestó:

—El dinero que tenemos no es suficiente para comprar pan y darle a cada uno de ellos un poco.

8Andrés, uno de los seguidores de Jesús y hermano de Simón Pedro, le dijo a Jesús:

9—Aquí hay un niño que tiene cinco panes de cebada y dos pescados. ¿Pero qué puede ser esto para tanta gente?

10Jesús le dijo:

—Manda que la gente se siente.

Había pasto en ese lugar, y se sentaron allí sobre el pasto, cerca de cinco mil personas.

11Jesús tomó los panes y dio gracias. Entonces empezó a darles pan a los que estaban sentados. Y el pescado fue dado también al mismo tiempo. La gente comió todo lo que quería. 12Cuando ya estaban llenos, Jesús dijo a sus seguidores: "Recojan los pedazos que sobraron." 13Y se llenaron doce canastas de pan de cebada. Todas éstas sobraron después de que la gente había comido.

¹⁴La gente vio las obras poderosas que Jesús había hecho y dijo: "¡Es verdad! Este es aquel que habla de Dios y que había de venir al mundo."

Jesús anda sobre el agua (Mateo 14:22-33; Marcos 6:45-52)

¹⁵Jesús sabía que aquella gente estaba acercándose para llevarlo y hacerlo rey a la fuerza. Así que se retiró él solo a las montañas. ¹⁶Y cuando llegó la noche sus seguidores bajaron al lago ¹⁷y subieron a un barco para cruzar el lago a la ciudad de Capernaum. Para entonces ya estaba oscuro, y Jesús no había regresado todavía. ¹⁸Un fuerte viento estaba levantando grandes olas en el lago. ¹⁹Los seguidores estaban en medio del lago cuando vieron a Jesús andando sobre el agua. Y como se iba acercando al barco tuvieron miedo. ²⁰Pero Jesús les llamó y les dijo: "Soy yo, no tengan miedo." ²¹Ellos se alegraron de poder llevarlo en el barco. Entonces llegaron al otro lado a donde querían ir.

Jesús enseña a mucha gente

²²Al día siguiente, la gente que se había quedado al otro lado del lago se dio cuenta que por la tarde no había habido sino un solo barco, el que los seguidores de Jesús habían usado cuando se fueron. Y la gente sabía que Jesús no se había ido con ellos. La gente había visto a los seguidores salir solos. ²³Pero mientras tanto, habían llegado otros barcos cerca del lugar en donde todos habían comido el pan después de dar gracias el Señor. Estos barcos eran de la ciudad de Tiberias. ²⁴Entonces, cuando la gente vio que Jesús y sus seguidores no estaban allí, entraron en estos barcos y se fueron a la ciudad de Capernaum para buscar a Jesús.

²⁵La gente lo encontró al otro lado del lago y le preguntó:

—Maestro, ¿cuándo llegaste aquí?

²⁶Jesús les contestó:

—En verdad les digo, ustedes me buscan porque han comido pan hasta llenarse. ²⁷No trabajen por la comida que no dura. Trabajen por la comida que dura para siempre. Porque el Hijo del Hombre les dará esa clase de comida. Dios el Padre les ha mostrado que él hará esto.

Jesús enseña cómo hacer el trabajo de Dios

²⁸Entonces la gente le preguntó:

—¿Cuáles son las obras que Dios quiere que hagamos?

²⁹Y Jesús les dijo:

—Esta es la obra de Dios, que ustedes crean en Aquel a quien Dios envió.

³⁰Ellos le contestaron:

—¿Puedes mostrarnos algunas obras poderosas? Entonces veremos y creeremos. ¿Qué puedes hacer? ³¹Nuestros primeros padres comieron pan que vino del cielo en el desierto. Esto pasó tal como está escrito: "El les dio pan del cielo para comer" (Exodo 16:15).

Jesús es el pan de vida

³²Entonces Jesús le dijo a la gente:

—En verdad, les digo que no fue Moisés quien les dio el pan del cielo, sino mi Padre quien les da el verdadero pan del cielo. ³³El pan de Dios es el que bajó del cielo para dar vida al mundo.

³⁴Ellos le dijeron:

—Señor, danos este pan todo el tiempo.

³⁵Entonces Jesús les dijo:

—Yo soy el pan de vida. El que viene a mí nunca tendrá hambre. Aquel que pone su fe en mí nunca tendrá sed. ³⁶Y como les digo, ustedes me han visto pero no han puesto su fe en mí. ³⁷Todos los que el Padre me ha dado vendrán a mí. Y nunca despediré al que viene a mí. ³⁸Yo bajé del cielo. No vine a hacer lo que yo quería. Vine a hacer lo que mi Padre quería que hiciera. El es quien me envió.

³⁹—Sí, el Padre me envió. Y él no quiere que pierda a ninguno de todos los que él me ha dado. Quiere que los levante a vida en el último día. ⁴⁰Y quiere que todos vean al Hijo y crean en él para así tener vida que dura para siempre. A éstos, yo los levantaré en el último día.

A los judíos no les gustaron las palabras de Jesús

⁴¹Los judíos empezaron a hablar entre ellos en contra de Jesús. A ellos no les gustó que Jesús había dicho, "Yo soy el pan que vino del cielo." ⁴²Se preguntaban unos a otros:

—¿No es éste, Jesús, el hijo de José? Conocemos a su padre y a su madre. ¿Cómo puede él decir, "Bajé del cielo"?

Jesús sigue enseñando acerca del pan de vida

⁴³Y Jesús les dijo:

—No hablen entre sí, criticándome. ⁴⁴Porque el Padre me envió. Y ningún hombre puede venir a mí, a menos que el Padre lo traiga. Y yo lo levantaré a vida en el último día. ⁴⁵Los primeros predicadores escribieron, "Dios les enseñará a todos" *(Isaías 54:13)*. Todos los que escuchan al Padre y aprenden de él, vienen a mí. ⁴⁶Nadie ha visto al Padre; yo soy el único que lo he visto. ⁴⁷Porque en verdad les digo que el que cree en mí tendrá vida que dura para siempre. ⁴⁸Yo soy el pan de la vida. ⁴⁹Sus primeros padres comieron del pan que cayó del cielo en el desierto y murieron. ⁵⁰Pero éste es el pan que baja del cielo. Y el que lo come nunca morirá. ⁵¹Porque yo soy el pan de vida que bajó del cielo. Y si alguno come de este pan, vivirá para siempre. El pan que yo les doy es mi cuerpo, y yo lo daré por la vida del mundo.

⁵²Entonces los judíos discutían entre sí diciendo:

—¿Cómo puede este hombre darnos su cuerpo para comer?

⁵³Jesús les dijo:

—En verdad les digo que no tendrán vida a menos que ustedes coman el cuerpo del Hijo del Hombre y beban su sangre. ⁵⁴Quien coma mi cuerpo y beba mi sangre tiene vida que dura para siempre. Y yo le levantaré en el último día. ⁵⁵Mi carne es verdadera comida, y mi sangre, verdadera bebida. ⁵⁶Cualquiera, pues, que come mi carne y bebe mi sangre vive en mí, y yo vivo en él. ⁵⁷El Padre que me envió tiene vida, y yo vivo por él. Del mismo modo, quien come de mí vivirá por mí. ⁵⁸Yo soy este pan que bajó del cielo. No es igual al pan que sus primeros padres comieron y luego murieron. Y el que coma de este pan vivirá para siempre.

⁵⁹Jesús dijo estas cosas cuando estaba enseñando en el templo local de la ciudad de Capernaum.

Los seguidores confusos dejan a Jesús

⁶⁰Después de oír esto, muchos de los seguidores dijeron:

—Esta enseñanza es muy difícil. ¿Quién puede entenderla?

⁶¹Jesús se dio cuenta que sus seguidores hablaban contra lo que él les había dicho. Les preguntó:

—¿Los confunde esto? ⁶²Entonces, ¿qué dirían ustedes si vieran al Hijo del Hombre subir a donde estaba él antes? ⁶³Es el Espíritu que da vida. El cuerpo no ayuda. Las palabras que yo les hablo son espíritu y vida. ⁶⁴Pero algunos de ustedes no creen.

Jesús sabía desde el principio quiénes no ponían su fe en él. Sabía quién lo entregaría a los jefes del país, ⁶⁵y les dijo:

—Es por eso que les dije, nadie puede venir a mí a menos que el Padre se lo permita.

⁶⁶Desde entonces muchos de sus seguidores regresaron a su antiguo modo de vivir y no anduvieron más con él.

Pedro se da cuenta quién es Jesús

⁶⁷Entonces, Jesús les dijo a sus doce seguidores:

—¿Me dejarán ustedes también?

⁶⁸Y Simón Pedro le dijo:

—Señor, ¿a quién otro podemos ir? Tú tienes palabras de la vida que dura para siempre. ⁶⁹Nosotros creemos y sabemos que tú eres el Cristo. Eres el Hijo del Dios viviente.

⁷⁰Y Jesús les dijo:

—He escogido a ustedes doce como

mis seguidores. Pero uno de ustedes es un diablo.

⁷¹El estaba hablando de Judas Iscariote, hijo de Simón. Judas era uno de los seguidores, y estaba listo para entregar a Jesús a los jefes religiosos.

Los hermanos de Jesús disputan con él

7 Jesús no se quedó en el país de Judea porque los judíos trataban de matarlo. Después de esto, él fue de lugar en lugar por el país de Galilea. ²Una fiesta religiosa de los judíos estaba cerca; se llamaba la fiesta de las enramadas. ³Los hermanos de Jesús le dijeron:

—Sal de aquí y vete al país de Judea. Deja que tus seguidores vean allí las cosas que tú haces. ⁴Porque si una persona quiere que otros se den cuenta de lo que está haciendo, él hace las cosas para ser visto. Puesto que tú estás haciendo tales cosas, muéstrate al mundo.

⁵Porque ni aun sus hermanos tenían fe en él. ⁶Y Jesús les dijo:

—Mi tiempo no ha llegado todavía, pero para ustedes cualquier tiempo es bueno. ⁷El mundo no puede odiarlos a ustedes, pero a mí, sí, me odia. Hablo en contra del mundo, porque sus obras son malas. ⁸Vayan ustedes a la fiesta religiosa. Yo me quedo porque mi tiempo aún no ha llegado.

⁹Jesús les habló esto a sus hermanos y se quedó en el país de Galilea. ¹⁰Después que sus hermanos se fueron a la fiesta religiosa, se fue él, pues así no podría ser visto allí.

Los judíos buscan a Jesús

¹¹Durante la fiesta religiosa, los judíos buscaban a Jesús y se preguntaban:

—¿Dónde está él?

¹²Se hablaba mucho entre la gente acerca de él. Algunos dijeron:

—Es un buen hombre.

Otros decían:

—No, él guía a la gente por el mal camino.

¹³Pero nadie hablaba de él ante otras personas, porque tenían miedo a los dirigentes.

Jesús les dice de dónde viene su enseñanza

¹⁴La fiesta religiosa ya iba a la mitad cuando Jesús fue al gran templo y enseñó. ¹⁵Los judíos se sorprendieron y, admirados, dijeron:

—¿Cómo puede este hombre saber tanto, si nunca ha asistido a la escuela?

¹⁶Jesús les dijo:

—Lo que enseño no es mío. Esto viene de Dios quien me envió. ¹⁷Si alguno hace lo que Dios quiere, entonces va a conocer si mis enseñanzas vienen de él, o si nada más hablo de mi propia cuenta. ¹⁸El hombre que habla de sí mismo está buscando grandeza para sí mismo. Pero el que está buscando la grandeza de Aquel que lo envió es el verdadero. No hay nada falso en él. ¹⁹¿No les dio Moisés la ley? Y sin embargo, ninguno de ustedes la obedece. ¿Por qué tratan de matarme?

²⁰La gente dijo:

—Tú tienes un espíritu malo. ¿Quién está tratando de matarte?

²¹Jesús les dijo:

—Yo hice una obra, y ustedes están admirados. ²²Moisés les dio el rito religioso para hacerse judíos. (Aunque no era de Moisés, sino de los primeros padres.) Y ustedes hacen el rito religioso en un hombre, aun en día de descanso. ²³Ahora, si ustedes pueden hacer eso, ¿por qué se enojan conmigo porque haya sanado a un hombre en el día de descanso? ²⁴No culpen a una persona por lo que ven. Estén seguros de saber lo que dicen del bien o del mal.

²⁵Algunas personas de Jerusalén dijeron:

—¿No es éste el hombre que los judíos quieren matar? ²⁶Pero, ¡miren! Está hablando en público, y no le dicen nada. ¿Sabrán los jefes que éste es el Cristo verdadero? ²⁷Claro, nosotros sabemos de dónde viene este hombre, y cuando el Cristo venga, nadie sabrá de dónde viene.

²⁸Entonces Jesús habló con voz fuerte, así como él había enseñado en el templo. Dijo:

—Ustedes me conocen y saben de dónde vengo. No he venido por mi propia cuenta. Aquel que me envió es verdadero, pero ustedes no lo conocen. [29]Yo lo conozco porque vengo de él y porque él me envió.

[30]Entonces algunos de ellos quisieron tomar a Jesús, pero ninguno le echó mano. Su tiempo aún no había llegado. [31]Y mucha gente creyó en él. Dijeron:

—Cuando Cristo venga, ¿hará obras más poderosas que este hombre?

[32]Los celosos religiosos oyeron a la gente hablar acerca de Jesús. Los jefes de los judíos y los celosos religiosos enviaron a los soldados para llevarle. [33]Jesús les dijo:

—Yo estaré con ustedes un poco más todavía. Y después regresaré a Aquel que me envió. [34]Y ustedes me buscarán pero no me encontrarán. Porque a donde yo voy, ustedes no podrán venir.

[35]Los judíos se preguntaban unos a otros:

—¿A dónde puede ir que no podamos encontrarlo? ¿Irá a enseñar a nuestra gente que vive entre los griegos? [36]¿Qué pretende al decir, "Ustedes me buscarán y no me encontrarán" y, "A dónde voy, ustedes no podrán venir"?

Jesús promete dar el Espíritu Santo

[37]Era el último y gran día de la fiesta religiosa. Jesús se paró y habló con voz fuerte: "Si alguno tiene sed, que venga a mí y beba. [38]Las sagradas escrituras dicen que ríos de agua viva correrán del corazón de aquel que cree en él." [39]Esto dijo del Espíritu Santo que habían de recibir los que creen en él, pues aún no había sido dado, porque Jesús todavía no había sido glorificado.

La gente no había decidido acerca de quién era él

[40]Cuando muchos oyeron sus palabras, dijeron:

—De seguro que éste es aquel que habla por Dios.

[41]Otros dijeron:

—¡El es el Cristo!

Y otros:

—El Cristo no vendrá del país de Galilea, ¿verdad? [42]¿Acaso no dicen las sagradas escrituras que el Cristo vendrá de la familia de David? ¿No vendrá del pueblo de Belén, donde David vivió?

[43]La gente se dividió en cuanto a sus ideas acerca de Jesús. [44]Algunos de ellos quisieron llevarle preso, pero ninguno le echó mano.

[45]Los soldados regresaron a los jefes religiosos de los judíos y los celosos religiosos. Estos les preguntaron a los soldados:

—¿Por qué no lo trajeron?

[46]Y los soldados contestaron:

—Ningún hombre ha hablado como éste habla.

[47]Entonces, los celosos religiosos dijeron:

—¿También se han dejado guiar por el mal camino? [48]¿Hay alguno de los jefes o alguno de nuestro grupo que crea en él? [49]En cuanto a toda esta gente, como no conoce la ley, ya es culpable y será castigada por Dios.

[50]Nicodemo, quien fue uno de los celosos religiosos que hacía tiempo había venido a Jesús, dijo:

[51]—Nuestra ley no culpa a un hombre antes de que haya sido juzgado en la corte por lo que ha hecho.

[52]Ellos le preguntaron:

—¿Acaso tú también eres del país de Galilea? Lee las escrituras y verás que ninguno que habla en nombre de Dios ha venido de Galilea.

[53]*Entonces cada uno se fue a su propia casa.

Jesús habla a los maestros de la ley y a los celosos religiosos

8 *(Jesús fue al monte de los Olivos. [2]Muy temprano en la mañana, regresó al templo, y toda la gente vino a él. Sentándose, les enseñó. [3]Mientras hablaba, los maestros de la ley y los celosos religiosos vinieron a él. Le trajeron a una mujer que había sido encontrada cometiendo el acto sexual con un hombre que no era su esposo. Y la hicieron pararse delante de todos ellos. ⁴Entonces ellos le dijeron a Jesús:

—Maestro, esta mujer fue encontrada en acto sexual con un hombre que no es su marido. ⁵Moisés nos dijo en su ley que a las mujeres como ésta, las matáramos tirándoles piedras. Tú, ¿qué dices acerca de esto?

⁶Ellos estaban tratando de ponerle una trampa para hallar algo en contra de él. Jesús se inclinó y empezó a escribir en la tierra con el dedo. ⁷Ellos siguieron preguntándole. Entonces se levantó y dijo:

—Si alguno de ustedes no tiene pecado, tírele la primera piedra.

⁸Y se inclinó otra vez y escribió en la tierra. ⁹Cuando ellos oyeron lo que Jesús había dicho, se fueron uno por uno, empezando desde el más viejo. Al fin, no quedó ninguno.

¹⁰Entonces Jesús se levantó y le preguntó a la mujer:

—Y, ¿dónde están aquellos que te acusaban? ¿Ninguno de estos hombres te condenó?

¹¹Y ella respondió:

—No, Señor, ninguno.

Jesús le dijo:

—Ni yo te condeno. Vete y no vuelvas a pecar.

Jesús enseña acerca de la luz del mundo

¹²Jesús le habló a toda la gente diciendo:

—Yo soy la luz del mundo. Cualquiera que me siga, no andará en la oscuridad. El tendrá la luz de la vida.

¹³Los celosos religiosos le dijeron:

—Tú estás hablando de ti mismo y lo que dices de ti no es verdad.

¹⁴Jesús les dijo:

—Aunque hablo de mí mismo, lo que yo digo es la verdad. Yo sé de dónde vengo y a dónde voy. Y ustedes no saben de dónde vengo ni a dónde voy. ¹⁵Ustedes culpan y castigan según las reglas que tienen. ¹⁶Y yo no culpo ni castigo a nadie. Y aunque así lo hiciera,

mi sentencia sería verdadera. Pues no estoy solo. Porque el Padre que me envió está conmigo. ¹⁷En la ley de ustedes, está escrito que cuando dos hombres están de acuerdo en algo, eso prueba que es verdad (Deuteronomio 19:15). ¹⁸Yo hablo por mí mismo, y el Padre que me envió habla por mí.

¹⁹Los celosos religiosos le preguntaron:

—¿Dónde está tu Padre?

Y Jesús les contestó:

—Ustedes no me conocen a mí, ni a mi Padre tampoco. Si ustedes me hubieran conocido, hubieran conocido a mi Padre.

²⁰Mientras Jesús enseñaba en el gran templo, habló estas palabras cerca de donde estaba la caja del dinero. Y ninguno le echó mano a Jesús. Su tiempo aún no había llegado.

Jesús les habla de su salida

²¹Jesús les habló a los judíos otra vez diciendo:

—Voy a irme. Y ustedes me buscarán, pero morirán en sus pecados. Porque a donde yo voy, ustedes no pueden venir.

²²Los judíos dijeron:

—¿Se matará? ¿Por qué ha dicho, "A donde yo voy, ustedes no podrán ir"?

²³Entonces les contestó:

—Ustedes son de abajo, y yo soy de arriba. Ustedes son de este mundo, y yo no soy de este mundo. ²⁴Es por eso que yo he dicho que ustedes morirán en sus pecados. Si ustedes no creen que yo soy el Cristo, morirán en sus pecados.

²⁵Entonces ellos le preguntaron:

—¿Quién eres?

Jesús les contestó:

—La respuesta es la misma que les he dicho desde el principio. ²⁶Tengo mucho que decirles. Y debo decirles que son culpables. El que me envió es verdadero. Yo digo las cosas que he oído de él.

²⁷Ellos no entendieron que Jesús les

hablaba acerca de su Padre. [28]Jesús les dijo:

—Cuando hayan levantado al Hijo del Hombre, sabrán que yo soy el Cristo. No hago las cosas por mi propia cuenta. Digo estas cosas como mi Padre me las ha enseñado. [29]El que me envió está conmigo. Mi Padre no me ha dejado solo. Siempre hago lo que él quiere que haga.

[30]Y como Jesús dijo estas cosas, mucha gente creyó en él. [31]Entonces, les dijo a los que creyeron:

—Si ustedes guardan y obedecen mi palabra, serán mis seguidores. [32]Ustedes sabrán la verdad, y la verdad los hará libres.

Jesús enseña lo que quiere decir ser libre

[33]Le dijeron a Jesús:

—Nosotros somos hijos de Abraham. Y nunca hemos sido esclavos de nadie. ¿Qué quieres decir, "Serán libres"?

[34]Entonces Jesús les contestó:

—En verdad, les digo, cualquiera que peca es como el hombre que es siervo de alguien y tiene que trabajar sin pago alguno. Y el pecado lo tiene preso. [35]Un siervo en esas condiciones no pertenece a la casa. Pero el hijo sí pertenece. [36]Así que si el Hijo les hace libres, de seguro serán libres.

Jesús pregunta a los judíos acerca de su Padre

[37]—Sé que ustedes son los hijos de Abraham. Pero quieren matarme porque mi palabra no está en sus corazones. [38]Yo hablo de lo que vi cuando estaba con mi Padre. Y ustedes hacen lo que ven que hace su padre.

[39]Ellos le contestaron:

—Nuestro padre es Abraham.

Y Jesús les dijo:

—Si ustedes fueran hijos de Abraham, harían lo que él hizo. [40]Yo soy un hombre que les ha dicho la verdad, así como la he oído de mi Padre. Y ahora ustedes están tratando de matarme. Abraham nunca hizo nada así. [41]Ustedes están haciendo los trabajos de su padre.

Y ellos le contestaron:

—Nosotros nacimos de padres que estuvieron fielmente casados. Tenemos un solo padre. Y ese es Dios.

[42]Y Jesús les dijo:

—Si Dios fuera su padre, ustedes me amarían. Porque yo vengo de Dios. No vengo por mi propia cuenta, porque Dios así me envió. [43]¿Por qué no entienden lo que yo digo? Es que no quieren oír mi enseñanza. [44]El diablo es su padre, y ustedes son de él. Ustedes quieren hacer las cosas malas que su padre el diablo quiere que hagan. El diablo es un asesino desde el principio. El diablo no tiene nada que hacer con la verdad. Porque no hay verdad en él. Se sabe que el diablo miente, porque es un mentiroso y el padre de la mentira. [45]Pero yo les digo la verdad, y por eso ustedes no creen en mí. [46]¿Quién de ustedes puede demostrar que yo tengo algún pecado? Y si yo les digo la verdad, ¿por qué no me creen? [47]Cualquiera que es nacido de Dios escucha la palabra de Dios. Ustedes no oyen su palabra, porque no son nacidos de Dios.

Los judíos dijeron: "Jesús tiene un espíritu malo"

[48]Los judíos dijeron a Jesús:

—¿Tenemos razón cuando decimos que eres del país de Samaria y que tienes un espíritu malo?

[49]Jesús les contestó:

—No, no tengo un espíritu malo. Yo honro a mi Padre. Y ustedes no me honran. [50]No estoy buscando honra para mí mismo. Aunque hay alguien que busca mi honor, y él examina. [51]En verdad les digo, el que hace caso a lo que yo digo, nunca morirá.

[52]Entonces los judíos le dijeron:

—Ahora sabemos que tienes un espíritu malo. Abraham murió. Los antiguos predicadores murieron. Y tú estás diciendo: "Que si alguno cree en ti, nunca morirá." [53]¿Acaso eres tú más grande que nuestro padre Abraham? El murió y los antiguos predicadores murieron. ¿Quién crees tú que eres?

⁵⁴—Si me honro a mí mismo, mi honor no vale nada. Pero mi Padre es el que me honra. El mismo que ustedes dicen que es su Dios. ⁵⁵Ustedes nunca lo han conocido, pero yo sí lo he conocido. Si dijera, "No lo conozco", sería mentiroso como ustedes, pero yo sí conozco al Padre y obedezco su palabra. ⁵⁶Su padre Abraham estuvo contento de ver mi venida. La vio y se fue feliz.

⁵⁷Los judíos le dijeron:

—Todavía no tienes ni cincuenta años. ¿Cómo podrías haber visto a Abraham?

⁵⁸Jesús les dijo:

—En verdad les digo: ¡Antes que Abraham naciera, yo ya era. Soy y siempre seré!

⁵⁹Entonces cogieron piedras para tirarle, *pero se escondió y salió del templo.

Jesús sana a un hombre que nació ciego

9 Cuando Jesús seguía su camino, vio a un hombre que nació ciego. ²Entonces sus seguidores le preguntaron:

—Maestro, ¿quién pecó para que este hombre naciera ciego? ¿Fueron los pecados de este hombre o los de sus padres?

³Entonces Jesús les contestó:

—Ni los pecados de este hombre ni los pecados de sus padres hicieron que este hombre naciera ciego. El nació ciego para que así el poder de Dios fuera visto en él. ⁴Mientras es de día, debo seguir haciendo el trabajo del que me envió. ⁵Mientras estoy en el mundo soy la luz del mundo.

⁶Después de que Jesús había dicho esto, escupió en el suelo, mezcló la saliva con la tierra y puso el lodo en los ojos del ciego. ⁷Entonces Jesús le dijo:

—Vé y lávate en el estanque de Siloé.

(Siloé quiere decir enviado.) El hombre fue y se lavó. Cuando regresó, podía ver.

⁸Los vecinos y otros que habían visto al ciego pidiendo limosna dijeron:

—¿No es éste el hombre que se sentaba y pedía limosna?

⁹Algunos dijeron:

—Sí, éste es.

Otros dijeron:

—No, pero se parece.

Pero el hombre que había estado ciego dijo:

—Yo soy el hombre.

¹⁰Ellos le dijeron:

—¿Cómo fueron abiertos tus ojos?

¹¹Y él les contestó:

—Un hombre llamado Jesús hizo lodo y lo puso en mis ojos. Entonces me dijo: "Ve y lávate en el estanque de Siloé." Fui, me lavé, y pude ver.

¹²Entonces le preguntaron:

—¿Dónde está él?

Y él les contestó:

—No lo sé.

Los celosos religiosos están confusos acerca de este evento

¹³Entonces tomaron al hombre que había sido ciego de nacimiento y lo llevaron ante los celosos religiosos. ¹⁴Fue el día de descanso cuando Jesús hizo este lodo y abrió sus ojos. ¹⁵Otra vez los celosos religiosos le preguntaron al hombre que había sido ciego qué había hecho para ver. Y él les contestó:

—Jesús puso lodo en mis ojos, los lavé y ahora veo.

¹⁶Algunos de los celosos religiosos dijeron:

—El hombre que hizo esto no viene de Dios, porque trabajó en el día de descanso.

Otros dijeron:

—¿Cómo puede un hombre pecador hacer obras poderosas?

Y no podían ponerse de acuerdo acerca de Jesús. ¹⁷Le hablaron otra vez al hombre ciego diciéndole:

—¿Qué dices acerca de él, ya que te abrió los ojos?

Y él contestó:

—El es un enviado de Dios.

¹⁸Los judíos no creyeron que este hombre había sido ciego y que ya podía ver. Llamaron a sus padres, ¹⁹y les preguntaron:

—¿Es éste su hijo? ¿Dicen ustedes

que era ciego? ¿Cómo puede ver ahora?

²⁰Ellos contestaron:

—Sabemos que éste es nuestro hijo y sabemos que nació ciego. ²¹Pero no sabemos cómo puede ver ahora. Tampoco sabemos cómo se abrieron sus ojos. El es mayor de edad; pregúntenle. El mismo puede explicárselo.

²²Sus padres dijeron esto porque le tenían miedo a los judíos. Los judíos hablaron entre sí, y habían acordado que a la persona que dijera que Jesús era el Cristo, la echarían fuera del templo local. ²³Es por eso que sus padres dijeron: "Es mayor de edad; pregúntenle."

²⁴Los celosos religiosos llamaron otra vez al hombre que había sido antes ciego y le dijeron:

—Da gloria a Dios. Pues nosotros sabemos que este hombre es pecador.

²⁵El hombre que había sido ciego les dijo:

—No sé si es pecador o no. Una cosa sí sé, que yo era ciego y ahora veo.

²⁶Ellos le preguntaron otra vez:

—¿Qué te hizo? ¿Cómo te abrió los ojos?

²⁷Y él contestó:

—Ya les dije, pero ustedes no escuchan. ¿Por qué quieren oírlo otra vez? ¿Quieren ser sus seguidores también?

²⁸Los celosos religiosos se enojaron y dijeron:

—Tú eres seguidor de Jesús. Nosotros somos seguidores de Moisés. ²⁹Sabemos que Dios le habló a Moisés. No sabemos de dónde viene este hombre.

³⁰El hombre les dijo:

—¡Esto sí que es raro! Ustedes no saben de dónde viene, y a mí me dio la vista. ³¹Nosotros sabemos que Dios no escucha a los pecadores. Pero sabemos que si alguien ama a Dios y le adora, lo que él pida, Dios lo escucha. ³²Desde el principio del mundo nadie ha oído que alguien le pueda abrir los ojos a un hombre que haya nacido ciego. ³³Si este hombre no viniera de Dios, no habría podido hacer nada así.

³⁴Entonces ellos le dijeron:

—Tú naciste en el pecado. ¿Acaso estás tratando de enseñarnos?

Luego lo echaron del templo local.

Jesús habla palabras fuertes a los celosos religiosos

³⁵Jesús oyó que los celosos religiosos habían puesto fuera del templo local al hombre que él había sanado. Encontró al hombre y le preguntó:

—¿Pusiste tu fe en el Hijo de Dios?

³⁶Y él contestó:

—¿Quién es él, Señor? Dime para que yo pueda poner mi fe en él.

³⁷Entonces Jesús le dijo:

—Tú le has visto. Está hablando contigo.

³⁸Y él contestó:

—Señor, creo en ti.

Entonces se inclinó ante Jesús y lo adoró.

³⁹Jesús le dijo:

—Yo vine a este mundo a decir lo que está bien y lo que está mal. Yo vine para que los que no ven puedan ver y para que aquellos que ven sean hechos ciegos.

⁴⁰Algunos de los celosos religiosos estaban con él y oyeron esto. Entonces le preguntaron:

—¿Somos ciegos también?

⁴¹Y Jesús les respondió:

—Si ustedes fueran ciegos, no tendrían culpa de pecado. Pero como dicen, "Vemos", entonces son culpables de sus pecados.

El pastor y la puerta

10 —En verdad les digo, el hombre que no entra al corral de las ovejas por la puerta, sino que usa otro camino, el tal es ladrón. ²El pastor de las ovejas entra por la puerta. ³Y aquel que cuida la puerta se las abre, y las ovejas oyen su voz. El las llama por su nombre y las guía. ⁴Cuando el pastor va delante, ellas le siguen porque conocen su voz. ⁵No seguirán a un desconocido, porque no conocen su voz. Huirán de él.

⁶Jesús les puso esta comparación. Y ni

aun así entendieron lo que quería decir.

Jesús es la puerta

⁷Otra vez Jesús les dijo: "En verdad les digo: yo soy la puerta de las ovejas. ⁸Todos aquellos que vinieron antes que yo, son hombres que hurtan y roban, y las ovejas no los obedecieron. ⁹Yo soy la puerta. Cualquiera que entra por mí será salvo del castigo del pecado. Porque entrará y saldrá, y encontrará comida. ¹⁰El ladrón viene sólo para hurtar, matar y destruir. Yo vengo para que ellos tengan vida, una vida llena de bendiciones.

Jesús les enseña acerca del buen pastor

¹¹"Yo soy el buen pastor. El buen pastor da su vida por las ovejas. ¹²Uno a quien le pagan por cuidar las ovejas no es el pastor. Las ovejas no son suyas. Cuando ve venir al lobo, huye, las deja solas y corre, mientras el lobo agarra las ovejas y las esparce. ¹³El hombre a quien le pagan huye porque sólo trabaja por el pago y no le interesan las ovejas.

¹⁴"Yo soy el buen pastor. Conozco a mis ovejas, y ellas me conocen. ¹⁵Como mi Padre me conoce a mí, yo conozco a mi Padre. Doy mi vida por las ovejas. ¹⁶Tengo otras ovejas que no son de este corral. Debo traerlas también. Ellas escucharán mi voz. Entonces habrá un rebaño con un pastor.

¹⁷"Es por esta razón que mi Padre me ama. Porque doy mi vida. Puedo volverla a tomar. ¹⁸Nadie me quita la vida; yo mismo la doy. Y tengo el derecho y el poder de tomarla otra vez. Mi Padre me ha dado este derecho y poder."

¹⁹Muchos judíos no estuvieron de acuerdo con lo que había dicho. ²⁰Algunos dijeron: "¿Por qué lo escuchan? Tiene un espíritu malo y está loco." ²¹Otros dijeron: "Un hombre que tiene un espíritu malo no habla de ese modo. ¿Puede un espíritu malo abrirle los ojos a un hombre ciego?"

Jesús les dice quién es él

²²Era el tiempo de la fiesta religiosa que recordaba cómo el templo fue abierto en Jerusalén. ²³Era el invierno y Jesús estaba allí, andando por el portal de Salomón en el gran templo. ²⁴Entonces los judíos se juntaron y le preguntaron:

—¿Hasta cuándo vas a tenernos en duda? Si tú eres el Cristo, dínoslo claramente.

²⁵Jesús les contestó:

—Ya les dije y no me creen. Las obras que yo hago en nombre de mi Padre hablan por mí. ²⁶Ustedes no creen porque no son mis ovejas. ²⁷Mis ovejas oyen mi voz, me conocen y me siguen. ²⁸Y les doy vida que dura para siempre. Nunca serán castigadas. Y nadie podrá quitarlas de mi mano. ²⁹Mi Padre que me las dio es más grande que todos. Nadie podrá quitarlas de la mano de mi Padre. ³⁰Porque mi Padre y yo somos uno.

Jesús les habla a los hombres enojados

³¹Otra vez los judíos tomaron piedras para tirárselas. ³²Jesús les preguntó:

—Muchas cosas buenas les he enseñado que vienen de mi Padre. ¿Por cuál de estas cosas van a tirarme piedras?

³³Y ellos le contestaron:

—No vamos a tirarte piedras por ninguna obra buena, sino por el modo que hablas contra Dios. Es porque te estás haciendo Dios, cuando eres sólo un hombre.

³⁴Jesús les dijo:

—¿No está escrito en su ley: "Yo dije, ustedes son dioses?" *(Salmo 82:6).* ³⁵Las sagradas escrituras que les dio Dios les llamó dioses. (La palabra de Dios no puede ponerse a un lado.) ³⁶Pero Dios me apartó y me envió al mundo. Entonces, ¿cómo pueden decir que estoy hablando contra Dios sólo porque digo que soy el Hijo de Dios? ³⁷Si no hago las obras de mi Padre, no me crean. ³⁸Pero si las hago, aunque no crean en mí, crean en las obras que yo hago. Entonces sabrán que mi Padre está en mí y yo en él.

³⁹Otra vez querían llevarlo preso, pero se escapó de ellos.

Jesús va al otro lado del río Jordán

⁴⁰Jesús fue al otro lado del río Jordán a un lugar donde Juan bautizaba a la gente. Y se quedó allí. ⁴¹Mucha gente vino a él diciendo: "Juan no hizo obras poderosas, pero lo que Juan dijo de este hombre (Jesús) es verdad." ⁴²Y mucha gente allí creyó en Jesús.

Jesús oye acerca de Lázaro

11 Había un hombre enfermo llamado Lázaro. Vivía en el pueblo de Betania con sus hermanas Marta y María. ²Era la María que puso perfume en los pies del Señor y los secó con sus cabellos *(Juan 12:1-3)*. Y era Lázaro, su hermano, quien estaba enfermo. ³Las hermanas enviaron palabra a Jesús, diciendo: "¡Señor, tu amigo está enfermo!" ⁴Cuando Jesús oyó esto, dijo: "Esta enfermedad no terminará en muerte. Esto ha pasado para traer gloria a Dios, y para que el Hijo de Dios sea honrado también."

Jesús habla de la muerte de Lázaro

⁵Jesús amaba a Marta, a su hermana y a Lázaro. ⁶Y cuando oyó que Lázaro estaba enfermo, se quedó dos días más en el lugar donde estaba. ⁷Entonces Jesús les dijo a sus seguidores:

—Vamos otra vez al país de Judea.

⁸Pero sus discípulos le dijeron:

—Maestro, hace poco los judíos trataron de matarte a pedradas. ¿Y quieres ir allí otra vez?

⁹Jesús les dijo:

—¿No hay doce horas en el día? Si un hombre camina durante el día, no caerá. Porque ve la luz del mundo. ¹⁰Si un hombre camina durante la noche, caerá, porque la luz no está en él.

¹¹Después que Jesús había dicho esto, habló otra vez y dijo:

—Nuestro amigo Lázaro duerme. Debo ir a levantarlo.

¹²Sus seguidores le dijeron:

—Si duerme, sanará.

¹³Pero Jesús quiso decir que Lázaro estaba muerto. Ellos pensaron que Lázaro estaba descansando y dormía. ¹⁴Entonces Jesús les dijo:

—Lázaro está muerto. ¹⁵Para que ustedes puedan creer, me alegro de que yo no estuviera allí. Vengan, vamos a verlo.

¹⁶Tomás, a quien le llamaban el gemelo, les dijo a los otros seguidores:

—Vamos también nosotros para poder morir con Jesús.

Jesús les dice que la tumba no detendrá los muertos

¹⁷Cuando Jesús llegó allí, oyó que Lázaro llevaba cuatro días en la tumba. ¹⁸El pueblo de Betania estaba a media hora de camino de Jerusalén.

¹⁹Muchos judíos habían venido a visitar a Marta y a María para consolarlas por la muerte de su hermano.

²⁰Marta oyó que Jesús venía y fue a encontrarlo, pero María se quedó en casa. ²¹Marta le dijo a Jesús:

—Señor, si tú hubieras estado aquí, mi hermano no habría muerto. ²²Yo sé que Dios te dará aun ahora lo que le pidas.

²³Jesús le dijo:

—Tu hermano se levantará otra vez.

²⁴Marta le dijo:

—Sí, yo sé que se levantará, cuando los muertos sean levantados de las tumbas, en el último día.

²⁵Jesús le contestó:

—Yo soy Aquel que levanta a los muertos y les da vida. Cualquiera que cree en mí, aunque muera, volverá a vivir. ²⁶Cualquiera que vive y cree en mí nunca morirá. ¿Crees esto?

²⁷Y ella contestó:

—Sí, Señor, creo que tú eres el Cristo, el Hijo de Dios. Tú eres aquel que había de venir al mundo.

Lázaro es levantado de la muerte

²⁸Después de que Marta dijo esto, fue y llamó a su hermana María, hablando sin que nadie más oyera: "El Maestro está aquí y pregunta por ti." ²⁹Cuando María oyó esto, se levantó y fue hacia él. ³⁰Jesús aún no había entrado al pueblo. Seguía en el lugar donde Marta lo había encontrado.

³¹Los judíos habían ido a la casa a consolar a María. Y ellos la vieron levantarse y salir con prisa. La siguieron y dijeron: "Va a la tumba a llorar allí." ³²María había ido al lugar donde estaba Jesús. Cuando ella lo vio, se arrodilló a sus pies y le dijo:

—Señor, si hubieras estado aquí, mi hermano no habría muerto.

³³Jesús la vio llorando. Y los judíos que estaban con ella también lloraban. El corazón de Jesús estaba muy triste y perturbado. ³⁴Entonces él les preguntó:

—¿Dónde enterraron a Lázaro?

Ellos le dijeron:

—Señor, venga y vea.

³⁵Entonces Jesús lloró. ³⁶Los judíos dijeron:

—Miren cuánto amaba a Lázaro.

³⁷Algunos de ellos dijeron:

—Si este hombre abrió los ojos de un hombre ciego, ¿no podía hacer que Lázaro no muriera?

³⁸Jesús fue a la tumba con su corazón muy triste. La tumba era una cueva en un lado de una roca. Una piedra cubría la entrada. ³⁹Jesús les dijo:

—Quiten la piedra.

Marta, la hermana del muerto, le dijo:

—Pero, Señor, ahora su cuerpo huele mal. Lleva cuatro días de muerto.

⁴⁰Jesús le dijo:

—¿No te dije que si tienes fe, verás brillar la grandeza de Dios?

⁴¹Quitaron la piedra. Jesús miró hacia el cielo y dijo: "Padre, te doy gracias por oírme. ⁴²Yo sé que siempre me oyes. Pero he dicho esto por la gente que está aquí, para que ellos puedan creer que tú me has enviado."

⁴³Cuando hubo dicho esto, llamó con fuerte voz: "¡Lázaro, sal de allí!" ⁴⁴El hombre que había estado muerto salió. Sus manos y sus pies estaban atados con vendas. Y un pedazo de tela blanca cubría su cara. Jesús les dijo: "Quítenle la mortaja y déjenlo ir."

Los celosos religiosos trataban de pensar en algún modo para matar a Jesús

⁴⁵Muchos de los judíos que habían venido a visitar a María vieron lo que Jesús había hecho y creyeron en él. ⁴⁶Algunos de ellos fueron a los celosos religiosos y les dijeron lo que Jesús había hecho. ⁴⁷Los jefes religiosos de los judíos y los celosos religiosos se reunieron en la corte y dijeron:

—¿Qué haremos? Este hombre está haciendo muchas obras poderosas. ⁴⁸Si le permitimos hacer estas cosas, todos los hombres creerán en él. Los romanos vendrán, y tomarán el gran templo y nuestra nación.

⁴⁹Caifás era el jefe de los líderes religiosos ese año y les dijo:

—Ustedes no saben nada acerca de esto. ⁵⁰¿No ven que es mejor que un hombre muera por el pueblo, y no que toda la nación sea destruida?

⁵¹Caifás no pensó estas palabras por su propia cuenta. Habló lo que Dios dijo que pasaría. Estaba diciendo esto antes de que sucediera que Jesús fuera a morir por la nación. ⁵²El tiene que morir no sólo por la nación, sino también para juntar como un grupo a todos los hijos de Dios, quienes estaban viviendo en muchos otros lugares.

⁵³Desde ese día ellos hicieron planes para matar a Jesús. ⁵⁴Por esta razón Jesús no se dejaba ver entre los judíos. Fue a un pueblo llamado Efraín. Estaba cerca del desierto. Se quedó allí con sus seguidores.

Los celosos religiosos buscaban a Jesús

⁵⁵Estaba cerca la gran fiesta religiosa que recuerda cómo los judíos salieron de Egipto. Y mucha gente subió a Jerusalén. Vinieron a purificarse en actos de

adoración antes de tener la cena especial. [56]Y buscaban a Jesús. Estando todos juntos en el gran templo de Dios, se preguntaba uno al otro: "¿Qué crees tú? ¿Vendrá él a la fiesta religiosa?" [57]Los dirigentes del pueblo judío y los celosos religiosos habían dicho que si algún hombre sabía dónde estaba Jesús, debía decirlo, porque querían tomarlo preso.

María de Betania le echa perfume especial a Jesús (Mateo 26:6-13; Marcos 14:3-9)

12 Seis días antes de la fiesta religiosa que recordaba cómo los judíos habían salido de Egipto, Jesús vino a Betania donde vivía Lázaro. Jesús había levantado a Lázaro de los muertos. [2]Le habían preparado cena, y Marta puso el alimento en la mesa. Lázaro estaba sentado con él.

[3]María tomó una jarra de perfume especial, que costaba mucho dinero, y la vació en los pies de Jesús, los cuales ella secó con sus cabellos. Toda la casa se llenó del olor del perfume especial.

[4]Judas Iscariote era uno de los seguidores. El ya estaba para entregar a Jesús a los jefes religiosos. Ahora dijo:

[5]—¿Por qué no se vendió este perfume especial por mucho dinero, para dárselo a la gente pobre?

[6]El no dijo esto porque pensara en la gente pobre, sino porque él era ladrón. El cargaba la bolsa de dinero y podía robar de ella. [7]Entonces Jesús le dijo:

—Déjala; pues ha guardado esto para el tiempo en que seré enterrado. [8]Ustedes siempre tendrán gente pobre, pero a mí no siempre me tendrán.

Los judíos hablan acerca de matar a Lázaro

[9]Muchos de los judíos vinieron a ese lugar porque sabían que Jesús estaba allí. Vinieron no sólo a ver a Jesús, sino a Lázaro también, que había sido levantado de la muerte. [10]Los jefes religiosos de los judíos se juntaron también a hablar acerca de matar a Lázaro. [11]Por causa de Lázaro, muchos judíos habían dejado su propia religión y habían creído en Jesús.

La última vez que Jesús va a Jerusalén (Mateo 21:1-11; Marcos 11:1-11; Lucas 19:29-44)

[12]Al día siguiente mucha gente estaba en Jerusalén para la fiesta religiosa. Al oír que Jesús venía, [13]tomaron ramas de árboles y fueron a encontrarlo, gritando: "¡Gloria a Dios! ¡Grande y venerable es Aquel que viene en el nombre del Señor, el Rey de los judíos!" [14]Jesús encontró un burro y se montó en él.

Como dice en las sagradas escrituras: [15]"No tengan miedo, gentes de Jerusalén, ¡miren! Su Rey viene montado en un burro!" (Zacarías 9:9). [16]Al principio, sus seguidores no entendían qué quería decir esto; pero cuando Jesús había regresado al cielo a recibir el gran honor, entonces recordaron que todas estas cosas estaban escritas acerca de él y que esto le había pasado.

[17]La gente que había estado con Jesús cuando él había llamado a Lázaro de la tumba seguía contando esta obra poderosa a otros. Ellos habían visto a Lázaro levantado de la muerte. [18]Por eso esta gente fue a encontrar a Jesús, pues habían oído de esta obra poderosa que él había hecho. [19]Los celosos religiosos dijeron entre ellos: "Miren, estamos perdiendo seguidores. ¡Todos están siguiendo a Jesús!"

La gente griega quiere ver a Jesús

[20]Algunos griegos habían venido a la fiesta religiosa para adorar. Estaban entre los otros también que habían venido a adorar. [21]Estas personas griegas vinieron a Felipe quien era de la ciudad de Betsaida en el país de Galilea. Le dijeron:

—¡Señor, queremos ver a Jesús!

[22]Felipe fue y lo dijo a Andrés. Entonces Felipe y Andrés lo dijeron a Jesús.

La ley de vida

[23]Jesús respondió:

—La hora está cerca en que el Hijo

del Hombre ha de ser llevado al cielo a recibir la gloria. 24En verdad les digo, si una semilla no cae en la tierra y muere, será sólo una semilla; pero si muere, dará mucho fruto. 25El que ama su vida la perderá. El que desprecia su vida en este mundo la conservará para siempre. 26Si alguno quiere trabajar para mí, debe seguirme. Así que donde yo esté, el que quiere trabajar conmigo también estará allí. Y si alguien trabaja para mí, mi Padre le honrará.

27—Ahora mi alma está preocupada. ¿Qué voy a decir, "Padre, sálvame de este tiempo de aflicción y dolor"? No; es por esa razón que vine en este tiempo. 28Padre, honra tu nombre.

La gente oye la voz de Dios

Entonces se oyó una voz del cielo que decía: "Ya he honrado mi nombre. Y lo honraré otra vez." 29La gente oyó la voz y algunos de los que estaban allí dijeron:

—Fue un trueno.

Otros dijeron:

—Un ángel le habló.

30Jesús dijo:

La voz no vino por mí sino para ayudarles a ustedes.

Jesús les dice cómo va a morir

31Se les ha dicho ahora que este mundo es culpable. Ahora el jefe de este mundo será echado fuera. 32Y cuando yo sea levantado de la tierra, atraeré a mucha gente hacia mí.

33El les dijo esto para que entendieran de qué clase de muerte iba él a morir.

34La gente le dijo:

—La ley de Moisés dice que el Cristo va a vivir para siempre. ¿Por qué dices tú, "El Hijo del Hombre debe ser levantado"? ¿Quién es el Hijo del Hombre?

35Y Jesús les dijo:

—La luz estará con ustedes por un poco más de tiempo. Anden mientras tengan la luz; así no estarán en la oscuridad. Cuando un hombre anda en la oscuridad, no sabe hacia dónde va.

36Mientras tengan la luz, crean en la luz. Entonces serán hijos de luz.

Después que Jesús dijo estas cosas, se fue y se escondió de ellos.

La gente no cree

37Jesús había hecho muchas obras poderosas delante de ellos, pero ni así creyeron en él. 38Esto pasó como había dicho el antiguo predicador Isaías que pasaría. El había dicho: "Señor, ¿acaso ha creído alguien nuestra predicación? ¿Ha mostrado el Señor su poder a alguien?" 39La razón por la que ellos no creen está escrita también en Isaías. 40Dice: "El los ha hecho ciegos y duros de corazón; entonces no podrán ver con sus ojos, ni entenderán con sus corazones. No se volverán a mí. Y no podré sanarlos" (Isaías 6:9, 10). 41Esto es lo que Isaías dijo, cuando vio la grandeza de Jesús brillar y habló de él.

42Aun entre los jefes de la gente que estaba allí había muchos que creyeron en Jesús. Pero por causa de los celosos religiosos no dijeron nada. Si ellos lo hubieran confesado, los habrían puesto fuera del templo de los judíos. 43Ellos querían más tener el respeto de los hombres que honrar a Dios, porque amaban más el respeto de los hombres que el honor de Dios.

Jesús y su Padre son uno

44Entonces Jesús les habló con voz fuerte: "Si alguno cree en mí, cree no sólo en mí, sino también en el que me envió. 45Cualquiera que me ve, ve a aquel que me envió. 46Vine al mundo para ser la luz. Cualquiera que cree en mí no andará en tinieblas. 47Si alguno oye mis palabras y no las cree, no lo culpo. Porque yo no vine a decir que el mundo merece castigo, pero vine a salvar al mundo del castigo de sus pecados. 48Cualquiera que no me recibe y no recibe mis palabras, tiene quién lo culpa. La palabra que yo he dicho lo culpará en el último día. 49No he hablado por mi propia cuenta. El Padre que me envió me ha dicho lo que digo y hablo. ⁵⁰Yo sé que su palabra es vida que dura para siempre. Hablo de las cosas que el Padre me ha mandado que hable."

Jesús lava los pies de sus seguidores

13 Era antes de la fiesta religiosa especial que recordaba cómo los judíos salieron de Egipto. Jesús sabía que su tiempo de salir de este mundo para ir a su Padre había llegado. Había amado a los suyos, quienes estaban en el mundo. Y los amó hasta el fin. ²El y sus seguidores estaban cenando. El diablo había puesto en el corazón de Judas Iscariote el pensamiento de entregar a Jesús a los líderes de los judíos. ³Jesús sabía que el Padre había dejado todo en sus manos. Sabía que había venido de Dios y que iba a regresar a él. ⁴Jesús se levantó de la mesa y se quitó la ropa que le cubría. Tomó una toalla y se la ató a la cintura. ⁵Echó agua en un lavamanos y empezó a lavarles los pies a sus seguidores.

Pedro no quiere que Jesús lave sus pies

⁶Jesús vino a Simón Pedro, y Pedro le dijo:
—Señor, ¿vas a lavar mis pies?

⁷Jesús le contestó:
—Tú no entiendes lo que hago ahora, pero lo entenderás más tarde.

⁸Pedro le dijo:
—Nunca dejaré que laves mis pies.
Jesús le dijo:
—Si no te lavo, no tendrás parte conmigo.

⁹Simón Pedro le dijo:
—Señor, no laves solamente mis pies, sino también mis manos y mi cabeza.

¹⁰Y Jesús le contestó:
Cualquiera que se baña necesita solamente lavar sus pies. Entonces estará todo limpio. Todos ustedes están limpios menos uno.

¹¹Jesús sabía quién lo iba a entregar a los jefes. Es por eso que dijo, "Todos están limpios, menos uno."

Jesús les dice por qué les lavó los pies

¹²Jesús les lavó los pies. Entonces se puso su manto, se sentó otra vez y les dijo: "¿Han entendido lo que les he hecho? ¹³Ustedes me llaman Maestro y Señor. Está bien, porque lo soy. ¹⁴Yo soy su Maestro y Señor. Y les he lavado sus pies. También ustedes deben lavar los pies los unos a otros. ¹⁵Yo he hecho esto para mostrarles lo que deben hacer. Deben hacer lo que yo les he hecho. ¹⁶En verdad les digo, el siervo no es más importante que su patrón. Aquel que es enviado no es más importante que el que me envió. ¹⁷Si saben estas cosas y las hacen, serán felices.

¹⁸"No estoy hablando de todos ustedes. Yo sé a quiénes he escogido. Debe pasar lo que está escrito en las sagradas escrituras que dicen: 'El hombre que come pan conmigo se ha vuelto contra mí' *(Salmo 41:9)*. ¹⁹Les digo esto antes que pase. Porque después de que pase, ustedes creerán lo que les dije, que soy el Cristo. ²⁰En verdad les digo que el que recibe al que envíe me recibe a mí, y el que me recibe a mí recibe al que me envió."

La última cena especial—Jesús les habla de aquel que lo ha de entregar a los jefes (Mateo 26:20-25; Marcos 14:17-21; Lucas 22:14-18)

²¹Cuando Jesús hubo dicho esto, se sintió afligido de corazón. Y les habló en palabras sencillas, diciéndoles: "En verdad les digo, que uno de ustedes me va a entregar a los jefes del país."

²²Sus seguidores empezaron a mirarse uno a otro, pues no sabían de quién estaba hablando. ²³Uno de sus seguidores, a quien Jesús amaba, estaba sentado al lado de él. ²⁴Entonces Simón Pedro le hizo señas para que le preguntara a Jesús de quién estaba hablando. ²⁵Se acercó más a Jesús y le preguntó:
—¿Señor, quién es?

²⁶Y Jesús le contestó:
—Es aquel a quien yo le dé el pedazo de pan después de haberlo puesto en el plato.

Entonces puso el pan en el plato y se lo dio a Judas Iscariote, el hijo de Simón. [27]Después de que Judas comió el pedazo de pan, el diablo entró en él. Jesús le dijo a Judas:

—Lo que vas a hacer, hazlo pronto.

[28]Nadie a la mesa entendió por qué Jesús le había dicho esto a Judas. [29]Ellos pensaron que, como Judas cargaba la bolsa del dinero, Jesús le había dicho que comprara lo que ellos necesitaban para la fiesta religiosa. [30]Tan pronto como Judas había tomado el pedazo de pan, salió. Era noche.

Amor – la ley más grande

[31]Después que Judas salió, Jesús dijo:

—El Hijo del Hombre es ahora honrado, y Dios se ha honrado en él. [32]Y si Dios se ha honrado en él, Dios le honrará pronto. [33]Hijitos, estaré con ustedes sólo un poco de tiempo. Y me buscarán, y yo les digo lo que les dije a los judíos: "A donde yo voy, no pueden ir." [34]Les doy una ley nueva: Deben amarse unos a otros como yo los he amado. [35]Si se aman unos a otros, todos los hombres sabrán que son mis seguidores."

Jesús habla de cómo Pedro mentirá acerca de él (Mateo 26:31-35; Marcos 14:27-31; Lucas 22:31-34)

[36]Simón Pedro le dijo a Jesús:

—Señor, ¿a dónde vas?

Y Jesús le contestó:

—A donde yo voy ustedes no podrán seguirme. Pero más tarde ustedes me seguirán.

[37]Y Pedro le dijo a Jesús:

—¿Por qué no podemos seguirte ahora? Moriré por ti.

[38]Jesús le contestó:

—¿Morirás por mí? En verdad te digo, que antes que un gallo cante, tú habrás dicho tres veces que no me conoces.

Jesús consuela a sus seguidores

14 —No dejen que su corazón esté triste. Ustedes han creído en Dios; también tengan confianza en mí.

[2]En la casa de mi Padre, hay muchos cuartos. Si no fuera así, yo se lo hubiera dicho. Me voy para prepararles un lugar. [3]Después que me vaya y prepare lugar para ustedes, regresaré y los llevaré conmigo. Entonces ustedes podrán estar donde yo esté. [4]Ustedes saben a dónde voy, y conocen cómo llegar allí.

[5]Entonces Tomás le dijo:

—Señor, no sabemos a dónde vas. ¿Cómo vamos a saber el camino para llegar allí?

[6]Jesús dijo:

—Yo soy el camino, la verdad, y la vida. Nadie puede ir al Padre si no es por mí. [7]Si ustedes me han conocido, también conocerán a mi Padre. Y lo conocen desde ahora, pues lo han visto.

Jesús y su Padre uno son

[8]Felipe le dijo:

—Señor, muéstranos al Padre. Esto es todo lo que pedimos.

[9]Jesús le dijo:

—He estado con ustedes todo este tiempo, ¿y todavía no me conocen? Cualquiera que me ve ha visto al Padre. ¿Cómo pueden decir ustedes, "Muéstranos al Padre"? [10]¿No creen ustedes que yo estoy en el Padre y el Padre en mí? Lo que les digo no lo digo por mi propia cuenta. El padre que vive en mí hace su trabajo por mí.

[11]—Créanme que yo estoy en el Padre, y que el Padre está en mí. O al menos, crean en mí por causa de las cosas que he hecho. [12]En verdad les digo que el que cree en mí puede hacer las cosas que yo hago. Y hará todavía cosas más grandes que éstas, porque yo voy al Padre. [13]Y todo lo que pidan en mi nombre, yo lo haré, para que así la grandeza del Padre brille y sea vista en el Hijo. [14]Sí, cualquier cosa que pidan en mi nombre yo lo haré.

Jesús promete dar el Espíritu Santo

[15]—Si ustedes me aman, harán lo que yo digo. [16]Entonces yo le pediré a mi Padre, y él les dará alguien que les ayude. El estará con ustedes para siempre.

¹⁷El es el Espíritu de verdad. El mundo no lo puede recibir, porque no lo ve ni lo conoce. Pero ustedes lo conocen, porque vive con ustedes y estará en ustedes.

Jesús les habla de su muerte

¹⁸—No los dejaré sin ayuda, como a niños sin padres. Vendré a ustedes. ¹⁹Dentro de poco el mundo no me verá más. Pero ustedes me verán, porque yo vivo y ustedes también vivirán. ²⁰Cuando el día venga, ustedes sabrán que estoy en mi Padre y ustedes en mí. ²¹Aquel que me ama es aquel que tiene mi enseñanza y la obedece. Y mi Padre amará a quien me ame. También yo le amaré y me mostraré a él.

²²El otro Judas (no el Iscariote) le preguntó:

—¿Por qué es que te vas a mostrar a nosotros, tus seguidores, y no al mundo?

²³Jesús le dijo:

—Aquel que me ama obedecerá mis enseñanzas. Y mi Padre lo amará y vendremos a él; viviremos con él. ²⁴Y aquel que no me ama, no obedece mis enseñanzas. La enseñanza que están oyendo ahora no es mía, sino de mi Padre que me envió.

²⁵—Mientras estoy con ustedes yo les digo estas cosas. ²⁶El Espíritu, que el Padre enviará en mi lugar, les enseñará todo y les ayudará a recordar lo que les he dicho.

Jesús les da paz a sus seguidores

²⁷—Yo les doy mi paz. La dejo con ustedes. No les doy paz como el mundo la da. No dejen que sus corazones sean turbados ni tengan miedo. ²⁸Ustedes me han oído decir que me voy. Pero regresaré. Y si me aman, se alegrarán de que vaya al Padre, porque el Padre es más grande que yo. ²⁹Ya les he dicho esto antes de que pase. Entonces cuando pase, creerán.

³⁰—Ya no hablaré mucho más con ustedes. El dirigente malo de este mundo viene. Pero no tiene poder sobre mí.

³¹Estoy haciendo lo que el Padre me dijo que hiciera, para que así el mundo conociera que amo al Padre. Vengan, vámonos ya.

La planta de uva y sus ramas

15 "Yo soy la verdadera planta de uva. Mi padre es quien cuida de la planta de uva. ²El quita cualquiera de las ramas que no da fruto, y cualquier rama que da fruto la poda; pues así dará más fruto. ³Ustedes han sido limpiados por las palabras que les he hablado. ⁴Obtengan vida de mí, y yo viviré en ustedes. Ninguna rama puede dar fruto por sí sola. Tiene que obtener vida de la planta de uvas. Y ustedes podrán solamente dar fruto cuando obtengan vida de mí. ⁵Yo soy la planta de uva, y ustedes son las ramas. Obtengan vida de mí; entonces yo viviré en ustedes, y ustedes darán mucho fruto. Porque sin mí, nada podrán hacer.

⁶"Si alguno no obtiene vida de mí, es quitado como una rama y se seca, como las ramas que se juntan y se tiran al fuego para ser quemadas. ⁷Si obtienen la vida de mí y mis palabras viven en ustedes, pidan lo que quieran, y se les hará.

⁸"Cuando dan mucho fruto, mi Padre recibe honor. Y esto muestra que son mis seguidores. ⁹Yo los he amado tal como mi Padre me ha amado. Permanezcan en mi amor. ¹⁰Si obedecen mis enseñanzas vivirán en mi amor. De esta manera, yo he obedecido las enseñanzas de mi Padre y vivo en su amor. ¹¹Les he dicho estas cosas para que así mi gozo esté en ustedes y para que su gozo sea completo.

El cristiano con otros cristianos

¹²"Esto es lo que les digo que hagan: Que se amen unos a otros como yo les he amado. ¹³Nadie puede tener amor más grande que dar su vida por sus amigos. ¹⁴Ustedes son mis amigos si hacen lo que yo digo. ¹⁵Ya no los llamaré mis obreros, porque un obrero no sabe lo que está haciendo su patrón. Los llamaré mis amigos, porque les he dicho

...do lo que he oído de mí Padre. [16]Ustedes no me han escogido a mí; yo los he escogido a ustedes. Los he apartado para el trabajo de dar fruto. Su fruto durará y cualquier cosa que pidan al Padre en mi nombre, él se las dará.

Los cristianos en el mundo

[17]"Esto es lo que les digo que hagan: Que se amen unos a otros. [18]Si el mundo los odia, sepan que me odió a mí antes de odiarlos a ustedes. [19]Si ustedes fueran del mundo, el mundo los amaría como a los suyos. Pero ustedes no son del mundo. Como los saqué del mundo, el mundo los odia. [20]Recuerden lo que les dije: un obrero que pertenece a alguien no es más grande que su patrón. Si ellos lo han hecho difícil para mí, también lo harán difícil para ustedes. [21]Ellos les harán todas estas cosas a ustedes, porque ustedes me pertenecen. Y ellos no conocen a mi Padre, quien me envió.

[22]"Yo he venido y les he hablado. Así que son culpables de pecado. Pero ahora ellos no tienen disculpa de seguir pecando. [23]Cualquiera que me odia odia también a mi Padre. [24]Yo he hecho cosas que nadie ha hecho, así que son culpables de pecado. Ellos las han visto y, de todas maneras, me odian a mí y a mi Padre. [25]Esto cumple lo que su ley dice que pasaría: 'Ellos me odiarán sin ninguna razón' *(Salmo 35:19).*

[26]"Cuando venga el que les va a ayudar (el Espíritu Santo), él les hablará de mí, y lo enviaré de parte del Padre. Es el Espíritu de verdad y viene del Padre. [27]Ustedes también hablarán de mí porque han estado conmigo desde el principio.

Jesús les habla a sus seguidores de lo difícil que será para ellos

16 "Les he dicho estas cosas para que no se avergüencen de mí y me dejen. [2]Los sacarán de los templos locales. El tiempo vendrá cuando cualquiera que los mate pensará que está sirviendo a Dios. [3]Les harán estas cosas

porque no nos conocen ni al Padre ni a mí.

[4]"Cuando estas cosas pasen, recordarán que les dije que pasarían. Es por eso que les digo estas cosas ahora. Y no se las dije antes porque yo estaba con ustedes. [5]Pero ahora me voy al que me envió. Y ninguno de ustedes me pregunta, '¿A dónde vas?'

Las tres clases de trabajo del Espíritu Santo

[6]"Sus corazones están llenos de tristeza por las cosas que les estoy diciendo. [7]Y les digo la verdad: Es mejor que yo me vaya, porque si no me voy, el que les dará ayuda no vendrá a ustedes. Pero si me voy, se los enviaré. [8]Cuando el que los ayuda venga, le mostrará al mundo la verdad acerca del pecado. Mostrará al mundo cómo estar bien con Dios. Y mostrará al mundo qué es ser culpable. [9]Mostrará al mundo la verdad acerca del pecado, porque no han confiado en mí. [10]También le mostrará al mundo, cómo estar bien con Dios, porque voy al Padre, y ustedes no me verán a mí más. [11]Le mostrará al mundo lo que es ser culpable porque el dirigente malo de este mundo (el diablo) es culpable.

El Espíritu Santo dará honra al Hijo

[12]"Todavía tengo muchas cosas que decirles, pero ustedes aún no están suficientemente preparados para entenderlas. [13]El Espíritu Santo viene, y él los guiará a toda verdad. El no hablará sus propias palabras, sino lo que oye. El les dirá de las cosas que vendrán. [14]El me honrará. Recibirá de mí y se lo dirá a ustedes. [15]Todo lo que el Padre tiene es mío. Es por eso que les digo que él recibirá lo que es mío y se lo dará a ustedes."

Jesús les habla de su muerte

[16]"Dentro de poco, no me van a ver. Pero después, me verán otra vez."

[17]Algunos de sus seguidores se decían unos a otros:

—¿Qué está tratando de decirnos cuando dice, "Dentro de poco, no me van a ver"?

18Y ellos dijeron:

—¿Qué estará tratando de decir cuando dice, "dentro de poco"? No entendemos lo que está diciendo.

19Jesús sabía que ellos querían preguntarle algo y les dijo:

—¿Están preguntándose uno a otro por qué dije, "Un poco más y ustedes no me van a ver, y después, me verán otra vez"? 20En verdad les digo, ustedes llorarán y estarán tristes, pero el mundo estará alegre. 21Cuando una mujer da a luz a un niño, se pone triste porque su tiempo ha llegado. Después que el niño ha nacido, se olvida de su dolor. Se llena de gozo porque un niño ha nacido en el mundo. 22Ustedes están tristes ahora. Pero yo los veré otra vez, y entonces sus corazones se llenarán de gozo. Nadie puede quitarles ese gozo.

Pidiendo y recibiendo

23—Cuando el tiempo venga de que me vean otra vez, no me preguntarán nada. En verdad les digo, mi Padre les dará todo lo que pidan en mi nombre. 24Hasta ahora ustedes no han pedido nada en mi nombre. Pidan y recibirán. Entonces su gozo será completo.

25—Yo les he dicho estas cosas por medio de comparaciones. El tiempo vendrá cuando no usaré comparaciones; les hablaré de mi Padre en palabras claras. 26En ese día ustedes pedirán en mi nombre, y yo no le pediré al Padre por ustedes, 27porque el Padre mismo les ama. El les ama porque ustedes me aman y creen que vengo del Padre.

Jesús les habla de su salida

28—Yo vine del Padre a este mundo. Ahora dejo al mundo y voy al Padre.

29Sus seguidores le dijeron:

—Ahora estás hablando en palabras claras, y no estás usando comparaciones. 30Ahora estamos seguros que sabes todas las cosas y que no necesitas que nadie te diga nada. Es por eso que creemos que has venido de Dios.

31Jesús les preguntó:

—¿Creen ahora? 32El tiempo viene y áhora ha llegado cuando ustedes se irán por sus propios caminos. Todos se irán a sus casas. Me dejarán solo. Pero no estoy solo, porque el Padre está conmigo. 33Les digo estas cosas para que ustedes puedan tener paz en mí. Tendrán muchos problemas en el mundo. ¡Pero tengan valor! ¡Yo he vencido al mundo!

Jesús ora por él mismo

17 Después que Jesús había dicho estas cosas miró al cielo y dijo: "¡Padre, el tiempo ha llegado! Da honor a tu Hijo para que tu Hijo te dé honor a ti. 2Tú le has dado poder sobre todos los hombres. Y él da vida que dura para siempre a todos los que le diste. 3La vida que dura para siempre es: conocerte a ti, el verdadero Dios, y conocer a Cristo a quien has enviado. 4Yo te di honor en la tierra e hice el trabajo que me diste que hiciera. 5Ahora, Padre, hónrame con el honor que tuve contigo antes de que el mundo fuera hecho.

Jesús ora por sus seguidores

6"He dado a conocer tu nombre a la gente que tú sacaste del mundo. Ellos eran tuyos; tú me los diste. Y han obedecido tu palabra. 7Ahora ellos saben que todo lo que me has dado viene de ti. 8Yo les di la palabra que tú me diste. Y ellos la recibieron. Ellos saben que vine de ti y creen que tú me enviaste.

9"Oro por ellos. No oro por los del mundo. Oro por los que me diste, porque son tuyos. 10Todo lo que es mío es tuyo. Y todo lo que es tuyo es mío. Yo he recibido honra por ellos. 11No voy a estar más tiempo en el mundo. Voy a ti, pero éstos se quedan en el mundo. Padre Santo, guarda a estos que me has dado con el poder de tu nombre. Entonces, todos ellos serán uno, así como nosotros somos uno. 12Mientras que estuve con ellos en el mundo, los guardé con el poder de tu nombre. He guardado y cuidado a aquellos que me diste. Ninguno se ha perdido, menos aquel que va a ser destruido, quien es hijo de muerte. Con él, es como las sagradas escrituras dijeron que pasaría *(Salmo 41:9; Juan 6:70)*. ¹³Pero ahora voy a ti, Padre. Y digo estas cosas mientras estoy en el mundo. De ese modo, mis seguidores podrán tener mi gozo en sus corazones.

¹⁴"Yo les he dado tu palabra a mis seguidores. Y el mundo los odia, porque no son del mundo, como yo no soy del mundo. ¹⁵No te pido que los quites del mundo, sino que los guardes del diablo. ¹⁶Mis seguidores no pertenecen al mundo, como yo no pertenezco al mundo. ¹⁷Hazlos consagrados para ti, por la verdad. Tu palabra es verdad.

¹⁸"Así como me enviaste al mundo, así los he enviado también al mundo. ¹⁹Yo me aparto para ser consagrado para ellos. Entonces ellos pueden ser consagrados por la verdad.

Jesús ora por todos los cristianos

²⁰"Yo no oro solamente por estos seguidores, sino también por aquellos que van a creer en mí por las enseñanzas que ellos han oído. ²¹Que todos puedan ser uno, Padre, como tú estás en mí y yo estoy en ti. ²²Yo les doy el honor que tú me diste, para que ellos sean uno, como nosotros somos uno. ²³Yo en ellos y ellos en mí para que puedan ser una sola cosa perfecta. Entonces el mundo sabrá que tú me enviaste, y que tú los amas como tú me amas a mí.

²⁴"Padre, quiero que los seguidores que me diste estén conmigo donde yo estoy. Entonces ellos podrán ver brillar mi grandeza, la cual me diste porque me amaste antes que el mundo fuera hecho. ²⁵Padre Santo, el mundo no te ha conocido. ²⁶Y yo he hecho que conozcan tu nombre y que lo sigan dando a conocer. Para que el amor que me tienes pueda estar en ellos y yo estar con ellos."

Jesús es entregado a los pecadores *(Mateo 26:47-56; Marcos 14:43-52; Lucas 22:47-51)*

18 Cuando Jesús había dicho estas cosas, se fue con sus seguidores al otro lado del pequeño río Cedrón. El y sus seguidores fueron allí a un jardín. ²Judas, quien era el que lo iba a entregar a los jefes, también conocía el lugar, porque Jesús y sus seguidores se habían reunido allí muchas veces. ³Judas guió al jardín a algunos soldados y otros hombres. Fueron mandados por el principal de los dirigentes judíos y por los celosos religiosos. Llevaban armas, lámparas y antorchas.

⁴Pero como Jesús sabía lo que iba a pasar, fue a ellos y les preguntó:

—¿A quién buscan?

⁵Los soldados le contestaron:

—A Jesús de Nazaret.

Jesús dijo:

—Yo soy.

Y Judas también estaba con ellos. ⁶Cuando Jesús contestó, "Yo soy", cayeron al suelo. ⁷Jesús volvió a preguntarles a quién buscaban y ellos contestaron:

—A Jesús de Nazaret.

⁸Jesús contestó:

—Les he dicho que yo soy. Si a mí me buscan, dejen que éstos vayan por su camino. ⁹Dijo esto para que se cumpliera lo que había dicho: "He guardado y cuidado a aquellos que me diste. Ninguno se ha perdido" *(Juan 17:12)*.

¹⁰Simón Pedro tenía una espada; tomándola, cortó la oreja derecha a un hombre que era siervo del principal de los religiosos. El nombre de este siervo era Malco. ¹¹Entonces Jesús le dijo a Pedro:

—Mete tu espada en la vaina. ¿No crees que debo sufrir la prueba que mi Padre me ha dado?

Jesús ante Anás

¹²Entonces los soldados con su capitán y los hombres enviados por los jefes religiosos de los judíos tomaron a Jesús y lo ataron. ¹³Primero lo llevaron a Anás. Este era el suegro de Caifás.

Caifás era el principal de los dirigentes religiosos ese año. ¹⁴Este Caifás era el que les había dicho a los judíos que sería bueno que un hombre muriera por la gente *(Juan 11:49, 50).*

Pedro niega a Jesús (Mateo 26:69-75; Marcos 14:66-72; Lucas 22:55-62)

¹⁵Simón Pedro y otro de sus seguidores iban detrás de Jesús. El otro seguidor era conocido por el principal de los jefes religiosos; así que entró con Jesús en la casa del principal. ¹⁶Pedro se quedó afuera de la puerta. El otro seguidor, quien era conocido por el principal de los jefes religiosos, salió y le habló a la joven portera. Entonces tomó a Pedro y lo metió. ¹⁷La joven portera le preguntó a Pedro:

—¿No eres tú seguidor de este hombre?

Y él contestó:

—¡No, no soy!

¹⁸Los obreros y los soldados habían prendido fuego, porque estaba haciendo frío. Estaban calentándose en él. Y Pedro se calentaba también con ellos.

Jesús ante Caifás (Mateo 26:57, 58; Marcos 14:53, 54; Lucas 22:52-54)

¹⁹El principal de los jefes religiosos judíos le preguntó a Jesús acerca de sus seguidores y sus enseñanzas. ²⁰Jesús le contestó:

—Yo he hablado al mundo con palabras muy claras. Muchas veces he enseñado en el gran templo de Dios, a donde los judíos siempre van. Y mis palabras no han sido dichas en secreto. ²¹¿Por qué me preguntan a mí? Pregúntenle a aquellos que han oído lo que yo les he dicho. Ellos saben lo que dije.

²²Entonces uno de los soldados que estaba allí le pegó a Jesús una bofetada y le dijo:

—¿Así le hablas al principal de los dirigentes religiosos?

²³Jesús le contestó:

—Si he dicho alguna cosa equivocada, dime en qué estaba equivocado. Y si he dicho lo que era correcto, ¿por qué me pegas?

²⁴Entonces Anás mandó a Jesús a Caifás, el principal de los dirigentes religiosos. Jesús seguía amarrado.

²⁵Simón Pedro estaba parado allí calentándose, y ellos le preguntaron:

—¿No eres también uno de sus seguidores?

El mintió, diciendo que no conocía a Jesús. Contestó:

—¡No, no soy!

²⁶Estaba allí un siervo que pertenecía al principal de los jefes religiosos judíos. El era de la familia del hombre a quien Pedro le había cortado una oreja. Y el hombre dijo:

—¿No te vi en el jardín con él?

²⁷Otra vez Pedro lo negó, diciendo que no conocía a Jesús. Y en ese momento, cantó el gallo.

Jesús ante Pilato (Mateo 27:1, 2, 11-14; Marcos 15:1-5; Lucas 23:1-5)

²⁸Entonces llevaron a Jesús de Caifás hasta el palacio. Era muy temprano en la mañana. Ellos no entraron porque su ley decía que si ellos entraban, serían contaminados de pecado. Entonces no podrían tomar parte en la cena religiosa que recordaba cómo los judíos habían salido de Egipto. ²⁹Así que Pilato vino a ellos y les preguntó:

—¿Qué es lo que tienen que decir en contra de este hombre?

³⁰Los judíos le dijeron:

—Si no hubiera hecho nada malo, no te lo habríamos traído.

³¹Entonces Pilato les dijo:

—Llévenlo y hagan con él según la ley de ustedes.

Los judíos le dijeron:

—No nos permiten darle muerte a ninguno.

³²Esto sucedió tal como Jesús dijo que pasaría, cuando él había hablado acerca de la manera en que moriría.

³³Pilato regresó al palacio, llamó a Jesús y le preguntó:

—¿Eres tú el Rey de los judíos?

³⁴Jesús le contestó:

—¿Me preguntas esto por tu cuenta, o es que otros te lo han dicho de mí? ³⁵Pilato le contestó:

—¿Crees tú que soy judío? Tu propia gente, y los jefes religiosos te han entregado a mí. ¿Qué has hecho?

³⁶Jesús dijo:

—Mi reino no es de este mundo. Si mi reino fuera de este mundo, mis ayudantes pelearían, y yo no sería prisionero de los judíos.

Pilato le dijo:

³⁷—¿Así que eres rey?

Jesús le contestó:

—Tienes razón cuando dices que soy rey. Yo nací por esta razón. Vine al mundo por esta razón. Vine a hablar acerca de la verdad. Cualquiera que ama la verdad oye mi voz.

Jesús o Barrabás va a salir libre (Mateo 27:15-26; Marcos 15:6-14; Lucas 23:17-25)

³⁸Pilato dijo a Jesús:

—¿Qué es la verdad?

Después que Pilato dijo esto, fue otra vez a los judíos y les dijo:

—No lo encuentro culpable. ³⁹Pero cada año, en la fiesta religiosa que recuerda cómo los judíos salieron de Egipto, se le permite salir libre a un prisionero. ¿Quieren que el Rey de los judíos salga libre?

⁴⁰Entonces dijeron en voz alta:

—¡Este hombre no! ¡Suelta a Barrabás!

Barrabás era ladrón.

La corona de espinas (Mateo 27:27-32; Marcos 15:15-21)

19 Entonces Pilato llevó a Jesús para que fuera golpeado. ²Los soldados pusieron en su cabeza una corona de espinas. Y le pusieron una capa morada. ³Entonces ellos dijeron: "¡Hola, Rey de los judíos!" Y lo golpearon.

⁴Pilato volvió a salir y dijo a la gente:

—Miren, lo saco fuera para que vean que no lo hallo culpable.

⁵Jesús salió. Tenía en su cabeza una corona de espinas y una capa morada. Pilato le dijo a la gente:

—¡Miren, este es el hombre!

Pilato trata de soltar a Jesús

⁶Los jefes religiosos y los soldados lo vieron y hablaron con fuertes voces:

—¡Clávalo en una cruz! ¡Clávalo en una cruz!

Y Pilato les dijo:

—Llévenlo ustedes mismos y clávenlo en una cruz. Porque yo no lo hallo culpable.

⁷Los judíos le dijeron a Pilato:

—Tenemos una ley que dice que éste debe morir, porque ha dicho que es Hijo de Dios.

⁸Cuando Pilato les oyó decir esto, tuvo más miedo. ⁹Entró en el palacio otra vez y le preguntó a Jesús:

—¿De dónde vienes?

Y Jesús no le contestó ni una palabra. ¹⁰Pilato le dijo:

—¿A mí no me hablarás? ¿No sabes que tengo el derecho y poder de clavarte en la cruz? Y también tengo el derecho y poder de soltarte.

¹¹Jesús le contestó:

—No tendrías ningún derecho o poder sobre mí, si no te fuere dado por Dios. Por esta razón, el que me entregó a ti tiene mayor pecado.

¹²Cuando Pilato oyó esto, quiso soltar a Jesús; pero los judíos seguían diciendo:

—¡Si dejas a este hombre libre, no eres amigo del César! Cualquiera que se hace a sí mismo como un rey está trabajando contra César.

¹³Cuando Pilato oyó esto, mandó traer a Jesús ante él. Pilato se sentó en el lugar donde a los hombres les dicen si son culpables o no. El lugar es llamado el Piso de Piedra.

¹⁴Era cerca de mediodía el día de preparación para la gran fiesta religiosa que recordaba cómo los judíos habían salido de Egipto. Pilato les dijo a los judíos:

—¡Miren a su rey!

¹⁵Ellos dijeron en voz alta:

—¡Sáquenlo! ¡Clávenlo en la cruz!
Pilato les dijo:

—¿Quieren que clave a su rey en la cruz?

Y el principal de los jefes religiosos dijo:

—¡No tenemos otro rey que César!
¹⁶Entonces Pilato se lo entregó para ser clavado en la cruz. Ellos tomaron a Jesús y se lo llevaron.

Jesús en la cruz (Mateo 27:33-37; Marcos 15:22-26; Lucas 23:26-38)

¹⁷Jesús cargó su propia cruz a un monte llamado el Lugar de la Calavera. ¹⁸Allí lo clavaron en la cruz. Con él, había otros dos hombres, uno a cada lado. ¹⁹Entonces Pilato puso un rótulo en la cruz que decía: JESUS DE NAZARET, EL REY DE LOS JUDIOS. ²⁰Y éste fue leído por muchos de los judíos. El lugar donde Jesús fue clavado en la cruz estaba cerca de la ciudad. El rótulo que pusieron sobre la cruz estaba escrito en los idiomas hebreo, latín y griego. ²¹Entonces el principal de los dirigentes religiosos le dijo a Pilato:

—No escribas, "¡Rey de los judíos!" Escribe, "él dijo: 'Yo soy rey de los judíos.'"

²²Pero Pilato les dijo:

—¡Lo que he escrito se va a quedar tal como está!

Ellos dividieron sus ropas (Mateo 27:35; Marcos 15:24)

²³Los soldados que clavaron a Jesús en la cruz tomaron sus ropas y las dividieron en cuatro partes. A cada soldado le tocó una parte. Pero su capa no estaba cosida, sino hecha de una sola pieza. ²⁴Se dijeron uno al otro: "Dejémosla sin cortar. Vamos a sortear los nombres para ver quién se queda con ella." Esto pasó como las sagradas escrituras dijeron que iba a pasar: "Y dividieron mis ropas entre ellos y sortearon mi capa" (Salmo 22:18). ²⁵Y esto fue lo que los soldados hicieron.

Las mujeres y la cruz (Mateo 27:55, 56; Marcos 15:40, 41)

Estaban cerca de la cruz, la madre de Jesús y María, hermana de su madre y esposa de Cleofas. También María Magdalena estaba allí. ²⁶Jesús vio que estaban cerca su madre y uno de sus seguidores, a quien él amó. Y le dijo a su madre: "Mujer, allí está tu hijo." ²⁷Entonces Jesús le dijo a su seguidor: "Allí está tu madre." Desde ese tiempo este seguidor de Jesús la llevó a su propia casa.

La muerte de Jesús (Mateo 27:45-50; Marcos 15:33-36; Lucas 23:44-49)

²⁸Jesús sabía que ahora todo estaba terminado. Todo pasó como las sagradas escrituras habían dicho que iba a pasar. El dijo: "Tengo sed" (Salmo 69:21). ²⁹Había cerca una jarra llena de vinagre. Empaparon una esponja, la pusieron sobre un palo y se la colocaron en su boca. ³⁰Jesús bebió el vinagre y dijo: "Está terminado." Y bajando su cabeza, murió.

³¹Esto fue antes del día de la gran fiesta religiosa que recordaba cómo los judíos salieron de Egipto. El siguiente día era de descanso y de la fiesta religiosa. Los judíos fueron a Pilato y le pidieron quebraran las piernas de los hombres. Ellos querían que sus cuerpos fueran quitados, porque no querían dejarlos colgando de las cruces el día de descanso. ³²Entonces los soldados vinieron y quebraron las piernas del primer hombre y del otro, quienes habían sido clavados en las cruces a los dos lados de Jesús. ³³Pero cuando se acercaron a Jesús y vieron que ya estaba muerto, no le quebraron sus piernas. ³⁴Sin embargo, los soldados le clavaron una lanza en el costado, y salió sangre y agua.

³⁵Aquel que lo vio está escribiendo esto y lo que él dice es verdad. El sabe que está diciendo la verdad para que ustedes puedan creerlo. ³⁶Estas cosas pasaron como las sagradas escrituras habían dicho que pasarían: "Ninguno de sus huesos sería quebrado" (Exodo 12:46). ³⁷Y en otro lugar las sagradas escrituras dicen: "Verán a él cuyo costado han herido" (Zacarías 12:10).

La tumba de Jesús (Mateo 27:57-66; Marcos 15:42-47; Lucas 23:50-56)

³⁸José era del pueblo de Arimatea. Fue seguidor de Jesús pero en secreto porque tenía miedo a los judíos. El preguntó a Pilato si podía llevarse el cuerpo de Jesús. Pilato le dio permiso. Entonces José vino y se lo llevó. ³⁹También vino Nicodemo, el que había ido a hablar con Jesús de noche. Trajo con él una caja grande de perfume. ⁴⁰Entonces ellos ungieron el cuerpo de Jesús con los perfumes y lo envolvieron en lienzos de lino. De este modo los judíos preparaban el cuerpo para el entierro.

⁴¹Había un jardín cerca al lugar donde él había sido clavado en la cruz. En el jardín había una tumba nueva, en el lado de una roca. Nadie había sido puesto allí. ⁴²Porque este lugar estaba cerca, y porque era el día en que los judíos se preparaban para la gran fiesta religiosa, allí pusieron el cuerpo de Jesús.

Jesús se levanta de la tumba (Mateo 28:1-10; Marcos 16:1-8; Lucas 24:1-12)

20 El primer día de la semana, muy temprano en la mañana, cuando todavía estaba oscuro, María Magdalena vino a la tumba. ¡Vio que la piedra estaba quitada de la entrada! ²Entonces corrió a donde estaban Simón Pedro y otro de los seguidores, el que Jesús amó, y les dijo: "Sacaron al Señor de la tumba, y no sabemos dónde lo pusieron."

³Entonces Pedro y el otro seguidor fueron a la tumba. ⁴Corrieron, pero el otro corrió más rápido que Pedro y llegó a la tumba primero. ⁵Se agachó a mirar y vio los lienzos de lino, pero no entró. ⁶Entonces llegó Simón Pedro. El entró en la tumba y vio los lienzos de lino tirados allí. ⁷El lienzo blanco que había estado alrededor de la cabeza de Jesús no estaba con los otros lienzos de lino. Estaba solo, aparte. ⁸Entonces el otro seguidor, el que había llegado primero, también entró, vio y creyó. ⁹Todavía no entendían lo que las sagradas

escrituras querían decir acerca de que él iba a levantarse de la muerte. ¹⁰Entonces los seguidores de Jesús regresaron otra vez a sus casas.

¹¹María estaba fuera de la tumba llorando. Y mientras lloraba, se agachó y vio dentro de la tumba. ¹²Vio dos ángeles vestidos de lino blanco. Estaban sentados donde el cuerpo de Jesús había estado. Un ángel estaba donde su cabeza había estado, y el otro estaba donde habían estado sus pies. ¹³Ellos le preguntaron:

—Mujer, ¿por qué estás llorando?

Y ella les contestó:

—Porque se llevaron a mi Señor, y no sé dónde lo pusieron.

¹⁴Después de decir esto se dio vuelta y vio a Jesús parado allí, pero no sabía que era Jesús. ¹⁵El le preguntó:

—Mujer, ¿por qué estás llorando? ¿A quién buscas?

Ella pensó que era el hombre que cuidaba el jardín y le dijo:

—Señor, si tú te has llevado a Jesús de aquí, dime dónde lo pusiste, y yo me lo llevaré.

¹⁶Jesús le dijo:

—¡María!

Ella volteó y le dijo:

—¡Maestro!

¹⁷Jesús le dijo:

—No me toques porque aún no he subido a mi Padre. Pero ve a mis hermanos y diles que iré a mi Padre que es su Padre, y a mi Dios que es su Dios.

¹⁸María Magdalena fue y les dijo a los seguidores de Jesús que ella había visto al Señor. Y les contó las cosas que él le había dicho.

Jesús es visto por sus once seguidores—excepto Tomás

¹⁹Era la noche del primer día de la semana. Los seguidores de Jesús se habían reunido, a puerta cerrada, porque tenían miedo a los judíos. Jesús vino y estuvo entre ellos. Les dijo: "Paz tengan ustedes." ²⁰Después de que hubo dicho esto, les mostró sus manos y su costado. Cuando los seguidores vieron al Señor, se llenaron de gozo.

*Jesús manda a sus seguidores a predicar
(Mateo 28:16-20; Marcos 16:15-18; Lucas
24:44-49)*

²¹Entonces Jesús les dijo otra vez:
"Paz sea con ustedes. Así como el Padre
me envió, yo también los envío." ²²Después que Jesús había dicho esto, sopló
sobre ellos y les dijo: "Reciban el Espíritu Santo. ²³Si ustedes dicen que la
gente está libre de pecados, quedarán
libres de ellos. Y si ustedes dicen que
no son libres de pecados, ellos seguirán
en sus pecados."

*Tomás no cree que Jesús se levantó de la
muerte (Marcos 16:9-14; Lucas 24:13-43)*

²⁴Cuando Jesús vino, Tomás no estaba con ellos. El era uno de los doce seguidores y era llamado el gemelo. ²⁵Los
otros seguidores le dijeron:
—¡Hemos visto al Señor!
Y él les dijo:
—No creeré hasta que vea las marcas
hechas por los clavos de sus manos. No
creeré hasta que meta mi dedo en las
marcas de los clavos. No creeré hasta
que ponga mi mano en su costado.

*Jesús es visto otra vez por todos sus once
seguidores*

²⁶Ocho días después los seguidores
de Jesús estaban dentro de una casa, y
Tomás estaba con ellos. La puerta estaba cerrada. Jesús vino y se paró en medio de ellos, diciéndoles:
—¡Paz tengan ustedes!
²⁷Y le dijo a Tomás:
—Pon tu dedo en mis manos. Y pon
tu mano en mi costado. No dudes.
¡Cree!

²⁸Tomás le dijo:
—¡Mi Señor y mi Dios!
²⁹Jesús le dijo:
—Tomás, porque me viste has creído.
¡Felices los que no me han visto y sin
embargo, creen!

³⁰Jesús hizo muchas obras poderosas
delante de sus seguidores que no están
escritas en este libro. ³¹Pero éstas se han
escrito para que ustedes crean que
Jesús es el Cristo, el Hijo de Dios. Y

cuando ustedes crean en él, tendrán,
por su nombre, vida que dura para
siempre.

*El Cristo levantado habla con sus
seguidores*

21 Después de esto, Jesús se mostró
a sus seguidores. El lugar fue el
lago de Tiberias (otras veces llamado el
lago de Galilea). Pasó así: ²Simón Pedro, Tomás (llamado el gemelo), Natanael (del pueblo de Caná del país de
Galilea), los hijos de Zebedeo y otros
dos de los seguidores de Jesús estaban
todos juntos. ³Simón Pedro les dijo:
—Voy a pescar.
Los otros dijeron:
—Iremos contigo.
Entonces se fueron y entraron en el
barco. Pero esa noche, no pescaron nada.

⁴Temprano en la mañana Jesús estuvo
en la orilla del lago. Sus seguidores no
sabían que era Jesús. ⁵Entonces Jesús les
dijo:
—Muchachos, ¿han pescado algo?
Ellos dijeron:
—No.
⁶Y él les dijo:
—Echen la red del lado derecho del
barco y entonces podrán pescar.
Echaron la red y ¡no podían sacarla
porque estaba llena de pescados!

⁷Entonces el seguidor a quien Jesús
amaba le dijo a Pedro: "¡Es el Señor!"
Cuando Pedro oyó que era el Señor, se
puso su ropa exterior (pues se la había
quitado) y se tiró al agua. ⁸Los otros seguidores de Jesús llegaron a la orilla en
el barco tirando la red, llena de pescados, pues no estaban lejos de la playa.

⁹Cuando se bajaron del barco vieron
pescado y pan sobre las brasas. ¹⁰Jesús
les dijo:
—Traigan algunos de los pescados
que acaban de pescar.

¹¹Simón Pedro salió y tiró la red a la
tierra. Había 153 pescados grandes. Y la
red no se rompió, a pesar de tener tantos.

¹²Jesús les dijo:

—Vengan y coman.

Ninguno de sus seguidores preguntaba, "¿Quién eres tú?", porque ellos sabían que era el Señor. ¹³Jesús vino y tomó pan y pescado y se los dio. ¹⁴Esta fue la tercera vez que Jesús se mostró a sus seguidores después de haber sido levantado de la muerte.

El Cristo levantado habla a Pedro

¹⁵Cuando estaban comiendo el pescado, Jesús le dijo a Simón Pedro:

—Simón, hijo de Jonás, ¿me amas más que éstos?

Pedro le contestó:

—Sí, Señor, tú sabes que te quiero.

Jesús le dijo:

—Alimenta mis corderos.

¹⁶Jesús le dijo a Pedro por segunda vez:

—Simón, hijo de Jonás, ¿me amas?

—Sí, Señor, tú sabes que te quiero.

Jesús le dijo:

—Cuida mis ovejas.

¹⁷Jesús le dijo a Pedro por tercera vez:

—Simón, hijo de Jonás, ¿me amas?

Pedro se puso triste porque Jesús le preguntó por tercera vez, "¿Me amas?" y le contestó:

—Señor, tú conoces todas las cosas. Y sabes que te quiero.

Jesús le dijo:

—Alimenta mis ovejas. ¹⁸En verdad te digo, cuando eras joven, te ponías tu cinto y te ibas a donde querías. Cuando seas viejo, extenderás tus manos, algún otro te pondrá tu cinto, y te llevará a donde no quieras ir.

¹⁹El le dijo esto a Pedro para decirle la clase de muerte que tendría, en honor a Dios. Después que Jesús habló esto, le dijo a Pedro:

—Sígueme.

²⁰Pedro volteó y vio al seguidor a quien Jesús amaba, siguiéndole. Este era el que había estado al lado de Jesús en la cena, aquel que le preguntó a Jesús, "Señor, ¿quién te entregará?" ²¹Pedro lo vio y le preguntó a Jesús:

—Pero, Señor, ¿qué le va a pasar a éste?

²²Jesús le dijo:

—Si yo quiero que éste espere hasta que yo venga, ¿qué te interesa a ti? Tú sígueme.

²³Así que las nuevas se corrieron entre los seguidores de Jesús, que este seguidor no moriría. Pero Jesús no dijo que no moriría, sino, "Si yo quiero que espere hasta que yo venga, ¿qué te interesa a ti?"

Juan cuenta que él escribió este libro

²⁴Este es el seguidor que está contando estas cosas, quien las escribió. Sabemos que su palabra es verdad. ²⁵Hay muchas otras cosas que también hizo Jesús. Si todas estuvieran escritas, creo que en el mundo no cabrían los libros que serían escritos.

HECHOS DE LOS SEGUIDORES DE CRISTO

Lucas le escribe a Teófilo

1 Querido Teófilo: En mi primer escrito hablé de todas las cosas que Jesús hizo y enseñó desde el principio, ²hasta que se fue al cielo. El habló a sus misioneros por medio del Espíritu Santo y les dijo a éstos, sus escogidos, qué debían hacer. ³Había sufrido mucho y había muerto; pero después, se mostró vivo otra vez. Durante cuarenta días, dio pruebas seguras que había sido levantado de los muertos y habló a sus seguidores acerca del reino de Dios.

Jesús habla, antes de irse con el Padre

⁴Cuando estaban todos juntos con él, les dijo:

—No se vayan de Jerusalén. Esperen lo que el Padre ha prometido y de lo cual yo ya les he hablado. ⁵Porque Juan el bautista bautizaba con agua; pero, en unos días, ustedes serán bautizados con el Espíritu Santo.

⁶Los que estaban con él le preguntaron:

—Señor, ¿ha llegado el tiempo en que le devuelvas su nación a los judíos?

⁷Jesús les respondió:

—No les toca a ustedes saber los días ni los momentos especiales que el Padre estableció con su poder. ⁸Pero recibirán poder cuando el Espíritu Santo venga a sus vidas. Entonces hablarán de mí en la ciudad de Jerusalén, en los países de Judea y Samaria y hasta lo último de la tierra.

Jesús se va con el Padre

⁹Después de decir eso y mientras todos lo miraban, subió al cielo. Una nube lo cubrió, y no le vieron más. ¹⁰Estaban todavía mirando al cielo, viendo que se iba, cuando de pronto, dos hombres vestidos de blanco se pusieron junto a ellos ¹¹y dijeron: "Hombres de Galilea, ¿por qué miran al cielo? Este mismo Jesús a quien han visto irse al cielo volverá en la misma forma en que lo han visto."

Elección de Matías para ocupar el lugar de Judas

¹²Los seguidores regresaron a Jerusalén desde el monte de los Olivos, que está cerca de Jerusalén. ¹³Al entrar en la ciudad, subieron a un cuarto en el piso alto y se quedaron allí. Los misioneros eran Pedro, Jacobo, Juan, Andrés, Felipe, Tomás, Bartolomé, Mateo, Jacobo hijo de Alfeo, Simón Zelotes y Judas, el hermano de Jacobo.

¹⁴Todos ellos estaban de acuerdo y en oración. Las mujeres, María, la madre de Jesús, y sus hermanos, también estaban allí.

¹⁵Cierto día, Pedro se levantó en medio de los seguidores, se puso enfrente (había unas cien veinte personas reunidas) y dijo: ¹⁶"Hombres y hermanos, ha ocurrido lo que las sagradas escrituras dicen que iba a pasar, cuando el Espíritu Santo habló, por medio de David, acerca de Judas, el que entregó a Jesús en manos de los que querían prenderlo. ¹⁷Judas era uno de nuestro grupo. Tenía parte en nuestro trabajo. ¹⁸Pero con el dinero que recibió por su pecado, compró un campo. Más tarde se cayó de cabeza, su cuerpo se reventó y sus entrañas se desparramaron. ¹⁹Toda la gente de Jerusalén lo supo, y por ello, llamaron a ese lugar Campo de Sangre. ²⁰Porque está escrito en el libro de los Salmos: 'Que su habitación quede desierta y que nadie viva en ella' y 'que otra persona se encargue de su trabajo' *(Salmo 69:25; 109:8).*

²¹"Es necesario, pues, que el hombre que ocupe el lugar dejado por Judas sea uno de los que iban con nosotros, cuando el Señor Jesús andaba entre nosotros. ²²Debe ser uno que ha estado con Jesús desde el día en que él fue bautizado por Juan, hasta el día en que se elevó de entre nosotros. Por lo tanto, debemos agregar uno de ellos a nuestro grupo, para que les diga a otros que vio a Jesús levantado de entre los muertos."

²³Presentaron a dos: a José, llamado también Barsabás el Justo, y a Matías. ²⁴Entonces, los misioneros oraron, diciendo: "Señor, tú que conoces los corazones de todos los hombres, muéstranos a cuál de estos dos has escogido, ²⁵para que tome el lugar de Judas en este trabajo y sea misionero. Judas perdió su lugar y se fue a donde debía ir, por su pecado."

²⁶Entonces, determinaron y fue elegido Matías, al que contaron junto con los otros once misioneros.

El Espíritu Santo viene a los seguidores de Jesús

2 Los seguidores de Jesús estaban todos reunidos en el mismo lugar, cincuenta días después de la fiesta religiosa que recuerda la manera en que los judíos salieron de Egipto. [2]De pronto, llegó del cielo un ruido como el de un viento muy fuerte que llenó la casa en que estaban. [3]Entonces, vieron lenguas repartidas, que eran como de fuego y que se posaron sobre cada uno de ellos. [4]Todos fueron llenos del Espíritu Santo y comenzaron a hablar en otras lenguas, según el Espíritu Santo los capacitó.

[5]Había en Jerusalén muchos judíos religiosos que habían venido de todos los países del mundo. [6]Ellos, al oír aquel extraño ruido, se reunieron, prestaron atención y se sorprendieron mucho al oír palabras en sus propias lenguas. [7]Se maravillaron y se hicieron preguntas a ese respecto: "¿No son galileos los que están hablando? [8]¿Cómo es posible, entonces, que cada uno de nosotros los entienda en su propia lengua? [9]Somos de los países de Partia, Media, Elam, Mesopotamia, Judea, Capadocia, Ponto, Asia, [10]Frigia, Panfilia, Egipto, Libia y Cirene. Otros han llegado de la ciudad de Roma. Hay entre nosotros judíos de nacimiento y otros por conversión. [11]Hay también ciudadanos cretenses y árabes. ¡Y a todos nosotros nos están hablando de las obras poderosas de Dios, en nuestras propias lenguas!" [12]Estaban muy sorprendidos y confusos, diciéndose unos a otros:

—¿Qué es esto?

[13]Pero otros se reían y burlándose dijeron:

—Esos hombres están llenos de vino nuevo.

Pedro predica — ha sucedido lo que el antiguo predicador Joel dijo que pasaría

[14]Entonces, Pedro se puso en pie, junto con los otros once misioneros y habló, con voz fuerte: "Hombres de la región de Judea y todos los que están en Jerusalén, quiero que sepan lo que está ocurriendo. Por lo tanto, escuchen lo que voy a decirles. [15]Estos hombres no están borrachos, como ustedes creen. Apenas son las nueve de la mañana. [16]Joel, el antiguo predicador, dijo que esto iba a pasar. [17]Dios dice por Joel: 'En los últimos días, derramaré de mi Espíritu sobre todos los hombres. Entonces, sus hijos e hijas hablarán las palabras de Dios. Sus jóvenes verán lo que Dios permita que vean, y sus ancianos tendrán sueños. [18]Sí, en esos días enviaré mi Espíritu sobre todos los que me pertenecen, hombres y mujeres, que hablarán la palabra de Dios. [19]Mostraré obras poderosas en el cielo y podrán verse en la tierra cosas como sangre, fuego, nubes de humo. [20]El sol se oscurecerá y la luna tomará el color de la sangre, antes de venir el día del Señor. El día de su llegada será un día grande y especial. [21]Y entonces, todo el que invoque el nombre del Señor será salvo del castigo del pecado' *(Joel 2:28-32).*

Pedro predica—Jesús demostró quién era por lo que hizo

[22]"Varones judíos, escuchen lo que voy a decirles. Conocieron a Jesús, quien se había criado en la ciudad de Nazaret. Lo conocieron por las maravillas que él hizo. Como ya lo saben, Dios actuaba con obras grandes y maravillosas por medio de Jesús, mientras estuvo con ustedes. [23]Pero Jesús fue entregado a hombres pecadores. Dios lo sabía y había hecho planes tocantes a todo esto. Ustedes hicieron que hombres pecadores lo apresaran y lo clavaran a una cruz, matándole. [24]Pero Dios lo levantó, permitiéndole que se librara del dolor de la muerte, que no podía tener poder sobre él.

Pedro predica—Jesús demostró quién era por lo que dijo

[25]"David dijo lo siguiente sobre él: 'Puedo ver al Señor delante de mí, siempre. Está a mi derecha, de modo que no necesito preocuparme. [26]Estoy

contento, y mi lengua está llena de alegría. Mi cuerpo reposa con esperanza. [27]No dejarás mi alma morir, ni permitirás que tu Santo sea destruido. [28]Me has mostrado los caminos de vida y me llenaré de alegría cuando vea tu rostro.' *(Salmo 16).*

[29]"Hermanos, puedo decirles con libertad que nuestro antiguo padre David no sólo murió, sino que fue enterrado. Ahora, sabemos dónde se encuentra su tumba. [30]Era un hombre por medio de quien Dios hablaba al pueblo. El sabía que Dios le había prometido que de su familia nacería el Cristo y tomaría su lugar como rey. [31]Sabía todo esto desde antes y dijo que Cristo se levantaría de la muerte. El alma de Cristo no iba a permanecer muerta, ni su cuerpo destruido. [32]¡Jesús es el Santo! Dios lo levantó, y todos lo hemos visto.

[33]"Este Jesús se elevó a la derecha de Dios. El Padre Dios prometió el Espíritu Santo, ahora nos lo ha dado. ¡Eso es lo que están viendo y oyendo ahora! [34]No fue David el que subió al cielo, porque dijo: 'El Señor le dijo a mi Señor: Siéntate a mi derecha, [35]hasta que ponga a los que te odian como un mueble sobre el cual descansar tus pies' *(Salmo 110:1).* [36]Toda la nación judía debe saber, con seguridad, que Dios hizo a este Jesús, Señor y Cristo. ¡Y él fue a quien ustedes clavaron en una cruz!"

Le preguntan a Pedro qué deben hacer

[37]Cuando los judíos oyeron eso, sus corazones se conmovieron y le dijeron a Pedro y a los demás misioneros:

—Hermanos, ¿qué debemos hacer?

[38]Pedro les respondió:

—Cambien de actitud acerca de sus pecados y abandónenlos; sean bautizados en el nombre de Jesucristo y los pecados les serán perdonados. Además, recibirán el don del Espíritu Santo. [39]Porque la promesa es para ustedes, sus hijos y todas las personas de todo el mundo; es para todos aquellos que el Señor nuestro Dios llame.

[40]Dijo muchas otras cosas y les hizo comprender que debían apartarse de la gente pecadora de esos días. [41]Los que creyeron lo que dijo fueron bautizados. Y ese día se añadieron a los seguidores de Cristo como tres mil creyentes.

La primera iglesia

[42]Todos escuchaban fielmente las enseñanzas de los misioneros, celebraban cultos, oraban y tomaban juntos la cena del Señor. [43]Se sorprendieron y se llenaron de temor. Y los misioneros hacían muchas maravillas y cosas admirables. [44]Todos los que pusieron su confianza en Cristo estaban juntos y compartían todo lo que tenían. [45]Cuando algunos de ellos tenían necesidad, vendían lo que poseían y lo repartían entre otros. [46]Todos los días, iban juntos al gran templo de Dios. Y en sus casas, tomaban juntos sus alimentos. Sus corazones estaban llenos de felicidad. [47]Daban gracias a Dios. Todos los respetaban. Y el Señor añadía todos los días al grupo a los que habían de salvarse del castigo del pecado.

Pedro y Juan curan a un hombre a la puerta del gran templo

3 Pedro y Juan iban al templo a eso de las tres de la tarde, que era la hora de la oración. [2]Había un hombre que nunca había podido andar. Todos los días era llevado a la puerta del gran templo llamada La Hermosa para pedir limosna a todos los que entraban. [3]Cuando vio que Pedro y Juan entraban al templo, les pidió dinero. [4]Pedro y Juan lo miraron y Pedro le dijo: "¡Míranos!" [5]El hombre que no podía andar los miró, pensando que podría obtener algo de ellos. [6]Pedro le dijo: "No tengo dinero; pero voy a darte lo que tengo. ¡En el nombre de Jesús de Nazaret, levántate y anda!" [7]Pedro tomó al hombre por la mano derecha y lo ayudó a levantarse. Inmediatamente sus pies y los huesos de sus piernas se pusieron fuertes. [8]El hombre se levantó de un salto y pudo andar. Entonces, entró con ellos en el templo y dio gracias a Dios.

⁹Toda la gente lo vio andar y dar gracias a Dios. ¹⁰Sabían que era el hombre que había pedido limosna en la puerta La Hermosa y se sorprendieron al verlo andar. ¹¹El hombre curado se quedó con Pedro y Juan. Toda la gente, muy sorprendida, se reunió alrededor de ellos, en un lugar llamado el Pórtico de Salomón.

Pedro predica por segunda vez

¹²Al ver esto, Pedro les dijo: "Varones judíos, ¿por qué se sorprenden de esto? ¿Por qué nos miran como si hubiéramos hecho por nuestro propio poder, o por nuestras vidas santas, que este hombre pudiera caminar? ¹³El Dios de nuestros padres, el Dios de Abraham, Isaac y Jacob lo hizo. Ha honrado a su Hijo Jesús, al que ustedes entregaron a Pilato y al que volvieron las espaldas cuando Pilato el gobernador quería dejarlo en libertad. ¹⁴Pero negaron la libertad al Santo y Justo y pidieron en cambio que quedara en libertad un asesino. ¹⁵¡Mataron al Autor de la vida! Pero Dios lo levantó de entre los muertos, y nosotros lo vimos vivo. ¹⁶Este hombre, al que ven delante de ustedes y a quien todos ustedes conocen, ha sido curado por medio de la fe en el nombre de Jesús. En verdad, la fe en Cristo ha hecho que este hombre esté ahora sano y fuerte.

¹⁷"Hermanos, sé que ustedes y sus jefes principales cuando mataron a Jesús lo hicieron sin entender todo lo que estaban haciendo. ¹⁸Es que así Dios hizo como, por medio de los antiguos predicadores, dijo que haría. Había dicho que Cristo debería sufrir mucho. ¹⁹Pero ustedes deben sentir dolor por sus pecados y apartarse de ellos. Deben volverse hacia Dios para que sus pecados sean borrados. Entonces, sus almas recibirán nuevas fuerzas del Señor. ²⁰Y enviará de nuevo al mundo a Jesús, que es para ustedes, el Cristo, escogido y anunciado desde hace mucho tiempo. ²¹Sin embargo, durante cierto tiempo, Cristo debe permanecer en el cielo, hasta que todas las cosas se corrijan.

Dios anunció que esas cosas pasarían por boca de sus santos predicadores antiguos.

²²"Moisés dijo: 'El Señor vuestro Dios levantará de entre sus hermanos a uno que hablará en nombre de Dios, como yo. Deberán escuchar todo lo que les diga. ²³Todos los del pueblo que no escuchen al que habla en nombre de Dios morirán' (Deuteronomio 18:19). ²⁴Todos los antiguos predicadores, desde Samuel hasta ahora, han hablado de estos días. ²⁵Ustedes son hijos de los antiguos predicadores y participan de la promesa que Dios hizo a nuestros antiguos padres, cuando dijo a Abraham: 'Todas las familias de la tierra recibirán el favor de Dios por medio de tus hijos.' ²⁶Dios levantó a su Hijo Jesús y lo envió primeramente a ustedes, para dar el favor de Dios a fin de que cada uno deje su vida de pecado.''

Pedro y Juan son encarcelados

4 Mientras Pedro y Juan hablaban a la gente, se acercaron los principales religiosos, el jefe del templo y algunos del grupo religioso que no creía que los muertos vuelven a vivir. ²Estaban muy enojados, porque Pedro y Juan habían enseñado a la gente que Jesús se había levantado de entre los muertos. ³Por este motivo los arrestaron y los llevaron a la cárcel hasta el día siguiente, porque ya era tarde. ⁴Pero muchos de los que oyeron lo que dijeron Pedro y Juan creyeron en Cristo. El grupo de creyentes era ya de unos cinco mil hombres.

Pedro habla ante la corte de los principales religiosos

⁵Al día siguiente, se reunieron en Jerusalén los principales religiosos, los jefes del pueblo y los maestros de la ley. ⁶Estaban allí Anás, el principal dirigente religioso, Caifás, Juan, Alejandro y otros que eran de la familia de los principales dirigentes religiosos. ⁷Colocaron a los misioneros ante ellos y les preguntaron:

—¿Por cuál poder, o en qué nombre, han hecho eso?

Ahora pase a la página 238.

[8]Entonces Pedro, lleno del Espíritu Santo, dijo:

[9]—Ustedes, que son los principales del pueblo, ¿nos preguntan ahora sobre la buena obra que hicimos con un hombre que necesitaba ayuda? [10]Ustedes y todos los judíos deben saber que lo hicimos en el nombre de Jesucristo de Nazaret, al que ustedes clavaron en una cruz y al que Dios levantó de entre los muertos. Es por él que este hombre está ante ustedes, sano. [11]Cristo es la piedra que ustedes, los constructores, despreciaron, pero él ha llegado a ser la piedra más importante del edificio *(Salmo 118:22)*. [12]Por medio de ningún otro es posible salvarse del castigo del pecado; porque no hay otro nombre dado entre los hombres, debajo del cielo, por el que podamos ser salvos.

Pedro y Juan quedan en libertad; pero les dicen que no prediquen

[13]Estaban sorprendidos y maravillados por la facilidad con que hablaban Pedro y Juan, puesto que sabían que eran hombres con poco estudio; pero sabían que habían estado con Jesús. [14]No podían decir nada contra lo dicho por Pedro y Juan, porque el hombre que había sido curado estaba allí con ellos.

[15]Los principales religiosos les mandaron a Pedro y a Juan que salieran de la corte, para poder hablar a solas. [16]Y dijeron:

—¿Qué debemos hacer con estos hombres? Todos los habitantes de Jerusalén saben que han hecho una obra poderosa. No podemos negarlo. [17]Digámosles, con palabras fuertes, que no vuelvan a hablarle a nadie en ese nombre. Eso evitará que la noticia sea conocida aun más entre la gente.

[18]Entonces, los hicieron entrar de nuevo y les dieron orden de no hablar ni enseñar más en el nombre de Jesús. [19]Pedro y Juan dijeron:

—Decidan ustedes si es más correcto obedecerles a ustedes antes que a Dios. [20]Pero nosotros no podemos dejar de decir lo que hemos visto y oído.

[21]Después, los jefes judíos les dirigieron otras palabras duras a Pedro y Juan y los dejaron en libertad. No podían castigarlos, porque el pueblo estaba dando gracias a Dios por lo que había sucedido. [22]El hombre que había sido curado tan maravillosamente tenía más de cuarenta años de edad.

Oración de la nueva iglesia

[23]En cuanto los misioneros fueron puestos en libertad, regresaron al grupo de hermanos y les contaron todo lo que les dijeron los dirigentes religiosos. [24]Cuando lo oyeron, todos oraron a Dios, diciendo: "Señor Dios, tú hiciste los cielos y la tierra y el mar y todo cuanto hay en ellos. [25]Dijiste por medio del Espíritu Santo, por medio de nuestro antiguo padre David: '¿Por qué están tan alborotadas las naciones y por qué planean tonterías tus pueblos? [26]Los reyes de la tierra se pusieron en línea para pelear, y todos los dirigentes se levantaron contra el Señor y su Cristo' *(Salmo 2:1, 2)*. [27]En esta ciudad se levantaron Herodes, Pilato, los judíos y los no judíos, reunidos en contra de Jesús, tu Santo Hijo, al que escogiste [28]para que hiciera todo lo que planeaste y dijiste. [29]Y ahora, Señor, escucha cómo nos han hablado con duras palabras y haz que tus seguidores tengan poder para predicar tu palabra. [30]Extiende tus manos para sanar y para hacer obras poderosas y visibles, en el nombre de Jesús, tu Santo Hijo."

Los cristianos se llenan del Espíritu Santo

[31]Cuando terminaron de orar, el lugar en el que estaban reunidos tembló. Todos fueron llenos del Espíritu Santo, de modo que pudieron hablar con facilidad la palabra de Dios.

El nuevo modo de vida

[32]Los numerosos creyentes pensaban y actuaban de la misma manera. Ninguno de ellos decía que alguna de las cosas que tenía era suya, sino que todos compartían todo. [33]Los misioneros hablaban con gran poder de cómo Jesús

había sido levantado de entre los muertos. Todos gozaban del favor de Dios. [34]Entre ellos no había ningún necesitado. Los que tenían casas o tierras las vendieron y llevaron el dinero así obtenido. [35]Lo dieron a los misioneros. Todo se repartía entre todos, según sus necesidades.

[36]Entre ellos estaba José, al que los misioneros llamaban Bernabé (que quiere decir, hijo de consolación). Era del grupo familiar de Leví y del país de Chipre. [37]Tenía tierras que vendió. Luego llevó el dinero a los misioneros.

El pecado de Ananías y Safira

5 Un hombre llamado Ananías y su esposa, Safira, vendieron unas tierras. [2]Pero Ananías guardó para él parte del dinero, y su mujer participó en el plan. El resto se lo dio a los misioneros. [3]Pedro le dijo a Ananías: "¿Por qué has dejado que el diablo llene tu corazón? Hizo que tú mintieras al Espíritu Santo, al guardarte parte del dinero que obtuviste de las tierras. [4]¿No era tuya la tierra antes de venderla? Y después de vendida, podías haber hecho lo que querías con el dinero. ¿Por qué dejaste que tu corazón hiciera esto? Le has mentido a Dios, no a los hombres."

[5]Cuando Ananías oyó esas palabras cayó muerto. Todos los que supieron lo que había pasado se llenaron de miedo. [6]Los jóvenes se levantaron, cubrieron su cuerpo, lo llevaron y lo enterraron.

[7]Unas tres horas más tarde, llegó su esposa, sin saber lo que había pasado, [8]Pedro le dijo:

—Dime, ¿vendieron las tierras por esta cantidad de dinero?

Ella dijo:

—Sí.

[9]Entonces, Pedro le dijo:

—¿Cómo pudieron ponerse de acuerdo ustedes dos para mentirle al Espíritu Santo? ¡Escucha! Los que enterraron a tu esposo están a la puerta y te llevarán también a ti.

[10]Inmediatamente, Safira cayó a sus pies y murió. Cuando entraron los jóve-

nes, descubrieron que estaba muerta. La tomaron y la enterraron junto a su marido.

[11]Y se llenaron de temor todos los de la iglesia y los que oyeron lo que pasó.

La primera iglesia crece

[12]Los misioneros hicieron muchas obras poderosas entre el pueblo y se reunieron todos en el Pórtico de Salomón. [13]Nadie que no fuera de su grupo entró con ellos, porque estaban todos asustados. Pero los que no eran de la iglesia tenían respeto por los creyentes. [14]Muchos otros hombres y mujeres creyeron en Cristo y se añadieron al grupo. [15]Llevaban a los enfermos y los acostaban en las calles, esperando que, si Pedro pasaba por allí, su sombra pasaría sobre algunos de ellos. [16]Mucha gente fue a Jerusalén de las ciudades cercanas, llevando consigo a sus enfermos y los poseídos por malos espíritus. Todos fueron curados.

Encarcelan a los misioneros

[17]El principal dirigente religioso y algunos del grupo religioso que no creía que los muertos vuelven a vivir oyeron hablar de las curaciones. Se enojaron mucho. [18]Agarraron a los misioneros y los metieron en la cárcel. [19]Un ángel del Señor abrió las puertas de la cárcel por la noche y los dejó salir, diciéndoles: [20]"Vayan al templo, a donde estaban, y sigan hablándole a la gente de esta nueva vida."

[21]Cuando Pedro y Juan oyeron esto, fueron al gran templo de Dios por la mañana temprano y comenzaron a enseñar. Entre tanto, llegó el principal dirigente religioso y los que estaban con él, y reunieron a los jueces y a los dirigentes de los judíos. Luego, enviaron hombres a la cárcel para traer a los misioneros. [22]Al llegar allí, los soldados no los encontraron en la cárcel. Regresaron para dar la noticia a la corte. [23]Dijeron: "Hallamos las puertas de la cárcel cerradas y los soldados vigilando las puertas; pero, cuando las abrimos, vimos que no había nadie adentro."

²⁴Cuando el principal dirigente religioso y el jefe de la guardia del templo oyeron esto, se preocuparon mucho por lo que pudiera pasar. ²⁵Entonces, llegó alguien y les dijo: "Los hombres que ustedes metieron a la cárcel están ahora en el templo, enseñando al pueblo." ²⁶El director de la guardia fue con sus hombres y los detuvo. Pero no golpearon a los misioneros, porque tenían miedo de ser apedreados por el pueblo.

²⁷Llevaron a los misioneros y los presentaron ante la corte. Entonces el principal dirigente religioso dijo:

²⁸—¡Les mandamos que no enseñaran nada sobre Cristo! Pero ahora están extendiendo esas enseñanzas por todo Jerusalén y hacen parecer que nosotros somos culpables de la muerte de ese hombre.

Los misioneros dicen la verdad

²⁹Entonces, Pedro y los demás misioneros dijeron:

—¡Debemos obedecer a Dios, no a los hombres! ³⁰El Dios de nuestros padres levantó a Jesús, al que ustedes mataron, clavándolo en una cruz. ³¹Dios elevó a ese Hombre a su derecha, como Príncipe y Salvador, haciendo posible que los judíos cambien de actitud acerca de sus pecados y los abandonen. Así serán perdonados. ³²Nosotros hemos visto esas cosas y hablamos de ellas, lo mismo que el Espíritu Santo, que Dios da a quienes le obedecen.

Gamaliel habla en la corte

³³Los dirigentes religiosos se enojaron al oír esas palabras e hicieron planes para matar a los misioneros. ³⁴Gamaliel era un hombre que formaba parte de la corte de los dirigentes del pueblo. También era celoso religioso y maestro de la ley. Tenía el respeto de todos. De pronto, se puso de pie y pidió que hicieran salir a los misioneros por unos momentos.

³⁵Luego, Gamaliel dijo ante la corte: "Varones judíos, tengan cuidado con lo que piensan hacer a esos hombres.

³⁶Recuerden que, hace algunos años, se presentó un hombre llamado Teudas, que pretendía ser alguien. Reunió a unos cuatrocientos seguidores. Lo mataron, sus seguidores se dispersaron y nada quedó de sus enseñanzas. ³⁷Después de él, Judas de Galilea reunió a muchos seguidores. Era el momento en que todas las personas tenían que escribir sus nombres en el libro de la nación. También murió ese Judas, y todos sus seguidores se separaron y se fueron. ³⁸Así pues, ahora les aconsejo que dejen a estos hombres y que no los toquen. Si sus enseñanzas y sus trabajos son de los hombres, se reducirán a la nada; ³⁹y si son de Dios, no podrán detenerlos. Es posible, también, que ustedes se encuentren luchando contra Dios."

Castigan a los misioneros

⁴⁰Los miembros de la corte estuvieron de acuerdo con Gamaliel, de modo que hicieron entrar a los misioneros y los azotaron; luego, les mandaron que no enseñaran más en nombre de Jesús y los dejaron libres.

⁴¹Así, los misioneros salieron de la corte, sintiéndose felices que podían sufrir vergüenza por el nombre del Señor. ⁴²Y todos los días, en el gran templo y en las casas, seguían enseñando y predicando a Jesucristo.

La iglesia escoge ayudantes

6 En esos días, el grupo de creyentes crecía; y había judíos, de lengua griega, en el grupo, que se quejaban contra los judíos que vivían en la región que rodeaba a Jerusalén. Los judíos que hablaban griego decían que a sus viudas no las tomaban en cuenta cuando repartían los alimentos cada día. ²Por lo tanto, los doce misioneros reunieron a todos los creyentes y les dijeron: "No es correcto que dejemos de predicar la palabra de Dios para repartir los alimentos. ³Hermanos, escojan de entre ustedes a siete hombres respetados, con sabiduría y que estén llenos del

Espíritu Santo, para que se encarguen de ese trabajo. ⁴Entonces, podremos usar todo nuestro tiempo para orar y enseñar la palabra de Dios."

⁵Esas palabras les agradaron a todos y eligieron a éstos: Esteban (un hombre lleno de fe y del Espíritu Santo), Felipe, Prócoro, Nicanor, Timón, Parmenas y Nicolás (un hombre de la ciudad de Antioquía que se había hecho judío). ⁶Esos siete fueron llevados ante los misioneros quienes, después de orar, pusieron sus manos sobre ellos.

⁷La palabra de Dios siguió extendiéndose, y el grupo de creyentes se aumentó mucho en Jerusalén. Muchos de los mismos dirigentes religiosos aceptaban la fe de los seguidores de Cristo.

Llevan a Esteban ante la corte de los dirigentes religiosos

⁸Esteban era un hombre lleno del favor de Dios y de poder. Hacía muchas cosas grandes entre la gente. ⁹Pero se presentaron varios judíos de su lugar de cultos, conocidos como gente libre, y discutieron con Esteban. Eran hombres de las regiones de Cirene y Alejandría, Cilicia y Asia. ¹⁰Esteban hablaba con sabiduría y el poder del Espíritu Santo, por lo tanto, no podían contradecirle. ¹¹Así pues, pagaron a otros hombres para que dijeran: "Le hemos oído decir cosas contra Moisés y Dios." ¹²De esa manera, provocaron a la gente en contra de Esteban. Entonces, llegaron los dirigentes religiosos del pueblo y los maestros de la ley. Tomaron preso a Esteban y lo llevaron ante la corte. ¹³Al pueblo lo convencieron para que mintiera, diciendo:

—Este hombre habla siempre contra este lugar santo y la ley de Moisés. ¹⁴Le hemos oído decir: "Jesús de Nazaret destruirá este lugar y cambiará lo que nos enseñó Moisés."

¹⁵Los hombres sentados en la corte de los dirigentes religiosos estaban mirando a Esteban y notaron que su rostro era como el de un ángel.

Esteban habla sobre el Dios de Abraham

7 El principal dirigente religioso le preguntó a Esteban:
—¿Es eso cierto?
²Y él respondió:
—Hermanos y padres, oigan. El gran Dios se le apareció a nuestro padre Abraham, cuando éste vivía en el país de Mesopotamia. Eso era antes de ir a la ciudad de Harán. ³Dios le dijo: "Deja a tu familia y esta tierra en que naciste y vete a una tierra que te mostraré." ⁴Entonces, salió de la tierra de los caldeos y vivió en la ciudad de Harán. Luego, después de la muerte de su padre, vino a la tierra en la que vivimos ahora. ⁵Dios no le dio tierras como posesión inmediata, ni siquiera la suficiente para poner sus pies. Pero le prometió que la tierra sería suya y de sus hijos, después de él. En ese tiempo ni tenía hijos. ⁶Y le dijo Dios: "Los hijos de tus hijos vivirán en tierras extrañas durante cuatrocientos años. Tendrán que trabajar sin pago y sufrir muchas penas. ⁷Yo castigaré a esa nación por hacerlos trabajar sin pagarles. Después de eso, podrán irse libremente. Saldrán de ese país y me servirán en este lugar."

⁸—Hizo una promesa con Abraham que se selló mediante el rito religioso de hacerse judío. Abraham tuvo un hijo, Isaac, y al octavo día después de su nacimiento, Abraham tomó a Isaac y lo sometió al rito religioso. Isaac fue padre de Jacob, y éste fue padre de nuestros doce antiguos grupos de familias.

⁹—Los hijos de Jacob vendieron a José a gente del país de Egipto, porque le tenían envidia. Pero Dios estaba con José ¹⁰y lo ayudó a salir de todas sus dificultades. Le dio sabiduría y el favor del Faraón, el rey de Egipto. Este rey hizo a José dirigente de Egipto y sobre toda la casa del rey.

¹¹—Llegó una época en la que no había alimentos en toda la tierra de Egipto y de Canaán. El pueblo sufría mucho. Nuestros primeros padres no podían conseguir alimentos. ¹²Entonces, Jacob supo que había alimentos en Egipto y

envió allí, por primera vez, a nuestros padres.

13—La segunda vez que fueron a Egipto, José se dio a conocer a sus hermanos; y el Faraón conoció a la familia de José. 14José pidió a su padre Jacob y a toda su familia que vinieran a él. La familia era de setenta y cinco personas. 15Jacob se fue a Egipto y murió allí, lo mismo sus hijos que son nuestros primeros padres. 16Después llevaron sus restos a Siquem para ser enterrados. Abraham les había pagado a los hijos de Hamor, de la ciudad de Siquem, por el lugar donde fueron sepultados.

Esteban habla del Dios de Moisés

17—La promesa dada por Dios a Abraham estaba a punto de cumplirse. En esa época, había muchos más de nuestro pueblo que se encontraban en la tierra de Egipto. 18Entonces, otro hombre se hizo rey de Egipto. Y éste no conocía a José. 19Este rey fue duro con nuestra nación y nuestro pueblo, maltrató a nuestros padres y les hizo abandonar a sus hijos, para que muriesen.

20—Entonces nació Moisés. Era hermoso a la vista de Dios. Lo alimentaron en la casa de su padre durante tres meses. 21Luego, lo dejaron afuera. La hija del Faraón lo halló y lo cuidó como si fuera su propio hijo. 22A Moisés le enseñaron toda la sabiduría de los egipcios. Llegó a ser un hombre poderoso, tanto en sus palabras como en las cosas que hacía. 23Cuando tenía cuarenta años de edad, pensó que debería visitar a sus hermanos, los judíos. 24Vio que herían a un judío. Entonces, ayudó al judío y mató al egipcio. 25Pensó que su pueblo comprendería y que sabría que Dios lo libertaría por medio de él; pero el pueblo no lo comprendía.

26—Al día siguiente, Moisés vio a varios judíos que peleaban. Trató de detenerlos y les dijo: "Varones, ustedes son hermanos. ¿Por qué se hieren unos a otros?" 27Entonces, uno que estaba hiriendo a su vecino, empujó a Moisés y le dijo: "¿Quién te puso sobre nosotros? ¿Quién dijo que puedes decidir quién es culpable? 28¿Quieres matarme, como mataste ayer al egipcio?" 29Cuando Moisés oyó aquello, huyó a la tierra de Madián, donde era extranjero. Mientras permaneció allí, se convirtió en padre de dos hijos. 30Pasaron cuarenta años, y Moisés estaba cerca del monte Sinaí, en un desierto. Allí, vio a un ángel en el fuego de una planta que ardía. 31Se sorprendió y maravilló al verlo. Se levantó y se acercó para verlo mejor. Oyó la voz del Señor, que le dijo: 32"Yo soy el Dios de tus padres, el Dios de Abraham, Isaac y Jacob." Moisés estaba tan asustado que no se atrevía a mirar la planta que ardía.

33—Entonces, el Señor le dijo: "Quítate los zapatos de los pies, porque el lugar en que estás es tierra santa. 34He visto sufrir a mi pueblo en el país de Egipto. He oído sus lamentos y he bajado para liberarlos. Así pues, ven y te enviaré de nuevo a Egipto."

35—El pueblo no había aceptado a Moisés, cuando había dicho, "¿Quién te puso sobre nosotros? ¿Quién dijo que puedes decidir quién es culpable?" Pero Dios lo hizo dirigente. Moisés fue el que sacó a los judíos de la tierra de Egipto. Lo hizo con la ayuda del ángel que estaba en la planta que ardía. 36Moisés los dirigió. Hizo obras poderosas en la tierra de Egipto y en el mar Rojo. Luego, durante cuarenta años, los llevó por el desierto.

37—Moisés les dijo a los judíos: "Dios les dará a uno como yo que hable por él; vendrá de una de nuestras familias." 38Este es el hombre que estuvo con la nación judía en el desierto al que le habló el ángel en el monte Sinaí. Es el que estuvo con nuestros padres y el que recibió de Dios las palabras de vida para dárnoslas.

39—Nuestros padres no quisieron escucharlo ni obedecerlo. En sus corazones, deseaban regresar a la tierra de Egipto. 40Y le dijeron a Aarón: "Haznos dioses que vayan delante de nosotros.

No sabemos qué le ha pasado al Moisés que nos sacó de la tierra de Egipto."

41—En esos días, hicieron un becerro de oro y pusieron ofrendas delante de su dios, adorándolo. Se sintieron felices por lo que habían hecho con sus manos. 42Pero Dios se apartó de ellos y los dejó adorar a las estrellas del cielo. Esto está escrito en el libro de los antiguos predicadores: "Nación judía, ¿fue a mí al que ofreciste sacrificios de ovejas y ganado en el altar, durante cuarenta años en el desierto? 43No, levantaste la carpa para adorar en ella al dios Moloc y a la estrella de su dios Renfán. Hiciste figuras para adorarlas. Así pues, te llevaré a tierras remotas en el país de Babilonia" (Amós 5:25-27).

El lugar de adoración y el gran templo

44—Nuestros antiguos padres tenían la carpa de adoración y la usaban en el desierto. Dios le dijo a Moisés que la construyera siguiendo el modelo que había visto. 45Esa carpa de adoración la recibieron nuestros antiguos padres y la trajeron aquí cuando ganaron las guerras contra los pueblos que no eran judíos. Ocurrió cuando Josué era nuestro jefe. Dios hizo que esos pueblos se fueran, y nuestros antiguos padres tomaron las tierras. La carpa estuvo aquí hasta los tiempos de David. 46David agradó a Dios y quería construir una casa para adorar en ella al Dios de Jacob. 47Pero fue Salomón el que construyó el gran templo. 48Sin embargo, el Altísimo no vive en casas hechas por mano de hombre. El antiguo predicador dijo: 49"El cielo es el lugar donde estoy sentado, y la tierra es el sitio en que descansan mis pies. ¿Qué casa me edificarán?", dice el Señor. ¿O cuál es mi lugar de reposo? 50¿No hicieron mis manos todas estas cosas?" (Isaías 66:1, 2).

Los judíos se sienten heridos

51—¡Tienen corazones duros y oídos que no me escuchan! Se oponen siempre al Espíritu Santo. Lo hicieron así sus antiguos padres y ustedes también lo hacen. 52¿Cuál de los antiguos predica-dores no fue perseguido y lastimado por sus padres? Mataron a los que anunciaron la venida del Justo de Dios, al que ahora han entregado y matado. 53Los ángeles les dieron la ley, pero no la han obedecido.

Muerte de Esteban

54Los judíos y los dirigentes religiosos que escuchaban a Esteban se enojaron mucho y crujían los dientes contra él. 55Pero Esteban estaba lleno del Espíritu Santo y, al mirar al cielo, vio la gloria de Dios y a Jesús, que estaba a la derecha de Dios. 56Entonces, dijo:

—¡Miren! ¡Veo el cielo abierto y al Hijo del Hombre, que está a la derecha de Dios!

57Entonces, dando gritos, se taparon los oídos con las manos y se lanzaron contra él. 58Lo sacaron de la ciudad y lo apedrearon. Los hombres que le tiraban piedras dejaron sus vestidos en el suelo, delante de un joven llamado Saulo. 59Mientras lo apedreaban, Esteban oraba, diciendo: "Señor Jesús, recibe mi espíritu." 60Después de esto, cayó de rodillas y gritó: "Señor, no los culpes por este pecado." Luego que dijo esto, murió.

A los cristianos se les presentan dificultades en Jerusalén

8 Saulo pensaba que estaba bien que mataran a Esteban. Ese día la gente comenzó a perseguir a la iglesia en Jerusalén. A todos los obligaron a irse, menos a los misioneros. Los que se fueron salieron para los países de Judea y Samaria. 2Varios hombres buenos enterraron a Esteban y le lloraron mucho. 3Durante ese tiempo, Saulo perseguía con dureza a la iglesia. Iba de casa en casa, se llevaba a los hombres y a las mujeres y los echaba en la cárcel.

Felipe predica en Samaria

4Los que se habían visto obligados a irse a otros lugares, por el camino predicaban la palabra. 5Felipe fue a una ciudad del país de Samaria y predicó de Cristo. 6Todo el pueblo escuchaba atentamente lo que les decía Felipe. Veían las obras poderosas que hacía. [7]Había muchas personas que tenían espíritus malos que daban grandes voces al salir de ellas. Muchas personas que no podían moverse fueron curadas. [8]Así que había mucha alegría en aquella ciudad.

Simón el brujo

[9]Había allí un hombre llamado Simón, que antes era brujo y engañaba a la gente de Samaria con las cosas que hacía. Pretendía ser un gran hombre. [10]Toda la gente le observaba y escuchaba, diciendo: "Este hombre debe de tener el gran poder de Dios." [11]Siguieron prestándole atención, porque los había engañado durante mucho tiempo con su brujería.

[12]Cuando Felipe les hablaba de las buenas nuevas del reino de Dios y de Jesucristo, muchos hombres y mujeres creyeron en Cristo y se bautizaron. [13]También Simón creyó en Cristo, se bautizó e iba con Felipe a todas partes, sorprendido por las obras poderosas que se hacían.

[14]En Jerusalén, los misioneros oyeron decir que la gente de Samaria había recibido la palabra de Dios y les enviaron a Pedro y Juan. [15]Cuando Pedro y Juan llegaron allí, oraron para que los nuevos creyentes pudieran recibir el Espíritu Santo, [16]que todavía no había bajado sobre ninguno de ellos, pues sólo habían sido bautizados en el nombre de Jesús. [17]Los misioneros pusieron sus manos sobre ellos y recibieron el Espíritu Santo.

[18]Cuando Simón vio que el Espíritu Santo se daba cuando los misioneros ponían sus manos sobre la gente, quería darles dinero. [19]Y les dijo:

—Véndanme también ese poder, y podré darles el Espíritu Santo a todos los que les ponga las manos encima.

[20]Pedro le respondió:

—¡Tu dinero sea destruido contigo, porque crees poder comprar con dinero el don de Dios! [21]Tú no tienes parte ni lugar en este trabajo, porque tu corazón no es bueno delante de Dios. [22]Debes sentir dolor por ese pecado y alejarte de él. Pídele al Señor que te perdone por tener ese pensamiento en tu corazón. [23]Veo que estás lleno de envidia y encadenado por tu pecado.

[24]Entonces, Simón dijo:

—Ora al Señor por mí, para que no me pase nada de lo que has dicho.

[25]Después de haber visto y oído lo que pasaba en Samaria y después de haberles predicado la palabra del Señor también, Pedro y Juan regresaron a Jerusalén. Por el camino, predicaron las buenas nuevas en muchos otros pueblos en la región de Samaria.

Felipe y el etíope

[26]Un ángel del Señor le habló a Felipe, diciéndole: "Levántate y vete al sur. Toma el camino que sale de Jerusalén hacia la ciudad de Gaza, pasando por el desierto." [27]Felipe se levantó y se puso en camino. Del país de Etiopía había un hombre al que habían operado para que no tuviera hijos. Este había ido a Jerusalén a adorar. Era el encargado de todas las riquezas que pertenecían a Candace, reina de Etiopía. [28]De regreso a su país, sentado en su carro, iba leyendo el libro del antiguo predicador Isaías. [29]El Espíritu Santo le dijo a Felipe: "Vé hacia ese carro y alcánzalo." [30]Felipe se acercó al carro corriendo. Oyó que el etíope estaba leyendo los escritos del antiguo predicador Isaías. Entonces, le dijo:

—¿Comprendes lo que estás leyendo?

[31]El etíope le respondió:

—¿Cómo puedo entender, a menos que alguien me explique?

Luego, le pidió a Felipe que se sentara a su lado.

[32]Estaba leyendo la parte de las sagradas escrituras que dice: "Era como una oveja a la que iban a matar, como el cordero que no bala cuando le quitan la lana, así, no abrió su boca. [33]Nadie lo escuchó, por su humillación. ¿Quién contará la historia de su familia? Su vida

fue quitada de la tierra" *(Isaías 53:7, 8).*
³⁴El etíope le dijo a Felipe:

—¿De quién habla el antiguo predicador, de él mismo o de otro?

³⁵Así, Felipe, comenzó por esa parte de las sagradas escrituras y le predicó las buenas nuevas de Jesús.

³⁶Por el camino, llegaron a un lugar donde había agua y el etíope dijo:

—¡Mira! Ahí hay agua, ¿por qué no puedo ser bautizado?

³⁷*Felipe le respondió:

—Si crees con todo tu corazón, puedes hacerlo.

El hombre dijo:

—Creo que Jesucristo es el Hijo de Dios.

³⁸Y paró el carro. Entonces, Felipe y el etíope bajaron a las aguas, y Felipe lo bautizó.

³⁹Cuando salieron de las aguas, el Espíritu Santo se llevó a Felipe. El etíope no volvió a verlo. Siguió su camino, lleno de gozo. ⁴⁰Felipe pronto se encontró en la ciudad de Azoto, y fue anunciando las buenas nuevas por todas las ciudades por las que pasaba, hasta llegar a Cesarea.

Saulo se hace cristiano

9 Saulo seguía hablando mucho de cuánto le gustaba amenazar de muerte a los creyentes del Señor. Fue a ver al principal dirigente religioso ²y le pidió cartas para los grupos judíos en la ciudad de Damasco. Estas cartas le daban autoridad que si encontrara allí a hombres o mujeres que siguieran el camino de Cristo, podría llevarlos encadenados a Jerusalén.

³Se puso en camino. Cuando estaba ya cerca de la ciudad de Damasco, de pronto vio una luz del cielo que brillaba alrededor de él. ⁴Cayó al suelo y oyó una voz que le decía:

—Saulo, Saulo, ¿por qué te esfuerzas tanto en contra mía?

⁵Saulo respondió:

—¿Quién eres, Señor?

Y él dijo:

—Soy Jesús a quien tú persigues. Te estás lastimando a ti mismo al tratar de lastimarme a mí.

⁶Saulo se sorprendió y dijo, asustado y temblando:

—¿Qué quieres que yo haga, si es posible, Señor?

El Señor le dijo:

—¡Levántate! Vete a la ciudad y se te dirá lo que tienes que hacer.

⁷Los que estaban con Saulo no podían decir nada. Oyeron una voz, pero no vieron a nadie. ⁸Saulo se levantó del suelo y una vez de pie, abrió los ojos, pero no vio nada. Entonces, lo tomaron de la mano y lo llevaron hasta la ciudad de Damasco. ⁹Por tres días no pudo ver y, durante ese tiempo, no comió ni bebió nada.

¹⁰En la ciudad de Damasco, había un creyente llamado Ananías. El Señor le habló en sueños diciendo:

—¡Ananías!

Y Ananías respondió:

—Sí, Señor, aquí estoy.

¹¹Entonces, el Señor le dijo:

—¡Levántate, vete a la calle Derecha y busca en casa de Judas a un hombre de la ciudad de Tarso, llamado Saulo. El se encuentra allí orando. ¹²Ha visto en sueños a un hombre llamado Ananías, quien le pondrá las manos encima, para que reciba la vista otra vez.

¹³Ananías dijo:

—Señor, he oído a muchos hablar de ese hombre. Ha sido causa de que muchos de tus creyentes hayan sufrido en Jerusalén. ¹⁴Vino con autoridad dada por los principales dirigentes religiosos para poner en la cárcel a todos los que invocan tu nombre.

¹⁵Entonces, el Señor le dijo:

—Vete, porque he escogido a este hombre para anunciar mi nombre entre los que no son judíos, también a los reyes y aun a los propios judíos. ¹⁶Voy a mostrarle cuánto tendrá que sufrir por mi causa.

Saulo es bautizado

¹⁷Así pues, Ananías fue a la casa, puso las manos sobre Saulo y dijo: "Herma-

no Saulo, el Señor Jesús me ha enviado a ti. Viste al Señor en el camino, cuando venías para acá. Y ahora, el mismo Señor me ha mandado para que vuelvas a ver y seas lleno del Espíritu Santo." [18]Inmediatamente de los ojos de Saulo se le cayó algo como escamas y volvió a ver. Luego, se levantó y fue bautizado. [19]Después de eso, comió y recobró fuerzas. Se quedó varios días con los creyentes en la ciudad de Damasco.

Saulo predica las buenas nuevas

[20]En seguida, Saulo comenzó a predicar en los templos locales de los judíos, diciendo que Jesús es el Hijo de Dios. [21]Todos los que le oían se sorprendían y decían: "¿No es éste el hombre que golpeaba y mataba a los creyentes de Jesús en Jerusalén? ¿No es el que vino aquí para atar con cadenas a ellos y llevárselos a los principales dirigentes religiosos en Jerusalén?" [22]Sin embargo, Saulo se esforzaba cada vez más y confundía con su predicación a los judíos que vivían en la ciudad de Damasco, demostrando que Jesús es el Cristo.

[23]Al cabo de muchos días, los judíos se reunieron e hicieron planes para matar a Saulo. [24]Su plan se supo, pues día y noche vigilaban las puertas de la ciudad para matarlo. [25]Por lo tanto, los creyentes ayudaron a Saulo a salir de la ciudad, bajándole una noche por el muro de la ciudad en un cesto.

Saulo va a Jerusalén

[26]Cuando Saulo llegó a Jerusalén, trató de reunirse con los creyentes; pero le tenían miedo. No creían que fuera un verdadero seguidor de Jesús. [27]Entonces, Bernabé lo llevó a los misioneros y les contó cómo Saulo había visto al Señor en el camino. También les dijo cómo el Señor le había hablado a Saulo y cómo éste había predicado sin miedo el mensaje de Jesús en la ciudad de Damasco. [28]Después de eso, Saulo entraba y salía de Jerusalén con ellos, [29]predicando sin temor, en el nombre del Señor. Hablaba y disputaba con los judíos que hablaban griego; pero éstos

seguían tratando de matarlo. [30]Cuando lo supieron los creyentes, se lo llevaron a la ciudad de Cesarea y, de allí, lo mandaron a la ciudad de Tarso.

[31]Entonces, la iglesia estuvo en paz durante cierto tiempo, en todos los países de Judea, Galilea y Samaria, siendo fortalecida y consolada por el Espíritu Santo. Se añadían nuevos creyentes a la iglesia. La iglesia honraba al Señor.

Curación de Eneas

[32]Cuando Pedro visitaba todas las regiones del país, llegó junto a los fieles creyentes que vivían en la ciudad de Lida. [33]Había allí un hombre llamado Eneas que no podía moverse. El había estado en cama durante ocho años. [34]Pedro le dijo: "Eneas, Jesucristo te cura. Levántate y recoge tu lecho." [35]Todos los que vivían en Lida y en la ciudad de Sarón vieron a Eneas, y se convirtieron al Señor.

Dorcas se levanta de entre los muertos

[36]En la ciudad de Jope vivía una mujer creyente llamada Tabita (o Dorcas). Ella hacía muchas obras buenas. [37]Un día, enfermó y murió. Después de lavar su cuerpo, la acostaron en una habitación de la parte alta. [38]La ciudad de Lida estaba cerca de Jope. Los creyentes oyeron decir que Pedro estaba en Lida y mandaron dos hombres para pedirle que viniera allí pronto. [39]Entonces, Pedro fue con ellos. Cuando llegó, lo llevaron a la habitación en que estaba el cadáver. Alrededor estaban muchas viudas llorando y mostrando las ropas que Dorcas hacía cuando estaba todavía con ellas.

[40]Pedro hizo salir a todos de la habitación, se puso de rodillas y oró. Luego, se volvió hacia el cuerpo y dijo: "¡Tabita, levántate!" La mujer abrió los ojos, miró a Pedro y se sentó. [41]El le dio la mano y la levantó. Entonces llamó a los creyentes y a las viudas y se las presentó, viva.

[42]Esto se supo en toda Jope y mucha gente creyó en el Señor. [43]Después de

esto, Pedro se quedó muchos días en la ciudad de Jope en la casa de Simón, el curtidor.

Dios le habla a un hombre que no es judío

10 Había en la ciudad de Cesarea un hombre llamado Cornelio. Servía en el ejército romano como capitán de una compañía que se llamaba la italiana. ²Tanto él como su familia eran buenas personas que honraban a Dios. Cornelio daba mucho dinero al pueblo y siempre oraba.

³Una tarde, a eso de las tres, vio en sueños lo que Dios quería mostrarle. Un ángel del Señor se le presentó y le dijo:

—Cornelio.

⁴El hombre tuvo miedo al mirar al ángel y dijo:

—¿Qué es, Señor?

El ángel le dijo:

—Tus oraciones y tus ofrendas han llegado a la presencia de Dios, y él las ha recordado. ⁵Envía hombres a la ciudad de Jope y pídele a Simón Pedro que venga aquí. ⁶Está viviendo con Simón, el curtidor, cuya casa está a la orilla del mar. El te dirá lo que debes hacer.

⁷El ángel lo dejó. Entonces, Cornelio llamó a dos de sus criados y a un soldado muy religioso que lo cuidaba. ⁸Les dijo lo que había pasado y luego los mandó a Jope.

El sueño de Pedro

⁹Al día siguiente, se pusieron en camino y, hacia el mediodía, estaban ya cerca de la ciudad de Jope. Cerca de la misma hora Pedro subió a la terraza de la casa, para orar. ¹⁰Sintió hambre y deseaba comer algo. Mientras le preparaban los alimentos, vio en un sueño cosas que Dios quería mostrarle.

¹¹Vio el cielo abierto y algo como un gran lienzo que descendía hacia la tierra, bajado de las cuatro puntas. ¹²En el lienzo había toda clase de animales de cuatro patas, serpientes de la tierra y pájaros del cielo. ¹³Entonces, oyó una voz que le decía:

—Levántate, Pedro, mata y come.

¹⁴Pedro dijo:

—¡No, Señor! Nunca he comido nada de lo que nuestra ley dice que es impuro.

¹⁵La voz le dijo, por segunda vez:

—No digas que está impuro lo que Dios ha limpiado.

¹⁶Esto pasó tres veces y el lienzo volvió a ser levantado hacia el cielo.

Los hombres de Cornelio encuentran a Pedro

¹⁷Pedro estaba pensando qué sería el significado de su sueño, cuando llegaron los hombres enviados por Cornelio. A la puerta de la ciudad, habían preguntado dónde estaba la casa de Simón ¹⁸y vinieron, preguntando si vivía allí un hombre llamado Simón Pedro.

¹⁹Pedro estaba todavía pensando en su sueño, cuando el Espíritu Santo le dijo: "Te están buscando tres hombres. ²⁰Levántate, baja y vete con ellos. No dudes de ir con ellos porque yo los he enviado." ²¹Entonces, Pedro bajó junto a los hombres enviados por Cornelio y les dijo:

—Yo soy el que buscan. ¿Por qué han venido?

²²Ellos respondieron:

—Nos mandó el capitán Cornelio, un buen hombre que honra a Dios, como puede decir toda la gente judía. Un ángel de Dios le dijo que mandara a buscarte y pedirte que vayas a su casa. El desea oír lo que tengas que decirle.

Pedro va a Cornelio

²³Pedro les pidió que entraran y pasaran la noche con él. Al día siguiente, Pedro se fue con ellos. Algunos de los hermanos de la ciudad de Jope les acompañaron. ²⁴Al día siguiente, llegaron a la ciudad de Cesarea donde Cornelio los estaba esperando. Había reunido en su casa a toda su familia y sus amigos más cercanos. ²⁵Cuando llegó Pedro, Cornelio salió a recibirlo y, de rodillas, lo adoró. ²⁶Pero Pedro lo levantó y le dijo:

—¡Levántate! Yo sólo soy un hombre, igual que tú.

27Mientras hablaba con Cornelio, Pedro entró en la casa y encontró reunido a un grupo grande de personas.

28Pedro les dijo:

—Ya saben que es contra nuestra ley que un judío visite a personas de otra nación; pero Dios me ha mostrado que no debo llamar impuro a ningún hombre. 29Por esta razón, vine tan pronto como mandaron a buscarme. Ahora les pregunto: ¿Por qué me han hecho venir?

30Cornelio dijo:

—Hace cuatro días, a las tres de la tarde, estaba orando aquí, en mi casa. De pronto, vi a un hombre de pie, delante de mí, vestido de ropas brillantes. 31Me dijo: "Cornelio, Dios ha oído tus oraciones y ha recordado tus ofrendas de amor. 32Debes enviar a la ciudad de Jope a alguien para que le pida a Simón Pedro que venga aquí. Está viviendo en la casa de Simón, el curtidor, cuya casa está a la orilla del mar." 33Mandé a buscarte inmediatamente, y has hecho bien en venir. Todos estamos aquí, en la presencia de Dios, listos para oír lo que el Señor quiere que tú nos digas.

Pedro predica en la casa de Cornelio

34Entonces, Pedro dijo:

—Puedo ver, con seguridad, que Dios no tiene preferencia a una persona más que a otra; 35pero que le agrada cualquier hombre de cualquier nación que le honra y hace lo que es bueno. 36Dios envió su palabra a los judíos. Les dio las buenas nuevas de paz por medio de Jesús. Jesús es Señor de todos. 37Ustedes ya conocen la historia, que se extendió por todo el país de Judea. Comenzó en la región de Galilea, después de las predicaciones de Juan el bautista. 38Dios le dio a Jesús de Nazaret el Espíritu Santo y poder. Y fue haciendo el bien curando a los molestados por el diablo, porque Dios estaba con él. 39Nosotros hemos visto y oído todo lo que hizo en la tierra de los judíos y en Jerusalén. Sin embargo, lo mataron,

clavándolo en una cruz. 40Dios lo volvió a la vida al tercer día e hizo que fuera visto. 41No todos lo vieron, sino sólo los que fueron escogidos para verlo. Nosotros lo vimos. Comimos y bebimos con él, después de que volvió de entre los muertos. 42Nos mandó predicar a la gente y decirle que Dios le dio a Cristo el derecho de ser quien examinará a los vivos y los muertos. 43Todos los antiguos predicadores hablaron de esto. Todos los que crean en él recibirán el perdón de sus pecados, por su nombre.

El Espíritu Santo desciende sobre la familia de Cornelio

44Mientras Pedro hablaba, el Espíritu Santo descendió sobre todos los que estaban escuchando sus palabras. 45Los creyentes judíos que fueron con Pedro se sorprendieron mucho de que también sobre los que no son judíos descendiera el Espíritu Santo. 46Porque les oían hablar en sonidos diferentes glorificando a Dios. Entonces, Pedro preguntó:

47—¿Dirá alguien que estas personas no pueden ser bautizadas, cuando ya han recibido al Espíritu Santo, lo mismo que nosotros?

48Entonces los mandó bautizar en el nombre del Señor Jesucristo. Luego le pidieron a Pedro que se quedara unos días con ellos.

Pedro explica por qué les predicó a los que no son judíos

11 Los misioneros y los creyentes que estaban en el país de Judea oyeron decir que personas no judías habían recibido también la palabra de Dios. 2Cuando Pedro volvió a Jerusalén, los creyentes judíos disputaban con él, diciendo:

3—¿Por qué visitaste a esas personas que no son judías y comiste con ellas?

4Entonces, Pedro les contó todo lo que había pasado, desde el principio hasta el fin. Dijo:

5—Mientras estaba orando, en la ciudad de Jope, vi en un sueño algo que bajaba del cielo. Era como un gran lienzo, bajado por las cuatro puntas. Descendía hasta llegar junto a mí. ⁶Al mirarlo, vi animales de cuatro patas, serpientes de la tierra y pájaros del cielo. ⁷Y oí una voz que me decía: "Levántate, Pedro, mata y come." ⁸Pero yo dije: "¡No, Señor! Nunca entró en mi boca nada que fuera impuro." ⁹La voz del cielo dijo, por segunda vez: "No debes decir impuro lo que Dios ha hecho limpio." ¹⁰Esto pasó tres veces y luego el lienzo fue levantado hasta el cielo.

¹¹—Mientras permanecía en pie, tres hombres habían llegado ya a la casa. Fueron enviados a buscarme desde la ciudad de Cesarea. ¹²El Espíritu Santo me dijo que fuera con ellos y que no tuviera dudas de ir. Estos seis hermanos fueron también conmigo a la casa de ese hombre. ¹³El nos explicó cómo había visto a un ángel en su propia casa, que se había presentado de pie, ante él, y le había dicho: "Manda hombres a la ciudad de Jope, a buscar a Simón Pedro. ¹⁴El les dirá, a ti y a tu familia, cómo pueden salvarse del castigo del pecado."

¹⁵—Cuando comencé a hablarles, el Espíritu Santo descendió sobre ellos, como lo hizo al principio sobre nosotros. ¹⁶Entonces, recordé que el Señor dijo: "Juan bautizaba con agua; pero ustedes serán bautizados con el Espíritu Santo." ¹⁷Si Dios les dio el mismo don que a nosotros, cuando creímos en el Señor Jesucristo, ¿cómo podía yo ir en contra de Dios?

¹⁸Cuando oyeron aquellas palabras, se callaron. Entonces, le dieron gracias a Dios, diciendo:

—Entonces, Dios les ha dado también vida a los que no son judíos. La tienen esta nueva vida, porque han sentido dolor por sus pecados y se han alejado de ellos.

A los creyentes se les llama cristianos por primera vez en Antioquía

¹⁹Los que habían ido a diferentes lugares, debido a las dificultades que comenzaron con la muerte de Esteban,

fueron hasta los países de Fenicia y Chipre y hasta la ciudad de Antioquía. Habían predicado la palabra, pero sólo a los judíos. ²⁰Algunos de los hombres de los países de Chipre y Cirene llegaron a la ciudad de Antioquía y comenzaron a predicar las buenas nuevas de Jesucristo al pueblo griego que había allí. ²¹El Señor les dio poder, y hubo muchos que creyeron y se convirtieron a él.

²²Noticias de eso llegaron a la iglesia que estaba en Jerusalén, y mandaron a Bernabé a la ciudad de Antioquía. ²³Al llegar allí y ver lo bueno que Dios había sido con ellos, se llenó de gozo y les dijo que siguieran firmes y fieles al Señor. ²⁴Bernabé era un buen hombre que estaba lleno del Espíritu Santo y de fe, y muchos se convirtieron en creyentes del Señor.

²⁵De allí, Bernabé fue a la ciudad de Tarso, a buscar a Saulo. ²⁶Cuando lo encontró, pidió que lo acompañara de regreso a la ciudad de Antioquía. Y durante un año enseñaron a mucha gente en la iglesia. A los creyentes se les llamó por primera vez cristianos en la ciudad de Antioquía.

La iglesia de Antioquía ayuda a la de Jerusalén

²⁷En esa época llegaron a la ciudad de Antioquía algunos hombres que hablaban en el nombre de Dios. Eran de Jerusalén y dijeron lo que iba a pasar. ²⁸Uno de ellos era Agabo. El Espíritu Santo le dijo que se levantara y hablara. Les dijo que iban a faltar los alimentos en todo el mundo. (Esto pasó cuando Claudio gobernaba al país.) ²⁹Los cristianos acordaron que cada uno de ellos diera el dinero que pudiera, para ayudar a los cristianos que vivían en el país de Judea. ³⁰Así lo hicieron y se lo enviaron a los dirigentes de la iglesia, por medio de Bernabé y Saulo.

El Rey persigue a la iglesia

12 En ese tiempo, el rey Herodes usó su poder para perseguir a los cristianos de la iglesia. ²Mató a espada a Jacobo, hermano de Juan. ³Al ver que esto alegraba a los judíos, se apoderó también de Pedro. Esto pasó durante la fiesta religiosa que recuerda cómo salieron los judíos de Egipto. [4]Herodes apresó a Pedro, lo metió a la cárcel y lo hizo vigilar por dieciséis soldados. Quería presentárselo al pueblo, después que pasara la fiesta religiosa especial.

Pedro queda libre

[5]Así pues, Pedro se quedó en la cárcel; pero la iglesia siguió pidiendo a Dios por él. [6]La noche antes de que Herodes lo llevara a juicio, Pedro estaba durmiendo entre dos soldados, atado con dos cadenas. Había soldados en la puerta, vigilando la cárcel.

[7]De pronto, un ángel del Señor apareció junto a él, y una luz brilló en todo el edificio. El ángel tocó a Pedro en el costado, le despertó y le dijo: "¡Levántate!" Entonces, las cadenas cayeron de sus manos. [8]Y el ángel dijo: "Toma tu ropa y sígueme." [9]Y Pedro le siguió. No sabía que era verdad que el ángel lo estaba ayudando. Pensaba que se trataba de un sueño.

[10]Pasaron junto a un soldado y luego junto a otro. Llegaron ante la gran puerta de hierro que conducía a la ciudad. Se abrió sola, y pasaron por ella. En cuanto cruzaron una calle, el ángel le dejó.

A los cristianos les resulta difícil creer que Pedro está libre

[11]Cuando Pedro comenzó a darse cuenta de lo que pasó, pensó: "Ahora, estoy seguro de que el Señor ha enviado a su ángel y que me ha librado de las manos de Herodes. También me ha librado de todas las cosas que querían hacerme los judíos." [12]Después de pensar en eso, fue a casa de María, la madre de Juan Marcos, en donde estaban reunidos muchos cristianos, orando.

[13]Cuando Pedro llamó a la puerta, una joven, llamada Rode, salió a ver quién era. [14]Ella reconoció la voz de Pedro, pero debido a su gran gozo, se olvidó de abrir la puerta. Corrió hacia el interior y dio la noticia a los demás que Pedro estaba a la puerta, esperando afuera.

[15]Ellos le dijeron: "Estás loca." Pero Rode repitió que era cierto lo que les había dicho. Ellos contestaron: "Será su ángel." [16]Pero Pedro siguió llamando y cuando abrieron la puerta y lo vieron, todos se sorprendieron mucho. [17]Pedro levantó la mano y les indicó que no hablaran, sino que le escucharan a él. Les explicó cómo el Señor lo había sacado de la cárcel y les dijo: "Cuéntenles estas cosas a Jacobo y a los demás hermanos cristianos." Luego, salió y se fue a otro lugar.

Muerte de Herodes

[18]Por la mañana, los soldados se sintieron muy confusos sobre lo que había pasado con Pedro. [19]Herodes lo buscó, pero no pudo encontrarlo. Les hizo preguntas sobre Pedro a los soldados que cuidaban la cárcel. Luego condenó a muerte a los soldados por haber dejado escapar a Pedro. Entonces Herodes fue de la región de Judea a la ciudad de Cesarea, para quedarse allí durante algún tiempo.

[20]Herodes estaba muy enojado con los habitantes de las ciudades de Tiro y Sidón. Estos fueron a verlo para pedirle que se hiciera paz. Hacían esa petición porque su país recibía alimentos del país del Rey. El pueblo hizo amistad con Blasto, el principal ayudante del Rey. [21]Un día señalado, Herodes se puso las ropas de color púrpura que llevan los reyes, se sentó en su lugar especial y habló a la gente. [22]Entonces todos comenzaron a gritar: "Esta es la voz de un dios, no de un hombre."

[23]Pero el ángel del Señor lo hirió, porque no honraba a Dios. Se lo comieron gusanos, y murió.

[24]La palabra de Dios fue escuchada por mucha gente y se extendía a muchos otros lugares. [25]Saulo y Bernabé regresaron a Jerusalén, después de ter-

minar su trabajo, llevando con ellos a Juan Marcos.

Saulo y Bernabé son escogidos para ser misioneros

13 En la iglesia de la ciudad de Antioquía había predicadores y maestros: Bernabé, Simón llamado el Negro, Lucio del país de Cirene, Manaén de la familia de Herodes, y Saulo. ²Mientras adoraban al Señor, sin comer para poder orar mejor, el Espíritu Santo les dijo: "Denme a Bernabé y Saulo para la obra a que los he llamado."

Pablo y Bernabé van a Antioquía

³Durante ese tiempo, los predicadores y los maestros siguieron dejando de comer para orar mejor. Luego pusieron sus manos sobre Bernabé y Saulo y los despidieron. ⁴El Espíritu Santo los envió a la ciudad de Seleucia, de donde, en barco, pasaron a la isla de Chipre. ⁵Cuando desembarcaron en la ciudad de Salamina, predicaron la palabra de Dios en los templos locales de los judíos. Juan Marcos fue con ellos como ayudante.

⁶Recorrieron la isla de Chipre, hasta llegar a la ciudad de Pafos. Mientras estaban allí, encontraron a un judío que se dedicaba a la magia. Era un falso predicador llamado Barjesús. ⁷Estaba con el dirigente del país, Sergio Paulo. Este les pidió a Bernabé y Saulo que fueran a visitarlo, para poder oír la palabra de Dios. ⁸Pero Elimas (como también se llamaba el mago), obraba en contra de Bernabé y Saulo, tratando de evitar que el dirigente del país creyera en el Señor.

⁹Saulo, cuyo otro nombre es Pablo, estaba lleno del Espíritu Santo. Miró a Elimas y ¹⁰dijo: "¡Falso predicador y maligno, hijo del diablo y enemigo de todo lo que es justo! ¿Seguirás alejando siempre a la gente de los caminos buenos del Señor? ¹¹Ahora pues, la mano del Señor está sobre ti. Te quedarás ciego y durante cierto tiempo, no verás la luz del sol." Inmediatamente una oscuridad descendió sobre Elimas. No podía ver y pedía a la gente que lo tomara de la mano para llevarlo de un lugar a otro.

¹²Sergio Paulo, el dirigente del país, creyó en el Señor porque vio lo que había pasado. Estaba sorprendido y se hacía preguntas respecto a las enseñanzas del Señor.

¹³Pablo y los que iban con él fueron en barco de la ciudad de Pafos a la de Perge, en el país de Panfilia. Juan Marcos los dejó y regresó a Jerusalén.

Pablo predica en otra ciudad llamada Antioquía

¹⁴De Perge fueron a la ciudad de Antioquía, la que está en el país de Pisidia. En el día de descanso, entraron en el templo judío local y se sentaron. ¹⁵Después que los dirigentes leyeron la ley judía y las escrituras de los antiguos predicadores, les mandaron decir: "Hermanos, si tienen alguna palabra de consuelo y ayuda para el pueblo, hablen ahora." ¹⁶Pablo se levantó y haciendo una señal con la mano para pedir silencio, dijo: "Varones judíos y los que honran a Dios, escuchen. ¹⁷El Dios de los judíos escogió a nuestros padres y los hizo un gran pueblo, cuando vivían en la tierra de Egipto. Los sacó de allí con mano fuerte. ¹⁸Durante unos cuarenta años, los cuidó en el desierto. ¹⁹Destruyó a la gente de siete naciones en la tierra de Canaán. Luego, dividió la tierra y la repartió como herencia entre nuestros padres. ²⁰Durante unos cuatrocientos cincuenta años, les permitió tener dirigentes especiales. Los tuvieron hasta los tiempos de Samuel.

²¹"Entonces quisieron un rey, y Dios les dio a Saúl, que era hijo de Cis, del grupo familiar de Benjamín. Fue rey durante cuarenta años. ²²Cuando Dios quitó a Saúl de ser rey, les dio como rey a David, diciendo: 'David, hijo de Isaí, agradará a mi corazón y hará todo lo que quiero.'

²³"De la familia de ese hombre, Dios les dio a los judíos, de acuerdo con su promesa, al que salva del castigo del pecado: Jesús. ²⁴Antes de la llegada de

Jesús, Juan les había predicado a todos los judíos, diciéndoles que debían ser bautizados, cuando cambiaran su actitud acerca de sus pecados y los dejaran. 25Cuando Juan estaba ya cerca del fin de su obra, preguntó: '¿Quién creen que soy? No soy el Cristo. El viene tras de mí, y yo no soy digno ni de agacharme y ayudarle a quitarse los zapatos.'

26"¡Varones hermanos, hijos de la familia de Abraham, y todos los que honran a Dios, escuchen! La noticia de que pueden salvarse del castigo del pecado les ha sido enviada. 27El pueblo de Jerusalén y sus dirigentes no reconocían a Jesús. No comprendían las palabras de los antiguos predicadores que les eran leídas todos los días de descanso. Hicieron todo lo que los antiguos predicadores dijeron que harían. Entregaron a Jesús a la muerte. 28No encontraron ninguna razón por la que debiera morir, pero le pidieron a Pilato que lo matase. 29Cuando se cumplió todo lo que se había escrito sobre él, lo bajaron de la cruz y lo pusieron en una tumba. 30Pero Dios lo levantó de entre los muertos. 31Y durante muchos días lo vieron los que lo habían acompañado del país de Galilea a la ciudad de Jerusalén. Estos son los que hablan de él a la gente.

32"Ahora les traemos las buenas nuevas acerca de la promesa hecha a nuestros padres. 33Dios la ha cumplido para nosotros que somos sus hijos, levantando a Jesús de entre los muertos. Está escrito en el segundo salmo: 'Eres mi Hijo. Hoy te he dado vida' (Salmo 2:7). 34Dios probó que Jesús es su Hijo, levantándolo de entre los muertos. Nunca volverá a morir. Dijo: 'Cumpliré las promesas hechas a David' (Isaías 55:3).

35"En otro salmo, dice: 'No permitirás que tu Santo vuelva al polvo' (Salmo 16:10). 36David fue un buen dirigente para el pueblo de su tiempo e hizo lo que Dios quería que hiciera. Cuando murió, lo pusieron en una tumba junto a la de su padre. Su cuerpo se volvió otra vez en polvo. 37Pero Dios levantó a Cristo a la vida; no volvió al polvo.

38"Varones hermanos, escuchen esto. Sus pecados pueden ser perdonados a través de éste del cual estoy hablando. 39Todo aquel que crea en Cristo quedará en paz con Dios. Será libre de todas las cosas de las que no nos libra la ley de Moisés. 40¡Pero, tengan cuidado! Los escritos de los primeros predicadores hablan de muchas cosas que no querrán que les pasen. 41Uno dice: 'Escuchen, los que dudan y se ríen de la verdad morirán. Haré un trabajo durante sus días. Haré un trabajo que no creerán, ni aunque alguien les hablara de él' (Habacuc 1:5)."

42Cuando Pablo y Bernabé salieron del templo local, la gente les pidió que hablaran de esas cosas al siguiente día de descanso. 43Cuando la gente se fue del templo local, muchos judíos y otros que se habían hecho judíos seguían a Pablo y Bernabé, mientras les hablaban a los judíos, diciéndoles que debían confiar en el amor de Dios.

Pablo y Bernabé van a los que no son judíos

44Al siguiente día de descanso, casi todos los habitantes de la ciudad fueron a oír la palabra de Dios. 45Pero los judíos se llenaron de envidia, al ver a tanta gente reunida. Hablaban en contra de Pablo, diciendo que estaba en error. También hablaban en contra de Dios. 46Entonces Pablo y Bernabé dijeron al pueblo con claridad: "Era nuestro deber predicarles la palabra de Dios primeramente a ustedes; pero, puesto que la rechazan, no son dignos de la vida eterna. Por lo tanto, iremos a los que no son judíos. 47El Señor nos encargó un trabajo. Dijo: 'Te he puesto para luz de los que no son judíos. Tienes que predicar para que hombres de toda la tierra puedan salvarse del castigo de sus pecados' (Isaías 49:6).

48Los que no son judíos se gozaron mucho al oír eso y daban gracias por la palabra de Dios. Los escogidos para la vida que nunca termina creyeron. 49Y la palabra de Dios fue predicada en toda aquella región.

⁵⁰Los judíos incitaron los sentimientos de las mujeres religiosas y respetadas y de los dirigentes de la ciudad, oponiéndose a Pablo y Bernabé y haciendo que los echaran de su ciudad. ⁵¹Pablo y Bernabé sacudieron el polvo de los zapatos en contra de ellos y se fueron a la ciudad de Iconio. ⁵²Los creyentes estaban llenos de gozo y del Espíritu Santo.

Pablo y Bernabé predican en Iconio

14 En la ciudad de Iconio, Pablo y Bernabé fueron al templo judío local, donde predicaron con poder. Muchos se hicieron cristianos, tanto judíos como griegos. ²Pero los judíos que no querían creer levantaron confusión entre los que no eran judíos y los hicieron volverse contra los cristianos. ³Pablo y Bernabé se quedaron allí mucho tiempo, predicando con el poder que les dio el Señor. Dios les ayudó a hacer obras poderosas, mientras predicaban, demostrando que él estaba con ellos. ⁴El pueblo de la ciudad estaba dividido. Algunos estaban con los judíos y otros con los misioneros. ⁵Todo el pueblo y sus dirigentes trataban de herirlos, tirándoles piedras.

Pablo y Bernabé van a Listra

⁶Cuando Pablo y Bernabé oyeron eso, se fueron a las ciudades de Listra y Derbe, del país de Licaonia, por toda la región alrededor. ⁷Se quedaron allí y siguieron predicando las buenas nuevas. ⁸En Listra había un hombre que no había podido andar desde que nació. ⁹Este escuchaba lo que decía el misionero. Pablo lo miró y vio que el hombre creía que podía ser curado. ¹⁰Entonces, se dirigió a él y, con voz fuerte, le dijo: "¡Ponte de pie!" El hombre se levantó de un salto y anduvo.

A Pablo y Bernabé los llaman dioses; luego, los apedrean

¹¹El pueblo vio lo que hizo Pablo y gritaron, con voces fuertes, en la lengua de Licaonia: "Los dioses se han hecho como hombres y han venido a nosotros." ¹²Decían que Bernabé era Júpiter y Pablo, Mercurio, porque hablaba más que Bernabé. ¹³La imagen del dios Júpiter estaba en su templo cercano a la puerta de entrada a la ciudad. El dirigente de ese templo llevó a la puerta ganado y flores que él y muchos otros deseaban quemar como sacrificios en un acto de adoración a Pablo y Bernabé.

¹⁴Cuando oyeron aquello Pablo y Bernabé, corrieron entre la gente, rompieron sus ropas y gritaron: ¹⁵"¿Por qué hacen esto? Tan sólo somos hombres, con sentimientos iguales a los suyos. Les predicamos las buenas nuevas para que se alejen de esas cosas vacías y se vuelvan al Dios vivo que hizo los cielos, la tierra, el mar y todo lo que hay en ellos. ¹⁶Tiempo atrás, permitió que toda la gente viviera como quisiera, ¹⁷aunque ni aun entonces les dejó Dios sin quedar algo de él que pudiera ver. Hizo bien; nos dio lluvias del cielo y muchos alimentos; y nos hizo felices."

¹⁸Aun con esas palabras, les fue difícil a Pablo y Bernabé evitar que el pueblo sacrificara los animales como acto de adoración hacia ellos.

¹⁹Entonces llegaron algunos judíos de las ciudades de Antioquía e Iconio que provocaron al pueblo, diciendo que le tiraran piedras a Pablo. Y así lo hicieron. Después de apedrearlo, lo sacaron de la ciudad, pensando que estaba muerto.

Pablo y Bernabé predican a los cristianos en su viaje de vuelta a Antioquía

²⁰Cuando los cristianos se reunieron alrededor de Pablo, éste se levantó y regresó a la ciudad. Al día siguiente, se fue con Bernabé a la ciudad de Derbe. ²¹Allí predicaron las buenas nuevas y enseñaron a mucha gente. Después, volvieron a las ciudades de Listra, Iconio y Antioquía (de Pisidia). ²²En cada una de esas ciudades, ayudaron a los cristianos a ser firmes y fieles en la fe. Les dijeron: "Tenemos que sufrir muchas penas para entrar en el reino de Dios."

23En todas las iglesias, escogieron dirigentes. Pasaban ese tiempo sin comer para poder orar mejor. Pablo y Bernabé oraron por los dirigentes y los encomendaron al Señor en quien habían creído.

24Pasaron por el país de Pisidia y llegaron al de Panfilia. 25Luego, predicaron las buenas nuevas en la ciudad de Perge. Después, fueron a la ciudad de Atalia 26y de allí, por barco, fueron a la ciudad de Antioquía (de Siria), en donde habían sido entregados al Señor para su obra. El trabajo de aquel viaje había terminado.

27Cuando llegaron allá, reunieron a la iglesia y le contaron todo lo que Dios había hecho por ellos, diciéndoles cómo Dios había abierto las puertas para que los que no son judíos tuvieran fe. 28Se quedaron allí con los creyentes durante mucho tiempo.

Reunión de dirigentes de la iglesia en Jerusalén

15 Algunos hombres llegaron del país de Judea y comenzaron a enseñarles a los cristianos, diciendo: "A menos que pasen por el rito religioso de convertirse en judíos, como lo enseñó Moisés, no pueden salvarse del castigo del pecado." 2Pablo y Bernabé disputaron con ellos. Entonces escogieron a Pablo, Bernabé y otros hombres para que fueran a Jerusalén, donde deberían hablar con los misioneros y los dirigentes de la iglesia sobre esas enseñanzas. 3La iglesia los envió. Atravesaron los países de Fenicia y Samaria, hablando de cómo los que no eran judíos se estaban volviendo a Dios. Esto hizo llenarse de alegría a los cristianos.

4Cuando llegaron a Jerusalén, la iglesia, los misioneros y los dirigentes se alegraron al verlos. Pablo y Bernabé les contaron lo que Dios había hecho por medio de ellos.

5Algunos de los cristianos de allá, que habían sido celosos religiosos, se levantaron y dijeron: "Es preciso pasar por el rito religioso de hacerse judíos y obe-

decer la ley de Moisés." 6Entonces, los misioneros y los dirigentes de la iglesia se reunieron para hablar de esto. 7Después de mucho tiempo de discusiones, Pedro se levantó y les dijo: "Hermanos, saben que desde hace algún tiempo, Dios se agradó en usarme para predicarles las buenas nuevas a los que no son judíos para que crean en Cristo. 8Dios conoce los corazones de todos los hombres y les demostró a ellos que iban a estar en su amor, enviándoles el Espíritu Santo, del mismo modo que nos lo envió a nosotros *(Hechos 10:47; 11:15).* 9Sus corazones quedaron también limpios cuando creyeron en el Señor. 10Ahora pues, ¿por qué tientan a Dios, poniendo una carga demasiado pesada sobre las espaldas de los creyentes, una carga que era demasiado pesada para nuestros padres y para nosotros? 11Creemos que somos salvos por el favor del Señor Jesús y que ellos son salvos del castigo del pecado en la misma manera."

12Todos los que estaban reunidos se callaron, escuchando a Pablo y Bernabé. Les contaban las obras poderosas que Dios había hecho por medio de ellos entre los que no son judíos.

El llamamiento de Dios es también para los que no son judíos

13Cuando terminaron de hablar, Jacobo (Santiago) dijo: "Hermanos, escúchenme. 14Simón Pedro ha dicho cómo Dios visitó primero a los que no son judíos, para tomar de ellos pueblo para su nombre. 15Esto va de acuerdo con lo que dijeron los predicadores antiguos: 16'Después de esto, volveré y construiré otra vez el edificio de David que se cayó. Lo construiré otra vez con las piedras que se cayeron. Y lo volveré a levantar. 17Entonces, todas las naciones podrán buscar al Señor, incluso todos los que no son judíos que invoquen mi nombre. Dijo el Señor que hace todas estas cosas. 18Dios ha dado a conocer todas sus obras desde el principio de los tiempos' *(Amós 9:11, 12).*

Los que no son judíos no están bajo la ley

[19]"Así pues, no debemos inquietar a los que se convierten a Dios no siendo judíos. [20]Debemos escribirles que se alejen de todo lo dado a los falsos dioses. Que se mantengan apartados de los pecados del sexo y que no coman sangre, ni carne de animales que hayan sido ahogados. [21]Porque la ley de Moisés se ha leído en todas las ciudades desde los primeros días. Fue leída en los templos locales todos los días de descanso."

[22]Entonces, estando de acuerdo los misioneros, los líderes de la iglesia y todos los creyentes, escogieron a algunos hombres de entre ellos para ir a la ciudad de Antioquía con Pablo y Bernabé. Eligieron a Judas Barsabás y a Silas. Eran dirigentes entre los cristianos.

[23]Los enviaron con esta carta: "Los misioneros, los dirigentes de la iglesia y los cristianos saludan a los hermanos que no son judíos de la ciudad de Antioquía y de todos los países de Siria y Cilicia. [24]Hemos oído que algunos de nuestro grupo, sin nuestro permiso, los han inquietado y creado dudas. Dicen que deben someterse al rito religioso de hacerse judíos y que deben obedecer la ley de Moisés. [25]Todos nosotros hemos querido mandarles hombres con nuestros bienamados Pablo y Bernabé, [26]cuyas vidas han estado en peligro por el nombre de nuestro Señor Jesucristo. [27]Así pues, les enviamos ahora a Judas y a Silas. Ellos les dirán las mismas cosas: [28]Que ha parecido bien al Espíritu Santo y a nosotros pedirles que no hagan más que lo que debe hacerse. [29]Deben alejarse de todo lo que se les ofrezca a los falsos dioses. No coman sangre, ni carne de animales que hayan sido ahogados. Aléjense de los pecados del sexo. Si se guardan de esas cosas, harán bien. Adiós."

Los misioneros vuelven a Antioquía

[30]Cuando se acabó la reunión, fueron a la ciudad de Antioquía y en cuanto se reunió la gente, les dieron la carta.

[31]Cuando la leyeron, se alegraron por el consuelo y la firmeza que les daba.

[32]Judas y Silas eran también predicadores. Les predicaron a los cristianos, ayudándoles a ser más firmes en la fe.

[33]Se quedaron allí durante cierto tiempo y luego fueron enviados en paz a los misioneros que los habían mandado. [34]Pero Silas pensó que debía quedarse allí. [35]Pablo y Bernabé también se quedaron en la ciudad de Antioquía y con la ayuda de muchos otros, predicaron y enseñaron la palabra de Dios.

Pablo sale por segunda vez

[36]Un poco después, Pablo le dijo a Bernabé: "Volvamos a visitar a los cristianos en todas las ciudades en las que predicamos la palabra de Dios, para ver cómo están." [37]Bernabé quería llevar con ellos a Juan Marcos. [38]Pablo no creía conveniente llevarlo, porque él los había dejado en el país de Panfilia y no les había ayudado en la obra.

[39]Discutieron tanto que se apartaron el uno del otro. Bernabé llevó con él a Juan Marcos y fue por barco a la isla de Chipre. [40]Pablo escogió a Silas y después de que los cristianos pidieron que el favor del Señor estuviera sobre ellos, se pusieron en camino. [41]Fueron por los países de Siria y Cilicia, haciendo más fuertes en la fe a las iglesias.

Timoteo comienza a trabajar con Pablo

16 Pablo fue a las ciudades de Derbe y Listra, donde había un creyente llamado Timoteo, hijo de madre judía cristiana y padre griego. [2]De él hablaban bien todos los cristianos de las ciudades de Listra e Iconio. [3]Pablo quiso que Timoteo se fuera con él. Y tomándolo, le hizo pasar por el rito religioso de hacerse judío, a causa de los judíos de esos lugares. Todos sabían que su padre era griego.

[4]Fueron de ciudad en ciudad, diciéndoles a los cristianos lo que los misioneros y los dirigentes de la iglesia de Jerusalén habían escrito sobre lo que deben

hacer los cristianos. 5Las iglesias se hicieron fuertes en la fe, y todos los días se añadieron nuevos creyentes.

Pablo es llamado en sueños a Macedonia

6Pasaron por los países de Frigia y Galacia porque el Espíritu Santo les prohibió predicar la palabra de Dios en los países de Asia. 7Cuando llegaron a la ciudad de Misia, trataron de ir al país de Bitinia; pero el Espíritu Santo no los dejó. 8De Misia se fueron a la ciudad de Troas.

9Esa noche, Pablo tuvo un sueño. Un hombre estaba de pie, ante él, rogándole y diciendo: "¡Ven al país de Macedonia y ayúdanos!" 10Después de tener ese sueño, estuvimos de acuerdo en que Dios nos mandaba a Macedonia a predicar las buenas nuevas.

Lidia, la primera cristiana en Europa

11Tomamos un barco de la ciudad de Troas a la de Samotracia y, al día siguiente, fuimos a la ciudad de Neápolis. 12De allí, fuimos a la ciudad de Filipos, un lugar importante en el país de Macedonia. Macedonia estaba bajo el gobierno de los romanos. Permanecimos allí varios días. 13En el día de descanso, salimos de la ciudad a un sitio cerca del río. Sabíamos que algunos solían reunirse allí para orar. Llegaron varias mujeres y nos sentamos y hablamos con ellas. 14Una de las mujeres que nos escuchaban vendía ropas costosas de púrpura. Era de la ciudad de Tiatira. Su nombre era Lidia y adoraba a Dios. El Señor le abrió el corazón para que escuchara lo que decía Pablo. 15Cuando ella y su familia fueron bautizadas, nos dijo: "Si creen que soy fiel al Señor, vengan y quédense en mi casa." Insistió mucho y fuimos con ella.

Pablo cura a una muchacha de un espíritu malo

16Un día, cuando íbamos al lugar de oración, encontramos a una joven dominada de un espíritu malo. Podía decir lo que iba a pasar en el futuro. Su dueño ganaba mucho dinero con su poder. 17La joven nos siguió a Pablo y a nosotros, gritando: "Estos son siervos del Dios Altísimo y anuncian el modo en que pueden ser salvos del castigo del pecado." 18Esto lo hizo muchos días, y Pablo estaba preocupado. Entonces, se volvió y le dijo al espíritu que estaba en la joven: "Te ordeno, en el nombre de Jesucristo, que salgas de ella." Y salió de ella inmediatamente.

Pablo y Silas en la cárcel

19Cuando el dueño de la joven vio que ya no podía seguir ganando dinero con ella, entonces hizo que prendieran a Pablo y a Silas y que los llevaran ante los dirigentes del pueblo. Esto pasó en la plaza de la ciudad. 20Después de que los presentaron ante los dirigentes, dijeron: "Estos hombres son judíos y alborotan nuestra ciudad. 21Enseñan una religión que nosotros, los romanos, no podemos seguir ni practicar."

22Mucha gente se había reunido alrededor de Pablo y Silas, diciendo muchas cosas en contra de ellos. Los líderes les rompieron las ropas a Pablo y Silas y mandaron que los golpearan con palos. 23Después de golpearlos muchas veces, los metieron a la cárcel. Los soldados le dijeron al que guardaba la cárcel que se asegurara para que no escaparan. 24Debido a eso, los metieron en el cuarto de más adentro de la cárcel y amarraron sus pies dentro de unos grandes pedazos de madera.

25Cerca de la medianoche, Pablo y Silas estaban orando y cantando himnos de alabanza a Dios. Los demás hombres que estaban en la cárcel los escuchaban. 26De repente la tierra comenzó a temblar. Las piedras de debajo de la cárcel se sacudieron y las puertas se abrieron y las cadenas de todos se rompieron.

27El hombre que cuidaba la cárcel se despertó y cuando vio las puertas abiertas, creyó que los hombres que estaban en la cárcel se habían escapado. Entonces sacó su espada para matarse. 28Pero Pablo lo llamó y dijo:

—No te hagas daño. ¡Todos estamos aquí!

29El hombre que cuidaba la cárcel pidió una luz. Luego entró y se arrodilló ante Pablo y Silas temblando de miedo. 30Al sacarlos dijo:

—¿Qué debo hacer para ser salvo?

31Ellos le respondieron:

—Cree en el Señor Jesucristo y serás salvo del castigo del pecado, tú y tu familia.

32Entonces Pablo les habló de la palabra de Dios a él y a su familia. 33Era ya muy de noche, pero el hombre que cuidaba la cárcel tomó a Pablo y Silas y les lavó las heridas. Luego se bautizaron él y todos los suyos. 34Llevó a Pablo y Silas a su casa y les dio alimentos. El y todos los de su familia estaban muy felices porque creyeron en Dios.

Dejan libres a Pablo y Silas

35Cuando amaneció, los dirigentes enviaron a los soldados para decir: "Suelta a esos hombres." 36El hombre que vigilaba la cárcel se lo indicó a Pablo, diciéndole:

—Los dirigentes han mandado que los suelte. Ahora, salgan y vayan en paz.

37Pablo dijo:

—¡No! Nos han golpeado ante mucha gente sin que ninguno dijera si éramos culpables. Somos ciudadanos romanos y nos han encerrado en la cárcel. Ahora, ¿creen que pueden dejarnos ir sin que nadie lo sepa? ¡No! Tienen que venir ellos mismos a sacarnos.

38Los soldados les dijeron eso a sus dirigentes. Entonces los líderes tuvieron miedo, al saber que Pablo y Silas eran ciudadanos romanos. 39Fueron ellos mismos y pidieron disculpas ante Pablo y Silas. Luego, los sacaron y les pidieron que salieran de la ciudad. 40Pablo y Silas fueron a casa de Lidia, al salir de la cárcel. Se reunieron con los cristianos y los consolaron. Después, salieron de la ciudad.

Pablo y Silas comienzan una iglesia en Tesalónica

17 Después de pasar por las ciudades de Anfípolis y Apolonia, Pablo y Silas llegaron a la ciudad de Tesalónica, donde los judíos tenían un templo local. 2Pablo entró en él, como hacía siempre. Se reunieron cada día de descanso durante tres semanas, y Pablo les enseñaba las sagradas escrituras. 3Les demostró que Cristo tenía que sufrir y levantarse de entre los muertos. Dijo: "Yo les predico de este Jesús, que es el Cristo." 4Algunos de ellos creyeron en Cristo y siguieron a Pablo y Silas. Entre los que se hicieron cristianos había muchos griegos y mujeres importantes que honraban a Dios.

Los judíos causan dificultades a Pablo y Silas

5Los judíos que no creían en Cristo se llenaron de envidia y enojo. Tomaron a algunos hombres malos de la plaza pública y se los llevaron a la calle. Esos hombres enojados lograron que todos los habitantes de la ciudad comenzaran a dar grandes voces. Entonces fueron a la casa de Jasón, esperando encontrar allí a Pablo y Silas para entregarlos al pueblo. 6Ya que no los encontraron allí, llevaron a Jasón y a algunos otros cristianos ante los dirigentes, gritando: "Estos hombres que están alborotando al mundo han venido también aquí. 7Jasón los ha recibido. Dicen que hay otro rey llamado Jesús, y se oponen a las leyes establecidas por el César."

8Cuando el pueblo y los dirigentes de la ciudad oyeron eso, se inquietaron. 9Entonces, hicieron que Jasón y los demás pagaran una multa. Después les permitieron irse.

Pablo y Silas van a Berea

10Inmediatamente, los cristianos enviaron de noche a Pablo y Silas a la ciudad de Berea. Cuando llegaron a esta ciudad, fueron al templo local de los judíos. 11Los judíos de Berea estaban más dispuestos a comprender que los de la ciudad de Tesalónica. Se sintieron muy contentos al escuchar la palabra de Dios y leyeron las sagradas escrituras cada día para ver si todas estas cosas eran ciertas. [12]Muchos se hicieron cristianos. Algunos de ellos eran griegos respetados, tanto hombres como mujeres. [13]Los judíos de la ciudad de Tesalónica supieron que Pablo estaba predicando la palabra de Dios en la ciudad de Berea. Entonces, fueron allá y trabajaron en su contra, hablando con el pueblo. [14]En seguida, los cristianos enviaron a Pablo a la costa, pero Silas y Timoteo se quedaron allí.

Pablo predica en el Areópago en la ciudad de Atenas

[15]Los que se habían encargado de acompañar a Pablo lo llevaron a la ciudad de Atenas. Pablo pidió a ellos que dijeran a Silas y Timoteo que fueran a reunirse con él en cuanto pudieran. Entonces los compañeros se fueron. [16]Mientras Pablo esperaba a Silas y Timoteo en la ciudad de Atenas, su espíritu se entristeció al ver que toda la ciudad adoraba a dioses falsos. [17]Les habló a los judíos y otras personas que estaban en el templo local. Todos los días, hablaba con la gente que se reunía en la plaza.

[18]Algunos hombres de dos grupos diferentes discutían con Pablo. Los de un grupo pensaban que los hombres debían gozar lo más posible de los placeres de la vida. Los del otro estaban convencidos de que la sabiduría, por sí sola, hacía felices a los hombres. Algunos de ellos decían:

—Este hombre habla de muchas cosas de poca importancia. ¿Qué está tratando de decir?

Otros decían:

—Predica acerca de dioses extraños.

Decían esto porque Pablo les predicaba de Jesucristo y que había sido levantado de entre los muertos.

[19]Entonces lo llevaron a una colina llamada el Areópago, en honor a la diosa de guerra Ares. Allí se reunían personas cultas de la ciudad de Atenas para debates. Le dijeron a Pablo:

—Queremos escuchar esas nuevas enseñanzas de que hablas. [20]Algunas de las cosas que nos dices nos parecen muy extrañas. Queremos saber qué quieren decir.

[21]El pueblo de Atenas y los que lo visitaban desde países lejanos pasaban su tiempo hablando o escuchando alguna cosa nueva.

[22]Entonces Pablo, en medio del Areópago, dijo:

—Hombres de Atenas, he visto lo religiosos que son en todo. [23]Mientras caminaba, viendo las cosas que adoran, encontré un altar en el que estaba escrito: AL DIOS NO CONOCIDO. Lo adoran sin conocerlo. Es él de quien les voy a hablar. [24]El Dios que hizo el mundo y todo lo que hay en él es el Señor del cielo y la tierra. No vive en edificios hechos por manos, [25]ni debe cuidarlo nadie, como si necesitara algo. Es él quien da la vida, el aliento, y todas las cosas a todos. [26]Hizo de una sangre a todas las naciones que viven en la tierra y les ha fijado los tiempos y los lugares en que habían de vivir. [27]Debieran buscar a Dios. En verdad, podrían buscarlo y encontrarlo, ya que no está lejos de cada uno de nosotros. [28]En él vivimos y nos movemos y somos. Algunos de sus propios hombres han escrito: "Somos hijos de Dios." [29]Si somos hijos de Dios, no debemos pensar que él es de oro, plata o piedra. Los dioses hechos de oro, plata o piedra son ideados por hombres y fabricados por ellos.

[30]—Dios no tomó en cuenta los tiempos cuando los hombres no sabían de esas cosas. Pero ahora, les manda a todos los hombres de todas partes que cambien la actitud acerca de sus pecados y los dejen. [31]Y ha establecido un día en el que él dirá cuáles del mundo son culpables y cuáles no. Esto lo hará por medio de Jesucristo, su escogido. Dios lo ha demostrado a todos los hombres, levantando a Jesucristo de entre los muertos.

³²Algunos de los presentes se rieron y burlaron al oír a Pablo decir que Cristo se había levantado de entre los muertos. Otros dijeron:

—Queremos volverte a oír hablar sobre todo esto.

³³Entonces, Pablo se apartó de ellos.

³⁴Pero algunos lo siguieron y, creyendo, se hicieron cristianos. Entre ellos estaba Dionisio, uno de los dirigentes de la ciudad. También creyó una mujer llamada Dámaris. Y otros más.

Pablo va a Corinto

18 Después de eso, Pablo salió de la ciudad de Atenas y llegó a la ciudad de Corinto. ²Allí encontró a un judío llamado Aquila, que nació en la región de Ponto y había vivido en el país de Italia durante cierto tiempo. Su mujer, Priscila, estaba con él. Claudio, que era el que gobernaba el país, había mandado a todos los judíos salir de la ciudad de Roma. Pablo fue a ver a Aquila y Priscila. ³Estos se ganaban la vida haciendo carpas. Pablo hacía el mismo trabajo; de modo que se quedó con ellos, y trabajaban juntos.

⁴Todos los días de descanso, Pablo iba al templo local de los judíos y enseñaba a los judíos y a los griegos. ⁵Silas y Timoteo llegaron del país de Macedonia, y entonces Pablo dedicó todo su tiempo a predicarles a los judíos, enseñándoles que Jesús es el Cristo. ⁶Pero ellos se oponían a Pablo. Decían cosas feas acerca del mensaje de Cristo. Pablo se sacudió la ropa y les dijo: "Pase lo que pase, será por su culpa. Yo no soy el culpable. De hoy en adelante, me iré con los que no son judíos."

⁷Pablo salió de allí y llegó a la casa de un hombre llamado Tito Justo. Este adoraba al Dios verdadero. Su casa estaba junto al templo local de los judíos. ⁸Crispo era el director del templo, y él y su familia creyeron en el Señor. Mucha gente de la ciudad de Corinto oyó a Pablo: creyeron y fueron bautizados.

⁹Una noche, Pablo vio al Señor en un sueño que le decía· "No temas. Sigue hablando. No te calles. ¹⁰Yo estoy contigo y nadie te podrá hacer mal. Porque tengo a mucha gente en esta ciudad." ¹¹Pablo permaneció allí durante año y medio, enseñándoles la palabra de Dios.

Pablo se presenta ante Galión

¹²Galión era dirigente del país de Acaya en donde estaba la ciudad de Corinto. Todos los judíos se oponían a Pablo y lo llevaron ante los tribunales. ¹³Dijeron:

—Este hombre está tratando de hacer que la gente adore a Dios, en contra de la ley judía.

¹⁴Pablo estaba listo a hablar; pero Galión les dijo a los judíos:

—Si fuera algo malo o un delito, los escucharía. ¹⁵Pero puesto que se trata de palabras y nombres de su propia ley, véanlo ustedes mismos. No quiero decir quién tiene la razón en cosas como éstas.

¹⁶Y los echó del tribunal. ¹⁷Entonces, todos los griegos tomaron a Sóstenes, director del templo judío local, y lo golpearon delante del tribunal; pero Galión no se interesó por ello.

Pablo vuelve a Antioquía

¹⁸Pablo se quedó muchos días más en la ciudad de Corinto. Luego se despidió y dejó a los creyentes. Se fue en barco al país de Siria, acompañado por Aquila y Priscila. En la ciudad de Cencrea, él hizo que le cortaran todo el cabello porque había hecho una promesa a Dios. ¹⁹Cuando llegaron a la ciudad de Efeso, Aquila y Priscila se quedaron allí. Pablo fue al templo local de los judíos y discutió con ellos. ²⁰Le rogaban que se quedara más tiempo allí, pero no pudo. ²¹Al irse, les dijo: *("Debo ir a una fiesta en Jerusalén.) Volveré a ustedes, si Dios así lo quiere." Entonces, tomó un barco y salió de la ciudad de Efeso. ²²Pablo se detuvo en la ciudad de Cesarea, para saludar a los miembros de la iglesia. Luego se fue a Antioquía, ²³quedándose allí durante cierto tiempo. Luego se fue de ciudad en ciudad, por los países de Galacia y

Frigia. En todos los lugares ayudó a los cristianos a hacerse fuertes en la fe.

Aquila y Priscila ayudan a Apolos en Efeso

24Un judío llamado Apolos había llegado a la ciudad de Efeso. Era de la ciudad de Alejandría y podía hablar muy bien sobre las sagradas escrituras. 25Fue enseñado en los caminos del Señor y con un fuerte deseo en el corazón enseñaba sobre Jesús. Lo que decía era cierto; pero sólo sabía del bautismo de Juan.

26Comenzó a hablar sin miedo en el templo local de los judíos. Aquila y Priscila lo oyeron, y lo llevaron aparte para enseñarle mucho más sobre las cosas de Dios. 27Apolos deseaba cruzar al país de Acaya donde está la ciudad de Corinto. Los cristianos de la ciudad de Efeso le escribieron una carta a los creyentes de allá para que lo recibieran bien. Cuando llegó allá, fue de mucha ayuda para los que habían creído en Cristo. 28Con gran fuerza y ante todos, Apolos demostraba que los judíos estaban equivocados. Demostró con las sagradas escrituras que Jesús es el Cristo.

Los cristianos se llenan del Espíritu Santo en Efeso

19 Mientras Apolos estaba en la ciudad de Corinto, Pablo recorrió la región montañosa, para llegar a Efeso y encontró allí a unos cuantos creyentes 2a los que les preguntó:

—¿Recibieron al Espíritu Santo cuando creyeron en Cristo?

Ellos le respondieron:

—No, ni siquiera hemos oído decir que hay un Espíritu Santo.

3Entonces, Pablo les preguntó:

—¿Cómo fueron bautizados?

Ellos respondieron:

—Como bautizaba Juan.

4Entonces, Pablo les dijo:

—Juan bautizaba a los que cambiaban su actitud acerca de sus pecados y los dejaban. Juan le dijo al pueblo que creyera en Jesús que había de venir después de él.

5Al oír esto, la gente fue bautizada en el nombre de Jesús; 6y cuando Pablo les impuso las manos, el Espíritu Santo bajó sobre ellos. Comenzaron a hablar en lenguas extrañas para predicar la palabra de Dios. 7Había unos doce hombres.

Pablo predica en el templo y en una escuela en Efeso

8Durante tres meses, Pablo fue al templo local de los judíos y habló sin miedo, enseñándoles cosas sobre el reino de Dios. 9Algunos endurecieron sus corazones y no creyeron en Cristo. Estos hablaban contra la religión de los cristianos ante otras personas. Entonces Pablo apartó a los creyentes de los demás y les enseñaba todos los días en la escuela de Tirano. 10Lo hacía así por dos años, durante los cuales todos los judíos y los griegos de los países de Asia oyeron la palabra del Señor.

Pablo hace obras poderosas

11Dios usó a Pablo para hacer obras poderosas especiales. 12Pusieron sobre enfermos pedazos de tela y trozos de sus ropas, que habían estado cerca del cuerpo de Pablo. Entonces, se curaron de sus enfermedades y los espíritus malos salieron de ellos.

13Había judíos que iban de ciudad en ciudad, tratando de echar fuera a los espíritus malos de la gente. Algunos de ellos trataban de usar el nombre del Señor Jesús con los que tenían espíritus malos diciendo: "Te hablo en el nombre de Jesús, el que Pablo predica." 14Un dirigente judío del pueblo, llamado Sceva, tenía siete hijos que hacían esto. 15Pero el espíritu malo les dijo: "Conozco a Jesús y he oído hablar de Pablo, pero, ¿quiénes son ustedes?" 16Entonces, el hombre que tenía el espíritu malo saltó sobre los hijos. Pudo más que ellos. El los golpeó, y ellos huyeron de la casa, desnudos y heridos.

17Todos los judíos y los griegos que vivían en la ciudad de Efeso lo supieron y tuvieron miedo. Y el nombre del Señor Jesús fue muy honrado. 18Muchos creyentes venían y confesaron las cosas malas que habían hecho. ¹⁹Muchos de los que se dedicaban a la magia reunieron sus libros y los quemaron públicamente. Esos libros valían como cincuenta mil monedas de plata. ²⁰La palabra del Señor se extendió mucho.

²¹Después de esto, Pablo pensó ir a los países de Macedonia y Acaya y, luego, a Jerusalén. Dijo: "Después de estar allí, debo ir también a la ciudad de Roma." ²²Envió al país de Macedonia a dos de los que le ayudaban: Timoteo y Erasto. Pero Pablo mismo se quedó durante cierto tiempo en el país de Asia.

Reunión en Efeso de los que trabajan la plata

²³Durante ese tiempo, había mucha agitación a causa de los cristianos. ²⁴Un platero llamado Demetrio, que hacía pequeños templecitos de plata para la adoración de la diosa Diana, les daba a ganar mucho dinero a sus trabajadores. ²⁵El reunió a sus trabajadores y a otros hombres que hacían esos pequeños templecitos de plata y les dijo: "Señores, ustedes saben que ganamos mucho dinero con este trabajo. ²⁶Ahora, hemos oído que este Pablo ha apartado a mucha gente en la ciudad de Efeso y en otras regiones de Asia, diciendo que no son dioses los que se hacen con las manos. ²⁷Es posible que ahora nuestro trabajo no sea respetado y que, además, el templo de la diosa Diana quede sin valor y que se destruya su grandeza. Todos los países de Asia y el mundo adoran á esta diosa."

²⁸Cuando oyeron eso, todos se enojaron mucho y gritaron: "¡Grande es Diana de los efesios!" ²⁹Toda la ciudad se llenó de confusión y prendieron a Gayo y Aristarco, dos hombres del país de Macedonia que estaban con Pablo. Muchos se juntaron alrededor de ellos en el lugar de reuniones públicas que había en la ciudad.

³⁰Pablo deseaba presentarse ante todo el pueblo, pero los creyentes no lo dejaron. ³¹Algunos de los dirigentes de la ciudad que eran sus amigos le dijeron que no fuera a la reunión. ³²Durante todo ese tiempo, unos gritaban una cosa y otros otra. En la reunión, había mucha confusión. La mayoría ni sabía por qué estaban allí.

³³Entonces, los judíos empujaron a Alejandro delante. Este levantó la mano como para hablar. ³⁴En cuanto vieron que era judío, gritaron durante dos horas: "¡Grande es Diana de los efesios!"

³⁵Al fin uno de los líderes de la ciudad hizo cesar el alboroto. Dijo a la multitud: "Varones de Efeso, todos saben que es en nuestra ciudad donde está el templo de la diosa Diana (la diosa de piedra que cayó del cielo). ³⁶Todos lo saben, de modo que no necesitan gritar, ni hacer tonterías. ³⁷Los hombres que ustedes han traído aquí no han robado las casas de adoración, ni han hablado contra nuestra diosa. ³⁸Si Demetrio y sus trabajadores tienen algo contra alguien, tenemos días especiales en que funcionan las cortes. Que vayan ante la corte. ³⁹Si desean alguna otra cosa, debe hacerse en otra reunión. ⁴⁰Corremos el peligro de que nos reclamen por el alboroto de hoy. No podemos dar ninguna buena razón para esta reunión."

⁴¹Después de esto, los despidió a sus casas.

Pablo va a Grecia y Macedonia

20 Cuando cesó el alboroto, Pablo llamó a los creyentes. Les dio palabras de consuelo y se despidió de ellos. Entonces se fue al país de Macedonia. ²Al pasar por esas regiones del país, les dio muchas palabras de consuelo y ayuda a los cristianos. Luego, siguió hacia el país de Grecia ³donde se quedó tres meses. Cuando estaba listo para tomar un barco para irse al país de Siria, supo que los judíos habían hecho planes para apoderarse de él. Cambió sus planes y volvió al país de Macedonia. ⁴Algunos hermanos iban con él. Eran Sopater, de la ciudad de Berea; Aristarco y Segundo, de la ciudad de Tesalónica; Gayo, de la ciudad de Derbe; y Timoteo, Tíquico y Trófimo, de los países de Asia. ⁵Fueron adelante a la ciudad de Troas, donde nos esperaron. ⁶Después de la cena de pan sin levadura, tomamos un barco en la ciudad de Filipos y nos reunimos con ellos en Troas. Tardamos cinco días en llegar. Estuvimos allí una semana.

Eutico se cae de un edificio, mientras Pablo predica

⁷El primer día de la semana, nos reunimos para tomar la cena del Señor, y Pablo les enseñaba. Creía que se iba al día siguiente y, por eso, siguió hablando hasta la medianoche. ⁸En el cuarto del tercer piso en que estábamos reunidos, había varias luces. ⁹Un joven llamado Eutico estaba sentado en la ventana. Como Pablo seguía predicando, le dio sueño a este joven. Se durmió y se cayó al suelo, desde el tercer piso. Lo levantaron muerto.

¹⁰Entonces, descendió Pablo, se tendió sobre él, lo abrazó y dijo: "No se preocupen. ¡Está vivo!" ¹¹Pablo volvió a la reunión y comió con ellos. Habló con los presentes hasta el amanecer y se fue. ¹²Estaban felices de poder llevar al joven a su casa, vivo.

Pablo va de la ciudad de Troas a la de Mileto

¹³Nosotros seguimos en barco a la ciudad de Asón, para recoger allí a Pablo. El lo había planeado así, porque quería ir a pie hasta allí por tierra. ¹⁴Llegamos a Asón y lo encontramos allí. Lo tomamos y seguimos hasta la ciudad de Mitilene. ¹⁵Al día siguiente, fuimos en barco a un lugar cercano a la isla de Quío. Y al día siguiente, pasamos a la isla de Samos. Entonces, al día siguiente, llegamos a la ciudad de Mileto. ¹⁶Pablo hizo planes para pasar por la ciudad de Efeso, para no perder más tiempo en las regiones de Asia. Quería estar en Jerusalén, si le era posible, para el día en que se recordaba la venida del Espíritu Santo sobre la iglesia.

Pablo se reúne con los dirigentes de la iglesia de Efeso

¹⁷De la ciudad de Mileto, mandó llamar a los dirigentes de la iglesia en la ciudad de Efeso. ¹⁸Cuando ellos llegaron, Pablo les dijo: "Desde el primer día de mi llegada a los países de Asia, ustedes han visto cómo ha sido mi vida. ¹⁹He servido al Señor con humildad; he derramado muchas lágrimas por las dificultades que me han causado los judíos. ²⁰Siempre les he dicho a ustedes cosas que les ayudarían. Les he enseñado en reuniones abiertas y de casa en casa. ²¹Les he predicado a judíos y a griegos, pidiéndoles que dejasen sus pecados y se volviesen a Dios creyendo en nuestro Señor Jesucristo.

²²"Como ven, estoy en camino hacia Jerusalén. El Espíritu Santo me hace ir allá, y no sé lo que me pasará. ²³Pero en todas las ciudades donde he estado, el Espíritu Santo me ha dicho que me esperan dificultades y cadenas allá. ²⁴Sin embargo, no me preocupo por ello. No creo que mi vida valga mucho, pero deseo terminar la obra que me encomendó el Señor Jesús. Mi trabajo es predicar las buenas nuevas del favor de Dios.

²⁵"Todos ustedes me han oído predicar las buenas nuevas, y estoy seguro de que ninguno de ustedes volverá a ver mi rostro. ²⁶Hoy les digo que estoy limpio y libre de la sangre de todos los hombres. ²⁷Les he dicho toda la verdad acerca de Dios. ²⁸Miren por ustedes y por la iglesia, de la cual el Espíritu Santo les hizo dirigentes. Alimenten y cuiden a la iglesia de Dios, la cual Cristo compró con su propia sangre.

²⁹"Sé que cuando me vaya, aparecerán en medio de ustedes lobos hambrientos que tratarán de destruir la iglesia. ³⁰Asimismo, hay hombres de su propio grupo que enseñarán cosas que no son ciertas y harán que algunos les sigan. ³¹Por lo tanto, estén prevenidos, y recuerden que durante tres años día y noche, sin desmayar, los estuve enseñando, hasta con lágrimas.

[32]"Y ahora, hermanos, les encomiendo a Dios y a la palabra de su amor, la cual es poderosa para fortalecerlos y darles lo que deben recibir, junto con todos los escogidos de Dios. [33]No he quitado dinero ni ropa de nadie. [34]Todos saben que estas manos trabajaban para conseguir lo que yo necesitaba, y para las necesidades de los que estaban conmigo. [35]Les he mostrado de todos modos que trabajando mucho, en esa manera, podemos ayudar a los débiles. Y debemos recordar lo que dijo el Señor Jesús: 'Es más agradable dar que recibir.' "

[36]Cuando terminó de hablar, cayó de rodillas y oró con todos ellos. [37]Todos lloraron, y abrazando a Pablo, lo besaron. [38]Lo que más les entristecía era que había dicho que no volverían a ver su rostro. Luego, lo acompañaron al barco.

Pablo va de Mileto a Tiro

21 Cuando los dejamos, tomamos un barco y nos fuimos directamente a la isla de Cos. Al día siguiente, llegamos a la isla de Rodas y, de allí, a la ciudad de Pátara, [2]donde encontramos un barco que iba al país de Fenicia. Lo tomamos y seguimos adelante. [3]Vimos la isla de Chipre a nuestra izquierda, pero seguimos hacia el país de Siria. Desembarcamos en la ciudad de Tiro, donde el barco tenía que dejar su carga.

[4]Buscamos a los cristianos y nos quedamos con ellos siete días. El Espíritu Santo había dicho a los cristianos que le dijeran a Pablo que no fuera a Jerusalén. [5]Cuando llegó el momento, salimos de allí, acompañándonos todos, con sus mujeres e hijos hasta fuera de la ciudad. En la orilla del mar, se arrodillaron y oraron. [6]Después de que nos despedimos de ellos, subimos al barco, y todos regresaron a sus casas.

Pablo va de Tiro a Jerusalén

[7]El mismo barco nos llevó de la ciudad de Tiro a la de Tolemaida, donde permanecimos un día con los cristianos. [8]Al día siguiente, nos fuimos. Llegamos a la ciudad de Cesarea y fuimos a la casa de Felipe donde nos quedamos. Era un predicador que iba de una ciudad a otra, y uno de los siete ayudantes de la iglesia *(Hechos 6:1-7)*. [9]Felipe tenía cuatro hijas solteras que hablaban la palabra de Dios.

[10]Mientras estábamos allí unos cuantos días, llegó de la región de Judea un hombre, llamado Agabo, que hablaba en nombre de Dios. [11]Fue a vernos. Entonces, tomó el cinto de Pablo y lo usó para atarse los pies y las manos. Luego dijo:

—Esto es lo que dice el Espíritu Santo: "Los judíos de Jerusalén atarán al dueño de este cinto. Luego, lo entregarán a los que no son judíos."

[12]Cuando oímos eso, nosotros y todos los que vivían allí, le rogamos a Pablo que no fuera a Jerusalén. [13]Entonces, Pablo respondió:

—¿Qué hacen llorando y entristeciéndome el corazón? Estoy listo para estar en cadenas en Jerusalén. También estoy listo para morir por el nombre del Señor Jesús.

[14]Pablo no quiso escucharnos; entonces dejamos de rogarle. Dijimos:

—Hágase la voluntad del Señor.

Pablo en Jerusalén

[15]Después de esto, nos preparamos y nos pusimos en camino hacia Jerusalén. [16]Algunos de los creyentes de la ciudad de Cesarea fueron con nosotros y nos llevaron a la casa de Mnasón, uno de los primeros creyentes de la isla de Chipre. Nos quedamos con él.

[17]Cuando llegamos a Jerusalén, los cristianos se alegraron al vernos. [18]Al día siguiente, fuimos con Pablo a ver a Jacobo (Santiago). También fueron todos los dirigentes de la iglesia. [19]Después de saludarlos, Pablo explicó todo lo que había hecho Dios por medio de su trabajo para los que no son judíos.

[20]Al oír eso, le dieron gracias al Señor. Luego, le dijeron a Pablo: "Ya ves, hermano, cuántos miles de cristianos hay entre los judíos, y todos obede-

cen la ley de Moisés. ²¹Pero han sido informados sobre ti y han oído decir que les enseñas a los judíos que viven entre los que no son judíos que se aparten de la ley de Moisés, que no lleven a cabo el rito religioso de convertirse en judíos, y que no sigan los antiguos métodos religiosos de adoración. ²²¿Qué haremos pues? Todos sabrán que has venido. ²³Haz pues lo que te mandemos. Hay entre nosotros cuatro hombres que le han hecho una promesa a Dios. ²⁴Llévalos contigo, sométete al rito religioso del lavado, y paga para que les corten todo el cabello. Entonces, todos sabrán que no es cierto lo que han oído decir sobre ti, y que eres uno que guarda la ley de Moisés. ²⁵En cuanto a los creyentes que no son judíos, les hemos escrito, diciéndoles que deben apartarse de todo lo sacrificado a los dioses falsos, que no deben comer la sangre ni la carne de animales que hayan sido ahogados, y que tienen que apartarse de los pecados del sexo."

²⁶Al día siguiente, Pablo tomó con él a aquellos hombres y llevó a cabo el rito religioso de lavarse con ellos. Entraron en el gran templo de Dios para decir cuándo concluiría su rito religioso de lavado y, entonces, dar una ofrenda por cada uno de ellos.

²⁷Pero cuando estaban por acabarse los siete días, llegaron judíos de los países de Asia, quienes vieron a Pablo en la casa de Dios. Ellos levantaron al pueblo contra él, lo apresaron, ²⁸y gritaron, diciendo: "Varones judíos, ayúdennos. Este es el hombre que enseña contra nuestro pueblo, nuestra ley y este gran templo de Dios. Además de esto, hizo entrar a griegos aquí en el templo, ensuciando este santo lugar."

²⁹(Lo habían visto antes en la ciudad con Trófimo, que era de la ciudad de Efeso, y pensaban que Pablo lo había llevado también con él al templo.)

³⁰Toda la gente de la ciudad daba grandes voces. La multitud se movía y se apretaba. Entonces, tomaron a Pablo y lo arrastraron fuera del templo y luego cerraron las puertas. ³¹Se estaban preparando para matarlo cuando el capitán de los soldados supo que había mucha agitación. ³²Inmediatamente, reunió a sus soldados y corrieron hacia la gente. Cuando la multitud vio al capitán y a los soldados, dejó de golpear a Pablo.

Atan a Pablo con cadenas

³³Entonces llegó el capitán, lo prendió y les dijo a sus soldados que ataran a Pablo con cadenas. Luego le preguntó quién era y qué había hecho. ³⁴Entre la gente, unos gritaban una cosa y otros otra, de modo que el capitán no pudo saber lo que había pasado y les dijo a sus hombres que llevaran a Pablo al interior del edificio de los soldados. ³⁵La gente daba tan grandes voces y empujaba tanto, que Pablo tuvo que ser llevado por los soldados escaleras arriba. ³⁶Toda la gente siguió empujando y gritando: "¡Mátale!"

³⁷Llevaron a Pablo al interior del edificio de los soldados y le dijo al capitán:
—¿Puedo decirte algo?
El capitán le preguntó:
—¿Hablas la lengua griega? ³⁸¿No eres tú el egipcio que hizo agitación contra nuestro país, el hombre que se llevó a cuatro mil guerrilleros al desierto?

³⁹Pablo le dijo:
—¡No! Soy judío y ciudadano de una gran ciudad. Soy de Tarso, en el país de Cilicia. Te ruego me permitas que le hable al pueblo.

⁴⁰El capitán le dijo a Pablo que hablara. Entonces, Pablo se puso de pie en los escalones y levantó la mano. Cuando hubo silencio, les habló en la lengua de los judíos.

Pablo habla del trabajo que hizo antes de ser cristiano

22 Pablo dijo: "Hermanos, y padres, oigan lo que tengo que decirles." ²Cuando lo oyeron hablar en su lengua, dejaron de hacer ruido. Entonces, Pablo continuó, diciendo: ³"Soy judío.

Nací en la ciudad de Tarso, en el país de Cilicia y, de joven, vivía aquí en Jerusalén. Fui a la escuela de Gamaliel y aprendí todo sobre la ley de nuestros padres. Me esforcé en trabajar por Dios, como lo hacen ustedes hoy en día.

4"Buscaba y mataba a hombres y mujeres que creían lo que yo creo ahora. Los ataba con cadenas y los metía en la cárcel. 5El principal dirigente religioso y los líderes del pueblo pueden decirles que esto es verdad. Ellos me dieron cartas para nuestros hermanos judíos de la ciudad de Damasco, a donde iba para atar a los cristianos con cadenas y traerlos a Jerusalén, en donde serían castigados.

El cambio de la vida de Pablo en el camino a Damasco

6"Estaba ya cerca de la ciudad de Damasco cuando, de pronto, hacia el mediodía, vi una poderosa luz del cielo que brillaba alrededor de mí. 7Caí al suelo y una voz me dijo: 'Saulo, Saulo, ¿por qué te esfuerzas tanto en perseguirme?' 8Yo le pregunté, '¿Quién eres, Señor?', y él me dijo, 'Soy Jesús de Nazaret, a quien tú persigues.' 9Los que estaban conmigo vieron la luz, pero no oyeron la voz que me hablaba. 10Entonces le pregunté: 'Señor, ¿qué debo hacer?' y el Señor me dijo: '¡Levántate! Vete a Damasco y allí se te dirá lo que debes hacer.'

11"Por lo brillante de la luz, no podía ver, y los que iban conmigo tuvieron que llevarme de la mano hasta llegar a la ciudad. 12Allí vivía Ananías, un hombre que obedecía la ley y que era respetado de todos los judíos. 13Vino junto a mí y dijo: 'Hermano Saulo, recibe la vista.' Pude ver inmediatamente. 14Entonces, Ananías dijo: 'El Dios de nuestros padres te ha escogido para que conozcas su voluntad. Te escogió para que vieras a Jesucristo, el Santo de Dios, y para que oyeras su voz. 15Tienes que decirles a todos los hombres lo que has visto y oído. 16Ahora, pues, ¿por qué estás esperando? Levántate, sé bautizado y tus pecados serán perdonados invocando su nombre.'

Pablo es llamado a trabajar con los que no son judíos

17"Volví a Jerusalén y cuando estaba orando en el templo, tuve un sueño 18en que le vi a él y me decía: '¡Vete de Jerusalén! ¡No te escucharán cuando les hables de mí!' 19Yo le dije: 'Señor, saben que he sacado a los cristianos de todos los templos, y los mandé golpear metiéndolos a la cárcel. 20También, cuando mataron a Esteban, yo estaba allí, aceptando que le tiraran piedras. Los que le tiraban piedras me dieron a guardar su ropa.' 21Mas el Señor me dijo: '¡Vete! Te mandaré lejos, con los que no son judíos.' "

22Le escucharon hasta que dijo eso. Entonces dieron grandes voces: "¡Mátalo! ¡Quita a ese hombre de la tierra! ¡No debe vivir!" 23Siguieron gritando, y luego tiraron su ropa y echaron polvo al aire.

Pablo dice quién es

24Entonces el capitán les mandó que llevaran a Pablo al interior del cuartel del edificio de los soldados y que lo azotaran hasta hacerlo decir por qué el pueblo gritaba contra él. 25Cuando lo ataron, Pablo le dijo al soldado:

—¿Dice la ley que puedes golpear a un ciudadano romano cuando nadie ha dicho que es culpable?

26Al oír eso el soldado le dijo al capitán:

—¿Qué vas a hacer? Este hombre es ciudadano romano.

27El capitán vino y le preguntó a Pablo:

—Dime, ¿eres ciudadano romano?

Y Pablo respondió:

—Sí.

28El capitán dijo:

—Yo tuve que pagar mucho dinero para ser ciudadano.

Pablo dijo:

—Pero yo soy romano de nacimiento.

29Los que iban a golpearlo se apartaron de él en seguida y también el capitán tuvo miedo de oír que Pablo era ciudadano romano, porque lo había tenido atado.

Pablo se presenta ante el tribunal de los dirigentes religiosos

30Al día siguiente, le quitaron las cadenas que lo ataban. El capitán quería saber por qué querían matarlo los judíos, de modo que les dijo a los principales dirigentes religiosos que se reunieran en su corte. Entonces, llevó a Pablo y lo presentó ante ellos.

Pablo habla ante la corte de los dirigentes religiosos

23 Entonces, Pablo miró a los de la corte y dijo:

—Hermanos judíos, he vivido para Dios con un corazón que me ha dicho que hasta hoy no soy culpable.

2Entonces Ananías, el principal dirigente religioso, les dijo a los que estaban junto a él que lo golpearan en la boca. 3Pablo dijo:

—¡Dios te golpeará, pared blanqueada! ¿Estás sentado para juzgarme por la ley y contra la ley me mandas golpear?

4Los que estaban cerca dijeron:

—¿Le hablas así al principal dirigente religioso de Dios?

5Pablo dijo:

—No sabía, hermanos, que era el principal dirigente religioso de Dios, pues sé que las sagradas escrituras dicen: "No hablarás contra el dirigente de tu pueblo" (Éxodo 22:28).

6Pablo vio que parte de la corte se componía de hombres del grupo que no creía que los muertos vuelven a vivir y que los demás eran celosos religiosos. Entonces, gritó: "Hermanos judíos, soy un celoso religioso y de una familia de celosos religiosos. Me han traído ante este tribunal a causa de mi esperanza de ser levantado de entre los muertos."

7Al oír eso, los dos grupos religiosos comenzaron a discutir. Los hombres de la corte se dividieron en lo que pensaban. 8Por un lado estaba el grupo que no cree que los muertos vuelven a vivir

(ese grupo tampoco creía en ángeles ni espíritus). Por el otro lado estaba el otro grupo religioso, el de los celosos religiosos, que creía que las personas sí se levantarían de entre los muertos y que había ángeles y espíritus. 9La sala de la corte se llenó de ruido. Algunos de los maestros de la ley, que trabajaban con los celosos religiosos, se pusieron de pie y dijeron: "Ningún mal hallamos en este hombre, ¿y qué importa si le ha hablado un ángel o un espíritu?"

10Discutían cada vez más. El capitán tuvo miedo de que despedazaran a Pablo. Por eso les dijo a los soldados que lo sacaran de allí y lo llevaran al edificio de los soldados. 11A la noche siguiente, el Señor se le presentó a Pablo y le dijo: "Pablo, no tengas miedo. Es necesario que hables de mí en la ciudad de Roma, como has hablado de mí en Jerusalén."

El plan para matar a Pablo

12Por la mañana se reunieron algunos de los judíos e hicieron un plan para matar a Pablo. Prometieron unos a otros que no comerían ni beberían hasta matar a Pablo. 13Más de cuarenta de ellos hicieron esa promesa. 14Entonces, fueron al principal dirigente religioso y a los dirigentes del pueblo y dijeron: "Hemos prometido no comer hasta que hayamos matado a Pablo. 15Ahora pues, les pedimos que hagan que el capitán traiga a Pablo a la corte mañana. Que parezca que desean hacerle preguntas y, antes de que llegue a ustedes, lo estaremos esperando para matarlo."

16El sobrino de Pablo oyó el plan, fue al edificio de los soldados y se lo dijo a Pablo. 17Pablo llamó a uno de los soldados y le dijo:

—Lleva a este joven al capitán. Tiene algo qué decirle.

18Entonces el soldado llevó al joven al capitán y le dijo:

—Pablo me pidió que te trajera a este joven. Tiene algo que decirte.

19El capitán lo tomó de la mano y se fueron a un lugar en que podían estar solos. Entonces le dijo:

—¿Qué es lo que tienes que decirme?

²⁰El joven le dijo:

—Los judíos han hecho un plan para pedirte que lleves mañana a Pablo a la corte. Parecerá que tienen preguntas que hacerle. ²¹No dejes que te convenzan, pues habrá más de cuarenta hombres esperando en secreto para matarlo. Se han prometido unos a otros no comer ni beber nada hasta que lo maten; y ahora están esperando tu palabra.

²²El capitán le dijo al joven que se fuera y le advirtió:

—No le digas a nadie que me has dicho esto.

Pablo es enviado a Félix, en Cesarea

²³Entonces el capitán llamó a dos soldados y les dijo:

—Preparen a doscientos hombres para ir a la ciudad de Cesarea a las nueve de esta noche, con setenta hombres de a caballo y doscientos hombres con lanzas. ²⁴Preparen caballos para que monte Pablo y llévenselo a Félix el gobernador del pueblo.

²⁵Además, escribió una carta que decía: ²⁶"Claudio Lisias saluda a Félix el buen gobernador del pueblo. ²⁷Este hombre Pablo fue prendido por los judíos, quienes estaban a punto de matarlo, pero llegué con mis soldados e impedí que lo mataran. Lo hice, al saber que es ciudadano romano. ²⁸Quise saber lo que tenían contra él y lo presenté ante la corte de los dirigentes religiosos. ²⁹Supe que lo tenían preso por cosas de la ley de ellos. No había razón para matarlo ni de meterlo en la cárcel. ³⁰Se me dijo que los judíos tenían un plan para matar a este hombre e inmediatamente te lo mandé. Les dije a los judíos que deseaban matarlo, que te dijeran lo que tengan contra él. Pásalo bien."

³¹Los soldados tomaron a Pablo, como se les ordenó y, durante la misma noche, lo llevaron a la ciudad de Antípatris. ³²Al día siguiente volvieron a su edificio en Jerusalén, y los hombres de a caballo fueron con Pablo. ³³Cuando llegaron a la ciudad de Cesarea, entregaron la carta y a Pablo al dirigente del pueblo. ³⁴Después de leer la carta, el dirigente del pueblo preguntó de dónde era Pablo. Le dijeron que era del país de Cilicia. ³⁵Y dijo: "Oiré todo esto cuando lleguen los hombres que quieren matarte." Hizo que guardaran a Pablo en el palacio del rey Herodes.

Pablo se presenta ante Félix

24 Cinco días después, llegó a la ciudad de Cesarea, Ananías que era el principal dirigente religioso. También llegaron otros dirigentes religiosos y un hombre llamado Tértulo, que trabajaba en las cortes y conocía todo sobre las leyes. El le explicó a Félix lo que tenían los judíos contra Pablo. ²Hicieron entrar a Pablo, y entonces Tértulo comenzó a explicar lo que tenían los judíos contra él diciendo: "Muy respetado Félix, gracias a ti estamos viviendo en paz. Muchas cosas malas se han corregido en este país. ³De todas maneras y en todos los lugares, te damos gracias por ello. ⁴No deseamos entretenerte mucho tiempo, pero te rogamos que escuches las pocas palabras que tenemos que decirte.

⁵"Hemos descubierto que este hombre es un alborotador entre todos los judíos del mundo. Es un dirigente de un grupo religioso conocido como los nazarenos. ⁶Trató, incluso, de usar en una manera no correcta nuestro gran templo en Jerusalén, llevando a él a personas que no eran judías. Lo prendimos y hubiéramos podido decir que era culpable por nuestra ley; ⁷*pero Lisias, el capitán, se presentó y nos lo quitó de las manos. ⁸Entonces les dijo a los que querían matarlo que te dijeran lo que tienen contra él. Cuando le preguntes estas cosas, podrás saber todo lo que tenemos contra él." ⁹Los judíos estuvieron de acuerdo en lo que dijo en contra de Pablo.

Pablo, por primera vez, habla por sí mismo.

¹⁰Entonces Félix, el dirigente del pue-

blo, le dijo a Pablo que hablara y Pablo dijo: "Sé que has sido dirigente de esta nación durante muchos años y estoy contento de poder hablar por mí mismo. [11]Puedes descubrir tú mismo que no hace más de doce días que fui a Jerusalén a adorar. [12]No discutí con nadie en el gran templo, ni en los templos locales, ni en otra parte. Yo no estaba alborotando. [13]No pueden probar nada de lo que dicen contra mí.

[14]"Pero te diré esto: adoro al Dios de nuestros padres según el nuevo modo que algunos dicen que es falso. Yo creo todo lo escrito en la ley y dicho por los antiguos predicadores. [15]Confío en Dios por las mismas cosas que ellos esperan. Espero que los muertos se levanten, tanto los justos como los pecadores [16]y siempre trato de vivir del modo en que mi corazón me dice que no soy culpable ante Dios ni ante los hombres.

[17]"Después de unos años, volví a dar ofrendas de dinero al pueblo de Jerusalén. [18]Unos judíos de los países de Asia me encontraron en el templo después de que me sometí al rito religioso del lavado. No había gente cerca de mí, y no había ruido ni peleas. [19]Ellos deben estar aquí para acusarme, si tienen algo contra mí, [20]o que digan estos mismos si hallaron algún mal en mí, cuando me presenté ante la corte, [21]a menos que sean las palabras que grité cuando estuve ante ellos y dije: 'Me han traído ante este tribunal por la esperanza de levantarme de entre los muertos.' "

Félix espera que llegue Lisias

[22]Félix sabía de la religión cristiana y detuvo al tribunal, diciendo: "Cuando llegue Lisias, el capitán, decidiré sobre esto." [23]Le dijo al soldado que vigilara a Pablo, pero que lo dejara ir y venir como quisiera y que los amigos de Pablo podrían ir a verlo y cuidarlo.

Pablo, por segunda vez, habla por sí mismo.

[24]Varios días después, volvió Félix. Drusila, su esposa judía, lo acompañaba. Mandó llamar a Pablo y lo oyó hablar sobre la fe en Jesucristo. [25]Pablo habló de cómo estar bien con Dios, del dominio de uno mismo y del tiempo cuando todo hombre estará ante Aquel que nos dirá si somos o no culpables. Cuando Félix oyó esto, se asustó y dijo: "Vete ahora. Te volveré a llamar cuando sea oportuno." [26]Félix esperaba que Pablo le diera dinero para que lo dejara libre. Por esa razón seguía llamando a Pablo varias veces y hablando con él.

[27]Al cabo de dos años, Porcio Festo llegó a ser gobernador del país, en lugar de Félix. Este último, deseaba agradar a los judíos, y por eso, dejó a Pablo en la cárcel.

Pablo se presenta ante Festo

25 Tres días después de que Festo llegó a ser gobernador del país, fue de la ciudad de Cesarea a Jerusalén. [2]Entonces, los principales dirigentes religiosos y los dirigentes de los judíos le dijeron a Festo lo que tenían en contra de Pablo. [3]Y le pidieron un favor: Querían que Pablo fuera llevado a Jerusalén, (tenían planes para matarlo en el camino). [4]Festo les dijo que Pablo debía quedarse en la ciudad de Cesarea, a donde iba a ir pronto.

[5]Festo dijo: "Si Pablo ha hecho algo malo, que sus dirigentes vengan conmigo y digan lo que tienen contra él."

[6]Después de estar con ellos unos diez días, Festo bajó a la ciudad de Cesarea. Al día siguiente tomó asiento en la sala de la corte y mandó que le trajeran a Pablo. [7]Cuando Pablo entró en la sala, los judíos que habían ido de Jerusalén lo rodearon, diciendo muchas cosas malas contra él. Pero no podían probar nada de lo que decían. [8]Pablo habló por sí mismo, diciendo: "No he hecho nada malo contra la ley de los judíos, contra la casa de Dios, ni contra César."

[9]Festo esperaba ganarse el respeto de los judíos y le preguntó a Pablo:

—¿Quieres ir ante la corte en Jerusalén y dejarme decir si eres o no culpable de estas cosas?

[10]Pablo dijo:

—Estoy ante la corte de César, donde deben decirme si tengo culpa o no. No les he hecho ningún mal a los judíos como tú lo sabes. ¹¹Si hice algún mal y debo morir, no me niego a morir; pero si esas cosas que dicen contra mí no son verdad, nadie puede entregarme a ellos. Pido que me lleven ante César.

¹²Festo les habló a los dirigentes del tribunal. Luego le dijo a Pablo:

—Has pedido ir ante César y ante él irás.

Festo le habla de Pablo al rey Agripa

¹³Después de unos días, el rey Agripa y Berenice, su mujer, bajaron a la ciudad de Cesarea. Fueron a saludar a Festo, ¹⁴quedándose allí unos cuantos días. Festo les habló de Pablo, diciendo:

—Hay aquí un hombre al que Félix dejó en la cárcel. ¹⁵Cuando estuve en Jerusalén, los principales dirigentes religiosos y los dirigentes del pueblo me hablaron de él y me pidieron que lo declarara culpable. ¹⁶Les dije que era contra la ley de Roma el entregar a un hombre a la muerte antes de ponerle cara a cara con los que tuvieran algo contra él y poder hablar por sí mismo. ¹⁷Cuando vinieron aquí, tomé inmediatamente mi lugar en la sala e hice traer a ese hombre. ¹⁸Cuando hablaron los otros, no tenían nada contra él de lo que yo pensaba. ¹⁹No estaban de acuerdo con él sobre su propia religión. Se disputaron sobre alguien llamado Jesús que murió pero que Pablo seguía diciendo que estaba vivo. ²⁰No sabía qué hacer. Le pregunté si quería ir a Jerusalén para ser examinado allá de esas cosas. ²¹Pero Pablo pidió ir ante César. Por lo tanto, decidí que se quedara en la cárcel hasta poder ser enviado a César.

²²Agripa le dijo a Festo:

—Me gustaría escuchar a ese hombre.

Festo le dijo:

—Mañana lo escucharás.

Pablo se presenta ante el rey Agripa

²³Al día siguiente, Agripa y Berenice fueron a la sala de la corte, vestidos para mostrar su grandeza como rey y reina. Dirigentes del ejército y principales de la ciudad entraron con ellos. Festo había hecho que llevaran a Pablo.

²⁴Festo dijo: "Rey Agripa y todos los que están con nosotros, vean a este hombre. Todos los judíos, tanto aquí como en Jerusalén, dicen que Pablo debe ser condenado a muerte. ²⁵No he oído nada contra él que sea razón de matarlo; pero él ha pedido ir ante César, y he aceptado mandarle a Pablo ante él. ²⁶Cuando le escriba a César, no tendré nada que decir contra él. Por esta razón, lo presento ante todos ustedes y ante ti, rey Agripa. Después de hacerle preguntas, es posible que tenga algo que escribir. ²⁷Me parece fuera de razón el enviar ante César a un hombre, sin escribir lo que hay en contra de él."

Pablo le habla al rey Agripa

26 Agripa le dijo a Pablo:
    —Ahora, puedes hablar por ti mismo.

Pablo levantó la mano y comenzó a hablar.

²—Rey Agripa, los judíos han dicho muchas cosas contra mí y estoy contento de poder decirte mi defensa. ³Tú conoces todos los problemas y las costumbres de los judíos. Así pues, te ruego que me escuches hasta que termine.

⁴—Todos los judíos conocen mi vida, desde que era niño hasta ahora. Viví entre mi propio pueblo, en Jerusalén. ⁵Si quisieran contarte lo que saben, te dirían que llevé la vida de un celoso religioso. Era del grupo de los celosos religiosos que tratan de obedecer todas las leyes.

⁶—Y ahora estoy aquí, en juicio, porque creo en la promesa que Dios les hizo a nuestros padres. ⁷Esa promesa es la que nuestros doce grupos familiares de la nación judía esperan ver cumplida. Adoran a Dios día y noche. Rey Agripa, es por esa esperanza que dicen cosas contra mí. ⁸¿Por qué piensan que

es difícil creer que Dios levanta a las personas de entre los muertos?

⁹—Pensé antes que era mi deber hacer muchas cosas contra el nombre de Jesús de Nazaret. ¹⁰Lo hice así en Jerusalén y metí en la cárcel a muchos de los creyentes. Los principales dirigentes religiosos me dieron derecho y poder de hacerlo. Entonces, cuando los mataban, yo decía que era correcto. ¹¹Los golpeaba y trataba de obligarles a hablar contra Dios, en todos los lugares de adoración de los judíos. En mi lucha contra ellos, los perseguí hasta en ciudades de otros países.

¹²—Cuando iba a Damasco para hacerlo, los principales dirigentes religiosos me dieron el derecho y el poder de poner dificultades a los creyentes. ¹³Estaba en camino, al mediodía, rey Agripa, cuando vi una luz en el cielo, más brillante que el sol. Brillaba alrededor de mí y los hombres que iban conmigo. ¹⁴Todos caímos al suelo. Entonces oí una voz que me hablaba en la lengua de los judíos, diciendo: "Saulo, Saulo, ¿por qué te esfuerzas en perseguirme? Te haces daño, tratando de herirme." ¹⁵Yo le dije: "¿Quién eres, Señor?" El me respondió: "Soy Jesús, a quien tú persigues. ¹⁶Levántate, ponte de pie, porque te he escogido para trabajar por mí. Dirás lo que has visto, y lo que quiero que digas. Es por eso que te he dejado que me veas. ¹⁷Te libraré de los judíos y de los que no son judíos. A éstos te envío en forma especial. ¹⁸Debes abrirles los ojos y hacerlos pasar de la oscuridad a la luz. Debes hacer que se vuelvan del poder del diablo al poder de Dios. En esa manera, pueden recibir el perdón de sus pecados y tener lo que se les da, entre los elegidos de Dios que tienen fe en mí."

¹⁹—Rey Agripa, obedecí a lo que vi del cielo. ²⁰Primeramente, les dije lo que había visto a los de la ciudad de Damasco, y después, en Jerusalén. Hablé de ello en toda la región de Judea. Aun les prediqué a los que no son judíos, diciéndoles que debían sentir dolor por sus pecados, dejarlos y vol-

verse a Dios. Les dije que tenían que hacer algo para mostrar que tenían dolor por sus pecados.

²¹—Es por eso que los judíos me prendieron en el gran templo de Dios y trataron de matarme. Pero ²²Dios me ha ayudado. Hasta ahora he explicado estas cosas a personas bien conocidas y a otras desconocidas. He dicho sólo lo que los antiguos predicadores y Moisés dijeron que iba a pasar. ²³Era que Cristo tenía que sufrir y ser el primero en levantarse de entre los muertos. El daría luz a los judíos y otros pueblos.

²⁴Mientras Pablo hablaba por sí mismo, Festo gritó, con voz fuerte:

—¡Pablo, estás loco! ¡Tu mucho saber te impide pensar bien!

²⁵Pablo dijo:

—No estoy loco, excelentísimo Festo. ¡Estoy diciendo la verdad! ²⁶El rey conoce todo esto y tengo libertad de hablarle con claridad. Nada de lo que he dicho es nuevo para él. Pues estas cosas pasaron donde todos podían verlas. ²⁷¿Crees, rey Agripa, en las escrituras de los antiguos predicadores? Yo sé que crees.

²⁸Entonces Agripa le dijo a Pablo:

—En tan corto tiempo casi me has demostrado que debo hacerme cristiano.

²⁹Entonces, Pablo dijo:

—¡Mi oración a Dios es que tú y todos los que me escuchan fueran cristianos como yo— pero sin estas cadenas!

³⁰El rey Agripa, Festo, Berenice y los que estaban sentados con ellos se levantaron. ³¹Al salir de la sala, se decían unos a otros:

—Este hombre no ha hecho nada para estar en la cárcel o recibir la muerte.

³²Agripa le dijo a Festo:

—Este hombre podría quedar libre, si no hubiera pedido que se lo enviara ante César.

Pablo es enviado a Roma

27 Se decidió que fuéramos al país de Italia por barco. Entonces encadenaron a Pablo y a algunos otros hombres, y Julio, un capitán del ejército de César, tenía que cuidarlos. ²Tomaron un barco que era de la ciudad de Adramitio y que iba a pararse en las ciudades de la costa de Asia. Aristarco iba con nosotros. Era un hombre de la ciudad de Tesalónica, en el país de Macedonia. ³Al día siguiente, nos detuvimos en la ciudad de Sidón. Julio fue amable con Pablo y lo dejó visitar a sus amigos quienes lo cuidaron.

⁴Después de salir de Sidón, fuimos llevados por el viento a lo largo del lado sur de la isla de Chipre. Teníamos el viento en contra. ⁵Cruzamos el mar a lo largo de los países de Cilicia y Panfilia y llegamos a la ciudad de Mira, en el país de Licia. ⁶El capitán encontró un barco de la ciudad de Alejandría que iba a Italia y nos hizo embarcar en él. ⁷Durante muchos días, el barco no avanzó mucho. Fue difícil llegar a la ciudad de Gnido porque el viento no nos dejaba seguir adelante. Así pues, seguimos la costa sur de la isla de Creta y pasamos el extremo de la ciudad llamada Salmón. ⁸Teníamos el viento en contra y no navegábamos mucho. Entonces llegamos a un lugar llamado Buenos Puertos, que estaba cerca de la ciudad de Lasea.

⁹Habíamos perdido mucho tiempo, y era peligroso seguir adelante en esa época del año. Pablo habló con palabras firmes: ¹⁰"Señores, me parece que este barco y su carga van a perderse. Corremos peligro de perdernos también nosotros."

¹¹El capitán de los soldados escuchó más lo que le dijo el capitán del barco y no a lo que dijo Pablo. ¹²No era un buen lugar para pasar el invierno, y la mayoría de los que estaban en el barco deseaba seguir adelante y tratar de llegar a la ciudad de Fenice, para pasar allí el invierno. La isla de Creta era un buen lugar para llevar el barco a puerto. ¹³Cuando comenzó a soplar un viento del sur, pensaron que sus planes eran buenos. Levantaron el ancla y se fueron cerca de la costa de la isla de Creta.

¹⁴Más tarde, llegó un mal viento de tempestad, que se llama Noreste. ¹⁵El viento detuvo el barco, y al cabo de cierto tiempo, cedimos y dejamos que el viento nos llevara. ¹⁶Fuimos detrás de una pequeña isla, llamada Clauda. Nos costó un gran esfuerzo, pero pudimos poner a salvo el bote del barco. ¹⁷Lo levantaron y lo ataron con cuerdas al barco. Tenían miedo de ir a parar a las arenas de Sirte, de modo que recogieron las velas y dejaron el barco ir con el viento.

¹⁸La tormenta era tan fuerte que las olas altas se echaban contra el barco. Al día siguiente los hombres tiraron al mar parte de la carga. ¹⁹Al tercer día, con sus propias manos, tiraron al mar parte de las velas y las cuerdas. ²⁰No vimos el sol ni las estrellas durante muchos días. Una tormenta muy fuerte seguía golpeándonos. Perdimos todas las esperanzas de salvarnos.

Pablo demuestra su fe

²¹Nadie había comido desde hacía mucho tiempo. Entonces, Pablo se levantó y les dijo: "Varones, debieron de haberme escuchado y no salir de la isla de Creta. Entonces, no hubieran tenido estas pérdidas, ni estas dificultades. ²²Pero ahora, quiero que tengan esperanzas. Nadie perderá la vida. Sólo se perderá el barco. ²³Yo le pertenezco a Dios y trabajo para él. Anoche, se me presentó un ángel de Dios ²⁴y me dijo: 'No tengas miedo, Pablo, debes presentarte ante César. Dios te ha dado las vidas de todos los hombres de este barco.' ²⁵Así pues, anímense, hombres. Creo que mi Dios hará lo que me ha dicho, ²⁶pero el barco se va a perder en alguna isla."

²⁷Era entonces la décimocuarta noche. Ibamos con el viento sobre el mar Adriático. A medianoche los marineros creyeron que la tierra estaba cerca. ²⁸Hicieron bajar el peso de plomo y vieron que el agua no tenía mucha profundidad. Cuando fueron un poco más lejos, descubrieron que había menos agua. ²⁹Tenían miedo de ser lanzados

contra las rocas de la costa, de modo que tiraron cuatro anclas de la parte de atrás del barco. Luego, esperaron hasta la mañana.

[30]Los marinos pensaban abandonar el barco y bajaron un bote, como si fueran a echar anclas por la parte delantera del barco. [31]Pero Pablo le dijo al capitán y a los soldados: "¡Estos hombres deben quedarse en el barco, o no se salvarán ustedes!" [32]Entonces, los soldados cortaron las cuerdas y dejaron caer el bote al mar.

[33]Poco antes de amanecer Pablo les dijo a todos que comieran: "Hoy es el décimocuarto día que no comen. [34]Deben comer para tener fuerzas. Ninguno de ustedes perderá ni un cabello de su cabeza."

[35]Después de decir esto, tomó un poco de pan, dio gracias a Dios ante todos ellos, partió el pan en pedazos y comenzó a comer. [36]Todos se sintieron animados y tomaron alimentos. [37]En total éramos doscientos setenta y seis personas en el barco. [38]Después de comer, tiraron el trigo al mar, para que el barco no pesara tanto.

[39]Por la mañana, no sabían cuál era la tierra que tenían cerca. Más tarde, vieron una bahía donde había una playa de arena. Hicieron planes para llevar el barco sobre la arena, si podían. [40]Cortaron las anclas y las dejaron en el mar. Luego, quitaron las cuerdas que sostenían el timón. Cuando levantaron las velas, el viento llevó el barco hacia la costa. [41]Pero el barco llegó a un lugar donde el agua era menos honda, porque se encontraban dos corrientes. El frente del barco no se movía; pero las altas olas hicieron pedazos la parte de atrás del barco.

[42]Los soldados pensaron matar a los hombres encadenados, porque tenían miedo de que nadaran hasta la playa y escaparan. [43]Pero el capitán quería salvar a Pablo y no les dejó llevar a cabo su plan. Mandó que los que sabían nadar saltaran al mar y nadaran hasta la playa. [44]Los demás deberían usar maderas o

cualquier otra cosa del barco. En esa manera, todos llegaron a tierra sin sufrir daños.

La obra poderosa de Pablo

28 Después de estar a salvo en la isla, supimos que era Malta. [2]La gente de la isla fue muy buena con nosotros. Como llovía y hacía frío, hicieron una hoguera para calentarnos. [3]Pablo había recogido leña pero cuando la echó al fuego, salió una serpiente debido al calor y le mordió la mano. [4]Cuando la gente de la isla vio la serpiente colgando de la mano, se dijeron unos a otros: "Este hombre es un asesino. Se salvó del mar pero no es justo que viva." [5]Pablo arrojó la serpiente al fuego. No estaba herido en nada. [6]La gente esperó, creyendo que se le iba a hinchar la mano y que Pablo caería muerto. Después de mirarlo durante mucho tiempo, vieron que no le pasaba nada. Entonces, cambiaron la manera de pensar y dijeron que Pablo era un dios.

El padre de Publio es curado

[7]Publio era el jefe de la isla. Poseía tierras alrededor de aquel lugar. Por tres días nos recibió dándonos todo lo que necesitábamos. [8]El padre de Publio estaba en cama, con una enfermedad del vientre y Pablo fue a verlo. Oró y puso sus manos sobre el hombre y éste fue curado. [9]A causa de eso otras personas enfermas de la isla vinieron a Pablo y fueron curadas. [10]Nos tenían un gran respeto y cuando tomamos un barco para irnos, nos dieron todo lo que necesitábamos.

[11]Estuvimos en la isla tres meses. Entonces, nos fuimos en un barco que había estado allí todo el invierno y era de la ciudad de Alejandría. Ese barco se llamaba Hermanos Gemelos. [12]Llegamos a la ciudad de Siracusa donde estuvimos tres días. [13]Desde allí, siguiendo la costa, llegamos a la ciudad de Regio, y al cabo de un día, comenzó a soplar viento del sur. Al segundo día llegamos a la ciudad de Puteoli. [14]Encontramos allí a algunos cristianos, que nos roga-

ron que nos quedáramos con ellos. Estuvimos allí siete días. Luego seguimos hacia la ciudad de Roma.

15Cuando los cristianos supieron de nuestra llegada, fueron a recibirnos. Llegaron hasta el pueblo de Apio y a un lugar que se llamaba Las Tres Tabernas. Cuando Pablo los vio, dio gracias a Dios y se animó.

Pablo explica por qué y cómo había llegado

16Cuando llegamos a Roma, a Pablo le dejaron vivir donde quería, pero siempre le acompañaba un soldado, para vigilarlo.

17Tres días después, Pablo llamó junto a él a los dirigentes de los judíos. Cuando se reunieron, les dijo:

—Hermanos, no he hecho nada contra nuestro pueblo o el modo en que vivían nuestros padres. Sin embargo, me ataron con cadenas en Jerusalén y me entregaron a los romanos. 18Me dijeron ser culpable, aunque no encontraron razón para matarme. Me hubieran dejado libre, 19pero eso no les agradaba a los judíos. Así pues, tuve que pedir que me mandaran a César. No fue porque tenga algo contra mi pueblo. 20La razón por la cual les he pedido que vengan es para decirles esto: es por la esperanza de la nación judía por lo que estoy atado con estas cadenas.

21Ellos le dijeron a Pablo:

—No hemos recibido cartas de Judea sobre ti, y ninguno de los judíos que han venido aquí ha dicho nunca nada malo sobre ti. 22Queremos que nos digas lo que crees. En cuanto a esa nueva religión, todo lo que sabemos es que todos hablan contra ella.

23Hicieron planes para reunirse con él cierto día. Mucha gente fue al lugar en que estaba. Les predicó sobre el reino de Dios y trató de hacerles creyentes en Jesucristo, predicándoles de la ley de Moisés y las escrituras de los antiguos predicadores. Les habló desde la mañana hasta la noche. 24Algunos creyeron en sus enseñanzas, y otros no.

25Al irse, no estaban de acuerdo unos con otros. Entonces, Pablo dijo: "El Espíritu Santo les habló a nuestros padres por medio del antiguo predicador Isaías, 26diciendo: 'Ve a este pueblo y diles: Oirán y nunca comprenderán. Mirarán y nunca verán, 27porque el corazón de este pueblo se ha puesto duro. No oyen bien con sus oídos. Han cerrado los ojos para no ver, y sus oídos no oyen y sus mentes no comprenden y no se vuelven a mí, para permitirme curarles' *(Isaías 6:9, 10).*

28"Quiero que sepan que las buenas nuevas de Dios sobre cómo salvarse del castigo del pecado han llegado a los que no son judíos ¡y ellos las escucharán!"

29*Después de decir estas cosas, los judíos se fueron, discutiendo unos con otros. 30Pablo pagó dinero para vivir solo en una casa durante dos años y se sentía feliz por todos los que iban a verlo. 31Siguió predicando el reino de Dios. Enseñó del Señor Jesucristo sin miedo, y nadie se lo impidió.

LA CARTA DE PABLO A LOS ROMANOS

1 Esta carta la escribió Pablo. Yo soy un servidor de Jesucristo. Dios me llamó a ser misionero para anunciar sus buenas nuevas. 2Estas buenas nuevas las prometió Dios hace mucho tiempo por los antiguos predicadores en las sagradas escrituras. 3Ellas hablan de su Hijo, nuestro Señor Jesucristo, quien, como hombre, vino de la familia de David. 4El Espíritu Santo mostró con un hecho poderoso que Jesús nuestro Señor es el Hijo de Dios, cuando él se levantó de los muertos. ⁵Cristo nos ha dado el favor de Dios y nos ha hecho sus misioneros; entonces debemos anunciar a todas las naciones que deben obedecerlo y confiar en él. ⁶También ustedes han sido escogidos para pertenecer a Cristo. ⁷Por eso, les escribo a todos ustedes que viven en la ciudad de Roma y les digo que Dios los ama y que los ha escogido y los ha separado para sí mismo. Que Dios nuestro Padre y el Señor Jesucristo les den su favor y paz.

Oración de gratitud

⁸Primero, doy gracias a mi Dios, por medio de Jesucristo, por todos ustedes, porque todo el mundo habla de su fe en Cristo. ⁹Dios sabe cómo he trabajado por él, sabe que he anunciado con todo mi corazón las buenas nuevas de su Hijo y que siempre me acuerdo de ustedes en mis oraciones. ¹⁰Le he pedido que él me permita visitarlos. ¹¹Deseo verlos para poder compartir con ustedes alguna ayuda especial del Espíritu Santo, para hacerles más fuertes. ¹²Ustedes y yo —todos— necesitamos ayuda, y yo puedo ayudarles en hacer más fuerte su fe. Ustedes pueden hacer lo mismo por mí. Nos necesitamos los unos a los otros.

El hombre pecador

¹³Hermanos cristianos, muchas veces he deseado visitarlos, pero hasta ahora no he podido hacerlo. He querido enseñarles el camino a Cristo como he podido hacer en otros lugares en donde no conocían a Dios. ¹⁴Debo ayudar a los pueblos que han oído las buenas nuevas y a los que no las han oído, a los que tienen mucho conocimiento y a los que no saben nada. ¹⁵Por esto, estoy listo para anunciar las buenas nuevas también a ustedes que viven en la ciudad de Roma.

¹⁶No me avergüenzo de las buenas nuevas porque son el poder de Dios; es la manera en que él salva a los hombres del castigo de sus pecados si confían en él, primero para los judíos y después para todos los demás. ¹⁷Las buenas nue-

vas nos dicen que podemos ser completamente perdonados y quedar bien con Dios por medio de la fe en él. Luego, por la fe podemos vivir esa nueva vida en él. Las sagradas escrituras dicen: "El hombre que está puesto bien con Dios vivirá por la fe" *(Habacuc 2:4).*

El mundo pecador

¹⁸Vemos que la ira de Dios baja del cielo contra todos los pecados de los hombres que no dejan que los demás conozcan la verdad. ¹⁹Los hombres saben de Dios, porque él se ha revelado. ²⁰Los hombres no pueden decir que no han oído de Dios, porque desde el principio han visto las cosas que él ha hecho. En esto vemos su poder que dura para siempre. Vemos que él es Dios. ²¹Conocían a Dios, pero no lo honraron como Dios, ni le daban gracias. Más bien pensaron cosas necias y sus mentes tontas se oscurecieron. ²²Decían ser sabios, pero mostraron ser necios. ²³Honraron a dioses falsos que se parecían a hombres mortales, a aves, a animales de cuatro patas y a víboras. Dieron a estos dioses falsos el honor que le pertenece a Dios, quien vive para siempre.

²⁴Y Dios los dejó seguir los deseos de sus corazones pecaminosos y hacer cosas inmundas entre sí con sus propios cuerpos. ²⁵Ellos cambiaron la verdad de Dios en una mentira; adoraban y buscaban las cosas hechas por Dios, en lugar de adorar a Dios quien las creó y merece recibir el honor y la gratitud para siempre. Así sea.

²⁶Por esto, Dios los dejó seguir los deseos perversos que tenían, llenándolos de vergüenza. Las mujeres usaron sus cuerpos en manera contraria a lo establecido por Dios. ²⁷Y también los hombres olvidaron el uso natural de sus mujeres y cometieron pecados del sexo con otros hombres. Recibieron en ellos mismos la recompensa por sus acciones malas.

²⁸Ya no querían acordarse más de Dios. Por tanto, él los abandonó. Sus mentes pecadoras deseaban hacer sólo

lo que no conviene. ²⁹Se dedicaron a toda inmundicia, deseando lo que era de otros. Estaban llenos de envidia y celos, de odio, asesinatos y engaños. ³⁰Hablaban mal de la gente, eran mentirosos, odiaban a Dios, eran altivos, soberbios, inventores de nuevos pecados y desobedientes a sus padres. ³¹Necios, desleales, sin afectos naturales, sin compasión. ³²A pesar de que saben lo que Dios dijo en contra de estas cosas, no sólo las hacen, sino que están alegres cuando otros las hacen también.

Todos los hombres son pecadores

2 Por esto no tienes ninguna excusa, porque eres culpable cuando dices que alguien es culpable. Cuando dices que otro tiene culpa, te culpas a ti mismo, porque estás haciendo lo mismo que él. ²Sabemos que Dios dirá que los que hacen estas cosas son culpables. ³¿Piensas tú que culpando a los que hacen estas cosas que tú también haces, tú escaparás cuando Dios diga que los que hacen tales cosas son culpables? ⁴¿O no quieres recordar su gran compasión y paciencia? Sabes bien que Dios es bondadoso y que quiere que dejes tus pecados. ⁵Pero como no cambias de actitud ni dejas tus pecados, haces que la ira de Dios aumente para aquel día en que él diga quiénes son culpables. ⁶El hará que cada hombre reciba la paga por lo que hizo. ⁷Los que siguen haciendo el bien y buscan su grandeza y su gloria recibirán la vida que nunca acaba. ⁸Los que sólo se aman a sí mismos y no obedecen la verdad, sino hacen lo malo, recibirán el castigo de Dios y su ira estará sobre ellos. ⁹Todas las personas, sean judías o no, que hayan hecho lo malo sufrirán dificultades y tendrán grandes angustias. ¹⁰Pero Dios dará gloria, honor y paz a todos los que obedezcan la verdad, sean judíos o no. ¹¹Porque Dios no favorece a unos para despreciar a otros.

Dios hace bien a todos los hombres

¹²Porque los que pecaron sin tener la ley judía serán declarados culpables también sin ley. Y los que pecaron teniendo la ley judía serán declarados culpables por la misma ley. ¹³Porque sólo conocer la ley judía no lo hace a uno estar bien con Dios, sino el cumplirla. ¹⁴Los que no son judíos no tienen la ley judía; pero cuando hacen por su propia voluntad lo que dice la ley, aunque no tengan ley, ellos se hacen ley para ellos mismos. ¹⁵Esto demuestra que sus obras son de la ley escrita en sus corazones y que sus conciencias y sus corazones les dicen cuando han hecho mal. ¹⁶Y habrá un día en que Dios dirá quién es culpable, porque él conoce los pensamientos secretos de los hombres, por medio de Jesucristo. Esto es parte de las buenas nuevas que predico.

¹⁷Si tú eres judío y crees estar seguro por la ley, piensas que puedes decir a los demás cómo conocer a Dios. ¹⁸Tú sabes lo que él quiere que hagas, conoces la ley y sabes lo bueno y lo malo. ¹⁹Crees que puedes guiar a un ciego y que puedes darles luz a los que están en la oscuridad. ²⁰Piensas que puedes enseñar a los que no saben y a los niños, tú que tienes en la ley el plan de la verdad y la sabiduría. ²¹Tú que enseñas a otros, ¿por qué no te enseñas a ti mismo? Tú que enseñas que no se debe robar, ¿robas tú? ²²Tú que dices que nadie debe cometer pecados del sexo, ¿haces tú pecados del sexo? Odias a los dioses falsos, pero ¿haces cosas de robo en los templos en que los tienen? ²³Tú que te sientes tan orgulloso de la ley judía, ¿no deshonras a Dios cuando no obedeces la ley? ²⁴Las sagradas escrituras dicen: "Los que no son judíos hablan en contra del nombre de Dios por culpa de ustedes" (Isaías 52:5).

²⁵El cumplir con el rito religioso para hacerse judío vale algo si se obedece la ley; pero si no se obedece, de nada vale. ²⁶Si una persona que no ha cumplido con el rito religioso para hacerse judío obedece la ley judía, Dios le tendrá por judío. ²⁷Ustedes, los judíos, tienen una ley, pero no la siguen. También han cumplido con el rito religioso para hacerse judíos. Al mismo tiempo, los que

no son judíos obedecen la ley aunque no han cumplido con el rito religioso para hacerse judíos. De tal manera que estas personas prueban que ustedes son culpables. 28Un hombre no se hace judío sólo por el cumplir externamente con el rito religioso para serlo. 29El verdadero judío es aquel cuyo corazón está bien con Dios. El rito religioso para hacerse judío debe hacerse en el corazón. Esta obra la hace el Espíritu Santo y no la ley. Su gratitud no es de los hombres, sino de Dios.

Los judíos también son pecadores

3 ¿Tienen los judíos algo que no tengan los que no son judíos? ¿De qué sirve cumplir con el rito religioso para hacerse judíos? 2Sí, los judíos tienen mucho en varias maneras. En primer lugar, los judíos recibieron la ley de Dios. 3Si algunos de ellos no fueron fieles, ¿quiere decir eso que Dios no será fiel? 4¡Por supuesto que no! Dios es siempre verdadero a pesar de que el hombre mienta. Las sagradas escrituras dicen: "Para que seas reconocido bueno en tu palabra y tenido por puro en tu pensamiento" (Salmo 51:4).

5Si nuestros pecados demuestran que Dios está en lo correcto, ¿qué podemos decir? ¿Que Dios hace mal en castigarnos? (Hablo como lo hacen los hombres.) 6¡De ninguna manera! Porque si Dios no pudiera castigarnos, ¿cómo podría juzgar al mundo? 7Si mis mentiras le hacen honor a Dios dejando ver lo recto que es él, ¿por qué todavía me castiga como pecador? 8¿Por qué no podemos decir, "pequemos, para que venga el bien"? (Y hay gentes que nos han acusado de haber dicho esto.) Estos serán castigados como merecen.

Todo el mundo es pecador

9¿Qué podemos pensar, entonces? ¿Somos los judíos mejores que los que no son judíos? ¡De ninguna manera! Ya he dicho tanto los judíos, como los que no lo son, todos son pecadores. 10Las sagradas escrituras dicen: "No hay buenos, ¡ni siquiera uno! 11No hay na-

die que entienda, no hay nadie que trate de encontrar a Dios" (Salmo 14:2). 12"Todos se han alejado de Dios, todos han hecho lo malo, ni siquiera hay uno que haya hecho el bien, ¡ni siquiera uno! 13Sus bocas son como sepulcro abierto, sus lenguas hablan con engaño" (Salmo 5:9; 140:3). "Sus palabras son como veneno de serpientes. 14Sus bocas hablan cosas malas y mentiras" (Salmo 10:7). 15"Se apresuran a derramar sangre. 16A donde quiera que van destruyen y siembran sufrimiento; 17no saben lo que es paz" (Isaías 59:7, 8); y 18"no tienen ningún temor de Dios" (Salmo 36:1).

19Sabemos que la ley judía es para los que viven bajo la ley. Nadie puede decir que no sabe lo que es pecado. Todo el mundo está sujeto a Dios. 20Ninguna persona logrará estar bien con Dios haciendo las obras que dice la ley judía, porque la ley hace que se vea nuestro pecado.

21Pero ahora, Dios nos ha dado otra manera para estar en paz con él y que no es mediante la ley. La ley misma y los antiguos predicadores de Dios han hablado de esto. 22Los hombres pueden lograr su paz con Dios poniendo su confianza en Cristo Jesús y creyendo en él. Para Dios no hay ninguna diferencia, 23porque todos han pecado y han perdido el derecho de ir a la presencia de Dios. 24Pero pueden ser perdonados gratuitamente por su favor mediante la sangre de Cristo que los libra de sus pecados. 25Dios dio a Cristo Jesús al mundo para que los pecados de los hombres puedan ser perdonados. Ese perdón es posible porque Cristo derramó su sangre. Se hace una realidad cuando los hombres confían en él. También lo dio para mostrar su bondad y su gran paciencia. Por eso, él hizo olvidar los pecados de antes, 26para poder mostrar su bondad ahora, para que se sepa que él es el único bueno y el que hace estar bien con él al que cree en Jesús.

27Entonces, ¿de qué nos podemos

Ahora pase a la página 194.

jactar? ¡De nada! ¿Por cuál ley? ¿La de las obras? No, más bien por la ley de la fe. [26]Esto es lo que hemos aprendido: que el hombre recibe bondad ante Dios por su fe en Cristo y no por las obras que haga de acuerdo con la ley judía. [29]¿Es Dios solamente Dios de los judíos? ¿No es también Dios el Dios de los que no son judíos? Sí, claro que también es su Dios. [30]Porque sólo hay un Dios, y él puede hacer que haya paz entre él y los hombres que confían en Cristo Jesús, sean judíos o no. [31]Entonces, ¿nos olvidamos de la ley judía al creer en Cristo? Claro que no, más bien la damos a conocer.

Abraham recibió el perdón de sus pecados por su fe en Dios

4 ¿Qué podemos decir de Abraham, nuestro antiguo padre? ¿Qué fue lo que él encontró? [2]Que si Abraham pudo haber tenido paz con Dios por medio de sus obras, habría tenido de qué jactarse (aunque realmente su jactancia no habría valido ante Dios). [3]Pero las sagradas escrituras dicen: "Abraham creyó en Dios y esto lo hizo estar bien con él" *(Génesis 15:6).* [4]Si un hombre trabaja, el salario que recibe no es un favor. Es algo que él gana. [5]Y si un hombre no trabaja para recibir la salvación, pero ha creído en Dios quien salva a los hombres del castigo del pecado, ese hombre está puesto bien delante de Dios por creer en él. [6]El rey David también dice que el hombre que cree en Dios es feliz, porque está en paz con Dios sin necesidad de las obras. [7]"Felices los que tienen sus pecados perdonados y cuyas cosas malas están cubiertas. [8]Felices aquellos cuyos pecados Dios no recuerda jamás" *(Salmo 32:1, 2).*

[9]¿Es esta dicha y felicidad sólo para los judíos o también para los que no lo son? Volvemos a decir: "Abraham creyó en Dios y recibió bondad ante él por esta confianza" *(Génesis 15:6).* [10]¿Cuándo fue esto? ¿Fue antes o después de hacer Abraham el rito religioso para hacerse judío? Fue antes. [11]Cum-

plió con este rito religioso después de haber confiado en Dios. Este rito demostró que su confianza en Dios le hizo estar bien ante Dios. Fue antes de cumplir con el rito religioso para hacerse judío. De esta manera, él es padre de todos los creyentes que no son judíos y prueba también que los que no cumplen con el rito religioso para ser judíos pueden estar bien ante Dios. [12]Desde luego, Abraham también es padre de los judíos, o sea, de los que cumplen con el rito religioso para ser judíos. A la vez es padre de todos los que creen en Dios, como él. Repetimos: Abraham confió en Dios antes de hacer el rito religioso para hacerse judío.

[13]Dios le prometió darle el mundo a Abraham y a toda su descendencia. Esta promesa no fue por obedecer la ley, sino porque creyó en Dios y tuvo posición ante Dios por su fe. [14]Porque si los que cumplen la ley reciben el mundo, entonces de nada vale confiar en Dios. Y su promesa a Abraham no tiene valor. [15]La ira de Dios cae sobre un hombre cuando no obedece la ley judía; pero si no hay ley judía, tampoco puede haber desobediencia a ella.

[16]Por eso, recibimos la promesa de Dios: porque hemos confiado en él y por su gracia hacia nosotros. Su promesa es para toda la descendencia de Abraham, no sólo para los que obedecen la ley judía, sino también para los que confían en Dios, como lo hizo Abraham. De esta manera, es el padre de todos los creyentes. [17]Las sagradas escrituras dicen: "Te he puesto por padre de mucha gente." Esta promesa es buena porque Dios la hizo. El es el mismo Dios que hace a los muertos vivir de nuevo y, cuando habla, hace existir algo de la nada. [18]Abraham creía que iba a ser el padre de mucha gente. No tenía razones de esperarlo; pero se le había dicho: "De tus hijos se harán muchas naciones" *(Génesis 15:5).* [19]Abraham tenía cerca de cien años de edad. Su cuerpo estaba casi muerto; pero no fue débil en fe al pensar en su cuerpo ni en el de su esposa Sara quien

ya había pasado de la edad en que podía tener hijos. 20Abraham no dudó de la promesa de Dios. Su fe en Dios era firme. Le dio gracias a Dios, 21pues sabía que Dios era poderoso para hacer lo que había prometido. 22Abraham tuvo fe en Dios: y eso le sirvió como bondad. 23Las palabras, "Le fue contado por bondad" no fueron sólo para Abraham, 24sino también para nosotros. Dios nos dará esa paz del mismo modo que lo hizo con Abraham, si ponemos nuestra confianza en el Dios que levantó de entre los muertos a Jesús, nuestro Señor. 25Jesús murió por nuestros pecados y fue levantado de entre los muertos para nuestra paz ante Dios.

El gozo de estar bien con Dios

5 Ahora que estamos bien con Dios, confiando en él, tenemos paz con Dios, por lo que nuestro Señor Jesucristo hizo por nosotros. 2Al confiar en Dios, nos ha dado su favor que no merecemos. Dios nos ha recibido, y somos felices por la esperanza que tenemos de compartir la grandeza de él. 3Somos felices también por nuestras penas, sabiendo que ellas nos ayudan a no rendirnos. 4Cuando aprendemos a no rendirnos, mostramos que salimos bien en la prueba. Y cuando hemos salido bien en la prueba, tenemos esperanza. 5La esperanza no deshonra, porque el amor de Dios ha entrado en nuestros corazones por el Espíritu Santo que nos es dado.

6Eramos débiles y no podíamos ayudarnos nosotros mismos. Entonces, Cristo llegó en el momento oportuno y dio su vida por todos nosotros, los pecadores. 7Nadie quiere morir por otra persona; aunque es posible que alguien lo haga por un hombre muy bueno. 8Con todo, Dios nos mostró su amor, cuando éramos todavía pecadores. Así, Cristo murió por nosotros. 9Ahora somos bien del castigo del pecado por la sangre de Cristo, y él nos salvará también de la ira de Dios. 10Eramos enemigos de Dios; pero fuimos salvados del castigo del pecado por la

muerte de Cristo. El nos ha puesto en paz con Dios. Y seremos salvos por su vida. 11Le damos gracias a Dios por nuestro Señor Jesucristo, quien nos hizo volver a Dios y tener paz con él.

Adán y Cristo

12Esto es lo que pasó: el pecado entró al mundo por un hombre, Adán, llevando consigo la muerte. La muerte llegó a todos los hombres, porque todos pecaron. 13El pecado estaba en el mundo antes de la ley judía; pero no se culpa a un hombre de pecado cuando no hay ley. 14Y, sin embargo, la muerte tuvo poder sobre los hombres desde los tiempos de Adán hasta los de Moisés. El poder de la muerte estaba aun sobre los que no habían pecado en la misma forma que Adán. (Adán representaba el que había de venir.)

15El don de Dios sin precio no es como el pecado de Adán. Muchos murieron por el pecado de ese hombre Adán, pero el favor de Dios vino también sobre muchos. Este regalo llegó también por un hombre, Jesucristo, el Hijo de Dios. 16El regalo de Dios no es como el pecado de Adán. Dios le dijo a Adán que él tenía la culpa por su pecado. Por él, llegó a todos el pecado y la culpa. Pero el regalo de Dios hace que el hombre esté bien con él. Por medio de un hombre, Cristo, los pecados de los hombres son perdonados. 17Por el pecado de un hombre (Adán), el poder de la muerte llegó a estar sobre todos los hombres. Pero muchos recibirán el favor de Dios y el regalo de estar bien con él por otro hombre, Jesucristo. Tendrán poder en la vida por él.

18Por el pecado de Adán, vinieron la muerte y el infierno para todos los hombres; pero por otro hombre, Cristo, por su buena acción en la cruz, hay libertad para los hombres. Cristo les da la vida. 19Adán no hizo lo que Dios quería, y muchos fueron hechos pecadores a causa de él. Cristo hizo lo que Dios quería y hace que muchos estén bien con Dios.

Ahora pase a la página 152.

El favor de Dios es mayor que la ley judía

²⁰Hubo mucho pecado cuando se dio la ley judía; pero donde hubo mucho pecado, hubo mucho más del gran favor de Dios. ²¹El pecado tenía un poder que terminaba en la muerte. Ahora, el favor de Dios tiene poder para que los hombres tengan paz con él y tengan la vida que dura para siempre. Nuestro Señor Jesucristo hizo esto por nosotros.

El favor de Dios

6 ¿Qué quiere decir esto? ¿Que debemos seguir pecando para que Dios nos dé más de su favor? ²¡No! ¡De ninguna manera! Estamos muertos al pecado, de modo que ¿cómo podemos seguir viviendo en pecado? ³Todos nosotros fuimos bautizados para mostrar que somos de Cristo. Fuimos bautizados, ante todo, para mostrar su muerte. ⁴Fuimos enterrados en el bautismo, como Cristo lo fue en la muerte, para que, como Cristo se levantó de entre los muertos por el gran poder de Dios, nosotros tengamos una nueva vida. ⁵Si nos hicimos uno con Cristo en su muerte, seremos uno con él al levantarnos de entre los muertos.

⁶Sabemos que nuestra vida de antes, nuestro viejo yo pecador, fue clavada en la cruz con Cristo. Y así se destruyó el poder del pecado, que tenía poder sobre nosotros. El pecado ya no tiene poder sobre nosotros. ⁷Cuando un hombre está muerto, queda libre del poder del pecado. ⁸Y si nosotros hemos muerto con Cristo, creemos que también viviremos con él. ⁹Sabemos que Cristo fue levantado de entre los muertos y que no volverá a morir nunca. La muerte ya no tiene poder sobre él. ¹⁰Murió una vez; pero ahora vive. Murió para romper el poder del pecado, y la vida que ahora tiene es para Dios. ¹¹¡Ustedes deben hacer lo mismo! Piensen que ustedes también han muerto al poder del pecado; pero ahora tienen nueva vida, por Jesucristo nuestro Señor. Están viviendo esta vida para Dios.

¹²Así pues, no permitan que el pecado tenga poder sobre sus cuerpos aquí en la tierra. ¹³No deben hacer los pecados que el cuerpo quiere. En lugar de ello, dense ustedes mismos a Dios, como personas vivas, que se han levantado de entre los muertos. Denle todas las partes de su cuerpo a Dios, para hacer lo que es bueno. ¹⁴El pecado no debe tener poder sobre ustedes, porque viven ya bajo el favor de Dios.

¹⁵Entonces, ¿qué haremos? ¿Pecaremos porque tenemos el favor de Dios y no vivimos bajo la ley judía? ¡No! ¡De ninguna manera! ¹⁶¿No saben que cuando personas se entregan a otro como sus siervos, ése es su dueño? Si se entregan al pecado, el fin es la muerte. Y si ustedes se dan a sí mismos a Dios, el fin es el estar bien con Dios. ¹⁷Antes, estaban bajo el poder del pecado. Ahora, hacen, con todo su corazón, las enseñanzas que fueron dadas a ustedes. ¡Gracias a Dios por esto! ¹⁸Fueron libertados del poder del pecado. Ahora, es el estar bien con Dios que tiene el poder sobre sus vidas. ¹⁹Estoy usando palabras fáciles de entender, porque su manera humana de pensar es débil. Antes, se dieron al poder del pecado. Pecaban cada vez más. Ahora, deben darse al buen camino de Dios. Vivan una vida que a Dios le agrada, haciendo su trabajo.

²⁰Cuando el pecado tenía poder sobre sus vidas, no estaban bien con Dios. ²¹¿Qué sacaban de bueno de aquellas cosas de las que ahora se avergüenzan? Su fin es la muerte. ²²Pero ahora, libres de ser siervos del pecado, son más bien servidores de Dios. Su vida está apartada para agradar a Dios. El fin es la vida que nunca termina. ²³Porque la paga del pecado es la muerte; pero el regalo de Dios es la vida que dura para siempre, la cual nos da nuestro Señor Jesucristo.

La ley judía muestra lo que es pecado

7 Hermanos cristianos, estoy seguro de que comprenderán lo que voy a decir, porque conocen la ley y saben

Ahora pase a la página 193.

que tiene poder sobre un hombre mientras vive. ²Una mujer casada está unida por ley a su marido mientras éste viva. Pero si muere, la mujer quedará libre de la ley que la unía a él. ³Si se casa con otro hombre mientras su marido está vivo todavía, peca porque no es fiel a su esposo. Si su marido muere, ella quedará libre de la ley que la unía a él. Después de esto, podrá casarse con otro. No pecará al casarse con otro hombre. ⁴Hermanos cristianos, lo mismo da con ustedes. Estaban bajo el poder de la ley judía. Pero ahora están muertos a ella. Son de otro —de Cristo— que se levantó de entre los muertos. Esto es así, para que podamos ser lo que Dios quiere que seamos, y para que nuestras vidas den frutos para él. ⁵Cuando vivíamos para complacer a nuestros cuerpos, los deseos pecaminosos nos dominaban siempre. Queríamos hacer todo el tiempo lo que la ley judía dice que hagamos. Al vivir de esa manera, nuestro fin era la muerte; ⁶pero, ahora, estamos libres de la ley judía. Estamos muertos al pecado que antes nos dominaba. Ya no seguimos la ley judía, que era el camino antiguo. Seguimos el nuevo camino, el del Espíritu.

La ley judía y el pecado

⁷Entonces, ¿qué diremos? ¿Es pecado la ley? ¡De ninguna manera! Pero fue la ley la que mostró lo que es pecado. Yo no sabía que era pecado obedecer a los malos deseos; pero la ley dice: "No obedecerás a los malos deseos." ⁸La ley judía me hizo saber lo mucho que estaba pecando, pues deseaba toda clase de cosas. Porque sin la ley, el pecado está muerto. ⁹Yo estaba vivo, antes de saber lo que dice la ley que debo hacer. Entonces, vi que había violado la ley y supe que era pecador. La muerte era mi paga, debido a la ley. ¹⁰Se suponía que la ley judía iba a darme nueva vida; pero, en lugar de ello, me dio la muerte. ¹¹El pecado se abrió paso hasta mí, y me puso una trampa por la ley judía. Luego, el pecado me mató, usando la ley.

¹²La ley judía es santa. Cada una de las

leyes es santa, correcta y buena. ¹³Entonces, ¿quiere esto decir que la ley judía, que es buena, me trajo la muerte? ¡No! ¡De ninguna manera! Lo hizo el pecado. El pecado me trajo la muerte, por medio de la ley, aunque ésta es buena. De esta manera el pecado apareció tal y como es. Así pues, a causa de la ley, el pecado se hace mucho más malo.

Las dos clases de hombres

¹⁴Sabemos que la ley judía es buena y correcta; pero yo no lo que es malo y falso. No tengo poder sobre mí, sino que el pecado me domina. ¹⁵No me comprendo. Deseo hacer lo que es correcto pero no lo hago. En lugar de ello, hago precisamente lo que odio. ¹⁶Cuando hago lo que no deseo hacer, ello me demuestra que la ley es correcta y buena. ¹⁷Así, no lo hago yo, sino el pecado que vive en mí. ¹⁸Sé que no hay nada bueno en mí, o sea, en la carne; porque quiero hacer el bien y no lo hago. ¹⁹No hago el bien que quiero, pero hago siempre las cosas malas que no quiero hacer. ²⁰Si hago siempre lo que no quiero hacer, eso quiere decir que ya no soy yo quien lo hace. Es el pecado que vive en mí. ²¹Ese ha llegado a ser mi modo de vivir: cuando quiero hacer lo bueno, hago siempre lo malo. ²²Mi corazón y mi mente están de acuerdo con la ley de Dios. ²³Pero hay una ley diferente, que obra en lo más profundo de mí y lucha contra mi voluntad. Esta ley del pecado me tiene bajo su poder, porque el pecado está todavía en mí. ²⁴¡No hay felicidad en mí! ¿Quién puede librarme de mi antiguo yo pecador? ²⁵La ley de Dios tiene poder sobre mi mente; pero el pecado domina todavía mi viejo yo pecador. ¡Doy gracias a Dios que puedo estar libre por medio de Jesucristo, nuestro Señor!

El Espíritu Santo nos liberta

8 Ahora, por causa de esto, los que pertenecen a Cristo no sufrirán el castigo del pecado. ²El poder del Espíritu Santo me ha librado del poder del pecado y de la muerte. Este poder es mío, porque pertenezco a Cristo. [3]La ley judía no podía librarme del poder del pecado y la muerte. Era débil porque se ejercía sobre seres humanos débiles, pero Dios envió a su propio Hijo. Vino a la tierra con un cuerpo físico, que podía ser tentado a pecar, como podemos serlo nosotros en nuestros cuerpos. El se dio para acabar con el pecado. Al hacerlo, acabó con el poder que el pecado tenía sobre nosotros. [4]En esta manera, Jesús hizo por nosotros lo que la ley judía decía que era necesario hacer. Ya no hacemos lo que nuestro viejo yo pecaminoso nos dice que hagamos. Ahora, hacemos lo que quiere el Espíritu Santo que hagamos. [5]Los que permitan que su antiguo yo pecador les indique lo que van a hacer viven bajo el poder del antiguo yo pecador; pero los que dejan que el Espíritu Santo les indique lo que deben hacer están bajo su poder. [6]Si su antiguo yo pecador domina sus mentes, eso lleva a la muerte. Pero si el Espíritu Santo domina sus mentes, eso lleva a la vida y la paz. [7]La mente que sólo piensa en formas de satisfacción para el antiguo yo pecador está luchando contra Dios. No obedece las leyes de Dios; nunca puede. [8]Los que hacen lo que desea su antiguo yo pecador no pueden agradar a Dios.

[9]Pero ustedes no hacen lo que su antiguo yo pecador desea que hagan, sino lo que les indica que hagan el Espíritu Santo, si el Espíritu de Dios vive en ustedes. Nadie pertenece a Cristo, si no tiene dentro de sí el espíritu de Cristo. [10]Si Cristo está en ustedes, sus espíritus viven, porque están en paz con Dios y, no obstante, sus cuerpos están muertos, por causa del pecado. [11]El Espíritu Santo levantó a Jesús de entre los muertos. Si el mismo Espíritu Santo vive en ustedes, les dará vida a sus cuerpos, en la misma manera.

[12]Así pues, hermanos cristianos, no debemos hacer lo que nuestro antiguo yo pecador quiere que hagamos. [13]Si hacen lo que su antiguo yo pecador quiere que hagan, morirán en su pecado. Pero, si por el poder del Espíritu Santo, destruyen los actos que puedan gobernar el cuerpo, tendrán vida. [14]Todos los que son guiados por el Espíritu Santo son hijos de Dios. [15]No deben portarse como personas esclavas de alguien, que siempre tienen miedo. En lugar de ello, el Espíritu Santo nos hace sus hijos. Podemos llamarle a él "Padre", [16]porque el Espíritu Santo nos habla y le dice a nuestro espíritu que somos hijos de Dios. [17]Si somos hijos de Dios, recibiremos todo lo que Dios nos ha prometido. Compartiremos con Cristo todas las cosas que Dios le ha dado. Pero, para compartir su grandeza, debemos compartir también su sufrimiento.

Otro cuadro del futuro

[18]Estoy seguro que nuestro sufrimiento presente no puede compararse a la grandeza que él nos dará. [19]Todo lo que se hizo en el mundo espera el día en que Dios dará a conocer a sus hijos. [20]Todo lo que se hizo en el mundo es vano. No es que el mundo quisiera ser así, sino que Dios permitió serlo. Sin embargo, hay esperanza. [21]Todo lo que se hizo en el mundo se librará del poder que puede destruir. Se librarán del mismo modo que se libran los que se hacen hijos de Dios. [22]Sabemos que todo lo que hay en la tierra llora de dolor, como la mujer que está dando a luz a un hijo. [23]También nosotros lloramos por dentro, los que hemos recibido el Espíritu Santo. El Espíritu Santo es el primer regalo de Dios para nosotros. Esperamos el convertirnos por completo en sus hijos, cuando nuestros cuerpos sean librados. [24]Fuimos salvados con esta esperanza ante nosotros. Esperanza quiere decir que estamos esperando algo que no tenemos. Porque, ¿cómo puede alguien estar esperando algo que ya tiene? [25]Pero si esperamos algo que todavía no vemos, debemos aprender a esperar.

[26]En la misma manera, el Espíritu Santo nos ayuda cuando somos débiles. No sabemos cómo orar ni qué pedir; pero

el Espíritu Santo le ruega a Dios por nosotros, con sonidos que no pueden expresarse en palabras. 27Dios conoce los corazones de los hombres y sabe lo que está pensando el Espíritu Santo porque, conforme a la voluntad de Dios, ruega por los que son de Cristo.

Dios nos da su grandeza

28Sabemos que Dios hace que todas las cosas sean para bien a los que le aman y han sido escogidos para formar parte de su plan. 29Dios sabía desde el principio quiénes iban a creer en él. Por eso, los escogió y los hizo semejantes a su Hijo. Cristo fue el primero y todos los que pertenecen a Dios son sus hermanos. 30A los que escogió, llamó; a los que llamó, les hizo estar bien con él; y a los que hizo estar bien con él, les hizo compartir su grandeza.

31¿Qué podemos decir de todas estas cosas? Puesto que Dios está con nosotros, ¿qué importa quién está contra nosotros? 32Dios no guardó para sí a su propio Hijo, sino que nos lo dio a todos nosotros. Entonces, con su Hijo, ¿no nos dará también todas las cosas? 33¿Quién puede decir algo contra el pueblo que Dios ha escogido? Es Dios el que dice que están bien con él. 34Entonces, ¿quién puede decir que son culpables? Fue Jesucristo que murió, se levantó de entre los muertos y está a la derecha de Dios, rogando por nosotros. 35¿Qué puede apartarnos del amor de Cristo? ¿Las dificultades o los problemas? ¿El sufrir los daños que otros nos hagan o la falta de alimento? ¿El no tener ropa o el peligro de guerra? 36Las sagradas escrituras dicen: "Porque te pertenecemos, estamos todo el tiempo en peligro de morir. Se nos considera como ovejas listas para el matadero" (Salmo 44:22). 37Pero tenemos poder sobre todas esas cosas por Jesucristo, que tanto nos ama. 38Porque sé que ¡nada ni nadie puede apartarnos del amor de Dios! Ni la muerte, ni la vida, ni ángeles, ni dirigentes, ni ningún poder, ni los sufrimientos presentes o futuros, 39ni lo alto, ni lo bajo, ni ninguna criatura viviente. ¡Nada ni nadie puede apartarnos del amor de Dios, que es nuestro, por Jesucristo nuestro Señor!

El pueblo escogido por Dios

9 Digo la verdad porque soy de Cristo. El Espíritu Santo dice a mi corazón que no miento. 2Tengo mucha tristeza y el dolor de mi corazón nunca termina. 3Deseo aun ser separado de Cristo, si eso ayudara a salvar a mi pueblo del castigo del pecado. 4Son de la misma carne y la misma sangre que yo, judíos, del pueblo escogido. Dios compartió con ellos su grandeza; les dio su ley y su acuerdo. Les hizo sus promesas. 5Los antiguos predicadores salieron de esta familia. Cristo mismo nació de carne de esta familia. Ahora él está sobre todas las cosas. ¡Gracias y honra le sean dadas por siempre a Dios! Así sea.

6No digo que Dios no cumple sus promesas. No todos los judíos son del pueblo que Dios escogió para sí. 7Dios dijo a Abraham: "Sólo la familia de Isaac será tu familia" (Génesis 21:9-12). 8Esto quiere decir que no todos los hijos de Abraham son hijos de Dios. Sólo son sus hijos los que nacieron según la promesa de Dios a Abraham. 9Esta fue la promesa que hizo Dios: "El año próximo, vendré como en este tiempo, y Sara tendrá un hijo" (Génesis 18:10). 10Y no sólo esto, sino más tarde, también Rebeca, quien dio a luz gemelos. Isaac fue su padre. 11Aun antes de nacer los dos hijos, pudimos ver el plan de la elección de Dios y su derecho divino de escoger a quien quisiera. Fue algo que el hijo mayor no podía cambiar aunque quisiera, pues fue antes de hacer los dos algo bueno o malo. 12A Rebeca le fue dicho: "El hijo mayor trabajará para el menor." 13Las sagradas escrituras dicen: "Yo amaba a Jacob; pero no quise a Esaú" (Malaquías 1:2).

14Entonces, ¿qué diremos de eso? ¿Que Dios no es bueno? ¡No! ¡De ninguna manera! 15Dios le dijo a Moisés: "Estaré lleno de amor y tendré compasión con quienes yo quiera" (Exodo 33:19). 16Esas cosas buenas de Dios no se dan a alguien porque esa persona las quiera o porque trabaje para tenerlas, sino por el gran amor de Dios. ¹⁷Por ejemplo, las sagradas escrituras dicen de Faraón: "Te hice dirigente por esta razón: Te utilicé para mostrar mi poder, para que mi nombre fuera conocido en toda la tierra" *(Exodo 9:16)*. ¹⁸De manera que Dios está lleno de amor con algunos; mas con otros, les hace duro el corazón.

¹⁹Pero ustedes me preguntarán: "¿Por qué culpa Dios a los hombres por lo que hacen? ¿Quién puede ir en contra de lo que Dios quiere?" ²⁰¿Quiénes son ustedes para responder a Dios? Un vaso de barro no dice al hombre que lo hace: "¿Por qué me haces de esta forma?" ²¹El hombre que hace los vasos tiene derecho de usar el barro como quiera. Puede hacer dos vasos con el mismo pedazo de barro. Uno de ellos puede ser para un uso importante y el otro para uso común. ²²Puede ser que Dios desee mostrar su poder y su ira contra el pecado, esperando mucho tiempo por hombres quienes realmente están listos a ser destruidos. ²³Dios también quería mostrar su grandeza a aquellos que habían recibido su gran amor. Los preparó para su grandeza desde el principio. ²⁴Nosotros somos los escogidos. Dios no sólo escogió judíos, sino también no judíos. ²⁵En el libro de Oseas, dice: "Llamaré al que no era mi pueblo 'pueblo mío'. Y a los no amados, 'amados'" *(Oseas 2:23)*. ²⁶En otro lugar dice: "Ustedes que no son mi pueblo serán llamados hijos del Dios vivo" *(Oseas 1:10)*. ²⁷También Isaías dijo, acerca de los judíos: "Aunque hubiera tantos judíos como arena en la orilla del mar, sólo unos pocos de ellos se salvarán del castigo del pecado. ²⁸Porque el Señor hará en la tierra lo que dice en su palabra, 'Obraré con rapidez', cuando dice lo que pasará aquí" *(Isaías 10:22, 23)*. ²⁹Isaías dijo también: "Si Dios no hubiera dejado a algunos de los judíos, todos hubiéramos sido destruidos, como el pueblo que vivía en las ciudades de Sodoma y Gomorra" *(Isaías 1:9)*.

Los judíos y las buenas nuevas

³⁰¿Qué podemos decir de todas estas cosas? Los no judíos no fueron puestos bien ante Dios mediante la ley. Fueron aceptados porque creyeron en él. ³¹Los judíos trataron de ser buenos, obedeciendo la ley; pero tampoco quedaron bien ante Dios. ³²¿Por qué? Porque no creyeron en Dios. Trataron de ser aceptados por Dios, siguiendo la ley, y se tropezaron en la piedra más importante (Cristo). ³³Las sagradas escrituras dicen: "¡Escucha! Pongo en Jerusalén una piedra en la que se tropezará la gente, y se caerá. Pero la persona que ponga su confianza en esa piedra (Cristo) no será avergonzada" *(Isaías 28:16)*.

Los judíos han tratado de hacer su propio camino

10 Hermanos cristianos, el deseo de mi corazón y mi ruego a Dios es que los judíos puedan salvarse del castigo del pecado. ²Sé que tienen un fuerte deseo de Dios pero no saben lo que deben saber de esto. ³No han sabido cómo Dios acepta a los hombres, y en lugar de ello, han tratado de hacer su propio camino. No han sido aceptados por Dios porque no han hecho lo que Dios dijo que es necesario hacer. ⁴Porque Cristo le puso fin a la ley judía para que cualquiera que cree en él esté bien ante Dios y tenga paz con él.

⁵Moisés escribió que el hombre que obedece la ley debe vivir por ella; ⁶pero cuando un hombre cree en Cristo, tiene paz con Dios. No necesita preguntar: "¿Quién irá al cielo a traer a Cristo?" ⁷Ni tampoco: "¿Quién va a bajar al abismo para levantar a Cristo de entre los muertos?" ⁸Esto es lo que dice: "Las buenas nuevas están cerca de ti, en tu boca y en tu corazón" *(Deuteronomio 30:14)*. Estas son las buenas nuevas de la fe en Cristo que predicamos. ⁹Si dicen con su boca que Jesús es el Señor y creen en sus corazones que Dios lo levantó de entre los muertos, se salvarán del castigo del pecado. ¹⁰Cuando creemos en nuestros corazones, somos perdonados y recibi-

mos paz con Dios. Y con nuestra boca decimos cómo nos salvaremos del castigo del pecado. ¹¹Las escrituras dicen: "Todo aquel que en él creyere, no será avergonzado" *(Isaías 28:16)*. ¹²No hay diferencia entre los judíos y los que no son judíos. Todos son iguales ante el Señor. El es Señor sobre todos ellos. Da de su grandeza a todos los que le piden ayuda. ¹³Porque todo aquel que invoque el nombre del Señor, se salvará del castigo del pecado.

¹⁴¿Cómo, pues invocarán su nombre, los que no han creído en él? ¿Y cómo creerán en aquel del que no han oído? ¿Y cómo pueden oír hablar de él, si no hay alguien que les predique: ¹⁵¿Y cómo predicarán si no son enviados? La escritura dice: "¡Los pies de los que llevan las buenas nuevas son hermosos!" *(Isaías 52:7)*.

¹⁶Pero no todos han dado atención a las buenas nuevas. Isaías dice: "Señor, ¿quién ha creído lo que hemos dicho?" *(Isaías 53:1)*. ¹⁷Así, la fe nos llega al escuchar las buenas nuevas, y las buenas nuevas llegan cuando hay alguien que las predica. ¹⁸Y pregunto: "¿No han oído?" Seguro que oyeron. Las escrituras dicen: "Su voz se oyó por toda la tierra. Las buenas nuevas se predicaron hasta los confines de la tierra" *(Salmo 19:4)*. ¹⁹Vuelvo a preguntar: "¿No comprendieron los judíos?" Ante todo, Moisés dice: "Os provocaré a envidia con gente que no es mía. Haré que se enojen con una nación insensata, de gente que no comprende" *(Deuteronomio 32:21)*. ²⁰Isaías usa palabras todavía más fuertes: "Me encontraron los que no me buscaban. Me mostré a quienes no preguntaban por mí" *(Isaías 65:1)*. ²¹Esto es lo que dice Dios sobre los judíos: "Todo el día tendí la mano a un pueblo que no me obedece, y que trabaja contra mí" *(Isaías 65:2)*.

La misericordia de Dios hacia los judíos

11 Así pues, pregunto: "¿Ha dejado Dios a su pueblo?" ¡No! ¡De ninguna manera! Yo también soy judío, descendiente de Abraham y de la familia de Benjamín. ²Dios no ha dejado a su pueblo. Lo escogió desde el principio. ¿No saben lo que dice de Elías la escritura? ¿Saben lo que le dijo Elías a Dios contra los judíos? ³Dijo: "Señor, han matado a tus antiguos predicadores y destruido tus templos. Yo soy el único que queda y tratan de matarme." ⁴Pero, ¿qué le respondió Dios? Le dijo: "Tengo todavía a siete mil hombres, que no han adorado al falso dios Baal." ⁵Ahora pasa lo mismo. Unos pocos de entre los judíos fueron escogidos, por el gran favor de Dios. ⁶Si se salvan del castigo del pecado por el favor de Dios, no es porque los hombres hagan algo para salvarse. Si los hombres se lo ganaran haciendo algo, entonces el favor de Dios no sería un regalo. ⁷Así fue. Muchos judíos no obtuvieron lo que buscaban; sólo los que Dios escogió. Y se endurecieron los corazones de los demás, para que no comprendieran. ⁸La escritura dice lo siguiente sobre ellos: "Dios les dio corazones y mentes perezosos, ojos que no ven y oídos que no oyen, hasta hoy" *(Isaías 29:10)*. ⁹David dijo: "Que su mesa con la comida se convierta en trampa para detenerlos y hoyo para que caigan y sufran. ¹⁰Que sus ojos se cierren para que no puedan ver. Que sus espaldas no puedan enderezarse, por las cargas que les hacen cansados" *(Salmo 69:23)*.

¹¹Y pregunto: "¿Han caído los judíos de tal modo que se pierdan para siempre?" ¡No! ¡De ninguna manera! Quiere decir que los que no son judíos pueden salvarse del castigo del pecado, porque los judíos pecaron al no creer en Cristo. Eso hizo que los judíos tuvieran ira contra los que no son judíos. ¹²El mundo recibió cosas buenas de Dios debido al pecado de los judíos. Porque los judíos no aceptaron el regalo de Dios, los no judíos recibieron cosas buenas de él. ¡Piensen cuánto más recibirá el mundo cuando los judíos cumplan el plan de Dios, creyendo en Cristo!

¹³Les estoy hablando a ustedes, los

Ahora pase a la página 319.

que no son judíos. Puesto que Dios me ha enviado a ustedes, quiero que sepan lo importante que es mi trabajo. ¹⁴Lo hago para que mi propio pueblo, los judíos, se llene de envidia. Así, puede ser que algunos de ellos se salven del castigo del pecado. ¹⁵Puesto que los judíos se han apartado, muchas otras personas de otras naciones se han salvado del castigo del pecado. Piensen en lo que será cuando también ellos sean recibidos. ¡Será como los muertos que vuelven a la vida!

¹⁶Si la primera rebanada es santa, todo el pan es santo. Y si las raíces son santas, lo serán también las ramas.

¹⁷Pero algunas de las ramas (que son los judíos) se rompieron y ustedes (los que no son judíos) fueron puestos en el lugar en que se rompieron las ramas. Ahora ustedes comparten la rica raíz del olivo. ¹⁸No estén orgullosos. No crean que son mejores que las ramas que se rompieron. Deben saber que no sostienen ustedes a la raíz, sino la raíz a ustedes. ¹⁹Pueden decir: "Se rompieron las ramas para dejarme lugar a mí." ²⁰Es cierto. Se rompieron porque no creyeron en Cristo. Y ustedes están allí sólo por su fe. No tengan orgullo. En lugar de ello, teman. ²¹Dios no conservó las primeras ramas (que son los judíos), de modo que tengan cuidado o no se conservarán en el árbol. ²²Veamos, pues, la bondad de Dios, y también su dureza. Es duro para los que caen; pero bondadoso para con ustedes, si siguen creyendo en él. Si no creen, también serán cortados. ²³Si los judíos creyeran en Cristo, Dios los pondría de nuevo en el árbol. Tiene poder para hacerlo. ²⁴Ustedes, los que no son judíos, fueron cortados de un olivo del campo y fueron puestos en un olivo cultivado, que no es el lugar natural para que crezcan. A Dios le sería fácil poner a los judíos en su propio olivo, porque son las ramas que le pertenecen.

El gran amor de Dios para todos

²⁵Hermanos cristianos, quiero que comprendan esta verdad que ya no es secreto. Esto evitará que piensen que son muy listos. Algunos judíos se han puesto duros, hasta que el número correcto de los que no son judíos se vuelva hacia Dios. ²⁶Luego, todos los judíos serán salvados, como lo dicen las escrituras: "El que salva del castigo del pecado saldrá de Jerusalén. Hará que los judíos dejen de hacer cosas malas" (Isaías 59:20, 21). ²⁷"Y esta es mi promesa a ellos, cuando les quite sus pecados" (Isaías 27:9).

²⁸Los judíos están luchando contra las buenas nuevas, porque las odian. Esto les ha ayudado a ustedes, que no son judíos. Pero Dios ama todavía a los judíos, porque los ha escogido por su promesa hecha a sus padres. ²⁹Dios no cambia de opinión cuando escoge a los hombres y les da sus regalos. ³⁰Antes, ustedes no obedecían a Dios; pero cuando los judíos no recibieron el regalo de Dios, ustedes lo aceptaron. ³¹Los judíos no obedecerán ahora, para que la bondad de Dios para ustedes algún día les haga volver a él. Entonces, también los judíos podrán tener su misericordia. ³²Dios ha dicho que todos los hombres han violado su ley, pero estará lleno de amor hacia todos.

³³¡Son tan grandes las riquezas de Dios! ¡Son tan profundas las cosas que sabe! Nadie puede comprender sus pensamientos ni sus caminos. ³⁴La escritura dice: "¿Quién conoce la mente del Señor? ¿Quién puede decirle qué hacer?" (Isaías 40:13, 14). ³⁵"¿O quién le dio a él primero, para que le sea pagado?" (Job 35:7; 41:11).

³⁶Todo viene de él. Su poder mantiene todas las cosas. Todo fue creado por él. Que sea honrado para siempre. Así sea.

Nuestros cuerpos deben ser una ofrenda viva

12 Hermanos cristianos, les pido de corazón que le den sus cuerpos a Dios, por su bondad para con nosotros. Que nuestros cuerpos sean un regalo vivo y santo, hecho a Dios. Esto le agrada. Es la verdadera adoración que deben darle a él. ²No hagan como la gente pecadora del mundo. Más bien, permitan que Dios cambie sus vidas y que les dé mentes nuevas. Entonces sabrán lo que quiere Dios que hagan. Y las cosas que hagan serán buenas, agradables y perfectas.

La iglesia de Dios y las capacidades que él usa

³Dios me ha dado su favor. El me ayuda a escribirles estas cosas. A cada uno de ustedes, le pido que no tenga más alto concepto de sí que el que debe tener. Al contrario, que cada quien piense en sí como debe, de acuerdo con la fe que Dios le ha dado. ⁴Nuestros cuerpos tienen muchas partes, y ninguna de ellas tiene los mismos usos que las demás. ⁵Hay muchas personas que pertenecen a Cristo. Sin embargo, somos un cuerpo, el cuerpo de Cristo. Todos somos diferentes; pero dependemos unos de otros. ⁶Todos tenemos capacidades diferentes, que Dios nos ha dado por su favor. Debemos usarlas. Si alguien tiene la capacidad de predicar las buenas nuevas, debe predicar. Debe usar la fe que Dios le ha dado. ⁷Si alguien tiene la capacidad de ayudar a otros, debe ayudar. Si alguien tiene la capacidad de enseñar, debe enseñar. ⁸Si alguien tiene la capacidad de decir palabras de consuelo y ayuda, debe decirlas. Si alguien tiene la capacidad de compartir lo que tiene, debe dar con corazón lleno de alegría. Si alguien tiene la capacidad de dirigir a otros, debe dirigirlos. Si alguien tiene la capacidad de ser bondadoso con otros, debe sentirse feliz al hacerlo.

Modos en que los cristianos pueden ayudar a otros cristianos

⁹Su amor debe ser verdadero. Pongan a un lado el pecado y guarden lo que es bueno. ¹⁰Tengan amor unos a otros como hermanos cristianos. Muestren respeto unos por otros. ¹¹No sean perezosos, sino trabajen siempre con esfuerzo. Trabajen por el Señor con un corazón lleno de amor. ¹²Tengan gozo en su esperanza y no se rindan en las dificultades. No dejen que haya nada que les impida orar. ¹³Compartan lo que tengan con hermanos cristianos que tengan necesidad, dando comida y un lugar de descanso a quienes lo necesiten. ¹⁴Oren y den gracias por los que los persiguen. Sí, oren por ellos, en lugar de hablar en contra de ellos. ¹⁵Sean felices con quienes están felices, y tristes con los que están tristes. ¹⁶Vivan en paz unos con otros, no obren ni piensen con orgullo, y estén contentos cuando están con los pobres. No piensen que son sabios. ¹⁷Cuando alguien les haga algo malo, no le correspondan con algo malo, sino que traten de hacer lo que todos los hombres saben que es correcto y bueno. ¹⁸Hasta donde puedan, vivan en paz con todos los hombres. ¹⁹Hermanos cristianos, no tomen venganza nunca de alguien por el mal que les ha hecho. Dejen que la ira de Dios caiga sobre esa persona, porque la escritura dice: "Mía es la venganza; yo pagaré, dice el Señor" (Deuteronomio 32:35). ²⁰"Si el que los odia tiene hambre, denle de comer. Si tiene sed, denle agua. Si lo hacen así, harán que él tenga más vergüenza de sí mismo" (Proverbios 25:21, 22). ²¹No permitan que el pecado tenga poder sobre ustedes. ¡Que el bien tenga poder sobre el pecado!

Obedezcan a los dirigentes del país

13 Toda persona debe obedecer a los dirigentes del país. Sólo Dios da poder, y todos los dirigentes tienen el permiso de Dios. ²La persona que no obedezca a los líderes del país se opone a lo que Dios ha hecho. Todo el que obre así será castigado.

³Los que hacen el bien no tienen que temer a los dirigentes. Los que obran mal les tienen miedo. ¿Quieres no temer a los dirigentes? Entonces, haz lo que es correcto. Así serás respetado. ⁴Los líderes son obreros de Dios para ayudarte. Si haces el mal, debes tener miedo, pues tienen poder para casti-

garte. Trabajan para Dios, pues hacen lo que Dios desea que se les haga a los que hacen el mal.

[5]Deben obedecer a los dirigentes del país, no sólo para evitar problemas, sino para que sus propios corazones tengan paz. [6]Paguen ustedes sus impuestos. Porque los dirigentes del país son trabajadores de Dios que se ocupan de esas cosas. [7]Paguen impuestos a quienes deban pagarlos. Teman a quienes deben temer. Respeten a los que deben respetar.

Cómo debe vivir un cristiano con su vecino

[8]No deban nada a nadie, sino ámense unos a otros. Quien ama a su vecino ha hecho lo que la ley dice que hay que hacer. [9]La ley dice: "No cometerás ningún pecado sexual. No matarás a nadie. No robarás. No dirás mentiras de otras personas. No desearás algo que es de otra persona." La ley dice también que esa y otras muchas leyes se reducen a una sola: "Amarás a tu vecino como a ti mismo." [10]Alguien que ama a su vecino no le hará mal. Así que, con amor se guarda la ley.

[11]Hay otra razón para hacer el bien. Saben que ya es tiempo de despertarnos del sueño. El momento en que seremos llevados para estar con Cristo no está tan lejos como cuando creímos en él. [12]La noche casi ha pasado, y el día está para llegar. Debemos dejar de hacer las cosas del pecado que se hacen en la oscuridad. Pongámonos las cosas que Dios nos ha dado para luchar con ellas durante el día. [13]Debemos vivir siempre como si fuera de día. Apartémonos de las fiestas malas y las borracheras. Guardémonos limpios de pecados del sexo y las malas acciones. No peleemos, ni tengamos envidia. [14]Seamos enteramente de Jesucristo y no dejemos que nuestros débiles pensamientos nos conduzcan a actos de pecado.

Ayuden a cristianos débiles

14 Si hay alguien cuya fe es débil, sean amables y recíbanlo sin disputar sobre lo que piensa. [2]Un hombre cree que se debe comer de todo; y otro, cuya fe es débil, sólo come verduras. [3]El que come de todo no debe creer que es mejor que el que come verduras; y el que come verduras no debe decir que el que come de todo es malo, porque Dios lo ha recibido. [4]¿Quién eres tú para decir si obra bien o mal el trabajador de otra persona? Es a su propio dueño que rinde cuentas. El Señor puede ayudarlo.

[5]Un hombre piensa que un día es más importante que otro. Otro cree que todos los días son iguales. Cada uno debe estar seguro de su opinión. [6]El hombre que adora en cierto día, lo hace para honrar al Señor. El que come carne, lo hace para honrar al Señor dándole gracias a Dios por lo que come. El otro no come carne. En esta forma, honra al Señor y también da gracias a Dios.

[7]Porque nadie vive sólo para sí, ni muere sólo para sí. [8]Si vivimos, es para el Señor; y si morimos, es para el Señor. Si vivimos o morimos, le pertenecemos al Señor. [9]Cristo murió y volvió a vivir, por eso es Señor de los vivos y de los muertos. [10]¿Por qué tratas de decir que tu hermano cristiano es bueno o malo? Todos estaremos delante del lugar en que se siente Cristo, cuando él diga si somos, o no somos, culpables. [11]La escritura dice: "Vivo yo, dice el Señor, que ante mí se doblará toda rodilla. Y toda lengua dirá que yo soy Dios." [12]Cada uno de nosotros le responderá a Dios por nosotros mismos.

[13]Así pues, debemos dejar de decir que pensamos que alguna otra persona es mala. En lugar de ello, decidamos vivir de tal modo que nuestros hermanos cristianos no tengan razón para tropezar o caer por culpa nuestra. [14]Cristo me ha hecho saber que, de por sí, todo es limpio. [15]Si tu hermano cristiano se siente herido por algún alimento que comes, ya no estás viviendo con amor. No destruyas al hombre por quien murió Cristo por el alimento que comes. [16]No den lugar, pues para que se hable mal de lo que ustedes tienen por bue-

no, ¹⁷porque el reino de Dios no es comida ni bebida, sino bondad, paz y gozo por el Espíritu Santo. ¹⁸Si siguen a Cristo en esas cosas, Dios estará contento con ustedes, y también los hombres los aceptarán.

¹⁹Trabajemos por las cosas de la paz. Ayudémonos unos a otros a ser cristianos más fuertes. ²⁰No destruyas la obra de Dios por causa de la comida. Todas las cosas son buenas para comer, pero es malo comer algo que haga que alguien caiga en el pecado. ²¹Bueno es no comer carne, ni beber vino, ni nada en que tu hermano caiga. ²²Guarda lo que crees entre Dios y tú. Un hombre se siente feliz cuando sabe que está obrando bien. ²³Pero si tienes dudas sobre lo que comes, Dios dice que eres culpable si lo comes. Es así porque estarás comiendo sin creer. Todo lo que no se hace con fe es pecado.

Vive agradando a tus vecinos

15 Los que tenemos una creencia firme debemos ayudar a los de creencia débil, sin buscar sólo nuestro propio placer. ²Cada uno de nosotros debe vivir para agradar a sus vecinos. Esto les ayudará a crecer en fe. ³Cristo no buscó agradarse a sí mismo, como las sagradas escrituras dicen: "Los insultos que lanzaron contra ti cayeron sobre mí" *(Salmo 69:9).* ⁴Las cosas que se escribieron antes en las sagradas escrituras se escribieron para enseñarnos a nosotros, para que nuestra esperanza sea mayor por el consuelo que nos dan las escrituras. ⁵Ahora, el Dios que sostiene la esperanza de ustedes y les da fuerza, les ayudará para que estén unidos en Cristo Jesús, ⁶para que todos juntos puedan dar gracias al Dios y Padre de nuestro Señor Jesucristo.

Las buenas nuevas son para las gentes que no son judías

⁷Todos ustedes deben recibirse unos a otros como Cristo los recibió, porque esto honrará a Dios. ⁸Cristo vino a ayudar a los judíos. Esto demostró que Dios había hablado con la verdad a los antiguos padres y que siempre cumple lo que promete. ⁹También Cristo vino para que los que no son judíos le den gracias a Dios por su favor. Las sagradas escrituras dicen: "Por eso te confesaré entre los que no son judíos y cantaré a tu nombre" *(Salmo 18:49).* ¹⁰También dicen: "Los que no son judíos, estén llenos de alegría con su pueblo, los judíos" *(Deuteronomio 32:43).* ¹¹Y: "Den honra y gracias al Señor, todos los que no son judíos, que todos los pueblos lo alaben" *(Salmo 117:1).* ¹²Isaías dice: "Habrá uno de la familia de Isaí que será guía de los pueblos que no son judíos, su esperanza estará con él" *(Isaías 11:10).* ¹³Nuestra esperanza viene de Dios. Que él los llene de gozo y paz por la confianza que tienen en él, que el Espíritu Santo haga crecer cada vez más su esperanza.

¹⁴Estoy seguro de que ustedes son sabios y están llenos de bondad, de manera que pueden ayudar y enseñar unos a otros. ¹⁵Les he escrito duramente sobre algunas cosas; pero lo he hecho para que no las olviden. Dios me ayudó a escribirles así, ¹⁶para llevar el servicio de la predicación de Dios entre la gente que no es judía. Soy un siervo de Jesucristo. Hago saber las buenas nuevas de Dios para que los que no son judíos puedan ser como una ofrenda a Dios. El Espíritu Santo los separará para que Dios esté contento con ellos. ¹⁷Tengo razones para sentir orgullo por el trabajo que he hecho para Dios. Es porque yo pertenezco a Cristo Jesús. ¹⁸Sólo puedo hablar sobre lo que Cristo ha hecho por mí. He ayudado para que los que no son judíos le obedezcan. Esto lo he hecho con mis palabras y viviendo con ellos. ¹⁹Dios les mostró su poder por medio de mí, y el Espíritu Santo hizo grandes obras poderosas por mí, delante de ellos. He hecho saber las buenas nuevas de Cristo desde Jerusalén hasta el país de Ilírico. ²⁰Es mi deseo hacer saber las buenas nuevas en donde nunca antes se había hablado de ellas. Quiero predicar sólo donde no conozcan a Cristo. ²¹Las sagradas escri-

turas dicen: "Los que nunca supieron de él lo verán, y los que nunca oyeron de él entenderán" *(Isaías 52:15).*

Pablo espera visitar a los cristianos que viven en Roma

²²Por esto he tenido problemas que no me han permitido ir, ²³pero ahora he terminado mi trabajo aquí y como hace muchos años que deseo ir a visitarles a ustedes, ²⁴espero poder hacerlo ahora. Estoy haciendo planes para ir a España; y, en mi viaje a ese lugar, pasaré a verlos. Después de tener la gran alegría de estar con ustedes un tiempo, me podrán ayudar para continuar mi viaje. ²⁵Ahora tengo que ir a Jerusalén para entregar a los cristianos un regalo de dinero ²⁶que las iglesias de los países de Macedonia y Grecia decidieron enviar para ayudar a los cristianos pobres de Jerusalén. ²⁷De ellos, salió el deseo de hacerlo. Creo que deben ayudarlos en esta forma porque tienen muchas cosas qué agradecer a los cristianos de Jerusalén. Los judíos compartieron las buenas nuevas con los que no son judíos y, por esta razón, los que no son judíos deben compartir todo lo que puedan con los judíos. ²⁸Yo les entregaré este regalo de dinero y luego iré a visitarlos a ustedes cuando vaya camino a España. ²⁹Estoy seguro de que cuando llegue a ustedes, Cristo me dará muchas bendiciones que pueda compartir con ustedes.

³⁰Hermanos cristianos, les pido con todo el corazón, que oren mucho por mí. Se lo pido en el nombre de nuestro Señor Jesucristo. ³¹Oren para que Dios me guarde de los peligros de la gente que vive en el país de Judea, que no es cristiana. Oren también para que el trabajo que estoy haciendo para los cristianos de Jerusalén les sea útil. ³²Luego iré a verlos a ustedes, si Dios quiere, y me sentiré lleno de gozo. Estaremos juntos en paz. ³³Que el Dios nuestro que nos da la paz sea con todos ustedes. Así sea.

Pablo saluda a muchos amigos suyos

16 Quisiera hablarles sobre nuestra hermana en Cristo, Febe, que es una ayuda en la iglesia de la ciudad de Cencrea, ²para que los cristianos la reciban como a una hermana que es de la familia de Dios. Ayúdenla a ella en lo que puedan, porque ella ha ayudado a muchas personas y a mí también.

³Saluden a Priscila y a Aquila, quienes me ayudaron en el trabajo de Cristo ⁴y casi murieron por mí. No soy yo el único que está agradecido con ellos. También lo están todos en las iglesias de los que no son judíos. ⁵Saluden también a la iglesia que se reúne en casa de Priscila y Aquila. Saluden también a Epeneto, mi muy querido amigo, que fue el primer cristiano de Asia. ⁶Den mis saludos a María, quien ha trabajado mucho entre ustedes; ⁷también a Andrónico y a Junias, que son parientes míos y estuvieron prisioneros conmigo. Ellos confiaron en Cristo antes que yo y son muy bien conocidos entre los misioneros. ⁸Envío mis saludos a Amplias, a quien amo mucho en el Señor. ⁹Saluden a Urbano; él trabajó por Cristo con nosotros. Y también a Estaquis, mi amado amigo. ¹⁰Den mis saludos a Apeles, quien demostró ser fiel a Cristo. Saluden a toda la familia de Aristóbulo. ¹¹Envío mis saludos a Herodión, que es de mi familia, y también a los cristianos de la familia de Narciso. ¹²Saluden a Trifena y a Trifosa, que trabajan en el Señor. También a Pérsida, quien, como otros, ha trabajado mucho para Cristo. ¹³Saluden a Rufo, un buen creyente, y a su madre, quien ha sido como una madre para mí también. ¹⁴Den mis saludos a Asíncrito, a Flegonte, a Hermas, a Patrobas, a Hermes y a los hermanos que están con ellos. ¹⁵Saluden a Filólogo y a Julia, a Nereo, a su hermana, a Olimpas y a todos los cristianos que están con ellos. ¹⁶Salúdense unos a otros con un beso de amor santo. Todas las iglesias de Cristo les saludan.

¹⁷Les ruego, hermanos cristianos, que

tengan cuidado con los que hagan problemas y pleitos. Cuídense de los que trabajan en contra de las enseñanzas que han recibido. No se junten con ellos. [18]Los hombres que hacen esto no trabajan para nuestro Señor Jesucristo, sino que son siervos de sus propios deseos y usan palabras bonitas que a la gente le gusta oír. Pero muchos se dejan engañar por ellos. [19]Todos saben que ustedes han obedecido las enseñanzas que recibieron, y yo me siento gozoso con ustedes por esto. Sean, sin embargo, cuidadosos en estas cosas buenas y puros en cuanto a las cosas del pecado. [20]Dios, quien es nuestra paz, destruirá pronto al diablo y lo pondrá bajo sus pies.

Que el favor de nuestro Señor Jesucristo sea con ustedes.

[21]Timoteo, mi ayudante, les envía saludos. Lucio, Jasón y Sosípater, mis familiares, les saludan también.

[22]Yo, Tercio, que escribí esta carta para Pablo, les envío también mi saludo de hermano en Cristo.

[23]El hombre que me cuida, Gayo, y la iglesia que se reúne aquí les saludan. Erasto, el hombre a cargo del dinero de la ciudad y el hermano Cuarto les saludan también.

[24]El favor de nuestro Señor Jesucristo sea con todos ustedes. Así sea.

[25]Damos honra a Dios, que puede hacer que ustedes se hagan más fuertes mientras yo hablo de las sagradas escrituras de Cristo Jesús. Era un secreto oculto desde el principio del mundo, [26]pero ahora conocemos este secreto del cual escribieron los antiguos enviados de Dios, como fue el mandato del Dios que vive para siempre, para que lo sepa toda la gente y lleguen a creer en Dios y a obedecerlo.

[27]Que Dios, el único que es sabio, reciba el honor para siempre por medio de nuestro Señor Jesucristo. Así sea.

LA PRIMERA CARTA DE PABLO A LOS CORINTIOS

1 Esta carta es de Pablo, escogido por Dios para ser misionero de Jesucristo. Sóstenes, un hermano cristiano, también escribe. [2]Escribo a la iglesia de Dios en la ciudad de Corinto. Les escribo a aquellos que pertenecen a Jesucristo, a aquellos que son separados y hechos verdaderos cristianos por él. Escribo a los creyentes que en todos lugares invocan el nombre de Jesucristo. El Señor es nuestro y también de ellos. [3]Que ustedes tengan el favor de Dios nuestro Padre y del Señor Jesucristo.

Pablo da gracias por la fe de ellos

[4]Siempre doy gracias a Dios por ustedes. Doy gracias por el favor que Dios les ha dado porque pertenecen ustedes a Jesucristo. [5]El ha hecho ricas sus vidas en muchas maneras. Ahora ustedes tienen poder para hablar en su nombre. Les dio buen entendimiento. [6]Esto demuestra que lo que les dije acerca de Cristo era verdad. También demuestra que lo que Cristo ofrecía hacer en sus vidas, él, de veras, lo ha hecho. [7]Ustedes tienen los dones del Espíritu Santo que necesitan mientras esperan que el Señor Jesucristo venga otra vez. [8]Cristo les dará fuerza hasta que venga otra vez. No se hallará culpa en ustedes. [9]Dios es fiel. Les ha escogido para ser unidos juntamente con su Hijo, Jesucristo, nuestro Señor.

La iglesia en Corinto está dividida

[10]Hermanos en Cristo, les pido de todo corazón en el nombre del Señor

Jesucristo que no haya divisiones entre ustedes. No se dividan en grupos. Más bien, piensen y actúen como si todos tuvieran la misma mente. ¹¹Hermanos míos, he oído por algunos de la familia de Cloé, que hay pleitos entre ustedes mismos. ¹²He oído que algunos de ustedes dicen, "Yo soy seguidor de Pablo", o, "Yo soy seguidor de Apolos" o, "Yo soy seguidor de Pedro", o "Yo soy seguidor de Cristo." ¹³¿Está dividido Cristo? ¿Fue Pablo clavado en una cruz por los pecados de ustedes? ¿Fueron ustedes bautizados en el nombre de Pablo? ¹⁴Doy gracias a Dios que he bautizado solamente a Crispo y a Gayo. ¹⁵Nadie puede decir que ustedes fueron bautizados en el nombre de Pablo. ¹⁶(Recuerdo que bauticé también a la familia de Estéfanas, pero no recuerdo si bauticé a alguien más.) ¹⁷Cristo no me envió a bautizar; me envió a predicar las buenas nuevas. No usé palabras de sabiduría propia cuando prediqué. Si lo hubiera hecho, el poder de la cruz de Cristo hubiera sido en vano. ¹⁸La predicación acerca de la cruz parece tontería para aquellos que se mueren en sus pecados. Pero es poder de Dios para los que nos salvamos del castigo del pecado. ¹⁹Las sagradas escrituras dicen: "Destruiré la sabiduría de los sabios. Pondré a un lado los conocimientos de aquellos que creen saber mucho." ²⁰¿Dónde está el hombre que cree que lo sabe todo? ¿Dónde está el hombre que cree que tiene todas las respuestas? Dios ha hecho parecer la sabiduría de este mundo como tontería. ²¹Dios es sabio. El no permitió al hombre conocerle por medio de la sabiduría de este mundo. Le agradó a Dios salvar a los hombres del castigo del pecado por la predicación de las buenas nuevas. Esta predicación parece tontería. ²²Los judíos buscan ver obras poderosas. Los no judíos buscan una respuesta con sabiduría. ²³Pero nosotros predicamos que Cristo murió en una cruz para salvarnos de los pecados. Estas palabras les parecen obstáculo a los judíos. Y los que no son judíos piensan que son tonterías. ²⁴Cristo es el poder y la sabiduría de Dios para aquellos que son escogidos para ser salvados del castigo del pecado, sean judíos o no judíos. ²⁵El plan de Dios les pareció tontería a los hombres, pero es más sabio que el mejor plan de los hombres. El plan de Dios, que parece débil, es más fuerte que el más fuerte plan de los hombres.

²⁶Hermanos en Cristo, piensen en lo que eran cuando el Señor los llamó. Pocos de ustedes eran sabios, poderosos, o nacidos de familias importantes. ²⁷Pero Dios ha escogido lo que al mundo le parece tontería para avergonzar al fuerte. ²⁸Dios ha escogido lo que es débil y tonto en este mundo, lo que es odiado y desconocido, a fin de destruir las cosas en que confía el mundo. ²⁹De ese modo, ningún hombre puede sentirse orgulloso al estar en la presencia de Dios. ³⁰Dios mismo hizo el camino para que ustedes puedan tener una vida nueva por Jesucristo. Dios nos dio a Cristo para que él fuera nuestra sabiduría. Cristo nos hizo estar bien con Dios y nos apartó para Dios. Nos hizo verdaderos cristianos. Cristo nos compró con su sangre y nos libró de nuestros pecados. ³¹Es como dicen las sagradas escrituras: "Si alguno se jacta de algo, debe hacerlo en el Señor."

Pablo recibió las buenas nuevas de Dios

2 Hermanos en Cristo, cuando vine a ustedes, no prediqué los misterios de Dios con palabras difíciles o de sabiduría. ²Decidí que mientras estaba con ustedes, no hablaría otra cosa que Jesucristo y su muerte en la cruz. ³Cuando estuve con ustedes, fui débil y tenía miedo. ⁴Lo que tuve que decir cuando predicaba no fue con palabras de hombres sabios. Pero lo hice en el poder del Espíritu Santo. ⁵De este modo, ustedes no creen en Cristo a causa de la sabiduría de los hombres. Creen en Cristo por causa del poder de Dios.

La verdadera sabiduría viene de Dios

⁶Hablamos con sabiduría a los cristianos maduros. Esta sabiduría no es de este mundo o de los líderes de este

mundo. Ellos mueren, y su sabiduría muere con ellos. [7]Lo que predicamos es la sabiduría de Dios. Era un misterio hasta hoy. Antes de existir el mundo, Dios planeó para nosotros este honor. [8]Ninguno de los líderes de este mundo entendió esta sabiduría. Si la hubieran entendido, no hubieran matado a Cristo en una cruz. El es el Señor de la gloria. [9]Las sagradas escrituras dicen: "Ningún ojo ha visto, ningún oído ha escuchado, y ninguna mente ha pensado las cosas maravillosas que Dios ha preparado para los que le aman" *(Isaías 64:4 y 65:17).* [10]Dios nos ha mostrado estas cosas por su Espíritu Santo, el que ve todas las cosas, aun las cosas secretas de Dios, y nos las enseña. [11]¿Quién puede conocer las cosas acerca del hombre, sino el propio espíritu del hombre que hay en él? Con Dios sucede lo mismo. ¿Quién puede entenderlo, sino su Espíritu Santo? [12]Nosotros no hemos recibido el espíritu del mundo. Dios nos ha dado su Espíritu Santo para que conozcamos las cosas que él nos ha dado. [13]También hablamos de estas cosas. No usamos palabras de sabiduría de hombre. Usamos las palabras para decir lo que el Espíritu Santo quiere decir a aquellos que han puesto su confianza en él. [14]Pero la persona que no es cristiana no entiende las palabras del Espíritu Santo. Para él parecen ser locura. No puede entenderlas porque no tiene al Espíritu Santo para ayudarle a entender. [15]El cristiano maduro entiende todas las cosas; y, sin embargo, él mismo a veces no es entendido. [16]¿Quién tiene los pensamientos del Señor? ¿Quién puede decirle lo que él debe hacer? Mas nosotros tenemos la mente de Cristo.

3 Hermanos, yo no pude hablarles como a cristianos maduros. Les hablé como a hombres que no obedecen las cosas en que han sido enseñados. [2]Les hablé como si yo les fuera a dar leche, como a niños. No pude darles carne porque no estaban listos para ello. [3]Aún viven como si no fueran cristianos. Cuando ustedes tienen celos se pelean unos con otros. Están viviendo en pecado y portándose como los hombres pecadores del mundo. [4]Cuando uno dice, "Yo sigo a Pablo", y otro dice, "Yo sigo a Apolos", ¿no parece esto hablar como niños en Cristo? [5]¿Quién es Apolos? ¿Quién es Pablo? Solamente somos obreros que pertenecen a Dios. El nos dio dones para predicar su palabra. Y, a causa de eso, ustedes pusieron su confianza en Cristo. [6]Yo planté la semilla. Apolos la regó, pero fue Dios quien la hizo crecer. [7]Esto muestra que el que planta y el que riega no son los importantes. Dios es el importante. El la hace crecer. [8]El que planta y el que riega son parecidos; cada uno recibirá su paga. [9]Porque trabajamos junto con Dios, y ustedes son el campo de Dios. También ustedes son edificio de Dios. [10]A través del favor de Dios hacia mí, yo puse las piedras que iban a ser la base del edificio. Lo hice como alguien que sabía lo que estaba haciendo. Ahora otra persona está construyendo encima. Cada persona que edifica debe tener cuidado de cómo lo hace. [11]Jesucristo es la base sobre la cual deben ponerse otras piedras para el edificio. Esta base solamente puede ser Cristo. [12]Ahora, si un hombre construye sobre la base con oro, plata o piedras preciosas, o si edifica con madera, o paja u hojarasca, [13]la obra de cada persona será conocida. Habrá un día en que será probada con fuego. El fuego mostrará qué clase de obra es. [14]Si un hombre edifica una obra que dure, recibirá su pago. [15]Si la obra se quema, se perderá. Pero, él mismo será salvado, como si fuera por fuego.

[16]¿No saben que ustedes son el templo de Dios y que el Espíritu Santo vive en ustedes? [17]Si algún hombre destruye el templo de Dios, Dios lo destruirá a él. El templo de Dios es santo, porque es en ustedes que él vive. [18]No se hagan tontos ustedes mismos. Si alguien cree que sabe mucho de las cosas de este mundo, mejor que se volviera un tonto. Entonces puede volverse sabio. [19]La sabiduría de este mundo es tontería para

Dios. Las sagradas escrituras dicen: "El es el que los pone en una trampa cuando ellos usan su propia sabiduría" *(Job 5:13)*. 20También dicen: "El Señor conoce cómo piensa el hombre sabio. Su pensamiento no vale nada" *(Salmo 94:11)*. 21Como cristianos, no sean orgullosos de los hombres y de lo que pueden hacer. Todas las cosas pertenecen a ustedes. 22Pablo, Apolos y Pedro pertenecen a ustedes. El mundo, la vida y la muerte pertenecen a ustedes. Las cosas presentes y las que vienen pertenecen a ustedes. 23Ustedes pertenecen a Cristo, y Cristo pertenece a Dios.

4 Piensen en nosotros como obreros que pertenecen a Cristo. Nuestra tarea es compartir los secretos de Dios. 2Un obrero debe ser fiel a su patrón. Esto es lo que se espera de él. 3Lo más importante no es lo que ustedes u otras personas piensan de mí; aun lo que yo pienso de mí mismo no vale mucho. 4En cuanto a mí, mi corazón me dice que no soy culpable de nada. Pero esto no prueba que soy libre de culpa. Es el Señor quien conoce mi vida y dice lo que está mal. 5No se apresuren a decir quién es bueno o malo. Esperen hasta que el Señor regrese. El traerá a la luz las cosas que están escondidas en el corazón de los hombres. El mostrará por qué los hombres hicieron cada cosa. Cada hombre recibirá de Dios la alabanza que merece.

6Hermanos, he usado a Apolos y a mí mismo para mostrarles un ejemplo. Es para ayudarles a no pensar más de los hombres que lo que permite la palabra de Dios. Nunca piensen más de un obrero de Dios que de otro. 7¿Quién los ha hecho mejor que su hermano? O, ¿qué tienen que no les haya sido dado? Si Dios te ha dado todo, ¿por qué estás orgulloso? ¿Por qué vives como si Dios no te lo hubiera dado? 8Ya están llenos y son ricos. Ustedes viven como reyes y nosotros no. Yo quisiera que ustedes fueran reyes y que pudiéramos ser dirigentes con ustedes. 9Yo creo que Dios ha hecho un espectáculo de nosotros los misioneros. Somos los últi-

mos y los más odiados entre los hombres. Somos como los que están esperando la muerte. El mundo entero, tanto los hombres como los ángeles, nos están mirando. 10Somos tontos por causa de Cristo, pero ustedes son sabios en Cristo. Nosotros somos débiles, pero ustedes son fuertes. La gente los respeta, pero a nosotros no. 11Hasta ahora estamos hambrientos y sedientos, andamos mal vestidos; la gente nos pega y no tenemos casa en dónde vivir. 12Vivimos del trabajo de nuestras propias manos. Cuando nos insultan, los bendecimos. Cuando nos hacen mal, no decimos nada. 13Cuando la gente dice mentiras de nosotros, contestamos con bendición. La gente nos considera como basura, que no vale nada, y como lo peor del mundo hasta el día de hoy.

Sigan el modo de vivir de Pablo

14No les escribo estas cosas para avergonzarlos. Lo hago para ayudarles a saber lo que tienen que hacer, porque ustedes son mis hijos muy amados. 15Ustedes pueden tener diez mil maestros cristianos, pero recuerden que yo soy como un padre para ustedes. Ustedes llegaron a ser cristianos cuando les prediqué las buenas nuevas. 16De manera que les pido con todo mi corazón que sigan la vida que yo vivo. 17Por esta razón les he enviado a Timoteo. El es mi hijo amado y un cristiano fiel. El les dirá cómo me porto desde que soy cristiano. Esta es la clase de vida que enseño en todas las iglesias a donde voy.

18Algunos de ustedes son muy orgullosos. Piensan que no vendré a visitarlos. 19Si el Señor me lo permite, iré pronto. Cuando vaya, sabré si esa gente orgullosa tiene el poder de Dios, o si solamente usan palabras bonitas. 20El reino de Dios no se hace con palabras, sino en poder. 21¿Qué quieren ustedes? ¿Quieren que vaya a darles duro? ¿O prefieren que vaya con amor y gentileza?

El pecado de la iglesia

5 Alguien me ha dicho que hay pecados sexuales entre ustedes. Es

tan malo que aun los que no conocen a Dios no se atreven a hacerlo. Me han dicho que un hombre está viviendo con la mujer de su padre, como si fuera su propia mujer. ²En lugar de estar tristes, ustedes están orgullosos. El hombre que vive así debe ser sacado de entre ustedes. ³Yo estoy lejos de ustedes. Aunque yo no estoy allá, mi espíritu está con ustedes. Yo ya he dicho que ese hombre es culpable de este pecado. Digo esto, como si estuviera con ustedes. ⁴Reúnanse en la iglesia. Yo estaré con ustedes en espíritu. En el nombre del Señor Jesucristo y por su poder, ⁵entreguen a esta persona al diablo. Su cuerpo va a ser destruido, para que su espíritu pueda salvarse el día que regrese el Señor.

⁶No es bueno que tengan orgullo de las cosas que están pasando en su iglesia, pues saben que un poco de levadura entra en toda la masa con que se hace el pan. ⁷Limpien la vieja levadura y, entonces, serán nuevos, sin nada de lo viejo en ustedes. Los judíos sacrificaron corderos cuando salieron de Egipto. Así Cristo es nuestro cordero que ha sido sacrificado en el altar de Dios por nosotros. ⁸El pan con levadura representa el pecado y el odio. Comamos esta cena juntos con pan sin levadura, un pan puro y verdadero.

⁹Les dije en mi carta que no tuvieran trato con los que cometen pecados sexuales. ¹⁰No me refería a los no cristianos que cometen estos pecados. Tampoco a los no cristianos que siempre desean más riquezas, o a los que adoran a dioses falsos. Pues uno tendría que salir de este mundo para no tener trato con personas como ellas. ¹¹Lo que les escribí era que no tuvieran trato con aquellos que dicen ser hermanos cristianos y que cometen pecados sexuales, o que sean muy deseosos de riquezas, o que adoren dioses falsos, o que maldigan, o que se emborrachen, o que roben. Con estos "hermanos", no deben ni siquiera comer. ¹²No me toca a mí decidir si los que están fuera de la iglesia son culpables o no; pero sí, nos toca

decidir quiénes de los hermanos de la iglesia son culpables. ¹³Dios dirá si los que están fuera de la iglesia son culpables, pero ahora ustedes deben quitar el malo de su iglesia.

Yendo a la corte contra los cristianos

6 ¿Por qué van a las cortes cuando tienen algo contra otro cristiano? ¿No ven que ellos no son creyentes, y no pueden decidir sobre los cristianos? Deben ir a los que pertenecen a la iglesia y preguntarles. ²¿No sabían que los que son de Cristo algún día van a decidir si el mundo tiene culpa o no? Y si ustedes van a decirle a la gente que no pertenece a la iglesia que son culpables, ¿no pueden decidir también en las cosas pequeñas? ³¿O no saben que nosotros vamos a decidir también si los ángeles son culpables o no? Así que ustedes mismos deben encargarse de sus problemas en este mundo sin dificultades. ⁴Cuando tienen que decidir sobre asuntos de esta vida, ¿por qué van a la corte de los hombres que no son cristianos? ⁵Deben tener vergüenza. ¿Será verdad que en la iglesia no hay una persona con suficiente sabiduría que pueda decidir lo correcto, cuando la gente discute? ⁶En vez de eso, un cristiano lleva a otro cristiano a la corte. Y la corte se compone de personas que no son cristianas. ⁷Esto muestra que están equivocados cuando van a la corte contra otro. ¿No será mejor sufrir el daño? ¿No será mejor ser defraudados? ⁸En vez de esto, ustedes roban y hacen mal a otros cristianos.

El cuerpo es santo

⁹¿No saben ustedes que los pecadores no tendrán el reino de Dios? No sean engañados; pues una persona que comete pecado sexual, o que adora dioses falsos, o que no es fiel en su matrimonio, o los hombres que hacen pecados sexuales con personas del mismo sexo no entrarán en el reino de Dios. ¹⁰Ni tampoco los que roban, ni los deseosos de riquezas, ni los que toman cosas que no son suyas por engaño.

[11]Algunos de ustedes hacían estas cosas, pero ahora sus pecados ya han sido lavados. Ustedes han sido separados por Dios para servirle. Han sido puestos bien con Dios en el nombre de nuestro Señor Jesucristo y por medio del Espíritu de nuestro Dios.

[12]Yo puedo hacer todas las cosas, pero no es bueno hacer todo; y no las haré si va a ser difícil dejarlas cuando conviene. [13]El alimento es para el estómago, y el estómago necesita alimento, pero Dios pondrá fin al alimento y al estómago. El cuerpo no es para los pecados sexuales. El cuerpo pertenece al Señor. El Señor es para nuestro cuerpo. [14]Dios levantó al Señor de los muertos. También a nosotros nos levantará con su poder.

El cuerpo pertenece al Señor

[15]¿No saben ustedes que sus cuerpos son parte de Cristo? ¿Voy a tomar una parte de Cristo y hacerla parte de una ramera, es decir, de una mujer que vende su cuerpo? No, jamás lo haré. [16]¿No saben que el hombre que se junta con una ramera se hace parte de ella? Las sagradas escrituras dicen: "Los dos se hacen uno solo." [17]Pero si ustedes se juntan con el Señor, se hacen uno con el Espíritu Santo.

[18]¡Huyan de los pecados sexuales! Cualquier otro pecado que comete el hombre no daña su cuerpo, pero el que hace pecado sexual hace pecado contra su propio cuerpo. [19]¿No saben que su cuerpo es el templo de Dios, y que el Espíritu Santo vive en él? Dios les dio su Espíritu Santo y ahora ustedes pertenecen a Dios; ya no pertenecen a ustedes mismos. [20]Dios pagó un gran precio por ustedes, por tanto den honor a Dios con el cuerpo. Ustedes pertenecen a Dios.

Cómo deben vivir un esposo y su esposa

7 Ustedes me preguntaron algo en su carta, y yo les respondo esto: Es bueno para el hombre no casarse. [2]Pero, debido a las tentaciones del sexo, cada mujer debe casarse y tener su propio esposo; y cada hombre debe casarse y tener su propia esposa. [3]El hombre debe complacer a su esposa, siendo buen esposo. La mujer debe complacer a su esposo, siendo buena esposa. [4]La mujer no manda en su propio cuerpo, porque pertenece a su marido; y el hombre no manda en su propio cuerpo, porque pertenece a su esposa.

[5]No se nieguen el uno al otro, a menos que se pongan de acuerdo en dedicar el tiempo para orar. Pero luego júntense, para que el diablo no les incite al pecado, es decir, a hacer lo que no deben. [6]Esto es lo que yo pienso. No estoy diciendo que ustedes deben hacerlo. [7]Quisiera que todos fueran como yo, pero cada quien tiene su propio don que Dios le dio. Uno tiene un don, y otro tiene otro.

[8]Esto es lo que digo a los que no se han casado y a las viudas: Es bueno para ustedes no casarse, así como yo no soy casado. [9]Pero si ustedes no pueden dejar los deseos sexuales, cásense; pues es mejor casarse que pecar a causa de los deseos sexuales.

[10]Les digo esto a los que son casados, y estas palabras son del Señor: La esposa no debe dejar al esposo; [11]pero si lo deja, no debe casarse con otro. Sería mejor para ella regresar al lado de su esposo. El esposo tampoco debe dejar a su esposa. [12]Y yo les digo esto, y estas palabras son mías, no del Señor. Si un esposo cristiano tiene una esposa que no es cristiana, y ella quiere vivir con él, no debe dejarla. [13]Si una esposa cristiana tiene un esposo que no es cristiano, y él quiere vivir con ella, no debe dejarlo. [14]El esposo que no es cristiano es separado del pecado del mundo por causa de su esposa cristiana. La esposa que no es cristiana es separada del pecado del mundo por causa de su esposo cristiano. De esta manera las vidas de sus hijos son limpias de pecado. [15]Si el que no es cristiano quiere separarse, deje que se vaya. El que es cristiano no debe detener al otro, porque Dios quiere que vivan en paz. [16]Esposa cristiana, ¿cómo sabes si no ayudarás a tu esposo

para que también sea cristiano? Esposo cristiano, ¿cómo sabes si no ayudarás a tu esposa para que también sea cristiana?

Permanezcan como estaban cuando Dios los escogió

17Cada quien debe vivir la vida que el Señor le dio. Debe vivir como estaba cuando se hizo cristiano. Esto es lo que enseño en todas las iglesias. 18Si un hombre se hizo cristiano después de pasar por el rito mediante el cual los hombres se hacen judíos, no haga nada. Si un hombre se hizo cristiano antes de pasar por este rito, no cumpla con este rito. 19Si lo ha hecho o no, no significa nada. Lo importante es obedecer los mandamientos de Dios. 20Cada quien debe quedarse como era cuando se hizo cristiano. 21¿Eras un obrero que pertenecía a otro hombre cuando te hiciste cristiano? No te preocupes por ello. Si puedes hacerte libre, hazlo. 22Un obrero que es propiedad de alguien y que se hace creyente cristiano es un hombre libre ante el Señor. Un hombre libre que se hace cristiano es un obrero, propiedad de Cristo. 23Cristo pagó un gran precio por ustedes cuando los compró. No permitan que los hombres los hagan obreros suyos. 24Hermanos cristianos, cada uno debe permanecer como estaba cuando se hizo cristiano.

25No tengo mandamiento del Señor para las personas que nunca se han casado. Les diré lo que pienso. Pueden confiar en mí porque el Señor me ha dado su amor. 26Pienso, a causa de las dificultades que vendrán, es bueno que una persona no se case. 27¿Estás casado con una mujer? No trates de divorciarte; pero si no estás casado, no busques esposa. 28Si te casas, no es ningún pecado. Si una mujer que no es casada se casa, ella no comete pecado. Pero al casarse trae sus problemas. Me gustaría que estuvieran libres de esos problemas.

29Quiero decir esto, hermanos: el tiempo es corto. Un hombre casado debe usar su tiempo, como si no tuviera esposa. 30Los que lloran deben seguir trabajando, como si no lloraran. Los que tienen gozo deben seguir trabajando, como si no tuvieran tiempo para el gozo. Los que compran no deben usar tiempo para gozarse en lo que tienen. 31Mientras ustedes viven en este mundo, vivan como si no hubiera lugar para ustedes en el mundo. La manera de este mundo pronto desaparecerá.

32Quiero que estén libres de los cuidados de este mundo. El que no es casado puede ocupar todo su tiempo trabajando para el Señor y complaciéndolo. 33El que es casado se preocupa por las cosas del mundo, porque quiere agradar a su mujer. 34Hay diferencia entre la mujer casada y la que no es casada. La mujer que nunca se ha casado, puede ocupar todo su tiempo sirviendo al Señor. Quiere agradar al Señor con su cuerpo y con su espíritu. La mujer que es casada se preocupa por las cosas del mundo, porque quiere agradar a su esposo. 35Digo estas cosas para ayudarles. No digo que no deben casarse. Ustedes deben servir primeramente a Dios sin que otras cosas ocupen su tiempo.

36Si un hombre y una mujer piensan casarse y sus deseos de casarse son fuertes y ella es de edad, deben casarse. No es pecado. 37Pero si un hombre tiene las fuerzas de no casarse y sabe en su mente que no debe hacerlo, es sabio que no se case. 38El hombre que se casa hace bien, pero el que no se casa hace mejor.

39La esposa no es libre mientras vive su esposo. Si su esposo muere, ella es libre para casarse con quien desee, con tal que él sea un cristiano. 40Creo que será más feliz si ella no se casa otra vez. Esto es lo que yo creo. Creo que lo está diciendo el Espíritu Santo.

El alimento ofrecido a los dioses falsos

8 Quiero escribir acerca de los alimentos que se ofrecen a los dioses falsos. Todos sabemos algo acerca

de ello. El saber algo nos hace sentir importantes, pero el amor nos hace fuertes. ²La persona que piensa que lo sabe todo, aún tiene mucho que aprender. ³Pero si ama a Dios, entonces es conocida de Dios.

⁴¿Qué debemos pensar acerca de los alimentos ofrecidos a los dioses falsos? ¿Es correcto comerlos? Sabemos que los dioses falsos no son nada, porque solamente hay un Dios; no hay otro.

⁵Los hombres creen que hay muchos dioses y señores en el cielo y en la tierra. ⁶Pero sabemos que sólo hay un Dios. El es Dios Padre, y todas las cosas son de él. Nos creó para él. Sólo hay un Señor, Jesucristo. El hizo todas las cosas y nos mantiene con vida.

⁷No todos los hombres saben esto. Han ofrecido alimento a un dios falso, como si el dios estuviera vivo. Algunos lo han hecho toda su vida. Si comen estos alimentos, sus corazones les dicen que está mal. ⁸El alimento no nos acerca más a Dios. No somos peores si no comemos, ni tampoco somos mejores si comemos. ⁹Puesto que ustedes son libres para hacer todo lo que quieran, cuiden que esto no vaya a ofender a un cristiano débil. ¹⁰Un cristiano débil te puede ver comiendo alimento sacrificado a dioses falsos, y él puede hacer lo mismo. ¹¹Tú puedes hacer que el cristiano débil caiga en pecado por lo que tú haces. Recuerda que Cristo murió por ese hermano. ¹²Cuando haces pecado contra un cristiano débil, incitándolo a hacer algo malo, estás pecando contra Cristo. ¹³Por lo cual si el comer ciertos alimentos hace que mi hermano tropiece y caiga, yo no comeré esos alimentos. No quiero hacer que mi hermano cristiano cometa pecado.

Los derechos de un misionero

9 ¿No soy misionero? ¿No soy libre? ¿No he visto a nuestro Señor Jesucristo? ¿No son ustedes cristianos como resultado de mi servicio al Señor? ²Otras personas piensan que no soy un misionero, pero ustedes sí lo saben. La

prueba de que lo soy es que ahora ustedes son creyentes cristianos. ³Cuando la gente me pregunta acerca de esto, yo les digo: ⁴¿No tenemos derecho de comer y beber cuando trabajamos por el Señor? ⁵Tenemos derecho de llevar con nosotros a una esposa cristiana; los otros misioneros lo hacen. Los hermanos del Señor lo hacen. Pedro también. ⁶¿Sólo Bernabé y yo debemos seguir trabajando para vivir y predicar?

⁷¿Alguna vez han oído de un soldado que va a la guerra y paga para tener las cosas que necesita? ¿O alguna vez han oído de un hombre que plante un campo de uvas y no coma algo del fruto? ¿O alguna vez han oído de alguien que cría ganado y no toma de la leche del ganado? ⁸Estas cosas no sólo son correctas, según los hombres, sino la ley de Dios habla acerca de esto. ⁹En la ley que Dios le dio a Moisés dice: "No pondrás bozal al buey que trilla" *(Deuteronomio 25:4)*. ¿Se preocupa Dios por los bueyes? Seguro, pero esto fue escrito más bien para beneficio de nosotros. ¹⁰El hombre que prepara el campo y el que cosecha el grano esperan recibir un poco del grano. ¹¹Nosotros hemos sembrado la palabra de Dios entre ustedes. ¿Es mucho esperar que nos den lo que necesitamos para vivir cada día? ¹²Si otros tienen derecho de esperar de ustedes, ¿acaso no tenemos más derecho nosotros? Pero no hemos usado este derecho con ustedes. Hemos sufrido muchas cosas, y lo hicimos para que las buenas nuevas de Cristo no sean estorbadas.

¹³Ustedes deben saber que los que sirven en el templo comen de los alimentos que hay allí y que los que sirven en el altar toman una parte de los alimentos que hay en el altar. ¹⁴El Señor también ha dicho que los que predican las buenas nuevas deben vivir de los que oyen y obedecen las buenas nuevas.

¹⁵Yo no he hecho así entre ustedes, ni les estoy escribiendo para recibir algo. Primero, prefiero morir que perder la alegría de predicar entre ustedes aun-

que no me den nada. ¹⁶No puedo estar orgulloso porque predico las buenas nuevas; se me ha ordenado que lo haga. Yo estaría mal si no predicara las buenas nuevas. ¹⁷Si lo hago porque quiero hacerlo, recibiré mi pago; si no quiero hacerlo, de todos modos tengo que hacerlo. ¹⁸Entonces, ¿dónde está mi pago? Lo tengo cuando predico las buenas nuevas sin cobrar nada. No les pido que me paguen, aunque tengo derecho de hacerlo.

Aprendiendo a adaptarse

¹⁹Ningún hombre tiene autoridad sobre mí, pero yo me he hecho siervo de todos. Lo hago para que pueda conducir más personas a Cristo. ²⁰Con los judíos, vivo como judío para poderlos llevar a Cristo. Algunos viven obedeciendo la ley judía; y yo vivo obedeciendo esta ley a fin de que pueda conducirlos a Cristo. ²¹Hay algunos que no obedecen la ley judía; y entonces vivo como uno que no obedece esta ley para que pueda conducirlos a Cristo. (Esto no quiere decir que yo no obedezca la ley de Dios. Yo obedezco las enseñanzas de Cristo.) ²²Algunos son débiles; y yo vivo como débil para poder conducirlos a Cristo. Vivo como viven los demás, a fin de poder conducir a algunos a Cristo. ²³Todo lo que yo hago es para llevar las buenas nuevas a los hombres, pues es lo que quiero más que nada.

Vivan una vida que agrada a Cristo

²⁴Ustedes saben que solamente una persona gana el premio cuando muchas personas corren en carreras. Ustedes deben correr de tal manera que ganen el premio. ²⁵Todos los que corren en una carrera se preparan para que su cuerpo esté fuerte. Ellos lo hacen para obtener un premio que pronto no valdrá nada, pero nosotros trabajamos por un premio que durará para siempre. ²⁶De la misma manera yo corro para llegar directamente al final de la carrera; corro para ganar. No golpeo en el aire. ²⁷Pongo en disciplina a mi cuerpo y lo obligo a obedecerme. Hago esto porque tengo miedo que habiendo predicado las buenas nuevas a otros, yo mismo sea dejado fuera.

El peligro de adorar dioses falsos

10 Hermanos en Cristo, quiero que sepan lo que pasó a nuestros antiguos padres. Salieron del país llamado Egipto bajo una nube que les mostraba el camino. Todos ellos pasaron por las aguas del mar Rojo; ²todos ellos fueron sumergidos en la nube y en el mar, mientras Moisés los guiaba. ³Todos comieron el mismo alimento espiritual. ⁴Todos bebieron la misma bebida espiritual, porque bebían de la roca espiritual que iba con ellos. Esa roca era Cristo. ⁵Pero la mayoría de ellos no agradaron a Dios, y Dios los destruyó en el desierto. ⁶Estas cosas nos enseñan que no debemos desear las cosas que son malas para nosotros, como ellos las desearon. ⁷No debemos adorar dioses falsos como algunos de ellos lo hicieron. Las sagradas escrituras dicen: "El pueblo se sentó a comer y a beber, y después se levantó a jugar" (Exodo 32:6). ⁸No debemos cometer pecados sexuales como algunos de ellos hicieron. En un solo día murieron veintitrés mil. ⁹No debemos poner a prueba al Señor, como algunos de ellos lo hicieron, y fueron destruidos por serpientes. ¹⁰No debemos quejarnos contra Dios como hacían algunos de ellos, pues por esto algunos fueron destruidos.

¹¹Todas estas cosas pasaron para enseñarnos algo. Fueron escritas para enseñarnos que el fin del mundo está cerca. ¹²Así que estén alerta. La persona que cree que no puede hacer pecado, mejor vigile todo lo que hace, para que no caiga en pecado. ¹³Ustedes no han sido tentados a pecar de un modo diferente de las demás personas. Pero Dios es fiel, y él no permitirá que sean tentados más allá de lo que puedan soportar. Pero cuando ustedes son tentados al pecado, él dará una salida para que no caigan en él.

Enseñanza sobre la cena del Señor

¹⁴Mis queridos amigos, aléjense de la

adoración a toda clase de dioses falsos. [15]Les hablo a ustedes que son capaces de entender y ver si lo que estoy diciendo es cierto. [16]Cuando damos gracias por el jugo de la uva en la cena del Señor, ¿no estamos participando de la sangre de Cristo? El pan que comemos en la cena del Señor, ¿no es para participar del cuerpo de Cristo? [17]Hay un solo pan, y muchos de nosotros formamos el cuerpo de Cristo. Todos comemos de ese pan.

[18]Fíjense en los judíos. Ellos comían los animales que eran traídos a Dios en sacrificio sobre el altar. ¿No mostraban con esto que estaban participando de Dios? [19]¿Qué quiero decir? ¿Estoy diciendo que vale un dios falso o el alimento que se le pone en el altar? [20]No. ¡De ninguna manera! Lo que digo es que la gente que no conoce a Dios trae ofrendas de animales sacrificados a un dios falso, pero en realidad a quienes lo ofrecen es a los espíritus malos, y no a Dios. Ustedes no quieren tener parte con los espíritus malos, ¿verdad? [21]No pueden beber de la copa del Señor y de la copa de ellos. No pueden comer en la mesa del Señor y en la mesa de ellos. [22]¿Estamos tratando de provocar al Señor? ¿Acaso creemos que somos más fuertes que él?

[23]Podemos hacer de todo, pero no todo resulta para nuestro bien. Podemos hacer de todo, pero no todas las cosas nos ayudan para llegar a ser cristianos fuertes. [24]No trabajen solamente para su propio bien, sino también piensen en lo que pueden hacer por otros. [25]Coman cualquier carne que se venda en las carnicerías, sin hacer preguntas, porque así sus corazones no dirán que está mal hecho. [26]Las sagradas escrituras dicen: "El mundo y todo lo que hay en él pertenece al Señor." [27]Si una persona que no es cristiana los invita a comer, y ustedes quieren ir, coman de todo lo que esté en la mesa. No hagan preguntas acerca de la comida. [28]Pero si alguno dice: "Esta comida fue ofrecida en sacrificio a un dios falso", entonces no coman. De esta manera no se hará daño

a la fe del que te lo dijo, y su corazón tendrá paz.

[29]Es muy importante tomar en cuenta cómo piensa la otra persona. No somos libres para hacer cosas que hagan daño a otra persona. [30]Si puedo dar gracias a Dios por mi alimento, ¿por qué alguien dirá que estoy equivocado en comer aquello por lo que puedo dar gracias? [31]Por eso, si comen o beben, o hacen otra cosa, háganlo para honrar a Dios. [32]No hagan nada que ofenda ni a griego, ni a judío, ni a la iglesia de Dios. [33]Yo quiero agradar a todos con las cosas que hago. No pienso en mí mismo. Quiero hacer lo mejor para ellos, a fin de que puedan ser salvados del castigo del pecado.

11 Sigan mi modo de pensar, así como sigo a Cristo.

Cómo deben vivir las mujeres cristianas

[2]Creo que han hecho bien al recordarme siempre y al seguir las cosas que les enseñé. [3]Quiero que sepan que Cristo es la cabeza de cada hombre, y que el esposo es cabeza de su esposa, y que Dios es la cabeza de Cristo. [4]Si cualquier hombre ora o predica con el sombrero puesto, deshonra a Cristo. [5]Toda mujer que ora o predica sin cubrir su cabeza, es como si se hubiera cortado el cabello, y no respeta a su marido. [6]Y si la mujer no cubre su cabeza, ¿por qué no podría igualmente cortarse el cabello? Y si la mujer se avergüenza de cortarse el pelo, debe cubrir su cabeza. [7]El hombre es la imagen y gloria de Dios. Por esta razón no debe usar sombrero cuando ora o predica; pero la mujer es gloria del hombre. [8]El hombre no fue creado de la mujer, sino la mujer del hombre, [9]y el hombre no fue hecho para la mujer, sino que la mujer fue creada para el hombre. [10]Por esta razón la mujer debe usar velo sobre su cabeza, pues es señal de respeto al hombre, y también para que lo vean los ángeles. [11]En el plan de Dios la mujer necesita al hombre, y el hombre necesita a la mujer. [12]Así como la mujer

fue hecha del hombre, también el hombre es nacido de la mujer; pero todo es de Dios.

¹³Examinen esto ustedes mismos. ¿Es correcto que una mujer ore con su cabeza descubierta? ¹⁴¿No hemos aprendido que es vergonzoso que el hombre tenga pelo largo? ¹⁵Pero una mujer puede estar orgullosa de tener el cabello largo. El cabello le es dado para cubrirse. ¹⁶Si alguien quiere discutir acerca de esto, yo le respondo que esto es lo que enseñamos, y todas las iglesias están de acuerdo.

Cómo debe tomarse la cena del Señor

¹⁷Al escribirles a ustedes acerca de estas cosas, permítanme decirles lo que pienso. No hay nada bueno de sus reuniones. ¹⁸En primer lugar, oigo que cuando se juntan en la iglesia están divididos en grupos y discuten. Casi creo que eso es cierto. ¹⁹Porque debe de haber varios grupos entre ustedes; de esa manera los que tienen razón se distinguirán de aquellos que están equivocados. ²⁰Cuando se reúnen todos juntos, no es para tomar la cena del Señor. ²¹Cada quien tiene prisa para comer su propia comida primero; no espera a otros. Así, uno no tiene suficiente comida ni bebida, y otros tienen mucho y se emborrachan. ²²Ustedes tienen sus casas en donde comer y beber. O, ¿desprecian a la iglesia de Dios, y se avergüenzan de los que son pobres? ¿Qué les diré? ¿Voy a decirles que están portándose bien? ¡No! No puedo decir que en esto están en lo correcto.

El significado de la cena del Señor

²³Les he enseñado lo que aprendí del Señor. La noche cuando el Señor Jesús fue entregado a los soldados, comió pan. ²⁴Después que dio gracias, lo partió y dijo: "Tomen este pan y cómanlo. Representa mi cuerpo que es dado para el bien de ustedes. Háganlo en memoria de mí."

²⁵Del mismo modo después de la cena, tomó la copa y dijo: "Esta copa representa el nuevo acuerdo con Dios

hecho por medio de mi sangre. Cada vez que la beban, háganlo en memoria de mí."

²⁶Cada vez que coman este pan y beban esta copa, están anunciando la muerte del Señor hasta que él vuelva. ²⁷Cualquiera que come pan y bebe la copa con su espíritu en rebelión contra el Señor será culpable de pecar contra el cuerpo y la sangre del Señor. ²⁸Por eso es que cada persona debe examinar su corazón y su vida antes de comer el pan y beber de la copa. ²⁹Cualquiera que come este pan y bebe esta copa, teniendo un espíritu de rebelión contra el Señor, será declarado culpable cuando come y bebe. No entiende lo que significa el cuerpo del Señor. ³⁰Por esta razón algunos de ustedes están enfermos y débiles, y otros ya han muerto. ³¹Pero si viéramos nuestras propias vidas, entonces Dios no tendría necesidad de decir que somos culpables. ³²Cuando somos culpables, somos castigados por el Señor para que no se nos diga que somos culpables con el resto del mundo.

³³Hermanos cristianos, cuando se reúnan para comer, espérense unos a otros. ³⁴Si alguien tiene hambre, debe comer en su casa; entonces no será culpable cuando se reúnen. Hablaré acerca de las otras cosas cuando vaya.

Los dones del Espíritu Santo

12 Hermanos, quiero que aprendan mucho acerca de los dones del Espíritu Santo. Necesitan entender la verdad sobre estos asuntos. ²Antes de que fueran cristianos, a ustedes los llevaban a adorar dioses falsos que no podían hablar. ³Así que yo les digo que ninguno que hable por el Espíritu de Dios puede maldecir a Jesús. Nadie puede decir, "Jesús es el Señor" si no es inspirado por el Espíritu Santo.

Los diferentes dones

⁴Hay diferentes clases de dones, pero es el mismo Espíritu Santo quien los reparte. ⁵Hay diferentes clases de trabajos

que hacer para el Señor, pero estos trabajos son hechos por el mismo Señor. [6]Hay diferentes maneras de hacer el trabajo, pero es el mismo Dios quien usa todas estas maneras en todos. [7]El Espíritu Santo trabaja en cada persona de diferente manera para provecho de todos. [8]A una persona le es dado hablar palabras de sabiduría. A otra persona le es dado el enseñar lo que ha aprendido y sabe. Estos dones son dados por el mismo Espíritu Santo. [9]Uno recibe el don de la fe; y otro, por el mismo Espíritu, recibe el don de sanar a los enfermos. [10]Uno recibe el don de hacer obras poderosas, y otro recibe el de hablar en nombre de Dios. Una persona recibe el don de distinguir entre el Espíritu Santo y los espíritus malos, y otra recibe el de hablar en lenguas que nunca ha aprendido. Todavía otra persona recibe el don de traducir estas lenguas que no se han aprendido. [11]El mismo Espíritu Santo, el Espíritu de Dios, es quien hace todas las cosas. El da a cada persona lo que quiere dar.

Nuestro cuerpo es como el cuerpo de Cristo

[12]Nuestro propio cuerpo tiene muchas partes. Cuando todas estas partes se juntan, forman un solo cuerpo. El cuerpo de Cristo es así. [13]Así sucede con nosotros Los judíos y los que no son judíos, los servidores y los libres, todos hemos sido bautizados por el mismo Espíritu Santo para formar un cuerpo. Y todos hemos recibido el mismo Espíritu.

[14]El cuerpo no tiene una parte, sino muchas partes. [15]Si el pie dijera, "No soy parte del cuerpo porque no soy mano", no por eso dejaría de ser parte del cuerpo. [16]Si el oído dijera, "No soy parte del cuerpo porque no soy ojo", no por eso dejaría de ser parte del cuerpo. [17]Si todo el cuerpo fuera ojo, ¿dónde estaría el oído? o ¿dónde estaría el olfato? [18]Pero Dios ha puesto todas las partes en el cuerpo en la manera que él quiere que permanezcan. [19]Si todas las partes fueran lo mismo, no podrían formar un cuerpo. [20]Entonces hay muchas partes mas un solo cuerpo.

[21]El ojo no le puede decir a la mano, "No te necesito", o la cabeza no le puede decir al pie, "No te necesito." [22]Algunas de las partes que creemos que son más débiles son muy importantes. [23]Cuidamos y cubrimos con ropas las partes del cuerpo que parecen menos importantes. Las partes que no se ven bellas también tienen un trabajo importante que hacer. [24]Las partes que pueden verse no necesitan cuidado especial. Dios ha hecho el cuerpo de tal manera que se cuidan más las partes del cuerpo que más lo necesitan. [25]Esto es para que el cuerpo no se divida en partes, para que todos se cuiden unos a otros. [26]Si una parte del cuerpo sufre, todas las partes sufren con ella. Si una parte se cuida en manera especial, todas las otras partes se gozan.

El cuerpo de Cristo

[27]Todos ustedes son una parte del cuerpo de Cristo. [28]Dios ha escogido diferentes personas en la iglesia para hacer su trabajo. Están los misioneros, después los que hablan en nombre de Dios. Luego hay maestros. Después ha escogido a los que hacen obras poderosas y a los que tienen el don de sanar enfermos. Y ha escogido a los que ayudan a las personas necesitadas y a los que dirigen a otros para hacer el trabajo. También ha escogido a los que hablan en lenguas no aprendidas. [29]¿Son todos misioneros? ¡No! ¿Hacen todos obras poderosas? ¡No! [30]¿Hablan todos en lenguas que no aprendieron? ¡No! ¿Son todos capaces de traducir estas lenguas? ¡No! Pero todos ustedes deben buscar de todo corazón los mejores dones. Y ahora les mostraré un camino aún mejor:

La importancia del amor

13 Si yo hablo lenguas de los hombres y de los ángeles, pero no tengo amor, mi hablar sólo será como muchos ruidos. [2]Y si predico el mensaje de Dios, y entiendo todos los secretos, pero no tengo amor, no soy nada. Si me sé de memoria todas las cosas, y tengo el poder de una gran fe, de tal manera que puedo mover montañas, y no tengo amor, no soy nada. [3]Si doy todo lo que tengo para dar de comer a los pobres, y si doy mi cuerpo para ser quemado, pero no tengo amor, de nada me sirve.

[4]El amor es sufrido; es amable. El amor no es celoso, no se hace pasar por importante. El amor no es orgulloso, [5]no hace cosas malas. El amor nunca piensa en sí mismo, [6]no es feliz con el pecado. El amor se goza con la verdad. [7]El amor todo lo sufre, todo lo cree, todo lo espera, todo lo soporta.

[8]El amor nunca se acaba. El don de hablar en nombre de Dios terminará. El don de hablar en lenguas no aprendidas se acabará. El don de entender todas las cosas también tendrá su fin. [9]Porque ahora sólo conocemos en parte y hablamos en parte. [10]Pero cuando todo sea perfecto, entonces estos dones imperfectos dejarán de ser. [11]Cuando yo era niño, hablaba como niño, pensaba como niño, entendía como niño. Ahora que soy hombre, ya no actúo como niño. [12]Ahora al mirar, es como ver a través de un espejo roto, a medias o en oscuridad. Pero entonces, veremos todo. Ahora sólo conozco una parte, pero entonces conoceré todo de una manera perfecta. Así es como Dios me conoce ahora. [13]Al fin, quedan tres cosas: la fe, la esperanza y el amor, pero la mayor de ellas es el amor.

El uso de los dones en la iglesia

14 Sigan este amor y busquen los dones que da el Espíritu Santo. Sobre todo, busquen el don de hablar el mensaje de Dios. [2]El hombre que habla en una lengua no aprendida está hablando a Dios, no a los hombres. Nadie le entiende, porque está hablando, por el poder del Espíritu Santo, cosas secretas. [3]El hombre que habla el mensaje de Dios está hablando a los hombres. Es para enseñarlos, para animarlos y para consolarlos. [4]El que habla en una lengua no aprendida se da fuerza a sí mismo, pero el que predica el mensaje de Dios da fuerza a la iglesia. [5]Yo quisiera que todos ustedes hablaran en lenguas no aprendidas, pero, sobre todo, que predicaran el mensaje de Dios. Hace mejor a la iglesia el que predica que el que habla en una lengua no aprendida. (Si ésta se traduce, ayudará a la iglesia.) [6]Hermanos, si yo voy a ustedes hablando una lengua no aprendida y no hablo con la verdad, o con conocimiento, o con mensaje de Dios, ¿de qué les va a servir?

[7]Si los instrumentos musicales solamente producen ruidos en vez de sonidos armoniosos, ¿cómo se sabrá qué música se está tocando? [8]Si la trompeta no da un buen sonido, ¿cómo se prepararán los hombres para ir a la batalla? [9]De la misma manera, si su lengua no da palabras que se entiendan, ¿cómo sabrán las personas de qué están hablando ustedes? Sus sonidos se perderán en el aire. [10]Hay muchos idiomas en el mundo. Todos ellos tienen un significado para los que entienden. [11]Pero si yo no entiendo lo que alguien está hablando, el que habla es un extraño para mí, y yo soy un extraño para él. [12]Ya que ustedes quieren los dones del Espíritu Santo, traten de sacar el mayor provecho de ellos para ayudar a toda la iglesia. [13]Por eso, el que habla en una lengua no aprendida debe orar por el don de traducirla a fin de que se entienda.

[14]Si yo oro en lengua no aprendida, es el Espíritu que hace la oración a través de mí, pero mi mente no entiende nada. [15]¿Qué debo hacer entonces? Oraré según el Espíritu me guíe, pero también oraré con el entendimiento. Cantaré según me guíe el Espíritu, pero también cantaré con el entendimiento. [16]Si tú honras y das gracias a Dios sólo con tu espíritu, ¿cómo podrán los otros honrar y dar gracias a Dios si no saben lo que estás diciendo? [17]Tú estás honrando y dando gracias a Dios, pero no estás ayudando a los otros.

[18]Doy gracias a Dios porque hablo en lenguas no aprendidas, más que todos ustedes. [19]Pero en una reunión de la iglesia, es mejor que diga cinco pala-

bras que todos entiendan, y tengan provecho al entenderlas, que decir diez mil palabras en lengua no aprendida.

20Hermanos, no sean como niños al entender estas cosas. Sean como niños en cuanto al pecado, pero perfectos al entender estas cosas. 21Dios dice en las sagradas escrituras: "Hablaré a este pueblo en lengua de hombres de otras tierras y en idiomas extraños, y ni aun así me oirán, dice el Señor" *(Isaías 28:11, 12).* 22Por eso el hablar en una lengua no aprendida también sirve un propósito para los que no creen, en vez de para los que creen. Y el hablar en nombre de Dios puede ser para los que creen en vez de para los que no creen.

23Si alguno que no es cristiano viene a una reunión de la iglesia y todos están hablando en lenguas no aprendidas, creerá que todos ustedes están locos. 24Pero si uno que no es cristiano llega a una reunión de la iglesia cuando ustedes están hablando el mensaje de Dios, él, por lo que oye, entenderá que es un pecador. Entonces sabrá que es culpable. 25Lo secreto de su corazón se descubrirá, y él caerá de rodillas adorando a Dios y diciendo: "Ciertamente, Dios está aquí entre ustedes."

26¿Qué quiero decirles, hermanos? Cuando se reúnen para adorar, alguno de ustedes canta un himno de alabanza. Alguno tiene algo qué enseñar, y alguno tiene palabra de Dios. Alguno tiene lengua no aprendida, y alguno, la traducción de esta lengua. Todo debe hacerse para bien de los que se reúnen; para que sean cristianos fuertes. 27No más de dos o tres deben hablar en lenguas no aprendidas y ellos, uno por uno. Alguien debe traducir para saber el significado. 28Si no hay nadie que pueda traducir esta lengua no aprendida, no debe hablar en la iglesia. Debe hablar para sí mismo y para Dios. 29Dos o tres deben predicar el mensaje de Dios. Los otros deben escuchar y decidir si lo que se habla es correcto o no. 30Si alguien de los que están sentados recibe la voz de Dios, el que está hablando debe guardar silencio. 31Todos

ustedes pueden predicar el mensaje de Dios, uno por uno. De esta manera todos ustedes pueden aprender y ser animados. 32Los que dan el mensaje de Dios, deben saber callarse también. 33Porque Dios no quiere confusión al hablar todos al mismo tiempo en la iglesia. Dios quiere paz, como la que hay en todas las iglesias del pueblo escogido de Dios.

34A las mujeres, no les es permitido hablar en las reuniones de la iglesia. Ellas deben obedecer este mandamiento, como también lo dice la ley judía. 35Si hay algo que quieran saber, deben preguntar a sus esposos en su casa. Es cosa vergonzosa que una mujer hable en una reunión de la iglesia.

36¿Salió de ustedes la palabra de Dios? O, ¿solamente llegó a ustedes? 37Algunos de ustedes creen que tal vez tienen el don de dar el mensaje de Dios o algún otro don del Espíritu Santo. Si así es, deben reconocer que esto que les escribo es lo que Dios ha dicho que debemos obedecer. 38Pero si alguien no acepta estas enseñanzas, no tengan ustedes nada que ver con él. 39Por eso, hermanos, procuren tener el don de dar el mensaje de Dios, y no estorben al que habla en lengua no aprendida. 40Pero, hágase todo decentemente y en orden.

Jesucristo se levantó de los muertos

15 Hermanos cristianos, quiero recordarles lo que son las buenas nuevas. Son lo mismo que les he predicado antes. Ustedes las recibieron, y su fe se ha fortalecido. 2Les prediqué esto: que ustedes son salvos del castigo del pecado por medio de las buenas nuevas. A menos que su fe sea en vano, deben seguir firmes.

3Primeramente les enseñé todo lo que recibí. Fue esto: Cristo murió por nuestros pecados de acuerdo con las sagradas escrituras *(Isaías 53:5-12).* 4Cristo fue sepultado. Se levantó de los muertos al tercer día según las sagradas escrituras *(Salmo 16:9, 10).* 5Cristo fue visto por Pedro. Después de esto fue visto por los doce misioneros. ⁶Y después de esto, más de quinientos hermanos juntos le vieron. La mayoría de ellos todavía viven, pero otros han muerto. ⁷Después de esto, Santiago vio a Cristo; y luego lo vieron todos los misioneros. ⁸Al último, Cristo me apareció a mí, como si yo hubiera nacido muy tarde. ⁹Porque soy el menos importante de los misioneros. No merezco ser llamado misionero porque perseguí a la iglesia de Dios. ¹⁰Pero ahora soy diferente, gracias al poder de Dios. Su favor hacia mí no ha sido en vano. Trabajé más que los otros misioneros. Pero no fui yo, sino el poder de Dios obrando en mí. ¹¹No importa de quién hayan oído las buenas nuevas: De mí, o de los otros misioneros. Lo importante es esto: que les predicamos las buenas nuevas y que ustedes creyeron. También nosotros seremos levantados de entre los muertos.

¹²Les predicamos que Cristo fue levantado de entre los muertos. Pero algunos de ustedes dicen que las demás personas no serán levantadas de los muertos. ¿Por qué dicen esto? ¹³Si los muertos no son levantados, entonces Cristo no fue levantado de los muertos. ¹⁴Si Cristo no fue levantado de los muertos, entonces lo que les predicamos es sin valor. Su fe en Cristo es también sin valor. ¹⁵Si los muertos no vuelven a vivir, esto nos hace mentirosos a todos, porque dijimos que Dios levantó a Cristo de los muertos. ¹⁶Repetimos: Si los muertos no son levantados, entonces Cristo no fue levantado de los muertos. ¹⁷Y si Cristo no fue levantado de los muertos, la fe de ustedes es sin valor, y todavía viven en pecados. ¹⁸Entonces los cristianos que murieron están perdidos en pecado. ¹⁹Si esperamos en Cristo únicamente en esta vida, somos más miserables que nadie.

²⁰Pero la verdad es esto: Cristo sí fue levantado de entre los muertos. El fue el primero para ser levantado de entre los muertos, y los que están en sus tumbas le seguirán. ²¹La muerte vino por causa de un hombre: Adán. Que seamos levantados de los muertos también viene por causa de un hombre: Cristo. ²²Todos los hombres morirán como murió Adán. Pero todos los que pertenecemos a Cristo seremos levantados a una vida nueva. ²³Sucederá así: Cristo fue el primero. Todos los que pertenecen a Cristo serán levantados de los muertos cuando él venga otra vez. ²⁴Después, al fin del mundo, Cristo dará el reino a Dios el Padre. Cristo habrá destruido toda nación y poder. ²⁵Cristo debe ser rey hasta que haya destruido a todos los que odian y trabajan contra él. ²⁶Lo último que será destruido es la muerte. ²⁷Las sagradas escrituras dicen que Dios ha puesto todas las cosas bajo los pies de Cristo, menos él mismo. ²⁸Cuando Cristo esté sobre todas las cosas, él mismo se pondrá bajo Dios, quien lo puso sobre todas las cosas.

²⁹¿Qué provecho sacará la gente al ser bautizada por ayudar a los muertos? Si los muertos no son levantados, ¿por qué la gente se bautiza por ellos? ³⁰¿Por qué estamos nosotros también en peligro a cada momento? ³¹Digo esto, hermanos; me alegro de lo que nuestro Señor Jesucristo haya hecho por ustedes. Por eso hago frente a la muerte todos los días. ³²Según lo vean los hombres, ¿qué bien me ha hecho haber luchado en Efeso contra animales salvajes? Si los muertos no son levantados, podemos ser como los que dicen: "Comamos y bebamos, porque mañana moriremos."

³³No permitan que nadie les engañe. La conducta de los malos hace que los que quieren vivir vidas buenas se vuelvan malos. ³⁴Manténganse alerta en sus pensamientos: De una vez, dejen de pecar. Algunos no conocen bien a Dios. Digo esto para avergonzarlos.

El cuerpo que será levantado

³⁵Alguno dirá: "¿Cómo son levantados los muertos? ¿Qué clase de cuerpo tendrán?" ³⁶¡Qué pregunta! Cuando ustedes siembran una semilla, ésta debe morir antes de producir una nue-

va vida. ³⁷Cuando la ponen en la tierra, no están sembrando el cuerpo que va a brotar. Ponen solamente la semilla. ³⁸Es Dios quien da el cuerpo según él quiere que sea. Cada clase de semilla viene a ser su propio cuerpo diferente que las demás.

³⁹No toda carne es igual. Los hombres tienen una clase de carne; los animales tienen otra. ⁴⁰Hay cuerpos en el cielo, y los hay en la tierra. Su grandeza no es igual. ⁴¹El sol tiene su grandeza, y la luna tiene la suya. Las estrellas tienen su propia grandeza. Una estrella es diferente a otra en cuanto a grandeza.

⁴²Lo mismo pasa con los que son levantados de los muertos. El cuerpo se vuelve polvo al ponerse en la tumba. Cuando el cuerpo sea levantado de la tumba, ya nunca más volverá a morir. ⁴³No tiene grandeza al ponerse en la tumba, pero es levantado con grandeza que brilla. Es débil cuando se pone en la tumba, pero es levantado con poder. ⁴⁴Cuando muere, no es más que un cuerpo humano; pero cuando es levantado de los muertos, ya es un cuerpo con la naturaleza de Dios, es decir, espiritual. Hay cuerpos humanos, y hay cuerpos espirituales. ⁴⁵Las sagradas escrituras dicen: "El primer hombre, Adán, fue hecho alma viviente" (*Génesis 2:7*). Pero el último Adán (Cristo) es Espíritu que da vida.

⁴⁶Primero tenemos estos cuerpos humanos. Después se nos dará un cuerpo espiritual que estará capacitado para ir al cielo. ⁴⁷Adán fue el primer hombre. El fue formado del polvo de la tierra. Cristo fue el segundo hombre. El vino del cielo. ⁴⁸Todos los hombres de la tierra son como Adán. Pero los que pertenecen a Cristo tendrán un cuerpo como el de Cristo, que vino del cielo. ⁴⁹Ahora nuestros cuerpos son como el cuerpo de Adán. Pero en el cielo, nuestros cuerpos serán como el cuerpo de Cristo. ⁵⁰Hermanos, nuestros cuerpos de carne y sangre no van a heredar el reino de Dios. Lo que muere no puede tener parte con lo que nunca muere. ⁵¹Permítanme decirles un secreto. No

todos vamos a morir, pero todos vamos a ser cambiados. ⁵²En muy poco tiempo, en un abrir y cerrar de ojos, los cristianos que están muertos van a ser levantados. Esto va a pasar cuando suene la trompeta. Los muertos serán levantados para nunca más morir. Luego todos nosotros que vivimos, seremos cambiados. ⁵³Nuestros cuerpos humanos hechos de polvo, y que pueden morir, serán cambiados en un cuerpo que no puede ser destruido. Nuestros cuerpos humanos que pueden morir serán cambiados en cuerpos que nunca morirán. ⁵⁴Cuando lo que puede ser destruido haya sido cambiado en lo que no puede ser destruido, y cuando lo que muere haya sido cambiado en lo que no puede morir, entonces será llevado a cabo lo que dicen las sagradas escrituras: "La muerte ya no tiene poder sobre la vida" (*Isaías 25:8*). ⁵⁵Oh muerte, ¿dónde está tu poder? Oh muerte, ¿dónde están tus dolores? ⁵⁶El dolor de la muerte es el pecado, y el pecado tiene poder sobre los que están bajo la ley. ⁵⁷Pero Dios es quien nos da poder para vencer el pecado por medio de nuestro Señor Jesucristo. Damos gracias a Dios por esto.

⁵⁸Así que, hermanos, por causa de todo esto, sean fuertes. No permitan que nadie cambie lo que ustedes piensan. Siempre hagan bien su trabajo en la obra del Señor. Sepan que cualquier cosa que hagan por el Señor no es en vano.

Ayuda para los pobres

16 Quiero decirles lo que deben hacer en el asunto del dinero que están juntando para los cristianos. Hagan lo mismo que yo mandé que se hiciera en las iglesias del país de Galacia. ²El primer día de cada semana cada uno debe apartar en su casa algo de su dinero. Den una parte de lo que hayan ganado. Guárdenlo ahí y no esperen hasta que yo llegue para entonces hacer colectas. ³Cuando yo llegue, los que tengan carta de autorización de parte de ustedes, a éstos enviaré a Jerusalén. ⁴Y si es necesario que yo vaya, ellos irán conmigo.

Planes para una visita

⁵Quiero visitarlos después que haya pasado por el país de Macedonia. ⁶Podrá ser que me quede con ustedes y que pase el invierno allí. Entonces ustedes pueden enviarme al próximo lugar al que tengo que ir. ⁷No quiero detenerme ahora. Quiero pasar un tiempo más largo con ustedes, si es la voluntad del Señor. ⁸Estaré en la ciudad de Efeso hasta el día especial que recuerda cómo vino el Espíritu Santo a la iglesia. ⁹Se me ha abierto una puerta amplia aquí para que yo predique las buenas nuevas. Pero hay muchos que están en mi contra.

¹⁰Si llega Timoteo, recíbanle y ayúdenle para que se sienta tranquilo. El trabaja en la obra del Señor igual que yo. ¹¹Todos deben respetarlo. Mándenmelo en paz para que esté conmigo. Espero verlo a él pronto y también otros de los creyentes.

¹²Quiero que el hermano Apolos vaya con otros hermanos a visitarlos. Pero él no está seguro si debe ir ahora. Irá cuando pueda.

¹³¡Velen y estén alerta! Manténganse firmes en la fe. Pórtense como verdaderos hombres. Esfuércense. ¹⁴Hagan todo en amor.

¹⁵Ustedes saben que Estéfanas y su familia fueron los primeros cristianos en la provincia de Acaya. Ellos trabajan para el Señor, ayudando a su pueblo. ¹⁶Pido que ustedes oigan a esta clase de dirigentes y trabajen en ellos, y con otros como ellos. ¹⁷Estoy contento de que Estéfanas, Fortunato y Acaico hayan venido. Ellos me ayudaron como lo hubieran hecho ustedes si hubieran estado aquí. ¹⁸Me hicieron sentir feliz, igual que a ustedes. Muéstrenles que están agradecidos por su ayuda.

¹⁹Las iglesias de la provincia de Asia les envían saludos. Aquila y Priscila, con la iglesia que se reúne en la casa, les envían saludos de amor cristiano. ²⁰Todos los hermanos de aquí les envían saludos. Salúdense unos a otros con un beso de amor cristiano.

²¹Yo, Pablo, les escribo este saludo de mi puño y letra. ²²Si alguno no ama al Señor, sea maldito de Dios. El Señor viene pronto. ²³Que el favor del Señor Jesús sea siempre entre ustedes. ²⁴Les envío mi amor en Jesucristo. Así sea.

LA SEGUNDA CARTA DE PABLO A LOS CORINTIOS

1 Esta carta es de Pablo. He sido escogido por Dios para ser misionero de Jesucristo. Timoteo está conmigo y también les escribe. Estamos escribiendo a la iglesia de Dios que está en la ciudad de Corinto y a todo el pueblo de Dios del país de Acaya. ²Les deseamos el favor y la paz de Dios nuestro Padre y del Señor Jesucristo.

Pablo está agradecido

³Damos gracias a Dios y Padre de nuestro Señor Jesucristo. El es nuestro Padre. Está lleno de amor para con nosotros; es el Dios que nos consuela ⁴en todos nuestros problemas Así, nosotros podemos consolar a los que tienen los mismos problemas. Damos el mismo consuelo que Dios nos da. ⁵Así como hemos sufrido mucho por Cristo y como hemos participado de sus sufrimientos, también tendremos parte en su gran consuelo.

⁶Pero si estamos en dificultades, es

por el bien de ustedes. Y es así para que sean librados del castigo del pecado. Si Dios nos consuela, es para su bien. Ustedes serán fortalecidos a fin de no rendirse aun cuando tengan las mismas dificultades que nosotros. [7]Nuestra esperanza por ustedes es la misma de siempre. Sabemos que ustedes están participando de nuestros sufrimientos. Así también participarán del consuelo que nosotros recibimos.

[8]Hermanos, queremos que sepan las dificultades que tuvimos en el país de Asia. La carga fue tan pesada que no tuvimos fuerzas para continuar. A veces pensamos que íbamos a morir. [9]Pero si tuvimos experiencia de muerte, fue para que no confiáramos en nosotros mismos, sino en Dios, quien levanta a los muertos. [10]Sí, Dios nos guardó de lo que parecía una muerte segura. El continúa guardándonos. Al confiar en él, nos guardará en el futuro. [11]También ayúdennos ustedes, orando por nosotros. Muchos dan gracias a Dios por su amor para con nosotros. Es una contestación a las oraciones de muchos.

Pablo quiere visitar a Corinto.

[12]Me alegra decir esto. Todo lo que hicimos en este mundo, y de seguro cuando estuvimos con ustedes, fue con honestidad. Tuvimos deseos puros. No confiamos en la sabiduría humana. Nuestro poder viene del favor de Dios. [13]Les escribimos porque sabemos lo que ustedes pueden entender. Espero que entiendan todo. [14]Cuando el Señor Jesús venga otra vez, ustedes podrán estar orgullosos de nosotros como nosotros lo estaremos de ustedes. Ahora ustedes no nos entienden completamente. [15]Fue por esto que primero quise visitarlos. De esa manera, ustedes podrían recibir mi ayuda dos veces. [16]Quise detenerme para visitarlos en mi viaje al país de Macedonia, y luego, de regreso de allá, venir a ustedes. Entonces podrían ayudarme en mi viaje al país de Judea. [17]Pero cambié de idea. ¿Indica esto que cambio de idea demasiado? ¿Hago planes como la gente del mundo que dice "sí", cuando quiere decir "no"? [18]Del mismo modo que Dios es verdadero, mi "sí" significa "sí". No soy como aquellas personas que dicen una cosa y piensan otra. [19]Timoteo, Silvano y yo hemos predicado acerca de Jesucristo, el Hijo de Dios. En él, no hay "sí y no". En él siempre es "sí". [20]Jesús dice "sí" a todas las muchas promesas de Dios. Es por Jesús que decimos "así sea", cuando damos gracias a Dios. [21]Dios es quien hace que nuestra fe y la de ustedes sean fuertes en Cristo. Nos ha apartado para él. [22]Ha puesto su sello sobre nosotros para mostrar que le pertenecemos. Su espíritu está en nuestros corazones para probar esto.

[23]Yo invoco a Dios para que vea mi corazón. La razón por la cual no fui a la ciudad de Corinto era porque no quise que mi palabra dura les lastimara. [24]No somos el dueño de la fe de ustedes, pero trabajamos con ustedes para alegrarlos. Su fe está firme.

2 Al pensar en esto, decidí no volver, porque los hubiera hecho tristes. [2]Si yo les hago tristes, ¿quién va a alegrarme a mí? ¿Cómo podrán alegrarme si les hice tristes? [3]Es por eso que les escribo esta carta. No quise visitarlos y ser hecho triste por los mismos que debieran alegrarme. Estoy seguro que cuando me gozo, ustedes también se gozan. [4]Les escribí con un corazón atribulado y con lágrimas en mis ojos. Repito: No quise entristecerlos. Quise que supieran cuánto los amé.

Perdonando a un cristiano

[5]Si alguien entre ustedes les ha traído tristeza, no me ha hecho triste a mí, tanto como les ha hecho tristes a todos ustedes. Digo esto para que no les sea demasiado difícil. [6]La mayoría ya ha dicho que aquel hombre es culpable. Creo que ya es suficiente. [7]Ahora deben perdonarlo y consolarlo. Si no lo hacen, él se sentirá tan triste que querrá abandonar todo. [8]Les pido que le muestren que lo aman. [9]Por eso les es-

cribo, para probarlos y ver si están dispuestos a obedecer en todas las cosas. ¹⁰Si perdonan a alguien, yo también lo perdono. Si he perdonado algo, lo he hecho por causa de ustedes. Cristo me ha visto hacerlo. ¹¹Perdonamos para que el diablo no gane, pues sabemos cómo trabaja.

Cristo es la respuesta

¹²Cuando llegué a la ciudad de Troas, el Señor abrió la puerta para que yo predicara las buenas nuevas de Cristo. ¹³Estuve inquieto porque no pude encontrar a nuestro hermano Tito. Despidiéndome de ellos, proseguí mi camino al país de Macedonia. ¹⁴Damos gracias a Dios por el poder que Cristo nos ha dado. El nos dirige y nos hace vencedores en todo. Habla por nosotros dondequiera que estemos. Las buenas nuevas son como olor agradable a aquellos que las oyen. ¹⁵Somos un olor agradable de Cristo, que llega hasta Dios. Llega a aquellos que son salvos del castigo del pecado y a aquellos que aún están perdidos en pecado. ¹⁶Es olor a muerte a los que están perdidos en pecado. Es olor a vida a los que son salvos del castigo del pecado. Y, ¿quién es capaz de hacer esto? ¹⁷No somos como otros, que predican la palabra de Dios para ganar dinero. Somos hombres de verdad y hemos sido enviados por Dios. Hablamos la palabra de Dios en el poder de Cristo. Dios es testigo.

Ustedes, los corintios, muestran lo que somos

3 ¿Estamos alabándonos a nosotros mismos? Otros escriben recomendaciones para sí mismos. ¿Necesitamos escribirles esta clase de cartas? ²Ustedes son nuestras cartas. Ustedes están grabados en nuestros corazones. Ustedes son conocidos y leídos por todos los hombres. ³Ustedes son como una carta de Cristo escrita por nosotros. No son como otras cartas, escritas con tinta o sobre piedra. Ustedes están escritos en corazones humanos por el Espíritu del Dios vivo. ⁴Podemos decir esto a causa

de su fe en Dios por medio de Cristo. ⁵Sabemos que nosotros solos no somos capaces de hacer nada, pero Dios nos ayuda a hacerlo. ⁶Dios es quien nos hizo ministros de un nuevo acuerdo entre Dios y los hombres, no de la ley sino del Espíritu Santo. La ley mata, pero el Espíritu Santo da vida.

⁷La ley de Moisés fue escrita en piedra y trajo muerte. Pero cuando esa ley fue dada originalmente, se manifestó la gloria de Dios. Cuando Moisés la llevó a los judíos, ellos no podían soportar verle la cara porque resplandecía. Pero el resplandor de su cara tuvo que desaparecer. ⁸El nuevo modo de vida a través del Espíritu Santo viene con mucha más gloria. ⁹Si la ley de Moisés, que lleva a la muerte, vino con gloria, ¿cuánta más gloria traerá la ley que nos perdona completamente y nos hace estar bien con Dios? ¹⁰La ley de Moisés vino con gran gloria hace mucho tiempo. Pero su luz ya no brilla. La gloria del nuevo acuerdo que nos da vida es mucho más brillante. ¹¹La gloria de la ley de Moisés pronto se acabó. Pero el nuevo modo de vida es mucho más resplandeciente. Nunca se acabará. ¹²Hablamos sin temor porque nuestra confianza está en Cristo. ¹³No somos como Moisés, que ponía un velo sobre su cara para que los judíos no pudieran ver que el resplandor se iba apagando. ¹⁴La mente de ellos no podía comprender las cosas. Hasta nuestros días, cada vez que se dé lectura a la ley judía, hay un velo sobre sus mentes. No ven que Cristo es el único que puede quitar el velo. ¹⁵Sí, hasta el día de hoy, hay un velo sobre sus corazones cada vez que es leída la ley de Moisés. ¹⁶Pero cada vez que alguien se vuelve al Señor, es quitado el velo. ¹⁷El Señor es el Espíritu, y donde está el Espíritu del Señor, el corazón es libre. ¹⁸Todos nosotros, sin el velo sobre nuestra cara, mostramos la gloria de Dios como en un espejo. Todo el tiempo somos transformados a fin de parecernos a él con más y más de su gloria. Este cambio proviene del Señor, quien es el Espíritu.

Pablo es fiel al predicar las buenas nuevas

4 Por su amor, Dios nos ha dado este trabajo y no nos desanimamos. ²Hemos hecho a un lado todas las cosas que se hacen en secreto y dan vergüenza. No jugamos con la palabra de Dios, ni la usamos falsamente. Porque decimos la verdad, deseamos que los corazones de los hombres nos escuchen. Dios conoce nuestros deseos. ³Si las buenas nuevas que predicamos están ocultas, lo están para los perdidos en pecado. ⁴Los ojos del entendimiento de los que no creen son cerrados por el diablo, quien es el gobernador de este mundo. El no quiere que la luz de las buenas nuevas brille en sus corazones. Estas buenas nuevas brillan como la gloria de Cristo, quien es la imagen de Dios. ⁵No nos predicamos a nosotros mismos. Predicamos a Jesucristo el Señor. Somos servidores de ustedes por causa de Jesús. ⁶Dios mandó que la luz brillara en la oscuridad *(Génesis 1:3).* El es quien hace brillar su luz en nuestros corazones. Esto nos trae la luz del conocimiento de la gloria de Dios, la cual se ve en el rostro de Cristo.

⁷Tenemos esta luz de Dios en nuestros cuerpos. Esa luz nos muestra que el poder es de Dios y no de nosotros. ⁸Somos apretados por todos lados, pero aún tenemos lugar para movernos. A menudo estamos en apuros, pero nunca nos desanimamos. ⁹La gente nos persigue, pero no estamos solos. Nos golpean, pero no nos destruyen. ¹⁰Llevamos en nuestro cuerpo marcas que muestran la muerte de Cristo. ¹¹Cada día de nuestra vida nos enfrentamos a la muerte por causa de Jesús. De esta manera, se ve su vida en nuestros cuerpos. ¹²La muerte trabaja en nosotros porque trabajamos por el Señor, pero su vida de él trabaja en ustedes.

¹³Las sagradas escrituras dicen: "Creí, por eso hablé" *(Salmo 116:10).* Nosotros tenemos la misma clase de fe que tuvo David. También creemos, por eso hablamos. ¹⁴Sabemos que Dios levantó a Jesús de la muerte. También nos levantará a nosotros. Dios nos llevará hacia él mismo y les llevará también a ustedes. ¹⁵Estas cosas sucedieron para el bien de ustedes. Cuando más personas reciben el favor de Dios, ellas darán más gracias por la gloria de Dios.

La vida ahora — la vida en el cielo

¹⁶Esta es la razón por la que nunca nos desanimamos. Nuestro cuerpo se gasta, pero nuestro espíritu se fortalece cada día. ¹⁷Las pequeñas molestias que sufrimos ahora, por un poco de tiempo, nos preparan para las grandes cosas que Dios nos dará para más allá. ¹⁸No miramos hacia las cosas que pueden verse. Vemos lo que no se puede ver. Las cosas que pueden verse tendrán fin, pero las cosas que no se ven durarán para siempre.

Nuestros débiles cuerpos

5 Nuestro cuerpo es como una casa que habitamos aquí en la tierra. Cuando sea destruido, sabemos que Dios tiene otro cuerpo para nosotros en el cielo. El nuevo cuerpo no será hecho de manos humanas como una casa. Este cuerpo durará para siempre. ²Ahora mismo lloramos en lo interior porque quisiéramos tener pronto el nuevo cuerpo que tendremos en el cielo. ³No estaremos sin cuerpo, sino que viviremos en un cuerpo nuevo. ⁴Mientras estamos en este cuerpo, lloramos dentro de nosotros mismos porque las cosas son difíciles. No es que queremos morir. Más bien queremos vivir—en nuestro nuevo cuerpo. Queremos que este cuerpo que algún día morirá se cambie en un cuerpo viviente que dura para siempre. ⁵Es Dios quien nos ha preparado este cambio. Nos ha dado su Espíritu para enseñarnos lo que Dios tiene para nosotros.

⁶Estamos seguros de que mientras estemos en este cuerpo, no estamos con el Señor. ⁷Nuestra vida la vivimos por fe. No vivimos por lo que vemos delante de nosotros. ⁸Estamos seguros que nos alegraremos al ser libertados de estos cuerpos. Será bueno estar en casa

cribo, para probarlos y ver si están dispuestos a obedecer en todas las cosas. [10]Si perdonan a alguien, yo también lo perdono. Si he perdonado algo, lo he hecho por causa de ustedes. Cristo me ha visto hacerlo. [11]Perdonamos para que el diablo no gane, pues sabemos cómo trabaja.

Cristo es la respuesta

[12]Cuando llegué a la ciudad de Troas, el Señor abrió la puerta para que yo predicara las buenas nuevas de Cristo. [13]Estuve inquieto porque no pude encontrar a nuestro hermano Tito. Despidiéndome de ellos, proseguí mi camino al país de Macedonia. [14]Damos gracias a Dios por el poder que Cristo nos ha dado. El nos dirige y nos hace vencedores en todo. Habla por nosotros dondequiera que estemos. Las buenas nuevas son como olor agradable a aquellos que las oyen. [15]Somos un olor agradable de Cristo, que llega hasta Dios. Llega a aquellos que son salvos del castigo del pecado y a aquellos que aún están perdidos en pecado. [16]Es olor a muerte a los que están perdidos en pecado. Es olor a vida a los que son salvos del castigo del pecado. Y, ¿quién es capaz de hacer esto? [17]No somos como otros, que predican la palabra de Dios para ganar dinero. Somos hombres de verdad y hemos sido enviados por Dios. Hablamos la palabra de Dios en el poder de Cristo. Dios es testigo.

Ustedes, los corintios, muestran lo que somos

3 ¿Estamos alabándonos a nosotros mismos? Otros escriben recomendaciones para sí mismos. ¿Necesitamos escribirles esta clase de cartas? [2]Ustedes son nuestras cartas. Ustedes están grabados en nuestros corazones. Ustedes son conocidos y leídos por todos los hombres. [3]Ustedes son como una carta de Cristo escrita por nosotros. No son como otras cartas, escritas con tinta o sobre piedra. Ustedes están escritos en corazones humanos por el Espíritu del Dios vivo. [4]Podemos decir esto a causa de su fe en Dios por medio de Cristo. [5]Sabemos que nosotros solos no somos capaces de hacer nada, pero Dios nos ayuda a hacerlo. [6]Dios es quien nos hizo ministros de un nuevo acuerdo entre Dios y los hombres, no de la ley sino del Espíritu Santo. La ley mata, pero el Espíritu Santo da vida.

[7]La ley de Moisés fue escrita en piedra y trajo muerte. Pero cuando esa ley fue dada originalmente, se manifestó la gloria de Dios. Cuando Moisés la llevó a los judíos, ellos no podían soportar verle la cara porque resplandecía. Pero el resplandor de su cara tuvo que desaparecer. [8]El nuevo modo de vida a través del Espíritu Santo viene con mucha más gloria. [9]Si la ley de Moisés, que lleva a la muerte, vino con gloria, ¿cuánta más gloria traerá la ley que nos perdona completamente y nos hace estar bien con Dios? [10]La ley de Moisés vino con gran gloria hace mucho tiempo. Pero su luz ya no brilla. La gloria del nuevo acuerdo que nos da vida es mucho más brillante. [11]La gloria de la ley de Moisés pronto se acabó. Pero el nuevo modo de vida es mucho más resplandeciente. Nunca se acabará. [12]Hablamos sin temor porque nuestra confianza está en Cristo. [13]No somos como Moisés, que ponía un velo sobre su cara para que los judíos no pudieran ver que el resplandor se iba apagando. [14]La mente de ellos no podía comprender las cosas. Hasta nuestros días, cada vez que se dé lectura a la ley judía, hay un velo sobre sus mentes. No ven que Cristo es el único que puede quitar el velo. [15]Sí, hasta el día de hoy, hay un velo sobre sus corazones cada vez que es leída la ley de Moisés. [16]Pero cada vez que alguien se vuelve al Señor, es quitado el velo. [17]El Señor es el Espíritu, y donde está el Espíritu del Señor, el corazón es libre. [18]Todos nosotros, sin el velo sobre nuestra cara, mostramos la gloria de Dios como en un espejo. Todo el tiempo somos transformados a fin de parecernos a él con más y más de su gloria. Este cambio proviene del Señor, quien es el Espíritu.

Pablo es fiel al predicar las buenas nuevas

4 Por su amor, Dios nos ha dado este trabajo y no nos desanimamos. ²Hemos hecho a un lado todas las cosas que se hacen en secreto y dan vergüenza. No jugamos con la palabra de Dios, ni la usamos falsamente. Porque decimos la verdad, deseamos que los corazones de los hombres nos escuchen. Dios conoce nuestros deseos. ³Si las buenas nuevas que predicamos están ocultas, lo están para los perdidos en pecado. ⁴Los ojos del entendimiento de los que no creen son cerrados por el diablo, quien es el gobernador de este mundo. El no quiere que la luz de las buenas nuevas brille en sus corazones. Estas buenas nuevas brillan como la gloria de Cristo, quien es la imagen de Dios. ⁵No nos predicamos a nosotros mismos. Predicamos a Jesucristo el Señor. Somos servidores de ustedes por causa de Jesús. ⁶Dios mandó que la luz brillara en la oscuridad *(Génesis 1:3)*. El es quien hace brillar su luz en nuestros corazones. Esto nos trae la luz del conocimiento de la gloria de Dios, la cual se ve en el rostro de Cristo.

⁷Tenemos esta luz de Dios en nuestros cuerpos. Esa luz nos muestra que el poder es de Dios y no de nosotros. ⁸Somos apretados por todos lados, pero aún tenemos lugar para movernos. A menudo estamos en apuros, pero nunca nos desanimamos. ⁹La gente nos persigue, pero no estamos solos. Nos golpean, pero no nos destruyen. ¹⁰Llevamos en nuestro cuerpo marcas que muestran la muerte de Cristo. ¹¹Cada día de nuestra vida nos enfrentamos a la muerte por causa de Jesús. De esta manera, se ve su vida en nuestros cuerpos. ¹²La muerte trabaja en nosotros porque trabajamos por el Señor, pero su vida de él trabaja en ustedes.

¹³Las sagradas escrituras dicen: "Creí, por eso hablé" *(Salmo 116:10)*. Nosotros tenemos la misma clase de fe que tuvo David. También creemos, por eso hablamos. ¹⁴Sabemos que Dios levantó a Jesús de la muerte. También nos levantará a nosotros. Dios nos llevará hacia él mismo y les llevará también a ustedes. ¹⁵Estas cosas sucedieron para el bien de ustedes. Cuando más personas reciben el favor de Dios, ellas darán más gracias por la gloria de Dios.

La vida ahora – la vida en el cielo

¹⁶Esta es la razón por la que nunca nos desanimamos. Nuestro cuerpo se gasta, pero nuestro espíritu se fortalece cada día. ¹⁷Las pequeñas molestias que sufrimos ahora, por un poco de tiempo, nos preparan para las grandes cosas que Dios nos dará para más allá. ¹⁸No miramos hacia las cosas que pueden verse. Vemos lo que no se puede ver. Las cosas que pueden verse tendrán fin, pero las cosas que no se ven durarán para siempre.

Nuestros débiles cuerpos

5 Nuestro cuerpo es como una casa que habitamos aquí en la tierra. Cuando sea destruido, sabemos que Dios tiene otro cuerpo para nosotros en el cielo. El nuevo cuerpo no será hecho de manos humanas como una casa. Este cuerpo durará para siempre. ²Ahora mismo lloramos en lo interior porque quisiéramos tener pronto el nuevo cuerpo que tendremos en el cielo. ³No estaremos sin cuerpo, sino que viviremos en un cuerpo nuevo. ⁴Mientras estamos en este cuerpo, lloramos dentro de nosotros mismos porque las cosas son difíciles. No es que queremos morir. Más bien queremos vivir—en nuestro nuevo cuerpo. Queremos que este cuerpo que algún día morirá se cambie en un cuerpo viviente que dura para siempre. ⁵Es Dios quien nos ha preparado este cambio. Nos ha dado su Espíritu para enseñarnos lo que Dios tiene para nosotros.

⁶Estamos seguros de que mientras estemos en este cuerpo, no estamos con el Señor. ⁷Nuestra vida la vivimos por fe. No vivimos por lo que vemos delante de nosotros. ⁸Estamos seguros que nos alegraremos al ser libertados de estos cuerpos. Será bueno estar en casa

con el Señor. ⁹Por eso, si estamos aquí en la tierra, o si estamos con él en el cielo, siempre querremos agradarle. ¹⁰Pues todos nosotros tenemos que presentarnos delante de Cristo cuando él diga quién es culpable o no. Cada uno recibirá su pago por lo que haya hecho en el cuerpo, sea bueno o malo.

¹¹A causa de esto, conocemos el temor del Señor. Por eso, trabajamos para que los hombres crean en Cristo. Dios lo sabe. Espero que sus corazones también me conozcan bien. ¹²No queremos aparentar que somos muy importantes; pero sí, queremos darles oportunidad de que estén orgullosos de nosotros. De esta manera, ustedes pueden hablar acerca de nosotros a los que hablan de la cara pero no se fijan en el corazón. ¹³¿Estamos locos al hablar así? Es por lo que Dios ha hecho. Si usamos bien nuestro pensamiento, es por causa de ustedes. ¹⁴El amor de Cristo nos obliga. Estamos seguros que Cristo murió por todos. De manera que cada quien participa de su muerte. ¹⁵Cristo murió por todos, a fin de que todos vivan por él. Deben vivir para agradar a Cristo, no a sí mismos, ya que Cristo murió en una cruz y se levantó de los muertos en favor de ellos.

¹⁶De ahora en adelante, no pensamos que podemos conocer a las personas y saber cómo son, mirándoles solamente. Antes pensábamos aun de Cristo de esta manera. Pero ya no pensamos así. ¹⁷De manera que si alguien pertenece a Cristo, es una nueva persona. La vida antigua terminó, y ha empezado una vida nueva. ¹⁸Todo esto viene de Dios. El es quien nos trajo a sí mismo cuando nosotros lo odiábamos. Nos dio paz por medio de Jesucristo. Luego nos mandó dar paz a otros, conduciéndoles a Cristo. ¹⁹Dios estaba en Cristo. Dios trabajó por medio de Cristo para traer a todo el mundo a él. Dios ya no tomó en cuenta los pecados de los hombres. Y nos dio la tarea de decir esto y demostrarlo a otros.

²⁰Somos misioneros de Dios. Dios les habla a través de nosotros. Hablamos de parte de Cristo y les rogamos de todo corazón que dejen sus pecados y vengan a Dios. ²¹Cristo nunca pecó, pero Dios puso nuestros pecados sobre él. Así que hemos sido perdonados completamente y somos aceptados por Dios a causa de lo que Cristo hizo a nuestro favor.

Nuestra tarea

6 Trabajamos juntos con Dios. Pedimos desde lo más profundo de nuestro corazón que no reciban el favor de Dios para luego malgastarlo. ²Las sagradas escrituras dicen: "Te oí en el tiempo aceptable. Te ayudé en aquel día para salvarte de la culpa del pecado. Hoy es el día aceptable. ¡Escucha! Hoy es el día para ser salvo" *(Isaías 49:8)*. ³No queremos estorbar a nadie en el camino de Dios. No queremos que nos culpen de eso. ⁴Todo lo que hacemos muestra que somos obreros de Dios. Hemos tenido que esperar y sufrir. Hemos estado en necesidad. Hemos estado en lugares difíciles. Hemos tenido problemas. ⁵Hemos sido golpeados, encarcelados. Hemos estado en alborotos y hemos trabajado duro. Hemos estado sin dormir y hemos pasado hambre. ⁶Lo demostramos con una vida pura, conociendo la verdad a pesar de haber sufrido bastante. Hemos sido amables. El Espíritu Santo ha trabajado en nosotros. Hemos tenido amor verdadero. ⁷Hemos dicho la verdad. Tenemos el poder de Dios. Tenemos armas de justicia en nuestras manos. ⁸Algunos hombres nos respetan, y otros no. Algunos hablan mentiras contra nosotros, y otros nos dan gracias. Algunos dicen que somos mentirosos, pero nosotros decimos la verdad. ⁹Algunos hombres hacen como si no nos conocieran, sin embargo, todos nos conocen. Hacen como si estuviéramos muertos, sin embargo, estamos vivos. Tratan de hacernos daño y destruirnos, pero no pueden matarnos. ¹⁰Estamos llenos de dolores, sin embargo, siempre estamos felices. Somos pobres, y, sin embargo, hacemos ricos a muchos. No tenemos nada; sin embargo, todo lo tenemos.

11Les hemos hablado a ustedes los que viven en la ciudad de Corinto con palabras sencillas. Nuestros corazones están abiertos a ustedes. 12No están cerrados. Pero ustedes nos han cerrado sus corazones. 13Les hablo como si fueran mis propios hijos. Abran sus corazones para nosotros. Esto corresponderá a lo que hemos hecho con ustedes. 14No se unan en matrimonio con aquellos que no pertenecen a Cristo. ¿Cómo puede acompañar lo malo a lo bueno? ¿Cómo pueden estar juntas, al mismo tiempo, la luz y la oscuridad? 15¿Cómo pueden estar de acuerdo Cristo y el diablo? ¿Cómo puede vivir uno que es de Cristo junto con uno que no cree en Cristo? 16¿Y qué causa común pueden tener el templo de Dios y los dioses falsos? Recuerden que ustedes son templos del Dios viviente. Dios ha dicho: "Viviré y caminaré entre ellos. Yo seré su Dios y ellos serán mi pueblo" (Levítico 26:12). 17El Señor ha dicho: "Salgan de en medio de ellos y apártense. No toquen lo pecaminoso, y yo los recibiré. 18Yo seré un Padre para ustedes, y ustedes serán mis hijos e hijas, dice el Señor Todopoderoso" (Isaías 52:11).

7 Ya que tenemos estas grandes promesas, amados hermanos, debemos alejarnos de toda cosa pecaminosa, tanto del cuerpo como del espíritu. Honremos a Dios con amor y temor entregándonos a él día tras día.

El amor de Pablo para los corintios

2Les pedimos que nos reciban en sus corazones. A nadie hemos insultado. A nadie hemos desviado del camino recto. A nadie hemos engañado. 3No digo esto para declararlos culpables. Ya les he dicho que en nuestro corazón hay un lugar para ustedes, y siempre lo habrá. Si vivimos o morimos, estaremos juntos. 4Confío en ustedes y estoy orgulloso de ustedes. Ustedes me dan mucho consuelo y gozo en mis sufrimientos.

5Cuando llegamos al país de Macedonia no tuvimos descanso. Nos encontramos con toda clase de problemas. Había una gran lucha a nuestro derredor. Nuestro corazón tuvo miedo. 6Pero Dios consuela a aquellos de corazón humilde. Nos consoló cuando vino Tito. 7Su venida no sólo nos consoló, sino que el consuelo que ustedes le dieron también me hizo feliz. Nos dijo cuánto desean ustedes vernos. También dijo que estaban tristes a causa de mis dificultades, y que querían ayudarme. Esto me hizo sentirme feliz.

8No lo siento, si mi carta los hizo tristes. Sé que los hizo sentirse tristes, pero fue sólo por poco tiempo. 9Ahora estoy feliz, no porque ustedes fueron lastimados por mi carta, sino porque les hice volver a Dios. El la usó, y ustedes no fueron lastimados por lo que hicimos. 10El dolor que Dios da hace que la gente se sienta triste por sus pecados, y los guía a dejarlos a fin de que sean salvos del castigo del pecado. Deberíamos estar felices por esta clase de dolor, pues el dolor de este mundo produce muerte. 11Vean cómo este dolor de Dios les permitió que Dios trabajara en ustedes. Ustedes deseaban ser libertados del pecado que les mencioné en mi carta. Estaban enojados por ello y temerosos. Querían hacer algo. En todo hicieron lo que pudieron a fin de hacerlo correctamente. 12Les envié esa carta. Fue escrita no sólo por causa del que pecó y del que sufrió, sino para que pudieran ver cómo nos preocupamos por ustedes ante Dios. 13Todo esto nos ha consolado. Más que eso, estamos felices por la venida de Tito. Su espíritu ha sido fortalecido por todos ustedes. 14Le dije que estaba orgulloso de ustedes. Ustedes no me causaron vergüenza. Lo que le dijimos a Tito resultó cierto. 15Tito los ama mucho. El recuerda cómo todos ustedes estuvieron listos para obedecer y cómo lo respetaron. 16Estoy feliz porque tengo completa confianza en ustedes.

El método cristiano de dar

8 Hermanos, quiero que sepan del favor de Dios que se ve en las igle-

sias del país de Macedonia. ²Han sido probadas por muchos problemas pero se gozan mucho. Han dado mucho, aunque pensaban que eran muy pobres. ³Dieron todo lo que podían porque querían hacerlo. ⁴Pidieron de todo corazón si podían ayudar a los cristianos de Jerusalén. ⁵Fue más de lo que esperábamos, porque primero se dieron ellos mismos al Señor. Luego se dieron a nosotros para ser usados según la voluntad del Señor. ⁶Le pedimos a Tito que les ayudara a ustedes para completar esta obra de amor. El la empezó: ⁷Ustedes son ricos en todo. Tienen fe, predican, tienen mucho conocimiento. Tienen un gran deseo de ayudar, y tienen amor por nosotros. Ahora hagan lo que deben en cuanto al dar.

⁸No les digo que tienen que hacerlo, pero les he dicho cómo le han ayudado a otros. Este es un modo de demostrar que su amor es verdadero. ⁹Ustedes conocen el amor de Dios que mostró nuestro Señor Jesucristo. El era rico, pero se hizo muy pobre por amor hacia ustedes. Así ustedes se hicieron ricos al volverse él pobre. ¹⁰Yo pienso que es mejor que terminen lo que empezaron. Ustedes fueron los primeros que quisieron dar un regalo en dinero. ¹¹Ahora háganlo con el mismo gran deseo que tuvieron al empezar. ¹²Si alguien está preparado y desea dar, debe dar de lo que tiene, no de lo que no tiene. ¹³Esto no significa que otros no tienen que dar nada y que ustedes deben dar mucho. ¹⁴A ustedes les sobra para satisfacer sus necesidades. Cuando ustedes tengan necesidad, entonces ellos pueden ayudarles. Ustedes son los que deben darles a ellos ahora. ¹⁵Las sagradas escrituras dicen: "El que juntó mucho, no tuvo más. El que recogió poco no tuvo menos" *(Exodo 16:8).*

Tito vendrá

¹⁶Doy gracias a Dios que Tito tuvo el mismo deseo de ayudarles. ¹⁷Estaba contento cuando le pedimos que les ayudara. Decidió él mismo ir a ustedes. ¹⁸Junto con él, enviamos al hermano que es respetado en las iglesias a causa de su predicación. ¹⁹No sólo eso, sino que las iglesias le han pedido que vaya conmigo a Jerusalén. Ayudará a repartirles el regalo. El Señor será glorificado en esto, porque es una demostración de su deseo de que nos ayudemos unos a otros.

²⁰Queremos que todos confíen en nosotros al llevarles esta gran suma de dinero. ²¹Queremos hacer todo bien. Queremos que Dios y los hombres sepan que somos honrados.

²²Estamos enviando a otro hermano con ellos. Lo hemos probado muchas veces. Su fe es verdadera. El desea mucho ayudar ahora, porque confía en ustedes. ²³Así, Tito trabaja conmigo para ayudarles a ustedes. Los otros dos hermanos fueron enviados por las iglesias. Su vida honra a Cristo. ²⁴Muestren su amor a estos hombres y permitan que las iglesias vean su amor. Denles razón para saber por qué estoy orgulloso de ustedes.

Dando para ayudar a otros cristianos

9 No necesito escribirles acerca de ayudar a los que pertenecen a Cristo. ²Sé que ustedes quieren hacerlo. Les he dicho a la gente en el país de Macedonia que ustedes están listos desde el año pasado para enviar el dinero. El deseo de ustedes ha animado a muchos de ellos a dar. ³Estoy enviando a estos hermanos para que lo que he dicho de ustedes resulte ser cierto. Quiero que ustedes estén preparados para dar. ⁴¿Qué sucederá si alguna persona de Macedonia viene conmigo y encuentra que ustedes no están preparados para mandar su regalo en dinero? Todos estaríamos avergonzados porque hemos hablado mucho de ustedes. ⁵Por eso, pedí a estos hombres ir antes que yo. Entonces ellos podrán ver que su promesa está lista. De esa manera será un verdadero regalo, y no algo hecho por la fuerza.

⁶Recuerden esto, el hombre que siembra pocas semillas, no cosechará muchos granos. El hombre que siembra muchas semillas, tendrá muchos granos

para cosechar. 7Cada uno debe dar como ha decidido en su corazón. No debe dar de mala gana. Tampoco debe dar por obligación. Dios ama al que da con alegría. 8Dios puede darles todo lo que necesiten, y ustedes tendrán suficiente para dar cuando sea necesario. 9Las sagradas escrituras dicen: "Ha dado mucho al pobre. Sus hechos de amor son eternos" *(Salmo 112:9)*. 10Es Dios quien da la semilla al que siembra. También da el pan para comer. Entonces sabremos que él les dará más semilla para sembrar, y la hará crecer para que ustedes tengan dinero para dar. 11Dios les dará suficiente para que ustedes siempre puedan dar a otros. Entonces muchos darán gracias a Dios por enviar regalos a través de nosotros. 12Este regalo que ustedes mandan no sólo ayuda a los necesitados, también hace que ellos den gracias a Dios. 13Por medio de este acto de amor, demuestran qué clase de personas son. Ellos darán gracias a Dios por su regalo a ellos y a otros. Esto es una demostración de que ustedes obedecen las buenas nuevas de Cristo. 14Ellos orarán por ustedes con mucho amor porque Dios les ha dado a ustedes este regalo. 15Gracias a Dios por su regalo que no puede expresarse con palabras.

Pablo demuestra que es un misionero

10 Yo Pablo, pido esto personalmente. Lo hago por Cristo, quien es muy humilde y bondadoso. Algunos dicen que soy humilde y tranquilo cuando estoy entre ustedes, pero que no tengo temor y que mi lenguaje es fuerte cuando estoy lejos de ustedes. 2No me hagan hablar con palabras fuertes cuando venga a verles. Algunos piensan que deseamos las cosas del mundo, por la manera en que nos portamos o hablamos. He decidido hablar a estas personas si tengo que hacerlo. 3Es cierto que vivimos en un cuerpo de carne. Pero no peleamos como la gente del mundo. 4No usamos para pelear aquellas cosas que usa el mundo. Usamos lo que Dios da para

pelear, y esto tiene poder. Esas armas que Dios nos da para pelear destruyen las fortalezas del diablo. 5Destruimos todo pensamiento y cosa orgullosa que se pone en contra de la sabiduría de Dios. Sujetamos cada pensamiento para obedecer a Cristo. 6Estamos listos para castigar a aquellos que no obedecen tan pronto como ustedes obedecen en todo.

7Ustedes ven las cosas según su apariencia externa. Si alguien se siente seguro de pertenecer a Cristo, debe recordar que nosotros también pertenecemos a Cristo. 8No me avergüenzo si digo esto de mí mismo. El Señor me dio el derecho y la autoridad de ayudarles a ser fuertes, no de destruirlos. 9No quiero que piensen que trato de asustarlos por cartas. 10Dicen: "Sus cartas son fuertes y nos hacen pensar. Pero cuando está entre nosotros, es débil y difícil." 11Lo que decimos en nuestras cartas lo haremos al llegar. Deben entender esto. 12No nos comparamos con aquellos que creen que son muy buenos. Se comparan ellos con ellos mismos. Deciden si lo que piensan es bueno o es malo, y se comparan con sus ideas. Son tontos. 13Pero nosotros no hablaremos con orgullo más de lo que Dios nos permita. Seguiremos el plan de la obra que nos ha dado para hacer. Ustedes son parte de esa obra. 14No fuimos más lejos de lo que debíamos cuando llegamos a ustedes. Pero llegamos a ustedes con las buenas nuevas de Cristo. 15No sentimos orgullo del trabajo que otros han hecho. Pero esperamos que su fe siga creciendo por la ayuda que han recibido de otros. Entonces creceremos por causa de ustedes. 16Esperamos predicar las buenas nuevas en los lugares que están más allá de ustedes. Entonces no tendremos orgullo en el trabajo hecho en otro lugar. 17Si alguien quiere tener orgullo, debe tenerlo en la obra del Señor. 18Lo importante no es lo que un hombre piensa y dice de sí mismo, sino lo que Dios piensa de él.

Pablo —el verdadero misionero

11 Quisiera que escucharan un poco las tonterías que voy a decir. ²Estoy celoso por ustedes con un celo parecido al de Dios. Les he dado, como a una mujer que nunca se ha casado, un marido, que es Cristo. ³Eva fue engañada por la serpiente en el jardín de Edén. De la misma manera, tuve miedo que ustedes fueran engañados y desviados de su amor puro por Cristo. ⁴Ustedes escuchan cuando alguien viene y predica un evangelio diferente al que hemos predicado. Creen lo que oyen acerca de un espíritu diferente y de buenas nuevas diferentes a las que hemos predicado.

⁵No pienso que soy menor que aquellos primeros misioneros que han venido a ustedes. ⁶Y aunque me es difícil hablar, yo sé de qué estoy hablando. Ustedes lo saben ahora. ⁷¿Hice mal? Cuando les prediqué las buenas nuevas, no les pedí nada. Me hice pobre para que ustedes se hicieran ricos. ⁸Acepté dinero de otras iglesias para usarlo mientras trabajé entre ustedes, para que no tuvieran que pagarme ustedes. ⁹Cuando estuve entre ustedes, algunas veces no tuve dinero. Pero nunca les pedí nada. Los cristianos del país de Macedonia me trajeron lo que necesitaba. No les he pedido nada a ustedes, ni les pediré nada. ¹⁰Así como estoy seguro de que la verdad de Cristo está en mí, no dejaré de decirles a los del país de Acaya que estoy orgulloso de esto. ¹¹¿Quiere decir esto que no los amo? Dios sabe que sí los amo.

¹²Continuaré haciendo lo que hago ahora. Lo haré para detener a los que dicen que trabajan igual que nosotros. ¹³Estos son misioneros falsos. Dicen mentiras cuando trabajan. ¹⁴No es ninguna sorpresa; el diablo se transforma en ángel de luz. ¹⁵Por tanto, no es sorpresa si estos obreros también se hacen aparecer como predicadores de las buenas nuevas. Ellos y su trabajo tendrán el mismo fin.

Lo que Pablo ha sufrido como apóstol

¹⁶Déjenme que lo repita: No crean que soy un tonto. Pero si lo creen, entonces dejen que este "tonto" hable un poco de sí mismo. ¹⁷El Señor no me ha dicho que hable de mí mismo. Soy tonto cuando hablo de mí mismo. ¹⁸Ya que otros hablan de sí mismos, yo también voy a hablar de mí mismo. ¹⁹Ustedes son sabios y aguantan a los tontos. ²⁰Ustedes escuchan a cualquiera que les dice lo que deben hacer, o saca ganancia de ustedes, o les prepara una trampa. Escuchan a cualquiera que se hace más grande que ustedes, o les pega en la cara. ²¹Me avergüenzo de decir que soy débil. Pero no me voy a portar como ellos. Cualquier cosa que digan de sí mismos, yo también la puedo decir de mí mismo. (Sé que lo que digo suena mal.)

²²¿Son ellos judíos? Yo también lo soy. ¿Son del pueblo de Israel? Yo también. ¿Son de la familia de Abraham? También yo. ²³¿Trabajan por Cristo? Yo he trabajado mucho más que ellos. (Hablo como un "tonto".) He hecho más obra. He estado más veces en la cárcel. Ya ni me acuerdo cuántas veces me han golpeado. Muchas veces me he estado en peligros de muerte. ²⁴Cinco veces los judíos me han dado treinta y nueve latigazos en la espalda. ²⁵Tres veces me han pegado con varas. Una vez me apedrearon. Tres veces estuve en barcos que se han hundido. Pasé un día y una noche en el mar. ²⁶He hecho muchos viajes difíciles. He estado en peligro de inundaciones. En peligro de ladrones. En peligro entre los judíos. En peligro de las gentes que no conocen a Dios. He estado en peligro en las ciudades y en los lugares solitarios. He estado en peligro en el mar. En peligro entre gente que dice que son de Cristo, pero que en verdad no lo son. ²⁷He trabajado mucho. Me he cansado, y he sufrido dolores. Muchas veces no he podido dormir. He sufrido hambre y sed. He estado sin comer y sin ropa. He tenido que aguantar el frío. ²⁸Más que esto, he

sufrido en mi persona, porque sobre mí está el cuidado de todas las iglesias. [29]Cuando alguien es débil, yo también me siento débil. Cuando alguien tropieza en pecado, tengo un deseo grande de ayudarle. [30]Si debo hablar de mí, diré las cosas que me hacen débil. [31]El Dios y Padre de nuestro Señor Jesucristo va a ser glorificado y bendecido para siempre. El sabe que digo la verdad. [32]En la ciudad de Damasco, el gobernador nombrado por el rey Aretas puso soldados en todas las puertas para que me tomaran preso. [33]Pero me bajaron en una canasta por una ventana en la muralla, y pude escapar.

Pablo ve una verdad en una visión

12 Ahora tengo que hablar de mí; no es bueno. Pero les diré algunas cosas que vi en una visión, y lo que el Señor me ha enseñado. [2]Conozco a un hombre que pertenece a Cristo. Hace catorce años fue llevado al cielo más alto. (No sé si su cuerpo fue llevado o sólo su espíritu; Dios lo sabe.) [3]Otra vez digo, conozco a este hombre que fue así llevado. Pero no sé si su cuerpo o sólo su espíritu fue llevado. Sólo Dios lo sabe. [4]Cuando estaba en el cielo más alto, oyó cosas que no pueden decirse con palabras. Ningún hombre puede decirlas. [5]Estaré orgulloso de este hombre, pero no estaré orgulloso de mí, sino en aquellas cosas que muestran lo débil que soy. [6]Y si hablo de mí, no pareceré un tonto, porque todo es verdad. Pero no diré nada más porque no quiero que alguien piense más de lo que oye o ve en mí. [7]Las cosas que Dios me enseñó fueron muy grandes. Pero para que yo no me sienta orgulloso de haber visto estas cosas, me ha sido dada una dolencia en mi cuerpo. Es un enviado del diablo que me hace daño, para que yo no me sienta orgulloso. [8]Tres veces le pedí al Señor que me lo quitara. [9]Pero él me contestó: "Mi favor es contigo. Es suficiente. Mis poderes trabajan mejor en los débiles." Entonces, me siento feliz de ser débil y tener problemas para que así, pueda te-

ner el poder de Cristo en mí. [10]¡Me alegro cuando soy débil! ¡Me alegro cuando la gente habla en mi contra y me causa molestias y trata de hacerme daño, causándome problemas! ¡Me alegro cuando me suceden estas cosas por causa de Cristo, porque cuando soy débil, entonces soy fuerte!

[11]Soy un tonto al hablar de mí como lo he hecho. Pero ustedes me han obligado a hacerlo. Ustedes deberían decir lo que he hecho. Pero si no soy nadie, no soy menos importante que los grandes misioneros. [12]Cuando estuve entre ustedes, les demostré que soy un verdadero misionero. Hice obras poderosas y cosas maravillosas. Estas cosas las hice en la fuerza y el poder de Dios. [13]¿Qué les hace sentirse menos importantes que las otras iglesias? ¿Será porque no les permití que me dieran ropa y comida? Perdónenme este insulto.

[14]Esta es la tercera vez que estoy listo para ir a ustedes. No deseo nada de ustedes. Les quiero a ustedes, no a su dinero. Ustedes son mis hijos. Los hijos no deben cuidar a sus padres, sino los padres a los hijos. [15]Estoy contento de dar todo lo que tengo, aun yo mismo, para ayudarles. Cuando les amo más, parece que ustedes me aman menos.

[16]Es verdad que yo no fui una carga para ustedes. Pero algunos dicen que les puse una trampa. [17]¿Cómo podría yo hacer esto? ¿Acaso saqué algo para mí por medio de los que envié a ustedes? [18]Le pedí a Tito y a otro hermano que los visitaran. ¿Acaso sacó algo Tito de ustedes para su provecho? ¿No hicimos las cosas de tal manera que tuviéramos el mismo deseo y siguiéramos el mismo método?

[19]A ustedes puede parecerles como si estuviéramos tratando de que todo parezca favorable a nosotros ahora. Dios lo sabe, y también Cristo, que todo esto se ha hecho para ayudarles a ustedes. [20]Me temo que cuando yo los visite no los encuentre como a mí me hubiera gustado. Y ustedes no me encontrarán como les hubiera gustado. Me temo

que los voy a encontrar peleando, con celos, enojados, y discutiendo, y murmurando unos de otros, pensando que ustedes son muy importantes, y causando dificultades. ²¹Pienso que cuando llegue allá Dios me quitará todo el orgullo que haya tenido por causa de ustedes. Estaré triste y turbado por causa de los que han cometido pecados sexuales. Lo mismo por otros que han deseado tales cosas y por todos los que no han sentido tristeza por sus pecados ni los han dejado.

13 Esta es la tercera vez que los voy a visitar. Las sagradas escrituras nos dicen que cuando la gente piensa que alguien ha hecho algo malo, debe ser probado por dos o tres personas que vieron lo que se hizo mal. ²Durante mi segunda visita hablé con los que habían hecho cosas malas y con todos. Ahora que estoy lejos, vuelvo a hablar de lo mismo. La próxima vez que venga, seré duro con aquellos que hacen cosas malas. ³Ya que ustedes quieren saberlo, les daré pruebas de que Cristo habla a través de mí. Cristo no es débil cuando obra en sus corazones. El usa su poder en ustedes. ⁴El cuerpo débil de Cristo, o sea el humano, murió en una cruz. Cristo vive hoy por el poder de Dios. Somos nosotros los débiles. Somos como él fue. Pero viviremos con Cristo por medio del poder que Dios tiene para nosotros.

⁵Pónganse ustedes mismos a prueba. Vean si pertenecen a Cristo. Entonces sabrán que le pertenecen o no. ⁶Yo confío en que ustedes vean que nosotros pertenecemos a él y hemos hecho la prueba. ⁷Oramos a Dios para que ustedes no se equivoquen. No oramos para enseñarles que nuestra enseñanza es grande, sino para que ustedes continúen haciendo lo que es correcto, aunque parezca que nosotros hemos hecho mal. ⁸No podemos trabajar contra la verdad de Dios. Trabajamos solamente a su favor. ⁹Nos alegramos cuando nosotros somos débiles y ustedes son fuertes. Oramos para que ustedes sean cristianos perfectos. ¹⁰Por eso les escribo estas cosas mientras estoy lejos de ustedes. Cuando llegue a ustedes, ya no tendré que usar palabras duras o castigarlos para enseñarles que el Señor me da este poder. Este poder debe usarse para que ustedes sean cristianos fuertes, no para hacerlos débiles y dañar su fe.

¹¹Por último, hermanos, me despido de ustedes. Alégrense. Hagan aquello que los haga completos. Tengan consolación. Vivan en paz y armonía entre ustedes. El Dios de amor y paz será con ustedes. ¹²Salúdense unos a otros con un beso cristiano. ¹³Todos los que son de Cristo los saludan. ¹⁴Que tengan el favor del Señor Jesucristo y que sean con ustedes el amor de Dios y la comunión del Espíritu Santo.

LA CARTA DE PABLO A LOS GALATAS

1 Esta carta es de Pablo. Yo soy un misionero enviado por Jesucristo y Dios Padre, quien levantó a Jesús de la muerte. No fui enviado por un grupo de hombres, ni por algún hombre en particular. ²Todos los cristianos y yo nos unimos, y les escribimos a ustedes que están en las iglesias del país de Galacia.

³Que tengan el favor y la paz de Dios nuestro Padre y de nuestro Señor Jesucristo. ⁴Cristo se dio a sí mismo a la muerte por nuestros pecados para que nosotros fuéramos salvados de este mundo pecador. Dios quería que Cristo hiciera esto. ⁵Sea honrado Dios para siempre. Así sea.

Los hombres no deberán cambiar las buenas nuevas

⁶Estoy sorprendido de que ustedes estén dejando a Cristo tan pronto. Fueron escogidos por causa de su gran favor. Pero ahora se están volviendo atrás, escuchando otra clase de buenas nuevas. ⁷¡No! No hay otra clase de buenas nuevas. Hay algunos que les están guiando por mal camino. Ellos quieren cambiar las buenas nuevas acerca de Cristo. ⁸Pero si alguien de nosotros —aun un ángel del cielo— predicara otra clase de buenas nuevas distinta a la que les hemos predicado, hagan que esa persona sea separada de Cristo. ⁹Lo he dicho antes, y ahora lo repito. Si alguien está predicando otro mensaje de las buenas nuevas diferente del que les hemos predicado, hagan que esa persona sea separada de Cristo.

Estas buenas nuevas son de Dios

¹⁰¿Piensan ustedes que estoy tratando de ganar el favor de los hombres? O ¿el de Dios? Si yo estuviera tratando de ganarme el favor de los hombres, ya no sería un siervo de Cristo.

¹¹Hermanos cristianos, quiero que sepan que las buenas nuevas que he predicado no han sido hechas por el hombre. ¹²No las recibí de ningún hombre. Ni nadie me las enseñó. Yo las recibí de Jesucristo como él me las mostró.

¹³Habrán oído de mi vida anterior cuando yo seguía la religión judía. Les hacía la vida tan difícil como podía a los cristianos. Hice todo lo posible para destruir la iglesia cristiana. ¹⁴Aprendí más de la religión judía que muchos judíos de mi edad. Tuve un deseo más fuerte que ellos para seguir los caminos de mis antiguos padres. ¹⁵Pero Dios me escogió antes de que yo naciese. Por su gran favor, me llamó para que trabajara para él. ¹⁶Me dio a conocer a su Hijo para que yo pudiera predicar sobre Cristo a la gente que no es judía. Cuando esto pasó, no hablé con nadie. ¹⁷Ni fui a Jerusalén a hablar con aquellos que eran misioneros antes que yo. En cambio, fui al país de Arabia. Después volví a la ciudad de Damasco.

¹⁸Tres años más tarde, fui a Jerusalén a conocer a Pedro. Estuve con él quince días. ¹⁹No vi a ningún otro misionero, excepto a Santiago, el hermano del Señor. ²⁰Estoy escribiendo la verdad. Dios sabe que no estoy mintiendo.

²¹De Jerusalén fui a los países de Siria y Cilicia. ²²Ningún cristiano de las iglesias en el país de Judea me conocía. ²³La única cosa que habían oído era: "¡El que había tratado de destruir la iglesia cristiana está ahora predicando las buenas nuevas!" ²⁴Y ahora dan gracias a Dios por mí.

Los dirigentes de la iglesia en Jerusalén dicen a Pablo que él es un misionero verdadero.

2 Catorce años después, regresé a Jerusalén. Esta vez, llevé a Bernabé. Tito también vino con nosotros. ²Dios me indicó de una manera especial que yo tenía que ir y hablarles de las buenas nuevas que predico a la gente que no es judía. Primero que nada, hablé con los dirigentes de la iglesia. Yo quería que conocieran lo que yo estaba predicando. No quería que lo que había hecho, o lo que estaba haciendo se quedara sin valor.

³Tito estaba conmigo. Aunque él no era judío, no fue obligado a cumplir con el rito religioso para hacerse judío. ⁴Algunos hombres que se llamaban a sí mismos cristianos cuestionaban esto. Entraron a escondidas a nuestra reunión, sin que se les invitara. Fueron a ver qué libertad teníamos, los que pertenecemos a Cristo. Trataban de someternos a la ley judía. ⁵No quisimos escucharlos, ni hicimos nada de lo que querían que hiciéramos, porque queríamos que la verdad de las buenas nuevas permaneciera con ustedes.

⁶Aquellos que parecen ser dirigentes de la iglesia no me ayudaron. No me enseñaron nada nuevo. A mí no me interesa lo que hayan sido. Dios nos mira

igual. [7]Sin embargo, vieron que Dios me encargó el trabajo de predicar las buenas nuevas a los que no eran judíos, como a Pedro le dio el trabajo de predicar las buenas nuevas a los judíos. [8]Como Dios ayuda a Pedro a trabajar con los judíos, así también me ayuda a mí con aquellos que no son judíos. [9]Jacobo, Pedro y Juan eran considerados como los principales dirigentes de la iglesia. Ellos pudieron ver las bendiciones que Dios me había dado. Por lo tanto a Bernabé y a mí, nos dieron la mano. Luego nos fuimos a trabajar con la gente que no es judía mientras que ellos iban a trabajar con los judíos. [10]Solamente nos pidieron una cosa, que recordáramos a la gente pobre. Yo pienso que esto es importante.

[11]Pero cuando Pedro llegó a la ciudad de Antioquía, me puse en contra de él porque estaba en error. [12]Pedro había estado comiendo con la gente que no era judía, pero después que llegaron unos hombres partidarios de Jacobo, se alejó de la gente no judía. Tenía miedo de aquellos que creen en el rito religioso de hacerse judío. [13]Los otros judíos seguían a Pedro, porque también tenían miedo. Aun Bernabé fue engañado por aquellos que pretendían ser lo que no eran. [14]Cuando noté que no eran honestos acerca de la verdad de las buenas nuevas, le hablé a Pedro delante de todos. Y dije: "Si tú eres judío y vives como la gente que no es judía, ¿cómo quieres que la gente que no es judía viva como los judíos?" [15]Tú y yo somos judíos de nacimiento. No somos pecadores como la gente que no es judía. [16]Sin embargo, sabemos que no estamos bien ante Dios por obediencia de la ley judía. Los hombres somos aceptados por Dios cuando confiamos en Jesucristo. Por esta razón, hemos puesto nuestra confianza en Jesucristo. Hemos sido aceptados por Dios por nuestra fe en Cristo y no por la obediencia a la ley judía. Nadie puede estar bien ante Dios sólo por obedecer la ley judía. [17]Si tratamos de ser aceptados por Dios por lo que Cristo ha hecho por

nosotros, ¿qué pasa si somos hallados pecadores? ¿Será por medio de Cristo que somos pecadores? No, nunca. [18]Si empezamos a construir algo que ya está destruido, estamos pecando. [19]La ley judía no tiene poder sobre mí. He muerto a la ley judía. Ahora puedo vivir para Dios. [20]He sido puesto en la cruz para morir con Cristo. Ya no vivo yo, sino Cristo vive en mí. La vida que yo vivo en el cuerpo, la vivo poniendo mi confianza en el Hijo de Dios. El fue el que me amó y se entregó por mí. [21]No quiero poner a un lado el gran favor de Dios. Porque si hubiéramos podido estar bien ante Dios guardando la ley judía, entonces Cristo murió por nada.

3 ¡Oh gálatas tontos! ¿Qué extraño poder los ha apartado del camino de la fe en Cristo? Les hemos predicado claramente para que vieran que Jesucristo ya fue clavado en una cruz. [2]Sólo una cosa quiero saber. ¿Recibieron ustedes el Espíritu Santo por guardar la ley judía? ¿O lo recibieron por haber oído de Cristo? [3]¿Cómo pueden ser tan tontos? Ustedes comenzaron la vida cristiana por el Espíritu Santo. Ahora creen que serán mejores cristianos volviendo a su culto de antes. [4]Sufrieron mucho a causa de las buenas nuevas que recibieron. [5]¿Fue todo por nada? Cristo les dio el Espíritu Santo, e hizo obras poderosas entre ustedes. ¿Creen que él hizo esto porque hacen lo que manda la ley judía, o porque oyeron y creyeron en la verdad? [6]Fue lo mismo con Abraham. El puso su confianza en Dios. Esto hizo que Abraham estuviera puesto bien con Dios y completamente perdonado. [7]Recuerden que cualquier hombre que confía en Dios es hijo de Abraham. [8]La palabra de Dios dijo desde hace mucho tiempo que Dios salvaría a los que no son judíos del castigo del pecado. Antes de esto, la palabra de Dios anunció las buenas nuevas a Abraham así: "Todas las naciones serán benditas por medio de ti" *(Génesis 12:3)*. [9]Entonces todos los que crean estarán en paz juntamente con Abraham, el creyente. [10]Todos los que esperan que serán salvos del castigo del pecado por medio de la ley judía serán castigados, porque está escrito: "Todos los que no hagan lo que está escrito en el libro de la ley serán castigados *(Deuteronomio 26:27)*. [11]Nadie es aceptado por Dios haciendo lo que dice la ley judía. "El hombre bueno ante Dios vivirá por fe" *(Habacuc 2:4)*. [12]La ley judía no trata de la fe. Mas dice: "Ustedes deberán obedecer la ley judía; si no, morirán" *(Levítico 18:5)*. [13]Cristo nos compró con su sangre y nos hizo libres de la ley judía. De esta manera, la ley no nos puede castigar. Cristo hizo esto llevando nuestras culpas y fue castigado en lugar de nosotros. Escrito está: "Cualquiera que sea colgado en una cruz será odiado y castigado" *(Deuteronomio 21:23)*. [14]Por medio del precio que pagó Cristo Jesús, las cosas buenas que le vinieron a Abraham serán dadas a los que no son judíos. Y poniendo nuestra confianza en Cristo, recibiremos al Espíritu Santo que él nos ha prometido.

[15]Hermanos cristianos, permítanme explicarles lo que esto significa. Cuando dos hombres se ponen de acuerdo en algo y firman su nombre en un acuerdo, prometiendo cumplirlo, esto no puede ser cambiado. [16]Ahora, esta promesa fue hecha a Abraham y a su hijo. El no dijo, "y a sus hijos", hablando de muchos. Sino que dijo, "y tu hijo", que significa Cristo. [17]Entonces digo esto: La ley judía que fue dada cuatrocientos treinta años más tarde no puede cambiar la promesa. La promesa ha sido dada por Dios. La ley no puede quitar la promesa. [18]Si hubiera la posibilidad de que la ley judía nos salvara del castigo del pecado, entonces la promesa de Dios que le fue dada a Abraham no tendría ningún valor. Pero como no es posible ser salvos por obedecer la ley judía, la promesa que Dios dio a Abraham vale por todo.

[19]Entonces, ¿por qué tenemos la ley judía? Nos fue dada para mostrarnos el pecado. Debería ser usada hasta la venida de Cristo. Se hizo la promesa, pensando en Cristo. La ley fue dada a través

de ángeles y por medio de Moisés quien estaba entre Dios y los hombres. [20]Pero antes, cuando la promesa fue dada a Abraham, Dios se la dio sin que hubiera ningún tercero entre ellos. [21]¿Está la ley judía contra la promesa de Dios? ¡No, nunca! Si fuera posible ser salvados del castigo del pecado obedeciendo la ley judía, entonces para ser aceptados por Dios tendríamos que obedecer la ley judía. [22]Pero por la palabra de Dios dice que todo hombre es culpable de pecado. Y lo que fue prometido podrá darse a aquellos que crean en Cristo.

[23]Antes que viniera esto de la fe, todavía la ley nos tenía como prisioneros. Nosotros estábamos prisioneros hasta que vino Cristo. [24]La ley judía fue usada para llevarnos a Cristo. Era nuestro maestro. Fuimos aceptados por Dios, poniendo nuestra confianza en Cristo. [25]Ahora que tenemos confianza en Cristo, no necesitamos de la ley judía. [26]Y ustedes son hijos de Dios porque han confiado en Cristo, [27]porque los que fueron bautizados para mostrar que pertenecen a Cristo han llegado a ser como él. [28]Así que ahora ya no hay diferencia entre judíos y no judíos, servidores y libres, hombres y mujeres. Todos somos uno en unión con Cristo Jesús. [29]Si pertenecen a Cristo, son verdaderos hijos de Abraham y recibirán lo que Dios le prometió a él también.

Hijos de Dios

4 Permítanme decirlo de otra manera: Aunque un niño pequeño es heredero de todas las riquezas de su familia, puede no verse gran diferencia entre la vida de él y la de un servidor que pertenece a la familia. El niño en realidad es el dueño de todo. [2]Pero mientras él es niño, está al cuidado de las personas en quienes su padre le confió como sus maestros y ayudadores. Estas personas le indican lo que puede hacer y lo que no puede hacer. En un sentido, el niño no puede hacer nada hasta que cumpla la edad que su padre señala. [3]Nosotros éramos también como niños ayudados por la ley judía. Obedecíamos la ley en nuestros cultos religiosos. ⁴Pero llegó el tiempo en que Dios envió a su propio Hijo. El nació de una mujer y vivía bajo la ley judía. ⁵El nos compró con su sangre para libertarnos de la ley judía y así poder ser hechos hijos de Dios. ⁶Porque ustedes son hijos de Dios. El ha enviado el Espíritu de su Hijo a nuestros corazones y clama "Padre". ⁷Así que ya no son servidores, sino hijos. Y recibirán de Dios todo lo que él tiene preparado para sus hijos.

⁸En los tiempos en que ustedes no conocían a Dios, adoraban a falsos dioses. ⁹Pero ahora que conocen a Dios, o mejor dicho que Dios los conoce a ustedes, ¿por qué regresan de nuevo a la antigua y débil ley? ¿Por qué quieren hacer los ritos religiosos de adoración que no les dejan gozar de su propia libertad? ¿Por qué quieren volver a estar bajo el poder de la ley judía nuevamente? ¹⁰Ustedes están guardando ciertos días, meses, fechas y años. ¹¹Temo que el trabajo que hice con ustedes haya sido en vano.

Vivir bajo la ley o ser libre

¹²Yo les pido, hermanos, que se mantengan libres de la ley, como yo. Aunque soy judío, ya soy libre de la ley, como ustedes que no son judíos. Ustedes no me hicieron daño. ¹³Ustedes saben que cuando les prediqué las buenas nuevas la primera vez, estaba enfermo. Pero me aceptaron como si yo llevara a Cristo conmigo mismo. ¹⁴Aunque la enfermedad fue una prueba para mí, ustedes no me despreciaron, mas me recibieron como a un ángel del Señor, como a Jesucristo mismo. ¹⁵¿Qué pasó con la alegría que tenían? Ustedes se hubieran sacado los ojos si hubieran tenido que dármelos. ¹⁶¿Me desprecian porque les he dicho la verdad? ¹⁷Aquellos falsos maestros están tratando de apartarles de nosotros para que se vuelvan hacia ellos. No quieren que ustedes sigan mi enseñanza. Lo que están haciendo no es bueno. ¹⁸Es bueno cuando la gente le ayuda, y no pide nada en cambio. Ellos deben ayudarles todo el tiempo y no solamente cuando yo estoy con ustedes. ¹⁹Hijos míos, otra vez estoy sufriendo dolores por ustedes como una madre cuando está dando a luz. Yo sufriré hasta que la vida de Cristo esté en sus vidas. ²⁰¡Cómo deseo estar con ustedes ahora para poder hablarles con una voz más suave, pues estoy muy preocupado por ustedes!

²¹¡Escuchen! ¡Si ustedes quieren estar bajo la ley judía, ¿por qué no oyen lo que ésta dice? ²²La palabra de Dios dice que Abraham tenía dos hijos: uno de la sierva (Agar). Ella tenía que hacer lo que le mandaban. El otro era hijo de una mujer libre (Sara), que podía trabajar y hacer lo que quería *(Génesis 16:15; 21:2-9).* ²³El hijo de la sierva nació como cualquier otro niño. El de la mujer libre nació por la promesa que Dios le había hecho. ²⁴Piensen un poco acerca de esto: Estas dos mujeres muestran dos maneras que tiene Dios de trabajar con su gente. Los hijos nacidos de Agar están bajo la ley judía, dada en el monte Sinaí. Serán siervos que pertenecen a otro. Siempre harán lo que se les mande. ²⁵Agar es conocida como el monte Sinaí, en el país de Arabia. Esta es como la Jerusalén de ahora: porque ella y sus hijos no son libres de hacer lo que quieran. ²⁶Pero la Jerusalén de arriba es la mujer libre, y es nuestra madre. ²⁷La palabra de Dios dice: "Mujer, alégrate tú que no puedes tener hijos. Clama y regocíjate, tú que nunca has conocido dolores de parto, porque la mujer que no puede tener hijos, tendrá más que la que vive con su marido" *(Isaías 54:1).* ²⁸Hermanos, nosotros somos como Isaac. Somos los hijos que Dios prometió. ²⁹En aquel tiempo, el hijo que había nacido como todos perseguía al hijo nacido por la promesa del Espíritu Santo. Lo mismo está pasando ahora. ³⁰Pero ¿qué dice la palabra de Dios? "Echa fuera de tu casa la sierva y a su hijo. El hijo de la esclava no debe compartir la riqueza de la familia. Todo será dado al hijo de la mujer libre"

(*Génesis 21:10*). ³¹Hermanos, no somos hijos de la sierva (Agar). Somos hijos de la mujer libre (Sara).

Cristo nos hizo libres

5 Cristo nos hizo libres. Permanezcan así. No vuelvan a ser siervos de la ley judía.

²Escúchenme: Yo, Pablo, les digo que si ustedes hacen el rito religioso para convertirse en judíos, entonces Cristo no les sirve de nada. ³Lo digo de nuevo. Cada hombre que realiza el rito religioso para hacerse judío debe obedecer toda la ley judía. ⁴Si ustedes piensan que serán aceptados por Dios obedeciendo la ley judía, entonces están apartándose de Cristo y de su gran favor. ⁵Estamos esperando ser aceptados por Dios. Esto vendrá por medio del Espíritu Santo y la fe. ⁶Si pertenecemos a Cristo Jesús, no significa nada haber cumplido con el rito religioso de hacerse judío. Lo más importante es la fe que nace del amor.

⁷Ustedes iban muy bien. ¿Quién les hizo dejar de seguir la verdad? ⁸Esto no ha sido por Dios, quien ya los había llamado. ⁹Sólo basta un poco de levadura para que el pan se leude. ¹⁰Pero yo sigo confiando en ustedes, por lo que Dios ha hecho en sus vidas. Creo que no seguirán otro camino. Cualquiera que trate de llevarlos por el mal camino, será castigado por Dios. ¹¹Hermanos, si yo dijera a los hombres que dicen que es necesario para hacerse judíos primero ser cristianos, no estaría sufriendo a causa de los judíos. Si predicara eso, no tendrían razón los judíos de estar en contra de la cruz de Cristo. ¹²Quisiera que los que andan molestando para que se operen, se cortaran ellos todo de una vez.

¹³Hermanos, ustedes fueron escogidos para ser libres. Tengan cuidado; no aprovechen su libertad para hacer cosas malas. Vivan esta vida de libertad amando y ayudando a otros. ¹⁴Si hacen esto, están obedeciendo a la ley que dice: "Ama a tu prójimo como a ti mismo" (*Levítico 19:18*). ¹⁵Pero si ustedes se lastiman y se crean problemas unos a otros, corren el peligro de destruirse el uno al otro.

¹⁶Les digo esto: Dejen que el Espíritu Santo les guíe en cada paso de su vida. Así no querrán hacer las cosas malas de antes, ¹⁷porque eso está en contra del Espíritu Santo. Y el Espíritu Santo está en contra de esos malos deseos. Siempre están uno en contra del otro. Así que no pueden hacer lo que quieran. ¹⁸Si permiten que el Espíritu Santo les guíe, no están bajo el poder de la ley. ¹⁹Las cosas que su naturaleza pecadora quiere hacer son: pecados sexuales, malos deseos, ²⁰adorar falsos dioses, brujería, odio, pleitos, envidias, enojos, discusiones, formar grupos de división y falsas enseñanzas. ²¹Quieren lo que otros tienen, matan, se emborrachan, comen mucho. Hacen otras cosas parecidas. Les dije antes y les digo otra vez: los que hacen todas estas cosas no tendrán lugar en el reino de Dios. ²²Pero el fruto que viene cuando tenemos el Espíritu Santo en nuestras vidas es: amor, gozo, paz, paciencia, bondad, honradez, fe, ²³humildad y control de nuestros deseos. La ley no está en contra de esas cosas. ²⁴Los que siguen a Cristo han puesto los pecados de ellos en la cruz de Cristo. Los malos deseos han muerto. ²⁵Si el Espíritu vive en nosotros, dejemos que él nos dirija en todo. ²⁶No seamos orgullosos en lo que no debemos, ni nos enojemos ni tengamos envidia entre nosotros mismos.

Ayudando a otros

6 Hermanos, si ven que alguno está haciendo algo malo ustedes que son cristianos firmes tienen el deber de corregirlo de una manera amable. Cuídense ustedes mismos, no sea que también puedan ser tentados. ²Ayuden a los que sufren por sus problemas. ³Si alguien piensa que es importante, no siendo nada, se está engañando a sí mismo. ⁴Antes, debe examinarse y ver cómo es su propia conducta. Entonces podrá alegrarse de lo que ha hecho. No

debe compararse con su vecino. ⁵Cada quien debe hacer su propio trabajo.

⁶El que recibió la palabra de Dios debe compartir las cosas buenas que le fueron dadas. ⁷No sean tontos; no pueden engañar a Dios. El hombre cosecha lo que siembra. ⁸Si un hombre actúa para satisfacer su naturaleza, está perdido. Pero si hace lo que agrada al Espíritu Santo, salvará su vida para siempre. ⁹No debemos cansarnos de hacer el bien. Si no nos desanimamos, recibiremos, a su tiempo, lo que merecemos. ¹⁰Por esto, debemos hacer el bien a todos, y de manera especial, a aquellos que pertenecen a Cristo.

Nuestro orgullo debe estar puesto en la cruz

¹¹Vean qué letras tan grandes les escribo con mi propia mano. ¹²Los que dicen que debemos hacernos judíos mediante el rito religioso lo hacen porque quieren quedar bien ante la gente. Así no sufren persecuciones por la cruz de Cristo. ¹³Aun los que han realizado el rito de hacerse judíos no conservan la ley judía, pero quieren que ustedes hagan el rito religioso para sentirse orgullosos de que son sus seguidores. ¹⁴De mi parte, yo sólo quiero estar orgulloso de la cruz de nuestro Señor Jesucristo. Pues por la cruz, el mundo ha muerto para mí, y yo he muerto para el mundo. ¹⁵Así que no importa si ustedes han cumplido con el rito de hacerse judíos o no. Lo más importante es que seamos personas nuevas. ¹⁶Aquellos que siguen este camino, tendrán la paz y la bendición de Dios. Ellos son el pueblo de Dios.

¹⁷Para terminar, no quiero que me hagan más problemas. Pues tengo en mi cuerpo las marcas de uno que trabaja para Jesús. ¹⁸Hermanos, que el favor de nuestro Señor Jesucristo sea con ustedes. Así sea.

LA CARTA DE PABLO A LOS EFESIOS

1 Yo, Pablo, soy misionero de Jesucristo. Dios me eligió para trabajar con él. Esta carta es para aquellos que pertenecen a Cristo y viven en la ciudad de Efeso y también para ustedes, otros fieles creyentes en Cristo Jesús. ²Tengan el favor y la paz de Dios nuestro Padre y de nuestro Señor Jesucristo.

³Honremos y demos gracias a Dios y Padre de nuestro Señor Jesucristo. Ya nos ha dado una prueba de lo que es el cielo. ⁴Aun antes que el mundo fuera hecho, Dios nos escogió para él mismo por razón de su amor. Quería que fuéramos buenos y sin culpa delante de él. ⁵Dios ya quería tenernos como sus propios hijos. Esto fue hecho por Jesucristo. Dios en su plan lo quiso así. ⁶Damos gracias a Dios por su gran favor hacia nosotros. Nos lo dio por medio de su Hijo muy amado. ⁷Por la sangre de Cristo, somos comprados y hechos libres del castigo del pecado. Por su sangre, nuestros pecados son perdonados, según su gran favor hacia nosotros. ⁸Fue bueno con nosotros. Nos trató con sabiduría y entendimiento. ⁹Dios nos dio el secreto de lo que él quiso hacer y es esto: con pensamiento amoroso planeó, hace mucho tiempo, enviar a Cristo al mundo. ¹⁰El plan fue de reunirnos en Cristo a todos juntos a un mismo tiempo. Si estamos en el cielo o si todavía en la tierra, nos juntará a todos, y él será el principal sobre todas las cosas. ¹¹Nosotros fuimos escogidos en Cristo para ser los propios hijos de Dios. Y esto fue hecho según su plan. ¹²Noso-

tros, quienes fuimos los primeros en poner nuestra fe en Cristo, debemos darle gracias por su grandeza, [13]y por la verdad de las buenas nuevas. Cuando oyeron la verdad, pusieron su fe en Cristo. Entonces Dios los eligió y fueron sellados con el Espíritu Santo como una promesa. [14]El Espíritu nos fue dado como una promesa de que recibiríamos todas las cosas que Dios tiene para nosotros. Para mostrar su grandeza, el Espíritu de Dios estará con nosotros, hasta que termine su obra de hacernos libres.

La oración de Pablo por los creyentes

[15]He oído de la fe que ustedes tienen en el Señor Jesús y de su amor para todos los creyentes. [16]Desde entonces, he orado y dado gracias por ustedes. [17]Pido que el gran Dios y Padre de nuestro Señor Jesucristo les dé la sabiduría de su espíritu. Entonces podrán entender los secretos acerca de él y podrán conocerlo mejor. [18]Pido que sus corazones puedan entender. Pido que ustedes puedan conocer acerca de la esperanza que fue dada por el llamamiento de Dios. Pido que ustedes puedan ver cuán grandes cosas les ha prometido a aquellos que le pertenecen. [19]Pido que ustedes puedan conocer la grandeza de su poder para aquellos que han creído en él. [20]Es el mismo poder que levantó a Cristo de la muerte. Es el mismo poder que puso a Cristo en el cielo a la derecha de Dios. [21]Este lugar fue dado a Cristo, y es mucho más grande que el que un rey o jefe humano pueda tener. Nadie más puede tener este lugar de honor y poder. Nadie en este mundo ni en el mundo venidero puede tener este lugar. [22]Dios ha puesto todas las cosas bajo el poder de Cristo. Le ha puesto a él como el principal de todas las cosas de la iglesia. [23]La iglesia es el cuerpo de Cristo. Está completamente llena de aquel que satisface todas las cosas con él mismo.

Dios nos salva del pecado

2 En un tiempo, ustedes estuvieron muertos a causa del pecado. [2]Por un tiempo, siguieron los caminos pecaminosos del mundo y obedecieron al jefe del poder de la oscuridad. El es el diablo quien ahora está trabajando con la gente que no obedece a Dios. [3]En un tiempo todos vivimos para complacernos a nosotros mismos. Hicimos lo que nuestros cuerpos y mentes querían. Fuimos pecadores de nacimiento como toda la otra gente. Por todo esto, Dios estaba enojado con nosotros. Tendríamos que sufrir. [4]Pero Dios estaba lleno de amor para con nosotros. Nos amó con tan gran amor [5]que aun cuando estábamos muertos por nuestros pecados, él nos dio vida por lo que hizo por nosotros. Ustedes han sido salvados del castigo de sus pecados por medio del gran favor de Dios. [6]Dios nos levantó de la muerte cuando levantó a Cristo Jesús. Nos ha dado un lugar con Cristo en el cielo. [7]El hizo esto para demostrarnos en los tiempos venideros las grandes riquezas de su favor. Y nos ha mostrado esta bondad por medio de Cristo Jesús.

[8]Por el favor de Dios, ustedes han sido salvados del castigo del pecado, por medio de su fe. Y no es algo que ustedes hayan hecho. Es un regalo de Dios. [9]Y no se les ha dado porque hicieron algo bueno. Si fuera así, ustedes podrían estar orgullosos. [10]Nosotros somos obra de él. El nos hizo para pertenecer a Cristo Jesús a fin de que podamos trabajar por él. Mucho antes Dios hizo planes para que nosotros hiciéramos esto.

Ahora los seguidores vienen a ser el cuerpo de Cristo

[11]No olviden eso, que en un tiempo, ustedes no conocían a Dios. Los judíos, que fueron hechos judíos por el rito religioso por las manos de los hombres, dijeron que ustedes son gente que no conoce a Dios. [12]Entonces estaban viviendo sin Cristo. La gente judía, que pertenecía a Dios, nada tenía que ver con ustedes. Las promesas que Dios les dio a ellos no fueron para ustedes. No tenían nada en este mundo en qué esperar, porque estaban sin Dios. [13]Pero ahora pertenecen a Cristo

Ahora pase a la página 198.

Jesús. En un tiempo estuvieron lejos de Dios. Pero ahora han sido traídos cerca de él. Cristo hizo esto, cuando dio su sangre en la cruz. ¹⁴Tenemos paz por medio de Cristo, porque él hizo de los judíos y de los que no son judíos un solo pueblo. Rompió la pared que los dividía. ¹⁵Por su muerte en la cruz, puso fin a la lucha que había entre ellos. Puso fin a la ley judía. Entonces hizo de las dos, una nueva clase de gente, igual a sí mismo. De este modo, hizo la paz. ¹⁶El trajo ambos grupos a Dios. Cristo terminó las diferencias entre ellos, con su muerte en la cruz.

¹⁷Entonces Cristo vino y predicó las buenas nuevas de paz a aquellos que estaban lejos de Dios. También nos predicó a los que estábamos cerca de Dios. ¹⁸Ahora todos podemos ir al Padre por medio de Cristo, por el camino del Espíritu Santo. ¹⁹De ahora en adelante, ustedes no son más extranjeros, en tierra que no es suya, sino ciudadanos juntamente con aquellos que pertenecen a la familia de Dios. Pues ustedes pertenecen a la familia de Dios. ²⁰Esta familia sostiene un edificio, un templo en el espíritu. Está construido sobre las enseñanzas de los misioneros y los antiguos predicadores de Dios. Jesucristo mismo es la piedra principal, la parte más importante del edificio. ²¹Cristo mantiene este edificio unido, y está creciendo como un edificio santo para el Señor. ²²También ustedes forman una parte de este edificio, porque Dios vive en ustedes por su Espíritu.

3 Yo, Pablo, estoy en prisión porque soy misionero de Jesucristo a los que no son judíos. ²Estoy seguro que han oído que Dios en su favor me dio este trabajo. ³Les he escrito antes un poco de esto. De un modo especial, Dios me mostró su plan secreto. ⁴Cuando lean esto, entenderán cómo sé de estas cosas que no son fáciles de entender. ⁵Hace mucho tiempo, el hombre no sabía de estas cosas. Pero ahora le son mostradas a sus misioneros y predicadores por el Espíritu Santo. ⁶Permítanme decirles que las buenas nuevas son también para la gente que no es ju-

día. Ellos podrán tener vida que dura para siempre. Podrán ser parte de su iglesia y su familia, juntamente con los judíos. Y todos reciben lo que Dios ha prometido por medio de Cristo.

⁷Dios me mandó predicar las buenas nuevas. Me dio esa capacidad por su favor. Me dio su poder para predicarlo. ⁸De todos aquellos que pertenecen a Cristo, yo soy el menos importante. Pero esta capacidad de Dios me fue dada para predicar a personas que no son judías. Fui a anunciarles las grandes riquezas que tenemos en Cristo, las cuales no tendrán fin. ⁹Procuré que todos los hombres entendieran ese secreto. Dios lo guardaba para sí mismo desde el principio del mundo. El es aquel que hizo todas las cosas. ¹⁰Esto fue hecho así, para que la gran sabiduría de Dios pudiera ser vista por los jefes y los que tienen autoridad en los cielos. Esto ha sido hecho por medio de la iglesia. ¹¹Este fue el plan que Dios tuvo para todos los tiempos. El lo hizo por medio de Cristo Jesús nuestro Señor. ¹²Podemos venir a Dios sin temor, porque hemos puesto nuestra confianza en Cristo. ¹³Por eso, les pido que no se desanimen a causa de mis sufrimientos por ustedes. Esto es una ayuda para ustedes.

Pablo ora por la iglesia

¹⁴Por esta razón, me arrodillo y pido al Padre. ¹⁵Es por él que cada familia en el cielo y en la tierra tiene su nombre. ¹⁶Pido a Dios que dé las riquezas de su grandeza, los haga fuertes con poder en sus corazones, por medio del Espíritu Santo. ¹⁷Pido que Dios pueda vivir en sus corazones por la fe. Y oro para que ustedes sean llenos de su amor. ¹⁸Pido que puedan entender lo ancho, lo largo, lo alto y lo profundo que es su amor. ¹⁹Pido que conozcan el amor de Cristo, que va más allá de cualquier cosa que podamos entender. Pido que sean llenos de Dios mismo.

²⁰Dios puede hacer mucho más de lo que pedimos o pensamos, por medio de su poder trabajando en nosotros. ²¹Podemos ver su grandeza en la iglesia, y que toda la gente en todos los tiem-

poɔ honre a Cristo Jesús. Que así sea.

4 Estoy prisionero, porque trabajo para el Señor. Les pido con todo mi corazón que vivan y trabajen como el Señor espera que lo hagan. ²Vivan y trabajen con humildad. Sean amables y no duros con los demás. Trátenlos con amor. ³Hagan lo posible por estar unidos, con la ayuda del Espíritu Santo. Entonces habrá paz entre ustedes. ⁴Hay un solo cuerpo y un solo espíritu, así como una sola esperanza. ⁵Hay un Señor, una fe y un bautismo. ⁶Hay un Dios que es el Padre de todos, que está sobre todos, el único que actúa en nosotros. Y el único que está en cada uno de nosotros. ⁷Dios ha dado favor a cada uno de nosotros. Podremos ver cuán grande es, al darnos a Cristo. ⁸La palabra de Dios dice: "Cuando Cristo subió al cielo, se llevó a aquellos que estaban prisioneros con él y dio regalos a los hombres" *(Salmo 68:18).* ⁹Pero, ¿qué quiere decir "fue al cielo"? Quiere decir que él vino primero, a los lugares más escondidos de la tierra. ¹⁰Así que el que bajó a la tierra es el mismo que subió al cielo. El hizo esto para llenar al mundo con su presencia. ¹¹Cristo dio capacidad, o dones, a todos los hombres. A algunos les dio la capacidad de ser misioneros; a otros, el don de ser predicadores; a otros, que fueran de pueblo en pueblo llevando las buenas nuevas de paz; a otros, el don de ser pastores y maestros. ¹²Todos estos fueron preparados para que los hijos de Dios sirvan mejor en su labor a fin de que la iglesia, que es el cuerpo de Cristo, sea más fuerte. ¹³Todos seremos una sola persona por lo que creemos y porque conocemos al Hijo de Dios. Seremos creyentes maduros; creceremos hasta estar tan completos como lo es Cristo mismo. ¹⁴Entonces ya no seremos niños. Ni seremos como barcos en el agua donde las olas y el viento nos llevan por todos lados. Las enseñanzas que no son verdaderas son como el viento. Hay personas que hacen lo posible para que otros crean lo que ellas

han inventado y que les sigan por mal camino.

¹⁵Pero nosotros debemos hablar la palabra de verdad y crecer para tratar de ser como Cristo, quien es la cabeza de la iglesia. ¹⁶Cristo puso cada parte de la iglesia en un lugar correcto. Cada parte le ayuda a la otra. Esto es lo que se necesita para que todo el cuerpo esté completo. De esta manera, todo el cuerpo crece unido y fortalecido en el amor.

La vida antigua y la vida nueva

¹⁷Les digo esto en el nombre del Señor: Ustedes ya no deben vivir como las demás personas que no conocen a Dios. Porque sus pensamientos no tienen valor. ¹⁸Sus mentes están en la oscuridad. Ellas no tienen parte en la vida que Dios da, porque sus corazones no les permiten entender. ¹⁹A ellas no les interesa si lo que hacen está bien o está mal. Van por el mal camino, y su mente siempre está deseando hacer el mal. ²⁰Pero Cristo no nos enseñó esto. ²¹Si ustedes han oído y aprendido de él, ²²deben deshacerse de las actitudes de la vida antigua, cuando no conocían a Dios. Dejen esa vida llena de maldad y malos deseos. ²³Permitan que sus corazones y sus mentes sean renovados. ²⁴Deben llegar a ser personas nuevas, personas parecidas a Dios. Hasta entonces conocerán a Dios y tendrán una vida verdaderamente santa. ²⁵No más engaños. Todos debemos decir la verdad los unos a los otros, porque todos formamos parte del cuerpo de Cristo. ²⁶Si se enojan, no dejen que su enojo les haga pecar. Hagan terminar su enojo antes que termine el día. ²⁷No den oportunidad a que el diablo se meta en sus vidas. ²⁸Los que robaban ya no roben más. Deben trabajar, para que tengan lo que necesitan y que puedan dar ayuda a los pobres. ²⁹Cuiden su manera de hablar. Usen palabras que ayuden a los demás a crecer en el conocimiento de la palabra de Dios. ³⁰No hagan que el Espíritu Santo de Dios se entristezca por la manera en que viven. Porque el

Espíritu Santo ha puesto una marca a todos los que son de él para el día en que sean libertados. 31Alejen de su corazón todo mal sentimiento contra otras personas, enojo, pasiones. No griten. No digan nada malo que haga daño a otros. 32Sean amables con todos. Piensen en las demás personas. Perdonen a todos, como Dios nos perdonó por medio de la muerte de Cristo.

Viviendo como Dios desea

5 Hagan lo que Dios haría. Los hijos amados hacen lo que sus padres hacen. 2Vivan con amor, como Cristo nos amó y dio su vida por nosotros, como una ofrenda de olor agradable en el altar de Dios. 3Ya que son hijos de Dios, no deben ni siquiera mencionar los pecados sexuales, ni cualquier otro pecado. No quieran siempre todo para sí. 4No es bueno que usen palabras malas y sucias. Deben dar gracias a Dios por lo que él ha hecho por ustedes. 5Pueden estar seguros de esto: Cualquier persona que ha cometido pecado sexual, o que desea lo que otros tienen, no tendrá lugar en el reino de Cristo y de Dios. 6No se dejen engañar con palabras tontas. Porque viene el enojo de Dios sobre los que no le obedecen. 7No tengan nada que ver con ellos. 8Hubo un tiempo en que ustedes vivían en la oscuridad. Ahora viven en la luz que da el Señor. Vivan como hijos que tienen la luz del Señor. 9Su luz es la verdad. Nos hace estar en paz con Dios, y nos hace ser mejores cada día. 10Aprendan a hacer lo que le gusta a Dios. 11No tengan nada que ver con las cosas malas que hace la gente que vive en la oscuridad. Por el contrario, deben decirles que eso es malo. 12Es vergonzoso hablar de lo que ellos hacen en secreto. 13Todas las cosas pueden verse en la luz, porque todo en la luz se ve tal como es. 14Dios dice: "Despierta, tú que duermes, levántate de entre los muertos, y Cristo te dará su luz" (Isaías 60:1).

Sean llenos del Espíritu Santo de Dios

15Cuiden la manera en que viven. Vivan como personas sabias, y no como las que no conocen a Dios. 16Aprovechen todo su tiempo, porque los días son malos. 17No sean tontos. Entiendan lo que Dios quiere que hagan. 18No se emborrachen con vino, pues es malo para sus cuerpos. Mejor, sean llenos del Espíritu Santo. 19Hablen unos con otros con alegría, cantando salmos. Canten con todo el corazón al Señor. 20Den gracias a Dios siempre por todas las cosas en el nombre de nuestro Señor Jesucristo.

Cómo deben vivir las esposas

21Ayúdense unos a otros. Así muestran respeto a Cristo. 22Mujeres, obedezcan a sus esposos, porque al hacerlo, obedecen al Señor. 23El esposo es la cabeza de su esposa, como Cristo es la cabeza de la iglesia. La iglesia es el cuerpo de Cristo, a quien él salva. 24Como la iglesia obedece a Cristo, así las mujeres deben obedecer a sus maridos en todo.

Cómo deben vivir los esposos

25Maridos, amen a sus esposas. Deben amarlas como Cristo amó a la iglesia. El dio su vida por ella. 26Cristo hizo esto para apartar a su pueblo, después de limpiarlo con agua y con su palabra, 27para que la iglesia permanezca santa, pura y sin mancha. 28Los hombres deben amar a sus esposas como a sus propios cuerpos. El que ama a su esposa, se ama a sí mismo. 29Ningún hombre se odia a sí mismo. Siempre tiene cuidado de su cuerpo. Cristo hace lo mismo con la iglesia. 30Nosotros somos miembros de su cuerpo, que es la iglesia. 31Por esta razón el hombre dejará a su padre y a su madre cuando se case y se unirá a su mujer. Los dos serán uno. 32Esto es muy difícil de entender, pero nos muestra que la iglesia es el cuerpo de Cristo. 33Así que todo hombre debe amar a su esposa como si fuera él mismo. Y toda mujer debe respetar a su marido.

Cómo deben vivir los hijos

6 Hijos, su deber como cristianos es obedecer a sus padres, porque esto es bueno. ²Respeten a su padre, y a su madre, porque es el primer mandamiento con promesa. ³La promesa es esta: Si respetan a su padre y a su madre, tendrán larga vida y en todo lo que hagan les irá bien. ⁴Padres, no sean duros con sus hijos, para que no se enojen. Críenlos en disciplina con amor en el Señor. ⁵El que trabaja para otro, debe obedecer a su patrón. Trabajen para ellos lo más que puedan. Hagan el trabajo para los hombres como si lo hicieran para Cristo. ⁶No trabajen sólo cuando su patrón los ve, o lo estarán haciendo sólo para agradar a los hombres. Trabajen como si lo hicieran para Cristo. Hagan lo que Dios manda con todo el corazón. ⁷Hagan su trabajo con alegría, como si trabajaran para el Señor, y no para los hombres. ⁸Recuerden esto, cualquier cosa que hagan será premiada por el Señor. Dios no hace diferencia entre personas. Para él, todos somos iguales. ⁹Patrones, traten bien a los que trabajan para ustedes. No comiencen el día siendo duros con ellos. Recuerden que el patrón de todos está en el cielo. Dios no respeta a unos más que a otros; todos somos iguales ante él.

Armas que Dios da a los cristianos para luchar

¹⁰Esto es lo último que les quiero decir: Sean fuertes con la fuerza de Dios. ¹¹Usen las armas que Dios les da para luchar, y así no caerán en las trampas del mal. ¹²No estamos luchando contra seres humanos como nosotros, sino con espíritus que viven en los cielos, que tienen poder en el mundo de la oscuridad. ¹³Por esto usen todas las armas que Dios les ha dado para luchar contra ellos. ¹⁴Así que estén listos, vestidos con el cinturón de la verdad. Y su pecho protegido con la armadura que es el estar bien con Dios. ¹⁵Y anuncien las buenas nuevas de paz, como el soldado se prepara al ponerse los zapatos.

¹⁶Lo más importante de todo es que tengan su fe como un escudo para que puedan defenderse de los ataques del diablo. ¹⁷Cúbranse la cabeza con la armadura de la salvación. Usen la palabra de Dios como una espada que da el Espíritu.

Por qué y cómo orar

¹⁸Oren todos los días. El Espíritu les dirá lo que deben decir. Pidan por sus necesidades. Oren también por todos los hijos de Dios. ¹⁹También acuérdense de mí en sus oraciones, para que yo pueda seguir hablando sin miedo, a fin de que otros entiendan la palabra de Dios. ²⁰Fui enviado para decir a todos las buenas nuevas. Y por esto estoy ahora prisionero. Oren que yo siga hablando de Cristo con valor sin tener miedo. ²¹Tíquico les dirá cómo nos ha ido. El es un hermano muy querido y fiel siervo de Dios. ²²Lo he mandado para que les diga cómo hemos estado. Sus palabras les confortarán. ²³ ²⁴Que Dios el Padre y el Señor Jesucristo dé paz y favor a todos los que aman al Señor Jesucristo con un amor que no cambia.

LA CARTA DE PABLO A LOS FILIPENSES

1 Esta carta la enviamos Pablo y Timoteo, obreros de Jesucristo, a todos los que también son de él, y que viven en la ciudad de Filipos, en unión de sus líderes y ayudantes en la iglesia. ²Deseamos que gocen de las bendiciones y la paz de Dios nuestro Padre y del Señor Jesucristo.

Pablo da gracias por los cristianos verdaderos

³Siempre que pienso en ustedes, doy gracias a Dios. ⁴Me siento muy alegre al orar por ustedes, ⁵porque sé que desde el primer momento en que oyeron las buenas nuevas hasta ahora, hablan de ellas a todos. ⁶Estoy seguro que Dios, quien empezó su obra bondadosa en ustedes, la llevará a cabo hasta que Cristo Jesús venga otra vez. ⁷Tengo razón para sentir lo que siento por ustedes, porque a todos los amo en gran manera. Cuando estuve en la cárcel y cuando he probado la verdad de las buenas nuevas, todos ustedes han compartido conmigo el favor divino. ⁸Dios sabe bien lo que les digo: cuánto los amo en ese amor que viene de Jesucristo. ⁹Y en mis oraciones, pido a Dios que el amor de ustedes crezca más y más y que vayan teniendo más entendimiento y sabiduría en todas las cosas. ¹⁰Que sepan escoger lo mejor, y que sean fieles y sin culpa el día en que Cristo vuelva. ¹¹También pido en mis oraciones que den fruto abundante llevando vidas rectas. Vidas rectas sólo pueden ser producidas por el conocimiento de Jesucristo y para honra y agradecimiento a Dios.

El encarcelamiento de Pablo ha sido para bien

¹²Hermanos cristianos, deseo que sepan que lo que me ha pasado me ha ayudado para seguir anunciando las buenas nuevas. ¹³Todos aquí saben por qué estoy en la cárcel: por mi predicación sobre Jesucristo. Todos los soldados saben la causa por la cual me encuentro aquí. ¹⁴Por causa de esto, la mayoría de mis hermanos en Cristo se han fortalecido más en su fe y en el Señor. Se sienten más poderosos para predicar sin temor la palabra de Dios.

¹⁵Algunos predican porque tienen envidia y desean causar dificultades. Pero otros lo hacen de buena voluntad. ¹⁶Estos últimos, por amor, pues saben bien que estoy detenido en este lugar para poder probar la verdad de las buenas nuevas. ¹⁷Otros más predican sobre Cristo por intereses. Sus corazones están equivocados y quieren que yo sufra mientras estoy encarcelado. ¹⁸Pero, ¿qué importa si predican por motivos falsos o verdaderos? Yo les aseguro que me siento feliz, y seguiré estándolo mientras Cristo sea predicado. ¹⁹Por las oraciones de ustedes en mi favor y la ayuda que me da el Espíritu Santo, todo resultará para bien. ²⁰Tengo esperanzas de que no habrá motivo para que yo me avergüence. Espero honrar a Cristo por medio de mi cuerpo, sea que yo viva o muera. Deseo honrar a mi Señor sin temores, ahora y siempre. ²¹Para mí, la vida significa tener a Cristo; y la muerte, que recibiré aun más de él. ²²Si mi vida sigue dentro de este cuerpo, eso quiere decir que podré guiar a más gente a Cristo. Por eso, no sé qué es mejor para mí. ²³Las dos cosas me atraen mucho: Deseo dejar este mundo para estar con Cristo, que es mucho mejor, ²⁴pero para ustedes, es más importante que yo viva. ²⁵Estoy seguro de que seguiré viviendo para ayudarles a crecer y estar felices en su fe. ²⁶Esto les dará motivo para agradecer más a Cristo Jesús, cuando pueda yo ir a visitarlos.

La batalla por la fe

²⁷Vivan como las buenas nuevas de Cristo dicen que deben vivir. Si puedo ir a verlos o no, siempre quiero saber que todos ustedes siguen siendo felices. Quiero saber que continúan unidos, predicando las buenas nuevas. ²⁸No tengan miedo a los que los odian. Ese odio es prueba de que ellos serán destruidos y que ustedes tienen vida eterna dada por Dios. ²⁹No sólo deben confiar siempre en él, sino que también tienen que sufrir por su causa. ³⁰Ya saben cómo es la batalla. Ahora, deben tomar parte en ella como lo hago yo.

Los cristianos no deben ser orgullosos

2 ¿Son fuertes porque son de Cristo? ¿Sienten el consuelo de su amor? ¿Tienen ustedes el gozo de compartir unidos el Espíritu Santo? ¿Tienen amor

y compasión unos con los otros? ²Entonces, hagan que yo me sienta feliz porque están unidos en sus pensamientos y en el mismo amor. Sean todos uno solo en sus pensamientos y acciones. ³Nada debe hacerse por orgullo o pensando sólo en uno mismo. Piensen que otros son más importantes que uno mismo. ⁴No piensen siempre en sus propios planes, sino que alégrense en saber lo que los demás hacen.

Cristo jamás fue orgulloso

⁵Piensen de la misma forma en que Cristo pensó. ⁶El ha sido siempre lo que Dios es, pero nunca quiso conservar sus derechos como Dios. ⁷Se deshizo de todo lo que le correspondía como Dios y se convirtió en una persona igual que cualquier siervo que ha sido comprado. Se hizo hombre, naciendo como nacemos todos los hombres. ⁸Además, después de hacerse como hombre, renunció a su posición importante y fue obediente a Dios hasta llegar a morir en una cruz. ⁹Por esto, Dios lo elevó sobre todas las cosas. Le dio un nombre que es más importante que cualquier otro nombre. ¹⁰Así, cuando se menciona el nombre de Jesús, todos los que están en el cielo, en la tierra y debajo de la tierra, tienen que arrodillarse ante él. ¹¹Y todos dirán que Jesucristo es el Señor. Alabarán a Dios el Padre. ¹²Amigos cristianos, ustedes me han obedecido cuando estaba entre ustedes. Y me han obedecido más ahora que estoy lejos. Deben seguir luchando para demostrar que son salvos del castigo del pecado. Hagan el esfuerzo de agradar siempre a Dios. ¹³El está haciendo su obra en ustedes, y les está ayudando a obedecerlo. Dios está haciendo lo que desea que se haga en ustedes. ¹⁴Siéntanse felices por hacer lo que deben. Hagan todo sin discusiones y sin hablar de su deseo de hacerlas o no hacerlas. ¹⁵En esa manera, probarán que nadie puede acusarlos. Ustedes son hijos de Dios y nadie puede hablar mal de ustedes, aun en este mundo que sólo ama al pecado y padece por él. Brillen como luces en medio de los pecadores de este mundo. ¹⁶Agárrense de la Palabra de Vida. Así, cuando Cristo venga otra vez, me sentiré feliz por ustedes y podré decir que no he trabajado en vano. ¹⁷Aun si tuviera que dar mi vida como ofrenda sobre el altar de Dios por amor de ustedes, me siento feliz y deseo compartir esta alegría con ustedes. ¹⁸A su vez, estén contentos y seamos felices juntos.

Timoteo será enviado a ustedes

¹⁹Espero, con ayuda del Señor Jesús, que sea posible enviarles dentro de poco tiempo a Timoteo. Me sentiré muy animado cuando él regrese y me traiga noticias de ustedes. ²⁰No hay persona que tenga más interés en ustedes que Timoteo. ²¹Los otros piensan más en sí mismos que en Jesucristo. ²²Ustedes saben bien que Timoteo demostró ser mi amigo verdadero cuando anunciamos juntos las buenas nuevas. Era como un hijo que ayudaba a su padre. ²³Espero mandarles a Timoteo en cuanto sepa yo lo que me van a hacer. ²⁴Y, con ayuda del Señor, tengo la esperanza de ir yo también a visitarles muy pronto.

²⁵Creí bueno que Epafrodito regresara con ustedes. Me ayudaron mucho al mandármelo y hemos trabajado juntos como hermanos. El se portó como un soldado, luchando a mi lado. ²⁶Ahora él desea verlos a todos y se preocupa porque ustedes supieron de su enfermedad. ²⁷Es cierto que estuvo enfermo, y casi murió. Pero Dios estuvo lleno de amor tanto para él como para mí. Si él hubiera muerto de esa enfermedad, mis penas habrían sido más grandes. ²⁸Es por esta misma razón que ahora lo envío a ustedes. Cuando lo vean, se alegrarán, y yo sentiré menos tristeza. ²⁹Recíbanlo en su iglesia con toda alegría. Muéstrenle el respeto que él y todos los que son como él merecen. ³⁰Llegó casi hasta la muerte mientras trabajaba por Cristo, haciendo por mí lo que ustedes no podían hacer.

Solamente Cristo— no las obras

3 Ahora, mis amigos cristianos, sean felices porque son de Cristo. No me cuesta trabajo escribirles siempre sobre lo mismo, y es bueno para ustedes. ²Cuídense de los falsos maestros y de los hombres llenos de pecado. Quieren que ustedes se conviertan a la religión judía para tener esperanza. ³El hecho de hacerse judío nada tiene que ver con hacerse cristiano. Los cristianos adoramos a Dios por medio de su Espíritu y nos gloriamos únicamente en Cristo. No tenemos fe en cosa alguna que nosotros hagamos. ⁴Yo, por mi parte, tendría razones para confiar en las cosas de la carne. Si hay alguien que pudiera sentir que estas cosas pueden hacer algo por él mismo, ése soy yo. ⁵Mis padres me pasaron por el rito religioso para hacerme judío a los ocho días de haber nacido. Nací en familia judía, que viene del grupo de familias de Benjamín. Por tanto, soy judío, hijo de judíos. Yo era del grupo de los orgullosos guardadores de la ley judía. ⁶Seguí mi religión con todo el corazón, haciendo todo lo que podía por causarle problemas a la iglesia. No existe persona que pueda decir algo en contra de la manera en que yo obedecí a la ley judía.

Cristo debe ser el Señor de nuestra vida

⁷Sin embargo, por amor a Cristo, dejé todo lo que era tan importante para mí. ⁸Más aún, creo que todo aquello no valía nada. Es mucho mejor para mí conocer a Cristo Jesús como mi Señor, aunque he perdido, por amor a él, todo lo que antes tenía. Creo que todo lo que tenía antes, no es nada ahora, puesto que tengo a Cristo. ⁹Quiero estar unido a él. No podía yo estar bien con Dios con sólo hacer lo que la ley manda. Me puse bien con Dios sólo por fe en Cristo. ¹⁰Quiero conocerlo cada vez más. Deseo tener en mi vida el mismo poder que levantó a Cristo de los muertos. Quiero comprender y sentir sus sufrimientos y ser como fue él en su muerte.

¹¹Será así como podré yo también ser levantado de los muertos.

¹²No digo que ya haya recibido esto, ni que ya sea perfecto. Pero sigo adelante para conseguir que esa vida sea mía, tal como Cristo me hizo suyo. ¹³No, hermanos cristianos, yo todavía no tengo esa vida. Hago una cosa, sin embargo: olvido todo lo que queda detrás de mí y miro con interés hacia adelante. ¹⁴Mis ojos siempre están puestos en el premio del llamamiento que Dios me hace desde el cielo, por medio de Cristo Jesús. ¹⁵Todos los que ya hemos crecido en Cristo debemos pensar igual; si ustedes no piensan así todavía, Dios les enseñará cómo hacerlo. ¹⁶Por lo tanto, sigamos obedeciendo siempre la misma verdad que hemos conocido.

¹⁷Hermanos en Cristo, vivan sus vidas como yo he vivido. Fíjense en los que viven como yo les he enseñado. ¹⁸Hay muchos que muestran con sus vidas que odian la cruz de Cristo. Ya les he dicho esto antes, pero se los repito ahora con lágrimas en mis ojos. ¹⁹Su dios es su estómago. Se sienten orgullosos de hacer cosas que les deberían dar vergüenza. Sólo creen en cosas de este mundo. Al fin serán destruidos. ²⁰Nosotros, sin embargo, somos ciudadanos del cielo. Cristo, el único Salvador que libra de los castigos del pecado, vendrá otra vez del cielo. Estamos esperando su regreso. ²¹El cambiará nuestros cuerpos para hacerlos nuevos. Nos dará cuerpos gloriosos como el cuerpo de él. El tiene poder para esto, porque puede hacer que todas las cosas le obedezcan.

4 Entonces, queridos hermanos cristianos, ustedes son mi gozo y mi premio. Deseo mucho verlos. Sean fieles a Dios. ²Les pido a Evodia y a Síntique que se pongan de acuerdo como deben hacerlo todos los cristianos. ³Mi fiel ayudante, a ti te suplico que ayudes a estas hermanas que trabajaron tanto conmigo para predicar las buenas nuevas. Clemente también ayudó. Hay otros allá que trabajaron también conmigo. Sus nombres están en el libro de la vida. ⁴Estén siempre llenos de gozo, porque el Señor es su dueño. Les repito: ¡Estén siempre llenos de gozo! ⁵Que todos puedan ver siempre que ustedes son buenos. El Señor vendrá pronto. ⁶No tengan cuidado. Aprendan a orar por todo. Al pedir a Dios lo que necesiten, denle también las gracias. ⁷La paz de Dios es mucho más grande que lo que nuestras mentes humanas pueden entender. Esta paz guardará sus corazones y mentes en Cristo Jesús.

⁸Hermanos, cuiden sus mentes pensando siempre en lo que es verdad, lo que merece respeto, lo que es correcto, lo puro, lo amable, lo que es de buen parecer. Si existe algo bueno y que merece gratitud, piensen siempre en ello. ⁹Sigan haciendo lo que aprendieron, recibieron y oyeron de mis labios. Hagan las cosas que me vieron hacer. Así, el Dios que da paz, estará con ustedes. ¹⁰El Señor me da motivo para estar siempre lleno de felicidad. Esto es porque pueden atenderme de nuevo. Yo sé que deseaban cuidarme antes, pero no podían encontrar la manera de hacerlo. ¹¹No les digo que necesite yo algo, he aprendido a ser feliz con lo que tenga. ¹²Sé vivir con muy poco y también cuando tengo mucho. He aprendido el secreto de estar feliz en todo tiempo. Si tengo mucho alimento y todo lo que necesito, estoy contento. Si tengo hambre y necesidad de algo, estoy feliz. ¹³Puedo hacerlo todo, porque Cristo me da fuerza.

¹⁴Fueron muy buenos en ayudarme cuando estuve en dificultad. ¹⁵Ustedes, hermanos de Filipos, saben también que cuando primeramente salí a predicar las buenas nuevas, la única iglesia que me dio ayuda fue la suya. Eso fue cuando salí para el país de Macedonia. ¹⁶Aun cuando estaba en la ciudad de Tesalónica, me ayudaron más de una vez. ¹⁷No es que yo quiera recibir sus regalos, sino que deseo que reciban el pago que tendrán más adelante. ¹⁸Tengo todo lo necesario, hasta más. Recibo muchas atenciones porque Epafrodito trajo la ofrenda de ustedes. Para mí, es un regalo muy valioso, porque a ustedes les costó mucho. Esta es la clase de regalos que hacen feliz a Dios. ¹⁹Y mi Dios les dará todo lo que necesiten, de acuerdo con las riquezas que son de él en Cristo Jesús. ²⁰¡Que nuestro Dios y Padre sea alabado por siempre! Así sea.

²¹Den mis saludos a todos los que pertenecen a Cristo Jesús. Los hermanos de aquí les envían saludos. ²²Todos los que son de Cristo, les saludan, especialmente los que viven aquí en casa del emperador. ²³Que el Señor Jesucristo les dé su favor a todos ustedes.

LA CARTA DE PABLO A LOS COLOSENSES

Pablo da gracias por los cristianos de Colosas

1 Esta carta es de Pablo, misionero de Jesucristo, por la voluntad de Dios, con el hermano Timoteo. ²Les escribo a los que pertenecen a Cristo en la ciudad de Colosas. Que Dios nuestro Padre les bendiga y les dé su paz.

³Siempre oramos y le damos gracias por ustedes a Dios, Padre de nuestro Señor Jesucristo. ⁴Damos gracias a Dios, porque tuvimos noticias de su fe en Jesucristo y de su amor para con todos los que le pertenecen. ⁵Damos gracias a Dios por la esperanza que está guardada en el cielo para ustedes. Tienen conocimiento de esta esperanza por las

buenas nuevas, que son la palabra de verdad. [6]Las buenas nuevas les llegaron en la misma forma en que ahora se extienden por todo el mundo. Las personas están siendo cambiadas, como ustedes fueron cambiados el día que oyeron las buenas nuevas y conocieron la verdad sobre el favor de Dios. [7]Oyeron las buenas nuevas por medio de nuestro muy amado hermano Epafras, que está ocupando mi lugar. Es un fiel trabajador de Cristo. [8]Nos dijo que el Espíritu Santo les había dado mucho amor.

[9]Por eso, desde que tuve noticias de ustedes, no he dejado de orar por ustedes, pidiéndole a Dios que les haga conocer lo que desea que hagan. También le pido que les llene con la sabiduría y el entendimiento que da el Espíritu Santo. [10]Entonces sus vidas serán agradables para el Señor. Harán toda clase de buenas obras y conocerán más de Dios. [11]Oro para que el gran poder de Dios los haga fuertes y que tengan alegría, al esperar, y sin rendirse nunca. [12]Damos gracias al Padre que ha hecho que puedan compartir las buenas cosas dadas a los que pertenecen a Cristo y están en la luz. [13]Dios nos sacó de una vida de oscuridad y nos hizo pasar al santo reino de su Hijo bien amado, [14]que nos compró con su sangre y nos hizo libres. Nuestros pecados son perdonados por él.

[15]Cristo es la imagen de Dios. Dios no puede verse y vivía antes de que nada existiera de lo creado. [16]Hizo todo lo que hay en los cielos y la tierra, tanto lo que se ve como lo que no puede verse. Hizo también todos los poderes del cielo. Todo fue hecho por él y para él. [17]Cristo existía antes que todas las cosas, y por él se conserva todo. [18]Cristo es la cabeza de la iglesia, que es su cuerpo, y el comienzo de todas las cosas. Fue el primero que se levantó de entre los muertos y ocupará el primer lugar en todo. [19]A Dios el Padre le agradó que todo fuera hecho perfecto por Cristo, su Hijo. [20]Todo lo que hay en el cielo y la tierra puede llegar a Dios, en paz, porque Cristo murió en la cruz. La sangre de Cristo hizo la paz. [21]Antes, ustedes eran extraños para Dios. Sus pensamientos se oponían a él. Sus obras eran malas. [22]Pero Cristo los ha hecho volver a Dios, por su muerte en la cruz. En esta manera, Cristo puede llevarlos a Dios, santos, puros y sin mancha. [23]Esto es para ustedes, si conservan la fe. No deben cambiar lo que creen ahora, ni abandonar la esperanza de las buenas nuevas que recibieron, y que les fueron predicadas, así como también a todo el mundo. Y yo, Pablo, soy uno de los misioneros de Cristo.

Dios envía a Pablo a hablar de las buenas nuevas

[24]Ahora, estoy lleno de alegría por lo que sufro por ustedes. En mi propio cuerpo, estoy haciendo mi parte de lo que debe hacerse en relación con los sufrimientos de Cristo. Esto es por su cuerpo, que es la iglesia. [25]Me hice predicador en su iglesia por ustedes, para su bien y, de acuerdo con el plan de Dios, tengo que hablar de las buenas nuevas. [26]Este gran secreto estaba oculto para la gente del pasado; pero ahora se da a conocer a todos los que pertenecen a Cristo. [27]Dios desea que esa gran riqueza de verdades ocultas se dé a conocer a los que no son judíos. El secreto es este: Cristo en ustedes es la esperanza de las grandes cosas que han de venir. [28]Hablamos de Cristo. Les decimos a todos cómo deben vivir. Usamos sabiduría para enseñarles a todos los hombres. Lo hacemos así para que todos los hombres puedan estar completos en Cristo. [29]Esta es la razón por la que trabajo. El gran poder de Dios obra en mí.

El cristiano es perfecto en Cristo

2 Quiero que sepan lo mucho que he trabajado por ustedes, por los cristianos que se encuentran en la ciudad de Laodicea y por los que nunca me han visto. [2]Deseo que puedan unirse en amor cristiano y tener su entendimiento hecho más rico, conociendo el secreto de Dios. Cristo mismo es ese se-

creto. ³En él, están escondidas todas las riquezas de sabiduría y entendimiento. ⁴Les digo esto para que nadie trate de hacerles cambiar su modo de pensar con palabras que convenzan. ⁵Aunque en cuerpo estoy lejos de ustedes, estoy cerca en espíritu. Soy feliz al saber que andan bien y que están firmes en la fe en Cristo.

⁶Del mismo modo que creyeron en el Señor Jesucristo, déjenle ahora que les guíe en todos sus pasos. ⁷Echen sus raíces profundas en Cristo, crezcan en él y obtengan del Señor sus fuerzas. Permitan que él los haga firmes en la fe, como han aprendido. Que sus vidas estén llenas de agradecimiento hacia él.

La sabiduría del mundo es vacía

⁸No permitan que nadie los engañe y les haga perder lo que han creído por medio de enseñanzas e ideas que parezcan verdaderas. Esas cosas son sueños de los hombres que tratan siempre de crear nuevas religiones que dejan a Cristo afuera. ⁹Porque Cristo no sólo es divino, sino que, además, es Dios con cuerpo de hombre. ¹⁰Cuando tienen a Cristo, están completos. El es la cabeza sobre todos los dirigentes y los poderes. ¹¹Al convertirse en cristianos, quedaron libres de las cosas malas del mundo. Fue algo que no se hizo con manos. Quedaron libres de los pecados de su vida pasada por lo que se hizo en el cuerpo de Cristo. ¹²Cuando se levantaron de las aguas del bautismo, fueron levantados de entre los muertos, como Cristo. Se levantaron para una nueva vida, al creer en Dios. Fue Dios quien levantó a Jesús de entre los muertos. ¹³Cuando estaban muertos en sus pecados, no estaban libres de las cosas malas del mundo. Pero Dios les perdonó los pecados y les dio nueva vida, por medio de Cristo. ¹⁴Habíamos violado muchas veces la ley. Y la ley tenía esos pecados contra nosotros. Esa ley tenía escritos que decían que éramos pecadores; pero Cristo ha destruido ese escrito, al ser clavado en la cruz. ¹⁵Dios les quitó el poder a los dirigentes de este mundo; a los príncipes de la oscuridad, los presentó al mundo y los venció, por medio de Cristo.

Tengan cuidado con los que deseen guardar la ley

¹⁶No permitan que nadie les diga qué cosas no deben comer o beber. Nadie tiene derecho de decir si es correcto o no comer ciertos alimentos o ir a cenas religiosas. No tienen derecho de decirles qué es lo que deben hacer durante la luna nueva o en el día de descanso. ¹⁷Esas cosas son una sombra de lo que ha de venir; pero lo importante es Cristo mismo. ¹⁸No dejen que nadie los quite de su premio. Tratarán de hacer que se arrodillen para adorar a los ángeles, creyendo que eso demuestra que ustedes no son orgullosos. Dirán que se les reveló en sueños que hicieran eso; pero son orgullosos por sus mentes pecadoras. ¹⁹Esas personas no son parte de Cristo. Recuerden que Cristo es la cabeza y nosotros, los cristianos, somos su cuerpo. Estamos unidos como los miembros de un cuerpo. Nuestra fuerza para crecer viene de Cristo.

²⁰Ustedes han muerto con Cristo. Murieron a esos métodos antiguos. Entonces, ¿por qué siguen con los medios antiguos de adoración?, ¿por qué obedecen las reglas de hombres? ²¹Esas reglas dicen: "No pongas tu mano sobre esto." "No te lleves esto a la boca." "No debes poner tu dedo sobre esto otro." ²²Todas esas cosas llegan a su fin cuando se usan. Sólo están siguiendo reglas de hombres. ²³Parece que es sabio seguirlas, porque son duras para el cuerpo. Parece que se hacen sin orgullo; pero no valen nada, ya que no acaban con el deseo de los hombres de pecar.

La nueva vida por el poder de Cristo

3 Si se han levantado con Cristo de entre los muertos, sigan buscando las cosas buenas del cielo, donde está sentado Cristo a la derecha de Dios. ²Sigan pensando en cosas del cielo y no en cosas de la tierra. ³Están muertos para las cosas de este mundo. Su nueva

vida está ahora escondida en Dios, por medio de Cristo. ⁴Cristo es nuestra vida. Cuando él vuelva, ustedes estarán también con él, para compartir su gloria.

Abandono del viejo hombre

⁵Destruyan los deseos que tienen de pecar, pecados sexuales, todo lo que no sea limpio, los deseos de pecar por el sexo y el querer poseer lo que es de otro. Todo esto es adorar a un falso dios. ⁶Es por esos pecados que la ira de Dios desciende sobre los que no le obedecen. ⁷Ustedes pecaban en esa forma cuando vivían ese tipo de vida. ⁸Ahora, dejen también estas cosas: ira, enojo, malos sentimientos hacia otros, palabras ofensivas contra los demás, dichos torpes e insultos contra Dios. ⁹No se mientan unos a otros, puesto que se han despojado del viejo hombre con sus hechos. ¹⁰Se han convertido en nuevas personas. Aprendan cada vez más sobre Cristo. Que se parezcan más a Cristo. El los hizo. ¹¹En esta nueva vida, no hay diferencia entre los hombres. Los judíos y los no judíos son iguales. El hombre que se ha sometido al rito religioso para convertirse en judío y el que no lo ha hecho son iguales. No hay diferencia entre naciones. Los siervos y los libres son iguales. Cristo es el todo y está en todos nosotros.

¹²Dios los ha escogido a ustedes. Son santos y amados por él. Por esto, su nueva vida debe estar llena de compasión. Deben ser bondadosos con los demás y no tener orgullo. Sean amables y estén dispuestos a mostrarse tolerantes con otros. ¹³Traten de comprender a otras personas. Perdónense unos a otros. Si tienen algo en contra de alguien, perdónenlo. Es así como el Señor los perdonó a ustedes. ¹⁴Y a todas esas cosas, añadan amor. El amor mantiene todo y a todos unidos. Hace que sean perfectas todas estas buenas cosas. ¹⁵Que la paz de Cristo tenga poder sobre sus corazones, pues fueron escogidos como partes de su cuerpo. Sean siempre agradecidos.

¹⁶Que las enseñanzas de Cristo y sus palabras sigan vivas en ustedes; pues harán que sus vidas sean ricas y estén llenas de sabiduría. Enséñense y ayúdense unos a otros. Canten los salmos de David, los himnos de la iglesia y las canciones espirituales, con sus corazones llenos de agradecimiento hacia Dios. ¹⁷Todo lo que hagan o digan, háganlo en el nombre del Señor Jesucristo. Denle gracias a Dios Padre por medio de Jesucristo.

Cómo deben vivir las familias

¹⁸Esposas, obedezcan a sus maridos. Esto es lo que el Señor quiere que hagan. ¹⁹Maridos, amen a sus mujeres y no tengan malos sentimientos contra ellas. ²⁰Hijos, obedezcan en todo a sus padres, porque eso le agrada al Señor. ²¹Padres, no sean duros con sus hijos para que no se desanimen ni dejen de hacer lo que es bueno.

²²Obreros, obedezcan a sus patrones. Trabajen mucho para ellos siempre, no sólo cuando los están vigilando. Trabajen para ellos como lo harían para el Señor. Así honran a Dios. ²³Cualquier trabajo que hagan, háganlo de todo corazón. Háganlo por el Señor y no por los hombres. ²⁴Recuerden que el Señor les dará su pago, lo que deben recibir, porque trabajan para Cristo, el Señor. ²⁵Pero el que obre mal, sufrirá por ello. Dios no respeta a ninguna persona más que a otra.

4 Patrones, denles a sus obreros lo que es correcto. Hagan lo mismo por todos. Recuerden que el Patrón de ustedes está en el cielo.

Algunas cosas que son necesarias

²Sigan orando. Manténganse vigilantes y siempre agradecidos. ³Al orar, pidan también por nosotros, para que Dios nos abra la puerta de la palabra, para hablar del secreto del Cristo, por el cual estoy todavía preso. ⁴Oren para que yo pueda hablar de tal modo que todos comprendan. ⁵Sean prudentes en la manera en que viven entre los no cristianos, usando bien su tiempo. ⁶Há-

blenles de tal modo que deseen escucharlos. Que sus palabras no sean torpes; que sepan dar respuestas correctas a todos.

Saludos de los ayudantes de Pablo

⁷Todo acerca de mí les hará saber Tíquico, hermano amado, ayudante fiel y compañero en el Señor. ⁸Es por esto que lo he enviado hasta ustedes. Así podrán tener noticias de nosotros. El llevará alegría a sus corazones. ⁹Onésimo va con Tíquico, hermano amado y fiel que es de los de ustedes. El es fiel y les ama mucho. Les harán saber todo lo que pasa por aquí.

¹⁰Uno de los hombres que está aquí, en la cárcel conmigo, es Aristarco, que les saluda. También Marcos, el sobrino de Bernabé. (Ya saben que si él llega a visitarles, deben recibirlo y tratarle bien.)

¹¹También los saluda Jesús Justo. Estos son los únicos obreros judíos que me ayudan a enseñar sobre el reino de Dios. ¡Y qué gran ayuda han sido para mí!

¹²Les saluda Epafras, que es de su pueblo, siervo de Cristo. Siempre ora por ustedes, pidiendo que estén firmes y sean perfectos y cumplidos en todo lo que Dios quiere. ¹³Puedo asegurarles que trabaja con mucho esfuerzo por ustedes y por los cristianos que están en las ciudades de Laodicea y Hierápolis.

¹⁴Les saluda Lucas, el médico amado, y Demas. ¹⁵Saluden a todos los cristianos de la ciudad de Laodicea, a Ninfas y a la iglesia que se reúne en su casa.

¹⁶Cuando hayan leído esta carta, hagan que la lean también en la iglesia de Laodicea. Lean ustedes también la carta que he enviado a Laodicea. ¹⁷Digan a Arquipo que no deje de cumplir el trabajo que le encomendó el Señor.

¹⁸Yo, Pablo, les escribo estas palabras con mi propia mano. No se olviden de que estoy en la cárcel. Que el favor de Dios sea con ustedes. Así sea.

LA PRIMERA CARTA DE PABLO A LOS TESALONICENSES

Pablo da gracias por la fe de los tesalonicenses

1 Esta carta es de Pablo, Silvano y Timoteo, para la iglesia de la ciudad de Tesalónica, que es de Dios Padre y nuestro Señor Jesucristo. Que tengan bendiciones y la paz de Dios Padre y nuestro Señor Jesucristo.

²Le damos siempre gracias a Dios por ustedes. Los recordamos en nuestras oraciones. ³Cuando oramos a Dios nuestro Padre, siempre nos acordamos de la obra de los que creen, el trabajo de su amor y su esperanza total en nuestro Señor Jesucristo. ⁴Hermanos en Cristo, sabemos que Dios los ama y los ha escogido. ⁵Las buenas nuevas de Dios no les llegaron sólo de palabra, sino con poder y por medio del Espíritu Santo. ⁶Siguieron nuestro modo de vida y la vida del Señor. Otros los hicieron sufrir porque ustedes nos escucharon; no importa; ustedes tienen el gozo que viene del Espíritu Santo. ⁷Su vida correcta sirve de ejemplo a todos los creyentes en los países de Macedonia y Grecia. ⁸Ustedes han predicado la palabra del Señor en los países de Macedonia y Grecia, y la gente conoce en todas partes su fe en Dios. Nosotros ni tenemos necesidad de hablar de ella. ⁹Todos nos hablan de la manera en que nos recibieron cuando llegamos a ustedes y cómo dejaron de adorar a los dioses falsos para adorar al Dios vivo y verdadero. ¹⁰Nos dicen que ustedes están esperando que su Hijo Jesús baje de los

cielos. Dios lo levantó de entre los muertos, y es él (Jesús) quien nos salvará de la ira de Dios que ha de venir.

2 Hermanos en Cristo, ustedes saben que mi visita a ustedes no fue en vano. ²Antes de llegar a ustedes, habíamos estado en la ciudad de Filipos. Ya saben cómo trabajaron contra nosotros y nos hicieron sufrir. Pero Dios nos ayudó a predicarles a ustedes las buenas nuevas sin temor, aun cuando muchos nos odiaban y nos causaban dificultades. ³Lo que les dijimos fue cierto: no teníamos malos deseos al enseñarles, ni tratamos de engañarlos. ⁴Dios nos ha encargado sus buenas nuevas, y por eso, hablamos de ellas no para agradar a los hombres, sino a Dios. El prueba nuestros corazones. ⁵Ya saben que nunca usamos palabras suaves y agradables al oído. Dios sabe que nunca tratamos de sacarles dinero mediante nuestras palabras. ⁶Nunca buscamos el agradecimiento de los hombres, ni de ustedes, ni de ningún otro. Aunque podríamos pedirles que hicieran mucho por nosotros, puesto que somos misioneros de Cristo, no lo hicimos. ⁷En lugar de ello, fuimos amables cuando llegamos junto a ustedes, como una madre que cuida a sus hijos. ⁸Teníamos un deseo tan fuerte de ayudarlos que nos sentimos felices de poder darles las buenas nuevas de Dios. Los amábamos tanto, que estábamos también dispuestos a darles nuestras propias vidas. ⁹Recuerden hermanos cristianos, que trabajamos día y noche para conseguir alimentos y ropa, mientras les predicamos a ustedes las buenas nuevas. No queríamos serles una carga. ¹⁰Ustedes saben, y también Dios lo sabe, que vivimos pura y correctamente y sin reproche entre ustedes, los creyentes. ¹¹Saben que deseábamos ayudarles y darles consuelo como un padre ayuda a sus hijos. Les dijimos con palabras fuertes ¹²que deben vivir para agradar a Dios. Fue él quien les llamó a su reino y gloria.

¹³Siempre damos gracias a Dios de que cuando oyeron su palabra, por medio de nosotros, la creyeron. No la recibieron de hombres, sino como la palabra de Dios. Así es en verdad y así actúa en las vidas de ustedes, los creyentes. ¹⁴Porque ustedes, hermanos cristianos, se hicieron como las iglesias de Cristo en el país de Judea: tuvieron que sufrir de los hombres de su país, como esas iglesias tuvieron que sufrir de los judíos. ¹⁵Fueron los judíos los que mataron al Señor Jesús y a los antiguos predicadores de Dios. También a nosotros nos persiguieron y nos obligaron a irnos. Ellos se oponen a todos los hombres y no agradan a Dios. ¹⁶Trataron de impedir que habláramos de las buenas nuevas de Dios a los que no son judíos, pues no desean que se salven del castigo del pecado. Las vidas de los judíos están cada vez más llenas de pecados; pero, por fin, la ira de Dios está sobre ellos.

¹⁷Hermanos cristianos, aunque no hemos podido estar allí con ustedes, ustedes están en nuestros corazones. Hemos deseado mucho verlos. ¹⁸Deseábamos ir donde ustedes. Yo, Pablo, he intentado ir muchas veces; pero el diablo me ha impedido. ¹⁹Porque, ¿quién es nuestra esperanza, alegría o premio en que me gloríe? Son ustedes, cuando estén delante de nuestro Señor Jesucristo, cuando él vuelva. ²⁰Ustedes son nuestro orgullo y nuestra alegría.

3 Cuando no pudimos esperar más, decidimos que era mejor quedarnos en la ciudad de Atenas, solos. ²Y les enviamos a Timoteo, nuestro hermano y siervo de Dios, que enseñara las buenas nuevas de Cristo, para que les diera fuerzas y consuelo en lo que creen. ³No queremos que nadie se rinda ante las dificultades y los sufrimientos. ⁴Incluso, cuando estuvimos con ustedes, les dijimos que tendríamos que sufrir mucho por las dificultades. Y eso es lo que está pasando, como bien saben. ⁵Por esta razón, y no pudiendo esperar más, envié a Timoteo para que viera la fe de ustedes. Temía que el diablo los hubiera tentado y que nuestro trabajo no hubiera servido para nada.

⁶Pero Timoteo ha regresado de ustedes a nosotros, con buenas noticias sobre su fe y su amor. Es bueno saber que nos recuerdan bien y que les agradaría a ustedes vernos. Es lo mismo que quisiéramos nosotros. ⁷Hermanos cristianos, aunque estamos sufriendo y tenemos muchas dificultades, las noticias sobre su fe nos han llenado de felicidad. ⁸El saber que su fe en el Señor es fuerte nos anima mucho. ⁹¿Cómo podemos darle suficientemente las gracias a Dios, por ustedes y por toda la gran alegría que nos dan? ¹⁰Seguimos orando noche y día, pidiendo que podamos volver a verlos, pues deseamos ayudarles para que su fe sea completa. ¹¹Que el mismo Dios y Padre nuestro y el Señor Jesucristo nos pongan en camino hacia ustedes. ¹²Que el Señor los haga crecer en amor unos para otros y para todos, como nosotros los amamos. ¹³Que nuestro Dios y Padre haga sus corazones fuertes y sin culpa. Que estén libres de pecado delante de Dios, cuando nuestro Señor Jesús vuelva con todos los que le pertenecen.

Pablo les dice que lleven vidas santas

4 Hermanos cristianos, les pedimos, en el Señor Jesús, que sigan llevando una vida que agrade a Dios. Ya les dije cómo crecer en la vida cristiana. ²El Señor Jesús nos dio el derecho y el poder de decirles lo que deben hacer. ³Dios quiere que sean fieles. Deben apartarse de los pecados sexuales. ⁴Dios quiere que cada uno de ustedes use su cuerpo correctamente, manteniéndolo santo y respetándolo. ⁵No deben usarlo para satisfacer sus propios deseos, como lo hacen los que no conocen a Dios. ⁶Ningún hombre debe hacer ningún mal a su hermano cristiano, porque el Señor castigará al que lo haga. Ya se los dije antes. ⁷Porque Dios no nos ha llamado para que vivamos en pecado, sino para que llevemos una vida santa. ⁸El que se aparta de esta enseñanza no se aparta del hombre, sino de Dios quien nos dio su Espíritu Santo.

⁹No necesitan que nadie les escriba diciéndoles que amen a sus hermanos cristianos, pues Dios les ha enseñado a amarse unos a otros. ¹⁰Ya sé que aman a todos los cristianos del país de Macedonia; pero les pedimos que los amen todavía más. ¹¹Procuren llevar una vida tranquila, aprendiendo a hacer bien su propio trabajo, como les enseñamos antes. ¹²Al hacerlo así, serán respetados por los que no son cristianos. Entonces, no tendrán necesidades, y otros no tendrán que ayudarles.

El Señor vuelve

¹³Hermanos cristianos, queremos que tengan seguridad acerca de los que han muerto. No deben tener tristeza, como los que no tienen esperanza. ¹⁴Creemos que Jesús murió y volvió a la vida. Porque creemos esto, sabemos que Dios volverá a la vida a los que pertenecen a Jesús. ¹⁵Les decimos, con palabras del Señor, que los que estemos vivos cuando vuelva el Señor, no subiremos antes de los que han muerto. ¹⁶Porque el Señor mismo descenderá del cielo con grandes voces. El ángel principal hablará en voz alta. La trompeta de Dios sonará. Primeramente, los que son de Cristo serán levantados de sus tumbas para reunirse con el Señor. ¹⁷Luego, los que estemos todavía viviendo en la tierra en aquel día nos reuniremos con ellos en las nubes. Encontraremos al Señor en el aire y estaremos con él para siempre. ¹⁸Por lo tanto, consuélense los unos a los otros con estas palabras.

Esperen la venida del Señor

5 No tienen necesidad de que nadie les escriba ni les diga nada sobre el momento o los tiempos en que pasarán estas cosas. ²Ya saben muy bien que el día cuando el Señor vuelva a la tierra, él lo hará como ladrón de noche. ³Cuando digan, "Todo está en paz y seguro", caerá sobre ellos la destrucción, de repente, como los dolores de una mujer que va a tener un hijo. Y no escaparán. ⁴Pero ustedes no están en la oscuridad, hermanos cristianos. Ese día no les sorprenderá como lo haría un ladrón. ⁵Ustedes son hijos de la luz y del día. No somos de la oscuridad ni de la noche. ⁶¡Estemos velando! No nos durmamos como los demás. ¡Vigilemos y mantengámonos despiertos! ⁷Los que duermen lo hacen de noche, y los borrachos de noche se emborrachan. ⁸Puesto que somos hombres del día, mantengamos nuestras mentes despiertas. Cubramos nuestro pecho con fe y amor y nuestra cabeza con la esperanza de ser salvos. ⁹Dios propuso salvarnos del castigo del pecado por nuestro Señor Jesucristo. No quería que sufriéramos su ira. ¹⁰Murió por nosotros, para que, vivos o muertos, estemos con él. ¹¹Por lo cual, consuélense unos a otros. Dense fuerzas unos a otros, como ya lo están haciendo.

La vida cristiana

¹²Les pedimos, hermanos, que respeten a los que trabajan entre ustedes. El Señor los ha puesto como dirigentes y son sus maestros. ¹³Deben pensar bien de ellos y amarlos, por su obra. Vivan en paz unos con otros.

¹⁴También les pedimos, hermanos, que hablen con los que no quieran trabajar. Consuelen a los que sienten que no pueden seguir adelante. Ayuden a los débiles. Sean comprensivos y tolerantes con todos los hombres. ¹⁵No permitan que nadie devuelva mal por mal, sino traten de hacer el bien unos a otros y a todos.

¹⁶Estén siempre llenos de gozo. ¹⁷Nunca dejen de orar. ¹⁸Den gracias por todo lo que pase. Esto es lo que Dios quiere que hagan por Jesucristo. ¹⁹No traten de detener el trabajo del Espíritu Santo. ²⁰No desprecien a los que hablan por Dios. ²¹Examinen todo y conserven lo bueno. ²²Apártense de toda clase de mal.

²³El Dios de paz los aparte para él. Que cada parte de ustedes sea escogida para Dios, para que su espíritu, su alma y su cuerpo se mantengan enteros y sin culpa, cuando venga nuestro Señor Jesucristo. ²⁴El que nos llamó es fiel y hará lo que prometió. ²⁵Hermanos cristianos, oren por nosotros. ²⁶Saluden a todos los hermanos con un beso de amor cristiano. ²⁷Les pido por el Señor que esta carta sea leída a todos los creyentes. ²⁸El favor de nuestro Señor Jesucristo sea con ustedes. Así sea.

LA SEGUNDA CARTA DE PABLO A LOS TESALONICENSES

1 Esta carta es de Pablo, Silvano y Timoteo, para la iglesia de la ciudad de Tesalónica, que es de Dios Padre y nuestro Señor Jesucristo. ²Bendición y paz de Dios Padre y nuestro Señor Jesucristo.

³Debemos darle siempre gracias a Dios por ustedes, hermanos cristianos. Eso es correcto, por lo mucho que está creciendo su fe. Su amor, unos por otros, es cada vez mayor. ⁴Nos sentimos orgullosos de ustedes y hablamos de ustedes a las demás iglesias. Les explica-mos que su fe sigue siendo muy fuerte, aun cuando otros los persiguen y les hacen sufrir. ⁵Dios desea que se prueben ustedes mismos como dignos de estar en su reino, sufriendo por él. ⁶Dios hace lo que es justo y dejará que caigan sufrimientos sobre los que los hacen sufrir. ⁷Nos ayudará, tanto a nosotros que sufrimos como a ustedes, cuando el Señor descienda de los cielos con sus poderosos ángeles. ⁸Castigará a los que no conocen a Dios y a los que no obedecieron las buenas nuevas de

nuestro Señor Jesucristo. 9Serán castigados para siempre y apartados del Señor y de la grandeza de su poder. 10El día que venga, su grandeza será visible en todos los que le pertenecen. En ese día, será honrado de todos los que creyeron en él. Ustedes creyeron lo que les dijimos. 11Por esta razón, oramos siempre por ustedes. Oramos para que Dios los haga dignos de ser elegidos. Oramos para que su poder les ayude a hacer las buenas obras que desean, y que su trabajo de fe sea completo. 12De esta manera, el nombre de nuestro Señor Jesucristo será honrado en ustedes, ustedes serán honrados de él, por el favor de nuestro Dios y el Señor Jesucristo.

El falso cristo viene

2 Nuestro Señor Jesucristo volverá y nos reuniremos para salir a su encuentro. Pero les pedimos, hermanos, 2que no se confundan ni se preocupen por lo que oigan. Hay algunos que dicen que el Señor ya ha venido. Hay personas que pueden decir que yo lo escribí en una carta o que se lo dijo un espíritu. 3No permitan que nadie los engañe, porque el Señor no volverá hasta que mucha gente se aparte de Dios. También tiene que manifestarse el principal de los que pecan, el hijo de perdición. 4Se opondrá y se levantará contra todo lo que se llame Dios. Tomará su asiento en la casa de Dios y dirá que él mismo es Dios. 5¿No recuerdan que les hablé de esto cuando estuve con ustedes? 6Ya saben ahora lo que retiene el hombre de pecado, pues vendrá cuando llegue su tiempo. 7Porque ya está obrando el espíritu secreto de pecado. Pero este espíritu secreto sólo puede obrar hasta que se aparte el que detiene al hombre de pecado. 8Entonces, vendrá el hombre de pecado y el Señor Jesús lo matará con el aliento de su boca. En su venida, Cristo le pondrá fin. 9El diablo usará a su hombre de pecado, que tendrá el poder del diablo. Hará muchas cosas extrañas y obras poderosas que serán falsas. 10Los perdidos en el pecado se verán engañados por las cosas que él podrá hacer. Están perdidos en el pecado porque no aman la verdad que podría salvarlos. 11Por esta razón, Dios permitirá que sigan las falsas enseñanzas, para que crean la mentira. 12Todos ellos serán culpables cuando se presenten ante Dios, porque querían hacer el mal.

Ustedes pertenecen a los que creen en la verdad

13Hermanos cristianos, el Señor los ama. Siempre le damos gracias a Dios por ustedes. Es porque Dios los escogió desde el principio, para salvarlos del castigo del pecado. Los escogió para hacerlos salvos por medio del Espíritu Santo y para darles fe para que crean en la verdad. 14Fueron escogidos cuando les hablamos de las buenas nuevas, para que compartan la gloria de nuestro Señor Jesucristo. 15Así, pues, hermanos, estén firmes y conserven las enseñanzas que les dimos, por palabra y por carta.

16Y el mismo Señor Jesucristo y Dios Padre nuestro, el cual nos amó, también nos dio consolación que dura para siempre y buena esperanza. 17Que él consuele sus corazones y les dé fuerzas para decir y hacer toda buena obra.

Hermanos cristianos, oren por nosotros

3 Mis últimas palabras, hermanos, serán para pedirles que oren por nosotros. Oren para que la palabra del Señor se extienda por todo el mundo. Que demuestre su poder, como lo hizo con ustedes. 2Que seamos librados de hombres pecadores, porque no todos los hombres son cristianos. 3Aun así, el Señor es fiel; él les dará fuerzas a ustedes y los mantendrá a salvo del diablo. 4Esta es nuestra confianza en el Señor por parte de ustedes. Creemos que están haciendo y seguirán haciendo las cosas que les enseñamos. 5Que el Señor guíe sus corazones en el amor de Dios. Que les ayude mientras esperan a Cristo.

6Ahora, he aquí lo que les decimos, hermanos; en el nombre del Señor

Jesús, apártense de cualquier cristiano que esté fuera de orden y no ande como les enseñamos. [7]Saben que deben seguir el modo de vida que tuvimos cuando estuvimos con ustedes. Trabajamos con esfuerzo. [8]No comimos los alimentos de nadie sin pagar por ellos. Trabajamos con dureza, noche y día, para que ninguno de ustedes tuviera que darnos nada. [9]Pudimos pedirles que nos dieran alimentos; pero no lo hicimos, para que pudieran seguir nuestro modo de vida. [10]Cuando estuvimos con ustedes, les dijimos que si un hombre no trabaja, no debe comer. [11]Oímos decir que algunos no están trabajando, sino que pasan el tiempo viendo lo que otros hacen. [12]A ellos les decimos, en nombre de nuestro Señor Jesucristo, que se callen. Que se pongan a trabajar, para que coman sus propios alimentos. [13]Y ustedes, hermanos, no se cansen de hacer el bien. [14]Si alguien no quiere escuchar lo que decimos en esta carta, fíjense quién es y apártense un poco de él. De esta manera, se avergonzará. [15]Sin embargo, no lo consideren como alguien que los odia; más bien háblenle como a un hermano cristiano.

[16]Y el mismo Señor de paz les dé siempre de su misma paz. Sea el Señor con todos ustedes.

[17]Yo, Pablo, escribo esta última parte con mi propia mano. Así termino todas mis cartas. [18]El favor de nuestro Señor Jesucristo sea con todos ustedes. Así sea.

LA PRIMERA CARTA DE PABLO A TIMOTEO

1 Esta carta es de Pablo, misionero de Jesucristo. Soy enviado por Dios, quien es nuestro Salvador y por el Señor Jesucristo, quien es nuestra esperanza. [2]Escribo a ti, Timoteo, verdadero hijo mío en la fe cristiana. Bendición, amor y paz de Dios nuestro Padre y de Jesucristo, nuestro Señor.

Cuidado con los falsos maestros

[3]Cuando salí del país de Macedonia, te pedí que te quedaras en la ciudad de Éfeso. Quería tu ayuda para que unos falsos maestros no siguieran enseñando cosas que no son ciertas. [4]No deben escuchar cuentos que no son ciertos, pues es una tontería que traten de saber más sobre sus antiguos padres. Eso sólo hace que se les ocurran más preguntas. No fortalece a los que creen en Dios. [5]El fin del mandamiento es el amor nacido de un corazón puro, de buena conciencia y fe sincera. [6]Pero algunos se han apartado de esas cosas, pasando a conversaciones inútiles. [7]Algunos de ellos desean ser maestros de la ley judía; pero no saben de qué están hablando, aun cuando actúen como si lo supieran.

La ley es buena

[8]Sabemos que la ley judía es buena, cuando se usa como quiso Dios que se usara. [9]Debemos recordar que la ley no es para las personas que han sido puestas bien con Dios, sino para los que no obedecen a nada ni a nadie. Es para los pecadores que odian a Dios y hablan contra él. Es para los que matan a sus padres y madres y los que matan a otras personas. [10]Es para los que cometen pecados sexuales, para los que pecan con los de su mismo sexo y para los que roban a los hombres. Es para los que mienten y para los que prometen no mentir pero lo hacen. Es para todo

aquel que está en contra de las verdaderas enseñanzas, [11]que son las buenas nuevas de nuestro santo Dios. El me encargó que hablara de ellas.

Pablo da gracias a Dios

[12]Doy gracias a nuestro Señor Jesucristo por la fuerza y el poder que me ha dado. El confió en mí y me encargó su obra. [13]Antes de que él me escogiera, yo hablaba mal de Cristo y hacía sufrir a sus seguidores, haciéndoles todo lo que podía. Pero Dios estuvo lleno de amor para conmigo. Yo no comprendía lo que estaba haciendo, porque entonces no era creyente cristiano. [14]Entonces, nuestro Señor me dio su favor, juntamente con la fe y el amor que hay en Jesucristo.

[15]Lo que digo es cierto, y todo el mundo debe aceptarlo. Jesucristo vino al mundo para salvar a los pecadores. Yo soy el peor de todos. [16]Sin embargo, Dios estaba lleno de amor conmigo. Jesucristo me ha usado para mostrar lo mucho que él esperará aun por los peores pecadores. En esa manera, otros sabrán que pueden tener la vida que nunca termina. [17]Por tanto, al Rey de los siglos, que nunca muere, ni se puede ver con el ojo humano, al solo sabio Dios, sea honor y gloria por los siglos. Así sea.

[18]Timoteo, hijo mío, he aquí lo que te encargo: ¡Lucha bien por el Señor! Los predicadores antiguos nos dijeron que tú lo harías. [19]Guarda firmemente tu fe en Cristo. Deja que tu corazón te diga que andes en lo correcto. Algunos no escucharon lo que les decían sus corazones e hicieron lo que sabían que era malo. Por eso, fracasó su fe en Cristo. [20]Esto les pasó a Himeneo y Alejandro, a quienes entregué al diablo, para que aprendieran a no hablar contra Dios.

2 Ante todo, te pido que ores mucho por todos los hombres y que des gracias por ellos. [2]Por los reyes y por todos los que tienen autoridad sobre nosotros, para que podamos llevar vidas tranquilas y en paz, sirviendo al Señor.

[3]Esto es bueno y agradable a Dios nuestro Salvador. [4]El quiere que todos los hombres sean salvos del castigo del pecado y que lleguen a conocer la verdad. [5]Hay un solo Dios, y uno que está entre Dios y los hombres: Jesucristo, hombre. [6]El dio su vida por todos los hombres, para que puedan ser libres y no permanecer sujetos al poder del pecado. Dios hizo que el mundo lo supiera en el momento oportuno. [7]Por esto me escogió como maestro y misionero. Debo enseñar la fe y la verdad a los que no conocen a Dios. No digo mentira, sino la verdad.

Mujeres en la iglesia

[8]Quiero que los hombres oren en todas partes, levantando manos limpias, sin enojos ni pleitos. [9]Las mujeres cristianas no deben vestirse ni peinarse el cabello de tal modo que las mire la gente. No deben llevar mucho oro, perlas, ni ropa que cuesta mucho dinero. [10]En lugar de ello, las mujeres cristianas deben distinguirse por sus buenas obras y su vida honesta.

[11]Las mujeres deben guardar silencio cuando aprenden. Deben escuchar lo que tienen que decir los hombres. [12]Porque no permito a la mujer enseñar ni tener autoridad sobre el hombre, sino que deben guardar silencio. [13]Adán fue formado primero, luego, Eva. [14]Adán no fue engañado por el diablo; pero la mujer se dejó engañar y así pecó. [15]Pero Dios las salvará, si confían en él y llevan una vida cristiana.

Cómo debe ser el dirigente de una iglesia

3 Cierto es que si un hermano desea ser dirigente de la iglesia, desea hacer un buen trabajo. [2]Un dirigente de iglesia debe ser un hombre bueno. Debe llevar una vida tal que nadie pueda decir nada contra él. Debe tener una sola esposa y ser respetado por su vida correcta. Debe estar dispuesto a recibir personas en su casa, deseoso de aprender y capaz de enseñar la palabra de Dios. [3]No debe emborracharse ni querer peleas. En cambio, debe ser bondadoso y no amar el dinero. ⁴Debe gobernar bien su propia casa. Sus hijos deben obedecerle y respetarle. ⁵(Si un hombre no puede gobernar su propia casa, ¿cómo podrá dirigir una iglesia?) ⁶No debe ser un creyente nuevo, ya que podría sentirse orgulloso y caer en el pecado propuesto por el diablo. ⁷Un dirigente de la iglesia debe ser respetado también por los que no son cristianos. La razón es para que no haya nada que puedan decir contra él. Así, no se verá atrapado por el diablo.

Cómo deben ser los ayudantes de la iglesia

⁸Los ayudantes de las iglesias deben ser también hombres buenos y obrar de tal manera que los demás los respeten. Deben decir la verdad, no emborracharse y no tener amor por el dinero. ⁹Deben tener su fe en Cristo, ser sus seguidores y tener la conciencia limpia. ¹⁰Primeramente deben ser probados, para ver si están listos ya para trabajar como ayudantes de la iglesia. Entonces, si responden bien, pueden ser elegidos. ¹¹La esposa de un ayudante de la iglesia debe tener cuidado de cómo se porta. No debe llevar chismes acerca de otros. Debe ser prudente y fiel en todo lo que hace. ¹²Los ayudantes de la iglesia deben tener sólo una esposa, deben gobernar bien su hogar y tener el respeto de sus hijos. ¹³Los que trabajan como ayudantes de la iglesia recibirán el respeto de otros, y su propia fe en Jesucristo crecerá.

Por qué escribe Pablo a Timoteo

¹⁴Espero verte pronto pero te estoy escribiendo estas cosas ¹⁵porque puede pasar cierto tiempo antes de que yo llegue. Quiero decirte cómo debes portarte entre la gente de la iglesia, que es la familia del Dios vivo. La iglesia predica la verdad. ¹⁶Es importante conocer el secreto de una vida santa. Es este: Dios en Cristo vino a la tierra como hombre. Cristo fue declarado puro en Espíritu, y fue visto por los ángeles. Cristo es predicado entre las naciones y hombres de todas partes han creído en él. Fue recibido al cielo.

Falsas enseñanzas en los últimos días

4 El Espíritu Santo nos dice con claridad que, en los últimos días, algunos se apartarán de la fe. Escucharán a espíritus de error y seguirán las enseñanzas de demonios. ²Los que enseñen esas cosas, las presentarán como la verdad, sabiendo que son mentira. Lo harán tantas veces que llegarán a convencerse ellos mismos de que lo que dicen no es mentira. ³Y dirán: "No se casen, y no coman ciertos tipos de alimentos." Pero Dios les dio esas cosas a los cristianos que conocen la verdad y debemos darle gracias por todo ello. ⁴Todo lo hecho por Dios es bueno. No debemos dejar nada a un lado, si podemos tomarlo y darle gracias a Dios por ello. ⁵La palabra de Dios y la oración lo santifican.

Los cristianos deben crecer

⁶Si dices siempre estas cosas a los cristianos, serás un buen obrero del Señor. Alimentarás tu alma con esas palabras de fe y con las buenas enseñanzas que has seguido. ⁷Desecha los cuentos mundanos. Crece en la vida cristiana. ⁸El ejercicio del cuerpo para poco sirve; pero el crecimiento en la vida interior es muy importante, pues no sólo te ayudará en esta vida, sino también en la otra. Estas palabras son verdaderas. Todos pueden confiar en ellas. ¹⁰A causa de esto, nos esforzamos en trabajar y aceptamos los sufrimientos. Hemos puesto nuestra esperanza en el Dios vivo, quien salvará del castigo del pecado a todos los que creen en él.

Palabras de aliento de Pablo para el joven Timoteo

¹¹Diles a todos que esto es lo que deben hacer. ¹²No permitas que nadie te demuestre poco respeto porque eres joven. Que tu propia vida sea ejemplar para los demás cristianos. Deben poder imitarte en todo lo que haces. Muéstrales cómo vivir en fe, amor y santidad. ¹³Hasta mi llegada, comenta y enseña la palabra de Dios en la iglesia. ¹⁴Procura utilizar la capacidad que Dios te dio.

Los dirigentes lo vieron en ti, cuando pusieron sus manos sobre ti y dijeron lo que debías hacer. [15]Piensa en todo esto y trabaja para que todos puedan ver que estás creciendo como cristiano. [16]Ten cuidado de cómo actúas y qué enseñas. Permanece en lo que es correcto. Si lo haces así, tanto tú como los que te escuchan se salvarán del castigo del pecado.

Enseñanza sobre las viudas

5 No emplees palabras duras con los ancianos. Háblales como si fueran padres. Háblales a los jóvenes como hermanos [2]y a las mujeres ancianas como madres. Háblales a las mujeres jóvenes como hermanas y consérvate puro. [3]Ayuda a las viudas. [4]Si una viuda tiene hijos o nietos, son ellos los que deben cuidarla. De esa manera, podrán recompensar a sus padres por el amor que tuvieron con ellos. Esto es agradable para Dios. [5]Las viudas están solas en este mundo y confían en el Señor. Oran día y noche. [6]Pero la que sólo vive para los placeres que puede tener este mundo es como si estuviese muerta aunque viva.

[7]Enseña estas cosas para que todos hagan lo que es correcto. [8]Cualquiera que no cuide a su familia y a los que están en su casa ha abandonado la fe. El que así descuida a los suyos es peor que una persona que nunca ha puesto su fe en Cristo. [9]Una viuda de más de sesenta años de edad puede recibir ayuda de la iglesia. Para recibir esta ayuda, debe haber sido la mujer de un solo hombre. [10]Debe conocerse por estas cosas: recibir a otras personas en su casa, lavarle los pies a los cristianos y ayudar a los que sufren. Debe ser bondadosa.

[11]No incluyas los nombres de las viudas más jóvenes, junto con las que necesitan ayuda. Fácilmente aquéllas se apartarán de Cristo, queriendo volver a casarse. [12]Entonces, serán consideradas como culpables de haber quebrantado su primera promesa. [13]Perderán su tiempo e irán de casa en casa, llevando chismes. Tratarán de encontrar errores en los demás y hablarán de lo que no es conveniente. [14]Creo que es mejor que las viudas jóvenes vuelvan a casarse. Deben tener hijos y cuidar sus hogares. Así, nadie podrá hablar contra ellas. [15]Porque ya hay algunas que se han vuelto atrás, para seguir al diablo. [16]Si la viuda tiene familia, la familia debe cuidarla, para que no tenga que ayudarla la iglesia. La iglesia puede ayudar a las viudas que estén solas en el mundo, y sin familiares que las ayuden.

Enseñanzas sobre los dirigentes

[17]Los dirigentes que gobiernan bien deben ser considerados como dignos de doble honra, sobre todo los que se ocupan de enseñar y predicar. [18]Las escrituras dicen: "Cuando el buey camina sobre el grano, trillando, no impedirás que coma de él" *(Deuteronomio 25:4)*. También dicen: "Una persona que trabaja debe recibir su pago" *(Mateo 10:10)*.

[19]No admitas acusación contra un dirigente de la iglesia, a menos que haya dos o tres personas que digan la misma cosa. [20]A los que siguen pecando, muéstrales su error delante de toda la iglesia. Así, otros tendrán miedo de pecar. [21]Delante de Dios, Jesucristo y sus ángeles escogidos, te pido que guardes estas cosas. No hagas nada inclinándote ni hacia una parte, ni hacia la otra antes de saber la verdad. [22]No tengas prisa para escoger a un dirigente de la iglesia. No querrás tener parte ni suerte en los pecados de otros. Consérvate limpio.

[23]No bebas agua sola. Toma un poco de vino por tu estómago y tus frecuentes enfermedades.

[24]Los pecados de algunos hombres pueden verse fácilmente. (Eso muestra que son culpables.) Los pecados de otros se verán después. [25]Del mismo modo, las buenas obras son fáciles de ver ahora. Pero algunas que no pueden verse con facilidad no podrán permanecer siempre ocultas.

Enseñanzas sobre cristianos vendidos para trabajar

6 Todos los cristianos que sean propiedad de alguien, respeten a sus dueños y trabajen con esfuerzo por ellos. No dejen que se hable contra el nombre de Dios y nuestras enseñanzas por su mal trabajo. ²Los que tengan patrones cristianos deberán respetarlos, porque son hermanos cristianos. Deben esforzarse en trabajar para ellos, porque hermanos cristianos muy amados son ayudados por su trabajo. Predica y enseña estas cosas.

Vivan como Dios quiere que vivan

³Habrá alguna que otra persona que querrá enseñar otras cosas que no están de acuerdo con las enseñanzas de nuestro Señor Jesucristo. Dirán que no es necesario llevar una vida santa. ⁴Esas personas están llenas de orgullo pero realmente no saben nada. Pierden el tiempo en cosas vanas y discuten cosas sin importancia. Eso hace que aquellos que los escuchen se vuelvan envidiosos. Arman peleas; hablan mal y tienen malas ideas acerca de otros. ⁵Los hombres que no pueden usar sus mentes de una manera correcta, debido al pecado, discuten siempre pero nunca encuentran la verdad. Creen que la religión es un buen negocio y nada más.

⁶La vida cristiana nos da mucho; nos sentimos felices cuando nos damos cuenta de lo que tenemos. ⁷Llegamos a este mundo sin nada, y nada podremos llevarnos al morir. ⁸Si tenemos alimentos y ropa, debemos estar contentos. ⁹Pero los hombres que quieren mucho dinero son tentados. Se ven impulsados a hacer toda clase de obras necias que en verdad les hacen daño a ellos mismos. Sus deseos los hacen pecar y, al fin, los destruyen. ¹⁰El amor al dinero es el comienzo de toda clase de pecados. Algunos se han apartado de la fe, por causa de su amor por el dinero. En esa manera, se han hecho mucho daño.

Peleen la buena batalla de la fe

¹¹Pero tú, eres un hombre de Dios. Apártate de todas esas cosas pecaminosas. Esfuérzate para estar en paz con Dios. Lleva una vida santa; ten fe, amor, paciencia, bondad de corazón. ¹²Pelea la buena batalla de la fe. Echa mano de la vida que dura para siempre, a la que has sido llamado, pues has hablado bien de ella ante mucha gente.

¹³Te digo esto delante de Dios, que nos da la vida a todos, y de Jesucristo, que habló bien ante Poncio Pilato. ¹⁴Deben hacer todo lo que dijo Jesucristo, para que nadie pueda decir nada contra ti. Hazlo así hasta que el Señor vuelva. ¹⁵En el momento oportuno, se nos mostrará que Dios es el que tiene todo el poder, el Rey de reyes y Señor de señores. ¹⁶Mostrará que Dios nunca muere y que vive en una luz tan brillante que ningún hombre puede acercarse a él. Ningún hombre ha visto nunca a Dios ni puede verlo. La honra y el poder le pertenecen a él para siempre. Así sea.

Consejos finales de Pablo a Timoteo

¹⁷Diles a los ricos de este mundo que no sean orgullosos, ni confíen en su dinero. En el dinero, no se puede tener confianza. Deben poner su confianza en Dios, que nos da todo lo que necesitamos para ser felices. ¹⁸Diles que hagan el bien y sean ricos en buenas obras. Deben dar mucho a los que tienen necesidad y estar dispuestos a compartir. ¹⁹Así juntarán riquezas para ellos mismos, pues esas buenas obras serán su tesoro para el futuro. En esa manera, tendrán la única vida verdadera.

²⁰Timoteo, guarda lo que Dios te ha encomendado. Evita el hablar de cosas vanas. No discutas con los que creen saber mucho. Ellos conocen menos de lo que creen. ²¹Algunos han tratado de tener muchos conocimientos, que han resultado falsos y los han hecho apartarse de la fe. El favor de Dios sea contigo. Así sea.

LA SEGUNDA CARTA DE PABLO A TIMOTEO

1 Esta carta es de Pablo, misionero de Jesucristo por la voluntad de Dios, según la promesa de vida que es en Cristo Jesús. ²Escribo a Timoteo, mi amado hijo. Que Dios Padre y Jesucristo nuestro Señor te den su bendición, su gran amor y su paz.

La capacidad especial de Timoteo

³Doy gracias a Dios por ti y te incluyo en mis oraciones día y noche. Estoy trabajando para Dios del mismo modo que lo hicieron mis padres. Mi corazón me dice que estoy libre de pecado. ⁴Cuando recuerdo tus lágrimas, deseo verte. Eso me llenaría de alegría. ⁵Recuerdo la fe verdadera que tuvo tu abuela, Loida, y tu madre, Eunice. Y estoy seguro que tú tienes esa misma fe también.

⁶Por esta razón, te pido que sigas usando la capacidad que Dios te dio, cuando te impuse las manos y oré a Dios, pidiéndole que te usara. ⁷Dios no nos dio un espíritu de temor, sino de poder, amor y buen juicio. ⁸No te avergüences de hablarles a otros de lo que dijo el Señor. Tampoco te avergüences de mí, que estoy aquí en la prisión por causa de Jesucristo. Está dispuesto a sufrir porque hablas de las buenas nuevas. Dios te dará las fuerzas que necesitas. ⁹Dios nos ha salvado del castigo del pecado. También nos escogió para trabajar en su obra, no por algo que nosotros hayamos hecho, sino porque fue su plan desde el principio. Desde entonces, propuso darnos su bendición por medio de Cristo Jesús. ¹⁰Ahora tenemos conocimiento de su plan por la aparición de Cristo Jesús, el Salvador. El puso fin al poder de la muerte y trajo la vida que es para siempre. Las buenas nuevas nos dan poder para ver esta vida desde ahora. ¹¹Yo fui escogido para ser misionero, predicador y maestro de esas buenas nuevas. ¹²Por esta razón, estoy sufriendo; pero no me avergüenzo, porque conozco a aquel en quien he creído. Estoy seguro de qué le he confiado, hasta el día en que él venga de nuevo. ¹³Guarda todas las cosas que te he enseñado, en la fe y el amor de Jesucristo. ¹⁴Conserva lo que él te confió por el Espíritu Santo quien vive en nosotros.

Onesíforo fue fiel

¹⁵Estoy seguro de que has oído decir que todos los cristianos de los países de Asia se han apartado de mí, inclusive, Fígelo y Hermógenes. ¹⁶Onesíforo no se avergonzó de mí, al verme en la cárcel, y vino con frecuencia a consolarme. Que el Señor bendiga a su familia. ¹⁷Cuando llegó a la ciudad de Roma, me buscó por todas partes, hasta encontrarme. ¹⁸Ya sabes lo mucho que me ayudó en la ciudad de Efeso. Cuando el Señor venga otra vez, que bendiga a Onesíforo.

Sé un buen soldado

2 Y tú, hijo mío, sé fuerte en el favor de Cristo Jesús. ²Y lo que me oíste decir ante muchos, díselo a los hombres fieles. Que éstos sean, a la vez, capaces de enseñárselo a otros. ³Acepta tu parte de los sufrimientos como un buen soldado de Jesucristo. ⁴Ningún soldado que pelea en una guerra tiene tiempo para ocuparse de negocios de la vida, si es que quiere agradar al que lo tomó por soldado. ⁵Cualquiera que participa en una carrera debe seguir las reglas para ganar el premio. ⁶El agricultor, para recibir los frutos, debe trabajar primero. ⁷Piensa en estas cosas, y el Señor te ayudará a entenderlas.

Pablo encadenado —las buenas nuevas libres

⁸Recuerda que Jesucristo, nacido de la familia de David, fue levantado de entre los muertos. Esas son las buenas nuevas que enseño. ⁹Sufro mucho y es-

toy en la prisión, como si fuera alguien que hubiera hecho muchas cosas malas. Estoy en cadenas; pero las buenas nuevas no están presas. [10]Sufro todas las cosas para que el pueblo que Dios escogió pueda salvarse del castigo del pecado, por medio de Jesucristo. Así, este pueblo podrá tener la gloria de Dios que dura para siempre. [11]Es cierto que si morimos con él, también viviremos con él. [12]Si le seguimos y si sufrimos siendo fieles, reinaremos también con él. Si decimos que no lo conocemos, él tampoco nos conocerá. [13]Si no somos fieles, él seguirá siendo fiel, porque no puede ir en contra de lo que es.

Palabras necias

[14]Vuelve a hablar a tu pueblo de estas cosas. En el nombre del Señor, diles que no discutan por cosas sin importancia. Eso no sirve para nada y hace débil la fe de los que escuchan. [15]Haz lo mejor que puedas para saber que Dios está contento de ti. Actúa como un obrero que no tiene de qué avergonzarse. Enseña las palabras de verdad en la forma correcta. [16]Y no escuches las palabras vanas sobre cosas que no tienen ninguna importancia. Pues esas cosas sólo sirven para hacer que la gente se aleje de Dios aún más. [17]Tales palabras se extenderán como el cáncer. Himeneo y Fileto son hombres que hablan así. [18]Se han apartado de la verdad y dicen que los muertos ya han sido levantados. La fe de mucha gente se ha debilitado por esas palabras inútiles. [19]Pero la verdad de Dios no puede cambiarse. Dice: "El Señor conoce a los suyos." Y: "Todo el que dice que es cristiano debe apartarse del pecado."

[20]En una casa grande, no sólo hay vasos de oro y plata, sino también de madera y barro. Algunos de ellos se usan más que otros. Y hay algunos que se usan todos los días. [21]Si un hombre lleva una vida limpia, será como un vaso de oro. Será respetado y apartado para un buen uso, por el dueño de la casa.

[22]Apártate de las cosas pecaminosas que los jóvenes quieren hacer. Sigue lo que es correcto. Ten deseos de fe, amor y paz, con los que oran al Señor con un corazón limpio. [23]Apártate de las palabras necias y de personas que desean discutir, pues sólo pueden crear dificultades. [24]Un obrero de Dios no debe crear dificultades, sino que debe ser bondadoso con todos, capaz de enseñar y de sufrir cuando le pagan mal por hacer el bien. [25]Sé amable al enseñar a los que están en contra de lo que les dices. Dios puede cambiar sus corazones y hacer que se vuelvan a la verdad. [26]Entonces, sabrán que estaban atrapados por el diablo, para que obedecieran su voluntad. Tratándoles así, puede ser que lleguen a librarse.

Cosas que ocurrirán en los últimos días

3 Debes saber que, en los últimos días, vendrán tiempos peligrosos. [2]La gente se amará a sí misma y al dinero. Las personas se sentirán orgullosas y hablarán de todas las cosas que han hecho. Además, hablarán en contra de Dios. Los hijos no obedecerán a sus padres. La gente no estará agradecida ni tendrá respeto a las cosas santas. [3]No se amarán unos a otros, ni se tolerarán. Dirán mentiras los unos contra los otros y no podrán dejar de hacer cosas que bien saben no deben hacer. Serán malos. Querrán golpear y herir a los que son buenos. [4]No serán fieles con sus amigos. Actuarán sin pensar en lo que hacen. Tendrán una opinión demasiado alta de sí mismos. Amarán las diversiones, en vez de amar a Dios. [5]Harán cosas para hacerse pasar como cristianos. Pero no recibirán el poder que es de los cristianos. Apártate de ellos.

[6]Son las personas que van de casa en casa y hablan con mujeres necias, que están llenas de pecados y de toda clase de deseos malos. [7]Son las personas que siempre prestan atención a las enseñanzas nuevas pero nunca son capaces de comprender la verdad. [8]Como Janes y Jambres se opusieron a Moisés, se oponen a la verdad. Sus mentes piensan sólo en pecados y se han vuelto contra las enseñanzas cristianas. [9]No

llegarán muy lejos, porque lo falso de sus enseñanzas será puesto a luz. Eso es lo que pasó con los dos que se oponían a Moisés.

Enseña la verdad

¹⁰Pero tú sabes qué enseño y cómo vivo. Sabes lo que deseo hacer y conoces mi fe y mi amor. Sabes lo dispuesto que estoy a esperar mucho tiempo por algo y cómo sigo trabajando por Dios, cueste lo que me cueste. ¹¹Conoces todas las dificultades, las persecuciones y los sufrimientos que he tenido. Me viste sufrir en las ciudades de Antioquía, Iconio y Listra; pero el Señor me libró. ¹²Todos los que pertenecen a Cristo que deseen llevar una vida cristiana y limpia tendrán que sufrir por otros. ¹³Los pecadores y los falsos maestros irán de mal en peor. Engañarán a otros y serán engañados ellos mismos.

¹⁴Pero, persiste tú en lo que has aprendido y sabes de la verdad. Recuerda dónde lo aprendiste. ¹⁵Conoces las escrituras desde niño. Ellas pueden hacerte sabio para ser salvo del castigo del pecado, por la fe en Cristo Jesús. ¹⁶Todas las escrituras fueron dadas por Dios y tienen vida por él. El hombre recibe ayuda de las enseñanzas de las escrituras. Le dicen lo que es malo, le cambian la vida, le demuestran cómo estar bien con Dios. ¹⁷Le dan a los cristianos todo lo que necesitan para ser buenos ayudantes de Dios.

El trabajo de Pablo ha terminado—Timoteo debe seguir adelante.

4 En su segunda venida, cuando entre a reinar plenamente, Jesucristo dirá quiénes, entre los vivos y los muertos, son culpables o no. Ahora, delante de él y de su Padre Dios, te pido que enseñes las buenas nuevas. Te pido que hagas esto cuando sea fácil y la gente esté dispuesta a escuchar, y también cuando sea difícil y nadie quiera escuchar. ²Predica siempre. Usa la palabra de Dios para mostrar a la gente que está en el error y para ayudarles a hacer el bien. Hazlo con paciencia y con esfuerzo.

³Llegará el tiempo en el que la gente no querrá escuchar la verdad. Buscarán maestros que les enseñen sólo lo que quieran oír. ⁴No escucharán la verdad, sino que prestarán oídos a historias hechas por hombres. ⁵Debes tener cuidado con todas estas cosas. No temas sufrir por nuestro Señor. Enseña las buenas nuevas de un lugar a otro. Haz todo el trabajo que debes hacer como predicador.

⁶Pronto llegará el tiempo para que yo deje esta vida. ⁷He peleado una buena batalla, he terminado el trabajo que tenía que hacer y he conservado la fe. ⁸Hay un premio por estar bien con Dios. El Señor (el que decide quién es o no culpable) me lo dará el gran día en que él venga de nuevo. No seré yo el único que reciba el premio. También todos los que le aman, piensan en su venida y lo buscan, recibirán el suyo.

Pablo le da noticias a Timoteo sobre algunos amigos

⁹Ven a verme lo antes posible. ¹⁰Demas me ha dejado, pues amaba las cosas de este mundo. Se fue a la ciudad de Tesalónica. Crescencio se fue al país de Galacia y Tito al país de Dalmacia. ¹¹Lucas es el único que está aquí conmigo. Trae contigo a Marcos cuando vengas, porque me es útil en la obra. ¹²Envié a Tíquico a la ciudad de Efeso. ¹³Cuando vengas, tráeme la capa que dejé con Carpo, en la ciudad de Troas. ¹⁴Alejandro, el que hace cosas de cobre, me ha causado muchos males. El Señor le dé el pago que merece por ello. ¹⁵Guárdate tú también de él, porque se opone a todo lo que decimos.

¹⁶En mi primer juicio, nadie me ayudó. Todos me abandonaron. Espero que eso no sea tenido en cuenta contra ellos. ¹⁷El Señor estaba conmigo y me dio poder para hablar de las buenas nuevas. Sirvió para que todos los que no conocían a Dios pudieran escuchar.

Y fui librado de la boca del león. [18]Todavía el Señor me librará de toda obra mala y me llevará al reino de los cielos. A él sea la gloria por los siglos de los siglos. Así sea. [19]Saluda a Priscila y Aquila y a toda la familia de Onesíforo. [20]Erasto se quedó en la ciudad de Corinto. Dejé a Trófimo enfermo en la ciudad de Mileto. [21]Trata de venir antes del invierno. Te saludan Eubulo, Pudente, Lino, Claudia y todos los hermanos cristianos. [22]El Señor Jesucristo sea con tu espíritu y la bendición de Dios sea con todos ustedes. Así sea.

LA CARTA DE PABLO A TITO

1 Esta carta es de Pablo, siervo de Dios y misionero de Jesucristo. Soy enviado por Dios a su pueblo, para enseñarles la verdad que nos hace llevar una vida cristiana limpia. [2]Esta verdad también da esperanza en la vida para siempre. Dios lo prometió antes de que comenzara el mundo. Y él no puede mentir. [3]Lo dio a conocer en el momento oportuno por medio de su palabra. Dios, quien salva del castigo del pecado, me encargó predicar su mensaje. [4]Te escribo a ti, Tito, que eres mi hijo verdadero en la fe que ambos tenemos. Que la bendición y la paz de Dios Padre y Jesucristo, el Salvador, sean contigo.

Cómo debe ser el dirigente de una iglesia

[5]Te dejé en la isla de Creta para que hicieras algunas cosas que faltaban. Te pedí que escogieras dirigentes para las iglesias de cada lugar. [6]La vida de los dirigentes que escoges debe ser tal que nadie pueda decir nada contra ellos. Deben tener un sola mujer; sus hijos deben ser cristianos y tener fama de ser buenos. Los hijos deben obedecer a sus padres y no ser rebeldes. [7]Un dirigente de la iglesia es siervo de Dios, y su vida debe ser tal que nadie pueda decir nada contra él. Debe tratar de no agradarse a sí mismo, ni ser pronto a enojarse por cosas de poca importancia. No debe emborracharse ni pelear, ni desear más dinero para sí. [8]Debe estar agradecido, recibir personas en su casa y amar lo que es bueno. Debe ser capaz de pensar bien y hacer las cosas bien. Debe llevar una vida santa y controlar sus propios deseos. [9]Debe apegarse a las palabras de verdad que le fueron enseñadas. Debe ser capaz de enseñar la verdad y demostrar sus errores a los que están contra la verdad.

Falsos maestros

[10]Hay muchos hombres que no querrán escuchar ni obedecer la verdad. Sus enseñanzas son necias y harán que otras personas crean en mentiras. Algunos judíos creen sus mentiras, [11]y eso debe terminar. Hacen que familias enteras se aparten de la verdad, enseñando de esas cosas por dinero. [12]Uno de sus propios maestros dijo: "La gente de la isla de Creta siempre miente. Son como animales salvajes, perezosos, que sólo piensan en comer." [13]Es la verdad. Por lo tanto, repréndelos duramente. Condúcelos al camino recto, para que tengan una fe firme. [14]No les dejes escuchar historias judías inventadas por hombres, ni les permitas obedecer reglas humanas que los aparten de la verdad. [15]Todas las cosas son puras para los hombres de corazón puro; pero nada es puro para los pecadores. Tanto sus mentes como sus corazones son malos. [16]Dicen que conocen a Dios;

pero demuestran que no lo conocen, por el modo en que se portan. Son un pueblo pecador; no obedecen; no sirven para ningún buen trabajo.

Enseñanzas correctas

2 Debes enseñar lo que es verdadero y justo. ²Que los ancianos estén tranquilos y sean cuidadosos del modo en que se portan. Deben controlar sus propios deseos. Su fe y su amor deben ser firmes. No deben darse por vencidos. ³Enseña también a las ancianas a ser calmadas, y a tener cuidado con lo que hacen. No deben decir cosas malas contra otros. No deben mentir, ni dedicarse a la bebida. Más bien, deben enseñar lo que es bueno.

⁴Las mujeres ancianas deben enseñarles a las jóvenes a amar a sus esposos y a sus hijos. ⁵Deben enseñarles a pensar antes de hacer, a ser puras y trabajadoras en sus hogares, amables y obedientes a sus maridos. De esa manera, se honra la palabra de Dios. ⁶Asimismo, enséñales a los jóvenes a ser prudentes. ⁷Muéstrales en todas las cosas cómo deben vivir. Hazlo con el ejemplo de tu propia vida y con tus buenas enseñanzas. ⁸Sé sabio en lo que dices. Así, los que estén contra ti se avergonzarán y no podrán decir nada contra ti.

⁹Los empleados deben obedecer a sus patrones y agradarles en todo. No deben discutir ¹⁰ni robar a sus patrones, sino mostrarles que se puede confiar en ellos en todo. Así, sus vidas honrarán las enseñanzas de Dios. El salva a los hombres del castigo del pecado.

¹¹Dios mostró su bondad, dándonos la salvación a todos, ¹²enseñándonos que no debemos tomar parte en nada que vaya contra Dios. Debemos apartarnos de los deseos de este mundo, ser sabios y estar en paz con Dios. Debemos llevar vidas cristianas limpias en este mundo. ¹³Debemos buscar la gran esperanza en la venida de nuestro gran Dios y el Salvador del castigo del pecado, Jesucristo ¹⁴que se dio a sí mismo para que su pueblo esté limpio y haga el bien. ¹⁵Enseña todas estas cosas; da palabras de ayuda. Demuéstrales a las personas equivocadas que están en error. Tienes derecho y poder para hacerlo. Que nadie te desprecie.

El trabajo de un dirigente

3 Dile a tu pueblo que obedezca a los gobernantes del país. Que deben estar dispuestos a hacer todo buen trabajo. ²No deben hablar mal de nadie ni discutir. Que sean amables y bondadosos con todos.

Dios nos salvó de todas esas cosas

³Una vez, fuimos nosotros también necios y desobedientes. Estábamos perdidos. Había fuertes deseos que nos mantenían en su poder. Sólo tratábamos de responder a nuestros planes. Queríamos lo que tenían otros y nos enojábamos al no poder tenerlo. Odiábamos a otros, y ellos nos odiaban a nosotros.

⁴Pero Dios, el Salvador, demostró su bondad y su amor hacia nosotros, ⁵salvándonos del castigo del pecado. Eso no fue porque nos esforzamos en hacer las paces con Dios, sino por su gran favor. Así él limpió nuestros pecados. Al mismo tiempo, nos dio nueva vida cuando el Espíritu Santo entró en nuestras vidas. ⁶Su Espíritu fue derramado sobre nosotros por Jesucristo, el Salvador. ⁷Debido a esto, hemos sido puestos bien con Dios, por su amor. Ahora podemos tener la vida que dura para siempre, como él ha prometido.

⁸Lo que te he dicho es cierto. Enseña estas cosas siempre, para que los que han creído en Dios tengan cuidado para hacer obras buenas. Estas cosas son buenas y útiles a los hombres.

Las últimas palabras de Pablo a Tito

⁹No discutas sobre cosas necias, ni sobre la ley judía, ni pases el tiempo hablando de los antiguos padres. Esto es inútil. No ayuda a nadie. ¹⁰Habla una o dos veces con una persona que trata de dividir al pueblo en grupos y poner unos contra otros. Si no deja de hacer-

lo, apártate de ella. ¹¹Puedes estar seguro de que va por mal camino. Está pecando y lo sabe.

¹²Te voy a enviar a Artemas o Tíquico. En cuanto llegue alguno de ellos, trata de reunirte conmigo en la ciudad de Nicópolis, porque he decidido pasar allí el invierno. ¹³Encamina en su viaje a Zenas, el que conoce la ley, y a Apolos, procurando que nada les falte. ¹⁴También deseo que los nuestros aprendan a gobernarse en buenas obras, para los usos necesarios, y que no dejen de dar fruto. ¹⁵Todos los que están conmigo te saludan. Saluda a mis hermanos cristianos de allí. El favor de Dios sea con todos ustedes. Así sea.

LA CARTA DE PABLO A FILEMON

1 Pablo, en prisión por Jesucristo, y el hermano Timoteo, a Filemón, hermano amado y trabajador en la obra del Señor.

²Escribimos también para la iglesia que se reúne en tu casa, y para la amada Apia y para Arquipo, quien es soldado cristiano junto con nosotros. ³El favor y la paz de Dios Padre y de nuestro Señor Jesucristo sean con ustedes. ⁴Le doy siempre gracias a Dios por ustedes y me acuerdo de ti, Filemón, en mis oraciones. ⁵He tenido noticias de tu amor y tu fe en el Señor Jesucristo y en todos los cristianos. ⁶Mi deseo es que la comunicación de tu fe sea eficaz y que todo esto te ayude a conocer el bien que está en ustedes, por Cristo Jesús. ⁷Tu amor me ha dado mucha alegría y un gran consuelo. Los corazones de los cristianos se han alegrado mucho por ti, hermano.

⁸Por lo cual, aunque tengo mucha libertad en Cristo para decirte lo que debes hacer, ⁹te ruego más bien por amor. Yo, Pablo, soy anciano y todavía estoy en la cárcel por Cristo. ¹⁰Te ruego por mi hijo Onésimo, quien se ha convertido en mi hijo en la fe cristiana, aquí en la cárcel. ¹¹En otro tiempo Onésimo no te fue útil; pero ahora es útil para ti y para mí. ¹²Yo te lo envío. Es como si te mandara mi propio corazón. ¹³Quisiera que se quedara conmigo. Mientras estoy aquí en prisión me hubiera ayudado en tu lugar para enseñar las buenas nuevas. ¹⁴Pero no quise tenerlo aquí sin tu permiso, pues no quiero que seas bueno conmigo porque estés obligado a ello, sino porque así lo quieres. ¹⁵Onésimo se apartó de ti por algún tiempo; pero ahora es tuyo para siempre. ¹⁶No lo consideres ya como siervo tuyo, pues es mucho más que eso: ahora es un hermano cristiano muy amado, por ti y por mí.

¹⁷Así que, si me consideras un verdadero amigo, recibe a Onésimo como si fuera yo. ¹⁸Si hizo algo malo o te debe algo, ponlo a mi cuenta. ¹⁹Yo te lo pagaré. Yo, Pablo, te escribo esto con mi propia mano. No quiero hablar de lo mucho que me debes, pues me debes la vida. ²⁰Sí, hermano, tuve alegría por ti en el Señor. Dale a mi corazón nueva alegría en Cristo. ²¹Te he escrito sabiendo que harás lo que te digo, y aun más.

²²Prepárame también un lugar para mí, porque confío en que Dios escuchará tus oraciones y me permitirá ir pronto a estar contigo. ²³Te saluda Epafras, mi compañero en la prisión por Cristo Jesús. ²⁴Marcos, Aristaco, Demas y Lucas, quienes trabajan conmigo, también te saludan. ²⁵El favor de nuestro Señor Jesucristo sea con ustedes. Así sea.

A LOS HEBREOS

Dios habla por medio de su Hijo

1 Hace mucho tiempo, Dios les habló a nuestros padres en diferentes maneras, por medio de sus antiguos predicadores. ²Pero en estos últimos tiempos nos ha hablado por medio de su Hijo. A él, Dios le dio todo y por él, Dios hizo el mundo. ³El Hijo tiene el mismo resplandor de gloria que el Padre y es como Dios en todo. El Hijo mantiene todo el mundo por el poder de su Palabra. El dio su vida para que podamos estar libres de todo pecado. Después, fue al cielo, a sentarse a la derecha de Dios.

El Hijo es mayor que los ángeles

⁴El Hijo de Dios fue hecho mayor y mejor que los ángeles, pues Dios le dio un nombre mayor que el de ellos. ⁵Dios no dijo a ninguno de sus ángeles, "Tú eres mi Hijo, desde hoy yo soy tu Padre" (Salmo 2:7). Tampoco dijo a ningún ángel, "Seré tu Padre y tú serás mi Hijo" (2 Samuel 7:14). ⁶Otra vez, cuando hizo entrar a su Hijo Jesús al mundo, dijo: "Adórenle todos los ángeles de Dios." ⁷Y dijo sobre los ángeles: "Hace que sus ángeles sean espíritus y que los que trabajan para él sean como el fuego" (Salmo 104:4). ⁸Pero, sobre su Hijo, dice: "Oh, Dios, tu lugar de poder durará para siempre. Todo lo que digas en tu reino será correcto y bueno. ⁹Has amado lo que es bueno y has odiado lo malo. Es por esto que Dios, tu Dios, te escogió. Ha derramado sobre ti el aceite de la alegría, más que sobre ningún otro" (Salmo 45:6, 7). ¹⁰Dijo también: "Señor, en el principio hiciste la tierra, también los cielos son obra de tus manos. ¹¹Ellos serán destruidos, pero tú siempre estarás allí. Todos ellos se harán viejos como ropa. ¹²Enrollarás los cielos como un vestido y los cambiarás. Pero tú eres siempre el mismo y no te pondrás viejo nunca" (Salmo 102:25-27). ¹³Dios nunca le dijo a un ángel: "Siéntate a mi derecha, hasta que ponga a tus enemigos como mueble donde descansar tus pies" (Salmo 110:1). ¹⁴¿No son todos los ángeles espíritus que trabajan para Dios? Ellos han sido enviados para ayudar a los que vayan a salvarse del castigo del pecado.

Escuchen ahora y sean salvados del castigo del pecado

2 Es por eso que debemos escuchar todavía más las verdades que se nos han enseñado, para que no resbalemos y nos alejemos de ellas. ²Porque si la palabra dicha por los ángeles fue firme y toda rebelión y desobediencia recibió su castigo, ³¿cómo escaparemos nosotros, si tenemos en poco la salvación que fue hecha para nosotros? El Señor fue el primero que nos habló de ella y los que la oyeron la contaron más tarde. ⁴Dios probó que lo que decían era cierto, haciendo obras poderosas y mostrándonos cosas especiales que pudiéramos ver. Dio el Espíritu Santo de acuerdo con su voluntad.

Jesús, el camino al cielo

⁵Dios no hizo que los ángeles tuvieran autoridad sobre el mundo venidero del que hablamos. ⁶En lugar de ello, las escrituras dicen: "¿Qué es el hombre que te acuerdas de él? o ¿el hijo del hombre que le visitas?" (Salmo 8:4). ⁷Tú le hiciste un poco menor que los ángeles, lo llenaste de gloria y honra y lo pusiste sobre todas las obras de tus manos. ⁸Pusiste todas las cosas bajo sus pies" (Salmo 8:4-6). No hay nada que no le obedezca, pero no vemos que todas las cosas le obedecen todavía. ⁹Sin embargo, vemos lleno de gloria y honra a aquel Jesús, que fue hecho un poco menor que los ángeles, para que, por el amor de Dios, sufriera la muerte por todos. ¹⁰Era por causa de Jesucristo que existen todas las cosas. Es por él también que subsisten todas las cosas. El

había de llevar a la gloria a muchas personas. Para esto, era necesario que sufriera por los pecados de los hombres que había de salvar. ¹¹Jesús hace a los hombres buenos limpiándolos de todo pecado. Jesús y los que han sido hechos buenos tienen el mismo Padre. Por eso él no se avergüenza de llamarlos hermanos. ¹²Jesús le dice a su Padre: "Les hablaré a mis hermanos de tu nombre. Te cantaré himnos de gracias en medio de la gente" *(Salmo 22:22)*. ¹³Y otra vez, dijo: "Confiaré en él." También: "Aquí estoy, con los hijos que me dio Dios" *(Isaías 8:17, 18)*.

¹⁴Es cierto. Tenemos con Jesús el mismo Padre. También compartimos la misma carne y la misma sangre, porque Jesús se hizo hombre como nosotros y murió como tenemos que morir todos. Por medio de su muerte, destruyó el poder del diablo quien tenía el poder de la muerte. ¹⁵Jesús hizo esto para librarnos de la muerte. Así que ya no debemos estar sujetos a ese temor. ¹⁶Jesús no vino a ayudar a los ángeles, sino a hombres de la familia de Abraham. ¹⁷Por eso, Jesús tenía que llegar a ser semejante en todo a sus hermanos. Tenía que ser uno de nosotros para ser nuestro dirigente religioso y el que está entre Dios y nosotros. Es fiel y está lleno de amor para con nosotros. Por lo tanto, se dio libremente para morir en una cruz por nuestros pecados, a fin de que Dios no tenga ya esos pecados en nuestra contra. ¹⁸El mismo sufrió tentaciones. Por esa razón es poderoso para ayudarnos cuando somos nosotros tentados.

Jesús fue mayor que Moisés

3 Hermanos cristianos, ustedes han sido escogidos y puestos aparte por Dios. Sobre esta base, pensemos en Jesús, como el enviado de Dios y el dirigente religioso de nuestra fe cristiana. ²Jesús fue fiel en la casa de Dios, del mismo modo que lo fue Moisés. ³El hombre que construye una casa recibe más honor que la casa misma. Por

eso Jesús recibe más honor que Moisés. ⁴Todas las casas son construidas por alguien, y Dios es quien lo ha hecho todo. ⁵Moisés fue verdaderamente siervo fiel de Dios en su casa y habló de las cosas de que se hablaría más tarde. ⁶Pero Cristo fue fiel como un Hijo. Por eso, es fiel sobre la casa de Dios. Somos también de esa casa de Dios, si conservamos nuestra fe en Dios hasta el fin. Esta es nuestra esperanza. ⁷El Espíritu Santo dice: "Si oyen hoy su voz, ⁸no dejen que sus corazones se pongan duros, como lo hicieron sus padres cuando se volvieron contra mí. Ellos me pusieron a prueba en el desierto. ⁹Me tentaron y vieron mis obras durante cuarenta años. ¹⁰Por esa razón, yo estaba enojado con el pueblo de esos días. Y les dije: 'Siempre piensan en cosas malas y nunca han comprendido lo que he tratado de hacer por ellos.' ¹¹Estaba enojado con ellos y me dije: 'No entrarán nunca en mi descanso' " *(Salmo 95:7-11)*.

¹²Hermanos cristianos, tengan cuidado para que ninguno tenga un corazón tan malo que no le permita creer, apartándolo del Dios vivo. ¹³Ayúdense unos a otros. Hablen día tras día unos con otros, mientras dura el día de hoy, para que su corazón no se endurezca ni sea engañado por el pecado. ¹⁴Porque pertenecemos a Cristo, si seguimos creyendo en él hasta el fin, como lo hicimos al principio. ¹⁵Las escrituras dicen: "Si oyen su voz hoy, no dejen que sus corazones se pongan duros, como lo hicieron sus padres cuando se volvieron contra mí" *(Salmo 95:7, 8)*.

¹⁶¿Quién oyó la voz de Dios y se volvió contra él? ¿No lo hicieron todos los que fueron sacados por Moisés de la tierra de Egipto? ¹⁷¿Quién hizo que Dios se enojara durante cuarenta años? ¿No fueron los que pecaron en el desierto? ¿No fueron los que murieron y fueron enterrados allí? ¹⁸¿Y a quiénes dijo que no entrarían nunca en su descanso? ¿No fue a los que no le obedecieron? ¹⁹No pudieron entrar porque no creyeron.

El descanso de los cristianos

4 La misma promesa de entrar al descanso de Dios es todavía para nosotros. Pero debemos preguntarnos si acaso todos entraremos. ²Nosotros escuchamos las buenas nuevas como ellos. Ellos no las aprovecharon, porque no las aceptaron con la fe. ³Entramos en el descanso de Dios solamente los que hemos creído. Por esta razón Dios dijo a nuestros padres: "Estaba enojado y dije: 'No entrarán en mi descanso'" (Salmo 95:11). Y sin embargo, el trabajo de Dios acabó cuando hizo el mundo.

El descanso de Dios

⁴En las santas escrituras, él dijo lo siguiente sobre el séptimo día, cuando hizo todo el mundo: "Dios descansó el séptimo día de todo lo que había hecho" (Génesis 2:2). ⁵Pero Dios dijo contra los que se volvieron contra él: "No entrarán en mi descanso" (Salmo 95:11). ⁶Los que antes oyeron las buenas nuevas no entraron al descanso de él, porque no le obedecieron; pero la promesa es todavía buena y algunos entran en su descanso. ⁷Dios ha establecido de nuevo un día para que las personas entren a su descanso, diciendo por medio de David, muchos años después, como lo había dicho antes: "Si oyen hoy su voz, no dejen que sus corazones se pongan duros" (Salmo 95:7, 8).

⁸Si Josué hubiera conducido a su pueblo al descanso de Dios, no hubiera hablado de otro día después de aquél. ⁹Por tanto, queda un descanso para el pueblo de Dios. ¹⁰El hombre que entra al descanso de Dios, descansa de su propio trabajo, como Dios descansó del suyo. ¹¹Procuremos, pues, entrar a ese descanso. No seamos como los que no entraron.

¹²La palabra de Dios es viva y poderosa. Es más aguda que una espada que corta por los dos lados. Parte el alma y también el espíritu, hasta lo más íntimo de nuestro ser. Indica lo que piensa el corazón y lo que desea hacer. ¹³Nadie puede ocultarse de Dios. Sus ojos ven todo lo que hacemos. Tenemos que responder a Dios por todo lo que hacemos.

Jesús—nuestro gran dirigente religioso

¹⁴Tenemos un gran dirigente religioso que ha abierto el camino para que los hombres vayamos con Dios. Ese dirigente es Jesús, el Hijo de Dios, que se fue al cielo para estar con Dios. Conservemos nuestra fe en Jesucristo. ¹⁵El, como nuestro dirigente religioso, comprende que somos muy débiles. El mismo fue tentado en todas las maneras en que lo somos nosotros; pero él nunca pecó. ¹⁶Vayamos con toda confianza al lugar del favor de Dios. Recibiremos su gran amor y su bendición. El nos ayudará cuando más lo necesitamos.

El trabajo de un dirigente religioso

5 Todos los dirigentes religiosos judíos se escogen de entre los hombres. Ayudan al pueblo estando entre Dios y los hombres. Presentan ofrendas en el altar como adoración del pueblo. Presentan la sangre de animales por los pecados del pueblo. ²Un dirigente religioso judío es débil en muchas cosas, porque él mismo es un hombre. Sabe cómo ser amable con los que saben poco y cómo ayudar a los que están en el error. ³Puesto que él mismo es débil, debe presentarle ofrendas a Dios por sus propios pecados, así como por los del pueblo. ⁴Un dirigente religioso judío no escoge este honor para sí mismo. Dios escoge a un hombre para ese trabajo, como escogió a Aarón.

Cristo es nuestro dirigente religioso que hizo el camino a Dios

⁵Lo mismo sucedió con Cristo: No se escogió a sí mismo para el honor de ser el dirigente religioso que hizo el camino para que el hombre esté bien con Dios. En lugar de ello, Dios le dijo a Cristo: "Eres mi Hijo, hoy he llegado a ser tu Padre" (Salmo 2:7). ⁶Dios dice en otra parte de su palabra: "Serás dirigente religioso para siempre. Serás

como Melquisedec" *(Salmo 110:4).* [7]Durante el tiempo que Jesús pasó en la tierra, oró y le pidió a Dios con lágrimas y fuerte clamor, porque Dios podía librarlo de la muerte. Dios escuchó a Cristo porque Cristo honraba a Dios. [8]Y aunque era Hijo de Dios, aprendió a obedecer por lo que sufrió. [9]Y habiendo sido hecho perfecto, hizo posible que todos los que le obedezcan se salven del castigo del pecado. [10]De acuerdo con el plan de Dios, fue nombrado dirigente religioso según el orden de Melquisedec.

No vuelvan a caer en el pecado

[11]Podemos decir muchas cosas sobre esto, pero es difícil hacer que ustedes comprendan. [12]Para este tiempo, deberían ser maestros; pero, en lugar de eso, necesitan que alguien vuelva a enseñarles las primeras cosas sobre la palabra de Dios que deben ya conocer. Todavía necesitan leche, en lugar de alimentos sólidos. [13]Cualquiera que viva con leche no podrá comprender las enseñanzas sobre cómo estar bien con Dios, pues es un recién nacido. [14]Los alimentos sólidos son para hombres crecidos. Son para los que han aprendido a usar su inteligencia a fin de ver la diferencia entre el bien y el mal.

Vamos adelante

6 Así pues, dejemos las primeras cosas que necesitamos saber sobre Cristo. Pasemos a las enseñanzas que los cristianos que han crecido deben comprender. Ya no necesitamos volver a enseñar esas primeras verdades, pues ya saben que es necesario cambiar su actitud acerca de sus pecados, dejarlos y tener fe en Dios. [2]Saben del bautismo y de la ceremonia de poner las manos sobre una persona. Saben que seremos levantados de entre los muertos y que el castigo de los pecados dura para siempre. [3]Ahora vamos más allá, si Dios nos lo permite.

[4]Los que han conocido la verdad han recibido el regalo del cielo y han recibido el Espíritu Santo. [5]Conocen lo bueno que es la palabra de Dios y los poderes del mundo que vendrá. [6]Ahora, si ellos se apartan de Cristo, ya no podrán sentir dolor por sus pecados para volverlos a dejar. Eso es porque de nuevo clavan en la cruz al Hijo de Dios y lo avergüenzan delante de todo el pueblo. [7]Pasa lo mismo con un terreno que recibe mucha lluvia. Dios hace posible que dé buena fruta y verduras. [8]Pero si sólo da malas hierbas, no vale nada y será odiado y destruido por el fuego.

[9]Pero, de ustedes, amigos, esperamos cosas mejores, aun cuando les hablamos así. Esas cosas mejores se refieren a la salvación del castigo del pecado. [10]Dios siempre hace lo justo. No se olvidará del trabajo que ustedes hicieron para ayudar a sus hermanos cristianos y del que siguen haciendo para ayudarlos. Esto demuestra el amor de ustedes para Cristo. [11]Queremos que cada uno de ustedes siga trabajando hasta el fin. Entonces, pasará lo que están esperando. [12]No sean perezosos. Sean como los que tienen fe y no se dan por vencidos, porque ellos recibirán lo que Dios ha prometido.

La promesa de Dios

[13]Cuando Dios le hizo una promesa a Abraham, la hizo en su propio nombre, porque no hay ninguno que sea mayor. [14]Dijo: "Te haré feliz de muchas maneras y te daré muchos hijos" *(Génesis 22:16, 17).* [15]Abraham estuvo dispuesto a esperar, y Dios le dio lo que le había prometido.

[16]Cuando los hombres hacen una promesa, usan un nombre mayor que el de ellos mismos, para asegurar que cumplirán su promesa. Así, nadie lo discute. [17]Cuando Dios hizo una promesa, quiso demostrarle a Abraham que nunca cambiaría de manera de pensar. Por eso, la hizo en su propio nombre. [18]Dios les dio estas dos cosas que no cambian y él no puede mentir. Los que nos hemos vuelto a él podemos tener un gran consuelo, sabiendo que hará lo que prometió. [19]Esa esperanza es un an-

cla segura y firme para nuestras almas. Entra al lugar más santo de todos, detrás de la cortina del cielo. [20]Jesús ya fue allí. Ha llegado a ser para siempre nuestro dirigente religioso y ha hecho el camino para que los hombres estén bien con Dios. En esto él es semejante a Melquisedec.

Melquisedec—semejante a Cristo

7 Melquisedec, rey de Salem, era un dirigente religioso puesto por Dios. Cuando Abraham regresaba de la guerra en la que murieron muchos reyes, Melquisedec salió a su encuentro y le demostró respeto. [2]Abraham le dio a Melquisedec la décima parte de todo lo que tenía. El nombre de Melquisedec significa "rey de lo que es correcto" y Salem significa "paz". Así pues, es un rey de paz. [3]De Melquisedec no sabemos quién era su padre, su madre o su familia. Es como que su vida no tuviera principio ni fin y como que él fuera un dirigente religioso para siempre, como el Hijo de Dios.

[4]Podemos ver, pues, lo grande que fue Melquisedec en que el mismo Abraham le dio la décima parte de todo lo que había ganado en la guerra. [5]La ley judía hizo dirigentes religiosos a los de la familia de Leví, diciendo que deberían tomar una décima parte de todo lo que tuviera su pueblo. [6]Melquisedec no era de la familia de Leví, pero Abraham le pagó. Melquisedec bendijo a Abraham. Recuerden que era Abraham quien había recibido las promesas de Dios. [7]Recuerden también que el que bendice es siempre mayor al que recibe la bendición. [8]Los dirigentes religiosos judíos reciben una décima parte. Son hombres, y todos ellos mueren. Pero Melquisedec recibió una décima parte y está vivo. [9]Podemos decir que también Leví, el principal de los dirigentes religiosos judíos, pagó una décima parte a Melquisedec por intermedio de Abraham. [10]Es que Leví no había nacido pero estaba todavía en el cuerpo de Abraham, cuando éste le pagó a Melquisedec.

[11]La ley judía fue dada cuando Leví y sus hijos eran dirigentes religiosos. Si el trabajo hecho por esos dirigentes religiosos para quitar los pecados hubiera sido perfecto, no habría habido necesidad de otro dirigente religioso. Pero era necesario uno, y que fuera como Melquisedec y no uno de la familia de Aarón. [12]Al cambiar la familia de los dirigentes religiosos, debe cambiar también la ley judía. [13]Todas estas cosas se refieren a Cristo, que es de otro grupo de familias, en el que nunca hubo ningún dirigente religioso. [14]Nuestro Señor era de la familia de Judá. Moisés no escribió nada sobre dirigentes religiosos que salieran de esa familia.

Ha llegado un dirigente religioso diferente

[15]Podemos ver que ha llegado un dirigente religioso diferente, que es como Melquisedec. [16]Cristo no se hizo dirigente religioso naciendo de la familia de Leví, como decía la ley judía que tenía que ser. Se hizo dirigente religioso por el poder de una vida que nunca termina. [17]Las escrituras dijeron esto sobre Cristo: "Eres un dirigente religioso para siempre, como Melquisedec" *(Salmo 110:4).*

[18]Dios hizo a un lado la ley de Moisés que era débil y que no podía usarse. [19]La ley de Moisés no podía hacer que los hombres estuvieran en paz con Dios. Ahora, hay una mejor esperanza, por la que podemos llegar más cerca de Dios. [20]Dios hizo una promesa, cuando Cristo llegó a ser el dirigente religioso. (Recuerden: Fue Cristo quien abrió el camino para que el hombre esté bien con Dios.) [21]Dios no hizo esa promesa cuando los miembros de la familia de Leví eran dirigentes religiosos, sino cuando Cristo se hizo el dirigente religioso. Esta es la promesa que hizo Dios: "El Señor ha hecho una promesa y nunca cambiará de idea. Serás dirigente religioso para siempre" *(Salmo 110:4)* [22]Cristo hace que ese acuerdo entre Dios y los hombres sea seguro para nosotros. Se debe a la promesa de Dios.

²³Hubo muchos dirigentes religiosos durante el tiempo del antiguo acuerdo entre Dios y los hombres. Murieron, y otros continuaron su trabajo. ²⁴Pero Jesús vive para siempre. Es nuestro dirigente religioso para siempre. Nunca cambiará. ²⁵Así, Jesús es capaz, ahora y en todo tiempo, de salvar a todos los que llegan a Dios por él, porque vive para siempre. Para siempre él puede orar por nosotros delante de Dios Padre.

²⁶Necesitábamos a ese dirigente religioso. El hizo el camino para que el hombre esté bien con Dios. El es santo y limpio; en él no hay pecado; es diferente de los pecadores. Ahora él tiene su lugar de honor en el cielo. ²⁷Cristo no es como otros dirigentes religiosos que tenían que dar ofrendas todos los días sobre el altar, primeramente por sus propios pecados y, después, por los pecados del pueblo. Cristo no tuvo que hacer eso. El se ofreció a sí mismo, de una vez y para siempre. ²⁸La ley judía hace dirigentes religiosos de hombres que son débiles; pero Dios, según su promesa, hace a su Hijo un dirigente religioso perfecto y para siempre.

8 Lo importante es que ahora tenemos un dirigente religioso que hizo el camino para que el hombre llegara a Dios. El está sentado a la derecha de Dios Todopoderoso, en el cielo. ²El es el dirigente religioso del lugar santo en el cielo. Este es el verdadero lugar de adoración, hecho por el Señor y no por manos de hombres. ³Todos los dirigentes religiosos del antiguo acuerdo entre Dios y los hombres tenían el trabajo de matar animales y dar ofrendas sobre el altar del templo. Por eso, también Cristo debía tener algo que ofrecer. ⁴Si Cristo estuviera en la tierra, no sería un dirigente religioso como esos que dan ofrendas como lo dice la ley judía. ⁵Lo que hacen ellos nos muestra sólo un cuadro de las cosas en el cielo. Cuando Moisés estaba levantando la carpa de adoración, Dios le dijo: "Asegúrate de hacer la carpa de adora-

ción como te lo mostré en el monte Sinaí" *(Exodo 25:40).*

⁶Pero Cristo tiene un trabajo más perfecto, como un tercero entre Dios y los hombres. El ha abierto un camino nuevo y mejor, que se basa en mejores promesas. ⁷Si el antiguo acuerdo entre Dios y los hombres hubiera sido perfecto, no habría habido necesidad de otro. ⁸Dios no estaba contento con la manera en que vivía el pueblo de acuerdo con el antiguo acuerdo y dijo: "Llegará el día en que estableceré un nuevo acuerdo con los hombres, ⁹no como el que establecí con sus padres, cuando los tomé de la mano y los saqué de la tierra de Egipto. Porque no lo siguieron. Por eso, me separé de ellos. ¹⁰Este es el nuevo acuerdo que les daré. Cuando llegue ese día, dice el Señor, pondré mis leyes en sus mentes y las escribiré en sus corazones. Yo seré su Dios, y ellos serán mi pueblo. ¹¹Nadie necesitará enseñar a su vecino o su hermano a conocer al Señor. Todos me conocerán, desde el menor al mayor. ¹²Estaré lleno de amor para con ellos; perdonaré sus maldades. No me acordaré ya más de sus pecados" *(Jeremías 31:31-34).*

¹³Cuando Dios habló de un nuevo acuerdo, demostró que el antiguo acuerdo estaba terminado. Que era inútil. Nunca más será útil.

Es mejor el nuevo acuerdo entre Dios y los hombres

9 Había modos especiales de adoración y un lugar santo especial, hecho por el hombre, durante el antiguo acuerdo. ²Construyeron y levantaron una gran carpa; se le llamó el lugar santo. Tenía una luz. Tenía una mesa sobre la cual estaba el pan santo. ³Detrás de una segunda cortina había otra carpa, a la que se le llamaba el lugar más santo de todos. ⁴En la carpa interior había un altar en el cual se quemaban perfumes especiales. Y había también una gran caja hecha de madera. Se llamaba la caja del acuerdo con Dios. El altar y la caja estaban cubiertos de oro, por dentro y por fuera. Dentro de la caja había un vaso hecho de oro. En él, pan del cielo. También se encontraban en la caja la vara de Aarón (la que una vez comenzó a brotar) y las piedras donde estaba escrita la ley de Moisés. [5]Sobre la caja había dos cuerpos especiales de honor. Tenían sus alas extendidas sobre la caja. Bajo la sombra de sus alas y encima de la caja estaba el lugar donde se perdonaban los pecados. No podemos dar más detalles sobre esas cosas ahora.

[6]Cuando todo estuvo terminado, los dirigentes religiosos entraban y salían de la carpa exterior para hacer todo lo necesario en la adoración a Dios. [7]Una vez cada año, el principal dirigente religioso entraba a la carpa interior. Entraba solo. No podía entrar sin sangre. Le daba esa sangre a Dios como ofrenda de adoración por sus propios pecados y por los de todo el pueblo.

[8]Así, el Espíritu Santo enseña que en el antiguo acuerdo el pueblo en general no podía entrar al lugar más santo de todos, mientras estaba en uso ese antiguo método de adoración. [9]La carpa exterior es una imagen de aquellos días, en los que, según el antiguo acuerdo, los animales muertos y las ofrendas hechas como adoración a Dios no podían borrar el sentir de culpa que da el pecado. [10]El antiguo acuerdo se componía de leyes sobre comida y bebida. Esas leyes enseñaban cómo lavarse y otras cosas que debían hacerse con el cuerpo. Todo eso debía hacerse hasta que viniera Cristo para traer un mejor acuerdo con Dios.

El nuevo acuerdo con Dios tiene una ofrenda mejor

[11]Pero Cristo vino como principal dirigente religioso de las cosas que Dios prometió. Hizo el camino para que el hombre esté bien con Dios. Lo hizo en una carpa mejor y más perfecta, no hecha por manos de hombres, una carpa de adoración que no era de esta tierra. [12]Cristo entró al lugar más santo de todos, una vez y por todas. No tomó la sangre de cabros y terneros para darle a Dios como ofrenda, sino que ofrendó su propia sangre. Al hacerlo, nos compró con su propia sangre. Nos libró del pecado para siempre. [13]Si en el antiguo acuerdo con Dios la sangre y las cenizas de los animales valían algo para limpiar a los hombres después de que habían pecado, [14]¡cuánto más lo hará la sangre de Cristo! El, por medio del Espíritu de Dios que vive para siempre, se dio a sí mismo como ofrenda perfecta a Dios. Ahora, los corazones de ustedes no tienen que llevar la carga de obras que no valen nada. Más bien están libres para servir al Dios vivo.

[15]Cristo nos dio el nuevo acuerdo con Dios. Todos los que han sido llamados por Dios pueden recibir la vida que dura para siempre, como él lo prometió. Cristo nos compró con su sangre, cuando murió por nosotros. Esto nos hizo libres de los pecados que fueron cometidos bajo el antiguo acuerdo.

[16]Cuando alguien quiere dejarle a otro sus bienes después de morir, escribe su deseo en un papel; pero ese papel no vale nada hasta que se muera la persona. [17]No significa nada en tanto viva; sólo vale cuando muere. [18]El antiguo acuerdo con Dios requería una muerte para valer. Para ello, se usaba la sangre de un animal. [19]Moisés le dijo al pueblo todas las cosas que tenían que obedecer según la ley judía. Luego, tomó la sangre de animales con agua y la salpicó sobre los sagrados escritos de la ley y sobre todo el pueblo. Cuando hizo esto, usó ramas especiales y lana roja. [20]Moisés dijo: ''Esta es la sangre del acuerdo que Dios dijo que deben obedecer'' *(Exodo 24:8)*. [21]De la misma manera, Moisés puso la sangre sobre la carpa y todas las cosas usadas para la adoración. [22]La ley judía dice que casi todo se limpia con sangre. Los pecados no se perdonan a menos que se derrame sangre.

Una ofrenda perfecta

[23]La carpa y las cosas que contenía para la adoración eran como figuras

de las cosas del cielo, y se limpiaban con sangre. Pero las cosas del cielo se limpiaron con una ofrenda mucho mejor. 24Porque Cristo no entró al lugar más santo de todos, hecho por los hombres. Ese era solamente semejante al verdadero en el cielo. Cristo fue al cielo mismo y está delante de Dios, orando por nosotros. 25Cristo no se ha dado muchas veces, como aquí en la tierra, el principal dirigente religioso entraba al lugar más santo de todos cada año, con sangre que no era la suya; 26pues, entonces, Cristo hubiera debido morir muchas veces desde el principio del mundo. Pero vino una vez, al final del antiguo acuerdo con Dios, y se dio a sí mismo una vez y para siempre. Así quiso destruir el pecado. 27Está establecido que todos los hombres tienen que morir una vez. Después, se presentarán ante Dios, quien dirá si son o no culpables. 28Es lo mismo con Cristo. Se dio una vez para quitar los pecados de muchos. Cuando venga por segunda vez, no necesitará darse otra vez por los pecados. Mas bien, salvará a todos los que le están esperando.

Bajo el antiguo acuerdo se daban muchas ofrendas

10 La ley judía es como un cuadro de las buenas cosas que han de venir. Los dirigentes religiosos de los judíos presentaban ofrendas en el altar de adoración a Dios, año tras año. Esas ofrendas no podían hacer perfecto al pueblo que venía a adorar. 2Si esas ofrendas presentadas a Dios hubieran podido quitar los pecados, no habrían seguido sintiéndose culpables y no habrían presentado más ofrendas. 3Cuando presentaban sus ofrendas, año tras año, eso les hacía recordar que todavía tenían sus pecados. 4La sangre de los animales no podía quitar los pecados de los hombres.

En el nuevo acuerdo se presentó una sola ofrenda

5Cuando Cristo vino al mundo, le dijo a Dios: "No quieres animales muertos, ni ofrendas presentadas en adoración. Preparaste mi cuerpo para

presentarlo en ofrenda. 6No te agradan los animales muertos o quemados y presentados como ofrendas sobre el altar para quitar los pecados. 7Entonces, digo: 'He venido a hacer lo que quieres, ¡oh Dios! Como estaba escrito en la ley judía' " *(Salmo 40:6-8).*

8Cuando Cristo vino al mundo dijo a Dios: "No quieres animales muertos ni ofrendas presentadas a ti en adoración, por el pecado. No te agradan." (Esas cosas se hacen porque la ley judía dice que deben hacerse.) 9Entonces, dijo: "He venido a hacer lo que tú quieres que haga." Fue lo que hizo, cuando murió en la cruz. Dios terminó el antiguo acuerdo e hizo otro nuevo. 10Nuestros pecados desaparecen y somos limpios, porque Cristo dio su propio cuerpo como ofrenda a Dios. Lo hizo una vez y para siempre.

11Todos los dirigentes religiosos de los judíos todos los días están matando animales y presentando ofrendas en el altar. Presentan sus ofrendas, una y otra vez. Esas ofrendas no pueden quitar los pecados. 12Pero Cristo, una vez, se dio a sí mismo por los pecados. Vale para siempre. Ahora, está sentado a la derecha de Dios, 13donde está esperando a que Dios haga con todos los que le han odiado un mueble donde descansar sus pies. 14Porque con una sola ofrenda hizo perfectos para siempre a los escogidos.

15El Espíritu Santo nos dice: 16"Este es el nuevo acuerdo con Dios que les daré. Cuando llegue ese día, dice el Señor, pondré mi leyes en sus corazones y en sus almas las escribiré." Luego, dijo: 17"No me acordaré más de sus pecados y sus maldades." *(Jeremías 31:33, 34).* 18En el altar de adoración, no hacen falta más ofrendas. Nuestros pecados han sido perdonados.

Podemos llegar a Dios por Cristo

19Hermanos, ahora sabemos que podemos entrar al lugar más santo de todos, porque la sangre de Jesús fue dada. 20Podemos entrar por el camino nuevo y vivo que él nos hizo, al abrir la cortina. Era su propio cuerpo. ²¹Tenemos un gran dirigente religioso sobre la casa de Dios. ²²Así pues, acerquémonos más a Dios con un corazón lleno de fe. Nuestros cuerpos deben limpiarse de todo sentir de culpa, y lavarse con agua limpia. ²³Mantengamos firme la esperanza que decimos tener. No la cambiemos, pues podemos confiar en que Dios hará lo que prometió. ²⁴Ayudémonos unos a otros para amar a los demás y hacer buenas obras. ²⁵No nos apartemos de las reuniones de la iglesia, como lo hacen siempre algunos. Debemos animarnos unos a otros, al ver que se acerca el día cuando Cristo vuelva.

No vuelvan a caer en el pecado

²⁶Si seguimos pecando porque queremos hacerlo, después de recibir y conocer la verdad, no habrá entonces ninguna ofrenda que quite los pecados. ²⁷En lugar de ello, estaremos delante de Dios quien dirá que somos culpables. Y el fuego ardiente del castigo quemará a los que trabajan contra Dios. ²⁸Cualquiera que no obedecía al antiguo acuerdo con Dios, moría sin remedio cuando dos o tres hombres hablaban contra él. ²⁹¿Cuánto más debe ser castigado un hombre, si pisotea y odia al Hijo de Dios? ¿Cuánto más será castigado, si uno actúa como si la sangre del nuevo acuerdo con Dios no valiera nada? Este nuevo acuerdo con Dios es el modo que tiene Dios para hacerlo santo. ¿Cuánto más deberá ser castigado, si desprecia al Espíritu Santo que deseaba mostrarle su favor? ³⁰Porque sabemos que Dios dijo: "Yo pagaré por lo que les pase a ellos." Y también: "El Señor dirá quién es culpable de su pueblo" *(Deuteronomio 32:35, 36).* ³¹¡Es terrible caer en las manos del Dios vivo!

³²Recuerden cómo fueron los días después de que conocieron la verdad y lo mucho que sufrieron. ³³La gente los odiaba y golpeaba. Y, cuando otros sufrían, ustedes sufrían con ellos. ³⁴Tuvieron lástima por los que estuvieron en prisión. Aceptaron hasta con alegría cuando les quitaban sus propiedades

porque sabían que tendrían en el cielo algo mejor y para siempre.

³⁵Así pues, no pierdan su confianza ahora, porque su pago será grande. ³⁶Tengan paciencia, porque después de hacer lo que Dios quiere que hagan, recibirán de Dios lo que él les prometió. ³⁷Las escrituras dicen: "Dentro de poco, vendrá el que están buscando. No tardará. ³⁸Porque el que está bien con Dios vivirá por la fe. Si alguien vuelve atrás, no estaré contento con él" *(Habacuc 2:3, 4).*

³⁹Pero nosotros no somos de los que vuelven atrás, para perdernos, sino de los que tenemos fe, para salvarnos del castigo del pecado.

La fe

11 La fe es el estar seguros de que recibiremos lo que esperamos aunque no podamos verlo ahora. ²Dios se mostró contento con los hombres quienes hace muchos años tuvieron fe.

³Por la fe, comprendemos que el mundo fue hecho por la palabra de Dios. Las cosas que vemos se hicieron de lo que no podemos ver.

⁴Porque Abel tenía fe, presentó a Dios una ofrenda de adoración mejor que la de Caín. Su ofrenda agradó a Dios. Abel estaba en paz con Dios y murió; pero su fe todavía nos habla.

⁵Enoc tenía fe, y Dios lo tomó de la tierra, sin morir. No pudo ser hallado, porque Dios se lo llevó. Las escrituras dicen cómo agradó a Dios antes de que se lo llevara. ⁶Un hombre no puede agradar a Dios a menos que tenga fe. El que se acerca a Dios debe creer que Dios existe, y debe creer también que Dios da lo prometido a los que lo siguen buscando.

⁷Porque Noé tenía fe, construyó un gran barco para su familia, pues Dios le dijo lo que iba a pasar. Escuchó a Dios y, por fe, obedeció. Su familia se salvó de la muerte porque construyó su barco. De esa manera, Noé le mostró al

mundo lo pecador que era. Noé fue puesto bien con Dios por su fe en él.

⁸Porque Abraham tenía fe, obedeció a Dios cuando le dijo que abandonara su casa. Tenía que ir a otras tierras que Dios prometió darle. Dejó su casa sin saber a dónde iba. ⁹Su fe en Dios lo mantuvo viviendo como un extranjero en la tierra que Dios le había prometido. Isaac y Jacob recibieron la misma promesa, y todos vivían juntos en carpas. ¹⁰Abraham buscaba a Dios y esperaba una ciudad con mejores cimientos, una ciudad planeada y construida por Dios.

¹¹Porque Sara tenía fe, pudo tener un hijo mucho después de pasar la edad en que podía tener hijos. Tenía fe para creer que Dios haría lo que había prometido. ¹²Abraham era un hombre demasiado viejo para tener hijos; pero de él nació una familia con tantos miembros como estrellas hay en el cielo y granos de arena a la orilla del mar.

¹³Todos ellos murieron teniendo fe en Dios; pero no recibieron lo que Dios les había prometido. Podían mirar adelante, a todas las cosas que Dios les había prometido, y estaban contentos con ellas. Sabían que eran extranjeros aquí, que esta tierra no era su hogar. ¹⁴Los que ven esas cosas demuestran estar buscando una tierra que es suya. ¹⁵No piensan en la tierra de donde vienen. Si lo hicieran, podrían regresar. ¹⁶Pero querían una tierra mejor. Así, Dios no se avergüenza de ser llamado su Dios y ha hecho una ciudad para ellos.

¹⁷Porque Abraham tenía fe, cuando fue puesto a prueba, dio a su hijo Isaac como ofrenda sobre el altar de adoración. Dios le había prometido a Abraham que le daría una hijo. Sin embargo, Abraham estaba dispuesto a dar su propio hijo como ofrenda sobre el altar de adoración. ¹⁸Dios le había dicho a Abraham: "Tu familia procederá de Isaac" *(Génesis 21:12).* ¹⁹Abraham creía que Dios podía volver a la vida a Isaac. Así, puede decirse que Abraham lo recibió de vuelta de la muerte.

²⁰Porque Isaac tenía fe, dijo que el bien estaría sobre Jacob y Esaú en el futuro. ²¹Porque Jacob tenía fe, dijo que el bien estaría sobre todos los hijos de José. Esto lo hizo Jacob cuando se estaba muriendo; usó su bastón para mantenerse en pie mientras oraba a Dios.

²²Porque José tenía fe, dijo que los judíos saldrían de la tierra de Egipto. José iba a morir pronto y les dijo que enterraran su cuerpo en la tierra a la que irían los judíos después.

²³Por la fe, los padres de Moisés lo escondieron durante tres meses después que él nació. Vieron que era un niño hermoso. No temieron al rey, cuando éste dijo que todos los niños recién nacidos debían morir.

²⁴Porque Moisés tenía fe, no quiso, cuando creció, que le llamaran hijo de la hija del Faraón. ²⁵Moisés prefirió sufrir con el pueblo de Dios, en lugar de gozar de comodidades, durante cierto tiempo, haciendo cosas pecaminosas. ²⁶Y toda la vergüenza que él sufrió por Cristo valía mucho más que todas las riquezas de los egipcios. Mantuvo los ojos fijos en el pago que iba a darle Dios.

²⁷Porque Moisés tenía fe, salió de Egipto. No temió el enojo del rey, no se apartó del camino recto, sino siguió viendo a Dios delante de él. ²⁸Porque Moisés tenía fe, les dijo a todos los judíos que pusieran sangre en sus puertas, para que el ángel del Señor pasara por alto sus casas y no matara a sus hijos mayores.

²⁹Porque los judíos tenían fe, atravesaron el mar Rojo, como si fuera tierra seca. Pero cuando trataron de pasar los egipcios, el agua los mató a todos.

³⁰Porque los judíos tenían fe, se cayeron las paredes de la ciudad de Jericó, después de que los judíos caminaron alrededor de la ciudad durante siete días. ³¹Porque Rahab tenía fe, no tuvo que morir con los que no obedecían a Dios. Era una mujer que vendía el uso de su cuerpo, pero recibió y ayudó a los

hombres que habían llegado en secreto para ver la tierra.

Hubo muchos otros que tuvieron fe en Dios

³²¿Qué más puedo decir? No hay tiempo suficiente para hablar de Gedeón, Barac, Sansón, Jefté, David, Samuel y los antiguos predicadores de Dios. ³³Fue porque tenían fe que ganaron guerras sobre otras naciones. Eran buenos dirigentes. Recibieron cosas que Dios les prometió. Cerraron las bocas de los leones. ³⁴Detuvieron el fuego que estaba ardiendo. Se libraron de ser matados con cuchillos. Se recuperaron después de estar débiles y enfermos. Fueron fuertes en la guerra. Hicieron que los soldados de otros países regresaran corriendo a sus tierras. ³⁵Porque algunas mujeres tenían fe, recibieron a sus amados levantados de la muerte. Otros prefirieron ser golpeados, en lugar de que los dejaran libres, porque no querían volverse contra Dios. En esa manera, se levantarían para una vida mejor. ³⁶A algunos les insultaron; otros fueron golpeados; y, todavía otros, encadenados y puestos en prisión. ³⁷Los mataron a pedradas, los despedazaron, los sometieron a pruebas, los mataron a cuchillo, les hicieron vestirse con pieles de ovejas y cabras, no teniendo nada que pudieran llamar suyo. Pasaron hambre y estuvieron enfermos. Todos los trataban mal. ³⁸Caminaron por el desierto y por las montañas. Buscaron cuevas para vivir. Eran demasiado buenos para este mundo. ³⁹Su fe agradó a Dios; pero no recibieron lo que Dios había prometido. ⁴⁰Dios había planeado algo mejor para nosotros. Esos hombres no podrían ser completos aparte de nosotros.

Cristo el perfecto

12 Todas esas numerosas personas que tenían fe en Dios están ahora reunidas, mirándonos. Eliminemos de nuestras vidas todo lo que nos impide hacer lo que debemos. Sigamos corriendo la carrera que Dios ha planeado para nosotros. ²Sigamos mirando a Jesús. Nuestra fe viene de él. Es él quien la hace perfecta, pues no se dio por vencido cuando tuvo que sufrir vergüenzas y morir en una cruz. Conocía el gozo que tendría después y, ahora, está sentado a la derecha de Dios.

³Hombres pecadores dijeron palabras de odio contra Cristo, pero él estaba listo a sufrir la vergüenza que ellos le hicieron. Piensen en esto para no cansarse ni ir atrás. ⁴En nuestra lucha, ustedes todavía no han tenido que luchar contra el pecado con su sangre. ⁵¿Recuerdan lo que dijo Dios cuando los llamó sus hijos? Dijo: "Hijo mío, pon atención cuando el Señor te castiga. No te desanimes cuando él te diga lo que debes hacer. ⁶Porque el Señor corrige a los que ama y castiga a cualquiera que recibe por hijo" (Proverbios 3:11, 12). ⁷No se den por vencidos cuando sean castigados por Dios. Acepten el castigo, sabiendo que Dios les está enseñando como a un hijo. ¿Hay algún padre que no castigue a su hijo a veces? ⁸Si no son castigados como todos los hijos, eso quiere decir que no son verdaderos hijos de Dios, que no son parte de su familia y que él no es su Padre. ⁹Recuerden que nuestros padres en la tierra nos castigaban, y los respetábamos. ¿Por qué no obedecemos mucho más a nuestro Padre que está en el cielo? Así, viviremos. ¹⁰Durante poco tiempo, nuestros padres de la tierra nos castigaban cuando creían que debían hacerlo; pero Dios nos castiga por nuestro bien, para que seamos buenos como él es bueno. ¹¹En verdad, ningún castigo, cuando lo recibimos, parece ser causa de alegría, sino de tristeza. Pero más tarde, podemos ver el bien que vino por él. Y nos da la paz de estar bien con Dios.

¹²Por lo cual, levanten las manos caídas y pónganse de pie, aunque las piernas sean débiles. ¹³Caminen derecho hacia adelante. Que la pierna débil no se salga del camino, sino que se sane.

¹⁴Estén en paz con todos los hombres. Lleven una vida santa, pues nadie verá al Señor, si no lleva esa clase de vida.

¹⁵Procuren que ninguno se aparte del favor de Dios. Que no se levanten entre ustedes malos pensamientos sobre otros. Si lo hacen, muchos se volverán a una vida de pecado. ¹⁶Ninguno de ustedes deberá caer en pecados del sexo, ni olvidarse de Dios, como lo hizo Esaú. El tenía derecho de poseer todo lo que era de Isaac, porque era el hijo mayor. Pero le vendió el derecho a su hermano por un plato de comida. ¹⁷Ya saben que después lo hubiera recibido todo; pero no lo obtuvo, ni cuando lo pidió con lágrimas. Era demasiado tarde para corregir lo malo que había hecho. ¹⁸Porque ustedes no han llegado, como los judíos, a una montaña que no había de tocarse. No han llegado a adorar donde había fuego ardiendo, oscuridad, tormenta y viento, ¹⁹donde se oyó el sonido de una trompeta y donde habló la voz de Dios. El pueblo se espantó. Pidió a Moisés que Dios dejara de hablarles. ²⁰No podían soportar el sonido de sus poderosas palabras. "Incluso si un animal viene a la montaña, debe morir" (Exodo 19:12). ²¹Lo que Moisés vio era de tal manera espantoso que dijo: "Estoy lleno de miedo y temblando" (Deuteronomio 9:19).

²²En lugar de todo eso, ustedes han llegado al monte de Jerusalén, que es la ciudad del Dios vivo. Es la Jerusalén del cielo, con sus miles de ángeles. ²³Se han reunido allí con los hijos de Dios que nacieron hace mucho tiempo y que son ciudadanos del cielo. Dios está allí y dirá a todos los hombres quiénes son culpables y quiénes no. También están allí los espíritus de todos los que están en paz con Dios y han sido hechos perfectos. ²⁴Está allí Jesús. El hizo el camino para que el hombre llegue a Dios. El dio su sangre para que los hombres pudieran adorar a Dios por el nuevo acuerdo. La sangre de Jesús habla de cosas mejores que la sangre de Abel.

²⁵No dejen de escuchar al que les habla. Los judíos no obedecieron cuando se les dio la ley judía en la tierra. Y no escaparon sino que fueron castigados. Nosotros seremos castigados todavía

más, si no escuchamos a Dios cuando nos habla del cielo. ²⁶En el monte Sinaí, la voz de Dios hizo que temblara la tierra; pero ahora ha dicho: "Una vez más sacudiré la tierra y los cielos" (Exodo 19:18).

²⁷Cuando Dios dice, "una vez más", quiere decir que quitará de este mundo todo lo que pueda ser sacudido, para que queden las cosas que no pueden sacudirse.

²⁸Estemos agradecidos porque hemos recibido un reino que no puede moverse. Agrademos a Dios y adorémosle con honra y temor. ²⁹Nuestro Dios es un fuego que lo destruye todo.

La vida cristiana

13 Amense unos a otros como hermanos cristianos. ²No se olviden de ser amables con los extranjeros. Permítanles quedarse en su casa, pues hay algunos que así han tenido a ángeles en sus casas, sin saberlo. ³Acuérdense de los que están en prisión, como si ustedes estuvieran también presos con ellos. Recuerden a los que están sufriendo por lo que otros les hicieron. Ustedes pueden sufrir en la misma manera.

⁴El matrimonio deberá ser respetado por todos. Dios castigará a los que cometen pecados del sexo y no son fieles en el matrimonio.

⁵Que estén ustedes libres del amor al dinero y contentos con lo que tienen. Dios ha dicho: "No te abandonaré, ni te dejaré solo" (Deuteronomio 31:6). ⁶De tal manera que podemos decir: "El Señor me ayuda y no temeré nada que los hombres puedan hacerme" (Salmo 118:6).

⁷Recuerden a sus dirigentes que fueron los primeros en hablarles de la palabra de Dios. Piensen en su conducta. Confíen en Dios como ellos. ⁸Jesucristo es el mismo ayer, hoy y para siempre.

⁹No dejen que enseñanzas falsas los lleven al mal camino. Es bueno fortalecer el corazón en el favor de Dios. La comida no fortalece nuestros corazo-

nes. Los que obedecen leyes que prohíben comer ciertos alimentos no reciben ayuda por ello. ¹⁰Tenemos un altar del que no pueden comer los que sirven en el antiguo lugar de adoración.

¹¹El principal dirigente religioso lleva la sangre de los animales al lugar santo para ofrecerla sobre el altar por los pecados; pero los cuerpos de los animales se queman fuera de la ciudad. ¹²Es lo mismo con Jesús. Sufrió y murió fuera de la ciudad, para que su sangre limpiara al pueblo del pecado. ¹³Salgamos pues con él, fuera de la ciudad, llevando su vergüenza. ¹⁴Porque no hay ninguna ciudad aquí en la tierra que dure para siempre. Buscamos la que está por venir. ¹⁵Démosle siempre gracias a Dios por Jesucristo. Nuestra ofrenda a él es darle gracias. Nuestros labios deben siempre darle gracias a su nombre. ¹⁶Acuérdense de hacer el bien y ayudarse unos a otros. Esas ofrendas agradan a Dios.

¹⁷Obedezcan a sus dirigentes y hagan lo que les dicen, pues ellos velan por las almas de ustedes. Tienen que decirle a Dios lo que han hecho. Deben hacerlo con alegría y no con tristeza. Si están tristes, eso no les ayudará.

¹⁸Oren por nosotros, porque nuestros corazones nos dicen que estamos en lo justo y siempre queremos hacer cosas correctas. ¹⁹Oren por mí todavía más, para que pueda ir pronto a ustedes.

²⁰Y el Dios de paz que levantó de entre los muertos a nuestro Señor Jesucristo, el gran pastor de las ovejas, quien con su sangre hizo el nuevo acuerdo que durará para siempre, ²¹les dé todas las cosas buenas que necesitan, para que puedan hacer lo que él quiere. Que Dios haga en nosotros todo lo que le agrade por Jesucristo, al cual sea gloria por los siglos de los siglos. Así sea.

²²Hermanos, les ruego que escuchen estas palabras que les ayudarán. Esta ha sido una carta breve. ²³Quiero que sepan que Timoteo está fuera de la prisión. Si viene pronto, lo llevaré conmigo cuando vaya a verlos.

²⁴Saluden a todos sus dirigentes y a todos los que pertenecen a Cristo. Los cristianos del país de Italia los saludan.

²⁵El favor de Dios sea con todos ustedes. Así sea.

LA CARTA ESCRITA POR SANTIAGO

1 Esta carta es de Santiago. Soy un obrero de Dios y del Señor Jesucristo. Saludo a los doce grupos de familias de la nación judía que viven en muchas partes del mundo.

Tengan esperanza cuando las pruebas lleguen

²Mis hermanos en Cristo: Deben estar felices cuando les lleguen toda clase de pruebas. ³Sepan, pues, que esto probará su confianza. Les ayudará a no darse por vencidos. ⁴Aprendan bien a esperar y serán fuertes y completos. No les hará falta nada.

⁵Pero, si le falta a alguien buen entendimiento, pídaselo a Dios, que él se lo dará. Está siempre listo a darlo, y nunca dice que no deben pedir. ⁶Pero deben tener confianza cuando le pidan. No deben dudar. El que duda es como una ola que es llevada por el

viento por todas partes en el mar. [7]Así, uno no recibirá nada del Señor. [8]La persona que todo el tiempo está cambiando su modo de pensar cambia también su conducta. Es inestable.

[9]Un hermano en Cristo que tiene pocas riquezas en este mundo debe estar contento con lo que tiene. El es grande en los ojos de Dios. [10]Pero el hombre rico debe estar feliz aunque pierda todo lo que tiene. El es como una flor que morirá. [11]El sol sale con calor que quema, el pasto se seca y la flor se cae. Ya no es hermosa. El rico morirá y sus riquezas se irán. [12]El hombre que no se desespera cuando las pruebas llegan es feliz, porque cuando las pruebas pasen recibirá el premio de vida. Dios así lo ha prometido a aquellos que le aman.

Dios no nos provoca a pecar

[13]Cuando sean provocados a hacer el mal, nunca digan: "Dios me provocó a hacer el mal." Dios no puede ser tentado, y él nunca provoca a nadie al mal. [14]Un hombre es atraído a hacer el mal cuando permite que sus malos pensamientos lo aconsejen. [15]Y cuando hace lo que sus malos pensamientos le aconsejan, peca. Y cuando el pecado hace su trabajo, trae la muerte.

[16]Mis hermanos en Cristo, no se engañen con esto. [17]Todo lo bueno y lo perfecto nos viene de Dios. El hizo la luz. El nunca cambia. No hace sombra al moverse. [18]El nos ha dado vida nueva por la verdad de su palabra. Ha querido que seamos los primeros hijos de su familia.

[19]Hermanos queridos, ustedes saben que todos debemos escuchar mucho, hablar poco y ser lentos para enojarnos. [20]Pues un hombre enojado no puede estar bien con Dios. [21]Saquen de su vida todo lo que sea sucio y malo. Reciban con corazón humilde la palabra que les ha sido enseñada. Esa palabra tiene el poder de salvarlos del castigo del pecado.

[22]Obedezcan la palabra de Dios, pues si sólo la oyen y no hacen nada, se están engañando. [23]Cualquiera que oye la palabra de Dios y no la obedece, es como un hombre viendo su cara en un espejo. [24]Después de que se ve, se va, y olvida cómo es. [25]Pero aquel que se mantiene dentro de la perfecta ley de Dios y no se olvida de hacer lo que ésta le dice es muy feliz porque la está cumpliendo. La palabra de Dios hace al hombre libre.

[26]Si una persona piensa que es religiosa pero no cuida su lengua de hablar malas palabras, se está engañando. Su religión no vale nada. [27]La religión que es pura y buena delante de Dios es esta: Ayudar a los niños que no tienen padres y cuidar a las viudas que tienen problemas. La verdadera religión es también guardar la vida limpia, pura del pecado y de las cosas malas del mundo.

El rico y el pobre

2 Mis hermanos cristianos, nuestro Señor Jesucristo es Señor de brillante grandeza. Y ya que su confianza está en él, no den a una persona más importancia que a otra. [2]¿Qué pasa cuando un hombre llega a la iglesia usando anillo de oro y buena ropa, y al mismo tiempo, un hombre pobre llega vestido con ropa vieja? ¿Por qué muestran más respeto para el hombre con ropa fina? Si le dicen al rico: "Ven, siéntate en este buen lugar", pero dicen al pobre: "Tú párate allá" o "Siéntate en el suelo a mis pies", [4]¿no están pensando que uno es más importante que el otro? Estas cosas son pecado. [5]Escuchen, mis queridos hermanos: Dios ha escogido a esos que son pobres, porque no tienen nada de este mundo, para ser ricos en fe. El reino de los cielos es de ellos. Esto es lo que Dios prometió a los que le aman. [6]No eres atento con el hombre pobre. Pero, ¿no es el rico el que te molesta y te lleva ante los que castigan? [7]Ellos hablan en contra del nombre de Cristo, y fue Cristo quien te ha llamado.

[8]Hacen bien en obedecer lo que las sagradas escrituras dicen: "Ama a tu vecino como te amas a ti mismo." [9]Pero si

consideran a un hombre más importante que a otro están pecando, y la ley dice que quien esto hace es pecador.

Obedece toda la ley

10Si obedecen toda la ley, pero faltan en un mandamiento, son tan culpables como quien ha desobedecido en todos. 11Porque aquel que dijo, "No pequen en cosas de la carne", dijo también, "No mates". Así que, si no pecan en cosas carnales pero matan a alguien, son culpables de desobedecer la ley. 12Ustedes deben hablar y portarse como gente que va a ser probada como culpable o inocente por la ley que hace al hombre libre. 13Cualquiera que no muestra su amor a otros, no recibirá amor de nadie cuando se le diga que es culpable. Pero si muestran amor, Dios los amará cuando los llame culpables.

La fe sin frutos es muerta

14Mis hermanos cristianos, ¿qué bien hacen cuando dicen que tienen fe, pero no hacen cosas que prueban que tienen fe? ¿Puede esa clase de fe salvarlos de la pena del pecado? 15¿Qué pasa si un hermano cristiano no tiene ropa ni comida, 16y uno de ustedes le dice, "Adiós, que te vaya bien, tápate del frío y come bien"? Pero si no le dan lo que necesite, ¿en qué le han ayudado? 17La fe que no se demuestra haciendo algo bueno es una fe muerta.

18Alguien puede decir: "Tú tienes fe y yo hago el bien." Pero yo le digo: Muéstrame tu fe, cuando no haces nada si puedes. Yo te mostraré que yo tengo fe haciendo el bien. 19Tú crees que hay un solo Dios. Está bien. Pero también los espíritus malos creen esto y porque lo creen, tiemblan.

20¡Pero tú, hombre tonto! Te he mostrado que la fe sin hacer el bien no sirve para nada. 21¿No fue nuestro padre Abraham aceptado por Dios por lo que hizo? El obedeció a Dios, y puso a su hijo Isaac en el altar de adoración para morir. 22Ya ves que en el caso de Abraham su fe se demostró con lo que hizo. Su fe llegó a ser completa por lo que hi-

zo. 23Esto pasó como decían las sagradas escrituras: "Abraham creyó a Dios y Dios lo aceptó. Y Abraham fue llamado amigo de Dios." 24El hombre es aceptado por Dios por lo que hace y no sólo por lo que cree. 25Lo mismo pasó con Rahab la mujer que vendía su cuerpo. Ella fue aceptada por Dios porque ayudó a los hombres enviados a ver el país y les ayudó a escapar por otro camino. 26El cuerpo está muerto cuando no hay espíritu en él. Esto pasa también con la fe. La fe está muerta si no se hace el bien.

El poder de la lengua

3 Mis hermanos en Cristo, no debe haber entre ustedes muchos que se hagan maestros, porque si hacemos el mal, se nos culpará más que a otros que no son maestros. 2Todos cometemos muchos errores. Si alguno no hace ningún error al hablar es un hombre perfecto que puede también dominar todo su cuerpo. 3Podemos hacer que el caballo vaya a donde queremos, poniéndole un pequeño freno en la boca. Manejamos así todo su cuerpo. 4Los barcos son llevados por fuertes vientos, pero el que los maneja los mueve con un pequeño timón hacia donde quiere que vayan.

5La lengua es también una parte pequeña del cuerpo pero puede hacer grandes cosas. Un pequeño fuego puede incendiar un bosque. 6Y la lengua es un fuego. Está llena de mentiras y envenena a todo el cuerpo. La lengua enciende nuestra vida con fuego, fuego que viene del infierno. 7El hombre puede domar a toda clase de animales, como pájaros, pescados y víboras, y hacer que ellos hagan lo que él quiere. 8Pero ningún hombre puede domar su lengua. Es un mal que no descansa. Está llena de veneno que mata. 9Con nuestra lengua damos gracias a nuestro Padre del cielo y, con la misma lengua, insultamos a los hombres que están hechos como Dios. 10Con la misma lengua damos gracias y maldecimos. Mis queridos hermanos, esto no está bien.

11¿Puede un pozo de agua dar agua buena y agua mala al mismo tiempo? 12¿Puede un árbol de higos dar aceitunas? O, ¿puede una planta de uvas dar higos? Pues tampoco un manantial puede dar agua dulce y salada al mismo tiempo.

Sabiduría del cielo

13¿Quién de entre ustedes es sabio y entendido? Demuéstrelo con una vida buena y por las cosas que hace, por lo que es sabio y manso.

14Pero si tienen envidia en su corazón y pelean por tener muchas cosas, no sientan orgullo de esto. No mientan contra la verdad. 15Esta no es la clase de sabiduría que viene de Dios. Esta sabiduría viene del mundo, de lo que no es cristiano y del diablo.

16Dondequiera que encuentren envidias y pleitos, encontrarán problemas y toda clase de maldad. 17Pero el entendimiento que viene de Dios primero que todo es puro, luego de paz, es paciente y dispuesto a obedecer. Está lleno de compasión y hace el bien. No tiene dudas y no pretende ser lo que no es. 18Aquellos que plantan la semilla de la paz, cosecharán lo que es bueno y recto.

4 ¿Qué es lo que causa guerras y pleitos entre ustedes? ¿No será porque quieren muchas cosas y pelean para conseguirlas? 2Quieren algo que no tienen, y por eso matan. Quieren algo que no pueden conseguir, y por eso pelean. No tienen las cosas porque no las piden a Dios. 3O, si piden y no reciben, es porque no saben pedir, y las razones por las que piden están equivocadas. Sólo quieren estas cosas para gastarlas en placeres. 4Son como esposos y esposas que no son fieles. Pecan, haciendo acto sexual con otros. ¿No saben que el amar las cosas del mundo y ser amigos de ellas es estar contra Dios? Sí, y lo digo otra vez, si son amigos del mundo, son enemigos de Dios. 5¿Creen que las sagradas escrituras dicen en vano que "el Santo Espíritu que Dios ha puesto en nuestras vidas quiere celosamente que le seamos fieles a él"? (Exodo 20:5).

6Pero él nos da más favor bondadoso, porque las sagradas escrituras dicen: "Dios está en contra del orgulloso, pero ayuda con su bondad a los humildes" (Proverbios 3:34). 7Por esto, den su vida a Dios, resistan al diablo, y éste huirá de ustedes. 8Vengan, acérquense a Dios, y él se acercará a ustedes. ¡Lávense las manos, pecadores! Limpien sus corazones aquellos que quieran seguir los caminos del mundo y a Dios al mismo tiempo. 9Pónganse tristes y lloren por sus pecados. Laméntense y no rían. Dejen que su alegría se cambie en tristeza. 10Sométanse humildemente ante el Señor; entonces él los levantará y los ayudará.

No hablen en contra de otros

11Queridos hermanos, no hablen en contra de otros, ni insulten a sus hermanos. Si una persona habla mal de su hermano, está hablando en contra de sí misma y hablará contra la ley de Dios. Y si dicen que la ley no sirve y no la obedecen, dan a entender que son mejores que la ley. 12Sólo Dios puede decir lo que está bien y lo que está mal. Pues él hizo la ley. Sólo él puede salvar o destruir. ¿Cómo podemos nosotros decir si nuestro hermano hace el bien o el mal?

13Escuchen bien a aquellos que dicen: "Hoy o mañana, iremos a aquella ciudad. Viviremos allí un año y ganaremos mucho dinero." 14Ustedes no saben qué pasará mañana. ¿Qué es tu vida? Es como la niebla que se ve ahora, y de pronto se va.

15Lo que deben decir es: "Si el Señor quiere, viviremos y haremos esto o aquello." 16Pero en lugar de eso ustedes son orgullosos, hablan fuerte y muy seguros de ustedes mismos. Todo ese orgullo es pecado. 17Y si saben lo que es bueno hacer, y no lo hacen, están pecando.

5 ¡Escuchen, hombres ricos! Lloren por las desgracias que les van a ve-

nir. ²Sus riquezas no valen nada. Su ropa fina está llena de agujeros. ³Su oro y plata están oxidados, y esas manchas de óxido hablarán contra ustedes. Comerán su carne, como si fuera fuego. Pues han guardado riquezas para los últimos días. ⁴¡Escuchen! Los hombres que trabajan en sus campos lloran contra ustedes, porque no les han pagado bien su trabajo. Sus llantos han sido oídos por el Señor. (El siempre oye a su gente.) ⁵Ustedes han tenido todas las cosas, mientras han vivido en la tierra y las han gozado. Se han engordado como ganado y están listos para la matanza. ⁶Ustedes han matado al inocente que está en paz con Dios, y él no se ha resistido.

El Señor vendrá otra vez

⁷Hermanos en Cristo, esperen tranquilos hasta que vuelva el Señor. Aprendan del campesino. El espera el buen fruto de la tierra hasta que las primeras y las últimas lluvias caen. ⁸Ustedes deben ser pacientes en esperar también. Sean fuertes en sus corazones porque el Señor vendrá pronto. ⁹No se quejen unos de otros, hermanos cristianos. Así no serán culpables. Miren, el Señor está ya a la puerta. ¹⁰Vean cómo los antiguos predicadores hablaron de Dios y fueron ejemplos de sufrimiento y de paciencia. ¹¹Pensamos en aquellos que tuvieron confianza en él y fueron felices, aun en medio de su sufrimiento. Han oído de lo mucho que tuvo que esperar y sufrir Job, y saben lo que el Señor hizo por él al fin. El Señor está lleno de amor y compasión.

No juren

¹²Mis hermanos cristianos, no juren. No usen el cielo o la tierra ni ninguna cosa para jurar. Si dicen "sí", digan sólo "sí". Si dicen "no", digan sólo "no". Porque serán culpables, si dicen algo más.

El poder de la oración para sanar

¹³¿Hay alguien entre ustedes que está sufriendo? Debe orar. ¿Está alguien feliz? Debe cantar cantos de agradecimiento a Dios. ¹⁴¿Hay alguien que está enfermo? Debe mandar traer a los dirigentes de la iglesia para que oren por él, y que le echen aceite, en el nombre del Señor. ¹⁵La oración que se hace confiando en que Dios la oirá sanará al enfermo. El Señor lo levantará, y si tiene pecados le serán perdonados. ¹⁶Confiesen sus pecados unos a otros y pidan a Dios unos por otros, para que sean sanados. Pues la oración del hombre que está bien con Dios tiene mucho poder. ¹⁷Elías fue un hombre como nosotros. Pidió a Dios que no lloviera y no llovió en la tierra por tres años y medio. ¹⁸Después pidió a Dios que lloviera, y llovió tanto que los campos en toda la tierra dieron fruto.

Traigan a Dios a aquellos que están perdidos en el pecado

¹⁹Mis hermanos en Cristo, si alguno de ustedes se ha alejado de la verdad y alguien lo hace volver, ²⁰esa persona debe saber que al haber ayudado a un pecador a volver a la verdad, ha salvado un alma de la muerte, y muchos pecados serán perdonados.

LA PRIMERA CARTA ESCRITA POR PEDRO

La esperanza viva

1 Esta carta es de Pedro, misionero de Jesucristo Escribo a aquellos que fueron sacados de su tierra natal y están viviendo en los países de Ponto, Galacia, Capadocia, Asia y Bitinia. ²Ustedes fueron escogidos por el Padre hace mucho tiempo. El sabía que llegarían a ser sus hijos. Y fueron apartados por el Espíritu Santo para una vida santa. Fueron apartados para que obedezcan a Cristo Jesús y que sean hechos limpios por su sangre. Fueron apartados para que sean llenos del favor de Dios y de su paz.

³Demos gracias a Dios y Padre de nuestro Señor Jesucristo. Fue por medio de su amor que nacimos otra vez a una vida nueva y que tenemos una esperanza que nunca muere. Esta esperanza es nuestra porque Jesús fue levantado de la muerte. ⁴Recibiremos las grandes cosas que fueron prometidas y que han sido guardadas en el cielo para nosotros. Ellas son puras. No morirán ni se perderán. ⁵Ustedes han sido guardados por el poder de Dios, porque pusieron su fe en él. Así que serán salvos del castigo del pecado cuando termine este mundo.

⁶Con esta esperanza pueden ser felices, aunque tienen que pasar por tristezas y toda clase de pruebas. ⁷Estas pruebas vienen a probar su fe y a mostrar que es buena. El oro (una cosa que puede acabarse) es probado por fuego. La fe de ustedes es de mucho más valor que el oro y también debe ser probada. Entonces su fe traerá grandeza y honor a Jesucristo cuando él venga otra vez. ⁸Ustedes nunca le han visto, pero le aman. No le pueden ver ahora pero están poniendo su fe en él. Y tienen un gozo tan grande que con palabras no pueden expresarlo. ⁹Ustedes recibirán lo que su fe busca, que es ser salvos del castigo del pecado.

¹⁰Los antiguos predicadores trataron de encontrar el medio para ser salvos del castigo del pecado. Hablaron del favor de Dios que vendría sobre ustedes. ¹¹Ellos querían saber en qué tiempo o a qué persona le pasaría esto. El Espíritu de Cristo en ellos les habló. Les dijo que escribieran cómo Cristo sufriría. Les dijo que escribieran también acerca de la grandeza de Cristo que vendría más tarde. ¹²Sabían que estas cosas no pasarían durante el tiempo en que ellos

vivieron, sino que pasarían a ustedes, muchos años más tarde. Estas son muchas de las cosas que les fueron dichas por aquellos que predicaron las buenas nuevas. El Espíritu Santo, quien fue enviado del cielo, les dio poder. Les habló de cosas que aun los ángeles quisieran saber.

Vida santa

¹³Preparen sus mentes para un buen uso. Estén despiertos. Pongan su esperanza ahora y siempre en el favor de Dios, que les será dado cuando Cristo venga al mundo otra vez. ¹⁴Sean como niños obedientes. No deseen pecar, como lo hacían cuando no sabían hacer otra cosa. ¹⁵Vivan una vida completamente correcta. Sean como Aquel que les escogió. ¹⁶Las santas escrituras dicen: "Sean ustedes buenos como yo soy bueno" *(Levítico 11:44, 45)*. ¹⁷El Padre es aquel quien dice si eres culpable o no, por lo que has hecho. El no respeta más a una persona que a otra. Si ustedes le llaman Padre, que le honren con amor y temor todos los días de su vida aquí en la tierra. ¹⁸Ustedes saben que no fueron comprados y hechos libres con cosas que se acaban, como el oro y la plata. Y saben que no fueron salvos del castigo del pecado por el modo de vida que les fue dado por los antiguos padres. Ese modo de vivir fue inútil. ¹⁹Es la sangre de Cristo que los salvó del castigo del pecado. Esta sangre es de gran valor. Ninguna cantidad de dinero puede comprarla. Cristo fue dado como un cordero sin pecado y sin mancha. ²⁰Mucho tiempo antes que el mundo fuera hecho, Dios escogió a Cristo para ser dado a ustedes en estos últimos días. ²¹Por medio de Cristo ustedes han puesto su fe en Dios. El Cristo levantado de la muerte le dio gran honra al Dios Padre, para que así ahora la fe y la esperanza de ustedes estén en él.

La palabra viva

²²Ustedes han hecho puras sus almas, obedeciendo la verdad por medio del Espíritu Santo. Este les ha dado un amor verdadero para sus hermanos cristia-

nos. Dejen que sea un verdadero amor de corazón. ²³Se les ha dado un nuevo nacimiento. Y fue dado de una semilla que no puede morir. La vida nueva viene de la palabra de Dios que vive para siempre. ²⁴Toda la gente es como hierba. Su grandeza es como las flores. La hierba se seca, y las flores se caen. ²⁵Pero la palabra del Señor dura para siempre. Esa palabra son las buenas nuevas que les fueron predicadas.

Alimento para cristianos

2 Quiten de su vida el odio y la mentira. No pretendan ser algo que no son. No quieran siempre lo que otro tiene. No hablen cosas malas acerca de otras personas. ²Como niños recién nacidos quieren leche, deseen ustedes la leche que es la palabra de Dios. Así crecerán y serán salvos del castigo del pecado. ³Si ustedes realmente han probado del Señor, sabrán lo bueno que es él.

La piedra viva

⁴Acérquense a Cristo como a una piedra viva. Los hombres le hicieron a un lado, pero él ha sido escogido por Dios. Es de gran valor a la vista de Dios. ⁵Ustedes también son como piedras vivas en el edificio que Dios está haciendo. Ustedes son dirigentes religiosos de él, que han dado ofrendas espirituales a Dios por medio de Jesucristo. Esta clase de regalo agrada a Dios. ⁶Las sagradas escrituras dicen: "Miren, yo pongo en Jerusalén una piedra de gran valor. Es de más precio que ninguna cantidad de dinero. Cualquiera que crea en ella, no será avergonzado" (Isaías 28:16).

⁷Esta piedra es de gran valor para ustedes que tienen su fe en él. Pero para aquellos que no han puesto su fe en él, las sagradas escrituras dicen: "La piedra que los obreros han puesto a un lado ha llegado a ser la parte más importante del edificio" (Salmo 118:22). ⁸Las sagradas escrituras también dicen: "Cristo es la piedra con la cual algunos hombres se tropezarán, la roca sobre la cual caerán." Cuando ellos no obede-

cen la palabra de Dios, tropiezan contra ella. ⁹Ustedes son una nación santa, porque pertenecen a Dios. El ha hecho esto por ustedes para que puedan hablarles a otros de Dios y de cómo él los llamó de las tinieblas a su luz admirable. ¹⁰En un tiempo ustedes fueron personas que Dios no podía usar, pero ahora son el pueblo de Dios. Ahora tienen el amor de Dios.

¹¹Queridos amigos, su verdadero hogar no está aquí en la tierra. Son extranjeros aquí. Y yo les pido que se guarden de todo deseo malo de la carne. Estas cosas pelean para apoderarse del alma. ¹²Cuando estén con la gente que no conoce a Dios, tengan cuidado de cómo se portan. Aunque ellos hablen en contra de ustedes como malhechores, al fin, cuando Cristo venga otra vez, darán gracias a Dios por sus buenas obras.

Obedezcan a los jefes

¹³Obedezcan al dirigente del país y a todos los otros oficiales que están sobre ustedes. Esto agrada a Dios. ¹⁴Obedezcan a los hombres que trabajan para ellos. Dios los envió para castigar a aquellos que hacen lo malo y para mostrar respeto a los que hacen el bien. ¹⁵Dios quiere esto. Cuando ustedes hacen el bien, hacen callar a los tontos que dicen cosas malas. ¹⁶Obedezcan como hombres libres, pero no usen esto para cubrir el pecado. Vivan todo el tiempo como obreros que pertenecen a Dios. ¹⁷Muestren respeto a todos los hombres. Amen a los hermanos creyentes. Den honra a Dios con amor y temor. Respeten al jefe principal del país.

Los obreros y sus patrones

¹⁸Ustedes que trabajan por alguien deben respetar a sus patrones y hacer lo que ellos dicen. Hagan esto si tienen un patrón generoso y bueno. Pero aun deben hacerlo para un patrón para el cual sea difícil trabajar. ¹⁹Esto muestra que han recibido el amor de Dios, aun cuando sean castigados por hacer el bien o porque han puesto su confianza

en Dios. ²⁰¿Qué mérito tienen, si cuando son golpeados por hacer algo malo, no tratan de defenderse? Pero cuando son golpeados porque han hecho el bien, y no tratan de defenderse, hasta Dios se agrada. ²¹Todas estas cosas son parte de la vida cristiana a la que han sido llamados. Cristo sufrió por nosotros. Esto nos enseña a seguir en sus pisadas. ²²El nunca pecó. Ninguna mentira o malas palabras salieron de sus labios. ²³Cuando la gente habló en contra de él, nunca respondió. Cuando sufrió por lo que la gente le hizo, no trató de pagarles igual. Lo dejó en las manos de Aquel que siempre dice correctamente quién es culpable. ²⁴El cargó nuestros pecados en su propio cuerpo cuando murió en la cruz, para que haciendo esto podamos morir al pecado y vivir ante todos lo que es recto y bueno. Ustedes han sido sanados por las heridas de Cristo. ²⁵Eran como ovejas perdidas. Pero ahora han regresado a Aquel que es el buen pastor. El cuida de sus almas.

Enseñanzas para los cristianos casados

3 Esposas, obedezcan a sus maridos. Aunque algunos de los maridos no obedecen la palabra de Dios, ellos pueden llegar a ser creyentes cristianos por la obediencia suya y por la vida que ustedes viven. Y todo esto, sin necesidad de palabras. ²Ellos verán que ustedes aman a Dios y que sus vidas son puras. ³No dejen que su verdadera belleza sea externa. No debe ser por el modo que peinan su cabello o por llevar oro puesto o ropa fina. ⁴Su belleza debe venir desde adentro de sus corazones. Esta clase de belleza es la que dura. Que la belleza suya sea un espíritu gentil y quieto. A la vista de Dios, es de gran valor; y ninguna cantidad de dinero puede comprarla. ⁵Esta era la clase de belleza que tenían las mujeres creyentes que vivían hace muchos años. Ellas pusieron su fe en Dios. Obedecían a sus maridos. ⁶Sara obedeció a su marido Abraham. Lo respetó como la cabeza de la casa. Ustedes son sus hijas, si hacen lo recto y no tienen temor.

⁷De la misma manera, los esposos deben entender y respetar a sus esposas, porque la mujer es más débil que el hombre. Recuerden ambos, esposo y esposa, que deben compartir juntos el regalo de la vida que dura para siempre. Si no lo hacen así, hallarán que es difícil orar.

Enseñanzas para todos los cristianos

⁸Al fin de todo, ustedes deben compartir los mismos pensamientos y los mismos sentimientos. Amense unos a otros con un corazón generoso y con una mente sin orgullo. ⁹Cuando alguien les haga algo malo, no hablen de él. Y cuando alguien habla de ustedes, no hablen mal de él. Oren más bien, para que las bendiciones de Dios vengan sobre él. Ustedes fueron llamados para hacer esto, con el fin de recibir las cosas buenas que Dios da. ¹⁰Porque, como dicen las escrituras: "Si quieren gozo en su vida y pasar días felices, cuiden su lengua de decir cosas malas. Cuiden sus labios de hablar mal acerca de otros. ¹¹Apártense de lo que es pecaminoso. Haz lo bueno. Busca la paz y síguela. ¹²El Señor cuida de aquellos que hacen lo bueno ante él. El oye sus oraciones. Pero el Señor está en contra de aquellos que pecan" (Salmo 34:12-16). ¹³¿Quién les hará daño si hacen el bien? ¹⁴Si sufren por hacer el bien, serán felices. No tengan miedo ni temor por lo que sus enemigos puedan hacer, para hacerles la vida difícil a ustedes. ¹⁵Su corazón debe ser correcto y apartado para el Señor Dios. Estén siempre listos a contestarle a todo aquel que pregunte por qué creen lo que creen. Sean amables al hablar. Muestren respeto. ¹⁶Que su corazón siempre les diga lo que deben hacer. Y si un hombre habla en contra de ustedes, será avergonzado cuando vea el buen modo en que ustedes han vivido como cristianos. ¹⁷Si Dios quiere que ustedes sufran es mejor sufrir por lo que está bien que por lo que está mal.

¹⁸Cristo sufrió y murió por nuestros pecados una vez y por todas. El nunca

pecó. Sin embargo, murió por nosotros que sí hemos pecado. El murió para poder llevarnos a Dios. Su cuerpo murió, pero su espíritu fue vivificado. [19]Cristo fue y predicó a los espíritus en la prisión. [20]Estos fueron los espíritus que no obedecieron en los tiempos de Noé. Dios los esperó mucho tiempo mientras Noé construía el gran barco. Pero sólo ocho personas fueron salvadas de la muerte, cuando la tierra fue cubierta de agua. [21]Esto es como el bautismo para nosotros. El bautismo no quiere decir lavar nuestros cuerpos, sino quiere decir ser salvados del castigo del pecado, e ir a Dios en oración con un corazón que diga que estamos bien. Todo esto es posible porque Cristo fue levantado de la muerte. [22]Cristo se ha ido al cielo y está al lado derecho de Dios. Los ángeles y autoridades del cielo le obedecen.

Seguir a Cristo quiere decir sufrimiento

4 Así como Cristo sufrió en su cuerpo, también nosotros debemos estar listos a sufrir. El sufrimiento pone fin al pecado. [2]Ustedes no deben gastar sus vidas en los deseos malos de la carne. Pero mientras vivan en este mundo, hagan lo que Dios quiere que hagan. [3]En el pasado ustedes dieron bastante de su vida viviendo como la gente que no conoce a Dios. Dieron su vida a los pecados sexuales y a los deseos malos. Se emborracharon. Iban a fiestas groseras y adoraban falsos dioses. [4]Aquellos que no conocen a Dios están sorprendidos de que ahora ustedes no se juntan con ellos en las cosas malas que hacen. Se ríen y hablan malas cosas de ustedes.

[5]Recuerden: ellos tendrán que responder a Aquel que dice a los vivos y a los muertos si son culpables o no. [6]Por esta razón, las buenas nuevas fueron predicadas a los muertos. Estuvieron en la carne delante de Aquel que dice si son culpables para que puedan vivir en espíritu como Dios quiere.

Amense unos a otros

[7]El fin de este mundo está cerca. Ustedes deben tener dominio sobre su mente. Estén despiertos para que puedan orar. [8]Sobre todo, que haya amor verdadero del uno para el otro. El amor cubre muchos pecados. [9]Sean felices al tener gente que se queda con ustedes en sus casas y que coma con ustedes. [10]Dios les ha dado a cada uno de ustedes una capacidad. Usenla para ayudar, unos a otros. Esto mostrará el favor de Dios. [11]Si un hombre predica, dejen que lo haga, pues Dios habla por medio de él. Y si un hombre ayuda a otros, déjenlo, porque Dios le da fuerza. Que así, en todas las cosas, Dios sea honrado por Cristo Jesús. La gloria y el poder le pertenecen a Cristo para siempre. Así sea.

Sean fieles durante el sufrimiento

[12]Queridos amigos, su fe va a ser probada, como si fuera a pasar por fuego. No se sorprendan de esto. [13]Sean felices de que podrán compartir algunos de los sufrimientos de Cristo. Cuando su gloria se muestre, serán llenos de gozo. [14]Si un hombre habla mal de ustedes porque son cristianos, serán felices, porque el Espíritu Santo está en ustedes. [15]Ninguno debe sufrir como aquel que mata a una persona, o como aquel que roba, o como aquel que causa problemas, o como aquel que trata de mandar en la vida de otros. [16]Pero si un hombre sufre como cristiano, no debe avergonzarse. Debe dar gracias a Dios de que es cristiano. [17]El tiempo ha venido para que los cristianos se presenten delante de Dios. El dirá quién es culpable o no. Si esto nos pasa a nosotros, ¿qué les pasará a aquellos que no obedecen las buenas nuevas de Dios?

[18]Si es difícil para el hombre que está bien con Dios ser salvo, ¿qué pasará con el pecador? [19]Así que si Dios quiere que tú sufras, entrégate a él. Y él hará lo que está bien para ti. El te hizo y él es fiel.

5 Quiero hablar a los dirigentes de la iglesia que están entre ustedes. Yo también soy dirigente de la iglesia. Vi a

Cristo sufrir y morir en la cruz. Compartiré su grandeza cuando él venga otra vez. ²Sean buenos pastores del rebaño de Dios, que él ha puesto a su cuidado. No cuiden el rebaño como si estuvieran obligados. Y no cuiden el rebaño por dinero. Háganlo por voluntad. ³No sean duros en su trato con la gente que guían. Vivan como les gustaría que ellos vivieran. ⁴Cuando el Pastor principal venga otra vez, recibirán la grandeza del premio que no terminará.

⁵Del mismo modo, los jóvenes deben obedecer a los dirigentes de la iglesia. Sean humildes al cuidar uno por el otro. Dios trabaja en contra de aquellos que son orgullosos. El les da el regalo de Dios a aquellos que no tratan de honrarse a sí mismos. ⁶Así que, quiten todo el orgullo que tengan, porque están bajo la poderosa mano de Dios. Al mismo tiempo, él los levantará. ⁷Entréguenle a él todas sus preocupaciones, porque él les cuida.

⁸¡Despierten! Vigilen todo el tiempo. El diablo está trabajando en contra de ustedes. El anda alrededor como un león hambriento con su boca abierta, buscando a alguien para comérselo. ⁹Resistan al diablo; sean fuertes en fe. Recuerden que los otros cristianos de todo el mundo están sufriendo igual que ustedes. ¹⁰Después que ustedes hayan sufrido por un tiempo, Dios los hará completos, los guardará en el camino recto, y les dará fortaleza. El es el Dios de todas las bendiciones. Los ha llamado por Cristo Jesús para compartir su grandeza para siempre. ¹¹Dios tiene poder para siempre sobre todas las cosas. Así sea.

¹²He conocido a Silvano, un hermano cristiano lleno de fe. Es por él que he escrito esta pequeña carta para ayudarles. Les habla el favor verdadero de Dios. Sean fieles en su amor. ¹³La iglesia que está en la ciudad de Babilonia les saluda. Ha sido escogida por Dios como también ustedes lo han sido. También mi hijo Marcos les saluda. ¹⁴Salúdense unos a otros con el beso de amor santo. Que tengan paz todos ustedes los cristianos.

LA SEGUNDA CARTA ESCRITA POR PEDRO

1 Esta carta es de Simón Pedro, misionero de Jesucristo y obrero de él. Les estoy escribiendo a aquellos que han recibido la misma fe que nosotros, la cual es de gran precio. Ninguna cantidad de dinero puede comprarla. Esta fe viene de nuestro Dios y de Jesucristo, quien salva del castigo del pecado. ²Que tengan ustedes más y más de su favor y paz a medida que lleguen a conocer mejor a Dios y al Señor Jesucristo.

Los cristianos deben crecer

³El nos da todas las cosas que necesitamos para la vida y para que la vivamos correctamente. Nos las da por medio de su gran poder. Del mismo modo que llegamos a conocerlo mejor, sabemos que nos ha llamado a compartir su propia grandeza y su vida perfecta. ⁴Por medio de su grandeza y su vida perfecta, nos ha dado sus promesas. Estas promesas son de gran valor. Ninguna cantidad de dinero puede comprarlas. Por medio de estas promesas, pueden tener la vida propia de Dios en ustedes, ahora que se han apartado de las cosas malas del mundo, las cuales vienen de los malos deseos de nuestro cuerpo.

[5]Esfuércense para añadir a su fe la buena conducta y el buen entendimiento. [6]A medida que entienden mejor las cosas de Dios, podrán tener más dominio propio, paciencia y devoción. No se desanimen. Y mientras esperan pacientemente, vivan según la voluntad de Dios. [7]Mientras así vivan, sean generosos con los hermanos cristianos. Amenlos. [8]Si todas estas cosas están en ustedes y siguen creciendo, sus vidas no serán inútiles. Su conocimiento del Señor Jesucristo no quedará sin fruto. [9]Pero si ustedes no tienen estas cosas, están ciegos y no pueden ver de lejos. ¿Están olvidando que Dios los salvó de su antigua vida de pecados?

[10]Hermanos cristianos, estén seguros de que son contados entre aquellos que Dios ha escogido y llamado para sí mismo. Mientras hagan estas cosas, ustedes nunca tropezarán ni caerán. [11]De este modo, el camino que se les abrirá será bueno. Les llevará al reino de nuestro Señor Jesucristo, que dura para siempre. Recuerden: él nos salvó del castigo de nuestros pecados.

[12]Ustedes ya saben de estas cosas, pero quiero hablarles más de ellas. Ahora están fuertes en la fe. [13]Pero mientras viva, quiero ayudarles a ser más fuertes hablándoles más de las cosas de Cristo. [14]Muy pronto yo dejaré este cuerpo. Nuestro Señor Jesucristo me lo ha dicho. [15]Pero trataré de hallar el modo para que ustedes recuerden estas cosas después que me haya ido.

[16]Nada tenemos que ver con los cuentos hechos por los hombres cuando les hemos hablado acerca del poder de nuestro Señor Jesucristo y de su venida. Hemos visto con nuestros propios ojos su gran poder. [17]Cuando él recibió honra y grandeza de Dios el Padre, una voz vino a él del Todopoderoso Dios, diciendo: "Este es mi Hijo amado. Estoy muy contento con él." [18]Oímos esta voz que vino del cielo, cuando estábamos con Cristo en el monte santo.

[19]Todo esto nos ayuda a conocer que lo que los antiguos predicadores dijeron era verdad. Ustedes harán bien en escuchar lo que ellos han dicho. Sus palabras son como luces que brillan en un lugar oscuro. Escuchen hasta que entiendan lo que ellos han dicho. Entonces lo que ellos dijeron será como la luz de la mañana que quita la oscuridad. Y la Estrella de la Mañana (Cristo) se levantará para brillar en sus corazones.

[20]Entiendan primero esto: Ninguna parte de las sagradas escrituras fue inventada por algún hombre. [21]Ninguna parte de las sagradas escrituras vino a causa de lo que el hombre quiso escribir. Pero buenos hombres de Dios hablaron lo que el Espíritu Santo les dijo que hablaran.

Cuidado con los falsos predicadores

2 Pero también hubo falsos predicadores entre la gente. Y también habrá falsos predicadores entre ustedes. Esta gente trabajará en modos secretos para traerles falsas predicaciones. Se pondrán en contra de Cristo aunque Cristo los compró con su sangre. Y ellos traerán para sí mismos una muerte rápida. [2]Mucha gente seguirá sus caminos equivocados. Y por causa de lo que ellos hacen, la gente hablará cosas malas en contra del camino de la verdad. [3]Les contarán falsas historias, para después usarlos a ustedes para conseguir cosas para ellos mismos. Pero Dios dijo que fueron culpados desde hace mucho tiempo, y su muerte ya está en camino.

[4]Dios no perdonó a los ángeles que pecaron, pero los envió al infierno. Ellos serán guardados allí, en el pozo hondo de la oscuridad, hasta que estén frente a Aquel que les ha de decir si son culpables o no. [5]Dios no perdonó el castigo a la gente del mundo antiguo que pecó. Trajo el diluvio. Noé (un predicador de lo correcto) y siete personas de su familia fueron los únicos que Dios salvó. [6]Más tarde, Dios dijo que las ciudades de Sodoma y Gomorra fueron culpables y las destruyó con fuego. Esto fue para mostrar a la gente que no adoró a Dios lo que pasaría a ellos. [7]Lot fue sacado de Sodoma por-

que estaba bien con Dios. El estuvo afligido por los pecados que los hombres malos hicieron en su vida desordenada. [8]Vio y oyó que la gente alrededor de él no obedecía las leyes de Dios. Todos los días su propia alma, la cual estaba bien con Dios, era afligida a causa de la mala vida que llevaban sus vecinos. [9]Pero el Señor sabe ayudar a los suyos cuando son tentados. También sabe guardar a los pecadores, sufriendo por sus malas acciones hasta el día en que han de estar ante Dios, quien dirá que son culpables. [10]Esto es verdad acerca de los que desean seguir atendiendo los deseos pecaminosos de sus propios cuerpos y los que no obedecen las leyes de Dios. No tienen miedo al reírse y decir cosas malas acerca de los poderes del cielo. [11]Los ángeles son más grandes en fuerza y poder que ellos. Pero los ángeles no hablan en contra de estos poderes delante del Señor.

[12]Estos hombres son como animales que no pueden pensar, pero que nacen para ser agarrados y muertos. Hablan palabras malas en contra de lo que no entienden. Y morirán en sus propios pecados. [13]Este es el pago que sufrirán por sus vidas pecaminosas: No se avergüenzan aun cuando pecan a la luz del día. Ellos son como llagas y sucias manchas entre ustedes, bebiendo y comiendo, cuando les acompañan en grandes comidas. [14]Sus ojos están llenos de pecados sexuales. No se cansan de pecar. Atraen a gente débil, para que los sigan en sus ideas. Sus corazones siempre están deseando algo. Son gente que terminará en el infierno, [15]porque han dejado el buen camino para seguir el malo. Han seguido el camino de Balaam, el hijo de Beor. El amó el dinero que le dieron por su pecado. [16]Pero fue sorprendido en su pecado, porque una burra le habló con voz de hombre. Esto le hizo no seguir en su mal camino.

[17]Tales personas son como pozos sin agua. Son como nubes antes de la tormenta. Abajo, el lugar más oscuro ha sido guardado para ellas. [18]Hablan palabras con gran ruido, que demuestran que son orgullosas. Consiguen hombres que están tratando de apartarse de los hombres pecadores, para así introducirlos a los pecaminosos deseos de la carne. [19]Y prometen que estos hombres serán libres. Pero ellos mismos están encadenados al pecado. Porque un hombre que está encadenado a una cosa, esa cosa tiene poder sobre él.

[20]Hay hombres que han sido hechos libres de los pecados del mundo aprendiendo a conocer al Señor Jesucristo, a aquel que salva del castigo del pecado. Pero si hacen estos pecados otra vez y no pueden apartarse, están peor de lo que estuvieron antes. [21]Después de conocer la santa ley que les fue dada, se apartan de ella. Pues les hubiera sido mejor no haber conocido cómo estar bien con Dios. [22]Ellos son como el sabio que dijo: "El perro vuelve a lo que ha vomitado" *(Proverbios 26:11)* Y: "La puerca que ha sido lavada vuelve a revolcarse en el lodo."

El mundo será destruido

3 Queridos amigos, esta es la segunda carta que les he escrito. En ambas he tratado de recordarles algunas cosas. [2]Deben recordar las palabras que fueron dichas antes por los santos mensajeros de Dios. No olviden las enseñanzas del Señor, aquel que salva del castigo del pecado. Esto les fue dado por sus misioneros.

[3]Primeramente, quiero que sepan que en los últimos días los hombres se reirán de la verdad. Seguirán sus propios deseos malos. [4]Dirán: "El prometió venir otra vez. ¿Dónde está? Desde que nuestros padres murieron, todo ha sido lo mismo desde el principio del mundo." [5]Pero ellos quieren olvidar que hace mucho tiempo, Dios habló y los cielos fueron hechos. El agua estaba toda alrededor de la tierra; luego la tierra fue hecha del agua. [6]Más tarde la tierra fue cubierta de agua y fue destruida. [7]Pero los cielos que vemos y la tierra en que vivimos ahora han sido

guardados por la palabra de Dios, su Creador. Y serán guardados hasta que ellos sean destruidos por el fuego. Serán guardados hasta el día en que los hombres estén delante de Dios. Allí los pecadores serán destruidos.

8Queridos amigos, recuerden sólo una cosa: que para el Señor un día es como mil años, y mil años son como un día. 9El Señor no tarda en cumplir sus promesas como alguna gente lo cree. El les está esperando. El Señor no quiere que ninguna persona sea castigada para siempre. El quiere que la gente cambie su actitud acerca de sus pecados y los abandone. 10El día del Señor vendrá como los ladrones vienen. Los cielos se desvanecerán con un gran ruido. El sol, la luna y las estrellas se quemarán, y la tierra y todo lo que está en ella será quemado.

11Puesto que todas estas cosas serán destruidas de este modo, deben pensar en la clase de vida que están viviendo. Deben ser santos y vivir como quiere Dios. 12Deben esperar el día en que Dios ha de venir. Deben hacer lo que pudieren para hacerlo llegar pronto. Los cielos serán destruidos con fuego. Y el sol, la luna y las estrellas serán deshechos por el calor. 13Nosotros buscamos lo que Dios nos ha prometido; nuevos cielos y nueva tierra. Solamente lo que es recto y bueno estará allí.

14Queridos amigos, mientras están esperando que estas cosas pasen, hagan todo lo que puedan para ser hallados por él en paz. Sean libres y limpios del pecado. 15Pueden estar seguros que la larga espera de nuestro Señor es parte de su plan para salvar a los hombres del castigo del pecado. Dios le dio a nuestro querido hermano Pablo la sabiduría para escribir acerca de esto. 16El escribió acerca de estas cosas en todos sus escritos. Algunas de estas cosas son difíciles de entender. La gente no tiene mucho entendimiento, y algunos que no están fuertes en la fe cambian el significado de sus cartas. También hacen esto con otras partes de las sagradas escrituras. Al hacerlo se están destruyendo a sí mismos.

17Por eso, queridos hermanos, ahora que lo saben, cuídense de no ser guiados por los errores de esta gente malvada. No se dejen mover por ellos. 18Crezcan en el favor de Dios que Cristo da. Aprendan a conocer mejor a nuestro Señor Jesucristo. El es Aquel quien salva del castigo del pecado. Tengan toda su grandeza ahora y para siempre. Así sea.

LA PRIMERA CARTA ESCRITA POR JUAN

Cristo – la Palabra de vida

1 Cristo es la Palabra de vida. Estaba desde el principio. Lo hemos oído y visto con nuestros propios ojos. Lo hemos mirado y lo hemos tocado con nuestras manos. 2Cristo, quien es la vida, nos fue mostrado: lo vimos. Les anunciamos acerca de la vida que es para siempre. El estaba con el Padre y ha venido a nosotros. 3Les anunciamos lo que hemos visto y oído, para que se unan a nosotros, como nuestra unión es verdadera con el Padre y con su Hijo Jesucristo. 4Les escribimos estas cosas para que nuestra felicidad sea completa.

Los cristianos deben vivir en la luz

5Esto fue lo que él nos dijo a nosotros, y así nosotros se lo decimos a ustedes: Dios es luz. No hay oscuridad en él. [6]Si decimos que vivimos junto a él pero vivimos en la oscuridad, somos mentirosos. No estamos viviendo la verdad. [7]Pero si vivimos en luz como él está en luz, compartimos lo que tenemos en Dios con otros, y la sangre de Jesucristo, su Hijo, limpia nuestras vidas de todo pecado. [8]Y si decimos que no tenemos pecados, estamos mintiendo, y la verdad no está en nosotros. [9]Pero si le confesamos a él nuestros pecados, podemos confiar en que él nos perdonará todo pecado. El limpiará nuestras vidas. [10]Y si decimos que nunca hemos pecado, estamos haciendo mentiroso a Dios y su palabra no está en nuestro corazón.

Cristo es nuestra ayuda

2 Hijitos queridos, les estoy escribiendo todo esto para que no vayan a pecar. Pero si alguno peca, tiene quien lo defienda ante el Padre. El es Jesucristo, el único que no hizo pecado. [2]El pagó por nuestras culpas con su propia sangre, y no sólo por nuestros pecados, sino por los de todo el mundo. [3]Podemos estar seguros que lo conocemos, si obedecemos sus enseñanzas. [4]Cualquiera que dice, "Yo conozco a Dios", pero no obedece sus enseñanzas, es mentiroso. No hay verdad en él. [5]Pero cualquiera que obedece su palabra y hace lo que él dice, el amor de Dios se ha hecho perfecto en él. Esta es la manera de saber si eres de Cristo. [6]Todo el que dice que es de Cristo, debe vivir de la misma manera que Cristo vivió.

[7]Queridos amigos, no les estoy escribiendo una nueva ley para obedecer. Esta es una antigua ley que tienen desde el principio. La antigua ley es la palabra que han oído. [8]Y a la vez es una nueva ley que les escribo, pues es la verdad que fue vista en Cristo como en ustedes. La oscuridad ya está pasando, y la luz verdadera ya brilla. [9]Cualquiera que dice estar en la luz pero que odia a su hermano está en oscuridad. [10]Pero cualquiera que ama a su hermano está

en la luz y no habrá razón para pecar. [11]Pero el que odia a su hermano no está en la luz, más bien vive en la oscuridad y no sabe a dónde va porque la oscuridad le ha hecho ciego.

No amen al mundo

[12]Les estoy escribiendo, hijitos, porque sus pecados les han sido perdonados en el nombre de Cristo. [13]Padres, les estoy escribiendo porque ustedes conocen al que era desde el principio. Les escribo a ustedes, jóvenes, porque tienen poder sobre el diablo. Les escribo a ustedes, niños y niñas, porque han aprendido a conocer al Padre. [14]Les he escrito a ustedes, padres, porque ustedes conocen al que ha sido desde el principio. Les he escrito a ustedes, jóvenes, porque son fuertes y han guardado la palabra de Dios en sus corazones y porque tienen poder para vencer al diablo.

[15]No amen al mundo, ni a ninguna cosa del mundo. Si alguno ama al mundo, el amor del Padre no está en él. [16]Porque todas las cosas que el mundo da, no vienen del Padre. Los malos deseos de la carne, las cosas que nuestros ojos ven y quieren y el orgullo de las cosas de la vida vienen del mundo. [17]El mundo y todos sus deseos se acabarán, pero el hombre que obedece a Dios y hace lo que él quiere que haga vivirá para siempre.

[18]Hijitos, estamos cerca del fin del mundo. Ustedes han oído del cristo falso que viene y está en contra de Cristo. Pues muchos de estos han venido ya. Por esto sabemos que el fin del mundo está por llegar. [19]Estos nos abandonaron, pero nunca fueron de nosotros. Pues si hubieran sido de nosotros, se hubieran quedado. Pero porque se fueron, sabemos que no eran de nosotros. [20]A ustedes, Cristo les dio el Espíritu Santo. Todos saben la verdad. [21]No les he escrito porque no sepan la verdad; les he escrito porque ya conocen la verdad y saben que ninguna mentira viene de la verdad.

22¿Quién es un mentiroso? Es una persona que dice que Jesús no es el Cristo. El falso cristo no tiene nada que ver ni con el Padre ni con el Hijo. Se aparta de ellos. 23Una persona que no tiene al Hijo y lo niega tampoco tiene al Padre. Pero el que dice que conoce al Hijo también tiene al Padre.

24Guarden en su corazón lo que han oído desde el principio. Pues entonces serán del Hijo y del Padre, si lo que han oído desde el principio está en ustedes. 25Y él ha prometido darnos la vida que dura para siempre.

26Les he escrito acerca de aquellos que tratan de llevarlos por mal camino. 27Cristo les ha dado el Espíritu Santo, y él vive en ustedes. Por eso, no necesitan que alguien les enseñe, porque el Espíritu Santo puede enseñarles todas las cosas. Y lo que él les enseña es la verdad y no mentiras. Vivan, pues, con la ayuda de Cristo, como el Espíritu Santo les ha enseñado. 28Y ahora, hijitos, vivan siempre con la ayuda de él. Y cuando él venga otra vez, estaremos felices de verlo. Así no lo recibiremos con vergüenza. 29Ustedes saben que cualquiera que está bien con Dios es hijo de él.

Somos hijos de Dios

3 Vean qué grande es el amor del Padre que nos ha llamado sus hijos. Esto es lo que somos. Por esta razón, la gente del mundo no sabe quiénes somos, porque no le conocen a él. 2Queridos amigos, ahora somos hijos de Dios. No se nos ha mostrado cómo vamos a ser; pero sabemos que cuando él vuelva, seremos como él, porque lo veremos a él como es. 3Y la persona que espere que esto pase mantendrá su alma pura, porque Cristo es puro y sin pecado.

4La persona que se mantiene pecando es culpable por no obedecer la ley de Dios. El pecar es quebrar la ley de Dios. 5Ustedes saben que Cristo vino a quitar nuestros pecados, porque en él no hay pecado. 6Pues la persona que vive con la ayuda de Cristo no hace pecados. Y la persona que se mantiene

pecando lo hace porque no lo ha visto a él, ni lo conoce. 7Mis hijitos, no dejen que nadie los lleve por el mal camino. El hombre que hace lo que es bueno está bien con Dios, de la misma manera en que Cristo está bien con Dios, su Padre. 8Toda persona que está siempre pecando es del diablo, porque el diablo ha pecado desde el principio. Pero el Hijo de Dios vino a deshacer el trabajo del diablo. 9Ningún hombre que ha sido llamado hijo de Dios sigue en pecado. Esto es porque el Espíritu Santo está en él. No puede seguir pecando porque Dios es su padre. 10Esta es la manera de saber quién es hijo de Dios y quién es hijo del diablo. La persona que no hace lo bueno, y no ama a su hermano, no es hija de Dios. 11Esto es lo que han oído desde el principio, que debemos amarnos unos a otros. 12No sean como Caín, pues era hijo del diablo. Mató a su hermano. ¿Por qué lo mató? Fue porque Caín hacía lo malo, y lo que su hermano hacía era bueno.

13No se sorprendan si el mundo los odia, hermanos cristianos. 14Pues sabemos que hemos pasado de muerte a vida. Y lo sabemos porque amamos a nuestros hermanos cristianos. La persona que no ama no ha pasado de la muerte a la vida. 15Un hombre que odia a su hermano es un asesino en su corazón. Y ustedes saben que la vida que es para siempre no está en uno que mata.

16Sabemos lo que es el amor, porque Cristo dio su vida por nosotros. Así debemos dar nuestras vidas por nuestros hermanos. 17Pues si una persona tiene bastante dinero para vivir y ve a su hermano necesitado de comida y ropa, y no le ayuda, ¿cómo puede el amor de Dios estar en él? 18Mis hijitos, no amemos sólo de palabra; amemos de verdad con lo que hacemos. 19Así es como sabremos que somos verdaderos cristianos. Así estaremos tranquilos y seguros, cuando estemos delante de Dios. 20Y si nuestro corazón dice que no hemos hecho el bien, recuerden que Dios es más grande que nuestro corazón. El sabe todas las cosas. ²¹Queridos amigos, si su corazón no dice que han hecho el mal, no tendrán por qué temer ante él. ²²Recibiremos de él lo que pidamos, si le obedecemos y hacemos lo que él quiere. ²³Esto es lo que él dice que debemos hacer: poner nuestra confianza en el nombre de su Hijo Jesucristo, y amarnos unos a otros. Esto fue lo que Cristo nos mandó hacer. ²⁴Toda persona que obedece a Cristo vive con la ayuda de Dios, y Dios vive en él. Y nosotros sabemos que Cristo vive en nosotros por el Espíritu que nos dio.

Los espíritus deben ser probados

4 Queridos hermanos, no crean en cualquier espíritu. Primero, prueben si ese espíritu viene de Dios, porque hay muchos mentirosos que predican en el mundo. ²Ustedes pueden saber si el espíritu es de Dios de esta manera: Todo aquel que dice que Jesucristo vino al mundo como hombre verdadero tiene el espíritu de Dios. ³Pero todo aquel que dice que Jesucristo no vino como hombre, ése no tiene el Espíritu de Dios, sino el que está contra Cristo. Han oído que este espíritu vendrá; pues ya está en el mundo. ⁴Hijitos, ustedes son parte de la familia de Dios. Ustedes han vencido a estos mentirosos y tienen poder sobre ellos. La razón es porque el que vive en ustedes es más fuerte que el que está en el mundo. ⁵Esos falsos maestros son del mundo. Hablan de las cosas del mundo, y el mundo los escucha. ⁶Nosotros somos de la familia de Dios, y la persona que conoce a Dios nos escuchará. Pero la persona que no es de la familia de Dios no nos oirá. De esta manera, podemos conocer quién tiene el espíritu de verdad y quién tiene el espíritu de engaño.

Amando a Dios, hace que amemos a nuestros hermanos

⁷Queridos amigos, amémonos unos a otros; porque el amor viene de Dios. Aquellos que aman son hijos de Dios y le conocen. ⁸Pero aquellos que no aman no conocen a Dios porque Dios es amor. ⁹Dios nos ha mostrado su amor, enviando a su único Hijo al mundo. Hizo esto para que nosotros tengamos vida por Cristo. ¹⁰Esto es el amor, no que nosotros hayamos amado a Dios, sino que él nos amó a nosotros. Y mandó a su Hijo a pagar por nuestras culpas con su sangre.

¹¹Queridos amigos, si Dios nos ha amado tanto, entonces debemos amarnos unos a otros. ¹²Nadie ha visto jamás a Dios. Si nos amamos unos a otros, Dios vive en nosotros. Su amor se hace perfecto en nosotros. ¹³El nos ha dado su Espíritu. Así sabemos que vivimos con su ayuda: él vive en nosotros.

El amor nos da más confianza en Cristo

¹⁴Nosotros hemos visto y podemos decir que el Padre envió a su Hijo a salvar al mundo del castigo del pecado. ¹⁵La persona que habla de él delante de otras personas, y dice que Jesús es el Hijo de Dios, Dios está viviendo en ella, y ella está viviendo con la ayuda de Dios. ¹⁶Hemos llegado a saber y creer que Dios nos ama. Dios es amor, y si viven en amor, viven con la ayuda de Dios. Dios vive en ustedes.

El amor de Dios tiene poder sobre el miedo y el odio

¹⁷El amor es perfecto en nosotros y no tendremos miedo de estar ante él en el día que diga quién es culpable o no. Esto es porque sabemos que nuestra vida en este mundo es su vida vivida en nosotros. ¹⁸En el amor, no hay temor, porque el amor perfecto quita el miedo. La gente que tiene miedo lo tiene porque teme ser castigada. Todo el que tiene miedo no ha llegado a amar perfectamente. ¹⁹Nosotros amamos a Dios porque él nos amó primero. ²⁰Si alguien dice, "Yo amo a Dios", pero odia a su hermano, es un mentiroso. Porque si no ama a su hermano, a quien ha visto, ¿cómo puede amar a Dios, a quien no ha visto? ²¹Y tenemos estas palabras de él. Si tú amas a Dios, ama también a tu hermano.

5 La persona que cree que Jesús es el Cristo es un hijo de Dios. Y el que ama al Padre ama también a otros hijos del Padre. ²Así es como sabemos que amamos a los hijos de Dios, cuando amamos a Dios y obedecemos su palabra. ³Amar a Dios es obedecer su palabra, y su palabra no es difícil de obedecer. ⁴Todo el que es hijo de Dios tiene poder sobre los pecados del mundo. La manera de tener poder sobre los pecados del mundo es por nuestra confianza en él. ⁵¿Quién puede tener poder sobre el mundo, si no cree que Jesús es el Hijo de Dios? ⁶La venida de Jesucristo fue con agua y sangre, no sólo con agua, sino con agua y sangre. El Espíritu Santo habla de esto, y él es verdad. ⁷Hay tres que hablaron de esto *(en el cielo: el Padre, la Palabra y el Espíritu Santo. Estos tres son uno solo. ⁸Hay tres que hablaron de esto en la tierra:) el Espíritu Santo, el agua y la sangre, y estos tres hablaron lo mismo. ⁹Si creemos en lo que el hombre dice, podemos estar seguros que lo que Dios dice es más importante. Dios nos ha hablado; así él ha hablado de su Hijo. ¹⁰La persona que pone su confianza en el Hijo de Dios sabe en su corazón que Jesús es el Hijo de Dios. Pero aquel que no pone su confianza en el Hijo de Dios hace a Dios mentiroso. Porque no cree lo que Dios habló de su Hijo. ¹¹Esta es la palabra que él habló. Dios nos ha dado la vida para siempre. Esta vida está en su Hijo. ¹²El que tiene al Hijo de Dios tiene esta vida. El que no tiene al Hijo de Dios no tiene esta vida.

¹³Les he escrito estas cosas a ustedes que creen en el nombre del Hijo de Dios, para que sepan que tienen vida para siempre.

¹⁴Estamos seguros que si pedimos cualquier cosa que él quiere que tengamos, él nos oirá. ¹⁵Y si estamos seguros que él oye cuando le pedimos, podemos estar seguros de tener lo que pedimos. ¹⁶Si ven que un hermano está cometiendo un pecado que no lleva a la muerte, deben pedir a Dios por él. El le dará vida, si no ha cometido un pecado que lleve a la muerte. Hay pecado que lleva a la muerte y no hay razón para pedir a Dios por la persona, si comete ese pecado. ¹⁷Toda clase de maldad es pecado, pero hay pecado que no lleva a la muerte. ¹⁸Sabemos que ningún hijo de Dios vive en pecado. Pues el Hijo de Dios lo cuida, y el diablo no puede acercarse a él. ¹⁹Sabemos que somos de Dios, pero el mundo entero está bajo el poder del diablo. ²⁰Sabemos que el Hijo de Dios ha venido. El nos ha dado entendimiento para conocer al Dios verdadero. Estamos unidos con el Dios verdadero por medio de su Hijo Jesucristo. El es el Dios de verdad; y esta es la vida que dura para siempre. ²¹Mis hijitos, cuídense de los dioses falsos.

LA SEGUNDA CARTA ESCRITA POR JUAN

1 Yo, dirigente de la iglesia, escribo a la hermana escogida y a sus hijos. Yo les amo en verdad. No soy el único que les ama; todos los que conocen la verdad les aman también. ²Esto es porque la verdad está en nosotros y estará para siempre. ³Bendición y paz sean con ustedes porque viven en la verdad y en el amor. Todo esto viene de Dios Padre y de su Hijo, nuestro Señor Jesucristo.

4Estoy feliz al encontrar a algunos de tus hijos viviendo en la verdad, como el Padre nos mandó. 5Y ahora te pido, hermana, que nos amemos los unos a los otros. No te estoy escribiendo una nueva ley, sino la misma que tenemos desde el principio. 6Amar quiere decir que debemos vivir obedeciendo su palabra. Desde el principio, él dijo en su palabra que nuestros corazones deben estar llenos de amor.

7Hay muchos maestros mentirosos en el mundo. Ellos no creen que Jesucristo vino con un cuerpo de hombre. No creen la verdad; son los cristos falsos. 8Tengan cuidado, para que no pierdan el fruto de su trabajo. Tengan cuidado también para que reciban lo que les ha sido prometido.

9Cualquiera que desobedece y no vive según las enseñanzas de Cristo no tiene a Dios. Pero si viven según lo que Cristo enseña, tendrán a los dos; al Padre y al Hijo. 10Y si alguien viene con otra clase de enseñanzas, no lo dejen entrar en su casa. No lo saluden siquiera. 11Porque la persona que lo saluda tiene parte en el mal que hace.

12Tengo muchas cosas que decirles pero no quiero escribirlas en esta carta, pues espero estar con ustedes pronto. Entonces hablaremos de estas cosas juntos, y nuestra alegría será completa. 13Los hijos de tu hermana, quien fue elegida por Dios, te mandan saludos.

LA TERCERA CARTA ESCRITA POR JUAN

1 Yo, dirigente de la iglesia, escribo al muy querido Gayo, a quien amo en verdad. 2Querido amigo, pido a Dios que te vaya bien en todo y que tu cuerpo esté fuerte y sano, como también tu alma. 3Me dio mucho gusto cuando vinieron algunos hermanos cristianos y me contaron cómo estás siguiendo en el camino de la verdad. 4No puedo tener mayor alegría que oír que mis hijos están siguiendo la verdad.

5Querido amigo, tú estás haciendo un buen trabajo, siendo amable con los cristianos, especialmente con los extranjeros. 6Ellos han hablado a la iglesia de tu amor y harás bien en seguir ayudándoles en su viaje. Esto agrada a Dios. 7Estos hermanos están trabajando por el Señor y no han aceptado nada de la gente que no conoce a Dios. 8Por esto, debemos ayudar a esta gente. De esta manera, trabajaremos con ellos en enseñar la verdad.

9Escribí una carta a la iglesia, pero Diótrefes quiere ser el primero y el más importante y no quiere aceptar nuestra autoridad. 10Por esto, si voy, le llamaré la atención por lo que está haciendo. Está diciendo chismes y mentiras acerca de nosotros. No sólo esto, sino que no recibe a los hermanos cristianos en su casa, ni deja que otros lo hagan. Y cuando lo hacen, los corre de la iglesia.

11Querido amigo, no sigas malos ejemplos sino sigue los buenos. La persona que hace el bien es de Dios, y la persona que hace lo malo no ha visto a Dios.

12Todos hablan bien de Demetrio. Y la verdad misma habla por él. También nosotros sabemos esto, y ustedes saben que decimos la verdad.

13Tengo mucho que escribirte, pero no quiero hacerlo en esta carta. 14Espero verte pronto y entonces hablaremos. Que tengas paz. Los amigos de acá te saludan. Saluda tú, por favor, a cada uno de nuestros amigos.

LA CARTA ESCRITA POR JUDAS

1 Esta carta es de Judas, hermano de Jacobo (Santiago). Soy un obrero de Jesucristo. Les escribo a ustedes que han sido escogidos por Dios el Padre y que son guardados por Jesucristo. [2]Que reciban de Dios su compasión, su paz y su amor.

[3]Queridos amigos, he tratado de escribirles de lo que Dios hizo por nosotros cuando nos salvó del castigo del pecado. Ahora debo escribirles y decirles que luchen por la fe que fue dada una vez y para siempre al pueblo que pertenece a Cristo. [4]Algunas personas malvadas se han metido a la iglesia de ustedes sin que se den cuenta. Ellos están viviendo en pecado y hablan del favor de Dios para cubrir sus pecados. Se han puesto en contra de nuestro único Guiador y Señor, Jesucristo. Hace mucho tiempo fue escrito que esta gente moriría en sus pecados.

[5]Ustedes ya saben esto, pero piénsenlo otra vez: El Señor sacó su pueblo de la tierra de Egipto. Más tarde destruyó a todos los que no creyeron en él. [6]También los ángeles que no se quedaron en sus lugares de poder sino que abandonaron el lugar que les fue dado ahora están encadenados en un lugar obscuro. Y estarán allí hasta el día en que Dios dirá si son culpables o no. [7]¿Se acuerdan de las ciudades de Sodoma y Gomorra y las aldeas vecinas? Los habitantes de esas ciudades hicieron las mismas cosas. Estaban llenos de pecados sexuales y de fuertes deseos por actos pecaminosos del cuerpo. Esas ciudades fueron destruidas por el fuego. Son ejemplos todavía del fuego del infierno que dura para siempre.

Cómo son los predicadores falsos

[8]Del mismo modo, estos hombres siguen soñando y pecando en contra de sus cuerpos. No respetan a los dirigentes. Hablan mal en contra de los poderes celestiales.

[9]Miguel fue uno de los ángeles principales. El discutió con el diablo acerca del cuerpo de Moisés. Pero Miguel no quiso hablar palabras severas al diablo diciéndole que él era culpable. Sino que le dijo: "El Señor te habla severamente." [10]Pero estos hombres hablan en contra de cosas que no entienden y son como animales en el modo que ellos se portan. Por estas cosas se destruyen a sí mismos. [11]¡Es malo para ellos! Porque han seguido el camino de Caín, que mató a su hermano. Han escogido el camino de Balaam; sólo piensan en ganar dinero. Y su fin será como el de Coré que fue destruido, porque no mostró respeto a los dirigentes. [12]Son una vergüenza cuando se reúnen con ustedes a comer las cenas de amor cristiano. Estas personas son como rocas ocultas que hacen naufragar un barco. Porque solamente piensan en sí mismas. Son como nubes sin lluvia, llevadas por el viento; son como árboles sin fruta en el otoño. Muertos ahora, ellos serán arrancados de raíz y nunca volverán a vivir. [13]Son como las olas del mar inquieto. Sus pecados son como el agua sucia a lo largo de la orilla. Son como estrellas moviéndose aquí y allá. Pero el lugar más obscuro les ha sido reservado para siempre.

[14]Enoc fue el principal de la séptima familia que nació después de Adán. El dijo esto acerca de tales personas: "El Señor viene con muchos miles de sus verdaderos hombres de fe. [15]Viene a decir que todos son culpables por los pecados que han hecho y por las cosas malas que hablaron en contra de Dios." [16]Estos hombres se quejan. Nunca son felices con ninguna cosa. Permiten que sus deseos los guíen al pecado. Cuando hablan acerca de ellos mismos, hacen ruido como si fueran grandes personas. Y le muestran respeto a la gente solamente para ver qué consiguen de ellas.

[17]Queridos amigos, ustedes deben recordar las palabras habladas por los misioneros de nuestro Señor Jesucristo.

¹⁸Ellos dijeron: "En los últimos días habrá hombres que se reirán de la verdad y serán guiados por sus propios deseos pecaminosos." ¹⁹Son hombres que causarán problemas dividiendo a la gente unos contra otros. Sus mentes están en las cosas del mundo porque no tienen el Espíritu Santo.

²⁰Queridos amigos, deben hacerse fuertes en su santísima fe. Permitan que el Espíritu Santo les guíe mientras oran. ²¹Guárdense a sí mismos en el amor de Dios. Esperen la vida que dura para siempre por medio de la compasión de nuestro Señor Jesucristo. ²²Tengan compasión para aquellos que dudan. ²³Salven a algunos, sacándolos del fuego. Tengan compasión para otros también, pero con algo de temor. Tengan cuidado que no sean guiados a cometer los mismos pecados de ellos. Odien aun la ropa que ha sido tocada con sus cuerpos pecaminosos.

²⁴Hay uno que puede guardarles sin caer. Cristo puede presentarles delante de Dios libres de todo pecado. Puede darles grande gozo estando ante su grandeza y gloria. ²⁵El es el único Dios. El es Aquel que salva del castigo del pecado por medio de Jesucristo, nuestro Señor. A él sea la grandeza, el honor, el poder y la autoridad de hacer todas las cosas. El tuvo esto antes que el mundo empezara, él lo tiene ahora, y lo tendrá para siempre. Así sea.

APOCALIPSIS
LA REVELACION DE CRISTO JESUS COMO FUE DADA A JUAN

1 Las cosas que están escritas en este libro son dadas a conocer por Cristo Jesús. Dios le dio estas cosas a Cristo para que las pudiera mostrar a los que son sus obreros. Estas son cosas que deben suceder muy pronto. Cristo envió su ángel a Juan (uno de sus obreros) y le dio a conocer estas cosas a Juan. ²Juan dice que la palabra de Dios es verdadera. El habla de Cristo Jesús y de todo lo que vio y oyó de él. ³El hombre que lea este libro y obedezca lo que dice, será feliz. Porque todas estas cosas sucederán pronto.

Juan saluda a las siete iglesias

⁴Juan escribe esto a las siete iglesias en ciertas ciudades del país de Asia. Reciban el favor y la paz de Dios, quien era, es y habrá de ser. Reciban amor y paz de los siete espíritus, los cuales se encuentran frente al lugar donde Dios se sienta. ⁵Deseo que reciban amor y paz de Cristo Jesús. El es fiel y dice la verdad. Jesucristo es el primero en ser levantado de los muertos. El es el jefe de todos los reyes de la tierra. El nos ama y nos ha libertado de nuestros pecados con su sangre. ⁶Cristo nos ha hecho un reino de dirigentes religiosos, los cuales pueden acercarse a su Dios y Padre. ¡Que él reciba honor y poder por siempre jamás! Así sea. ⁷¡Miren! ¡Viene en las nubes! Todo ojo le verá. Aun los hombres que le mataron le verán. Toda la gente en la tierra llorará de dolor por él. Sí, así sea.

⁸El Señor Dios dice: "Yo soy el primero y el último, el principio de todas las cosas y el fin de todas ellas. ¡Yo soy el Todopoderoso, quien era, quien es y quien habrá de ser!"

Lo que Dios quería mostrarle a Juan acerca de Cristo

⁹Yo, Juan, soy su hermano cristiano. He compartido con ustedes el sufri-

miento por causa de Cristo Jesús. También he trabajado con ustedes que son del reino de Cristo. Y no hemos desmayado. Fui puesto en la isla llamada Patmos porque predicaba la palabra de Dios y porque hablaba de Cristo Jesús. [10]Cierto día del Señor, yo estaba adorando, cuando oí detrás de mí una voz fuerte como el sonido de una trompeta. [11]Dijo: "*(Yo soy el primero y el último.) Escribe en un libro lo que ves y envíalo a las siete iglesias. Estas se encuentran en las ciudades de Efeso, Esmirna, Pérgamo, Tiatira, Sardis, Filadelfia y Laodicea."

[12]Miré hacia atrás para ver quién me hablaba. Y al mirar, vi siete luces hechas de oro. [13]Entre las luces estaba en pie uno que era el Hijo del Hombre. Tenía puesta una larga túnica, la cual le llegaba hasta los pies. Un cinturón de oro se encontraba alrededor de su pecho. [14]Su cabeza y su cabello eran blancos como la lana blanca. Eran blancos como la nieve. Sus ojos eran como fuego. [15]Sus pies como bronce brillante, el cual brillaba como si estuviera en el fuego. Su voz sonaba como una poderosa corriente de agua. [16]Tenía en su mano derecha siete estrellas. Una espada aguda de dos filos salía de su boca. Su rostro brillaba como el sol a mediodía. [17]Cuando le vi, caí a sus pies como muerto. Puso su mano derecha sobre mí y me dijo: "No tengas miedo. Yo soy el primero y el último. [18]Yo soy el que vive. Estaba muerto. Pero mira, ahora vivo para siempre. Tengo poder sobre la muerte y el infierno. [19]Ahora, escribe las cosas que has visto y las cosas que son y las cosas que sucederán después. [20]Esto es lo que significan las siete estrellas y las siete luces hechas de oro que viste en mi mano derecha. Las siete estrellas son los ángeles de las siete iglesias. Las siete luces son las siete iglesias.

Palabras a la iglesia en Efeso

2 "Escribe esto al ángel de la iglesia en la ciudad de Efeso: 'El que tiene las siete estrellas en su mano derecha y el camina entre las siete luces hechas

de oro dice esto. [2]Sé lo que has hecho y lo duro que has trabajado. Sé cuánto tiempo puedes esperar sin desanimarte. Sé que no soportas a los hombres pecadores. También sé que has puesto a prueba a aquellos que se llaman a sí mismos misioneros. Has encontrado que no son misioneros verdaderos, sino falsos. [3]Has esperado mucho tiempo y no te has desanimado. Has sufrido por mi causa. Has seguido tu camino y no te has cansado. [4]Pero tengo esto contra ti. No me amas como lo hacías al principio. Acuérdate de cómo me amabas al principio. [5]Cambia de actitud y deja tu pecado y ámame otra vez como me amaste al principio. Si no lo haces, vendré a ti y quitaré tu luz de su lugar. Haré esto a menos que sientas dolor por tu pecado y te apartes de él. [6]Pero tienes esto: Odias lo que hacen los nicolaítas. Yo también lo odio. [7]¡Tienes oídos! Entonces escucha lo que el Espíritu dice a las iglesias. Yo daré el fruto del árbol de vida en el huerto de Dios a cada uno que tenga poder y triunfe.'

Palabras a la iglesia en Esmirna

[8]"Escribe esto al ángel de la iglesia en la ciudad de Esmirna: 'El que es el primero y el último, el que murió y volvió a la vida, dice lo siguiente: [9]Yo conozco tus problemas. Yo sé que eres pobre. ¡Pero aun así, eres rica! Yo sé todo lo malo que de ti hablan aquellos que se llaman judíos. Pero no son judíos, sino pertenecen al diablo. [10]No tengas miedo de lo que vas a sufrir. ¡Escucha! El diablo mandará a algunos de ustedes a la prisión para probarlos. Tendrán dificultades durante diez días. Sé fiel hasta la muerte. Entonces te daré el premio de la vida. [11]¡Tú tienes oídos! Entonces escucha lo que el Espíritu le dice a las iglesias. ¡La persona que tenga poder y triunfe no será tocada por la segunda muerte!'

Palabras a la iglesia en Pérgamo

[12]"Escribe esto al ángel de la iglesia en Pérgamo: 'El que tiene la espada de dos filos dice: [13]Sé dónde vives. Es el lu-

gar donde el diablo se sienta. Yo sé que me eres fiel. No te diste por vencida ni te alejaste de la fe en mí, aun cuando mataron a Antipas. El fue fiel, hablando en mi nombre. Fue muerto delante de ti en donde el diablo está. ¹⁴Pero tengo algunas cosas en tu contra: Tú tienes algunos que siguen la enseñanza de Balaam. El enseñó a Balac a poner una trampa para los judíos. Les enseñó a comer de lo que había sido ofrecido a los dioses falsos y a cometer pecados sexuales. ¹⁵También tienes a algunos que siguen la enseñanza de los nicolaítas, en la misma manera. ¹⁶Cambia de actitud acerca de tus pecados y apártate de ellos. Si no lo haces, vendré a ti rápidamente. Pelearé contra ellos con la espada de mi boca. ¹⁷¡Tú tienes oídos! Entonces, oye lo que el Espíritu dice a las iglesias. Yo daré el pan escondido del cielo a cualquiera que tenga poder y triunfe. Le daré a cada uno también una piedrecita blanca. Un nuevo nombre estará escrito en ella. Nadie sabe el nombre, ¡sino el que la recibe!'

Palabras a la iglesia en Tiatira

¹⁸"Escribe esto al ángel de la iglesia en la ciudad de Tiatira: 'El Hijo de Dios, que tiene ojos como el fuego y cuyos pies son como metal brillante, dice esto: ¹⁹Sé lo que estás haciendo. Conozco tu amor y fe. Sé que has trabajado, que has esperado por mucho tiempo y que no te has desanimado. Yo sé que ahora estás trabajando más duro que al principio. ²⁰Pero tengo esto contra ti: estás dejando que Jezabel, la que se llama a sí misma "predicadora", enseñe a mis obreros. Ella les está guiando por mal camino. Están cometiendo pecados sexuales y comen lo que ha sido ofrecido a los dioses falsos. ²¹Yo le di tiempo para que cambiara su actitud acerca de sus pecados y se apartara de ellos. Pero no quiere. ²²¡Escucha! La arrojaré en una cama. Aquellos que cometen pecados sexuales con ella sufrirán muchas dificultades y dolores. Les dejaré sufrir, a menos que cambien su actitud acerca de los pecados que han cometido con ella y se aparten de ellos. ²³Y mataré a

sus hijos. Todas las iglesias sabrán que yo soy el que ve en lo profundo del corazón. Yo te daré lo que te corresponde por tu trabajo. ²⁴Veo que otros de ustedes allí en la ciudad de Tiatira no han seguido esta falsa enseñanza. No han aprendido lo que llaman los secretos del diablo. Entonces, no pondré sobre ustedes otra carga más. ²⁵Pero retén lo que tienes, hasta que yo venga. ²⁶Al que tiene poder y triunfe, y hace lo que yo quiero que haga, le daré derecho y poder sobre las naciones. ²⁷Será dirigente sobre ellas, usando una vara de hierro. Ellas serán quebradas en pedazos, como barro cocido. ²⁸Mi Padre me ha dado a mí este derecho y poder. Y le daré la estrella de la mañana. ²⁹¡Tú tienes oídos! Entonces escucha lo que el Espíritu dice a las iglesias.'

Palabras a la iglesia en Sardis

3 "Escribe esto al ángel de la iglesia en la ciudad de Sardis: 'El que tiene los siete espíritus de Dios y las siete estrellas dice esto: Yo sé lo que estás haciendo. Sé que la gente cree que estás viva, pero estás muerta. ²¡Despierta! Fortalece lo que tienes antes que se muera. No he encontrado tu trabajo completo ante los ojos de Dios. ³Por lo tanto, recuerda lo que has recibido y escuchado. Guárdalo. Cambia de actitud acerca de tus pecados y apártate de ellos. Si no despiertas, vendré como un ladrón. No sabrás a qué hora me aparezco. ⁴Pero hay unos cuantos, de la iglesia en la ciudad de Sardis, cuya ropa no está sucia de pecados. Caminarán conmigo vestidos de blanco. Han hecho lo que debían hacer. ⁵Todo el que tenga poder y triunfe, usará ropas blancas. No quitaré su nombre del libro de la vida. Diré su nombre ante mi Padre y sus ángeles. ⁶¡Tú tienes oídos! Entonces escucha lo que el Espíritu dice a las iglesias.'

Palabras a la iglesia en Filadelfia

⁷"Escribe esto al ángel de la iglesia en la ciudad de Filadelfia: 'El que es santo y verdadero, el que tiene la llave de David, el que abre y ninguno puede ce-

rrar, el que cierra y ningún hombre puede abrir, dice esto: [8]Yo sé lo que estás haciendo. ¡Escucha! No tienes mucho poder, pero has obedecido mi palabra. No te has apartado de mí. Entonces te he dado una puerta abierta que ningún hombre puede cerrar. [9]¡Escucha! Hay algunos que pertenecen al diablo. Dicen que son judíos pero no lo son. Son mentirosos. ¡Escucha! Los haré que vengan a ti y que se postren delante de ti. Entonces sabrán que te amo. [10]Te guardaré del tiempo de la dificultad. El tiempo para probar a cada uno se acerca para todo el mundo. Haré esto porque tú me has oído y has esperado durante mucho tiempo. No te has desanimado. [11]Vendré muy pronto. Retén lo que tienes para que ninguno quite tu premio. [12]Yo haré que el que tenga poder y triunfe, sea una parte importante en la casa de Dios. Jamás saldrás de allí. Escribiré en él el nombre de mi Dios y el nombre de la ciudad de mi Dios. Es la nueva Jerusalén. La nueva Jerusalén vendrá de mi Dios desde el cielo. Escribiré mi nuevo nombre en él. [13]¡Tú tienes oídos! Entonces escucha lo que el Espíritu dice a las iglesias.'

Palabras a la iglesia en Laodicea

[14]"Escribe esto al ángel de la iglesia en la ciudad de Laodicea: 'El que dice, Así sea, el que es fiel, el que lo hizo todo en el mundo de Dios, dice esto: [15]Yo sé lo que estás haciendo. Tú no eres frío ni caliente. Ojalá fueras lo uno o lo otro. [16]Pero porque eres tibio, y no eres ni frío ni caliente, te vomitaré de mi boca. [17]Tú dices que eres rico y que no necesitas ninguna cosa. No sabes que tienes tantas dificultades en tu corazón y en tu mente. Eres pobre y ciego. Estás desnudo. [18]Deberías comprar oro de mí, oro que haya sido probado por el fuego, para que fueras rico. Compra ropa blanca para vestirte y cubrir tu desnudez. Compra medicina para tus ojos, para que puedas ver. [19]Yo hablo palabras fuertes a todos aquellos que amo. Y los castigo. Ten un gran deseo de agradar al Señor. [20]Cambia tu mente sobre tus pecados, y apártate de

ellos. ¡Escucha! Yo estoy a la puerta y llamo. Si alguno oye mi voz y abre la puerta, entraré a él y comeremos juntos. [21]Yo permitiré que el que tenga poder y triunfe, se siente conmigo en el lugar donde yo me siento. Yo tuve poder y triunfé. Entonces me senté junto a mi Padre, quien está sentado en su lugar de poder. [22]¡Tú tienes oídos! Entonces escucha lo que el Espíritu le dice a las iglesias.' "

El lugar de poder del Rey en el cielo

4 Después de esto, miré y vi una puerta abierta en el cielo. La primera voz que oí fue la de una fuerte trompeta que decía: "Sube. Te enseñaré lo que deberá pasar después de estas cosas." [2]Inmediatamente quedé bajo el poder del Espíritu. ¡Escucha! El lugar en donde el rey se sienta está en el cielo. Había uno sentado en ese lugar. [3]El que estaba sentado allí se veía brillar como jaspe y como piedras preciosas. Alrededor de todo el lugar, había colores como los de la esmeralda. [4]Había también veinticuatro lugares más pequeños para sentarse alrededor del sitio en donde el Rey se sienta. Y veinticuatro dirigentes de la iglesia se sentaban en estos lugares, vestidos todos de blanco. Tenían cintas de oro en sus cabezas. [5]Relámpagos, ruidos y truenos salían del lugar en donde el Rey se sienta. Siete luces de fuego ardían delante del lugar en donde el Rey se sienta. Estos eran los siete espíritus de Dios.

[6]Enfrente del lugar donde el Rey se sienta, había lo que parecía ser un mar de vidrio, brillante y claro. Alrededor de ese lugar y a cada lado, estaban cuatro seres vivos llenos de ojos por delante y por atrás. [7]El primer ser vivo era como un león. El segundo, como una ternera. El tercero tenía la cara como la de un hombre. El cuarto era como un ave grande con sus alas extendidas. [8]Cada uno de estos seres vivos tenía seis alas. Tenían ojos por todas partes, por dentro y por fuera. Día y noche no cesaban de decir: "Santo, santo, santo, es

el Señor Dios, el Todopoderoso. El es el que era, es y ha de venir."

⁹Los cuatro seres vivos hablan de su gran gloria y dan honor y gratitud a Aquel que se sienta en la silla como Rey. El es quien vive para siempre. ¹⁰Los veinticuatro dirigentes de la iglesia se inclinan delante de él y adoran al que vive para siempre. Ellos ponen la banda de sus cabezas delante de él y dicen: ¹¹"¡Nuestro Señor y nuestro Dios! ¡Eres digno de grandeza y honor y poder! Tú hiciste todas las cosas. Fueron hechas y tienen vida porque tú así lo querías."

El libro en el cielo

5 Vi un libro en la mano derecha de Aquel que se sienta en la silla de Rey. Estaba escrito por dentro y en la parte de atrás. Estaba cerrado con siete sellos. ²Vi un ángel poderoso gritando con una fuerte voz: "¿Quién puede abrir el libro, y romper sus sellos?" ³Nadie en el cielo o en la tierra o debajo de la tierra pudo abrir el libro o leerlo. ⁴Entonces empecé a llorar mucho. Lloré porque nadie era lo suficientemente bueno para abrir el libro o ver lo que estaba escrito en él.

⁵Uno de los dirigentes de la iglesia me dijo: "Deja de llorar. ¡Escucha! El león de la familia de Judá tiene poder y ha triunfado. El puede abrir el libro y romper sus siete sellos. También es de la familia de David."

⁶Y vi a un Cordero de pie delante de los veinticuatro dirigentes de la iglesia. Estaba delante de la silla donde el Rey se sienta y delante de los cuatro seres vivos. Se veía como si lo hubieran matado. Tenía siete cuernos y siete ojos. Estos son los siete espíritus de Dios, los cuales han sido enviados a todo el mundo. ⁷El Cordero vino y tomó el libro de la mano derecha del que estaba sentado allí como Rey. ⁸Cuando el Cordero hubo tomado el libro, los cuatro seres vivos y los veinticuatro dirigentes de la iglesia se pusieron de rodillas ante él. Cada uno tenía una arpa. Todos tenían cántaros hechos de oro, llenos de

perfume, los cuales son las oraciones de la gente que pertenece a Dios. ⁹Cantaron un canto nuevo, diciendo: "Es bueno que tú tomes el libro y rompas sus sellos. Porque tú fuiste muerto. Tu sangre ha traído a los hombres a Dios, de cada familia y de cada lengua y de cada clase de gente y de cada nación. ¹⁰Tú has hecho que sean una nación santa de dirigentes religiosos que trabajan para nuestro Dios. Ellos serán los jefes de la tierra."

¹¹Vi otra vez. Escuché la voz de muchos miles de ángeles. Estaban de pie alrededor de la silla donde el Rey se sienta y alrededor de los cuatro seres vivos y de los dirigentes de la iglesia. ¹²Dijeron con voz fuerte: "El Cordero que fue muerto tiene derecho a recibir poder, riquezas, sabiduría, fuerza, honor, gran gloria y gratitud."

¹³Entonces escuché a toda criatura en el cielo y en la tierra y debajo de la tierra y en el mar —todos los seres que están en ellos— decir a una voz: "Favor y honor y gran gloria y todo poder son para al que se sienta en la silla como Rey y al Cordero por siempre jamás." ¹⁴Los cuatro seres vivos siguieron diciendo: "¡Así sea!" Y los veinticuatro dirigentes de la iglesia se postraron y le adoraron.

Los siete sellos: El primero—el poder para ganar

6 Vi al Cordero romper el primero de los sellos. Escuché a uno de los cuatro seres vivos gritar con un sonido como de trueno. "¡Ven y ve!" ²Miré y vi un caballo blanco. El que lo montaba tenía un arco. Le dieron una corona. Salió para ganar y ganó.

El segundo sello—la guerra

³Rompió el segundo sello. Entonces oí al segundo ser vivo decir: "¡Ven y ve!" ⁴Otro caballo salió. Este era rojo. Al que lo montaba, le fue dada una larga espada. Le fue dado poder para quitar la paz a la tierra para que los hombres se mataran unos a otros.

El tercer sello—falta de comida

⁵Rompió el tercer sello. Entonces escuché al tercer ser vivo decir: "¡Ven y ve!" Miré y vi un caballo negro. Y el que lo montaba tenía algo en su mano para pesar cosas. ⁶Oí una voz de entre los cuatro seres vivos que decía: "Una medida de trigo por la paga de un día. Tres medidas de cebada por la paga de un día. No dañes el aceite de oliva y el vino."

El cuarto sello—la muerte

⁷Rompió el cuarto sello. Entonces oí al cuarto ser vivo decir: "¡Ven y ve!" ⁸Miré y vi un caballo de color amarillo. El que lo montaba tenía el nombre de muerte. El infierno le seguía de cerca. Le fue dado el derecho y poder de matar a una cuarta parte de todo lo que hay en la tierra. Ha de matar con la espada y dejar a la gente sin comida, con enfermedad y con los animales salvajes de la tierra.

El quinto sello—la muerte por hablar de Cristo

⁹Rompió el quinto sello. Entonces vi debajo del altar las almas de aquellos quienes habían sido matados por decir la palabra de Dios. Murieron por ser fieles en hablar acerca de Cristo. ¹⁰Todos los que murieron gritaron con una fuerte voz diciendo: "¿Cuándo castigarás a los que están en la tierra por habernos matado? Señor, tú eres santo y bueno." ¹¹A cada uno de ellos les dieron ropa blanca. Se les dijo que descansaran un poco más. Tenían que esperar hasta que todos los demás obreros que trabajaban para Dios y sus hermanos cristianos fueran muertos como ellos. Entonces el grupo estaría completo.

El sexto sello—la ira de Dios sobre la tierra

¹²Miré mientras el Cordero rompió el sexto sello. Hubo un gran terremoto. El sol se volvió oscuro como un trapo negro. La luna se volvió como de sangre. ¹³Las estrellas del cielo cayeron a la tierra, como higos que caen de un árbol cuando es sacudido por un fuerte viento. ¹⁴El cielo se retiró como un papel que se enrolla. Toda montaña e isla cambiaron su lugar. ¹⁵Los reyes y los jefes de la tierra se escondían en cuevas y entre las rocas de las montañas. Todos los soldados principales, los ricos, los hombres fuertes y los hombres que eran libres y todos los esclavos se escondían también. ¹⁶Y les decían a las montañas y a las rocas: "¡Caigan sobre nosotros! ¡Escóndannos de la ira del Cordero, ¹⁷porque el día terrible de su ira ha llegado! ¿Quién podrá resistirlo?"

Los obreros de Dios están sellados

7 Después de esto, vi a cuatro ángeles. Estaban de pie en las cuatro esquinas de la tierra, deteniendo a los cuatro vientos de la tierra para que no soplara viento sobre la tierra, el mar o los árboles. ²Vi a otro ángel que venía del oriente. Venía cargando el sello del Dios vivo. Con una voz fuerte, llamó a los cuatro ángeles, a los que les había dado poder para dañar a la tierra y al mar. ³El ángel del oriente dijo: "No dañen la tierra o el mar o los árboles hasta que pongamos el sello de Dios en las frentes de sus obreros."

⁴Oí que había muchos que recibieron el sello de Dios. Había ciento cuarenta y cuatro mil personas de las doce familias de Israel. ⁵Estos recibieron el sello de Dios: doce mil de la familia de Judá, doce mil de la familia de Rubén, doce mil de la familia de Gad, ⁶doce mil de la familia de Aser, doce mil de la familia de Neftalí, doce mil de la familia de Manasés, ⁷doce mil de la familia de Simeón, doce mil de la familia de Leví, doce mil de la familia de Isacar, ⁸doce mil de la familia de Zabulón, doce mil de la familia de José y doce mil de la familia de Benjamín.

La multitud que pertenecía a Dios

⁹Después de esto, vi a mucha gente. Nadie podía decir cuántas personas había. Eran de cada nación y de cada familia y de cada grupo de gente y de cada idioma. Estaban parados delante del lu-

gar en donde se sienta el Rey y delante del Cordero. Tenían puestas ropas blancas y, en sus manos, tenían ramas. ¹⁰Gritaban con fuerte voz: "¡Somos salvos del castigo del pecado, por nuestro Dios, quien se sienta en la silla como Rey y por el Cordero!" ¹¹Entonces todos los ángeles, parados alrededor de la silla del rey y alrededor de los dirigentes de la iglesia y de los cuatro seres vivos, se postraron y le adoraron. ¹²Decían: "¡Así sea! Que nuestro Dios tenga la adoración y la gloria y la sabiduría y las gracias y el honor y el poder y la fuerza por siempre jamás. ¡Así sea!"

¹³Entonces uno de los veinticuatro dirigentes de la iglesia me preguntó: "¿Quiénes son estos que están vestidos de ropa blanca? ¿De dónde vinieron?" ¹⁴Le contesté: "Señor, no sé." Entonces me dijo: "Estos son los que han venido de un tiempo de mucha dificultad. Ellos han lavado su ropa y la han hecho blanca en la sangre del Cordero. ¹⁵Por esta razón están delante del trono donde Dios se sienta como Rey. Le ayudan de día y de noche en la casa de Dios. Y aquel que se sienta ahí los cuidará estando entre ellos. ¹⁶Nunca tendrán hambre o sed otra vez. El sol o el calor no les dañará. ¹⁷El Cordero que está en el centro del lugar en donde el Rey se sienta será su pastor. El los llevará a las fuentes del agua de vida. Dios quitará todas las lágrimas de sus ojos."

El séptimo sello—silencio en el cielo

8 Cuando el Cordero rompió el séptimo sello, no hubo sonido alguno en el cielo durante media hora.

²Entonces vi a los siete ángeles de pie delante de Dios. Y les fueron dadas siete trompetas.

³Otro ángel vino y se paró sobre el altar. Tenía una copa hecha de oro, llena de un perfume especial. Se le dio mucho perfume, el cual pudo mezclar con las oraciones de aquellos que pertenecían a Dios. Sus oraciones fueron puestas en el altar hecho de oro, delante del lugar en donde se sienta el Rey. ⁴El humo que producía el perfume especial al quemarse y las oraciones de aquellos que pertenecen a Dios subían delante de Dios de la mano del ángel. ⁵Entonces el ángel tomó la copa de oro. La llenó con fuego del altar y la tiró sobre la tierra. Hubo un trueno y ruido y relámpagos. Y la tierra tembló.

⁶Los siete ángeles que tenían las siete trompetas se prepararon para tocarlas.

La primera trompeta—granizo y fuego

⁷Entonces el primer ángel tocó su trompeta. Granizo y fuego mezclado con sangre cayeron sobre la tierra. Se quemó una tercera parte de la tierra. Otra tercera parte de los árboles se quemó y toda la hierba verde se quemó.

La segunda trompeta—la montaña ardiendo

⁸El segundo ángel tocó su trompeta. Y vi algo que parecía ser una montaña que se quemaba con fuego. Esta fue tirada al mar. Una tercera parte del mar se volvió sangre. ⁹Una tercera parte de los seres del mar murió. Una tercera parte de todos los barcos fue destruida.

La tercera trompeta—la estrella de veneno

¹⁰El tercer ángel tocó su trompeta. Una gran estrella cayó del cielo. Se consumía con un fuego que parecía arder como una luz brillante. Cayó sobre una tercera parte de los ríos y en los nacimientos de agua. ¹¹El nombre de la estrella es Amarga. Una tercera parte del agua se envenenó. Muchos hombres murieron al beber del agua, porque tenía veneno.

La cuarta trompeta—poca luz

¹²El cuarto ángel tocó su trompeta. Una tercera parte del sol, una tercera parte de la luna y una tercera parte de las estrellas fueron dañadas. Una tercera parte de ellas se oscureció de tal manera que una tercera parte del día y de la noche no tenían luz.

¹³Entonces miré y vi una gran ave volando en el cielo. Dijo, con una gran voz: "¡Ay! ¡Ay! ¡Ay de los que vivan en la tierra cuando venga el sonido de las trompetas que los otros tres ángeles tocarán!"

La quinta trompeta—un pozo sin fondo

9 El quinto ángel tocó su trompeta. Vi una estrella del cielo que había caído a la tierra. La llave del pozo sin fondo le fue dada al ángel. ²Abrió el pozo y salió humo de él como el humo de un horno. El sol y el aire se oscurecieron por causa del humo del pozo. ³Saltamontes salieron del humo y vinieron sobre la tierra. Y les fue dado poder para herir como alacranes. ⁴Se les dijo que no dañaran a la hierba, ni a ninguna planta, ni árbol. Debían herir sólo a los hombres que no tuvieran el sello de Dios en sus frentes. ⁵A los saltamontes no se les permitió matar a estos hombres. Más bien, les debían causar fuerte dolor durante cinco meses, como el dolor del piquete de un alacrán. ⁶Los hombres buscarán manera de morirse durante esos días pero no encontrarán ninguna. Querrán morirse, pero la muerte se apartará de ellos. ⁷Los saltamontes se parecían a los caballos cuando están listos para la guerra. Tenían en sus cabezas lo que parecía como coronas de oro. Sus rostros eran como caras de hombres. ⁸Su pelo era como el pelo de mujer. ⁹Sus pechos estaban cubiertos de lo que parecía como piezas de acero. El sonido que hacían sus alas era como el ruido de muchos carros avanzando para la guerra. ¹⁰Tenían colas como alacranes con las cuales picaban. Se les dio poder para dañar a los hombres durante cinco meses. ¹¹Estos saltamontes tienen un rey que les gobierna. El es el ángel principal del pozo sin fondo. Su nombre en el idioma hebreo es Abadón. En el idioma griego es Apolión. (Significa: "el que destruye".)

.¹²El primer período de dificultades ha terminado. Pero he aquí, que hay dos períodos más que vienen después de éste.

La sexta trompeta—los ángeles de la muerte

¹³El sexto ángel tocó su trompeta. Escuché una voz que venía de las cuatro esquinas del altar hecho de oro que está delante de Dios. ¹⁴La voz decía al sexto ángel que tenía la trompeta: "Suelta a los cuatro ángeles que han sido encadenados en el gran río Eufrates." ¹⁵Los habían tenido preparados para esa hora, ese día, ese mes y ese año. Debían soltarlos para que mataran a una tercera parte de todos los hombres vivientes. ¹⁶El ejército tenía 200 millones de soldados a caballo. Les oí decir cuántos había.

¹⁷Vi lo que Dios quería que viera: los caballos y los hombres montados. Los hombres tenían armadura sobre sus pechos. La armadura era roja como el fuego, azul como el cielo y amarilla como el azufre. Las cabezas de los caballos parecían cabezas de leones. Y fuego, humo y azufre salían de sus bocas. ¹⁸Una tercera parte de todos los hombres murió por el fuego, el humo y el azufre que salía de sus bocas. ¹⁹El poder de los caballos estaba en sus bocas y en sus colas. Sus colas eran como cabezas de serpientes. Con ellas podían morder y matar. ²⁰Los hombres que aún quedaron vivos, después de pasar estos daños graves no dejaban de adorar a los espíritus malos. No se apartaban de los dioses falsos hechos de oro, plata, bronce, piedra y madera. Ninguno de estos dioses falsos puede ver, ni oír, ni caminar. ²¹Estos hombres no dejaban sus pecados y no se apartaban de todos sus crímenes y su hechicería. Seguían cometiendo pecados sexuales y robos.

El ángel y el librito

10 Entonces vi a otro ángel bajar del cielo cubierto de una nube. Tenía muchos colores alrededor de su cabeza. Su rostro era como el sol. Sus pies eran como largas llamas de fuego. ²Tenía en su mano un librito que estaba abierto. El ángel puso su pie derecho en el mar. Puso su pie izquierdo en la tierra. ³Y gritó con una gran voz como el rugido de un león. Los siete truenos sonaron. ⁴Yo estaba listo para escribir cuando los siete truenos hablaran. Entonces oí la voz del cielo que decía: "Guarda las cosas que los siete truenos han dicho. ¡No las escribas!"

⁵Entonces el ángel fuerte que vi parado en el mar y en la tierra levantó su mano derecha al cielo. ⁶Hizo una promesa en el nombre de Dios. (Recuerden: Dios vive para siempre; él hizo los cielos y la tierra y el mar y todo lo que en ellos hay.) Prometió que ya no sería necesario esperar más. ⁷Cuando el séptimo ángel toque su trompeta, Dios pondrá su plan secreto en acción. Se hará tal como lo dijo a los antiguos predicadores que vinieron en su nombre.

⁸Entonces me habló otra vez la voz que yo oí del cielo. Dijo: "Ve y toma el librito que está abierto. Está en la mano del ángel que está parado en el mar y en la tierra."

⁹Fui al ángel y le pedí que me diera el librito. Me dijo: "Toma y cómetelo. Te sabrá a miel en la boca, pero después que te lo hayas comido, hará que tu estómago se amargue." ¹⁰Entonces lo tomé de la mano del ángel y me lo comí. Era dulce como la miel en la boca, pero me amargó el estómago después de comerlo.

¹¹Entonces me dijeron: "Tú debes decir lo que pasará otra vez delante de mucha gente y naciones y familias y reyes."

La casa de Dios

11 Me dieron una vara para medir. Alguien dijo: "Ve a la casa de Dios y mídela. Mide también el altar. Cuenta a las personas que están adorando. ²No midas el patio que está fuera del templo. Ese ha sido dado a las naciones que no conocen a Dios. Ellas caminarán por toda la ciudad santa para destruirla durante cuarenta y dos meses. ³Yo les daré poder a dos de mis hombres para que cuenten lo que saben. Hablarán por Dios durante mil doscientos sesenta días (cuarenta y dos meses). Estarán vestidos con ropa hecha de pieles de animales."

Los dos hombres que dicen lo que saben

⁴Estos dos hombres que dicen lo que saben son los dos árboles de oliva y las dos luces que están delante del Señor de la tierra. ⁵Si alguien los odia y trata de hacerles daño, fuego sale de la boca de estos dos hombres. El fuego mata a los que tratan de hacerles daño. ⁶Tienen poder para cerrar el cielo. Durante el tiempo que ellos hablen por Dios, no habrá lluvia. Tienen poder para cambiar todas las aguas en sangre. Pueden también enviar toda clase de daño grave sobre la tierra cuando ellos quieran.

La muerte de los dos hombres que hablan por Dios

⁷Cuando hayan terminado de hablar por Dios, el animal salvaje peleará con ellos. Saldrá del pozo sin fondo. Este animal salvaje tendrá poder sobre ellos y los matará. ⁸Sus cuerpos quedarán tendidos en las calles de Jerusalén. Fue allí donde el Señor fue clavado en una cruz. A la ciudad a veces se la llama Sodoma, otras veces Egipto. ⁹Durante tres días y medio toda la gente, de cada familia, de cada lengua y de cada nación mirará sus cuerpos muertos. Y la gente no permitirá que los cuerpos muertos de estos dos hombres se entierren. ¹⁰Los que viven en la tierra se alegrarán por la muerte de estos dos hombres. Harán fiestas para mostrar que están contentos. Se darán regalos el uno al otro. Harán esto porque estos dos hombres trajeron mucha dificultad y sufrimiento a la gente de la tierra.

Los dos hombres resucitan

¹¹Después de tres días y medio, la vida que viene de Dios vino a ellos. Se pusieron en pie. Los que los vieron tuvieron mucho miedo. ¹²Entonces los dos hombres que decían lo que sabían, escucharon una fuerte voz del cielo. Dijo: "Vengan acá." Y subieron al cielo en una nube. Todos los que les odiaban

les vieron ir. ¹³Al mismo tiempo, la tierra tembló. Una décima parte de los edificios de la ciudad se cayó. Murieron siete mil personas. Los demás tuvieron miedo y dieron honor al Dios del cielo.

¹⁴El segundo tiempo de dificultades ha terminado. Pero he aquí pronto viene el tercer tiempo.

La séptima trompeta—adoración en el cielo

¹⁵El séptimo ángel tocó su trompeta. Se escucharon fuertes voces en el cielo diciendo: "El reino del mundo ha llegado a ser el reino de nuestro Señor y Jesucristo. El reinará para siempre." ¹⁶Entonces los veinticuatro dirigentes de la iglesia que estaban sentados en los lugares que les fueron dados delante de Dios, cayeron sobre sus rostros y adoraron a Dios. ¹⁷Dijeron: "Señor Dios Todopoderoso, el que es, que era y que será, te damos gracias porque estás usando tu gran poder y has comenzado a reinar. ¹⁸La gente que no conoce a Dios se ha enojado contigo. Ahora es el tiempo de que tú te enojes con ellos. Es tiempo de que los muertos se levanten delante de ti, para que se les diga que son culpables. Es tiempo de que tus obreros que son los primeros predicadores y aquellos que te pertenecen reciban la paga que les corresponde. Es tiempo que la gente importante y aquellos que no son importantes que honran tu nombre reciban la paga de lo que les corresponde. Es tiempo de destruir a aquellos que han causado toda clase de dificultades en la tierra."

¹⁹Se abrió la casa de Dios en el cielo. La caja especial que contenía el antiguo acuerdo estaba en la casa de Dios. Ahí había relámpago, trueno y ruido. La tierra tembló, y grandes piedras de granizo cayeron.

La mujer y la víbora

12 Algo muy especial se vio en los cielos. Una mujer vestida como el sol. La luna estaba bajo sus pies. Tenía una corona con doce estrellas en su cabeza. ²Estaba encinta. Gritó con dolor, al esperar el nacimiento del niño.

³Otra cosa especial se vio en el cielo. Un animal como una gran víbora estaba ahí. Era rojo y tenía siete cabezas y diez cuernos. Cada cabeza tenía una corona. ⁴Con su cola, arrastró una tercera parte de las estrellas del cielo. Las tiró sobre la tierra. Este animal como víbora se paró delante de la mujer que estaba a punto de dar a luz a un niño. Estaba esperando comerse a su niño tan pronto que naciera. ⁵Entonces la mujer dio a luz a un hijo. El va a gobernar el mundo usando una vara de hierro. Pero el niño fue llevado a Dios, a la silla donde él se sienta. ⁶La mujer corrió al desierto. Dios preparó ese lugar para ella. Ahí la cuidará durante mil doscientos sesenta días.

Guerra en el cielo

⁷Hubo entonces guerra en el cielo. Miguel y sus ángeles pelearon contra esa víbora. Este animal y sus ángeles también pelearon. ⁸Pero la víbora no era fuerte para ganar. No hubo ya más lugar en el cielo para ellos. ⁹La víbora fue lanzada desde el cielo a la tierra. Este animal es la vieja serpiente. También se le llama el diablo. Es quien ha engañado a todo el mundo. Fue arrojado a la tierra, y sus ángeles fueron arrojados con él.

¹⁰Entonces oí un grito en el cielo diciendo: "¡Ahora Dios nos ha salvado del castigo del pecado! ¡El poder de Dios como Rey ha venido! ¡El reino de Dios ha venido! ¡El Cristo de Dios está aquí con su poder! El que habló en contra de nuestros hermanos cristianos ha sido arrojado a la tierra. El se paraba delante de Dios, hablando en contra de ellos día y noche. ¹¹Ellos tenían poder sobre él, y le vencieron por la sangre del Cordero y por decir lo que éste había hecho por ellos. No amaron sus vidas, sino estuvieron dispuestos a morir. ¹²Por esta razón, cielos y ustedes que están ahí, estén alegres. Es malo para ustedes, tierra y mar, porque el diablo

ha venido a ustedes. Está muy enojado porque sabe que tiene poco tiempo."

Guerra en la tierra

¹³Cuando la víbora, que es el diablo, vio que había sido tirada a la tierra, empezó a buscar a la mujer que había dado a luz al niño. ¹⁴Y la mujer recibió dos alas como las de una gran ave para que pudiera volar al desierto. Ahí se le iba a proteger durante tres años y medio de la víbora. ¹⁵Entonces la víbora (el diablo) arrojó agua de su boca para que la mujer se ahogara en la inundación. ¹⁶La tierra ayudó a la mujer abriendo su boca. La tierra tragó la corriente de agua que la víbora arrojó de su boca. ¹⁷La víbora estaba muy enojada con la mujer. Se fue a pelear con los demás de sus hijos. Estos son los que obedecen las leyes de Dios y son fieles a las enseñanzas de Jesús.

Las dos bestias—la primera del mar

13 Me paré en la arena de la playa. Ahí vi una bestia saliendo del mar. Tenía siete cabezas y diez cuernos con una corona en cada cuerno. Tenía nombres en cada cabeza que decían malas palabras contra Dios. ²La bestia que yo vi estaba cubierta de manchas como un leopardo. Tenía pies como los de un oso. Su boca era como la de un león. La víbora le dio a esta bestia su poder y su lugar para sentarse como rey. A la bestia le fue dado mucho poder. ³Una de las cabezas de la bestia parecía como si la hubieran matado. Pero se curó de la herida que le habían dado. El mundo entero se sorprendió y admiró que esto sucediera. Siguieron a la bestia. ⁴Adoraron a la víbora por haber dado a la bestia este poder. Y adoraron a la bestia. Dijeron: "¿Quién es como esta bestia? ¿Quién puede pelear contra ella?"

⁵A la bestia le fue dada una boca que pronunciaba palabras llenas de orgullo. Decía cosas muy malas. Se le dio mucho poder durante cuarenta y dos meses. ⁶Abrió su boca, pronunciando cosas muy malas contra Dios, contra el nombre de Dios, su casa y en contra de aquellos que viven en el cielo. ⁷Le fue permitido pelear en contra de la gente que pertenece a Dios. Tenía poder para vencerla. Tenía poder sobre cada familia y cada grupo de familias y sobre la gente de cada idioma y cada nación. ⁸Cada persona en la tierra cuyo nombre no fue escrito desde el principio del mundo en el libro de la vida del Cordero adorará a esta bestia.

⁹Ustedes tienen oídos. Entonces ¡escuchen! ¹⁰El que lleva preso a otro, él mismo irá preso. El que mate con la espada, él mismo morirá por la espada. Ahora es cuando la gente de Dios debe tener fe y no darse por vencida

La segunda bestia—de la tierra

¹¹Entonces vi a otra bestia que salía de la tierra. Tenía dos cuernos como los de un cordero. Su voz era como la de la víbora. ¹²Usaba el poder de la primera bestia que estaba ahí con ella. Hizo que toda la gente de la tierra adorara a la primera bestia, la cual había recibido la gran herida que sanó. ¹³La segunda bestia hizo grandes obras. Habló e hizo que los que no habían adorado a la primera bestia murieran. Engañó a los hombres de la tierra, haciendo obras poderosas. Hizo estas obras delante de la primera bestia. ¹⁴Les dijo a los que viven en la tierra que hicieran una imagen de la primera bestia. La primera bestia es la que fue herida por una espada, pero vivió. ¹⁵A la segunda bestia le fue dado poder para dar vida a la imagen de la primera bestia. Se le dio poder para hablar. Todos los que no le adoraran, morirían. ¹⁶La segunda bestia hizo que cada persona tuviera una marca en su mano derecha o en su frente. Le fue dada a los hombres importantes y a los no importantes, a los ricos y a los pobres, a los que son libres y a los que pertenecen a alguien. ¹⁷Nadie podía comprar ni vender a menos que tuviera la marca en él. Esta marca era el nombre de la primera bestia, y otra forma de escribir su nombre. ¹⁸Esto es sabiduría: que la persona que tiene buen en-

tendimiento aprenda el significado de escribir de otra manera el nombre de la primera bestia. Este nombre es el nombre de un hombre: seiscientos sesenta y seis.

El Cordero de pie en Jerusalén

14 Entonces miré y vi al Cordero de pie en el monte Sion. Estaban allí con él ciento cuarenta y cuatro mil personas. Estas personas tenían su nombre y el nombre de su Padre escrito en la frente. ²Oí una voz que venía del cielo. Era como el sonido de una cascada y de un fuerte relámpago. La voz que oí era como la de personas que tocaban instrumentos de cuerdas. ³Este gran grupo cantó una nueva canción. Cantaron delante del trono del Rey y frente a los cuatro seres vivientes y los veinticuatro dirigentes de la iglesia. Sólo los ciento cuarenta y cuatro mil podían aprender esta canción. Habían sido comprados por la sangre de Cristo y libertados de la tierra. ⁴Estos son hombres que se han mantenido completamente puros. Siguen al Cordero por dondequiera que va. Han sido comprados por la sangre de Cristo, libertados de entre los hombres. Son los primeros dados a Dios y al Cordero. ⁵Ni una mentira ha salido de sus bocas. Son sin culpa.

Los tres ángeles

⁶Entonces vi a otro ángel volar en los cielos. Llevaba las buenas nuevas que duran para siempre. Predicaba a cada nación, a cada grupo de familias, a la gente de cada idioma: a toda la gente de la tierra. ⁷Dijo con una fuerte voz: "Honren a Dios con amor y temor. El tiempo ha llegado en que él dirá quién de entre los hombres es culpable. Adoren a Aquel que ha hecho el cielo, la tierra, el mar y los lugares de donde el agua sale de la tierra."

⁸Un segundo ángel le siguió, diciendo: "¡Babilonia ha caído! ¡La gran ciudad de Babilonia ha caído! Ella hizo que todas las naciones bebieran del vino de su sucia vida de pecado sexual."

⁹Le siguió un tercer ángel, diciendo con una fuerte voz: "Si alguien adora a la bestia y a su dios falso y recibe una marca en su frente o en su mano, ¹⁰beberá del vino de la ira de Dios. Está mezclado con fuerza en la copa de la ira de Dios. Serán castigados con fuego y azufre hirviendo delante de los santos ángeles y delante del Cordero. ¹¹El humo de los que están recibiendo castigo subirá para siempre. No descansan de día ni de noche. Esto es porque han recibido la marca de su nombre. ¹²Esta es la razón por qué el pueblo de Dios necesita mantenerse fiel a la palabra de Dios y ser fiel a Jesús."

¹³Entonces oí una voz del cielo que decía: "Escribe estas palabras: 'De ahora en adelante los muertos que murieron perteneciendo al Señor serán felices.'" "Sí", dice el Espíritu, "descansarán de todo su trabajo. Todas las cosas buenas que han hecho les seguirán."

La guerra de Armagedón

¹⁴Miré y vi una nube blanca. Sentado en la nube estaba uno que parecía el Hijo del Hombre. Tenía en su cabeza una corona de oro. En su mano tenía un cuchillo afilado para cortar el grano. ¹⁵Entonces otro ángel vino de la casa de Dios y le habló con una fuerte voz. Le dijo: "Usa tu cuchillo y recoge el grano. El tiempo ha llegado para recoger el grano porque la tierra está lista." ¹⁶El que estaba sentado en la nube levantó su cuchillo sobre la tierra. Y recogió el grano.

¹⁷Entonces salió otro ángel de la casa de Dios en el cielo. Tenía también un afilado cuchillo para cortar el grano. ¹⁸Otro ángel que tiene poder sobre el fuego vino del altar. Dijo con una voz fuerte al ángel que tenía el cuchillo afilado: "Usa tu cuchillo. Recoge las uvas de la vid de la tierra. Están listas para ser recogidas." ¹⁹El ángel usó su cuchillo en la tierra. Cosechó de la vid de la tierra y puso el fruto en un lugar grande para hacer vino. Estaba lleno de la ira de Dios. ²⁰Caminaron en él fuera de la ciudad y la sangre salió del lugar en donde

se hace el vino. La sangre corrió hasta una distancia de como trescientos veinte kilómetros, (distancia que un hombre puede caminar en siete días) también subió hasta la altura de la cabeza de un caballo.

Los siete ángeles con siete daños graves

15 Entonces vi algo especial en el cielo. Era grande y me sorprendió. Había siete ángeles con siete clases de daños graves. Estas son la última clase de dificultades. Con éstas la ira de Dios termina.

²Entonces vi algo que parecía como un mar de vidrio mezclado con fuego. Y vi a muchos de pie en el mar de vidrio. Eran los que habían ganado la lucha contra la bestia y su dios falso, y contra su marca. Todos ellos tenían arpas que Dios les había dado. ³Cantaban la canción de Moisés (el siervo de Dios) y la canción del Cordero, diciendo: "Las cosas que tú haces son grandes y poderosas. Tú eres el Señor Dios que todo lo puede. Tú siempre tienes la razón y dices la verdad en todo lo que haces. Tú eres el Rey de todas las naciones. ⁴¿Quién no te honrará, Señor, con amor y temor? ¿Quién no contará de la grandeza de tu nombre? Porque tú eres el único que es santo. Todas las naciones vendrán y adorarán delante de ti. Todos ven que las cosas que tú haces son buenas."

⁵Después de esto miré y vi que el lugar más santo de todos en el templo se abrió. ⁶Los siete ángeles que tenían las siete últimas clases de dificultades salieron del templo, vestidos de ropa de lino blanco y limpio. Tenían puestos cinturones hechos de oro alrededor de sus pechos. ⁷Entonces uno de los cuatro seres vivientes le dio a cada uno de los siete ángeles una botella hecha de oro. Estas botellas estaban llenas de la ira de Dios, quien vive para siempre. ⁸La casa de Dios se llenó del humo de la grandeza brillante y del poder de Dios. Nadie pudo entrar en el templo hasta que los siete ángeles habían completado las siete clases de daños graves.

La primera botella—heridas de pecado

16 Entonces oí una voz fuerte que venía del templo. La voz les dijo a los siete ángeles: "Vayan y derramen las siete botellas de la ira de Dios sobre la tierra."

²El primer ángel derramó su botella de la ira de Dios sobre la tierra. Y a todos los que tenían la marca de la bestia y que adoraban a su imagen, les salieron dolorosas heridas.

La segunda botella—muerte en el mar

³El segundo ángel derramó su botella de la ira de Dios sobre el mar. El agua se puso como la sangre de un muerto. Toda cosa viviente en el mar murió.

La tercera botella—el agua se vuelve sangre

⁴El tercer ángel derramó su botella de la ira de Dios sobre los ríos y sobre los lugares de donde sale el agua de la tierra. El agua se volvió sangre. ⁵Y oí al ángel del agua decir: "Tú haces bien en mandar este daño como castigo. Tú eres el Santo que es y que era. ⁶Ellos han derramado la sangre de la gente de Dios y de los antiguos predicadores. Tú les has dado a beber sangre. Están recibiendo el pago de lo que les corresponde." ⁷Oí una voz del altar que decía: "¡Sí, Señor Dios, Todopoderoso! Lo que tú decidas sobre la gente está correcto y es bueno."

La cuarta botella—gran calor

⁸El cuarto ángel derramó su botella de la ira de Dios sobre el sol. Y se le permitió quemar a los hombres con su fuego. ⁹Los hombres fueron quemados con el calor de este fuego. Pronunciaron malas palabras contra Dios, aun cuando él tenía el poder sobre esta clase de daños graves. No les dolieron sus pecados, ni se apartaron de ellos, ni honraron a Dios.

La quinta botella—la oscuridad

¹⁰El quinto ángel derramó su botella de la ira de Dios sobre la silla en donde la bestia se sienta como rey. Toda la na-

ción de la bestia fue puesta en oscuridad. Los que le adoraron se mordían las lenguas de dolor. [11]Clamaban al Dios del cielo con malas palabras, debido a su dolor y a sus heridas. Pero no les dolía lo que habían hecho.

La sexta botella—el río Eufrates se seca

[12]El sexto ángel derramó su botella de la ira de Dios sobre el gran río Eufrates. El agua se secó. En esta forma, los reyes de los países del Oriente podían cruzarlo. [13]Entonces vi a tres espíritus malos que parecían ranas. Salieron de las bocas de la víbora y de la segunda bestia y del falso predicador. [14]Estos son espíritus malos que hacen obras poderosas. Estos espíritus malos van a todos los reyes de toda la tierra. Los juntan para la guerra del gran día del Dios todopoderoso.

[15]¡Escuchen! Yo vendré como un ladrón. Feliz el que se mantiene despierto y mantiene listas sus ropas. No andará caminando sin ropas y no se avergonzará. [16]Entonces los espíritus malos juntaron a los reyes en el lugar llamado, en el idioma hebreo, Armagedón.

La séptima botella—la tierra tiembla y cae granizo

[17]El séptimo ángel derramó su botella de la ira de Dios en el aire. Una voz fuerte vino de la silla del Rey en el templo, diciendo: "¡Todo se ha terminado!" [18]Entonces había voces y relámpagos y truenos. Y la tierra tembló. Tembló mucho más de lo que había temblado antes. La grande y fuerte ciudad de Babilonia fue dividida en tres partes. [19]Las ciudades de otras naciones cayeron a tierra. Entonces Dios se acordó de la gran ciudad de Babilonia. Le hizo beber el vino de su botella de gran ira. [20]Cada isla se hundió en el mar. No se encontró montaña alguna. [21]Grandes granizos cayeron del cielo sobre los hombres. Eran tan pesados como un hombre pequeño. Pero los hombres llamaron a Dios nombres malos por el daño del granizo.

La mujer pecadora

17 Entonces uno de los siete ángeles que tenían las siete botellas vino a mí y me dijo: "¡Ven! Te mostraré el castigo de la mujer pecadora que vende el uso de su cuerpo." Se sienta en las muchas aguas del mundo. [2]Los reyes de la tierra han cometido pecados sexuales con ella. La gente del mundo se ha emborrachado con el vino de sus pecados sexuales.

[3]Mi espíritu fue llevado por el ángel a un desierto. Vi a una mujer sentada sobre una bestia roja que tenía siete cabezas y diez cuernos. Sobre toda la bestia roja estaban escritos nombres malos en contra de Dios. [4]La mujer vestía ropa morada y roja. Llevaba oro, perlas y piedras que valían mucho dinero. Tenía en su mano una taza de oro, llena de las cosas malas de sus pecados sexuales. [5]Y había un nombre escrito en su frente, el cual tenía un significado secreto. Decía: "Babilonia la grande y poderosa, madre de todas las mujeres que venden el uso de sus cuerpos, y madre de toda cosa mala de la tierra." [6]Miré a la mujer. Estaba borracha con la sangre del pueblo de Dios, de aquellos que habían sido matados por hablar de Jesús. Cuando la vi, me quedé asombrado.

[7]El ángel me preguntó: "¿Por qué te sorprendes? Te diré el secreto de esta mujer y de la bestia roja que la lleva. Es la bestia roja con siete cabezas y diez cuernos.

[8]"La bestia roja que viste estaba viva pero ahora está muerta. Está a punto de salir del pozo sin fondo y será destruida. Los habitantes de la tierra, cuyos nombres, desde el principio del mundo, no están escritos en el libro de la vida, se sorprenderán al ver a la bestia roja. Estaba viva. Ahora está muerta, pero volverá a vivir.

[9]"Aquí es donde necesitamos sabiduría. Las siete cabezas de la bestia son montañas en donde la mujer se sienta. [10]También son siete reyes. Cinco de ellos ya no son reyes. El sexto es ahora

rey. El séptimo será rey, pero sólo por un corto tiempo. ¹¹La bestia roja que murió es el octavo rey. Pertenece a los primeros reyes, pero también será destruido.

¹²"Los diez cuernos de la bestia roja que viste son diez reyes. No han recibido su reino. Pero se les dará el derecho y el poder de guiar sus naciones por una hora con la bestia roja. ¹³Estarán de acuerdo en darle el derecho y el poder a la bestia roja. ¹⁴Estos reyes pelearán y harán guerra contra el Cordero. Pero el Cordero ganará la guerra, porque él es el Señor de señores y Rey de reyes. Su gente son los llamados y escogidos y los fieles."

¹⁵Entonces el ángel me dijo: "Yo vi las aguas en donde está sentada la mujer que vende el uso de su cuerpo. Las aguas son gente y grandes grupos de personas, naciones e idiomas. ¹⁶Los diez cuernos que viste y la bestia roja odiarán a la mujer mala. Le quitarán todo, aun su ropa. Comerán sus carnes y la quemarán en el fuego. ¹⁷Dios pondrá en sus mentes un plan que cumplirá el deseo de él. Se pondrán de acuerdo para darle su nación a la bestia roja, hasta que se hayan cumplido las palabras de Dios.

¹⁸"La mujer que viste es la ciudad grande y poderosa que tiene poder sobre los reyes de la tierra."

Babilonia es destruida

18 Entonces vi a otro ángel venir del cielo. Tenía mucho poder. La tierra fue iluminada con su gran resplandor. ²Gritó con una fuerte voz: "La grande y poderosa ciudad de Babilonia es destruida. Ahora los espíritus malos y toda clase de espíritu sucio vive ahí. Los odiados pájaros sucios están allí. ³Porque ella dio su vino a las naciones del mundo. Era el vino de su deseo de pecados sexuales. Los reyes de la tierra han cometido estos pecados sexuales con ella. Los hombres de la tierra que compran y venden se han vuelto ricos de las riquezas que ella ha recibido mientras vivía en pecado."

⁴Oí otra voz del cielo que decía: "Sal de ella, pueblo mío. No participen de sus pecados, para que no tengan que compartir sus daños. ⁵Sus pecados son tan altos como el cielo. Dios está listo a castigarla por ellos. ⁶Páguenle como ella les ha pagado. Denle dos veces lo que ella les ha dado. Denle en su propia taza dos veces lo que ella les ha dado. ⁷Denle tantos problemas y sufrimientos como la falsa alegría y la vida de riquezas que ella eligió para sí. En su corazón dice: 'Yo me siento aquí como una reina. No soy una viuda. Nunca estaré triste.' ⁸Por causa de esto, las dificultades de la muerte y el dolor y el hambre vendrán a ella en un día. Será quemada con fuego. Porque el Señor Dios es Todopoderoso. El es quien dice que ella es culpable.

Los reyes lloran por Babilonia

⁹"Entonces los reyes de la tierra llorarán por ella y les dolerá al ver el humo cuando se esté quemando. Son ellos los que cometieron pecados sexuales con ella y vivieron como ricos. ¹⁰Se quedan lejos de ella porque tienen miedo de sus sufrimientos. Ellos dicen: ¡Es malo!' Es malo para la grande y poderosa ciudad de Babilonia. Porque en una hora es destruida. ¹¹Los hombres de la tierra que compran y venden están tristes y lloran. Lloran porque ya no hay quien compre sus cosas. ¹²Vendían oro, plata, perlas y piedras que valían mucho dinero. Vendían lino fino, púrpura y seda roja. Vendían toda clase de lana perfumada. Vendían cosas hechas de dientes de los animales. Vendían cosas hechas de madera que cuestan mucho dinero. Vendían bronce, hierro y piedra. ¹³Vendían especias y perfumes de todas clases. Vendían vino, aceite de oliva, harina fina y trigo. Vendían vacas, ovejas, caballos y carretas. Vendían hombres como siervos y vendían las vidas de los hombres. ¹⁴Le dicen a ella: 'Todas las cosas buenas que tú querías tanto las has perdido.

Has perdido tus riquezas. Has perdido lo que tanto te gustaba. Nunca lo tendrás otra vez.' ¹⁵Los hombres de la tierra que se hicieron ricos, comprando y vendiendo en esa ciudad, se apartarán por temor de sus sufrimientos. Llorarán y tendrán gran dolor. ¹⁶Dirán: '¡Qué malo! ¡Qué malo para la poderosa ciudad! Se vestía en lino fino de púrpura y rojo. Se cubría a sí misma con oro, perlas y piedras que valen mucho dinero. ¹⁷Pero en una sola hora, sus riquezas han sido destruidas.' El capitán de cada barco, todos los que viajaban en barco y todos los que trabajaban en barcos se alejaron de ella. ¹⁸Gritaron al ver el humo de su incendio, diciendo: '¿Ha existido jamás una ciudad tan poderosa como ésta?' ¹⁹Tiraron polvo sobre las cabezas. Lloraron con mucho dolor y dijeron: '¡Qué malo! ¡Qué malo para la poderosa ciudad! Ese lugar en donde todos los que eran dueños de barcos se hicieron ricos ¡en una hora, se ha acabado!'

²⁰"Estén llenos de gozo por ella, ¡oh cielos! Estén llenos de gozo, ustedes que pertenecen a Dios, misioneros y antiguos predicadores! Porque Dios la ha castigado por lo que les hizo a ustedes."

²¹Entonces un ángel fuerte levantó una gran piedra como de las que se usan para moler el trigo. La tiró al mar, diciendo: "La grande y fuerte ciudad de Babilonia será tirada así. Nunca más será encontrada. ²²La música de aquellos que tocan arpa, flauta y trompeta no se volverá a oír en ti. No habrá más ningún obrero haciendo alguna clase de trabajo. El sonido de la piedra de molino no se volverá a oír en ti. ²³No volverá a brillar en ti la luz. No se volverán a oír las voces felices de las bodas en ti. Tus hombres que compraban y vendían eran los más poderosos de la tierra. Tú engañaste a la gente de todo el mundo con tu hechicería. ²⁴Y en esta ciudad se encontró la sangre de los antiguos predicadores y de aquellos que pertenecían a Dios y de todos aquellos que habían sido muertos en la tierra."

Dando gracias en el cielo

19 Después de esto, escuché lo que parecían ser voces de mucha gente en el cielo, diciendo: "Gracias sean a nuestro Dios, el que salva del castigo del pecado. Honor y poder a él. ²La manera como él castiga a la gente es correcta. El ha castigado a la mujer poderosa que vendía el uso de su cuerpo. Ella hacía que la tierra fuera mala con sus pecados sexuales. Mató a los que trabajaban para Dios. Por todo eso, él la ha castigado." ³Otra vez dijeron: "Gracias a nuestro Dios. El humo de la hoguera en donde ella arde sube para siempre." ⁴Los veinticuatro dirigentes de la iglesia y los cuatro seres vivientes se postraron y adoraron a Dios quien estaba sentado en su silla de Rey. Dijeron: "Así sea. ¡Gracias sean a nuestro Dios!"

⁵Una voz vino de la silla donde se sienta el Rey, diciendo: "Den gracias a nuestro Dios, ustedes, obreros que son de él. Den gracias a nuestro Dios, ustedes que le honran con amor y temor, tanto grandes como pequeños."

La cena de bodas del Cordero

⁶Entonces oí lo que parecía como las voces de mucha gente. Era como el sonido de un gran salto de aguas. Era como un fuerte relámpago. Decía: "Gracias a nuestro Dios, porque el Señor nuestro Dios es el Rey. El todo puede. ⁷Regocijémonos y alegrémonos. Honrémosle, porque ha llegado la hora de celebrar la cena de las bodas del Cordero. Su novia se ha preparado. ⁸Se le dieron ropas blancas, limpias, de lino fino para usar. El lino fino es la vida correcta de la gente de Dios."

⁹El ángel me dijo: "Escribe esto: 'Felices aquellos que son invitados a la cena de las bodas del Cordero.' " Y dijo: "Estas son las verdaderas palabras de Diòs." ¹⁰Entonces me arrodillé a sus pies para adorarle. Pero él me dijo: "¡No! No me adores. Yo soy un obrero junto contigo y con tus hermanos cristianos, quienes hablan de su confianza

en Cristo. Adora a Dios. Porque la verdad acerca de Jesús hizo que los antiguos predicadores supieran lo que debieran de predicar."

El Rey de reyes sobre el caballo blanco

¹¹Entonces vi el cielo abierto. Un caballo blanco estaba allí parado. Al que estaba sentado en el caballo se le llama Fiel y Verdadero. El es quien castiga de manera correcta. Hace guerra. ¹²Sus ojos son como llama de fuego. Tiene muchas coronas en su cabeza. Su nombre está escrito en él. Sabe lo que dice. ¹³La túnica que tiene puesta ha sido cubierta de sangre. Su nombre es la Palabra de Dios. ¹⁴Los ejércitos en el cielo estaban vestidos de lino fino blanco y limpio. Le seguían a él sobre caballos blancos. ¹⁵De su boca sale una espada afilada para castigar a las naciones. El reinará sobre ellas usando una vara de hierro. Anda sobre las uvas de donde se fabrica el vino. De allí vendrá la ira de Dios, el Todopoderoso. ¹⁶En su túnica y sobre su pierna está escrito el nombre: "REY DE REYES Y SEÑOR DE SEÑORES".

¹⁷Entonces vi a un ángel parado en el sol. Gritó con una voz fuerte a todas las aves que volaban en el cielo: "Vengan y júntense para la gran cena de Dios. ¹⁸Vengan y coman la carne de reyes, y de capitanes de soldados, y de hombres fuertes, y la carne de caballos y de los que los montan. Vengan y coman la carne de todos los hombres, pequeños y grandes. Algunos son libres y otros no lo son."

¹⁹Entonces vi a la bestia, y a los reyes de la tierra y a todos sus ejércitos que se juntaron. Estaban listos para pelear en contra de aquel que está sentado en el caballo blanco y en contra de su ejército. ²⁰La bestia fue capturada. El falso predicador también fue capturado con ella. Fue el falso predicador quien había hecho grandes obras delante de la bestia. De esta manera, engañó a los que habían recibido la marca de la bestia y a aquellos que adoraban a su falso dios. Estos dos fueron tirados vivos al lago de fuego que arde con azufre. ²¹A los otros, los mataron con la espada que sale de la boca de aquel sentado en el caballo. Todas las aves se llenaron, después de comer la carne de aquellos que habían sido matados.

El diablo es puesto con cadenas por mil años

20 Entonces vi a un ángel venir del cielo. Tenía en su mano una llave para el pozo sin fondo. También tenía una cadena fuerte. ²Tomó la vieja víbora, la cual es el diablo, y la encadenó por mil años. ³El ángel arrojó al diablo en el pozo sin fondo, donde lo encerró y lo encadenó. No podría engañar más a las naciones hasta que se completaran mil años. Después de esto debe estar libre por un corto tiempo.

⁴Entonces vi los lugares en donde se sientan los reyes. A los que estaban allí sentados, se les dio el poder para decir quién es culpable. Vi las almas de aquellos que habían muerto por hablar acerca de Jesús y por predicar la palabra de Dios. Estos no habían adorado a la bestia ni a su dios falso. No habían recibido su marca en sus frentes o manos. Vivieron otra vez, y fueron dirigentes junto con Cristo durante mil años. ⁵Los otros muertos no fueron levantados a la vida, hasta terminar los mil años. Esta es la primera vez que mucha gente es levantada de los muertos al mismo tiempo. ⁶Aquellos que son levantados de los muertos durante esta primera vez son felices y son buenos. La segunda muerte no tiene poder sobre ellos. Serán dirigentes religiosos de Dios y de Cristo. Reinarán con él durante mil años.

El diablo es destruido para siempre

⁷Una vez que se terminen los mil años, el diablo será dejado libre para salir de su prisión. ⁸El saldrá y engañará a las naciones que están en todo el mundo. Ellas son Gog y Magog. Las juntará a todas para la guerra. Habrá tantos como la arena en la playa. ⁹Se extenderán sobre la tierra y alrededor del lugar en donde está la gente de Dios y al-

rededor de la ciudad amada. El fuego de Dios descenderá del cielo y los destruirá. ¹⁰Entonces el diablo, quien los engañó, será arrojado al lago de fuego ardiendo con azufre. La bestia y el falso predicador ya están allí. Todos serán castigados día y noche para siempre.

Los culpables serán castigados

¹¹Entonces vi la silla donde Dios se sienta. Era una gran silla blanca. Vi al que estaba sentado allí. La tierra y el cielo se apartaron de él rápidamente, y no se encontraban más. ¹²Vi a todos los muertos puestos en pie delante de Dios. Había gente grande y pequeña. Los libros fueron abiertos. Entonces otro libro fue abierto. Era el libro de la vida. A los muertos se les dijo que eran culpables por lo que habían hecho de acuerdo con lo que estaba escrito en los libros. ¹³El mar entregó a los muertos que estaban en él. La muerte y el infierno entregaron a los muertos que estaban en ellos. A cada uno se le dijo que era culpable por lo que había hecho. ¹⁴Entonces la muerte y el infierno fueron lanzados al lago de fuego. El lago de fuego es la muerte segunda. ¹⁵Si el nombre de alguno no estaba escrito en el libro de la vida, fue echado al lago de fuego.

Todas las cosas nuevas

21 Entonces vi un nuevo cielo y una nueva tierra. El primer cielo y la primera tierra habían pasado. Ya no había mar. ²Vi la santa ciudad, la nueva Jerusalén que bajaba del cielo de Dios. Se le había preparado como cuando una novia se prepara para su esposo. ³Oí una voz fuerte que venía del cielo. Decía: "¡Miren! El hogar de Dios está con los hombres. El vivirá con ellos. Ellos serán su gente. Dios mismo estará con ellos. El será su Dios. ⁴Dios les secará todas sus lágrimas. No habrá más muerte, ni dolor, ni llanto, ni sufrimiento. Todas las cosas viejas han pasado." ⁵Entonces el que estaba sentado en la silla del Rey, dijo: "¡Miren! Yo hago todas las cosas nuevas. Escribe, porque estas palabras

son fieles y verdaderas." ⁶Entonces me dijo: "¡Estas cosas han pasado! Yo soy el primero y el último. Yo soy el principio y el fin. A cualquiera que tenga sed, yo le daré del agua de vida. Es un regalo. ⁷El que tenga poder y triunfe recibirá estas cosas. Yo seré su Dios y él será mi hijo. ⁸Pero aquellos que tengan miedo, y los que no tengan fe y la gente con mentes pecaminosas, y los que matan a otros, y los que cometen pecados sexuales, y los que usan la hechicería y los que adoran a dioses falsos, y los que dicen mentiras, serán echados al lago de fuego y azufre. Esta es la muerte segunda."

La nueva Jerusalén

⁹Entonces uno de los siete ángeles que tenían las siete botellas llenas de los siete últimos daños graves vino a mí y me dijo: "¡Ven! Te enseñaré la novia, la esposa del Cordero." ¹⁰Mi espíritu fue llevado por el ángel a una montaña muy alta. Me enseñó la ciudad de Jerusalén que venía saliendo del cielo de Dios. ¹¹Estaba llena de la grandeza brillante de Dios. Brillaba como una piedra que vale mucho dinero, como una piedra de jaspe. Era clara como el vidrio. ¹²Tenía una pared muy alta, y había siete puertas. Doce ángeles estaban parados en las puertas. Los nombres de los doce grupos de familias de la nación judía estaban escritos en las puertas. ¹³Había tres puertas de cada lado. Había tres en el lado oriente, y tres en el lado norte, y tres en el lado sur, y tres en el lado poniente. ¹⁴Las paredes estaban sobre doce piedras. Los nombres de los doce misioneros del Cordero estaban escritos en sus piedras.

¹⁵El ángel tenía una vara en su mano para medir cuán grande era la ciudad, sus puertas y sus paredes. ¹⁶Descubrió que la ciudad era tan ancha como larga, y tan alta como ancha. Era tan larga como la distancia que un hombre puede caminar en cincuenta días. Era de la misma medida en cada lado. ¹⁷El ángel descubrió que las paredes eran de setenta y dos pasos largos. El ángel usó la

misma forma para medir la ciudad como cualquier hombre hubiera hecho. [18]La pared estaba hecha de jaspe. La ciudad estaba hecha de oro puro. Este oro era tan claro como el vidrio. [19]La ciudad estaba construida sobre toda clase de piedras que valen mucho dinero. La primera piedra era jaspe. La segunda era zafiro, la tercera era ágata, la cuarta era esmeralda. [20]La quinta era ónice, la sexta era sardio, la séptima era crisólito, la octava era berilo, la novena era topacio, la décima era crisopraso, la undécima jacinto y la duodécima era amatista. [21]Las doce puertas eran doce perlas. Cada puerta estaba hecha de una perla. La calle de la ciudad era de puro oro. Era tan claro como el vidrio.

[22]No vi un templo en la ciudad. El Señor Dios Todopoderoso y el Cordero es el templo en esta ciudad. [23]No hay necesidad de que el sol o la luna brillen en la ciudad. La grandeza resplandeciente de Dios hace que esté llena de esa luz. El Cordero es su luz. [24]Las naciones caminarán por su luz. Los reyes de la tierra traerán su grandeza allí. [25]Las puertas están abiertas todo el día. Nunca se cerrarán. No habrá noche ahí. [26]La grandeza y el honor de todas las naciones estarán ahí. [27]Nada que tenga pecado entrará en la ciudad. Nadie que tenga mente pecaminosa, o que diga mentiras, podrá entrar allí. Solamente aquellos cuyos nombres están escritos en el libro de la vida del Cordero pueden entrar.

Más acerca de la nueva Jerusalén

22 Entonces el ángel me enseñó un río de agua de vida. Era tan claro como el vidrio. Salió de la silla en que Dios y el Cordero se sientan. [2]Corría por el centro de la calle, en la ciudad. A cada lado del río estaba el árbol de la vida. Da doce clases diferentes de fruta. Da esta fruta doce veces al año, nueva fruta cada mes. Sus hojas se usan para sanar a las naciones.

[3]No habrá nada en la ciudad que sea pecaminoso. Allí estará la silla en que Dios y el Cordero se sientan. Los obre-

ros que le pertenecen trabajarán para él. [4]Verán su cara y su nombre estará escrito en sus frentes. [5]No habrá noche allí. No habrá necesidad de una luz o del sol. El Señor Dios será su luz. Ellos reinarán para siempre.

¡Jesús viene pronto!

[6]Entonces el ángel me dijo: "Estas palabras son fieles y verdaderas. El Señor Dios de los primeros predicadores ha enviado a su ángel para enseñarles a los obreros que le pertenecen lo que va a pasar pronto. [7]¡Oigan! Yo vengo pronto. ¡Feliz el que obedezca lo que está escrito en este libro!"

[8]Fui yo, Juan, quien oyó y vio estas cosas. Entonces me arrodillé a los pies del ángel que me enseñó estas cosas. Yo iba a adorar [9]pero me dijo: "¡No! No hagas eso. Yo soy un obrero junto contigo, y junto con tus hermanos cristianos, y los antiguos predicadores y con todos aquellos que obedecen las palabras en este libro. ¡Adora tú a Dios!" [10]Entonces me dijo: "No hagas un secreto de las palabras de este libro. Estas cosas pasarán pronto. [11]Deja que toda la gente que tiene una mente sucia, siga teniendo una mente sucia. Deja que todos aquellos que están bien con Dios sigan estando bien con él. Deja que toda la gente buena siga siendo buena.

[12]"¡Oye! Yo vengo pronto. Traigo conmigo la paga que daré a cada uno por lo que ha hecho. [13]Yo soy el primero y el último. Yo soy el principio y el fin. [14]Felices aquellos que lavan sus ropas y las dejan blancas (los que son lavados por la sangre del Cordero). Ellos tendrán el derecho de entrar en la ciudad por sus puertas. Tendrán el derecho de comer del fruto del árbol de vida. [15]Fuera de la ciudad, están los perros. Son gente que sigue la hechicería, aquellos que hacen pecados sexuales, aquellos que matan a otras personas, aquellos que adoran a dioses falsos y aquellos que mienten y cuentan mentiras.

[16]"Yo soy Jesús. He enviado mi ángel a ti con estas palabras para las iglesias.

Yo soy la raíz de David y de su familia. Yo soy la brillante estrella de la mañana."

[17]El Espíritu Santo y la novia dicen: "Ven." Que todo aquel que oiga, diga: "Ven." El que tiene sed, venga. Que todo aquel que quiera beber del agua de vida, beba sin que le cueste nada.

[18]Yo le estoy diciendo esto a todo aquel que oye las palabras que están escritas en este libro: Si alguien le agrega cualquier cosa a lo que está escrito en este libro, Dios le añadirá a él las clases de dificultades que este libro cuenta. [19]Si alguien quita algo a este libro, que cuenta lo que pasará en el futuro, Dios le quitará su parte del árbol de la vida y de la ciudad santa, los cuales están escritos en este libro.

[20]El que cuenta estas cosas dice: "¡Sí, yo vengo pronto!" Así sea. Ven, Señor Jesús.

[21]¡Que todos ustedes tengan el favor amoroso del Señor Cristo Jesús! Así sea.

LISTA DE PALABRAS

PALABRA USADA EN LA VERSION REINA-VALERA	PALABRA O FRASE USADA EN ESTA TRADUCCION	PALABRA USADA EN LA VERSION REINA-VALERA	PALABRA O FRASE USADA EN ESTA TRADUCCION	PALABRA USADA EN LA VERSION REINA-VALERA	PALABRA O FRASE USADA EN ESTA TRADUCCION	PALABRA USADA EN LA VERSION REINA-VALERA	PALABRA O FRASE USADA EN ESTA TRADUCCION	PALABRA USADA EN LA VERSION REINA-VALERA	PALABRA O FRASE USADA EN ESTA TRADUCCION
Abismo	Pozo sin fondo	Arrepentimiento	Cambio de actitud para dejar los pecados	Creación	Principio del mundo	Esposo	Novio	Idolatría	Adorar falsos dioses
Abominable	Mentes pecaminosas	Autoridad	El poder y el derecho	Creer	Creer o confiar en	Eterna	Sin fin; dura para siempre	Idolos	Falsos dioses
Adulterio	Pecado sexual	Avaricia	Apego desordenado a las riquezas	Crear	Hacer existir	Eunuco	Impotente; castrado; operado para no tener hijos	Injusto	Pecador
Afecto; voluntad	Querer	Avidez	Estar siempre deseando hacer algo	Crujir de dientes	Rechinar los dientes			Incienso	Perfumes de todas clases
Afeminados	Hombres que se portan como mujeres; homosexuales	Ayuno; ayunar	Dejar de comer para orar mejor	De cierto	En verdad; saber	Evangelio	Buenas nuevas	Incorruptible	Nunca más morir
Afrenta; descrédito	Vergüenza			Defender	Ayudar	Evangelista	Predicador	Inmortalidad	Vida que nunca acaba; cuerpos que nunca morirán
Alabar	Honrar; dar gracias al Señor	Bienaventurados; benditos; bendición	Felices; bendiciones; dichosos	Demonio	Espíritu male	Fariseo	Celoso religioso		
Alboroto; causar o hacer	Amontonar; gritar; causar confusión	Bienvenido	Saludo; saludar	Dejar; desamparar	Apartarse	Favorecida	Muy especial	Insensatez	Tontería
Aliente	Anime	Blasfemar	Hablar contra Dios	Diáconos	Ayudantes en la iglesia	Fiesta	Reunión religiosa	Intercede	Rogar a Dios por nosotros
Amargura	Mal sentimiento contra otras personas; resentimiento	Buen ánimo	Tener esperanza y confianza	Día del juicio	El día que los hombres estén ante Dios	Fornicación	Pecado del sexo	Interpretes	Hombres que conocen la ley
Amén	Así sea	Carro	Carreta	Día de reposo; sábado	Día de descanso	Fundación del mundo	Antes que el mundo fuera hecho	Invalidar; desechar	No tener nada que ver; dejar a un lado
Anatema	Separado de Dios o de Cristo	Casa de David	Familia de David	Disciplina	Corregir; corrección	Fundamento; cimiento	Piedras que iban a ser la base del edificio	Ira	Enojo
Ancianos	Dirigentes de la iglesia; nuestros padres; jefes del pueblo	Celos	Llenarse de envidia	Discípule	Creyentes; seguidores			Irreprensible	Obedecer la ley
Antepasados	Antiguos padres; primeros padres	Centurión	Capitán del ejercito; capitán de una compañía	Divisiones	Estar divididos en grupos	Ganancia	Ganar mucho dinero	Justicia	Estar bien con Dios; bondad
Anticristo	Falso cristo	Cierto	En verdad	Doctrina	Enseñanzas de nuestro Señor Jesucristo	Gemir	Llorar por dentro	Justificar	Ser perdonado completamente; estar bien con Dios
Aparecer; manifestar	Ver; revelarse; hacer	Cilicio	Vestirse de luto			Generación	Gente de esos días; familia		
Apóstol	Misionero; seguidor	Circuncisión	Rito religioso que hace a uno judío	Dominio propio; templanza	Dominio de los propios deseos	Gentes	Pueblos	Justo	Bueno ante Dios; aceptado por Dios o ante Dios
Arcángel	Angel principal	Citara	Guitarra	Ejemplo	Cosas que nos enseñan algo	Gentiles	No judíos; gente que no conoce a Dios	Juzgado	Decirle a uno que es culpable
Arca de su Pacto	Caja especial relacionada con el antiguo acuerdo con Dios	Codiciar	Ver con deseo a una mujer	Embajada; mensaje	Enviaron para decirle	Gloria	Honra y agradecimiento a Dios		
Armadura	Armas que Dios les da para luchar	Comunión	Tomar juntos la cena del Señor	Enemigo	Los que están contra nosotros	Glorificado	Honrado	Lagar	Lugar para hacer vino
		Concupiscencia	Deseo demasiado grande de los goces sensuales	Enemistad	Luchando contra	Glorificar	Alabar	Lascivia	Inmoralidades sexuales
Arrepentir	Cambiar de actitud y dejar sus pecados; sentirse triste por los pecados y dejarlos	Confesar	Dar a conocer	Engañar	Dejarse engañar por otros	Gracia	Favor de Dios; regalo de Dios; bendición		
		Consejo	Planes	Engaño	Mentiras; falso				
		Convidados	Los que habían venido	Entrañable; compasión	Lleno de amor	Herejía	Nuevo modo que es falso	Lepra	Enfermedad muy mala de la piel
		Corona de vida	Premio de vida	Escarnecer	Burlarse de	Hipocresía	Uno que se da por lo que no es		
		Corruptible	Cuerpos humanos	Escogido	Pueblo de Dios	Hipócrita; falso	Falso		
						Homicidio	Asesinato		
						Huestes celestiales	Angeles del cielo		

PALABRA USADA EN LA VERSION REINA-VALERA	PALABRA O FRASE USADA EN ESTA TRADUCCION
Leproso	Uno que tenía esa enfermedad muy mala de la piel
Lengua (desconocida)	Idioma; lengua; sonidos especiales
Lícitos	Se puede hacer; podemos seguir
Lunático	Locura por momentos
Majestad	Gran poder
Malicia	Pecado; pensar con mala intención
Maná	Pan que vino del cielo
Mandamiento	Ley
Mansedumbre	Humildad
Maravillarse; estar maravillados	Admirarse mucho
Maravillas	Obras poderosas
Medida	Seguir la religión; seguir el plan
Mesón	Posada
Mies	Cosecha
Milagros	Obras poderosas
Ministradores; ministros; servidores	Dirigentes
Misericordia	Compasión; estar lleno de amor
Misterio	Secreto
Multitud	Gente
Murmurar	Hablar en contra de ella, oír a la otra; la gente hablar
Negar	Mentir ante todos; no saber de lo que uno está hablando; negar
Ofender; poner tropiezo	Hablar en contra; no avergonzarse de
Olvidado; menospreciado	Hablar mal en contra de
Orgías	Fiestas groseras
Paciencia	No rendirnos; no darse por vencidos
Paciente	Estar esperando
Pacto	Acuerdo; nuevo acuerdo con Dios
Partir	Dividir
Parábola	Historia; historia ilustrativa
Pascua	Cena especial para la celebración religiosa que recuerda cuando los judíos salieron de Egipto
Pasiones desordenadas	Pecados sexuales
Pastor	Líder en la iglesia;
Pentecostés	Cincuenta días después de la fiesta religiosa que recuerda la manera que los judíos salieron de Egipto
Perder; perecer	Echar fuera; morir
Perjurar	No hacer una promesa que uno no puede cumplir
Perseguir	Causar dificultades
Piedad	Tranquilidad; vida santa
Pisotear	Pisar una cosa muchas veces
Plagas	Daños graves
Por mi nombre	Por mi causa
Prejuicio; incertidumbre	Inclinarse hacia una parte o la otra; no tener dudas
Preparar; destinar	Hacer para
Procurar	Hacer algo tan pronto como se puede
Profeta	Antiguo predicador; uno que hablía en el nombre de Dios
Profetizar	Hablar las palabras de Dios
Prójimo	Vecino
Propiciación	Dar... para que los pecados de los hombres puedan perdonarse
Ramera	Mujer que entrega su cuerpo por dinero; mujer de la calle
Recompensa	Premio
Reconciliar	Terminar las diferencias entre; ponerse en paz con
Redimir	Darse asimismo para que su pueblo pudiera estar limpio
Regeneración	Nueva vida; volverse todo nuevo
Regocijar; gozar	Estar muy contentos
Reino	Nación santa, reino
Remisión	Perdón de los pecados
Reprender	Demostrar a la gente que está en error
Reconciliar	Terminar las diferencias entre
Reprobada; probo	Mentes pecadoras
Rescate	Dar para que muchos sean comprados y librados del castigo
Resucitar	Ser levantado de los muertos; volver a vivir
Resurrección	Hacer vivir de nuevo
Revelación	Cosas declaradas por Cristo Jesús
Reverencia	Respetar
Rogar	Pedir
Sábado; día de reposo	Día de descanso
Sabiduría	Verdad; sabiduría
Sacerdotes	Dirigentes religiosos
Sacrificio	Ofrendas delante de Dios como culto; sacrificios
Saduceos	Grupo de personas que no creía que los muertos vuelvan a vivir
Santos	Hermanos cristianos; creyentes; verdaderos cristianos; hombres de Dios; gente que pertenece a Cristo
Sinagoga	Templo local; templo; casa de Dios; lugar de culto
Sumo Sacerdote	Principal dirigente religioso; Sacerdote principal
Tabernáculo	Una carpa para adorar en ella
Templanza; dominio propio	Dominio de los propios deseos
Temer a Dios	Honrar a Dios con amor y temor
Templo (de Jerusalén)	Gran templo de Dios; casa de Dios
Testigo	Uno que ha visto o ha escuchado
Testigos falsos	Los que mienten
Tradición	Enseñanzas de nuestros padres
Tribulación	Problemas; sufrimiento; dificultad
Tribus	Grupos de familias de la nación judía; grupo familiar; familia
Triunfo	Poder; victoria
Trono	Lugar donde está Dios
Ungido	Escogido
Ungir con aceite	Echar aceite
Universo	Mundo
Vano; vanas	Tonterías
Velar	Estar atentos o prevenidos; tener cuidado
Vencedor	Tener poder sobre
Verdad; de cierto	En verdad; saber
Vida eterna	Vida sin fin; vida que dura para siempre
Virtud	Poder
Visión	Lo que han visto mostrado en sueños
Viuda	Mujer cuyo esposo ha muerto

¿HA DECIDIDO USTED RECIBIR EL DON GRATUITO DE DIOS?

Si está decidido, debe orar al Señor. Puede hacerlo en sus propias palabras, o si necesita ayuda puede hacer suya esta "oración del pecador".

Señor Jesús:

Sé que soy pecador y que necesito perdón. Sé que moriste en la cruz por mí. Me arrepiento de mis pecados y te pido perdón. Te invito a que entres en mi corazón y en mi vida. En este momento te confieso como mi Salvador y prometo seguirte como mi Señor. Gracias por haberme salvado. Amén.

¿QUE QUIERE JESUS QUE HAGA USTED AHORA?

Primero- El quiere que usted esté seguro de su salvación. Usted puede tener la certeza de una vida eterna.

(1) Porque ha nacido de nuevo y el nacimiento es experimentado una sola vez. Vea 2 Corintios 5:19 (página 225).

(2) Por su dedicación entera al Señor, usted ha hecho lo que dice la Biblia. Vea Romanos 10:13 (página 199).

(3) Porque Dios así lo ha dicho. Vea 1 Juan 5:11-13 (página 294).

(4) Porque Dios así lo ha prometido. Vea Juan 5:24 (página 122).

Segundo- Como evidencia de haber dado a Jesús el control de su vida, él quiere que usted le confiese públicamente y le siga en obediencia mediante el bautismo por inmersión y haciéndose miembro de una iglesia local. La Biblia dice: "Los que creyeron lo que dijo fueron bautizados. Y . . . el Señor añadía todos los días . . . a los que habían de salvarse. . . ." Hechos 2:41, 47.

Tercero- Jesús desea que usted crezca y se convierta en un discípulo fuerte y fiel.

La Biblia dice: "Como niños recién nacidos quieren leche, deseen ustedes la leche que es la palabra de Dios. Así crecerán y serán salvos del castigo del pecado." 1 Pedro 2:2, 3

(1) *Alimento.* La Palabra de Dios, la Biblia, es el alimento espiritual. Léala, escúchela cuando es enseñada y predicada, estúdiela, trate de memorizarla, practíquela.

(2) *Aliento.* La oración es el aliento espiritual. Pase un tiempo todos los días hablando con Dios. Hable con él de lo que usted hace, de sus problemas, de sus necesidades; háblele acerca de su familia, sus amistades. Dígale cuánto usted le ama y exprésele su agradecimiento.

(3) *Ejercicio.* Destreza espiritual es ayudar a otros, es testificar de Cristo, es usar de su tiempo y energía en la obra del Señor, es ser un ejemplo al mundo en que vive.

(4) *Descanso.* Descanso espiritual quiere decir adoración: adoración con la iglesia en el templo y adoración en su vida privada. Es esperar en Dios, con serenidad. Es renovación física y espiritual.

Cuarto- Jesús quiere que usted sea victorioso en su vida diaria. La Biblia dice: "Todo el que es hijo de Dios tiene poder sobre los pecados del mundo. La manera de tener poder sobre los pecados del mundo es por nuestra confianza en él." 1 Juan 5:4

(1) La vida Cristiana es una batalla, pero estamos seguros de la victoria porque ". . . el que vive en ustedes es más fuerte que el que está en el mundo". 1 Juan 4:4

(2) Aun con la certeza de que somos victoriosos, habrá momentos de desobediencia y fracaso, porque somos humanos.

(3) Dios ha provisto los medios por los cuales podemos ser limpios de nuestros pecados diarios. Su Palabra dice: "Si le confesamos a él nuestros pecados, podemos confiar en que él nos perdonará todo pecado. El limpiará nuestras vidas." 1 Juan 1:9

(4) Así que, cuando usted peque, no lo niegue ni trate de disculparse. Dígalo a Dios y acójase a su promesa.